Die Schweden kommen

Daniel Richter

Die Schweden kommen

Stadteroberungen als soziale Praxis im Dreißgjährigen Krieg (1630–1632)

Wehrhahn Verlag

Bibliografische Information der Deutschen Nationalbibliothek

Die Deutsche Nationalbibliothek verzeichnet diese Publikation in der
Deutschen Nationalbibliografie; detaillierte bibliografische Daten sind im
Internet über https://portal.dnb.de abrufbar.

1. Auflage 2023
Wehrhahn Verlag
www.wehrhahn-verlag.de
Satz und Gestaltung: Wehrhahn Verlag
Umschlagbild: Eroberungen des schwedischen Königs,
Flugblatt von Simon Halbmayer, 1632 – Vorsatzpapier, vgl. S. 528, Abb.1
Nachsatzpapier, vgl. S. 528, Abb. 16.
(Germanisches Nationalmuseum Nürnberg, HB 527/1033)
Druck und Bindung: Sowa, Piaseczno

Inhalt

1. Einleitung

* * *

1. 1. Von der Ostsee bis nach München

Auch in modernen geschichtswissenschaftlichen Darstellungen haftet den Feldzügen Gustav II. Adolfs etwas Mirakelhaftes an.[1] Nach der Landung des schwedischen Königs am 6. Juli 1630 auf Usedom mit einer vergleichsweise kleinen Armee und ohne nennenswerte Finanzmittel oder Verbündete fügte er der seit zwölf Jahren praktisch ungeschlagenen kaiserlich-ligistischen Seite zahlreiche Niederlagen bei. Es gelang ihm, mit seiner Armee zuerst aus der Einkesselung durch gegnerische Truppen in Nordostdeutschland auszubrechen, wichtige Verbündete zu finden und dann den zuvor äußerst erfolgreich agierenden kaiserlich-ligistischen Feldherrn Tilly in der Schlacht bei Breitenfeld zu besiegen. Anschließend zogen die schwedischen Truppen unter Gustav Adolfs Kommando, zahlreiche Städte erobernd, über Mitteldeutschland ins Maingebiet, wo sie 1631/1632 in der eingenommenen erzbischöflichen Residenzstadt Mainz überwinterten. Im Jahr 1632 marschierte die schwedische Armee noch weiter nach Süden, schlug Tillys Truppen in der Schlacht bei Rain am Lech und überquerte den Fluss; daraufhin eroberten die schwedischen Truppen unter Gustav Adolf große Gebiete in Schwaben und Bayern, inklusive der Residenzstadt des bayrischen Herzogs Maximilian I., München.

Gerade im Kontrast mit anderen protestantischen Potentaten und Feldherren, die zuvor ohne nennenswerte ›Erfolge‹ im Dreißigjährigen Krieg agiert hatten, wirken Gustav Adolfs Feldzüge außergewöhnlich, denn der schwedische König war der erste, der der kaiserlich-ligistischen Seite im Dreißigjährigen Krieg größere Niederlagen zufügte und katholische Gebiete eroberte. Es verwundert daher wenig, dass sich die historische Forschung eingehend mit dem schwedischen König befasst hat und etwa die Gründe für den schwedischen Kriegseintritt analysierte oder die zahlreichen Schlachten Gustav Adolfs – wie Breitenfeld, Rain am Lech, Steinau, Alte Veste und Lützen –

---

1   Vgl. zu dieser Darstellungsform vor allem: Gotthard, Dreißigjährige Krieg, S. 215f. Vgl. zu den Feldzügen Gustav Adolfs im Dreißigjährigen Krieg auch: Wilson, Dreißigjährige Krieg, S. 556–611; Kampmann, Europa, S. 73–81; Osborne, 1629–1635, S. 141–145; Piirimäe, Sweden.

thematisierte.[2] Gerade seit den 2010er Jahren scheint es zudem ein gesteigertes Interesse an den Stadteinnahmen der schwedischen Armee unter dem Kommando Gustav Adolfs zu geben – ein entsprechender Sammelband wurde publiziert und ebenso einschlägige Aufsätze.[3] Außerdem beschäftigen sich auch die ›großen‹ Monographien, die den Dreißigjährigen Krieg als Ganzes thematisieren, verstärkt mit den zahlreichen schwedischen Stadteroberungen in den Jahren 1630–1632.[4]

Eine solche vermehrte Fokussierung auf Stadteinnahmen erscheint sinnvoll, denn das Erobern von Städten und Festungen war eine zentrale Kriegspraktik der Frühen Neuzeit, denn Belagerungen kamen in dieser Zeit wesentlich häufiger vor, als die in der Forschung so häufig behandelten Schlachten.[5] Und für die Feldzüge des schwedischen Königs gilt dies offenbar in besonderer Weise: Etliche Quellenbefunde aus dieser Zeit deuten darauf hin, dass Stadteinnahmen der schwedischen Truppen unter Gustav Adolf ubiquitär waren, und erwiesenermaßen wurden zahlreiche bedeutsame Städte von der schwedischen Armee zwischen 1630 und 1632 erobert.[6]

Inhaltlich sind die bisherigen Thematisierungen von Stadteinnahmen der Truppen Gustav Adolfs im Dreißigjährigen Krieg dabei äußerst vielfältig: Sie reicht von ereignisgeschichtlichen Beschreibungen, wie sie in stadtgeschichtlichen Darstellungen, aber auch den Monographien zum Dreißigjährigen Krieg vorherrschen, zu Studien, die sich der schwedischen Besatzungszeit von

---

2   Vgl. exemplarisch zu Gustav Adolf: Reichel/ Schuberth, Gustav Adolf; Junkelmann, Gustav Adolf; Berner, Gustav Adolf; Findeisen, Gustav II. Adolf; Barudio, Gustav Adolf; Droysen, Gustav Adolf. Vgl. zum schwedischen Kriegseintritt etwa: Wilson, Dreißigjährige Krieg, S. 558–561; Burkhardt, Gustav Adolf; Ringmar, Identity, S. 145–186; Piirimäe, Sweden; Piirimäe, Just War; Osborne, 1629–1635, S. 141ff. Vgl. zu den Schlachten: Wilson, Lützen; Wilson, Dreißigjährige Krieg, S. 570–574 und 598–611. Vgl. auch die älteren militärgeschichtlichen Überblickswerke: Soden, Gustav Adolph; Heilmann, Kriegsgeschichte.
3   Vgl. Schmidt-Voges/ Jörn, Schweden; Wüst, Städte; Rieck, Frankfurt am Main und Mainz.
4   Vgl. Schmidt, Reiter, S. 379–388 und 393–400; Münkler, Dreißigjähriger Krieg, S. 515–524, 534ff. 550ff. Auch ältere ›Klassiker‹ räumten diesen Städten einigen Platz ein: Vgl. Droysen, Gustav Adolf, S. 283ff, 435ff, 452, 462, 522, 531ff und 540–546 und 557ff; Soden, Gustav Adolph, 40f, 116–119, 188, 219–223, 238f und 276f.
5   Vgl. Füssel, Kriegstheater, S. 16; Petersen, Belagerte Stadt, S. 18.
6   Vgl. zu den Quellenbefunden: Paas, Broadsheet, Bd. 6, S. 34f, 94f, 102, 116f, 131, 284ff, 354 und 357f. Vgl. als ersten Überblick: Schmidt-Voges/ Jörn, Schweden; Schmidt, Reiter, S. 379–388 und 393–400.

eroberten Städten widmen.[7] Letztere behandeln etwa Caduca, Kontributionen oder Rituale wie Ratsumbesetzungen, Huldigungen oder Inbesitznahmen von katholischen Kirchen, die, oft schon kurz nachdem sich die Angreifer der Stadt bemächtigt hatten, angewandt wurden. Auch für die schwedischen Stadteroberungen der frühen 1630er Jahre aufschlussreich sind zudem Ausführungen über Belagerungen im Dreißigjährigen Krieg, die Kampfroutinen bei Belagerungen, das Verhandeln über Stadtübergaben und Praktiken der Angreifer, die der Einschüchterung der Verteidiger dienten, aufzeigen.[8]

Gleichwohl gibt es noch keine Arbeit, die sich der Thematik des Stadteinnehmens im Dreißigjährigen Krieg vergleichend nähert und die Logik dieses Handlungsgefüges zu eruieren versucht. Genau dies ist nun das Ziel dieser Arbeit. Hierbei folgt sie der Prämisse, dass zur Erforschung von Stadteroberungen sowohl militärisches Agieren (im engeren Sinne) als auch Rituale und Verwaltungshandeln beachtet werden sollten.[9] Bisher wurden beide Bereiche getrennt behandelt, so dass militärhistorische Arbeiten einen militärisch-technischen Bereich (Belagerung, Sturmangriff, Auszug der unterlegenen Garnison) untersuchten, während andere Studien (die zumeist die Besatzungsherrschaft erforschten) diesbezüglich verschiedene Rituale in den Blick nahmen, die direkt nach der Stadteinnahme erfolgten und etwa den politischen und religiösen Status der Stadt tangierten.[10] Beide Bereiche sollen jedoch im Folgenden zusammen analysiert werden: Hierdurch soll die Trennung von ›militärischen‹ und ›zivilen‹ Bereichen bei Stadteroberungen überwunden werden. Dies dient auch dazu, die bisher kaum erforschten Handlungsgefüge, die zu den häufig vorkommenden Stadtübergaben führten, besser in den Blick nehmen zu kön-

---

7   Vgl. zu letzterer Kategorie etwa: Schmidt-Voges/ Jörn, Schweden; Müller, Staat; Rieck, Frankfurt am Main unter schwedischer Besatzung.

8   Vgl. zu Belagerungen: Rebitsch, Typologie der Kriegsführung, S. 35–39. Vgl. zu Verhandlungen: Rieck, Frankfurt am Main unter schwedischer Besatzung, S. 29–57. Vgl. zu Drohungen: Kaiser, Kriegsgreuel, S. 176–180; Medick, Dreißigjährige Krieg, S. 196–199.

9   Vgl. zu Ritualen theoretisch: Stollberg-Rilinger, Rituale.

10 In der Regel werden vor allem die Belagerungen im Kontext einer Stadteinnahmen als militärisch-instrumentelle Handlungen in den Blick genommen, ohne den rituellen Praktiken nach dem Eindringen in die Stadt Beachtung zu schenken (vgl. theoretisch etwa: Wilson, Summary; Petersen, Belagerte Stadt, S. 12–20 und 27–41. Vgl. auch: Haas, Belagerungskrieg; Petersen, Belagerte Stadt; Hohrath, Bürger; Duffy, Siege Warfare. Speziell zu Belagerungen im Dreißigjährigen Krieg vgl.: Rebitsch, Typologie der Kriegsführung, S. 35–39). Vgl. zu Ritualen und Verwaltungshandeln nach der Eroberung: Sandberg, Fear; Schmidt-Voges/ Jörn, Schweden.

nen. Ferner soll die Art der Stadteinnahme mit den politischen, religiösen, fis-
kalischen, militärischen etc. Effekte der Eroberung in Beziehung gesetzt werden. Die Fähigkeit, Städte militärisch unter Kontrolle zu bringen, soll damit
in Relation zu nicht-militärischen Handlungen gesetzt werden – auch um Verbindungen herstellen zu können.[11] Es gilt dabei sowohl zu zeigen, wie es den
schwedischen Truppen gelang, offenbar zahlreiche Städte in scheinbar kurzer
Zeit in ihre Gewalt zu bringen, als auch zu analysieren, welche Art von Ritualen
und Verwaltungshandeln direkt nach dem Erlangen der militärischen Kontrolle
über eine Stadt erfolgte. Ziel ist es, möglichst alle Handlungsmuster zu erfassen,
die dazu dienten, eine Stadt (instrumentell oder symbolisch[12]) unter Kontrolle
zu bringen oder von einer Stadteroberung zu profitieren.[13] Somit ist eine Vielzahl von Handlungsmustern in die Analyse miteinzubeziehen.

Zu den Handlungsgefügen, die die Versuche, eine Stadt einzunehmen,
stark tangierten, gehören die Vorbereitungen der städtischen Akteure auf eine
mögliche Belagerung: Es macht etwa einen erheblichen Unterschied, ob die
schwedischen Truppen auf unvorbereitete, überraschte StadtbewohnerInnen
trafen oder auf Akteure, die um die Gefahr wussten und Gegenwehrmaßnah-
men eingeleitet hatten, oder solche, die die schwedischen Truppen fürchtend
bereit waren, sich ohne große Gegenwehr zu ergeben. Wissen und Zukunftserwartungen von städtischen Akteuren sollen vor diesem Hintergrund Teil der
Analyse werden, ebenso wie die diversen militärischen Maßnahmen, die der
zusätzlichen Sicherung der Stadt dienten und für das 18. Jahrhundert bereits
aufgezeigt wurden.[14] Zudem soll auch aufgezeigt werden, ob Stadteroberungen
antizipiert wurden, indem sich städtische Akteure durch Flucht in Sicherheit
brachten oder Mobilien evakuierten und hierdurch die von den Angreifern intendierten Effekte teilweise verhinderten.[15]

Den Handlungsgefügen der Aufforderung der Stadt zur Übergabe sowie
der stadtinternen Beratung und der Verhandlung zwischen den Konfliktpar-
teien über diese Thematik kam sicherlich eine nicht geringe Bedeutung bei
Konflikten um Städte zu, denn hierdurch wurden gegebenenfalls die Akkorde

11 Vgl. theoretisch: Reichardt, Praxeologische Geschichtswissenschaft, S. 50f.
12 Vgl. theoretisch: Stollberg-Rilinger/ Neu, Einleitung, S. 22–25; Stollberg-Rilinger,
    Kommunikation, S. 497f.
13 Vgl. allgemein zur Besatzungsherrschaft: Meumann/ Rogge, Besetzte res publica.
14 Vgl. Hohrath, Bürger, S. 312ff; Petersen, Belagerte Stadt, S. 136–140; Haas, Belage-
    rungskrieg, S. 296f.
15 Vgl. Demura, Flucht der Landbevölkerung; Haude, World of the Siege, S. 26–29.

ausgehandelt. Zugleich dürfte es sich auch um risikoreiche Handlungsmuster gehandelt haben, da das Aufeinandertreffen der beiden Seiten einerseits mit der Gefahr einer gewaltsamen Eskalation verbunden war und andererseits zu Rang- und Zeremonialkonflikten führen konnte, die zugleich das Ergebnis der Verhandlungen präfiguriert haben könnten. Die Belagerungspraktiken, also die militärischen Handlungen, die eine Erstürmung der Stadt vorbereiteten, sind aus dieser Perspektive doppelt bedeutsam: Zum einen waren sie grundlegend dafür, dass Städte gewaltsam eingenommen wurden, zum anderen aber bestand sicherlich auch ein Nexus zwischen diesen und den Handlungsgefügen der Verhandlung – für die Akteure in der Stadt galt es sicherlich, nicht zu früh und nicht zu spät zu kapitulieren, was nur durch die Beobachtung der Belagerungsarbeiten geschehen konnte.

Der Abzug der unterlegenen Truppen aus der Stadt nach einem Akkord war sicherlich ein Handlungsmuster mit hohem symbolischen Wert, denn gerade aus Arbeiten zur Zeit um 1700 ist bekannt, dass die Ausgestaltung desselben ein Zeichen von Ehre oder Schande darstellte.[16] Der Symbolgehalt von Einzügen der siegreichen Armee in eroberte Städte ist erst ansatzweise behandelt worden, doch liegt es nahe, hierin eine Inszenierung von Ehre zu vermuten.[17] Beide Praxisgefüge dürften jedenfalls die Logik von Stadteroberungen erheblich beeinflusst haben, weshalb sie wichtige Forschungsobjekte darstellen. Der Sturmangriff wiederum stellt gewissermaßen die ›kriegerische‹ Alternative zu ›gütlichen‹ Stadtübergaben dar; auch er soll ausführlich in den Blick genommen werden, um die praktische Durchführung und den Sinn der Gewalt analysieren zu können.[18] Auch die Folgen für die StadtbewohncrInnen und ihre Perspektive soll selbstverständlich in den Blick genommen werden – allerdings ohne ihre Sichtweise und damit das Bild einer barbarischen Soldateska einfach zu reproduzieren.

Nachdem Städte militärisch unter Kontrolle gebracht worden waren, kam es in vielen Fällen in kürzester Zeit zu vielen, routiniert ablaufenden Handlungsmustern; viele von diesen waren Rituale und es liegt nahe, diese vor allem auch als Mittel der symbolischen Einnahme der Stadt zu interpretieren.

---

16 Vgl. Ostwald, Representations of Honor; Lynn, Introduction; Duchhardt, Kugeln im Mund.
17 Vgl. Cassan, Krone, S. 136; Rieck, Frankfurt am Main unter schwedischer Besatzung, S. 57–61.
18 Vgl. zu Sturmangriffen im 18. Jahrhundert: Petersen, Belagerte Stadt, S. 303–318. Allgemeiner zum Sinn von frühneuzeitlicher Gewalt vgl.: Burschel, Das Heilige und die Gewalt.

Derartige Rituale, die die Städte als Gemeinwesen berührten, waren Huldigungen sowie Ratswahlen und -einsetzungen. Diese städtischen Rituale sind schon häufiger Gegenstand der historischen Frühneuzeitforschung gewesen, doch im Kontext einer Stadteroberung wurden sie bisher nicht behandelt.[19] Somit ist zu fragen, wie diese Rituale nach Stadteinnahmen abliefen, und vor allem, in welcher Verbindung sie zum Herrschaftswechsel standen. Handlungsmuster, wie das Schenken von Gaben oder das Erstatten von Kontributionen, tangierten Gemeinwesen finanziell, wobei allerdings enorme Differenzen bestanden: Geschenkpraktiken scheinen der Semantik der Kommunikation zwischen Stadtherrn und Stadt zu folgen, während das Einfordern von Kontributionen dezidiert ein Handlungsmuster des Krieges war.[20] Die Nahme von Caduca-Gütern wiederum betraf die jeweiligen Städte insofern, als dass damit in städtische Rechte sowie gegebenenfalls Rechte der Bürger eingegriffen wurde.[21] Wie diese drei Handlungsmuster sich zueinander verhielten, welche Folgen für Stadt und Einwohner sie jeweils hatten und in welcher Beziehung sie zur Art der Stadteinnahme standen, wurde bisher nicht ansatzweise geklärt und soll im Folgenden analysiert werden.

In eroberten Residenzstädte kam es ferner zu einigen Handlungsroutinen, die die Paläste und die dortigen Mobilien betrafen. Die Praxis der Quartiernahme eines Fürsten im Palast seines Gegners nach einer Stadteroberung beispielsweise wurde von der historischen Forschung zwar zur Kenntnis genommen, aber noch nicht eingehender erforscht.[22] Entsprechende Güterwegnahmen aus Residenzen hingegen wurden bereits analysiert, allerdings beschränkt sich diese Analysen auf herausragende Beuteobjekte oder den ›reziproken‹ Charakter von Güterwegnahmen.[23] Der Umgang mit gegnerischen Residenzen und deren Mobilia ist vor diesem Forschungshintergrund sicherlich eine vertiefte Analyse wert, denn aus dieser Perspektive betrachtet, sind Stadteroberungen auch ein

---

19 Vgl. allgemein: Holenstein, Huldigung der Untertanen; Holenstein, Huldigung und Herrschaftszeremoniell; Rogge, Kommunikation; Weller, Ort; Diener-Staeckling, Orte. Vgl. zusammenfassend: Stollberg-Rilinger, Rituale, S. 117–120.
20 Vgl. zu Kontributionen: Wilson, War Finance.
21 Vgl. Rieck, Krisenjahre, S. 143ff; Rieck, Frankfurt am Main unter schwedischer Besatzung, S. 252–256; Müller, Staat, S. 134ff.
22 Vgl. Junkelmann, Gustav Adolf, S. 425.
23 Vgl. vor allem: Tauss, Kunstschätze; Schilling, Symbolische Kommunikation, S. 195–198; Schilling, Kriegsbeute; Schilling, War Booty; Nestor, Kunst- und Kulturgüter; Wenzel, Objektbiographien; Öhman, Bedeutung der Kriegsbeute.

Mittel, um sich des persönlichen Besitzes eines gegnerischen Fürsten zu bemächtigen, was zweifellos ein symbolisch bedeutender Akt war.

Ebenfalls von Interesse ist der Umgang mit Kirchen, Klöstern und Stiften sowie ihrem geistlichen Personal nach der Stadteinnahme. Gerade aus stadtgeschichtlichen Untersuchungen ist bekannt, dass ›Besuche‹ von ständisch höherstehenden, protestantischen Akteuren in altgläubigen Kirchen und Klöstern der vormals gegnerischen Stadt kurz nach der Eroberung vorkamen und im gleichen Zeitraum auch fremdkonfessionelle Kirchen der eigenen Konfession ›zugeführt‹ wurden. Ersteres wurde von der bisherigen Forschung eher als Kuriosum abgetan, letzteres bisher vor allem für die katholische Seite in seiner rituellen Dimension untersucht.[24] Der Umgang der schwedischen Truppen mit geistlichem Personal der katholischen Kirche in eroberten Städten ist bis dato noch weitgehend unerforscht; aus Fällen, in denen die kaiserlich-ligistische Armee protestantische Städte besetzte, weiß man jedoch, dass vor allem während der Besatzungszeiten viele Veränderungen im Bereich des Konfessionellen erzwungen wurden.[25] Aus diesem Grund sollte man gerade auch die Phase kurz nach der Stadteroberung, in der die schwedische Armee noch vor Ort war, diesbezüglich besonders in den Blick nehmen.

Im Bereich der ›militärischen‹ Handlungsmuster nach Stadteroberungen hat die historische Forschung bis dato vor allem Fortifikationsmaßnahmen in den Blick genommen, allerdings erscheint es evident, dass es auch Besetzungspraktiken im engsten Sinne gab, wie die Sicherung von Toren oder zentralen Plätzen.[26] Zudem dürfte auch der Umgang der Besatzungstruppen mit den Einwohnern der eroberten Städte als potenzieller Faktor von Gewalt von Interesse sein.

Schon dieser eher summarische Überblick über – potenzielle – Handlungsmuster zeigt, dass Stadteinnahmen äußerst komplexe Handlungsgefüge gewesen sein dürften. Ihre Logik zu untersuchen erfordert daher, verschiedenste Routinen in den Blick zu nehmen.

Die Auswahl der behandelten Städte hierfür erfolgt von der Quellenlage ausgehend, wobei es – unter Zuhilfenahme insbesondere der stadtgeschichtlichen Literatur zu den jeweiligen Städten – gelang, vor allem für

---

24 Vgl. zu den ›Besuchen‹: Junkelmann, Gustav Adolf, S. 425. Vgl. zu den Umwandlungen: Törpsch, Krieg; Plath, Konfessionskampf, S. 236–239, 276ff und 289f; Groß, Prozessführung, S. 209f.
25 Vgl. Törpsch, Krieg; Plath, Konfessionskampf.
26 Vgl. zu den Fortifikationen: Schütte, Sicherheitsarchitekturen. Vgl. zur Sicherung der Tore allgemein: Landwehr/ Pröve, Räume, S. 674f.

die Städte Frankfurt an der Oder[27], Erfurt[28], Würzburg, inklusive der Festung
Marienberg,[29] Frankfurt am Main[30], Mainz[31], Bamberg[32], Nürnberg[33], Augsburg[34] und München[35] ein relativ vollständiges Bild der unterschiedlichen

27 Zur Eroberung Frankfurts an der Oder ist die Literatur- und Quellenlage nicht beson-
    ders gut; die einzigen modernen Arbeiten zu dieser Stadteinnahme sind diejenige von
    Siegfried Griesa sowie ein Ausstellungskatalog (vgl. Griesa, Glaubens- und Religions-
    konflikte; O. A., Frankfurt (Oder)). Nennenswert ist ansonsten noch die Arbeit von
    Felix Plage aus den 1930er Jahren (vgl. Plage, Einnahme der Stadt Frankfurt).
28 Zur Eroberung Erfurts ist die Literaturlage relativ gut: Zu nennen sind die älteren
    Darstellungen von Carl Beyer und Johannes Biereye (vgl. Beyer/ Biereye, Geschichte,
    insbesondere: S. 532–537) sowie von Franz Schauerte (vgl. Schauerte, Gustav Adolf,
    insbesondere: 6–14). Ferner gibt es eine neuere Darstellung durch Ulman Weiß (vgl.
    Weiß, Revolution, insbesondere: S. 138f). Eine Einordnung der politischen Lage Erfur-
    ts erfolgt bei Volker Press und Dieter Stievermann (vgl. Press, Kurmainz; Stievermann,
    Erfurt). Die Arbeit von Holger Berg ist der intellectual history zuzuordnen und trägt
    nur eingeschränkt zur Analyse der Eroberung bei (vgl. Berg, Occupation); ähnliches gilt
    für die Skizze von Thomas Kossert (vgl. Kossert, Schweden).
29 Zur Einnahme Würzburgs und zur Eroberung der Würzburger Festung Marienbergs
    ist die Literaturlage gut: Als Überblicksdarstellungen sind die Aufsätze von Bernhard
    Sicken, Hans-Wolfgang Bergerhausen und Ulrich Wagner zu nennen (vgl. Sicken, Drei-
    ßigjähriger Krieg; Bergerhausen, Würzburg; Wagner, Würzburg). Zur Eroberung des
    Marienbergs gibt es die Arbeiten von Franz Seberich und Max H. von Freeden (vgl.
    Seberich, Erstürmung; Freeden, Marienberg, insbesondere: S. 150–157). Die Wegnah-
    me von Bibliotheksbeständen in Würzburg behandelt Otto Walde (vgl. Walde, Bücher-
    raub). Am Rande werden die Würzburger Ereignisse auch in den politikgeschichtlichen
    Ausführungen von Reinhard Weber und Christa Deinert thematisiert (Weber, Würz-
    burg, insbesondere: S. 57–73; Deinert, Epoche, insbesondere: S. 47–62). Die Arbeit
    von Carl Gottfried Scharold entspricht nicht mehr modernen Standards (vgl. Scharold,
    Geschichte, insbesondere: S. 15–23). Zur allgemeinen Einordnung der Lage in Würz-
    burg ist der Aufsatz zum städtischen Rat Würzburgs von Hubert Drüppel sowie zu
    Klerikern und Religiosen in der Stadt derjenige von Alfred Wendehorst zu nennen (vgl.
    Drüppel, Ratsverfassung; Wendehorst, Stadt und Kirche).
30 Zur Einnahme Frankfurts am Main ist die Literaturlage nicht besonders gut: Die ein-
    zigen neueren Arbeiten stammen von Anja Rieck (vgl. Rieck, Frankfurt am Main unter
    schwedischer Besatzung; Rieck, Krisenjahre; Rieck, Frankfurt am Main und Mainz);
    in vielen Bereich grundlegend sind aber nach wie vor die älteren Arbeiten von Chri-
    stian Gotthold und Hermann Traut (vgl. Gotthold, Schweden, Bd. 1–4; Traut, Gustav
    Adolf). Für allgemeinere Einordnungen, etwa zur politischen und konfessionellen Lage,
    ist der Sammelband von Julia Schmidt-Funke und Matthias Schnettger zu nennen (vgl.
    Schmidt-Funke/ Schnettger, Stadtgeschichte[n]).
31 Zur Einnahme von Mainz ist die Literaturlage recht gut: Grundlegend ist die Monogra-
    phie von Hermann-Dieter Müller (vgl. Müller, Staat) sowie zwei weitere auf den Ergeb-
    nissen derselben basierende, fast identischen Aufsätzen (vgl. Müller, Schweden [2009];
    Müller, Schweden [2016]). Zwei kurze Überblicksdarstellungen, die auch die Stadtein-
    nahme thematisieren, haben Wolfgang Dobras und Anton Philipp Brück verfasst (vgl.
    Dobras, Stadt, insbesondere: S. 259–262; Brück, Mainz, insbesondere: S. 47–51). Auch
    im Werk von Franz Brendle über Anselm Casimir von Mainz wird die Stadteinnahme

thematisiert (vgl. Brendle, Erzkanzler, insbesondere: S. 311–321); ebenso in der älteren, stadtgeschichtlichen Arbeit von Ludwig Frohnhäuser (vgl. Frohnhäuser, Gustav Adolf, insbesondere: S. 96–103). Zur Einordnung der politischen Lage der Mainzer Stadtgemeinschaft ist ein Aufsatz von Wolfgang Dobras zu nennen (vgl. Dobras, Mainz um 1500). Die Arbeit von Franz Joseph Bodmann muss als veraltet gelten (vgl. Bodmann, Schweden, insbesondere: S. 21–60).

32 Zur Einnahme Bambergs ist die Literaturlage nicht besonders gut: Die Arbeit von Johannes Hasselbeck legt den Fokus vor allem auf die wirtschafts- und sozialgeschichtlichen Auswirkungen des Kriegs, bietet aber auch eine kurz, solide Ereignisgeschichte der Eroberung im Jahr 1632 (vgl. Hasselbeck, Dreißigjährige Krieg, insbesondere S. 99–102). Zentral sind ferner die Ausführungen von Karin Dengler-Schreiber (vgl. Dengler-Schreiber, Stadtgeschichte, S. 83f; Dengler-Schreiber, Zerstörung und Wiederaufbau). Die entsprechenden Ausführungen von Peter Engerisser sind extrem quellennah und verzichten weitgehend auf eine eigene Einordnung der Geschehnisse, und die einschlägigen Passagen bei Johann Looshorn entsprechen eher einer Quellensammlung (vgl. Engerisser, Kronach, S. 38ff; Looshorn, Geschichte, insbesondere: S. 213–222).

33 Zur Einnahme Nürnbergs ist die Literaturlage nicht besonders gut: Zu nennen sind die älteren Arbeiten von Stephan Donaubauer und Helmut Weigel (vgl. Donaubauer, Nürnberg; Weigel, Franken). Einen gewissen Überblick über die Einnahme Nürnbergs bieten die Ausführungen von Rudolf Endres und Wolfgang Wüst (vgl. Endres, Endzeit; Wüst, Städte). Von Franz Willax gibt es einige Spezialstudien zur Lage Nürnbergs 1631/1632 unter besonderer Berücksichtigung des Verteidigungswesens (vgl. Willax, Verteidigungswesen; Willax, Befestigungsanlagen; Willax, Antischwedischer Widerstand).

34 Zur Einnahme Augsburgs ist die Literaturlage gut: Grundlegend zur Eroberung Augsburgs sind die Arbeiten von Bernd Roeck (vgl. Roeck, Stadt, Bd. 2, insbesondere: S. 680–720; Roeck, Welt, insbesondere: S. 239–257). Zu nennen ist ferner der Aufsatz von Wolfgang E. J. Weber (vgl. Weber, Augsburg). Die Darstellung von Paul von Stetten aus dem mittleren 18. Jahrhundert ist im wesentlichen korrekt (vgl. Stetten, Geschichte, insbesondere: S. 152f und 161–188). Die modernen Aufsätze von Thomas Groll und Wolfgang Wüst sind hingegen wenig kohärent und bieten keine gute Darstellung der Ereignisse in Augsburg (vgl. Groll, Dreißigjährige Krieg; Wüst, Städte). Eine vergleichend Darstellung der konfessionellen und ratspolitischen Lage nach der Einnahme Augsburgs bietet die Arbeit von Paul Warmbrunn (vgl. Warmbrunn, Konfessionen). Mit der konfessionellen Lage im engeren Sinne in Augsburg nach der Stadteinnahme beschäftigt sich unter anderem die Monographie von Wolfgang Wallenta (vgl. Wallenta, Konfessionalisierung, insbesondere: S. 144–148). In diesem Zusammenhang sind ebenfalls die Aufsätze von Rolf Kießling und Wilhelm Liebhart zu nennen: Kießling beschäftigt sich mit protestantischen Kirchengemeinden, insbesondere der von St. Anna, und Liebhart mit dem Augsburger Benediktinerkloster St. Ulrich und Afra während der Zeit des Dreißigjährigen Kriegs (vgl. Kießling, Eckpunkte; Kießling, »Doppelgemeinde«; Liebhart, Benediktinerkloster St. Ulrich und Afra).

35 Zur Einnahme Münchens ist die Literaturlage relativ gut: Als zentral können die Ausführungen von Manfred Peter Heimers gelten (vgl. Heimers, Krieg, insbesondere: S. 26–40). Einen guten Überblick bietet auch die chronologische Überblicksdarstellung von Helmuth Stahleder (vgl. Stahleder, Chronik, insbesondere: S. 451–456); ebenso thematisiert der Aufsatz von Göran Rystad die Stadteinnahme (vgl. Rystad, Schweden, S. 424ff). Auch in den biographischen Werken von Marcus Junkelmann und Dieter Albrecht zu Gustav Adolf beziehungsweise Maximilian I. wird die Eroberung Münchens recht ausführlich behandelt (vgl. Junkelmann, Gustav Adolf, S. 424ff; Albrecht,

Praktiken der Stadteinnahme zu generieren. Hierdurch ist es möglich, jeweils ganze Gefüge von Praktiken und somit auch mögliche Wechselwirkungen aufzuzeigen.

Zudem kann es so gelingen, zahlreiche derjenigen Städte, deren Eroberung in den neueren Monographien zum Dreißigjährigen Krieg angeschnitten wird, in den Fokus zu rücken und damit wesentlich umfangreichere und genauere Darstellungen dieser Stadteinnahmen zu generieren. Dabei werden zahlreiche bedeutende Städte thematisiert, die in einer bestimmten Phase und Region eine zentrale Bedeutung hatte: Der Kampf um Frankfurt an der Oder war die erste umfangreichere Belagerung in Nordostdeutschland; die Einnahme Erfurts war eine der ersten Eroberungen einer größeren und bikonfessionellen Stadt in Mitteldeutschland und die Eroberung Würzburgs war eine der ersten Einnahmen einer größeren katholischen Stadt. Die Einnahmen von Frankfurt am Main und Mainz waren zentrale Eroberungen im Maingebiet und die Einnahmen von Bamberg und Nürnberg wichtige Stadteroberungen in Franken. Die Eroberungen von Augsburg und München gehörten zu den prestigträchtigsten Stadteinnahmen der schwedischen Armee überhaupt und zu denjenigen, die am weitesten im Süden des Reichs erfolgten.

Die Analyse dieser Stadteinnahmen hat zudem noch einen weiteren heuristischen Vorteil: Thematisiert werden so rein katholische (Würzburg, Mainz, Bamberg, München), rein protestantische (Frankfurt an der Oder, Nürnberg) und gemischtkonfessionelle Städte (Erfurt, Frankfurt am Main, Augsburg) sowie Residenzstädte (Würzburg, Mainz, Bamberg, München), Reichsstädte (Frankfurt am Main, Nürnberg, Augsburg) und Landstädte (Frankfurt an der Oder, Erfurt) sowie Städte, die per Akkord eingenommen wurden (Würzburg, Frankfurt am Main, Mainz, Nürnberg, Augsburg, München), und solche, die per Sturmangriff erobert wurden (Frankfurt an der Oder, Würzburger Marienberg). Auf diese Weise ist es möglich, die Logiken der jeweiligen Stadteinnahmen in den Blick zu nehmen sowie diese zum Teil auch vergleichend zu historisieren und dabei die Bedeutung der zeitlichen, räumlichen und sozialen Kontexte differenzierend einzuordnen.

Maximilian, S. 827–833). Immer noch hilfreich ist die ältere Darstellung von Ludwig Schaedel (vgl. Schaedel, Gustav Adolf). Zur Einordnung der politischen Lage der Stadtgemeinschaft ist ein Aufsatz von Reinhard Heydenreuter zu nennen (vgl. Heydenreuter, Magistrat). Zur Einordnung der wirtschaftlichen Lage und der Bevölkerungsentwicklung ist ein Aufsatz von Bernd Roeck hilfreich (vgl. Roeck, Bayern).

1. 2. Logik der Stadteinnahme – Logik des Kriegs

Die Logik von Stadteroberungen zu behandeln, fügt sich aber nicht nur in die aktuellen Debatten der historischen Forschung ein, da Stadteinnahmen seit einiger Zeit häufiger thematisiert werden, sondern auch, weil Logiken des Dreißigjährigen Kriegs selbst ein zentrales Thema der Forschung sind, das bisher aber in der Regel auf andere Weise behandelt wurde. Johannes Burkhardts zentrale Monographie zu dieser Thematik etwa beschäftigt sich grundlegende mit den Gründen des Kriegs und präsentiert zahlreiche bellizitäre Faktoren, die zur Eskalation des Konflikts beigetragen haben.[36] Der Dreißigjährige Krieg war demnach gleichzeitig ein Krieg um Rang und Ehre, die Konfession, die Ordnung von Gemeinwesen sowie ökonomische Gewinne – andere Historiker haben bestimmte Faktoren akzentuiert oder relativiert sowie weitere hinzugefügt: Axel Gotthard etwa betont, ja verabsolutiert, den konfessionellen Faktor, während Peter Wilson diesen zum Teil fast negiert; Christoph Kampmann hingegen fügte der Liste der bellizitären Faktoren den der militärischen Eigenlogik hinzu.[37]

Auch wenn die als wirkmächtig benannten bellizitären Faktoren bei all diesen Historikern differieren, so ist doch die eingenommene Perspektive in all diesen Fällen praktisch identisch: Burkhardt, Gotthard, Wilson, Kampmann und die meisten andere Autoren, die kürzlich Monographien zum Dreißigjährigen Krieg vorgelegt haben, betreiben klassische Politikgeschichte.[38] Ihr Interesse gilt dem Handeln an den Höfen, Kongressorten und Reichstagen, den Briefen der Fürsten, den Akten in den Zentralen sowie den ›politischen‹ Flugblättern und Flugschriften. Der Dreißigjährige Krieg, so könnte man etwas zugespitzt formulieren, wurde in dieser Perspektive in Wien, München, Heidelberg, Paris, Stockholm und Münster ›gemacht‹ – die Regionen, in denen es zu Kämpfen und Einquartierungen kam, werden hingegen kaum erwähnt und wenn dies geschieht, dann mit einer gewissen zusammenfassenden Distanz.

---

36 Vgl. Burkhardt, Dreißigjährige Krieg. Vgl. ebenfalls: Burkhardt, These vom Staatsbildungskrieg; Burkhardt, Suche nach dem Dissens; Burkhardt, Konfessionsbildung und Staatsbildung. Kritisch zu Burkhardts Position: Gotthard, Deutsche Konfessionskrieg; Gotthard, Protestantismus; Gotthard, 1618, 2018.

37 Vgl. Gotthard, Deutsche Konfessionskrieg; Gotthard, Protestantismus; Gotthard, 1618, 2018; Wilson, Causes of the Thirty Years War; Wilson, Dynasty; Wilson, The Thirty Years War as the Empire's Constitutional Crisis; Kampmann, Politischer Wandel, S. 53–61.

38 Vgl. dazu: Gantet, Kein Religionskrieg; Kaiser, 1618, S. 720–731.

Eine Arbeit, die sich dezidiert mit der Wirkmächtigkeit kriegerischer Logiken vor Ort beschäftigt, erscheint vor diesem Hintergrund als wichtige Ergänzung – und vielleicht sogar als gebotenes Korrektiv. Dies gilt umso mehr, da die meisten mikrogeschichtlichen Ausführungen zum Dreißigjährigen Krieg bellizitäre Logiken nur bedingt behandeln: Diese Arbeiten fertigen Dichte Beschreibungen vom Agieren im Kriegstheater an, wodurch es ihnen gelingt, die Folgen des Kriegs für große Teile der Bevölkerung sichtbar zu machen.[39] Gleichzeitig führte die Fokussierung auf die Bevölkerung – en passant – aber häufig auch zu einer Perspektive, in der vor allem die Gewalt gegen Stadt- und DorfbewohnerInnen thematisiert wird und diese vor allem als Opfer einer brutalen Soldateska erscheinen.

Durch die Beschäftigung mit Logiken von Stadteinnahmen könnte es jedoch gelingen, einen Beitrag zur Bellizität im Dreißigjährigen Kriegs zu leisten, indem das Agieren im Kriegsgebiet analysiert wird. Hierdurch kann sicherlich gezeigt werden, dass bestimmte Kriegstypen spezifische Routinen und Performanzen im Kriegstheater evozieren.[40] Wohl noch wichtiger ist jedoch, dass man auf diese Weise mit großer Wahrscheinlichkeit auch über Handlungsroutinen vor Ort Rückschlüsse auf Kriegsziele ziehen kann. Dabei erscheint es sinnvoll, den Fokus auf urbane Zentren zu richten, da diese soziale und räumliche Besonderheiten aufweisen, die bestimmte Handlungsweise erst ermöglichten: Städte verfügten über einen Rat, über eine teils reiche Sakrallandschaft und über Befestigungsanlagen; zudem gab es in manchen von ihnen eine fürstliche Residenz. Diese Gegebenheiten sind wichtig, denn die funktionellen Folgewirkungen von Stadteroberungen resultierten letztlich aus dem Status der jeweiligen Städte als politische Gemeinwesen, als Sakralgemeinschaften, als militärischer Raum sowie als Ort der Residenz; hierdurch unterscheiden sich Stadteinnahme grundlegend von Eroberungen von ländlichen Gebieten und waren in besonderen Maßen mit Effekten verbunden, die für die Logiken dieses Kriegs konstitutiv waren.

Dass der Dreißigjährige Krieg auch ein Konflikt um Reputation gewesen sei, wird in vielen Studien beispielsweise angemerkt, doch letztlich kaum belegt.[41] Zwar kann man mit guten Gründen annehmen, dass in der statusfi-

---

39 Vgl. grundlegend: Medick, Dreißigjährige Krieg; Medick, Orte; Medick, Krieg im Haus.
40 Vgl. Schindling, Kriegstypen; Tischer, Kriegstyp »Dreißigjähriger Krieg«; Wrede, Zähmung.
41 Vgl. etwa: Rohrschneider, Ensemble, S. 24; Kampmann, Politischer Wandel, S. 46ff.

xierten »Fürstengesellschaft«[42], in der praktisch kontinuierlich um Rang und Ehre gestritten wurde, auch der Dreißigjährige Krieg hierzu als Anlass und Mittel genutzt wurde.[43] Und auch, dass in der »heroischen Monarchie«[44] immer wieder versucht wurde, über martialische Selbstdarstellungen Ehre zu generieren, deutet auf diesen Nexus hin. Doch wirklich belegt wurde die Verbindung von der heroischen Fürstengesellschaft und dem Dreißigjährigen Krieg nur in zwei Arten von Spezialstudien: Der Analyse von Flugblättern zu Fürsten und Königen sowie der Untersuchung von Beutepraktiken in fürstlichen Palästen.

Die entsprechenden Untersuchungen zu Bild-Text-Flugblätter des Dreißigjährigen Kriegs legten ihren Fokus in der Regel auf Flugblättern, die eine reiche oder außergewöhnliche Metaphorik nutzten. Dabei konnten sie vor allem sprach- und bildwissenschaftlich interessanten Ergebnissen erzielen, diverse Heroisierungen und teils sogar Divinisierungen aufzeigen sowie diejenigen Flugblätter, die Friedrich V. nach der Niederlage in der Schlacht am Weißen Berg verspotteten, in ihren historischen Kontext einordnen.[45]

Für diese Untersuchung von größerem Interesse sind jedoch die Aufsätze über die Praktik des Beutenehmens in fürstlichen Palästen, denn hier werden über eine Handlungsroutine in eroberten Städten Rückschlüsse auf die Stellung des Dreißigjährigen Kriegs als Konflikt um Reputation gezogen. Susanne Tauss hat dabei überaus überzeugend die demütigenden Effekte dieser Praxis zeigen können, wobei die Studie sicherlich noch wesentlich dazugewonnen hätte, wenn sie stärker vergleichend argumentiert und dabei die weggenommenen Ding detaillierter in den Blick genommen hätte.[46] Dies gilt auch für die Ausführungen von Heinz Schilling, dessen Wertung, das Beutemachen in gegnerischen Palästen habe der Darstellung des eigenen Machtanspruchs gedient und nicht nur die »kulturelle Basis [des Gegners] zerstören [sollen], sondern auch und vor allem die – gottgewollte – Überlegenheit der eigenen Konfession repräsentierte [sic]«[47], eine äußerst interessante These darstellt. Diese gilt es aber

---

42 Krischer, Diplomatische Zeremoniell, Zitat im Titel. Der Begriff wurde im französischen Original maßgeblich von Lucien Bély geprägt (vgl. Bély, Société des Princes).
43 Vgl. zum Streit um Rang und Ehre allgemein: Rohrschneider, Reputation als Leitfaktor; Stollberg-Rilinger, Wissenschaft der feinen Unterschiede; Thiessen, Diplomatie.
44 Wrede, Inszenierung, Zitat im Titel.
45 Vgl. Schmidt, Leu; Aurnhammer, Held; Gilly, Publizistik; Schilling, Bildpublizistischen Kampagnen; Schilling, Medienspezifische Modellierung.
46 Vgl. Tauss, Kunstschätze.
47 Schilling, Symbolische Kommunikation, S. 196. Vgl. zudem: Schilling, Kriegsbeute; Schilling, War Booty.

durch eine eingehendere Analyse, die die konkret weggenommenen Mobilia
deutlich stärker berücksichtigt, noch näher zu belegen. Gleichwohl sind die
Aufsätze von Tauss und Schilling als überzeugende Versuche zu werten, über
Performanzen vor Ort Aufschluss über Kriegsziele zu erhalten. Indem man die
Beutegüter noch stärker berücksichtigt und auch andere Handlungsmuster in
eroberten Residenzen in den Blick nimmt, könnte man diese Ergebnisse aber
sicherlich noch vertiefen.

Die Bedeutung der Konfession für den Dreißigjährigen Krieg ist seit einiger Zeit umstritten.[48] Dabei fällt auf, dass vor allem die Bündnisse der jeweiligen Kriegsteilnehmer in der Forschungsdebatte eine zentrale Rolle spielen.[49]
Dies ist jedoch problematisch, da aus dem Schmalkaldischen Krieg bekannt
ist, dass konfessionelle Motive dissimuliert wurden, um fremdkonfessionelle
Bündnispartner nicht zu verschrecken, und es gibt Indizien, die auf derartige
Dissimulationspraktiken auch im Dreißigjährigen Krieg hindeuten.[50]

Von dieser Debatte ausgehend wäre es eigentlich aufschlussreich, die konfessionellen Handlungsroutinen und Performanzen in den Kriegsgebieten zum
Teil der Analyse zu machen.

Das Vorgehen der katholischen Seite wurde dementsprechend auch schon
in einigen Arbeiten mit grundlegenden Ergebnissen thematisiert: Es zeigte
sich, dass in militärisch-konfessionellen Akten fremdkonfessionelle Kirchen
›eingenommen‹, protestantische Geistliche ausgewiesen, fremdkonfessionelle
Schmähreden verfolgt, Hausgottesdienste verboten sowie Protestanten einsei-
tig mit Einquartierungen und Kontributionszahlungen belastet wurden.[51] Die
Praktiken, die protestantische Truppen und Obrigkeiten anwandten, wurden
bisher deutlich seltener thematisiert, so dass gerade auch ein Blick auf die Performanzen der angeblich so ritual-feindlichen Protestanten lohnenswert ist.[52]

---

48 Vgl. etwa: Burkhardt, Konfessionsbildung und Staatsbildung; Burkhardt, Suche nach
    dem Dissens; Gotthard, Deutsche Konfessionskrieg. Vgl. zur Einschätzung der Be-
    deutung der Konfession in den neueren Monographien: Gantet, Kein Religionskrieg,
    S. 673f.
49 Vgl. Zwierlein, Thirty Years‹ War; Müller, Absturz vom Grat; Burkhardt, Suche nach
    dem Dissens, S. 358f. Kritisch dazu: Gotthard, Böhmische Aufstand, S. 146–152; Gott-
    hard, Bedrohungsszenarien, S. 211–214.
50 Vgl. zur Dissimulation: Holzem, Gott und Gewalt, S. 404–410; Brendle/ Schindling,
    Religionskriege, S. 35–39; Brendle/ Schindling, Religious War, S. 166–173 und 178f.
    Vgl. zur Dissimulation im Dreißigjährigen Krieg: Tischer, Kriegstyp »Dreißigjähriger
    Krieg«, S. 13f.
51 Vgl. Törpsch, Krieg; Plath, Konfessionskampf.
52 Vgl. Medick, Orte; Medick, Dreißigjährige Krieg, S. 62–70.

Auf diese Weise kann man gleichzeitig die – gerade durch die Ausführungen Axel Gotthards aufgeworfene[53] – Frage beantworten, welchen Stellenwert Konflikte um geistlichen Besitz und Exerzitiumsrechte im Dreißigjährigen Krieg besaßen. In jedem Fall aber kann man mit der Analyse über konfessionell aufgeladene Handlungsmuster in eroberten Städten einen Beitrag zum Stellenwert des Konfessionellen im Dreißigjährigen Krieg leisten, der die in vielen Arbeiten anzutreffende Fokussierung auf das konfessionelle Agieren in den Zentralen durchbricht und stattdessen den Blick auf die Geschehnisse im Kriegsgebiet lenkt.

Die Dimension des Dreißigjährigen Kriegs als Konflikt um die Ordnung von Gemeinwesen ist deutlich weniger umstritten, allerdings unterscheiden sich entsprechende Studien stark darin, wo sie die Ebene des Konflikts verorten. Viele politikgeschichtliche Arbeiten verorten sie im Ringen zwischen Kaiser und Reichsfürsten um die Gestalt des Heiligen Römischen Reichs. Als zentrale Konfliktpunkte können auf dieser Ebene die gegen diverse Fürsten gerichteten kaiserlichen Gerichts- und vor allem Achtverfahren gelten, die Existenz eines (schlagkräftigen) kaiserlichen Heeres sowie die mit Konfiskationen verbundenen Erhebungen von kaiserlichen Klienten in den Fürstenstand durch das Reichsoberhaupt beziehungsweise die Neuvergabe der pfälzischen Kur an Maximilian von Bayern.[54]

Die Dimension des Dreißigjährigen Kriegs als Konflikt um die Ordnung von Gemeinwesen lässt sich aber auch auf der Ebene der Landesherrschaft verorten: Durch das militärische Agieren fremder Truppen vor Ort konnten landesherrliche Aufgaben in einigen Regionen nur noch in äußerst eingeschränkter Weise ausgeübt werden und Fürst und Landstände handelten vor dem Hintergrund der Kriegsbelastungen ihre Kompetenzen neu aus.[55]

Doch auch auf der Ebene der Städte lässt sich diese Dimension des Konflikts verorten, insofern Städte politische Gemeinwesen waren: Die Umbeset-

---

53 Vgl. Gotthard, 1618, 2018, S. 7f.
54 Vgl. zu den Achtverfahren: Kampmann, Reichsrebellion; Kampmann, Entstehung der Konkurrenz. Vgl. zum kaiserlichen Heer: Kaiser, Angstgetriebene Politik, S. 121f; Gotthard, Maximilian, S. 47ff. Vgl. zu Konfiskationen und Patronage: Wilson, Dreißigjährige Krieg, S. 514ff. Vgl. zur Neuvergabe der pfälzischen Kur: Kaiser, Pfalzpolitik, S. 123.
55 Vgl. zum Faktor der fremden Armee: Ehrenpreis, Dreißigjährige Krieg; Kaiser, Generalstaatliche Söldner. Vgl. zu den Landständen: Kaiser, Weg zur Selbstregierung; Kaiser, Vereinbarte Okkupation.

zung von städtischen Räten nach Stadteroberungen ist in einigen Fällen belegt, ebenso wie bereits die spezifische materielle Ausstattung von Rats- und Amtsstuben in besetzten Städten thematisiert wurden und die Bedeutung des Eides, den die Augsburger 1632 dem schwedischen König leisteten, behandelt wurde.[56] Gleichwohl muss man konstatieren, dass die Rolle von Städten als politische Gemeinwesen, deren Ordnung umkämpft war, bisher nur zögerlich und unsystematisch angegangen wurde. Gerade angesichts der umfangreichen Forschung zu frühneuzeitlichen Städten in Friedenszeiten, und insbesondere deren sozialer, religiöser und politischer Ordnung, ist diese Leerstelle besonders auffällig.[57] Vor allem ist dies aber auch insofern ein besonders bedauerliches Desiderat, da der Dreißigjährigen Kriegs als Konflikt um die Ordnung von Gemeinwesen offenbar auf diversen Ebenen wirkte und entsprechend auf verschiedenen Ebenen analysiert werden müsste – nicht zuletzt, um die entsprechenden Wirkungen erkennen und auch vergleichen zu können.[58] Aus diesem Grund kann eine Behandlung von eroberten Städten, die diese auch in ihrer Dimension als Gemeinwesen untersucht, einen nicht unwichtigen Beitrag leisten.

Die ökonomische Dimension des Dreißigjährigen Kriegs wurde lange Zeit vor allem darin gesehen, dass die gesteigerte Fähigkeit frühneuzeitlicher Gemeinwesen zur Erhebung von Steuern, Abgaben und Zöllen zu einer Vergrößerung der zum Krieg genutzten Ressourcen geführt habe.[59] Diese Perspektive ist sicherlich nicht falsch, doch zunehmend werden Kontributionen in den Blick genommen: Kontributionen waren Forderungen, die vor Ort von der Bevölkerung erhoben wurden und vor allem der Kriegsfinanzierung dienten, und wurden gerade in neu eroberten Gebieten erhoben.[60] Durch die Analyse von entsprechenden Handlungsroutinen in eroberten Städten könnte man also auch in diesem Bereich einen Beitrag leisten. Dabei ist in diesem Kontext auch kritisch zu fragen, inwiefern die teils horrenden Forderungen überhaupt durchgesetzt werden konnten und in welchem Maße ihnen neben ihrem funktionalen Zweck symbolische Bedeutung zukam, die die Dimension des Ökonomischen

56 Vgl. zu Ratsumbesetzungen: Warmbrunn, Konfessionen, S. 163–180. Vgl. zu den Rats- und Amtsstuben: Heyde, Kunstpolitik, S. 108. Vgl. zum Eid in Augsburg: Roeck, Stadt, Bd. 2, S. 688f; Weber, Augsburg, S. 273ff.
57 Vgl. exemplarisch zur Stadtforschung: Schlögl, Interaktion und Herrschaft; Hochmuth/ Rau, Machträume; Rau/ Schwerhoff, Räume.
58 Vgl. dazu auch: Bretschneider/ Duhamelle, Fraktalität.
59 Vgl. Burkhardt, Dreißigjährige Krieg, S. 178–198.
60 Vgl. Wilson, War Finance; Krüger, Kriegsfinanzierung.

überschritten: Derartige Fragen zur sozialen Praxis der Kontributionen wurden erst seit Kurzem aufgeworfen und sind noch nicht annähernd beantwortet.[61]

Die militärisch-strategische Logik des Dreißigjährigen Kriegs wird seit Kurzem auch stärker behandelt, allerdings vor allem in Form einer ›großen‹ Strategie: Das Eingreifen von Spanien, Frankreich und Schweden in den Krieg sei etwa auch Überlegungen an den dortigen Höfen geschuldet gewesen, dass wichtige, bisher weitgehen neutrale Gebiete in Folge des Krieges unter die Kontrolle ihrer Feinde geraten könnten.[62] Und Ferdinand II. habe die Strategie verfolgt, kaiserliche Anordnungen mit Drohungen und dem Aufmarsch von Truppen zu flankieren, was konfliktverschärfend wirkte, da die so Bedrohten ihrerseits militärisch aktiv wurden.[63] Das Agieren der Truppen vor Ort ist hingegen so gut wie nie ein Thema:[64] Eine Analyse dieser Thematik könnte aber aufzeigen, welche Formen der Krieg besaß – ein Krieg, in dem es viele Schlachten gab, ist etwas anderes als ein Krieg, der über Belagerungen oder das Agieren der leichten Truppen ausgefochten wurde. Heftige Kämpfe um Städte konnten deren baulicher Substanz schwere Schäden zufügen und die Städte auf diese Weise schwer schädigen oder im Extremfall sogar völlig verwüsten.[65] Zudem bedeutet eine hohe Anzahl von Stadteinnahmen auch, dass vor Ort häufig Herrschaftswechsel vollzogen und die konfessionelle und politische Ordnung der jeweiligen Städte womöglich verändert wurde. Derartige Veränderungen sowie hohe Kontributionsforderungen konnten die Stadtentwicklung nachhaltig beeinflussen, insbesondere, wenn sie Städte regelmäßig trafen.[66] Aus diesem Grund ist der Versuch, die Bedeutung von Stadteroberungen aufzuzeigen, auch ein nicht unwichtiger Versuch, den Charakter des Kriegs in den Blick zu nehmen. Allerdings soll noch ein weiterer Schritt gemacht werden – es soll gezeigt werden, welche militärische Logik Stadteinnahmen hatten: Waren es Versuche, über Defortifikation dem Gegner zukünftig Optionen zu nehmen?[67] Oder versuchte man vielmehr selbst befestigte Stützpunkte zu erhalten?[68]

---

61 Vgl. Wilson, War Finance.
62 Vgl. Rohrschneider, Ensemble.
63 Vgl. zu den kaiserlichen Drohungen: Brockmann, Dynastie, S. 246. Vgl. zur Reaktion: Kampmann, Politischer Wandel, S. 53–61.
64 Vgl. Kaiser, 1618, S. 771.
65 Vgl. Eickhoff/ Grothe/ Jungklaus, Schlacht, S. 36f.
66 Vgl. Dengler-Schreiber, Zerstörung und Wiederaufbau.
67 Vgl. zu dieser Praktik im Neunjährigen Krieg: Dosquet, Verwüstung, S. 334ff.
68 Vgl. zu dieser Praktik etwa: Externbrink, Richelieu; Hohrath, Eroberer, insbesondere: S. 69ff.

Über die Analyse der Logik von Stadteinnahmen kann man in vielen Punkten sicherlich auch zur Erforschung der Logik des Dreißigjährigen Kriegs beitragen, da man begründeter Weise von einem Nexus zwischen Kriegszielen und Handlungsroutinen in städtischen und ländlichen Kriegsgebieten ausgehen kann. In besonderem Maß traf dies allerdings wohl auf das Agieren in Städten zu, denn in diesen befanden sich zahlreiche für die frühneuzeitliche Gesellschaft zentrale Räume: Wichtige Kirchen, Stifte und Klöster befanden sich ebenso in Städten wie herrschaftliche Residenzen oder die zu den teils bevölkerungsreichen Stadtgemeinschaften gehörenden Ratshäuser.[69] Zudem waren Städte mit ihren Befestigungsanlagen, Zeughäusern und als Quartiere nutzbaren Wohnhäusern auch von militärischer Bedeutung.[70]

Zu diesen räumlichen Besonderheiten kommt auch noch eine Zeitliche: Nach Stadteroberungen kam es in der Regel innerhalb kürzester Zeit zu zahlreichen Ritualen und dem Beginn des Verwaltungshandelns der Eroberer, d.h. Stadteinnahmen waren oft mit einem raschen und umfangreichen Transformationsprozess verbunden. Beide Faktoren zusammen sorgten für eine enorme raum-zeitliche Dichte an Routinen, die offenbar kriegerischen Logiken folgten.

Es geht also bei der Erforschung der Logik von Stadteinnahmen nicht um einen Gegenstand von allein militär- oder stadtgeschichtlicher Relevanz, sondern vielmehr um eine Thematik, die auch klassische Fragestellungen der Politikgeschichte wesentlich tangiert. Einer mikrogeschichtlichen Prämisse folgend nutzbar gemacht wird dabei eine »kleinmaßstäbige Beobachtung [...], um damit einen weiten Horizont zu eröffnen«[71] (Hans Medick).[72] Eine solche Mikrogeschichte von Stadteroberungen ist somit auch gut geeignet, die bellizitäre Logik des Dreißigjährigen Kriegs vor Ort aufzuzeigen und damit die übliche politikgeschichtliche Herangehensweise sinnvoll zu ergänzen und zu erweitern. Hierzu gehört, über die in actu durchgeführten Praktiken ein Nexus zwischen Kriegstyp und -zielen einerseits und Handlungsmuster in Städten andererseits aufzuzeigen und dadurch bellizitäre Logiken zu eruieren. Zudem gilt es auch, die Grenzen zu zeigen, bestimmte Praktiken durchzuführen: Die angreifende (schwedische) Armee wird zweifellos nicht stets in der Lage gewesen sein, ihre

---

69 Vgl. Hochmuth/ Rau, Machträume; Rau/ Schwerhoff, Räume.
70 Vgl. Hohrath, Bürger.
71 Medick, Quo vadis Historische Anthropologie, S. 87.
72 Vgl. grundlegend: Medick, Mikro-Historie; Medick, Quo vadis Historische Anthropologie; Medick, »Missionare im Ruderboot«.

Strategie durchzusetzen, selbst wenn sie den Verteidigern klar überlegen war oder die Stadt bereits militärisch unter ihre Kontrolle gebracht hatte; vielmehr dürften in nicht wenigen Fällen die gegnerischen Truppen und vor allem die StadtbewohnerInnen die Möglichkeit gehabt haben, mit ihren Taktiken dies zu verhindern.[73] Somit wird auch Teil der Analyse, wie Akteure vor Ort dazu beitrugen, Praktiken und damit Logiken der Stadteroberung zu modifizieren.

1. 3. Theorie und Quellen

Um die Logik von Stadteinnahmen analysieren zu können, erscheint es sehr sinnvoll, praxeologisch vorzugehen, also Praktiken – verstanden als körperlich vollzogene, routinisierte und sinnhafte Handlungsweise, die in actu durchgeführt werden – ins Zentrum der Analyse zu rücken.[74] Dies impliziert, die Logik der Praxis durch die Erforschung von Praktiken zu identifizieren und dabei die Materialität, den repetitiven Charakter und die sinnstiftende Wirkung der Praktiken besonders zu beachten. Durch diese Fokussetzung bei der Erforschung von Stadteinnahmen werden diese heuristisch auf gewinnbringende Art fassbar, indem wichtige Aspekte ins Zentrum der Analyse rücken.

Die Betonung des körperlichen Vollzugs impliziert, dass menschlichen (und tierischen) Körpern, Dingen und Räumen – kurz: der Ebene des Materiellen – besondere Aufmerksamkeit geschenkt und ihr Anteil an der Durchführung von Praktiken dezidiert berücksichtigt wird.[75] Dabei wird davon ausgegangen, dass die Existenz von bestimmten Körpern, Dingen oder Räumen spezifische Praktiken sowohl ermöglichte als auch forcierte. Dies ist gerade für die Erforschung ›klassischer‹ Belagerungspraktiken wichtig, wo Artefakte, wie Kanonen oder Leitern, oder räumliche Arrangements, wie Mauern oder Laufgräben, eine bedeutende Rolle spielten.[76] Aber auch bei Verhandlungs- oder

---

73 Vgl. theoretisch zu Strategie und Taktik: Certeau, Kunst, S. 85–92; Füssel, Kunst der Schwachen, S. 18–22.
74 Vgl. theoretisch vor allem: Reckwitz, Grundelemente; Reckwitz, Unscharfe Grenzen. Vgl. aus historischer Perspektive vor allem: Füssel, Praxeologische Perspektiven; Füssel, Praktiken historisieren; Freist, Historische Praxeologie; Freist, Diskurse; Haasis/ Rieske, Einführung; Haasis/ Rieske, Runder Tisch.
75 Vgl. Reckwitz, Grundelemente, S. 290f; Reckwitz, Unscharfe Grenzen, S. 113ff; Haasis/ Rieske, Einführung, S. 27–32. Vgl. ebenfalls: Latour, Soziologie, S. 109–149.
76 Vgl. Peterse, Belagerte Stadt, insbesondere: S. 136–140, 152–167, 233–239 und 283–303; Hohrath, Bürger; Haas, Belagerungskrieg.

Beratungspraktiken waren Dinge in Form von Briefen oder Verträgen wichtig, um etwa Raum und Zeit zu überbrücken. Nicht vergessen sollte man zudem die verschiedenen Formen der Güterwegnahme, die ohne die entsprechenden Güter völlig inexistent wären, und deren Effekte wahrscheinlich in vielen Fällen nicht von den weggenommenen Dingen zu trennen sind.[77]

Die Beachtung von Routinen impliziert einen speziellen Blick auf Typisches und Spezifisches: Dass Praktiken repetitiv sind, bedeutet, dass sich Routinen herausbilden, aber nicht, dass diese nicht auch durchbrochen oder modifiziert werden könnten; viele Praxistheorien betonen vielmehr die Gleichrangigkeit von Routinen und ihren situativen Durchbrechungen.[78] Dies impliziert, jede Durchführung einer Praktik möglichst genau in den Blick zu nehmen, um Ähnlichkeiten und Unterschiede erkennen und damit Typisches und Spezifisches aufzeigen zu können. Wichtig ist dies insbesondere, da man so erstens Kontexte identifizieren kann, die zu Durchbrechungen der Routine führten, und zweitens Veränderungen der Praktik selbst erkennen kann. Gerade für Stadteroberungen ist eine solche Perspektive, die Routinen und Spezifika aufzuzeigen versucht, wichtig, denn bisher versuchte man Stadteinnahmen im Dreißigjährigen Krieg über wenige Fälle zu erforschen, denen man Exempelhaftigkeit attestierte.[79] Auf diese Weise wird die Anzahl der Beispiele stark erhöht, wodurch man wahrscheinlich wesentlich besser Typisches und Besonderes aufzeigen kann. Besonders die Durchbrechung von Routinen kommt dabei im Kontext von Stadteroberungen eine besondere Bedeutung bei, denn die Vermutung ist naheliegend, dass Gewalt im Kontext der Belagerung dabei eine besondere Rolle spielt. Zugleich sollte man aber auch einkalkulieren, dass die Routinen der Stadteinnahme auch modifiziert wurden: Zum einen könnte man vermuten, dass sich innerhalb der etwa zwei Jahre, in denen die schwedischen Truppen mit offenbar großer Effizienz Städte einnahmen, die Praktiken der Stadteroberung veränderten und eventuell effizienter wurden. Zum anderen nahm die schwedische Armee, seitdem sie 1631 nach Mitteldeutschland vorgerückt war, immer mehr bikonfessionelle

---

77 Vgl. überblicksartig: Tauss, Kunstschätze; Schilling, Symbolische Kommunikation, S. 195–198; Schilling, Kriegsbeute; Schilling, War Booty; Nestor, Kunst- und Kulturgüter; Wenzel, Objektbiographien; Öhman, Bedeutung der Kriegsbeute.
78 Vgl. Reckwitz, Grundelemente, S. 294f; Reckwitz, Unscharfe Grenzen, S. 120–124; Haasis/ Rieske, Einführung, S. 33–37; Freist, Historische Praxeologie 71f.
79 Vgl. exemplarisch: Rebitsch, Typologie der Kriegsführung, S. 36ff; Afflerbach, Kunst der Niederlage, S. 100–104; Münkler, Dreißigjähriger Krieg, S. 516f.

und altgläubige Städte ein, wodurch möglicherweise Praktiken, die das Konfessionelle berührten, verändert wurden.

Durch die Betonung der Sinnhaftigkeit von Praktiken wird der Fokus auf die Herstellung von Sinn gelenkt: Bedeutungsvoll sind Praktiken insofern, als dass sie im Vollzug performativ Sinn herstellen; d.h. Praktiken sind bereits im Vollzug mit Bedeutung aufgeladen, indem es – implizites oder explizites – Wissen um den Sinn bestimmter Praktiken gibt, sie also (sub-) kulturell verankert sind:[80] Dies kann auch dazu führen, dass unterschiedliche Gruppen verschiedene, aber jeweils hegemoniale Deutungen mit einer Praktik verbinden. Gleichzeitig kann Praktiken aber auch immer wieder explizit Sinn attestiert werden, der aber nicht unbedingt mit der Bedeutung übereinstimmt, die allgemein anerkannt ist oder von den durchführenden Akteuren intendiert wird.[81] Dabei kann man von einer Intermedialität sprechen, die sich in der Wechselwirkung von der Performanz der Praktik sowie Zuschreibungen und Bildern über die Praktik ergibt.[82] Diese Dimension von Praktiken ist in Bezug auf Stadteinnahmen von einiger Bedeutung, da insbesondere die Rolle von militärischen Ritualen bei Stadteroberungen eher selten erforscht wurde.[83] Zudem gibt es, trotz zahlreicher Studien zur Bedeutung extremer Gewalt in der Frühen Neuzeit, immer noch Leerstellen bei der Erforschung der performativ-sinnstiftenden Dimension von Sturmangriffen.[84] Die Möglichkeit, alternative zeitgenössische Deutungen aufzeigen zu können, ist überaus zielführend, da gerade zwischen den Angehörigen des Militärs und der Zivilbevölkerung die Wahrnehmung etlicher Praktiken differiert haben dürfte.[85] Zudem sollte man auch bedenken, dass über diverse Medien versucht worden sein könnte, die Bedeutung bestimmter Ereignisse zu Gunsten einer Seite umzudeuten.

---

80 Vgl. Reckwitz, Grundelemente, S. 291–294; Reckwitz, Unscharfe Grenzen, S. 115–120; Haasis/ Rieske, Einführung, S. 38–49.

81 Vgl. theoretisch dazu: Laclau/ Mouffe, Hegemonie, S. 144ff.

82 Vgl. zur Intermedialität: Emich, Bildlichkeit und Intermedialität. Vgl. dazu auch: Landwehr, Perspektiven; Füssel/ Neu, »Doing Discourse«. Vgl. zur Sinnerzeugung über Zuschreibungen theoretisch: Landwehr, Diskursanalyse; Foucault, Archäologie des Wissens; Foucault, Ordnung des Diskurses; Laclau/ Mouffe, Hegemonie. Vgl. zur Sinnerzeugung über Bilder theoretisch: Bachmann-Medick, Iconic Turn; Mitchell, Bildtheorie; Boehm, Bilder.

83 Vgl. zu dieser Einschätzung: Duchhardt, Kugeln im Mund, S. 134.

84 Vgl. exemplarisch zur Erforschung extremer Gewalt: Davis, Riten; Burschel, Das Heilige und die Gewalt.

85 Vgl. dazu vor allem: Lorenz, Rad.

Um Praktiken aber überhaupt erst identifizieren und analysieren zu können, gilt es, eine möglichst breite Quellenbasis zu schaffen.[86] Zeitgenössische
Quellen, die normativ beziehungsweise theoretisch bestimmte Praktiken thematisieren, werden dabei ergänzend auch einbezogen, doch zentral sind solche Quellen, die über konkrete, in actu durchgeführte Praktiken berichten. In
diesen Quellen sollten nicht ›nur‹ bestimmte Routinemuster erkennbar sein,
sondern nach Möglichkeit auch viele Einzelfälle mehrfach thematisiert werden,
so dass einzelne Beispiele für eine Praktik ganz genau, aus mehreren Perspektiven analysiert werden können. Dies ist sehr sinnvoll, da man auf diese Weise
eine gewisse Validität erhalten kann, dass bestimmte Details tatsächlich in actu
Bestandteil der Durchführung einer Praktik waren und es sich dabei nicht ausschließlich um eine ex post geschaffene Fiktion handelt.

Gleichzeitig soll über die Quellen jedoch auch gezeigt werden, wie die Zeitgenossen Praktiken deuteten und mit Sinn aufluden (was die Verbreitung von
fiktiven Elementen ausdrücklich miteinschließt). Auf diese Weise soll aus einer
dezidiert kulturgeschichtlichen Perspektive aufgezeigt werden, wie Praktiken
ex post Sinn erhielten und sie damit auch Teil eines Deutungskonfliktes werden konnten.[87] Die Fiktion von bestimmten Elementen ist dabei übrigens eine
überaus vielsagende Variante, denn auf diese Weise wurde durch die Veränderung von Details der Praktik ein völlig veränderter Sinn gegeben, was über das
Funktionieren ebendieser Praktik bestimmte Rückschlüsse zulässt.

Aus diesen Gründen sollen vor allem zwei Quellengattungen genutzt werden: Selbstzeugnisse und (zeitgenössische) Publizistik. Selbstzeugnisse – beziehungsweise Ego-Dokumente oder Autobiographien (die Termini lassen sich
nicht trennscharf voneinander abgrenzen) – wurden in der Frühneuzeitforschung seit einiger Zeit intensiv diskutiert.[88] Zudem wurde sie auch mit beacht-
lichen Resultaten in diesem Themenbereich als Quelle genutzt worden, wobei
es sogar ein eigenes Verzeichnis der Selbstzeugnisse des Dreißigjährigen Krieges

---

86   Vgl. Haasis/ Rieske, Runder Tisch, S. 212f.
87   Vgl. zur kulturgeschichtlichen Perspektive grundlegend: Daniel, Kulturgeschichte. Vgl.
     zu Deutungskonflikten: Stollberg-Rilinger/ Weller, Wertekonflikte.
88   Vgl. überblicksartig zu Selbstzeugnissen, Ego-Dokumenten und Autobiographien:
     Krusenstjern, Begriffskritische und quellenkundliche Überlegungen; Schulze, Ego-
     Dokumente; Jancke, Autobiographie als soziale Praxis; Jancke, Autobiographische
     Texte. Vgl. zur Anwendung in der Frühneuzeitforschung exemplarisch die diversen
     Beiträge zu frühneuzeitlichen Selbstzeugnissen in: Ulbrich/ Medick/ Schaser, Selbst-
     zeugnis und Person. Vgl. speziell zur Militärgeschichte: Pröve, Selbstzeugnisse als
     Quellengruppe.

gibt.[89] Dabei haben Selbstzeugnisse gerade für die Erforschung von Stadteinnahmen den Vorteil, dass man (wenn man Selbstzeugnisse von Bewohnern der
jeweiligen Stadt wählt) es mit Texten von Akteuren zu tun hat, die in actu vor
Ort waren. Gleichzeitig sollte man sich jedoch keine Illusionen von ›authen-
tischen‹ Berichten machen: Interessant ist diese Quellengattung vor allem, weil
Zeitgenossen sich selbst und ihnen wichtige Ereignisse mittels Selbstzeugnissen
immer wieder mit teils enormer Kreativität thematisierten und dabei Narrative
verwendeten, um bestimmte Deutungen zu evozieren.[90] Selbstzeugnisse sind
also bestens geeignet, um Deutungen von Leuten vor Ort zu analysieren, da sie
selbst komplexe Mittel der Sinnstiftung waren.[91] Sinn und Zweck von Selbstzeugnissen unterschied sich aber natürlich durch die jeweiligen Schreibsituati-
onen stark voneinander, was bedeutet, dass nach Möglichkeit immer der Kontext, in dem das Selbstzeugnis entstand, einbezogen werden sollte, um Narrative
und intendierte Zwecke genau erfassen zu können.[92] Zudem differierte auch
der Grad der (expliziten) Selbstthematisierung von Texten, in denen der Autor
sich, seine Deutungen und seine Emotionen ins Zentrum stellt, zu Selbstzeugnissen, in denen sich der Verfasser nur am Rande selbst thematisiert.[93]

Eines der bekanntesten Selbstzeugnisse, das des Söldners Peter Hagendorf
(belegt ab 1625, gestorben 1679), wird an einigen Stellen auch eine gewisse
Rolle spielen, aber keine besonders Große, da Hagendorf nur wenig ausführlich
über Belagerungen und Stadteinnahmen berichtet.[94]

Eine sehr viel wichtigere Rolle werden die Ausführungen des calvinisti-
schen, schottischen Adligen Robert Monro (belegt ab 1615, gestorben 1680)
spielen, der 1626–1629 in dänischen und 1630–1633 in schwedischen Diensten im Dreißigjährigen Krieg als Offizier kämpfte. Monro veröffentlichte 1637
eine Beschreibung seiner Kriegserlebnisse, in denen er chronologisch geordnet
erwähnenswerte militärische Aktionen thematisierte und anschließend kom-
mentierte; sein Werk ist als Militärtraktat, insbesondere für die Infanterie,
konzipiert, kann durch die Beschreibungen des selbst Erlebten und die Selbst-

89 Vgl. beispielhaft: Medick, Dreißigjähriger Krieg; Bähr, Komet; Burschel, Himmelreich
    und Hölle. Vgl. zum Verzeichnis der Selbstzeugnisse: Krusenstjern, Selbstzeugnisse der
    Zeit des Dreißigjährigen Krieges.
90 Vgl. Hartmann/ Jancke, Roupens Erinnerungen, S. 32; Ziep, Erzählen ohne Ende.
91 Vgl. Jancke, Autobiographie als soziale Praxis.
92 Vgl. Hartmann/ Jancke, Roupens Erinnerungen, S. 32; Jancke, Autobiographische
    Texte.
93 Vgl. Krusenstjern, Begriffskritische und quellenkundliche Überlegungen, S. 464f.
94 Vgl. Peters, Hagendorf.

thematisierungen zweifellos als Selbstzeugnis gelten. Zu berücksichtigen ist allerdings, dass Monro die Intention hatte, sich als militärischen Experten in Szene zu setzen, und dementsprechend sein Werk gestaltete.[95]

Für das Thema der Stadteinnahmen überaus fruchtbar sind zudem etliche Selbstzeugnisse von zivilen Akteuren, von denen die meisten in Städten lebten, die durch die schwedische Armee eingenommen wurden. Derartige Selbstzeugnisse sind vor allem von Bewohnerinnen und Bewohnern Erfurts, Würzburgs, Frankfurts am Main, Bambergs, Augsburgs und Münchens überliefert; auch aus diesem Grund werden diese Städte in besonderen Maßen in den folgenden Ausführungen eine Rolle spielen.

Als wichtige Quelle für die Einnahme Erfurts kann das Selbstzeugnis des Caspar Heinrich Marx (1600–1635), Doktor der Theologie und Kanoniker des Kollegiatstifts St. Maria in Erfurt, gelten, das im Rahmen des Projekts ›Mitteldeutsche Selbstzeugnisse der Zeit des Dreißigjährigen Krieges‹ digitalisiert wurde.[96] Dieses hat teilweise den Charakter eines Rechenschaftsberichts gegenüber dem Mainzer Erzbischof und akzentuiert oftmals das Leiden der Altgläubigen, doch – abgesehen von der latent tendenziösen Darstellung – ist es eine bemerkenswert ergiebige Quelle über die Lage der Katholiken, und insbesondere der katholischen Religiosen und Kleriker, in einer von Protestanten besetzten Stadt.[97]

Für die Einnahme Würzburgs und der Festung Marienberg ist der Bericht des Joachim Ganzhorn zentral, den dieser wohl auf Bitten des städtischen Rats verfasste, um dem Elekten – also dem gewählten Bischof[98] – das Agieren der Würzburger bei der Stadtübergabe und während der schwedisch-weimarischen Herrschaft rechtfertigend zu schildern.[99] Er akzentuierte daher immer wieder den von schwedischer Seite ausgeübten Zwang auf die Einwohner Würzburgs und Übergriffe schwedischer Soldaten, insbesondere gegenüber altgläubigen

---

95 Vgl. Mahr, Robert Monro. Vgl. zu Person und Werk Monros die Einleitung von Helmut Mahr in der Quellenedition: Mahr, Robert Monro, S. 9ff.
96 Vgl. LHASA, MD, A 37b I, II IX Nr. 15. Vgl. zur digitalisierten Edition: Marx, Diarium Actorum.
97 Vgl. zu Marx und der Quellen: Berg, »Diarium Actorum«; Berg, Occupation, S. 293f.
98 Vgl. zum Elektenstatus des Franz von Hatzfeld: Leo, Würzburg, S. 88f.
99 Vgl. zu dieser Quelle die grundlegende Edition von Christian Leo: Leo, Würzburg. Leos Edition umfasst mehrere überlieferte Varianten des Textes, soweit nicht anders angegeben, wird im Folgenden Variante B verwendet. Vgl. zum Schreibanlass: Leo, Würzburg, S. 193f und 203f.

Geistlichen und Einrichtungen. Dr. iur. Joachim Ganzhorn war Rat des Bischofs von Würzburg und – zumindest in jüngeren Jahren – Kleriker; er wurde vor 1592 geboren und starb 1645.[100] Während der Besatzungszeit war er in Diensten der neuen Herren, fiel aber in Ungnade, da er eigenmächtig katholische Pfarrer in die ländlichen Gebiete um Würzburg herum holte.[101]

In den Schriften von Marx und Ganzhorn kommt es nur selten zu expliziten Selbstthematisierungen, was die Frage aufwerfen könnte, ob es sich bei diesen Texten überhaupt um Selbstzeugnisse handelt; allerdings dienten die beiden Schriften jeweils offenbar als Rechenschaftsberichte, die das Agieren der Akteure vor Ort, inklusive der Verfasser, rechtfertigen sollten, sodass sie zweifellos als implizite, sich neutral gebende Selbstthematisierungen gelten können.[102]

Eine vor allem für die Ereignisse kurz vor der Einnahme der Stadt Würzburg durch die schwedischen Truppen interessante Quelle ist das Selbstzeugnis des Jesuiten und berühmten Universalgelehrten Athanasius Kircher (1602–1680), der die Geschehnisse auf sehr aufschlussreiche Art bei seiner Selbstthematisierung nutzte.[103]

Eine der wichtigsten Quelle zur Einnahme der Stadt Bamberg ist das Selbstzeugnis der Maria Anna Junius, die Nonne im Bamberger Dominikanerinnenkloster war und äußerst detailreich über die Eroberung der Stadt berichtete.[104]

Als zwei der wichtigsten Quellen zur Einnahme Augsburgs durch die schwedische Armee im Jahr 1632 können die Selbstzeugnisse des Jakob Wagner (1570–1649) und des Philipp Hainhofer (1578–1647) gelten.[105] Beide waren wohlhabende Mitglieder der Augsburger Elite und Protestanten, Wagner war Kaufmann und Hainhofer war ein berühmter und mit zahlreichen Fürsten des Reichs vernetzter Kunstagent.[106] Die beiden Augsburger zählten zu den sogenannten ›Schwedengeschlechtern‹, d.h. sie gehörten zu denjenigen protestantischen Akteuren, die nach der Stadteinnahme 1632 in den Rat aufgenommen

---

100 Vgl. zur Person Ganzhorns: Leo, Würzburg, S. 152–210.
101 Vgl. Weber, Würzburg, S. 69–73.
102 Vgl. Kaiser, 1618, S. 763f; Leo, Würzburg, S. 193f und 203f.
103 Vgl. zum Selbstzeugnis: Kircher, Vita. Vgl. zu Kircher: Godwin, Theatre; Findlen, Athanasius Kircher; Bähr, Waffen des Athanasius Kircher. Eher populärwissenschaftlich: Glassie, Mann.
104 Vgl. Hümmer, Bamberg, insbesondere: S. 30–34.
105 Vgl. zu den Selbstzeugnissen: Roos, Chronik; Emmendörffer, Welt.
106 Vgl. zu Hainhofer: Wenzel, Akteur; Stetten, Philipp Hainhofer; Seibold, Hainhofers »Freunde«.

wurden, wobei beide zugleich als Baumeister fungierten.[107] Beide Quellen haben eine pro-protestantische und schwedenfreundliche Tendenz und Hainhofer
neigt in seinem Selbstzeugnis zu einer deutlichen Akzentuierung seiner Person.[108] Des Weiteren haben noch zwei weiter Augsburger Protestanten wichtige
Selbstzeugnisse verfasst, die zur Analyse der 1632 angewandten Praktiken nützlich sind, auch wenn sie bei Weitem nicht den Detailreichtum der Selbstzeugnisse Wagners oder Hainhofers besitzen: Der gelehrte Arzt Dr. Philipp Hoechstetter (1579–1635) und der Architekt und langjährige städtische Baumeister
Elias Holl (1573–1646).[109]

Für die Einnahme Münchens ist das Selbstzeugnis des Johannes Hellgemayr (vor 1584–1634/1635), der Musiker am Hof Maximilians I. war, eine
wichtige Quellen.[110] Auch die Aufzeichnungen des Mönchs – und späteren
Abts – des Benediktinerklosters Andechs Maurus Friesenegger (1590–1655)
sind gerade im Hinblick auf die Ereignisse in dieser Stadt aufschlussreich.[111]

Die zeitgenössische Publizistik über den Krieg beziehungsweise einzelne
Stadteinnahmen soll ebenfalls als Quelle genutzt werden, um Praktiken zu rekonstruieren und ihre Aufladung mit Sinn zu analysieren. Die zum Teil überaus
detailreichen Berichte über konkrete Stadteroberungen erscheinen durchaus
geeignet, zur Analyse von Praktiken beizutragen, gerade auch, da derartige Pu-
blizistika dezidiert den Anspruch erhoben, ›wahrhaftig‹ zu berichten, und diese
Selbstzuschreibung, was Stadteroberungen im Dreißigjährigen Krieg betrifft,
laut der Arbeit von Annette Hempel auch durchaus zutreffend sei.[112] Gleichzeitig sind publizistische Quellen aber vor allem auch interessant, weil es zu
einer starken Medialisierung des Dreißigjährigen Kriegs kam, bei der Berichte
über den Krieg – die es praktisch auch zu jeder Einnahme einer größeren Stadt
gab – zu einem Teil der Auseinandersetzung wurden.[113] Derartige (parteiische)
Berichte über den Dreißigjährigen Krieg hat die Frühneuzeitforschung in der
Vergangenheit immer wieder mit großen heuristischen Gewinnen thematisiert

---

107 Vgl. zu den ›Schwedengeschlechtern‹: Roeck, Stadt, Bd. 2, S. 715–720.
108 Vgl. Roeck, Stadt, Bd. 2, S. 716.
109 Vgl. Herz, Tagebuch; Meyer, Hauschronik.
110 Vgl. Leuchtmann, Aufzeichnungen, insbesondere: S. 205–210.
111 Vgl. zum Selbstzeugnis: Friesenegger, Tagebuch. Vgl. zur Person und Quelle auch: Ri-
     chier, Fatalismus, insbesondere: S. 71–75.
112 Vgl. zum Anspruch der Publizistik: Weißbirch/ Carl, Präsenz und Information, S. 92f.
     Vgl. zu den Stadteroberungen: Hempel, Untersuchung.
113 Vgl. etwa: Medick, Dreißigjährige Krieg, S. 273–277.

und als wichtige Medien der zeitgenössischen Sinnstiftung identifiziert.[114] Die bereits angesprochene Arbeit von Hempel etwa thematisiert speziell Flugblätter über Stadteroberungen und Schlachten (wobei allerdings die Kürze der Betrachtung der einzelnen Stadteinnahmen und die dichotome Unterscheidung der Berichte in ›objektiv‹/ ›realistisch‹ und ›unrealistisch‹, ohne groß auf Akzentuierungen einzugehen oder diese gar historisch einzuordnen, aus kulturgeschichtlicher Perspektive skeptisch stimmt).[115] Vor diesem Hintergrund erscheint eine Nutzung von publizistischen Quellen über Stadteinnahmen überaus sinnvoll.

Als eine der wichtigsten publizistischen Quellen der Frühen Neuzeit können sicherlich Flugblätter gelten, was nicht zuletzt an deren enormer Verbreitung lag.[116] An der Quelle der Einblattflugblätter besonders hervorzuheben ist die Kombination aus Bild und Text, wie es vor nicht allzu langer Zeit Birgit Emich getan hat.[117] Aus dieser Intermedialität konnte sich ein Spannungsfeld zwischen Text und Bild ergeben, wobei Flugblätter überhaupt eine der wichtigsten Bildquellen der Frühen Neuzeit waren. Aus diesem Grund gilt es zum einen die Bilder selbst – unter den bildtheoretischen Prämissen des pictorial turns beziehungsweise iconic turns[118] – als Medien der Sinnstiftung zu analysieren und zum anderen auch, Wechselwirkungen zwischen Bild und Text aufzuzeigen.

Neben dieser zur Erforschung von Sinnstiftungen geradezu ›klassischen‹ Quellenart sollen aber auch historiographische Werke zur Analyse von Stadteroberungen und deren Deutungen herangezogen werden. Die Möglichkeiten mit dieser Quellengattung einen Beitrag zur Erforschung des Dreißigjährigen Krieges zu leisten, hat vor nicht allzu langer Zeit Hans Medick mit seiner Analyse der Deutungen der Schlacht von Lützen aufgezeigt.[119] Neben dem berühmten – und von Medick genutzten – ›Theatrum Europaeum‹, einem mehrbändigen, zeitgenössisch erschienenem Geschichtswerk, das (anfangs) von Matthäus Merian (1593–1650) herausgegeben wurde und dessen ersten

---

114 Vgl. Medick, Dreißigjährige Krieg, S. 269–294; Medick, Druck des Ereignisses; Medick, Wallensteins Tod; Tschopp, Heilsgeschichtliche Deutungsmuster; Tschopp, Wallenstein. Vgl. speziell zu Belagerungen auch: Böning, Dreißigjähriger Krieg und Öffentlichkeit, S. 327–332.
115 Vgl. Hempel, Untersuchung.
116 Vgl. zum frühneuzeitlichen Flugblatt grundlegend: Schilling, Bildpublizistik; Harms/ Schilling, Illustrierte Flugblatt; Harms/ Messerli, Wahrnehmungsgeschichte.
117 Vgl. Emich, Bildlichkeit und Intermedialität.
118 Vgl. Bachmann-Medick, Iconic Turn; Mitchell, Bildtheorie; Boehm, Bilder.
119 Vgl. Medick, Dreißigjährige Krieg, S. 279–283; Medick, Druck des Ereignisses.

beiden, die Jahre von 1617 bis 1633 thematisierenden Bände Johann Philipp Abelinus (1600–1634) verfasste, gab es noch viele andere, wichtige Werke, die in den folgenden Ausführungen ebenfalls genutzt werden sollen.[120] Zu nennen sind etwa die von Franz Christoph Khevenhüller (1588–1650) verfassten ›Annales Ferdinandei‹, einem pro-katholischen, habsburg-freundlichen Werk, das die Jahre der Herrschaft Kaiser Ferdinands II. thematisiert.[121] Des Weiteren genutzt werden die dezidiert schwedenfreundlichen Werke von Bogislaus Philipp von Chemnitz (1605–1678) und Samuel von Pufendorf (1632–1694), die ebenfalls einige Bekanntheit (nicht zuletzt in der Forschungslandschaft) erlangt haben.[122] Zumindest in der modernen Geschichtswissenschaft weitaus weniger bekannt ist das mehrbändige Werk des Matthaeus Lungwitz (1582–1655), das äußerst zeitnah zu den Ereignissen in panegyrischen Tonfall die Kriegszüge des schwedischen Königs Gustav II. Adolf beschrieb und im Folgenden ebenfalls als Quelle genutzt werden soll.[123]

120 Vgl. als entsprechenden Band dieser Reihe: Abelinus/ Merian, Theatri Europaei. Vgl. zum ›Theatrum Europaeum‹: Medick, Druck des Ereignisses, S. 418–421; Medick, Dreißigjährige Krieg, S. 274.
121 Vgl. Khevenhüller, Annales, Bd. 11; Khevenhüller, Annales, Bd. 12.
122 Vgl. Chemnitz, Kriegs; Pufendorf, Kriegs-Geschichte.
123 Vgl. Lungwitz, Josua Redivivus; Lungwitz, Josua Et Hiskias; Lungwitz, Imperator Theodosius Redivivus; Lungwitz, Judas Maccabaeus.

2. Vorbereitungen in der Stadt auf Belagerungen

* * *

2. 1. Schwedische Stadteinnahmen 1630–1632: Wissen und Zukunftserwartungen

Das Wissen um militärische Situationen und seine mediale Vermittlung besaß in der Zeit des Dreißigjährigen Kriegs eine große Bedeutung.[1] Gerade dem Wissen um Stadteinnahmen dürfte zeitgenössisch einige Relevanz zugekommen sein, denn für das Agieren der zivilen und militärischen Akteure in anderen, möglicherweise bedrohten Städten hatte dieses sicherlich grundlegende und entscheidende Bedeutung, da diese zweifellos ihr zukünftiges Handeln auf diese Informationen abgestimmt haben dürften.[2]

Wissen und Zukunftserwartungen vor Ort

Der gelehrte Jesuit Athanasius Kircher, der 1631 in Würzburg lehrte, schildert dieses Jahr, *cum totâ Germaniâ Cæsari subjuga*tâ, *alta apud Catholicos pax resideret [als, nachdem ganz Deutschland dem Kaiser unterworfen worden war, ein tiefer Frieden bei den Katholiken blieb]*[3], folgendermaßen:

ecce novi & repentini bellorum turbines omnia fusque deque verterunt; Siquidem Gustavus Rex sveciæ post adeptam [sic] contra Tillium victoriam cum exercitu suo summa velocitate versus Franconiam movit, ubi uti omnes imparatos ex improvisa irruptione invenit, ita facile & sine ulla resistentia intra binarum hebdomadarum spatium totam sibi Franconiam subjecit [Siehe, die neuen und unvermuteten Wirrungen der Kriege stürzten alles auf und ab; weil ja der König der Schweden Gustav, nach dem errungenen Sieg gegen Tilly, mit seinem Heer sehr schnell nach Franken zog, wo er in Folge des unvorhergesehenen Einfalls alle unvorbereitet vorfand, unterwarf er sich unter diesen Umständen einfach und ohne irgendeinen Widerstand innerhalb zweier Wochen das gesamte fränkische Gebiet].[4]

---

1   Vgl. Medick, Dreißigjährige Krieg, S. 269–277.
2   Vgl. zur medialen Verbreitung von Wissen über Stadteinnahmen: Hempel, Untersuchung; Böning, Dreißigjähriger Krieg und Öffentlichkeit, S. 327–332.
3   Kircher, Vita, S. 38.
4   Ebd.

Diese Beschreibung wirkt zumindest aus der Retroperspektive durchaus erklärungs- und einordnungsbedürftig, da der Dreißigjährige Krieg bekanntermaßen schon seit 1618 währte. Möglicherweise wird diese Aussage jedoch erklärbar, wenn man die – im wissenssoziologischen Sinne[5] – Standortgebundenheit Athanasius Kirchers beachtet: Die Wahrnehmung um 1600, darauf ist schon oft hingewiesen worden, war stark konfessionell geprägt, und Kircher charakterisierte den Frieden selbst als Frieden für die Katholiken.[6] Wie sich die Lage der Protestanten beziehungsweise in den mehrheitlich protestantischen Gebieten weiter im Norden des Reichs gestaltete, spielte für den Jesuiten bei dieser Wertung möglicherweise keine große Rolle. Man könnte diese Beschreibung also durchaus als Beispiel einer konfessionell-altgläubigen Wahrnehmung deuten, bei der allein die ›positive‹ Lage der Katholiken zählte. Jegliche – auch militärische – ›Erfolge‹ gegen die Protestanten wurden dabei als wünschenswert betrachtet, während Leid ›der Anderen‹ keinerlei oder zumindest keine große Rolle spielte.[7] Der Frieden Kirchers wäre also gewissermaßen ein exkludierender Frieden, der nur die Altgläubigen einschloss, und ein Unterworfen-sein unter den katholischen Kaiser demensprechend (tendenziell) positiv.[8]

Die Standortgebundenheit Kirchers spielte aber sicherlich auch in anderer Hinsicht eine Rolle, insofern er 1631 in Würzburg lebte, während der Krieg – ab etwa 1625 – weiter im Norden, etwa im niedersächsischen Kreis oder in Mecklenburg und Brandenburg, geführt wurde: Es wäre also durchaus möglich, dass der Jesuit diesen Kämpfen keine Bedeutung beimaß oder vielleicht nicht einmal von ihnen Kenntnis besaß. Dieses Phänomen der räumlich nur sehr begrenzten Thematisierung von Ereignissen rund um den Heimatort ist in der Forschung zu frühneuzeitlichen Selbstzeugnissen durchaus bekannt.[9]

---

5 Vgl. Bourdieu, Meditationen, S. 168–175; Bourdieu, Vernunft, S. 15–23.
6 Vgl. speziell zu Kircher: Bähr, Komet, S. 154f. Vgl. allgemein etwa: Schilling, Fundamentalismus.
7 Vgl. eher makrogeschichtlich argumentierend: Burkhardt, Dreißigjährige Krieg, S. 128–143; Burkhardt, Friedlosigkeit, S. 548–555; Gotthard, Bedrohungsszenarien, S. 228; eher mikrogeschichtlich argumentierend etwa: Thiessen, Identitäten, S. 116–121.
8 Vgl. zum exkludierenden Frieden: Gotthard, Notwendige Krieg. Vgl. zur konfessionell aufgeladenen Rolle des Kaisers nach 1600: Stollberg-Rilinger, Kleider, S. 165–172; Gotthard, Protestantismus, S. 65–68; Gotthard, Ursachen, S. 56; aus konservativerer Sicht: Brockmann, Fundamentalismus.
9 Vgl. Burkhardt, Dreißigjähriger Krieg, S. 16; Denzler, Kriegstote, S. 87f.

Doch sind im Falle Athanasius Kirchers durchaus Zweifel angebracht, seine Aussage als Unkenntnis zu deuten, denn bei dem gelehrten Jesuiten spielten auch noch andere Sinneinheiten eine Rolle (dazu später mehr). Und erst recht läge man falsch, von einer allgemeinen Unwissenheit um die militärischen Aktivitäten Gustav Adolfs auszugehen.[10]

Der spätere Abt des Klosters in Andechs bei München, Maurus Friesenegger, beschrieb die Jahre 1630 und 1631 beispielsweise gänzlich anders, indem er auf die Ablässe und Andachten verwies, die zur *Abwendung [von] Krieg, und Pest*[11] ausgerufen wurden, nicht zuletzt, da schon 1630 *der Krieg immer fürchterlicher zu werden, und uns näher zu kommen scheint*[12]. Der 1630 eigentlich weitab von München und ganz Bayern geführte Krieg wurde also dort – zumindest rudimentär – beachtet und als besorgniserregend und näherkommend wahrgenommen sowie als Gefahr (für Bayern), die abgewendet werden müsse.

Zwei Jahre später, in den Wintermonaten Anfang 1632, versah Johannes Hellgemayr, der Musiker am Hof Maximilians in München war, die in seinem Selbstzeugnis erwähnten Stadteinnahmen durch die schwedische Armee wiederholt mit *Gott erbarme sich vnser*[13], während der lutherische Pfarrer Johannes Schlayß auf der schwäbischen Alb im gleichen Jahr bei solchen Erwähnungen vermerkte, *[w]as nun der König us Schweden weiter werd tentieren, wird die Zeit geben*[14] sowie *was er [Gustav Adolf] tentieren werde, wird bald folgen*[15]: Spätestens am Beginn des Jahres 1632 wurde das, was als möglich und durch die schwedische Armee als durchführbar wahrgenommen wurde, auch im süddeutschen Raum als relativ umfangreich charakterisiert – so umfangreich, dass man keine Prognosen wagen wollte oder auf katholischer Seite Gott um Hilfe bat. Im Gegensatz zu Athanasius Kircher, der die Zukunft des Jahres 1631 quasi als geschlossen beschrieb, beschrieb man spätestens Anfang 1632 mehrheitlich eine offene Zukunft, in der in Bezug auf Gustav Adolf und seiner Armee Einiges als möglich erachtet wurde.[16]

10 Anders hingegen stellt es für den Würzburger Fall Andreas Bähr dar (vgl. Bähr, Komet, S. 155).
11 Friesenegger, Tagebuch, S. 14.
12 Ebd.
13 Leuchtmann, Aufzeichnungen, S. 203. Wortgleich auch: Ebd., S. 206.
14 Dieterich, Leben, S. 93.
15 Ebd.
16 Vgl. grundlegend zur Zeit in der Frühen Neuzeit: Landwehr, Geburt; theoretisch dazu: Landwehr, Zeiten. Vgl. zur zeitgenössischen Erwartungshaltung zu den schwedischen Operationen: Fuchs, Apokalypse, S. 241–246; Schmidt, Leu, S. 333–343; Gilly, Löwe, S. 263–267.

Auch schon zeitgenössisch wurde den Akteuren eine sich wandelnde Wahrnehmung zugeschrieben, indem etwa der protestantische Geistliche Johann Minck polemisierte:

Dan onglaublich ists, wie dz pfaffen-gesind diessen Helden [Gustav Adolf], den sie erstens zwar sehr verachtet und nur die Wassermauss genent, hernach aber so gefürchtet, dz sie lang vor seiner ankunfft, so weit sie gekont, geflohen[17].

Mincks Aussage stellt zweifellos eine Polemik gegen die Altgläubigen und insbesondere die katholischen Geistlichen (denen sie Hochmut und Feigheit attestierte) sowie eine Panegyrik auf den schwedischen König (dessen militärischen ›Erfolge‹ sie pries) dar. Doch gleichzeitig kann man sie darüber hinaus auch als Indiz dafür nehmen, dass sich die Deutung Gustav Adolfs – gerade durch die katholische Seite – überaus rasch wandelte und dass diese Veränderung wiederum wahrgenommen wurde.

Diese Veränderung der Wahrnehmung dürfte nicht zuletzt damit zusammenhängen, dass die zeitgenössischen Akteure um die militärischen Aktionen der schwedischen Armee wussten: Die Schlacht von Breitenfeld war etwa sehr vielen von ihnen bekannt.[18] Einen mindestens ebenso großen Stellenwert als die Schlachten scheinen jedoch die zahlreichen Stadteinnahmen der schwedischen Armee besessen zu haben.

Im Gegensatz zum Wissen über die Schlacht bei Breitenfeld waren Kenntnisse über die Stadteinnahmen der schwedischen Armee jedoch tendenziell regional äußerst verschieden: Minck, der Pfarrer von Groß-Bieberau bei Darmstadt, und Peter Müller aus Frankfurt am Main erwähnten vor allem Einnahmen aus dem Rhein-Main-Gebiet, wie Oppenheim[19], Worms[20], Mainz[21], Gernsheim[22] und *Zum Stein*[23]. Hellgemayr und Friesenegger, die beide in Bayern lebten, erwähnten die Einnahmen von Bamberg[24], Ulm[25], Landshut[26], Moß-

---

17 Krämer, Chronik, S. 12.
18 Die Schlacht von Breitenfeld war Caspar Heinrich Marx (vgl. LHASA, MD, A 37b I, II IX Nr. 15, fol. 8r), Johann Minck (vgl. Krämer, Chronik, S. 11), Maurus Friesenegger (vgl. Friesenegger, Tagebuch, S. 14), Johannes Hellgemayr (vgl. Leuchtmann, Aufzeichnungen, S. 202) und Jakob Wagner (vgl. Roos, Chronik, S. 1) bekannt.
19 Vgl. Krämer, Chronik, S. 11; Becker, Chronik, S. 67.
20 Vgl. Krämer, Chronik, S. 11.
21 Vgl. Krämer, Chronik, S. 11; Becker, Chronik, S. 67.
22 Vgl. Becker, Chronik, S. 67.
23 Becker, Chronik, S. 67; wahrscheinlich handelt es sich dabei um Nierstein.
24 Vgl. Leuchtmann, Aufzeichnungen, S. 202 (Falschmeldung) und 203.
25 Vgl. ebd., S. 203.
26 Vgl. Leuchtmann, Aufzeichnungen, S. 206; Friesenegger, Tagebuch, S. 16.

burg[27], Freising[28], Schrobenhausen[29], Aichach[30], Nürnberg[31], Donauwörth[32] und Regensburg[33]. Diese Fokussierungen auf Einnahmen von Städten, die räumlich nah bei den eigenen Heimat- beziehungsweise Wirkungsorten lagen, hatten sicherlich zum einen an mit einem besonderen Interesse an diese Räume tangierenden Ereignissen zu tun, zum anderen aber auch wahrscheinlich damit, dass derartige Informationen auch tendenziell regional begrenzt waren.

Andererseits war dem Schwaben Schlayß bekannt, dass Frankfurt an der Oder von der schwedischen Armee erobert wurde und es dabei viele Tote gab: *Zu Ausgang des 1630. und Anfang des 1631. Jahres hat der Schwed das Kaiserisch Kriegsvolk bei Frankfurt an der Oder im Chur-Fürstentumb Brandenburg heftig geschlagen, viel Volk erwürgt, darunter etliche Oberste*[34].

Man kann also nicht per se davon ausgehen, dass das Wissen um Eroberungen ausschließlich regional kursierte. Was im Falle Frankfurts sicherlich zur Verbreitung und Rezeption dieses Wissens beitrug, waren die außergewöhnlichen Umstände – d.h. der viele Menschenleben kostende Sturmangriff[35] – die ja von Schlayß selbst extra erwähnt wurden (*viel Volk erwürgt, darunter etliche Oberste*), und die die Einnahme wahrscheinlich erst so besonders und erwähnenswert machten, dass man in Schwaben in einem Selbstzeugnis über sie schrieb.

Überregional bekannt waren ferner die Eroberungen Würzburgs und Augsburgs; beide Stadteinnahmen wurden durch zahlreiche Verfasser von Selbstzeugnissen erwähnt.[36] Die Bedeutung, die die Einnahme Augsburgs für

---

27 Vgl. Leuchtmann, Aufzeichnungen, S. 206; Friesenegger, Tagebuch, S. 16.
28 Vgl. Leuchtmann, Aufzeichnungen, S. 206; Friesenegger, Tagebuch, S. 16.
29 Vgl. Leuchtmann, Aufzeichnungen, S. 206.
30 Vgl. ebd.
31 Vgl. Friesenegger, Tagebuch, S. 16; Lisa, Chronik, S. 311.
32 Vgl. Leuchtmann, Aufzeichnungen, S. 204; Lisa, Chronik, S. 293; Dieterich, Leben, S. 93.
33 Vgl. Friesenegger, Tagebuch, S. 16.
34 Dieterich, Leben, S. 86.
35 Vgl. zu diesem: Griesa, Glaubens- und Religionskonflikte, S. 94f; O. A., Frankfurt (Oder), S. 17f.
36 Die Einnahme Würzburgs wurde erwähnt von Johannes Hellgemayr (vgl. Leuchtmann, Aufzeichnungen, S. 202), Johann Minck (vgl. Krämer, Chronik, S. 11), Maurus Friesenegger (vgl. Friesenegger, Tagebuch, S. 15) Philipp Hainhofer (vgl. Emmendörffer, Welt, S. 473) und Maria Anna Junius (vgl. Hümmer, Bamberg, S. 18). Die Eroberung Augsburgs wurde erwähnt von Johannes Hellgemayr (vgl. Leuchtmann, Aufzeichnungen, S. 206), Maurus Friesenegger (vgl. Friesenegger, Tagebuch, S. 16), Václav Nosidlo, (vgl. Lisa, Chronik, S. 295) und Johannes Schlayß (vgl. Dieterich, Leben, S. 93).

viele Zeitgenossen besaß, hing sicherlich mit mehreren Faktoren zusammen: Erstens war Augsburg eine enorm große und wirtschaftlich starke Stadt. Zweitens war Augsburg als Ort, an dem die Confessio Augustana verabschiedet wurde, für die Protestanten von großer symbolischer Bedeutung.[37] Und drittens gab es um 1600 immer wieder konfessionelle Streitigkeiten um diese Stadt, die mit territorialen Begehrlichkeiten von Seiten der bayrischen Wittelsbacher einhergingen.[38] Viertens und letztens war Augsburg für den süddeutschen und insbesondere bayrischen Raum von großem militär-strategischen Interesse. Bei der Eroberung Würzburgs wiederum sind die Gründe für die zahlreichen Erwähnungen sicherlich ähnlich gelagert wie bei der Nennung von Frankfurt an der Oder bei Schlayß in Schwaben: Zwar wurde die Stadt Würzburg selbst nicht durch einen Sturmangriff eingenommen, aber die Stadtfestung, der Marienberg, und auch hierbei kamen zahlreiche Menschen um (siehe auch Kap. 4. 3. und 4. 4.).[39]

Man kann an Hand dieser Befunde durchaus davon ausgehen, dass eine Eskalation der Gewalt bei einer Stadteinnahme diese zu etwas Außergewöhnlichem und damit Erwähnenswertem machte. Betrachtet man zudem Eintragungen, die nicht bloß schlicht die Einnahme einer fremden Stadt erwähnten, sondern auch zusätzliche Angaben machten, so lag auch bei diesen Vermerken der Fokus stets auf extremer Gewalt. Friesenegger etwa schrieb, die schwedische Armee habe *Würzburg, worin 1200 Besatzung erschlagen worden, eingenommen*[40], während Hellgemayr ganz ähnlich zur Eroberung Donauwörths vermerkte, *die schwedischen Tonabert [Donauwörth] ein genomen und was nicht darfon entrunnen vnd auß gerissen zu landt vnd wasser, Nider gehaudt vnd alles gefangen worden*[41]. Geradezu charakteristisch für diese Vermerke von Einnahmen fremder Städte in Selbstzeugnissen, die über eine reine Erwähnung hinausgingen, ist die Beschreibung viele Menschenleben kostender Gewalt (in Folge eines Sturmangriffs, der jedoch nicht explizit als solcher benannt wurde). Gerade das Außergewöhnliche an dieser extremen Gewalt hat wahrscheinlich zu ihrer Verschriftlichung beige-

---

37 Man denke nur daran, dass der Protestantismus – beziehungsweise das Luthertum – die ›Confessio Augustana‹ war, das ›Augsburgische Bekenntnis‹; Protestanten nannten sich oft ›Augsburger Religionsverwandte‹.
38 Vgl. Roeck, Welt, S. 169–172; Medick, Dreißigjähriger Krieg, S. 200; Landwehr, Geburt, S. 268f.
39 Vgl. Sicken, Dreißigjähriger Krieg, S. 107ff; Bergerhausen, Würzburg, S. 6ff; Deinert, Epoche, S. 53–58.
40 Friesenegger, Tagebuch, S. 15.
41 Leuchtmann, Aufzeichnungen, S. 204.

tragen; dabei wird durch diese Einträge ein Wissen um Stadteinnahmen deutlich, das über eine bloße Kenntnis der Einnahme an sich hinausreicht und vielmehr von Informationen über die Umstände zeugt. Zwar blieb die Anzahl der Opfer im ungefähren oder war – nach Erkenntnissen der modernen Forschung – übertrieben, doch ging es bei solchen Angaben nicht um eine exakte Quantifizierung, sondern vielmehr darum, das Ausmaß als groß zu charakterisieren.[42]

Insgesamt ist zu konstatieren, dass sich in den untersuchten Selbstzeugnissen nur wenige Falschmeldungen finden: So berichtete Hellgemayr schon im Oktober 1631 von der Einnahme Bambergs durch die Schweden.[43] Allerdings erfolgte diese erst im Februar 1632, wobei er sie dann noch ein zweites Mal vermerkte.[44] Außerdem hieß es in einem Selbstzeugnis aus Frankfurt am Main, der *König aus Schweden die Stadt Mainz mit stürmender Hand überkommen*[45], doch Mainz wurde mit einem Akkord und nicht per Sturmangriff eingenommen.[46] Angesichts der vielen Einträge über eingenommene fremde Städte erscheinen zwei Falschmeldungen – beziehungsweise eine Falschmeldung und eine (grobe) Ungenauigkeit – als nicht besonders viel, d.h. die Zeitgenossen verfügten in der Regel über ziemlich valide Informationen und hohes Reflexionsvermögen beim Verfassen ihrer Selbstzeugnisse.[47]

Medien der Informationsgewinnung: Flüchtlinge, Briefe und Flugblätter

Verbreitet wurde das Wissen um Stadteinnahmen im Wesentlichen über drei Faktoren beziehungsweise Medien: Flüchtlinge, Briefe und Flugblätter. Fragt man, wie dieses Wissen um die Stadteinnahmen verbreitet wurde, so scheinen insbesondere Flüchtlinge aus den jeweiligen Städten eine gewisse Rolle gespielt zu haben; Friesenegger schrieb dazu: *Was die Flüchtlinge, die von dort [aus Würzburg] ins Baiern gekommen, für Schrecken verbreitet haben, ist leicht einzubilden*[48], wie auch Hellgemayr vermerkte, *wie dann die Geistliche [aus Würzburg] irer vil Allhie her khumen*[49]. Durch die Geflüchteten gelangten zweifellos Informa-

42 Vgl. Pröve, Violentia, S. 37f; Prietzel, Tod, S. 62.
43 Vgl. Leuchtmann, Aufzeichnungen, S. 202.
44 Vgl. Leuchtmann, Aufzeichnungen, S. 203. Vgl. zur Einnahme Bambergs: Dengler-Schreiber, Stadtgeschichte, S. 83; Engerisser, Kronach, S. 38f.
45 Becker, Chronik, S. 67.
46 Vgl. Brück, Mainz, S. 48; Dobras, Stadt, S. 259; Frohnhäuser, Gustav Adolf, S. 100.
47 Vgl. aber auch die kritischere Perspektive bei: Medick, Dreißigjähriger Krieg, S. 272f.
48 Friesenegger, Tagebuch, S. 15.
49 Leuchtmann, Aufzeichnungen, S. 202.

tionen über die militärischen Aktivitäten der schwedischen Armee in andere Regionen und die Flüchtenden trugen so zu einer Verbindung zwischen den Räumen bei.[50] Was die Geflüchteten konkret berichteten, lässt sich zwar nicht feststellen, doch konnten Friesenegger und Hellgemayr sie als Flüchtlinge aus Würzburg einordnen. Man wusste also relativ schnell, wer diese Leute waren und weshalb sie kamen, d.h. dass Würzburg eingenommen – oder zumindest belagert – wurde: Genau wegen dieser Nachricht scheinen sie Furcht ausgelöst zu haben (*Schrecken verbreitet*).

Dass gerade Friesenegger und Hellgemayr über Geflüchteten berichteten, dürfte mit ihrer Verortung in München beziehungsweise unmittelbar bei München zusammenhängen: Aus konfessionellen und politischen Gründen war München neben der Reichsstadt Köln eine der Städte, in die die meisten, zumeist katholischen Flüchtlinge flohen.[51] Dies trug – so zynisch es klingen mag – dazu bei, dass durch die Geflüchteten auch Nachrichten aus den jeweiligen Regionen nach München kamen. Die Flüchtenden verbanden die Räume also miteinander, indem sie (mindestens implizit) Wissen und Gerüchte aus ihrer Heimatregion und über ihre Heimatregion mitbrachten.

In Bamberg sah die Deutung von Flüchtenden hingegen etwas anders aus, denn dort schrieb die Dominikanernonne Maria Anna Junius:

alls wir aber an dissen tag gehört haben / das vil Bauern von Burkewerig [Burgebrach] seint herein gelauffen, die gescheigt seint gewesen / die haben sich alle alhie verbinden lassen / alls wir dieses gehört / haben wir uns schon willig drein geben / die feind haben höchstatt [Höchstadt] bekumen / also haben wir unaussprechliche sorgt und trübsal gehabt / die weil es uns gar nahe ist gewesen / und wir keinen einzigen soldaten mehr in der statt gehabt haben / deswegen wir disse zeit / alle stund und augen Blick / des feinds seind gewerdtig gewesen[52].

Hier wurden nicht – wie im Fall von München und Würzburg – zwei weit entfernte Räume durch die Fliehenden verbunden, sondern hier kamen diese aus der unmittelbaren Region. Dies bedeutete zwar auch die Verbindung von Räumen, hatte aber andere Implikationen: In der kleinräumigen Region

50   Vgl. Richier, Fatalismus, S. 92–95.
51   Vgl. zu München und Bayern als Aufnahmeort für Flüchtende: Friesenegger, Tagebuch, S. 15; Leuchtmann, Aufzeichnungen, S. 202; Leo, Würzburg, S. 267f. Zur Reichsstadt Köln als Aufnahmeort für hochrangige Exilanten vgl.: Brendle, Erzkanzler, S. 323; Wilson, Dreißigjährige Krieg, S. 587.
52   Hümmer, Bamberg, S. 28f.

um Bamberg wurden zahlreiche verwundete Fliehende offenbar nicht nur als starkes Indiz einer Einnahme der zu dieser Zeit umkämpften Stadt Höchstadt wahrgenommen, sondern vor allem als Anzeichen gedeutet, dass auch die eigene Stadt unmittelbar bedroht sein könnte. Gemeinsam ist all diesen Fällen jedoch, dass die Flüchtenden Räume miteinander verbanden und dabei an ihren Zielorten Informationen aus ihren Herkunftsorten und -regionen mitbrachten oder selbst als Indizien für die dortige Lage gedeutet wurden.

Auch Briefe haben zweifellos zur Verbreitung von Wissen über Stadteinnahmen beigetragen; Amalia Catharina von Rotenhan beispielsweise berichtete ihrem Sohn am 20. Oktober 1631, also bereits drei Tage nach dem Ereignis, von der Erstürmung der Würzburger Stadtfestung Marienberg durch die schwedische Armee, an der zahlreiche ihrer Bekannten beteiligt gewesen waren.[53] Auf katholischer Seite hingegen wurde der aus der Stadt geflüchtete Elekt Franz von Hatzfeld aber ebenfalls über die Lage der Stadt informiert, in diesem Fall von dreien seiner ehemaligen dortigen Amtleute, die ihm im November kurz nacheinander Briefe schrieben.[54] Laut Pufendorfs ›Kriegs-Geschichte‹ schrieb der reformierte Gelehrte Christoph Pelargus ebenfalls einen Brief (in diesem Fall an einige seiner *Glaubensgenossen*), in dem er die Eroberung und Plünderung Frankfurts an der Oder thematisierte.[55]

Auf den ersten Blick scheinen diese Verbindungen, außer, dass es für sie konstitutiv war, dass es zu brieflichen Thematisierungen von Stadteinnahmen durch die schwedische Armee kam, keine Gemeinsamkeiten aufzuweisen: Zu unterschiedlich wirken die beteiligten Akteure. Doch dies gilt nur, wenn man die Verbindungen – eine protestantische Adlige und ihr Sohn, katholische, bischöfliche Amtleute und ihr (ehemaliger) Elekt, sowie reformierte Gelehrte – untereinander vergleicht. Betrachtet man jedoch ausschließlich die jeweiligen Schreiber beziehungsweise die Schreiberin und ihre Empfänger, so sind ihre Beziehungen eindeutig und in jedem Fall geradezu durch Grundwerte der frühneuzeitlichen Gesellschaft konstituiert: Verwandtschaft und Freundschaft – zudem in der geradezu noch ›klassischen‹ adligen Variante[56] – Patronage und Loyalität zum (ehemaligen) Herrn, sowie Mitgliedschaft in der sogenannten ›Gelehrtenrepublik‹ beziehungsweise ›Republica litteraria‹, die in diesem Fall

---

53 Vgl. Leo, Würzburg, S. 440f.
54 Vgl. ebd., S. 446–451.
55 Vgl. Pufendorf, Kriegs-Geschichte, S. 61, Zitat: Ebd.
56 Vgl. Asch, Adel, S. 97–118.

auch noch eine konfessionelle Komponente enthielt.[57] Da die Akteure alle auch der höfisch-adligen Sphäre, der Verwaltung beziehungsweise dem Gelehrtenstand zuzurechnen sind, kann man ihnen zudem auch schon qua Stand Affinität und Fähigkeit zur brieflichen Kommunikation (Alphabetisierung, Schreibutensilien, Möglichkeiten, Briefe zu verschicken, das Wissen Briefe zu schreiben[58]) attestieren, die ja ebenfalls notwendig sind, um auf diese Weise kommunizieren zu können.

Die jeweiligen Korrespondenzbeziehungen sind also durchaus voraussetzungsreich, doch betrachtet man sie untereinander, so fällt ihre doch relativ große ständische und konfessionelle Streuung auf. Zudem mussten die SchreiberInnen auch nicht notwendigerweise in der eingenommenen Stadt oder ihrer Umgebung leben: Sie konnten sich auch im schwedischen Heer oder dessen Tross beziehungsweise dem Gefolge eines Kommandanten befinden. Im Falle des Briefes von Amalia Catharina von Rotenhan an ihren Sohn genügte es bereits, dass ihre Bekannten sich bei der Armee befanden, und auch bei Christoph Pelargus kam es wohl zu einer Weiterverbreitung des Inhaltes seines Briefs.[59] Indem so brieflich erhaltene Nachrichten weiterverbreitet wurden, vervielfältigte sich ihre Reichweite.[60]

Dieses Muster scheint in gewisser Hinsicht auch für das Kloster Andechs und den dortigen Mönch Maurus Friesenegger zuzutreffen, denn dieser thematisierte wiederholt in seinem Selbstzeugnis, dass per Bote Briefe und mündliche Nachrichten vom Hof in München ins Kloster gelangten, sowie dass der Prior von Maximilian selbst im persönlichen Gespräch im Münchener Hof über den Kriegsverlauf informiert wurde.[61] Auch wenn es Friesenegger in diesen Passagen zweifellos auch darum ging, die Nähe seines Klosters zum bayrischen Herzog und Kurfürsten in Szene zu setzen – so schrieb er, *[d]er Churfürst empfing ihn [den Prior] bei der Hand*[62], was zweifellos eine große Ehre war (oder gewesen wäre)[63] – und auf diese Weise Rang und Würde zu postulieren, so sind seine

---

57 Vgl. zur Patronage: Asch, Adel, S. 118–123; Asch/ Emich/ Engels, Integration; Droste, Patronage; Emich/ Reinhardt/ Thiessen/ Wieland, Stand. Vgl. zur Loyalität: Stollberg-Rilinger, Kaiserin, S. 682f. Vgl. zur Gelehrtenrepublik: Füssel, Grenzen, insbesondere S. 416ff; Bremer/ Spoerhase, Polemik, vor allem die Beiträge des ersten Teils.
58 Vgl. Droste, Briefe; Droste, Aufwartung.
59 Vgl. zum Brief des Christoph Pelargus: Pufendorf, Kriegs-Geschichte, S. 61.
60 Vgl. Medick, Dreißigjähriger Krieg, S. 271f.
61 Vgl. Friesenegger, Tagebuch, S. 15.
62 Ebd.
63 Vgl. grundlegend zu den Praktiken der Ständegesellschaft: Füssel/ Weller, Ordnung; zu den Semantiken der höfischen Interaktion: Stollberg-Rilinger, Kaiserin, S. 318–349.

Aufzeichnungen nichtsdestotrotz ein wichtiges Indiz dafür, wie Nachrichten weiterverbreitet wurden.

Im Fall des Münchner Hofs der bayrischen Wittelsbacher kann man durchaus davon ausgehen, dass dieser praktisch permanent mit bestimmten anderen Höfen, Akteuren und Korporationen kommunizierte und dementsprechend regelmäßig von diversen Seiten Nachrichten erhielt. Ebenfalls mit großer Permanenz kommunizierten die Akteure in den großen Handelsstädten miteinander – aus dem von bayrischen Truppen besetzten Augsburg etwa gingen Anfang April 1632 immer noch Postreiter nach Nürnberg ab, das zu diesem Zeitpunkt bereits mit den Schweden verbündet war.[64] Die Handels- und vor allem die auf Wechselbriefen basierenden Kreditgeschäfte, für die eine schnelle und regelmäßige Kommunikation ratsam erschien, sollten offenbar durch den Krieg möglichst nicht beeinträchtigt werden.[65] Auf diese Weise gelangten aber auch Briefe in andere Städte – und wahrscheinlich auch zurück nach Augsburg – die die Kriegslage und die Lage Augsburgs thematisierten, und auch pro-schwedische Flugblätter zirkulierten auf diese Weise.[66]

In Erfurt wurden Flugblätter und -schriften, die die Einnahme der eigenen Stadt thematisierten, offenbar – wahrscheinlich durch Amtleute oder Angehörige der städtischen Elite – nach der Einnahme der Stadt gesammelt, denn 1634 wurden die Texte von sechs solchen Schriften, zusammen mit einer offiziösen Darstellung der Ereignisse, im Auftrag des städtischen Rats als Flugschrift veröffentlicht.[67] Dies ist nicht nur ein Indiz dafür, dass derartige Schriften offenbar rezipiert wurden, sondern vor allem auch, in welchem Umfang dies geschah: Sechs Flugblätter und -schriften, darunter auch solche in lateinischer und französischer Sprache, allein für Erfurt überhaupt zu sammeln, zeugt von einer enormen Verbreitung der Schriften und einer eingehenden Rezeption.

Diese Flugblätter wurden aber offenbar nicht nur von Protestanten rezipiert, sondern auch von Katholiken wahrgenommen, denn Hellgemayr schrieb in seinem Selbstzeugnis, *den 10. März sein Zeitungen khumen, das der khinig in Schweden vlmb [Ulm] vnd <wie> in khuppferstich zu sehen gewest, 103 orth sich*

64 Vgl. Emmendörffer, Welt, S. 468.
65 Vgl. zu Wechselbriefen grundlegend: Denzel, System, S. 51–75.
66 Vgl. Emmendörffer, Welt, S. 468.
67 Vgl. O.A., Warhafftiger wolgegründeter Bericht. Welcher gestalt […] Gustavi Adolphi […] am 22. Septembris deß Jahrs 1631. zum erstenmahl in der Stadt Erffurdt angelanget, S. 6–24.

bemechtiget[68]. Solche Flugblätter, die 103 von den Schweden eingenommene Städte zeigen, gab es tatsächlich, und zwar offenbar sogar in einer recht hohen Auflage.[69] Interessant hieran ist vor allem, dass man so die Rezeption dieses Typus von Flugblatt relativ sicher feststellen kann und dass man vor allem von einer Lektüre derartiger Flugblätter in der katholischen Residenzstadt der bayrischen Wittelsbacher ausgehen kann, was angesichts der Geschichte dieser Art von Flugblättern nicht einer gewissen Ironie entbehrt.

Charakteristisch für die angesprochene Art von Flugblättern ist die Darstellung (möglichst) zahlreicher – in der Regel über einhundert – Stadteinnahmen.[70] Diese erfolgt in Form des Präsentierens von bildlichen Stadtansichten der jeweiligen Städte sowie einer kurzen schriftlichen Erläuterung derselben, die jedoch im Wesentlichen eine Aufzählung der eingenommenen Städte in Schriftform ist. Zentral bei diesen Flugblättern sind die zahlreichen Bilder, durch die allein schon bei diesen Flugblättern die Quantität der Stadteinnahmen evident gemacht und hierdurch militärischer ›Erfolg‹ postuliert wurde.

Auch die optische Gestaltung – d.h. die Anordnung der Bilder, die durch die symmetrischen Formen der frühneuzeitlichen Ästhetik entsprach – folgte dieser Logik: Bei frühen Exemplaren sind die jeweiligen Bilder oftmals spiralförmig, von einem zentralen Portrait Gustav Adolfs ausgehend, angeordnet (siehe Abbildung 1).[71] Hierdurch wurde eine zeitliche Abfolge der Einnahmen in Szene gesetzt und es entstand trotz aller Formstrenge eine Unübersichtlichkeit, durch die die Menge betont wurde, da sie geradezu als riesig erscheint – gewissermaßen eine Evidenz der Quantität durch Überwältigung. Bei späteren Flugblättern hingegen wurden die Bilder der Städte hingegen in einem schachbrettartigen Muster angeordnet (siehe Abbildung 2).[72] Eine zeitliche Abfolge der Stadteinnahmen wurde bei diesem Typ somit optisch nicht mehr akzentuiert. Die Anordnung in gleichmäßigen Parzellen lässt die Bilder jedoch noch geordneter und vor allem übersichtlicher erscheinen und ermöglicht es, die Anzahl der Stadtansichten – und damit der eingenommenen Städte – einfacher zu

---

68   Leuchtmann, Aufzeichnungen, S. 203; Klammern bei Leuchtmann.
69   Vgl. Halbmayer, Kurtze Beschreibung […] der fürnemsten Städt […] welche die Königliche Majestät zu Schweden […] erobert vnd eingenommen hat; siehe auch die Angaben von Paas zu diesem Flugblatt.
70   Vgl. zu diesem Typus: Pollak, Representations, S. 621f.
71   Vgl. Paas, Broadsheet, Bd. 6, S. 34f, 94f, 131 und 284.
72   Vgl. Paas, Broadsheet, Bd. 6, S. 102, 116f, 285f, 354 und 357f.

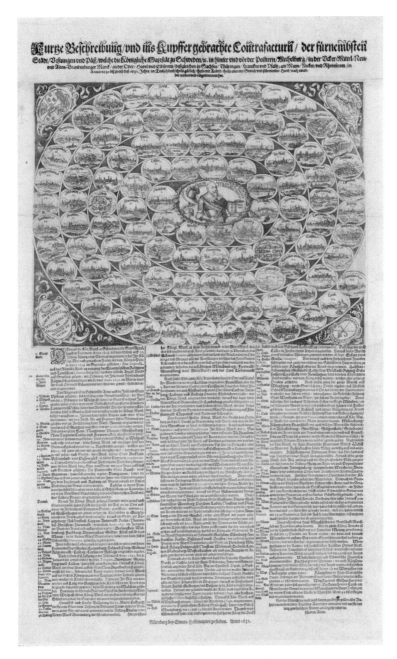

Abbildung 1: Eroberungen des schwedischen Königs,
Flugblatt von Simon Halbmayer, 1632

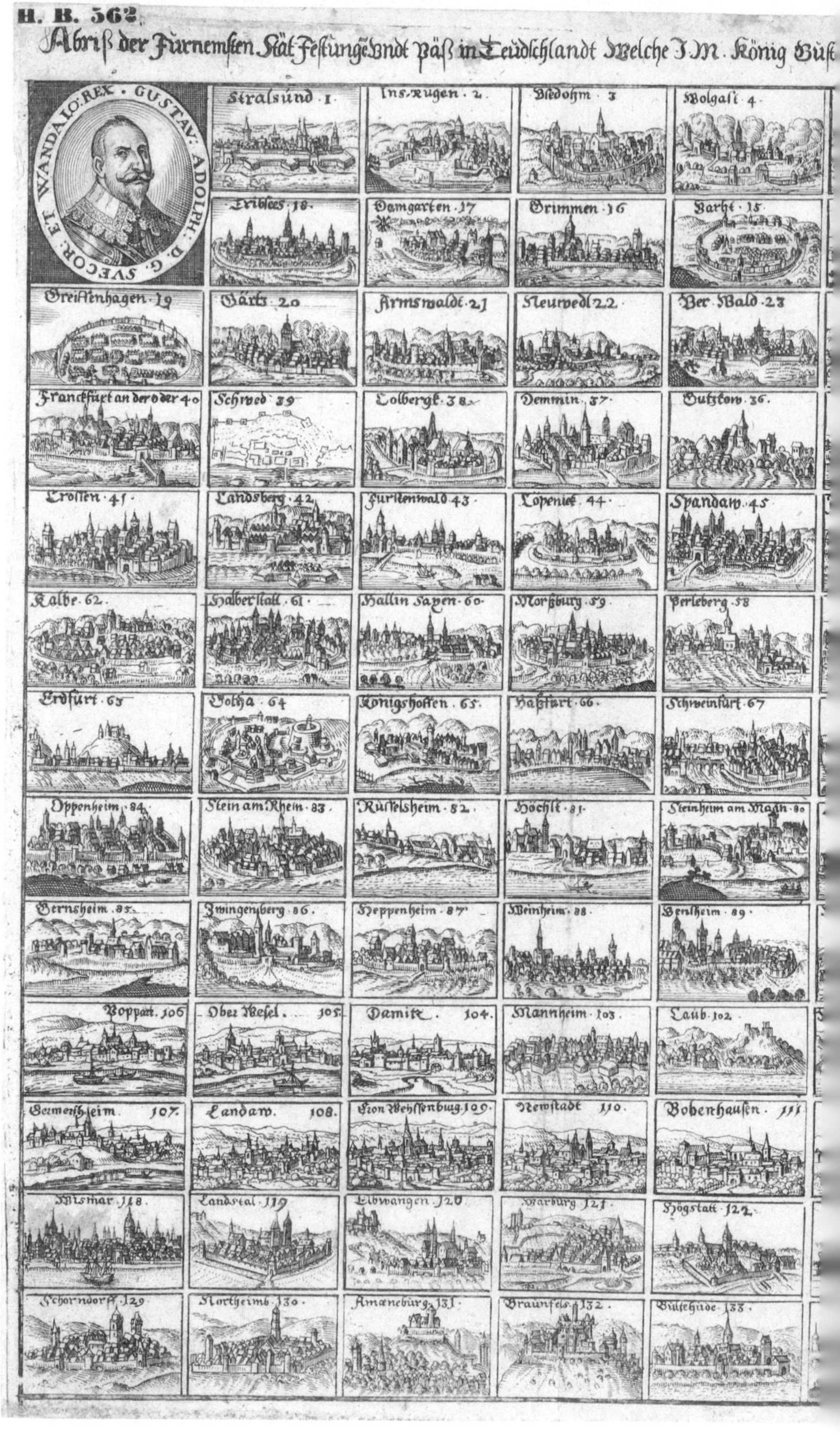

Abriß der Fürnemsten Stät Festungen vnd päß in Teudtschlandt welche I. M. König Gust

Stralsund · 1 · | Ins. Rugen · 2 · | Bedohm · 3 | Wolgast · 4 ·

Tribses · 18 · | Damgarten · 17 · | Grimmen · 16 · | Barth · 15 ·

Greiffenhagen · 19 · | Gartz · 20 · | Armswaldt · 21 · | Neuwedl · 22 · | Ber. Wald · 23 ·

Franckfurt an der Oder · 40 · | Schwed · 39 · | Colbergt · 38 · | Demmin · 37 · | Gutzcow · 36 ·

Crossen · 41 · | Landsberg · 42 · | Fürstenwald · 43 · | Copenick · 44 · | Spandaw · 45 ·

Calbe · 62 · | Halberstatt · 61 · | Hallin Sax en · 60 · | Morsburg · 59 · | Perleberg · 58 ·

Erdfurt · 63 · | Gotha · 64 · | Königshofen · 65 · | Hasfurt · 66 · | Schweinfurt · 67 ·

Oppenheim · 84 · | Stein am Rhein · 83 · | Russelsheim · 82 · | Hochst · 81 · | Steinheim am Maan · 80 ·

Bernheim · 85 · | Zwingenberg · 86 · | Heppenheim · 87 · | Weinheim · 88 · | Bensheim · 89 ·

Boppart · 106 · | Ober Wesel · 105 · | Damitz · 104 · | Mannheim · 103 · | Laub · 102 ·

Germersheim · 107 · | Landaw · 108 · | Ston Wehssenburg · 109 · | Newstadt · 110 · | Bobenhausen · 111 ·

Wismar · 118 · | Landstal · 119 · | Libwangen · 120 · | Warburg · 121 · | Shögstatt · 122 ·

Schorndorf · 129 · | Northeimb · 130 · | Amaneburg · 131 · | Braunfels · 132 · | Bülshude · 133 ·

Abbildung 2: Von Gustav Adolf eroberte Städte, anonymes Flugblatt, 1632

Ihs. Wollin. 6.	Stettin. 7.	Stargardt. 8.	Griffenberg. 9.
Wermude. 13.	Anclam. 12.	Cosslin. 11.	Neu Tretow. 10.
Stolpe. 25.	Laurenburgk. 26.	Belgardt. 27.	Piritz. 28.	Colnow. 29.
Treptow an der tollen See. 34.	Neu Brandeburg. 33.	Corlin. 32.	Colbatz. 31.	Rügenwalde. 30.
Rattenaw. 47.	Gryphiswaldt. 48.	Tangermundt. 49.	Havelberg. 50.	Werben. 51.
Soltwedel. 56.	Crivel. 55.	Gustrow. 54.	Schwerin. 53.	Gadebusch. 52.
Lohr. 59.	Bolckach. 70.	Kitzing. 71.	Ochsenfurt. 72.	Carlstadt. 73.
Aschaffenburg. 78.	Hanaw. 77.	Rostock. 76.	Wertheim. 75.	Wurtzburg. 74.
Maintz. 91.	Wormbs. 92.	Mergentheim. 93.	Wündheim. 94.	Fridberg. 95.
Geinhausen. 100.	Wetzlar. 99.	Königstein. 98.	Heylbron. 97.	Keyserslautern. 96.
Speyr. 113.	Magdeburg. 114.	Liechtenaw. 115.	Düsenheim. 116.	Bamberg. 117.
Lavenburg. 124.	Göttingen. 125.	Duderstat. 126.	Creutzenach. 127.	Minden an der Weser. 128.

quantifizieren. Allerdings ist eine Quantifizierung bei sämtlichen Flugblättern dieses Typs bereits durch eine Nummerierung der Stadtansichten gegeben. Die Anordnung der Bilder im Schachbrettmuster dient also letztlich weniger der Quantifizierung, sondern vielmehr zur besseren möglichen Überprüfbarkeit derselben: Damit wurde in gewisser Weise eine Evidenz der Quantität durch potenzielle Überprüfbarkeit geschaffen.

Was für ein hoher Stellenwert der Quantität zukam, kann man aber nicht nur durch die Nummerierungen der Stadtansichten und der später oft erfolgenden Anordnung dieser in gleichmäßigen Parzellen ermessen, sondern auch darin, dass derartige Flugblätter immer wieder erschienen und zwar stets mit Ergänzungen und ohne, dass frühere Stadteinnahmen nicht mehr erwähnt würden. Zudem trug zu dieser großen Anzahl der als eingenommen gezeigten Städte auch bei, dass auch kleinere Städte gezeigt wurden.[73] Diese Flugblätter folgten somit in mehrerer Hinsicht einer Logik der großen Anzahl, d.h. es wurde auf diverse Weisen die Anzahl der eingenommenen Städte akzentuiert – und durch diesen Verweis auf die Quantität militärischer ›Erfolg‹ postuliert und in Szene gesetzt.

Diese Inszenierung des militärischen ›Erfolgs‹ diente zweifellos nicht zuletzt der Glorifizierung des schwedischen Königs, denn seine Rolle wird durch das stets zentrale Gustav-Adolf-Portrait akzentuiert – andere Feldherren erscheinen so nicht und werden auf diese Art marginalisiert (was bei den spiralförmige Anordnung der Stadtansichten, die eine klare Abfolge und damit gewissermaßen das Werk eines Heeres suggerieren, noch verstärkt wird). Dieser Effekt konnte bei Gustav Adolf gerade auch erzielt werden, weil er gleichzeitig Feld- und Kriegsherr war: Ein Feldherr konnte den Ruhm, der mit einer ›seiner‹ Stadteinnahme verbunden war, für Gewöhnlich zu einem nicht geringen Teil für sich beanspruchen, da er das Kommando vor Ort geführt hatte. Weil Gustav Adolf aber eben gerade auch ein Kommando bei der kämpfenden Truppe führte, war es möglich, ihm als eindeutig Ranghöchstem auch die ›Erfolge‹ seiner (Unter-) Feldherrn und Verbündeten zuzuschreiben.[74] Dies hatte den Effekt, die militärischen Taten des schwedischen Königs noch wesentlich bedeutender erscheinen zu lassen, wodurch Gustav Adolf – wie bereits oft in der historischen Forschung betont – heroisiert wurde.[75]

73   Vgl. zur (Über-) Betonung des schwedischen ›Erfolgs‹: Wilson, Dreißigjährige Krieg, S. 569.
74   Vgl. zu ähnlichen Mechanismen: Füssel, »Roi connétable«, S. 202f.
75   Vgl. Schmidt, Leu; Gilly, Löwe; Aurnhammer, Held.

Wenn es zwar ungewöhnlich war, den gesamten Ruhm, der durch die Inszenierungen der zahlreichen Stadteinnahmen postuliert wurde, dem königlichen Feld- und Kriegsherrn zuzusprechen, so waren die Mittel und Logiken der Heroisierung aber durchaus zeittypisch.[76] Im Zeitalter der »heroischen Monarchie«[77] war diese Art von Flugblättern somit ein Mittel, um Gustav Adolf Ehre und Rang zu attestieren, wobei der deutliche Verweis auf die Quantität der Stadteinnahmen mit der beanspruchten Ehre korrespondierte. Dies bedingte auch zwei Aspekte: Durch die große – und durch die Nummerierungen der dazugehörigen Stadtansichten stets quantifizierbare – Anzahl der Stadteinnahmen erschien die militärische ›Leistung‹ und die damit verbundene Ehre des schwedischen Königs nicht nur überaus groß, sondern auch deutlich größer als diejenige der anderen protestantischen und katholischen Heerführer, über deren ›Leistungen‹ ebenfalls derartige Flugblätter veröffentlicht wurden.[78] Diese Flugblätter boten somit die Möglichkeit, eine Überlegenheit der eigenen Ehre – verstanden hier im Sinne des symbolischen Kapitals im bourdieuschen Sinne[79] – zu postulieren, doch gleichzeitig bargen sie auch das Risiko, von anderen übertroffen zu werden. Könige, Fürsten und andere Angehörige des Hochadels konnten also die immer wieder behauptete Exzellenz ihres Geburtsstandes unter Beweis stellen, doch gleichzeitig konnten sie geschlagen oder übertroffen werden.[80] Ehre und Schande sowie Stabilisierung und Destabilisierung des eigenen Rangs in der Ständegesellschaft gehörten hier untrennbar zusammen und durch die besprochenen Flugblätter wurde die ständische Exzellenz und Überlegenheit des schwedischen Königs gewissermaßen unter Beweis gestellt, was nicht selbstverständlich war.[81] Ferner führte die Zuschreibung derartig vieler Stadteinnahmen als ›Verdienst‹ des schwedischen Königs zu einer Deutung Gustav Adolfs als militärisches ›Genie‹ – diese

---

76 Vgl. Wrede, Inszenierung.
77 Wrede, Inszenierung, Zitat im Titel.
78 Vgl. die Flugblätter in Paas, Broadsheet, Bd. 3, S. 235–260 und 384f; Paas, Broadsheet, Bd. 4, S. 64ff, 76f und 85. Dort sind Flugblätter über die Einnahmen durch Spinola, Spinola und Heinrich von dem Bergh, Christian von Braunschweig, Mansfeld und Johann Michael Obentraut, Gonzalo Fernándes de Córdoba y Figueroa abgebildet.
79 Vgl. Bourdieu, Meditationen, S. 311.
80 Vgl. zum militärischen Engagement von Adligen: Asch, Adel, S. 193–207, insbesondere S. 193–196; Walther, Freiheit, S. 314.
81 Vgl. zum Verhältnis von Königen zum Militär: Wrede, Einleitung, insbesondere S. 23–30. Vgl. zum Nexus zwischen ›Kriegserfolg‹ und königlichem Ruf: Füssel, »Roi connétable«, S. 200–204; Wrede, Einleitung, S. 30ff; Weißbrich, Schlacht; Stenzig, Repräsentation. Kritischer hingegen: Querengässer, Risiko oder Handlungsvorteil, S. 321.

zeittypische Sinnzuschreibung bot eine Erklärung für die postulierten ›Erfolge‹, wie sie gleichzeitig auch eine sehr große, und im militärischen Feld fast unvergleichliche, Ehrzuweisung implizierte.[82]

Dass solch ein Gustav Adolf geradezu verherrlichendes Flugblatt höchstwahrscheinlich in München von einem Angehörigen des Hofes gelesen wurde, mag auf den ersten Blick erstaunlich wirken und auch nicht einer gewissen Ironie entbehren, doch wirklich interessant (und ironisch) wird dies erst, wenn man die Rezeptionsgeschichte dieses Typus von Flugblättern beachtet.

Wie bereits kurz erwähnt, wurden auch die Stadteinnahmen anderer katholischer und protestantischer Feldherren auf Flugblättern des vorgestellten Typus in Szene gesetzt, wobei die Flugblätter zu den Eroberungen Spinolas um 1620 sicherlich in mehrfacher Hinsicht besonders waren:[83] Zum einen scheint Spinola der erste Feldherr gewesen zu sein, dessen Eroberungen auf diese Weise inszeniert wurden, und auch die Anzahl der Flugblätter scheint immens groß gewesen zu sein.[84] Zum anderen wurden diese Flugblätter selbst in einem weiteren, in mehreren Formen aufgelegten Flugblatt aus dem Jahr 1621 thematisiert (siehe Abbildung 3).[85] Dieses zeigt verschiedene protestantische Kriegs- und Feldherren, die in einem Innenraum – ausgestattet wie ein Zimmer zur Beratung – um einen Tisch versammelt sind, auf dem ein Flugblatt mit spiralförmig angeordneten Stadtansichten zu sehen ist und von denen es hieß: *Haben Stätt vnd Schlösser vor sich liegn / Die Spinola hat thun bekriegn*[86], wobei auf das Spinola-Flugblatt verwiesen wurde. Interessant an diesem Flugblatt ist vor allem zweierlei: Erstens waren die Flugblätter, die die Stadteinnahmen Spinolas inszenierten, offenbar so populär, dass sie selbst ein zentrales Thema eines anderen Flugblatts werden konnten – und für die Flugblätter, die Gustav Adolfs Eroberungen thematisierten, kann man sicherlich von einer ähnlich hohen Bekanntheit ausgehen. Zweitens thematisiert dieses Flugblatt die Rezeption von Flugblättern zu Eroberungen; die Betrachtung des Flugblatts über Spinolas Stadteinnahmen durch protestantische Leser selbst wurde durch dieses Flugblatt keinesfalls verurteilt, sondern es wurde geradezu als Normalfall

---

82   Vgl. Wrede, Einleitung, S. 23–31 und insbesondere S. 35f.
83   Vgl. Paas, Broadsheet, Bd. 3, S. 235f, 239–245, 256; Pollak, Representations, S. 621f.
84   Vgl. die Flugblätter in: Paas, Broadsheet, Bd. 3, S. 235–260 und 384f.
85   Vgl. die Flugblätter in: Paas, Broadsheet, Bd. 3, S. 261–266.
86   O. A., Versamblung vnnd Zusammenkunfft etlicher hohen Teutschen vnd Außländischen Kriegsfürsten.

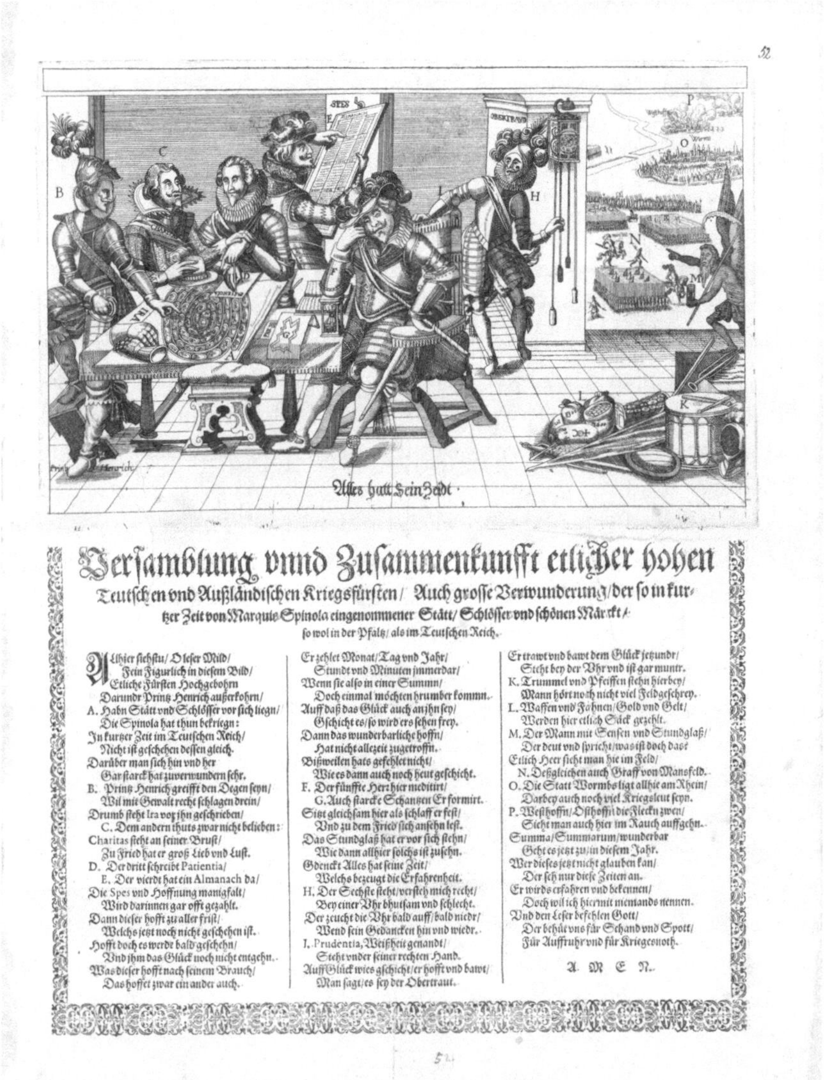

Versamblung vnnd Zusammenkunfft etlicher hohen Teutschen vnd Außländischen Kriegsfürsten/ Auch grosse Verwunderung/ der so in kurtzer Zeit von Marquis Spinola eingenommener Stätt/ Schlösser vnd schönen Märckt/ so wol in der Pfaltz/ als im Teutschen Reich.

Allhier siehstu/ O leser Mild/
Fein Figurlich in diesem Bild/
Etliche Fürsten Hochgebohrn
Darundr Printz Henrich außerkohrn/
A. Habn Stätt vnd Schlösser vor sich liegn/
Die Spinola hat thun bekriegn:
In kurtzer Zeit im Teutschen Reich/
Nicht ist geschehen dessen gleich.
Darüber man sich hin vnd her
Gar starck hat zuverwundern sehr.
B. Printz Henrich greifft den Degen seyn/
Wil mit Gewalt recht schlagen drein/
Drumb steht Ira vor jhn geschrieben/
C. Dem andern thuts zwar nicht belieben:
Charitas steht an seiner Brust/
Zu Fried hat er groß Lieb vnd Lust.
D. Der dritt schreibt Patientia/
E. Der vierdt hat ein Almanach da/
Die Spes vnd Hoffnung manigfalt/
Wird darinnen gar offt gezahlt.
Dann dieser hofft zu aller frist/
Welchs jetzt noch nicht geschehen ist.
Hofft doch es werde bald geschehn/
Vnd jhm das Glück noch nicht entgehn.
Was dieser hofft nach seinem Brauch/
Das hoffet zwar ein ander auch.
Er zehlet Monat/ Tag vnd Jahr/
Stundt vnd Minuten jmmerdar/
Wenn sie also in einer Summn/
Doch einmal möchten hrumber kommn.
Auff daß das Glück auch an jhn sey/
Gschicht es/ so wird ers sehen frey.
Dann das wunderbarliche hoffn/
Hat nicht allezeit zugetroffn.
Bißweilen hats gefehlet nicht/
Wie es dann auch noch heut geschicht.
F. Der fünffte Hertz hier meditirt/
G. Auch starcke Schantzen Er formirt.
Sitzt gleichsam hier als schlaff er fest/
Vnd zu dem Fried sich ansehn lest.
Das Stundglaß hat er vor sich stehn/
Wie dann allhier solchs ist zusehn.
Gdenckt Alles hat seine Zeit/
Welchs bezeugt die Erfahrenheit.
H. Der Sechste steht/ versteh mich recht/
Bey einer Vhr bhutsam vnd schlecht.
Der zeucht die Vhr bald auff/ bald niedr/
Wend sein Gedancken hin vnd wiedr.
I. Prudentia, Weißheit genandt/
Steht vnder seiner rechten Hand.
Auff Glück wies gschicht/ er hofft vnd bawt/
Man sagt/ es sey der Obertraut.
Er trawt vnd bawt dem Glück jetzundr/
Steht bey der Vhr vnd ist gar muntr.
K. Trummel vnd Pfeiffen stehn hierbey/
Mann hört noch nicht viel Feldgeschrey.
L. Waffen vnd Fahnen/ Gold vnd Gelt/
Werden hier etlich Säck gezehlt.
M. Der Mann mit Sensen vnd Stundglaß/
Der deut vnd spricht/ was ist doch das?
Etlich Heer sicht man hie im Feld/
N. Deßgleichen auch Graff von Mansfeld.
O. Die Statt Wormbs ligt allhie am Rhein/
Darbey auch noch viel Kriegsleut seyn.
P. Westhoffn/ Osthoffn die Fleckn zwen/
Sicht man auch hier im Rauch auffgehn.
Summa/ Summarum/ wunderbar
Geht es jetzt zu/ in diesem Jahr.
Wer dieses jetzt nicht glauben kan/
Der seh nur diese Zeiten an.
Er wirds erfahren vnd bekennen/
Doch wil ich hiermit niemands nennen.
Vnd den Leser befehlen Gott/
Der behüt vns für Schand vnd Spott/
Für Auffruhr vnd für Kriegesnoth.

A M E N.

Abbildung 3: Anonymes Flugblatt zu Spinolas Eroberungen und der ausbleibenden Reaktion darauf, 1621 präsentiert, auch die Flugblätter der anderen Partei zu rezipieren, um sich über das Kriegsgeschehen zu informieren.[87]

Beachtet man also, dass Flugblätter, die eine Vielzahl von Stadteinnahmen präsentieren, potenziell von beiden Parteien rezipiert wurden, so sollte man noch einen weiteren Faktor einkalkulieren, der mit diesen zusammenhing: Furcht. Gerade da es erwartbar war, dass auch die Gegner diese Flugblätter rezipierten, diente die Präsentation einer Vielzahl von Stadteinnahmen sicherlich auch dazu, Furcht zu erzeugen, indem gezeigt wurde, dass es dem eigenen Feldherrn schon oft gelungen war Städte einzunehmen. Diese Inszenierung von militärischem Können konnte sogar noch gesteigert werden, indem Felder für Stadtansichten von eingenommenen Feldern freigelassen wurden und so angedeutet wurde, dass weitere Stadteinnahmen zu erwarten waren. Dass Hellgemayr als Reaktion auf das Flugblatt, das 103 von der schwedischen Armee eingenommenen Orten zeigte, ein *Gott erbarme sich vnser*[88] in seinem Selbstzeugnis vermerkte, zeigt wahrscheinlich nicht ›nur‹ eine mögliche Reaktion eines Katholiken auf derartige Flugblätter, sondern auch die von schwedischer Seite intendierte Reaktion ihrer Gegner: Diese Flugblätter sollten die Gegner in Furcht versetzen und sie waren dazu offenbar auch in der Lage.

Doch obwohl dieser Flugblatttyp Gustav Adolf glorifizierte und ganz offenbar geeignet war potenzielle Gegner in Furcht zu versetzen, war er von der Gestaltung eigentlich geradezu nüchtern und neutral gehalten und die von schwedischer Seite fast standardmäßig vorgebrachten Gründe, in den Krieg einzugreifen – Bewahrung des Protestantismus und der ›Teutschen Libertät‹ – wurden praktisch nur kurz am Rande vermerkt.

Ganz ähnlich verhielt es sich mit den meisten Flugblättern, die die Einnahme einer Stadt vermeldeten und die es etwa für Frankfurt an der Oder, Würzburg, Mainz, Augsburg und München gab. Auch sie schilderten die jeweiligen Eroberungen (aus einer modernen, vielleicht anachronistischen Perspektive ge-

---

87 Eine Spitze gegen die protestantische Kriegs- und Feldherren gab es in diesen Flugblättern vielmehr dadurch, dass diese zu sehen sind, wie sie das besagte Flugblatt und andere Schriftstücke studieren und keinerlei Vorbereitungen zum Krieg treffen, obwohl sie offenbar durch das Spinola-Flugblatt über das Kriegsgeschehen informiert sind und dieses bereits in der rechten hinteren Bildhälfte durch eine Öffnung im Raum – etwa ein Portal – zu sehen ist: Durch Geld und Trommeln im selben Raum, die im rechten Vordergrund des Bildes zu sehen sind, wird gleichzeitig auf die Untätigkeit verwiesen – beides wird nicht eingesetzt – wie auch eine Lösung in Form von Kriegsvorbereitungen präsentiert.

88 Leuchtmann, Aufzeichnungen, S. 203.

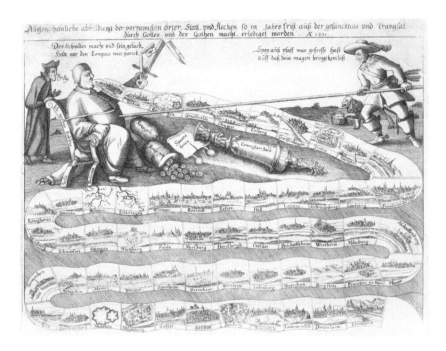

Abbildung 4: Anti-katholisches Spottbild zu den Stadteroberungen Gustav Adolfs,
anonymes Flugblatt, 1632

sehen) einigermaßen nüchtern und neutral und verzichteten weitgehend auf
offensichtliche Parteilichkeiten.[89]

Bei einem anderen in dieser Zeit auch oft verwendeten Flugblatttypus,
das mehrere Stadteinnahmen thematisierte, war dies jedoch völlig anders (siehe Abbildung 4):[90] Hier wurde Gustav Adolf mit einer Pike abgebildet, die
er einem auf einem prächtigen Stuhl sitzenden, überaus korpulenten Prälaten in den Bauch stößt und aus dessen geöffneten Mund aneinandergereihte
Stadtansichten, die mit den jeweiligen Stadtnamen versehen sind, quellen:
Hier werden die Stadteinnahmen völlig konfessionell aufgeladenen und als
›Befreiung‹ von der als tyrannisch gedeuteten Papstkirche, die sich die Städte zuvor gierig einverleibt habe, gedeutet. Dies wurde durch das Ausspeien
durch den fettleibigen Prälaten symbolisiert und dem Spruch *Spey auß Pfaff*

---

89   Vgl. Hempel, Untersuchung.
90   Vgl. Paas, Broadsheet, Bd. 6, S. 39ff, 93, 114f und 287.

was gefresse hast, auff daß dem magen bringt kein last[91] höhnisch kommentiert. Sarkastisch wurde dabei implizit auf den durch medizinisch-organischen Metaphern geprägten zeitgenössischen Gemeinwesendiskurs verwiesen, der Veränderungen des Gemeinwesens in Krisen oft als medizinischen Eingriffen beschrieb:[92] Gustav Adolf wurde so zum ›Arzt‹ der altgläubigen Kirche und seine militärischen Aktionen zur ›Medizin‹, was zweifellos an Polemik kaum zu überbieten war.

Überhaupt ist die gesamte Ikonographie dieses Flugblatts von konfessionellen Antagonismen geprägt, denn die Gustav-Adolf-Figur kämpft gegen die Repräsentanten des Katholizismus, nicht gegen solche der Habsburger oder Wittelsbacher. Zudem wurden auch praktisch alle anderen ikonographischen Elemente – wie etwa die Säcke voller Geld, die vor dem Prälaten liegen und im protestantischen Diskurs die katholische Kirche als ausbeuterische und allzu reich brandmarkten[93] – dem polemisch-konfessionellen Arsenal entnommen, das seit dem Beginn der Reformation aufgebaut und seitdem immer wieder genutzt wurde, wobei ab etwa 1600 scheinbar noch einmal stärker und radikaler auf diesen Fundus zurückgegriffen wurde.[94]

Auch der zerbrochenen Schlüssel und das zerbrochene Schwert, die der abgebildete Prälat auf dem Flugblatt in die Höhe hält, sind der polemisch-konfessionellen Bilderwelt zuzuordnen; durch sie erscheint insgesamt die Macht der Altgläubigen gebrochen: Der Prälat gibt nur noch ein Wehklagen von sich, während der hinter ihm stehende Jesuit *Pax Pax*[95] ruft. Dass in diesem Bild sogar ein Jesuit, der in der protestantischen Publizistik stets als militant und rücksichtslos galt, um Frieden flehte, machte in der vom konfessionell-polemischen Diskurs geprägten Logik dieses Flugblatts evident, dass die Kriegssituation aus protestantischer Sicht überaus positiv war.[96]

Wem diese Situation – aus protestantischer Sicht – zu verdanken war, wurde bereits im Titel des Flugblatts klargestellt: *Augenscheinliche abbildung der vornemsten örter, Statt, vnd flecken so in Jahrs frist auß der gefäncknus vnd*

91   O. A., Augenscheinliche abbildung der vornemsten örter, Statt, vnd flecken so […] erledigt worden.
92   Vgl. Sawilla, Krisensemantik, S. 355–366.
93   Vgl. Warncke, Bildpropaganda, S. 190–193.
94   Vgl. Burkhardt, Dreißigjähriger Krieg, S. 129.
95   O. A., Augenscheinliche abbildung der vornemsten örter, Statt, vnd flecken so […] erledigt worden.
96   Vgl. zum protestantischen Anti-Jesuitismus: Kaufmann, Konfessionsantagonismus.

Trangsal durch Gottes vnd der Gothen macht, erlediget worden[97]. Gott und die Goten, also die Schweden, hatten die Städte also (von *gefäncknus vnd Trangsal*) ›befreit‹: Die Städte wurden also auch durch den Text als von Tyrannen unterdrückt gedeutet, wodurch ein Eingreifen legitim und sogar geboten erscheint.[98] Ferner wurden die Schweden glorifiziert, da sie gegen Tyrannen kämpften und militärischen ›Erfolg‹ hatten; sakralisiert wurde der Kampf zudem dadurch, dass er als gottgefällig, ja sogar als Gottes Werk dargestellt wurde[99], was die Schweden noch weiter glorifizierte, da sie auf der gottgefälligen Seite standen. Der Tyrannen-Diskurs, der Diskurs des Religionskriegs und die Deutung des ›erfolgreichen‹ militärischen Agierens als ruhmreich wurden somit in diesem Flugblatt miteinander verschränkt. Durch den Gebrauch der konfessionellen Polemiken und der Deutung des Kriegsgegners als die tyrannische altgläubige Kirche – und nicht etwa den habsburgischen Kaiser – dürfte sich dieses Flugblatt vor allem an Protestanten gerichtet haben, denen der schwedische König als konfessioneller Kriegsheld präsentiert wurde.

Zweifellos wurde aber auch bei diesem konfessionell aufgeladenen Flugblatt Wissen um Stadteinnahmen verbreitet, wenn auch dieses Wissen mit Deutungen einherging, die einige zeitgenössische Rezipientinnen und Rezipienten sicherlich vehement ablehnten und womöglich sogar als lügenhaft und ketzerisch wahrnahmen. Man sollte allerdings auch in Betracht ziehen, dass sich im konfessionellen Zeitalter ganz eigene Modi der Rezeption von als fremdkonfessionell besetzt geltenden Wissensbeständen entwickelten, die es ermöglichen konnten, diese nutzbar zu machen.[100] Nur weil Schriften offensichtliche konfessionelle Polemiken enthielten, bedeutet dies nicht, dass sie nicht auch von fremdkonfessionellen Leserinnen und Lesern rezipiert und womöglich als teilweise richtig erachtet wurden.[101]

---

97 O. A., Augenscheinliche abbildung der vornemsten örter, Statt, vnd flecken so […] erlediget worden.
98 Vgl. Meumann, Herrschaft oder Tyrannis, S. 185ff; Pröve, Legitimation, S. 265ff; Tischer, Grenzen, S. 52f; Kampmann, Interventionsproblematik, S. 78; Kampmann, Westfälische System, S. 204f und 211–214.
99 Vgl. Schmidt, Leu, S. 335f. Vgl. allgemein zum kämpfenden Gott: Pohlig, Gewalt, S. 130.
100 Vgl. Thiessen, Identitäten, S. 122–127; Engels/ Thiessen, Glauben, S. 339–343.
101 Vgl. Bähr, Vernichtung, S. 107ff; Gleixner, Fürstin, S. 215–220.

Prophetie und Divination: Athanasius Kirchers Vision

Von einer völlig anderen Art der Wissensgenerierung über Stadteinnahmen der schwedischen Armee berichtet der bereits eingangs erwähnte Athanasius Kircher in seiner von ihm selbst verfassten Biographie:[102] Der damals in Würzburg lebende Jesuit habe eine Vision von einem feindlichen Einfall gehabt und diesen daraufhin seinen Mitbrüdern prognostiziert. Kircher schrieb dazu: *Quæ verba tum rite exepta, verum tamen hoc fuisse, effectus mense Octobris consecutus sat superque demonstrabat [diese Rede war damals auf herkömmliche Weise gehört worden, gleichwohl diese die Wahrheit gewesen war; ihre Verwirklichung, die im Monat Oktober erfolgte, zeigte dies mehr als genug]*[103]. Ansonsten völlig unvorhergesehen sei dann, laut Kircher, der schwedische Angriff erfolgt, der die Meinung der übrigen Jesuiten über die Prophezeiung ihres Ordensbruders diametral verändert habe:

didiceruntque tandem Patres nostri prædictum meum non irritum fuisse, unde multi secreto examinantes, qua ratione tam constanter Urbis invasionem prædixissem, putabant, astrologica arte id factum esse, sed uti ad visionem aperiendam non obligabar, ita alto eam silentio pressi, relinquendo unicuique potestatem de prædictione judicandi, quod vellet [Und unsere Pater erfuhren, dass meine Prophezeiung kein Fehler gewesen war, weswegen viele, die im Geheimen untersuchten, durch welche Wissenschaft ich dennoch die gewaltsame Einnahme der Stadt folgerichtig vorhergesagt hatte, meinten, dass dies durch die sternenkundliche Wissenschaft geschehen sei, aber wie ich nicht zur Offenbarung der Vision verpflichtet war, so bestimmte dies, da wir mit tiefem Schweigen umfangen worden waren, durch Überlassung der Gelegenheit des Urteilens über die Vorhersage an jeden, darum ein jeder].[104]

Prophetie und Vorzeichenglaube waren in der Frühen Neuzeit bekanntermaßen zeitgenössisch anerkannte Mittel der Zukunftsdeutung, die in bestimmten Ausprägungen bekanntlich auch einen sehr berühmten Akteur des Dreißigjährigen Kriegs nicht unwesentlich tangierten.[105] Es erscheint jedoch fraglich,

---

102 Vgl. hierzu ausführlich: Bähr, Komet, S. 152–162.

103 Kircher, Vita, S. 40. Vgl. zu dieser Episode auch: Bähr, Waffen des Athanasius Kircher, S. 146.

104 Kircher, Vita, S. 40.

105 Vgl. allgemein zu Prophetie und Vorzeichenglaube: Landwehr, Geburt; Ludwig, Entscheidungen. Vgl. zum Vorzeichenglauben in der Zeit des Dreißigjährigen Kriegs: Bähr, Komet. Vgl. zum Verhältnis Wallensteins zur Astrologie: Dross, Zipperlein, S. 254–258.

ob derartige Praktiken bei der Informationsgewinnung über Stadteinnahmen eine nennenswerte Rolle spielten, da dies die einzige Quelle ist, die divinatorisch-magische oder astrologische Handlungsmuster erwähnt. Viel aufschlussreicher ist es, den erzählerischen Sinn dieser Episode in Kirchers Biographie zu hinterfragen: Dieser beschrieb eine absolut klare und detailreiche Vision, eine eindeutige und sich bewahrheitende Voraussage an einen Ordensgenossen, eine gleichgültige Reaktion auf diese durch die anderen Jesuiten, die ›Bewahrheitung‹ der Vision und die nun erfolgende Deutung seiner Vision durch seine Mitbrüder als wahr, auch, wenn diese sie sich nicht erklären können.[106] Durch diese Beschreibung kennzeichnete Kircher seine Vision als eindeutig und wahrhaftig, wodurch diese implizit als eindeutig gottgewollt gekennzeichnet wurde.[107] (Wie der Jesuit übrigens auch weitere Rettungen seiner Person durch Gott in seiner Vita erwähnt.[108]) Die übrigen Jesuiten jedoch können die Bedeutung und vor allem die ›Quelle‹ der Voraussage Kirchers nicht erfassen und, selbst nachdem sich die ›Wahrheit‹ quasi ›offenbart‹ hatte, erkennen seine Mitbrüder diese nicht. Vielmehr vermuten sie eine astrologische – und damit nach zeitgenössischen Maßstäben wissenschaftliche – Vorhersage und keine übernatürliche, gottgewollte Vision:[109] Die Würzburger Jesuiten erwogen also offenbar eine göttliche Vision nicht einmal, was implizit durchaus einen Vorwurf enthalten könnte.

Diese Selbstinszenierung Athanasius Kirchers als von Gott begünstigter, wegen seines Glaubens leidender und verkannter Gläubiger mag auf den ersten Blick nicht viel mit Stadteinnahmen zu tun haben, doch vermag sie eine weitere – und vielleicht auch die beste – Erklärung zu liefern, weshalb der gelehrte Jesuit das Jahr 1631 als friedlich beschrieb (siehe den Anfang dieses Kapitels): Nur so konnte seine Vision als wahrhaftig wundersam erscheinen. Eine Nicht-Nennung von Stadteinnahmen kann also durchaus auch narrativen Strategien folgen und dabei quasi eine Simulation von Nicht-Wissen sein.

Zusammenfassend kann man feststellen, dass zahlreiche Akteure in ihren Selbstzeugnissen von Stadteinnahmen der schwedischen Armee berichteten

---

106 Vgl. Kircher, Vita, S. 39ff.
107 Vgl. Tippelskirch, Mystikerin, S. 22.
108 Vgl. Kircher, Vita. Vgl. dazu auch: Bähr, Waffen des Athanasius Kircher, S. 144–150.
109 Vgl. zu dieser Unterscheidung: Tippelskirch, Mystikerin; Daston, Wunder, S. 32–46; Bähr, Divinatorischer Traum, S. 6ff. Vgl. zur Astrologie als Wissenschaft: Landwehr, Geburt, S. 304–309; Kalff, Wissenschaft.

und man von allgemeinen Kenntnissen über diese ausgehen kann. Allerdings gibt es deutliche Unterschiede, welche Stadteinnahmen in den Selbstzeugnissen thematisiert wurden: Einnahmen von Städten, die nah der Heimatstadt der jeweiligen Verfasser lagen, wurden häufiger erwähnt, wie auch Stadteinnahmen, die mit besonderer Gewalt – sprich: einem Sturmangriff – verbunden waren. Dies hängt sicherlich einerseits damit zusammen, dass diese Einnahmen als besonders wichtig und damit erwähnenswert gedeutet wurden, andererseits aber wahrscheinlich auch mit einer in diesen Fällen besonders guten Informationslage.

Das Wissen um Stadteinnahmen zirkulierte vor allem über drei Faktoren beziehungsweise Medien: Flüchtlinge, Briefe und Flugblätter. Geflüchtete machten die Einnahme ihrer Heimatstädte wohl oft schon durch ihre bloße Präsenz an ihren Fluchtzielen evident und sorgten für eine neu Raumkonstitution, indem sie beide Räume durch ihre Flucht verbanden und Informationen über ihre Heimatregionen in den Räumen, in die sie geflohen waren, verbreiteten. Durch Briefe wurde auch Wissen über Stadteinnahmen vermittelt, doch waren sie in gewisser Weise voraussetzungsvoller: Der Sender oder die Senderin musste Informationen über eine Stadteinnahme besitzen, zwischen den Akteuren musste es eine soziale Beziehung geben und es mussten – intellektuelle, soziale und materielle – Ressourcen vorhanden sein, die nötig waren, überhaupt via Brief zu kommunizieren. Tatsächlich kommunizierte aber ein bemerkenswertes Spektrum von Akteuren miteinander, das vom Amtmann, über Gelehrte und Adlige bis zu einem Elekten reicht. Die Reichweite des durch Briefe vermittelten Wissens konnte jedoch gesteigert werden, indem erhaltende Nachrichten weiterverbreitet wurden – durch die Anbindung an ein solches (beispielsweise höfisches) Netzwerk konnte man indirekt Wissen erhalten.

Über die Postwege konnten auch Flugblätter – selbst aus feindlichen Teilen des Reichs – in Städte gelangen, die ebenfalls Wissen über Stadteinnahmen vermittelten. Manche waren zwar offen konfessionell polemisch und hatten die Intention, Gustav Adolfs Feldzug religiös zu legitimieren, doch auch sie vermittelten Informationen über Stadteinnahmen und wurden wahrscheinlich allgemein rezipiert; die meisten Flugblätter waren aber – zumindest auf den ersten Blick – nüchtern und neutral und durch bestimmte Flugblatttypen wurde auch Wissen über die Einnahme einer Vielzahl von Städten vermittelt, was nicht zuletzt der Glorifizierung der schwedischen Armee und der Verklärung ihres Kriegs- und Feldherrn Gustav Adolf als ›Heroen‹ und ›Genie‹ diente.

2. 2. Belagerungsvorbereitungen in der Stadt

Die militärischen Aktivitäten der schwedischen Armee im Dreißigjährigen Krieg waren keineswegs unbemerkt geblieben, sondern es war schon relativ früh in großen Teilen des Reichs Wissen über sie vorhanden, worüber zahlreiche Einträge in Selbstzeugnissen über schwedische Stadteinnahmen zeugen. Für die Verteidigung von Städten war derartiges Wissen überaus wichtig, denn Städte waren keinesfalls per se dazu in der Lage eine Belagerung abzuwehren, sondern es wurden diverse Maßnahmen ergriffen, um die jeweiligen Städte verteidigungsbereit zu machen.[110]

Garnisonen und ihre Folgen

Zentral war es für die Verteidigung – so banal es klingen mag – die Städte mit einer genügenden Anzahl an Soldaten zu besetzen: In Frankfurt an der Oder gelang es den Kaiserlichen, Truppen in Stärke von mehreren Tausend Soldaten zusammenzuziehen, doch beispielsweise in Mainz aber auch in Würzburg gelang dies nur bedingt.[111] Mainz bemühte sich vergeblich um Hilfe von Liga und Kaiser, doch immerhin gelang es dem Erzbischof und Kurfürsten Anselm Casimir, einige Truppen aus den spanischen Niederlanden zu erhalten.[112] Im Fürstbistum Würzburg bat der gewählte Bischof Franz von Hatzfeld wiederum vergeblich die Liga um Hilfe.[113] Diese Unfähigkeit die eigenen Verbündeten zu beschützen, sollte zu folgenschweren Konflikten zwischen den Fürsten, deren Territorien nicht durch kaiserliche oder ligistische Truppen geschützt wurden,

---

110 Diese Maßnahmen wurden bisher vor allem für das 18. Jahrhundert untersucht; dazu zählte das Schleifen der Vorstädte (vgl. Petersen, Belagerte Stadt, S. 136–140; Hohrath, Bürger, S. 312ff; Haas, Belagerungskrieg, S. 295f), das Ausbessern von Verteidigungsanlagen und die Erhöhung der Brandschutzmaßnahmen (vgl. Haas, Belagerungskrieg, S. 296f), das Beschlagnahmen von ›kriegswichtigen‹ Gütern (vgl. Haas, Belagerungskrieg, S. 296ff; Petersen, Belagerte Stadt, S. 145–149), die Ausweisung von als ›unnütz‹ betrachteten Teilen der Bevölkerung (vgl. Petersen, Belagerte Stadt, S. 144f; Hohrath, Bürger, S. 316f; Haas, Belagerungskrieg, S. 298), die Einquartierung einer Garnison in den Bürgerhäusern (vgl. Hohrath, Bürger, S. 314ff) und die Durchsetzung einer rigiden, vom Militär bestimmten Ordnung (vgl. Hohrath, Bürger, S. 319ff).
111 Vgl. zu Frankfurt: Wilson, Dreißigjährige Krieg, S. 566; Griesa, Glaubens- und Religionskonflikte, S. 93; Philippi, Geschichte, S. 21. Vgl. zu Mainz: Brendle, Erzkanzler, S. 313f. Vgl. zu Würzburg: Sicken, Dreißigjähriger Krieg, S. 107; Engerisser, Kronach, S. 22f; Deinert, Epoche, S. 51f.
112 Vgl. Brendle, Erzkanzler, S. 314.
113 Vgl. Leo, Würzburg, S. 265.

und den Habsburgern und Wittelsbachern, die mit den vorhandenen Truppen die eigenen Territorien besetzten, führen und damit auch zum Ende der Liga beitragen.[114]

Der Würzburger Elekt versuchte in dieser Lage von benachbarten Verbündeten Truppen zur Verteidigung der Residenzstadt zu erhalten:

Also kein militärische noch ligistische hülff in der nähe ahnzutreffen gewesen, So haben S. Fürstl. Gnad. den Sachen keinen anderen Rath in eyl zu schaffen nit gewust, dan das Sie die benachbarte Chur- und Fürsten mit schreiben, schickhen, Avisieren, vndt vmb Eylenden Succurs freündtnachbarlich ermahnet, ersuchet undt gebetten[115].

Von fürstbischöflicher Seite versuchte man also, da keine ligistischen Truppen in der Nähe waren, von den Nachbarn Truppen zur Unterstützung zu erhalten und verwies offenbar dezidiert auf das nachbarliche Verhältnis; dies war zweifellos eine rhetorische Strategie, um die Verbündeten so moralisch stärker zur Hilfe zu verpflichten.[116] Doch von den Nachbarn kam keine Hilfe und so war die Stadt Würzburg nur mit wenigen Verteidigern besetzt, als die schwedische Armee heranrückte.[117]

In Augsburg sah die Situation völlig anders aus: Dort bestand nach Eingriffen von kaiserlich-bayrischer Seite der zuvor paritätisch besetzte Rat nur noch aus Katholiken und man fürchtete von städtischer Seite noch weitere Belastungen und Eingriffe von außen, so dass man die Stationierung fremder Truppen möglichst verhindern wollte.[118] Nur nachdem die bayrische Seite mit noch zahlreicheren Einquartierungen durch die Kaiserlichen und damit verbunden noch größeren Belastungen gedroht hatte, war der Rat im März 1632 bereit, Truppen aufzunehmen.[119]

Am 7. April wurden noch weiter Kavallerieeinheiten unter dem Kommando des Obristen Rudolf von Bredow in der Stadt einquartiert, doch auch dies-

114 Vgl. Kaiser, Politik und Kriegsführung, S. 475–480; Kaiser, Angstgetriebene Politik, S. 123; Gotthard, Dreißigjährige Krieg, S. 222; Gotthard, Maximilian, S. 55f.
115 Leo, Würzburg, S. 265.
116 Vgl. zur Bedeutung der ›guten Nachbarschaft‹: Ullmann, Schiedlichkeit, S. 144f.
117 Vgl. Sicken, Dreißigjähriger Krieg, S. 107; Engerisser, Kronach, S. 22f; Deinert, Epoche, S. 51f.
118 Vgl. zur Ratsumbesetzung: Warmbrunn, Konfessionen, S. 163. Vgl. zur Furcht vor weiteren Eingriffen: Roeck, Welt, S. 169–172. Vgl. zur Stationierung fremder Truppen: Roeck, Welt, S. 243; Roeck, Stadt, Bd. 2, S. 681f.
119 Vgl. Roeck, Stadt, Bd. 2, S. 682; Stetten, Geschichte, S. 150.

mal versuchte der Rat wie zuvor, diese zu einem anderweitigen Quartier zu bewegen. Als dies nicht gelang, wurde den Reitern von städtischer Seite verboten, an diesem Tag Quartier in den Häusern Augsburgs zu nehmen. Hainhofer schrieb dazu:

> *die Reutter mit den Rossen uber nacht, auff dem weinmarckht inn der Kälte*
> *ligen blieben, da ihnen dann die Burger auß ihren heusern guetwillig Holz zu den*
> *fensteren herunder geworffen und der Magistrat sie so spat inn den Würtsheuseren*
> *nit mehr ein losieren hat lassen wollen, zu verhüeten unfürsichtiger feuers brunst*
> *inn den stallen*[120].

Gerade bei Einquartierungen war eine erhöhte Gefahr von Bränden tatsächlich gegeben, doch den Reitern aus diesem Grund temporär eine Einquartierung in den Häusern der Stadt zu verwehren, war wahrscheinlich vor allem ein taktischer Zug des Rats:[121] Mit einem Verweis auf die allgemein akzeptierte Notwendigkeit, Feuer zu verhindern, machte der Rat die gegen seine Intention durchgesetzte Einquartierung zeitweise eben doch unmöglich und inszenierte so seine Handlungsfähigkeit.[122] Dass dadurch die fremden Truppen und vor allem ihr Kommandant gedemütigt wurden, indem die Reiter im Freien nächtigen mussten, dürfte durchaus intendiert gewesen sein.[123]

Interessant und vielschichtig ist auch das Verhalten der Einwohner, die – laut Hainhofer – den Soldaten Feuerholz aus den Fenstern zuwarfen: Dies ist sicherlich als mildtätiger Akt der Hilfeleistung zu interpretieren, wie Hainhofer selbst dieses Verhalten mit dem Attribut *guetwillig* versah und wie er von den zeitgenössischen (christlichen) Normen gefordert wurde.[124] Doch diese Handlung war womöglich ambivalenter: Möglich wäre auch, sie als ersten Teil eines Gabentauschs zu interpretieren, durch den das Gegenüber verpflichtet wurde.[125] Dies wäre im Hinblick auf (potenziell) einquartierte Soldaten nicht untypisch, denn wenn es gelang eine soziale Beziehung aufzubauen, konnten die belastenden und teilweise auch gefährlichen Einquartierungen ohne größere Eskalationen, in manchen Fällen sogar mit gegenseitigem Nutzen, ablaufen.[126] Dass die Einwohner den Rei-

---

120 Emmendörffer, Welt, S. 467. Vgl. dazu auch: Stetten, Geschichte, S. 152.
121 Vgl. zur Feuergefahr: Langer, Begegnung, S. 78; Schennach, Verhältnis, S. 49.
122 Vgl. zu letzterem Aspekt: Groß, Prozessführung.
123 Vgl. grundlegend zu Angriffen auf die Ehre: Schreiner/ Schwerhoff, Verletzte Ehre.
124 Vgl. allgemein dazu: Davis, Schenkende Gesellschaft, S. 21–36.
125 Vgl. theoretisch dazu: Mauss, Gabe.
126 Vgl. Pröve, Soldat, S. 210f; Langer, Begegnung, S. 78f.

tern das Holz aus den Fenstern zuwarfen und die Soldaten weder in ihre Häuser ließen, noch selbst das Holz heraustrugen, mag dann auch mit der Furcht vor Gewalt und Plünderung zusammenhängen – es war also möglicherweise eine Selbstschutzmaßnahme. Allerdings waren Gaben in der Frühen Neuzeit auch ein Medium, mit dem Ungleichheit und Hierarchien erzeugt wurden.[127] Gerade das Herunterwerfen des Brennholzes dürfte diesen Effekt sicherlich noch verstärkt haben, so dass die scheinbar mildtätigen Gaben noch als zusätzliche Demütigungen gewertet wurden, durch die die Soldaten symbolisch zu Bittstellern – ja zu Bettlern – wurden.[128] Eine solche Deutung dieser Handlungen erscheint vor allem auch möglich, weil frühneuzeitliche Söldner oftmals überaus empfindlich auf mögliche Verletzungen ihrer Ehre reagierten.[129]

Kurz darauf kam es zu einer Beratung zwischen Angehörigen des Augsburger Rats und Kommandanten des Militärs, bei der der Obrist Bredow – wohl nicht zuletzt durch Druck von außen und das eigene militärische Drohpotenzial – den uneingeschränkten Oberbefehl über Truppen und Stadt erhielt.[130] Dass einem Soldaten eine solche Kommandogewalt über eine Stadt zukam, war in angespannten militärischen Situationen keinesfalls unüblich.[131] Doch da Augsburg eine Reichsstadt war, war dieser Schritt natürlich weitreichender als bei einer Stadt, die einem Fürsten unterstand, da Reichsstädte eben keinen reinen Untertanenstatus besaßen, sondern einen Reichsstand bildeten[132]. Zweifellos besaß in der angespannten Situation die Delegierung von Verantwortung ein entlastendes Moment für den Rat, doch gleichzeitig war dieser Schritt – temporär – irreversibel und nahm ihm jegliche bindende Entscheidungskompetenz, die nun faktisch und formell allein bei Bredow, also beim Militär, lag.[133]

Aufschlussreich sind in diesem Zusammenhang die Aufzeichnungen des Protestanten und Kunstagenten Hainofer, der schrieb:

umb den Mittag haben die Herren Stadt Pfleger durch ainen Trabanten, mir [Hainhofer] zue entbotten, das sie keinen gewalt mehr inn der Stadt sondern das

---

127 Vgl. Rudolph, Gaben.
128 Vgl. zur Deutung des Almosenspendens: Ammerer/ Veits-Falk, Visualisierung; Schmidt, Religiöse Bildprogramme.
129 Die Literatur zu dieser Thematik ist kaum zu überblicken; vgl. klassisch hierzu: Kaiser, Söldner.
130 Vgl. Roeck, Stadt, Bd. 2, S. 682f; Stetten, Geschichte, S. 152.
131 Vgl. Hohrath, Bürger, S. 320f.
132 Vgl. Krischer, Diplomatische Zeremoniell, S. 15ff; Stollberg-Rilinger, Kleider, S. 205ff.
133 Vgl. zum entlastenden Moment: Roeck, Stadt, Bd. 2, S. 682f; Stetten, Geschichte, S. 152.

Commando uber die gantze Stadt inn Kriegssachen, Herr Obriste, von Breda [Bredow] habe. Welches nach essens ich etlichen vornemmen evangelischen aller dreÿer Ständte gewesten Senatoribus und Doctoribus inn Herren Ludwig Rehmen Hauß zue jedes nachrichtung und nachdenkhen, vertrewlich communicieret die nach langer Deliberation mich zue den Herren Stadt Pflegeren, umb zue erkundigen, wes dann jetzt unser obrigkeit seÿe, und wem mann klagen müsste, wann iemandt inn seinem, Hauß beleidiget würde, geschickt die antworth, neben viler conversation und entschuldigung were, das manß dem Commandanten Herren Obristen, von Breda [Bredow] klagen müsse, warinn man sich beschweret fünde, welches ich denen beÿ Herren Rehmen versamleten und auff mich wartenden Herren widerumb referiert habe[134].

In Augsburg wurde die Übertragung des Kommandos also scheinbar keinesfalls öffentlich bekannt gegeben, sondern vielmehr nur ausgewählten Akteuren kommuniziert und diese zudem um Vertraulichkeit gebeten. Dies kann man sicherlich als Indiz dafür nehmen, für wie heikel dieser Schritt vom ehemaligen Rat und dem kaiserlichen und bayrischen Militär wahrgenommen wurde – gerade, weil Augsburg eigentlich eine autonome Stadt war. Diese Art des Kommandoübertragens führte ganz offensichtlich zu Unklarheit und Nicht-Wissen in Bezug auf die Kommandogewalt über die Stadt, doch dies wurde scheinbar in Kauf genommen, um Unklarheiten – oder gar Unruhen – in Bezug auf den Status der Stadt zu verhindern.

Aus städtischer Perspektive dürfte aber nicht nur der Eingriff in die Kompetenz des Rats – ja, die faktische Außer-Kraft-Setzung des Rats – selbst problematisch gewesen sein, sondern auch die damit verbundene alleinige Kompetenz des Militärs bei der Verteidigung der Stadt. Solch eine Häufung von Entscheidungsgewalt beim Militär war in vielen anderen Fällen im Dreißigjährigen Krieg keinesfalls intendiert. In Mainz, Bamberg und München versuchte man vielmehr von landesherrlicher Seite eine derartige Situation zu verhindern und die eigenen Soldaten einzuhegen: Der Mainzer Erzbischof Anselm Casimir übertrug zwar mit dem Oberst von Wittenhorst auch einem militärischen Kommandanten im Verteidigungsfall das höchste Kommando über die Stadt, doch zugleich gab er Instruktionen, die eine Übergabe anmahnten.[135] Ebenso

---

134 Emmendörffer, Welt, S. 467.
135 Ein Abdruck der Anweisungen findet sich bei Karl Anton Schaab (vgl. Schaab, Geschichte der Bundesfestung Mainz, S. 156ff). Vgl. ebenfalls: Müller, Staat, S. 56; Brendle, Erzkanzler, S. 314; Dobras, Stadt, S. 259; Frohnhäuser, Gustav Adolf, S. 97.

forderte der Bamberger Bischof Johann Georg II. Fuchs von Dornheim den Kommandanten seiner Residenzstadt, Henrich Michael von Lüdinghausen, auf, Eskalationen zu vermeiden und einen günstigen Akkord auszuhandeln.[136] Der bayrische Herzog Maximilian gab sogar konkrete Instruktionen über einen zu schließenden Akkord.[137]

In Würzburg allerdings war der Elekt Franz von Hatzfeld kurzfristig geflohen, ohne solche Vorkehrungen zu treffen.[138] Bürgermeister und Rat baten daraufhin durch zwei Räte der Stadt den Domdekan Veit Gottfried von Werdenau um Anweisungen, wie man sich im Fall einer Belagerung zu verhalten habe.[139] Dieser entgegnete darauf:

Das er Ihnen in solchem fall nit zu rathen wisse, sollten den besten Rath bey ihnen selbsten nehmen, die occasion rei benè gerendæ in acht haben, vndt sehen wie Sie alsdann der sachen pro re natâ guten Rath schaffen mögen[140].

Sowohl Bürgermeister, Rat, als auch der Domdekan versuchten hier also letztendlich den Modus des Entscheidens im Falle einer Belagerung auszuhandeln: Während Bürgermeister und Rat versuchten, Instruktionen zu erhalten und so die Entscheidung teilweise zu externalisieren, bemühte sich Veit Gottfried von Werdenau, dies zu vermeiden, indem er die Kompetenz unter Verweis auf die erst später eintretende Sachlage beim Rat verortete.[141] Dieses Verhandeln um eine Externalisierung ist ein gutes Indiz dafür, wie heikel es für die dem Elekten untergeordneten Akteure vor Ort war, im Fall einer Belagerung Entscheidungen zu treffen. Letztendlich scheinen jedoch noch die in der Stadt verbliebenen Mitglieder des Domkapitels die Kompetenz ihrer Institution in Szene gesetzt zu haben, da zur Hilfe des Rats wohl noch vom Syndikus des Domkapitels *etliche accords auffgesetzt wordten, darnach mann sich im nothfall zue richten*[142] hätte.[143] Welche Effekte derartige Instruktionen bedingen konn-

---

136 Vgl. Hasselbeck, Dreißigjährige Krieg, S. 100.
137 Vgl. Albrecht, Maximilian I., S. 829.
138 Vgl. Sicken, Dreißigjähriger Krieg, S. 107; Deinert, Epoche, S. 51f; Romberg, Bischöfe, S. 244–250. Ein Bote des Elekten, der die Stadtelite ermahnte, Würzburg zu verteidigen, kam erst nach diesen Beratungen an, zu einem Zeitpunkt, an dem eine Verteidigung als aussichtslos galt (vgl. Leo, Würzburg, S. 291ff).
139 Vgl. Leo, Würzburg, S. 273f. Vgl. zur Person des Domdekans: Leo, Würzburg, S. 434.
140 Ebd., S. 274.
141 Vgl. theoretisch dazu: Hoffmann-Rehnitz/ Krischer/ Pohlig, Entscheiden, S. 238f.
142 Leo, Würzburg, S. 274.
143 Vgl. zur Bedeutung des Würzburger Domkapitels: Horling, Julius Echter. Vgl. allgemeiner zur Bedeutung frühneuzeitlicher Domstifte: Marchal, Domkapitel.

ten, kann man am Beispiel Würzburgs ziemlich gut eruieren, wenn man Ganzhorns Bericht, der vom Rat in Auftrag gegeben wurde, beachtet: Sowohl zu den ausweichenden Ausführungen des Domdekan als auch zu der verschriftlichten Instruktion hieß es, der Rat habe sich später daran gehalten.[144] Durch diese Zuschreibung wurde offenbar versucht, die Verantwortung zu externalisieren. Durch Instruktionen sollten lokale Entscheidungsprozesse vorab geregelt und eingehegt werden und durch sie wurde Verantwortung von den lokalen Akteuren genommen:[145] Dies versprach Sicherheit für den Landesherren, da die Räte, Amtleute und Militärs vor Ort relativ genaue Instruktionen besaßen, und dies versprach Sicherheit für die Räte, Amtleute und Militärs vor Ort, da sie so weniger gefahrliefen, Entscheidungen gegen die Intention ihres Landesherrn zu treffen.[146] Dass diese Instruktionen gerade zu möglichen Stadtübergaben erstellt wurden, hängt auch sicherlich damit zusammen, dass diese Entscheidung irreversibel war und dabei gleichzeitig besonders viele Risiken bestanden: Erstens riskierte man bei zu heftiger Gegenwehr zahlreiche Menschenleben und die Zerstörung der (Residenz-) Stadt, zweitens stand ein Verlust der Stadt durch eine ›zu frühe‹ Übergabe auf dem Spiel und drittens drohte bei einem ›schlechten‹ Akkord der Verlust zahlreicher Rechte der Stadt.

Welche Ausmaße diese Risiken in der zeitgenössischen Publizistik annehmen konnten, zeigt ein Blick in Matthäus Merians ›Theatrum Europaeum‹, in dem es über die aus den spanischen Niederlanden gesandten Verteidiger der Stadt Mainz hieß:

Die Spanier [die Verteidiger aus den spanischen Niederlanden] aber erzeigten sich damahls mit Worten sehr muthig / liessen sich verlauten / sie wollten sich biß vff de letzsten Mann wehren / vnnd die Statt [Mainz] eher in die Aschen legen vnd gäntzlich schleiffen / als in deß Königs [Gustav Adolfs] Gewalt vbergeben[147].

Diese Aussagen kann man einerseits im situativen Kontext der angeblichen Sprechsituation, nämlich der bevorstehenden Belagerung, als hyperbolische Rhetorik der Soldaten betrachten, andererseits auch als antispanische Polemik

144 Vgl. Leo, Würzburg, S. 274.
145 Vgl. zur frühzeitigen Regelung und Einhegung: Hipfinger, Ordnung; Burschel, Sultan, S. 413; Weller, Städte, S. 165f; Würgler, Funktionen, S. 96f.
146 Vgl. zu den Risiken eine Festung ›zu schnell‹ aufzugeben: Völkel, Historiker, S. 104f. Allgemein zu den Risiken die Amtsträgern von Seiten ihrer Herren drohten: Ortlieb, Rechtssicherheit.
147 Abelinus/ Merian, Theatri Europaei, S. 490.

im ›Theatrum Europaeum‹ werten.[148] Doch nichtsdestotrotz, im zeitgenössischen Imaginarium gab es offenbar die Möglichkeit, dass eine Stadt von den
eigenen Verteidigern völlig zu Grunde gerichtet werden konnte, und in diesem
Zusammenhang sollte man die Einhegung des Militärs durch den Landesherrn
und die Versuche der lokalen Räte, Entscheidungskompetenzen und Verantwortung zu delegieren, auch betrachten.

Während die Landesherren also teilweise versuchten die Kompetenz des
Militärs bei der besonders heiklen Frage der Übergabe einzuhegen, wurde vor
Ort die Differenzierung zwischen lokaler Obrigkeit und Untertanen mitunter
noch forciert: Hellgemayr notierte in seinem Selbstzeugnis, *ist ein galgen wie
auch ein hillzener esl auf dem Plaz auf gericht worden*[149]. Selbst im katholischen,
den Obrigkeiten loyalen München wurden also Artefakte, mit denen sogenannte Leibstrafen vollzogen werden konnten, aufgestellt. Dies diente gleichermaßen dazu, Möglichkeiten, derartige Strafen zu vollziehen, zu schaffen, als auch
der Inszenierung von Strafkompetenz und der Bereitschaft, deviantes Verhalten
nicht zu tolerieren, sondern hart zu bestrafen.[150] Dies hatte den Effekt, die Obrigkeit als handlungsfähige Wahrer der ›guten Ordnung‹ zu präsentieren und
damit ihren Status zu betonen.

Im gemischtkonfessionellen, unruhigen Augsburg agierte der neue militärische Kommandant noch einmal anders: Oberst Bredow ließ einen Postreiter,
der nach Nürnberg reiten sollte, aufhalten und durchsuchen, so dass der gut
vernetzte Kunstagent Hainhofer mit anderen Händlern den Kommandanten
aufsuchte und ihn bat, den Reiter abgehen zu lassen, *auff das die commercia und
wexell nit gesperth werden*[151]. Sie hatten – wohl auch durch den Verweis auf die
Notwendigkeit der Post für den Handel – mit ihrem Begehren Erfolg, doch der
Obrist Bredow

*aber in conversatione unß [Hainhofer und seinen Begleitern] zu erkennen ge-
ben hat, das nit nuer handels sachen, sondern auch sonsten vil sehkupen und auch
vil königliche schweedische grosse Conterfette die Lucas Kilian gestochen im felleÿsen
gewesen, auß welchen zu verspihren, das mann hir so wohl die Catholische alß
evangelischen mehr schweedisch alß Keÿserisch gesinnet seÿ ja das der Kaÿser den*

148 Vgl. zu derartigen hyperbolischen Selbstinszenierungen: Kaiser, Kriegsgreuel, S. 177.
   Vgl. zu anti-spanischen Polemiken: Schmidt, Universalmonarchie.
149 Leuchtmann, Aufzeichnungen, S. 207. Vgl. dazu auch: Stahleder, Chronik, S. 451.
150 Vgl. zu diesen Praktiken in Belagerungssituationen: Hohrath, Bürger, S. 319ff.
151 Emmendörffer, Welt, S. 468.

evangelischen burgern allhier noch mehr guets als den catholischen gaÿstlichen ihren
gefondnen breiffen nach, zuzutrauen, welches alles er dem Herren General Tilli
uberschickht habe, auff das ihre Exelens auch sehen wie schwedisch mann allhier
gesinnet seÿe[152].

Durch die Durchsuchung des Postreiters wurde also nicht nur symbolisch
ein Kontrollanspruch inszeniert und dadurch angemahnt, deviantes Verhalten
zu unterlassen, sondern es diente offenbar auch ganz effektiv der Informationsgewinnung. Dass Bredow laut Hainhofer den Augsburgern daraufhin eine
mangelnde Treue zum Kaiser vorwarf und angab, dies an Tilly weitergeleitet
zu haben, kann man wahrscheinlich am ehesten als Mahnung interpretieren,
die sich über Hainhofer und seine Begleiter in der Stadt verbreiten sollte. Ob
Bredow bei dieser Gelegenheit tatsächlich äußerte, die Korrespondenz der katholischen Geistlichen sei kaiserfeindlicher als die der Protestanten, erscheint
allerdings eher zweifelhaft – diese Passage ist wohl eher ein Imaginarium des
Protestanten Hainhofers, mit dem er seine Glaubensgenossen rühmen und die
katholischen Geistlichen diffamierten wollte.

Kurz darauf wurde die Post noch einmal Thema: Der Obrist Bredow kam
in Begleitung von anderen Offizieren, Schreibern und Bewaffneten zu Hainhofer, der ebenfalls einen Brief geschrieben hatte, der den Unmut der Soldaten erregte. Einer der Soldaten las Hainhofer das Schreiben vor, worin es hieß
das obrister von Breda [Bredow] die Nacht zuvor mit 6 Cornet reuteren zimlich
schwach inn diese Statt kommen, seÿe, und das die reutter wie die Ohlberger auff
der gassen per noctiern müessen[153]. Darauf wurde Hainhofer befragt:

Hierauff habe der Herr obriste [Bredow] Ihme [einem Soldaten] anbefohlen
mich [Hainhofer] zue fragen, was mich verursacht habe, ihne und seine Armee also
hoch zu schmehen, und sie öhlberger zu schelten und darzue an ein solches orth
zue schreiben, wie starckh mann in der Stadt seÿ, und wo auß der feind zu seinem
Vortheil, alles erfahren künde[154].

Die Soldaten beschuldigten Hainhofer also, sie geschmäht und Nachrichten über die Truppenstärke in Augsburg verbreitet zu haben. Vor allem der Vorwurf, Hainhofer habe die Soldaten beschimpft, indem er sie Ölberger nannte,

152 Ebd.
153 Ebd..
154 Ebd. Vgl. zu dieser Episode auch: Roeck, Stadt, Bd. 2, S. 716; Weber, Augsburg, S. 269,
    Fußnote 6; Wagenseil, Geschichte, S. 181.

nahm geradezu skurrile Züge an, da er noch wiederholt eine Diskussion entfachte, ob eine solche Bezeichnung ehrverletzend sei. Die Soldaten verlangten von Hainhofer daraufhin eine enorm hohe Summe (2000 Taler) als Wiedergutmachung, verhängten über den zahlungsunwilligen Protestanten einen Arrest und durchsuchten seine Schreibstube. Hainhofer verwies im Gegenzug auf seine Verbindungen zu ranghohen Akteuren, mobilisierte als Fürsprecher katholische Mitglieder der städtischen Elite, lud zahlreiche bayrische Offiziere inklusive Bredow ein und beschenkte diese reichlich – und das Verfahren gegen ihn wurde letztendlich eingestellt und der Arrest aufgehoben.[155]

Verweist schon der Hauptvorwurf der Offiziere – die (indirekte) Schmähung durch Hainhofer – auf eine für die Frühe Neuzeit geradezu typische Konstellation, in der die Ehre der Akteure einen herausragenden Wert besaß, so ist auch der Fortgang dieses Falls überaus interessant, denn an ihm kann man einige typisch frühneuzeitliche Praktiken der Konfliktregulierung und Aushandlung von Herrschaft und ihre Modifizierung in Kriegszeiten aufzeigen.[156] Die Betonung des eigenen sozialen Status, inklusive der Patronageverbindungen, das Aufbringen hochrangiger und akzeptierter Fürsprecher sowie die Pflege eines guten Verhältnisses zu den beteiligten Amtsträgern (inklusive Gaben für diese[157]) waren allesamt gängige Praktiken, um Klagen glimpflich ausgehen zu lassen.[158] Und Hainhofer nutzte alle diese Strategien innerhalb äußerst kurzer Zeit, d.h. er dürfte mit diesen Mitteln durchaus vertraut gewesen sein und er war in der Lage, dass notwendige – ökonomische und soziale[159] – Kapital hierfür aufzubringen, was selbst für einen wohlhabenden Mann wie ihn eine nicht geringe Belastung war, über die er selbst schrieb: *mich diese wenig tage inn die 1500 Rttr [Reichstaler] gekostet haben. Gott verleihe das dises mein größtes Unglückkh seÿe*[160].

Doch nicht nur Hainhofer gelang es, Handlungsmuster der Konfliktregulierung und der Justiznutzung sehr effektiv zu nutzen, sondern auch den bayrischen und kaiserlichen Offizieren – und damit ist weniger ihre Fähigkeit,

155 Vgl. Emmendörffer, Welt, S. 468–472. Vgl. dazu auch: Roeck, Stadt, Bd. 2, S. 716.
156 Vgl. zur Bedeutung der Ehre: Füssel/ Weller, Ordnung; Carl/ Schmidt, Stadtgemeinde. Vgl. zur Aushandlung von Herrschaft: Asch/ Freist, Staatsbildung; Meumann/ Pröve, Herrschaft.
157 Vgl. Davis, Schenkende Gesellschaft, S. 125–145; Groebner, Gefährliche Geschenke.
158 Vgl. Eibach, Strafjustiz, S. 199–204; Eibach, Gleichheit, S. 522ff.
159 Vgl. theoretisch dazu: Bourdieu, Ökonomisches Kapital.
160 Emmendörffer, Welt, S. 472.

sich mit Hilfe ihres militärischen Rangs zu bereichern, gemeint, auch wenn dies ebenfalls typisch ist:[161] Indem sie Hainhofer nicht nur unter Arrest stellten, sondern ihn vor allem auch dazu brachten, all diese typischen Routinen im Umgang mit einer Obrigkeit anzuwenden, erschienen sie letztendlich als Obrigkeit.[162] Dies ist ein Effekt der frühneuzeitlichen Konfliktregulierung, der ebenfalls geradezu ›klassisch‹ genannt werden kann – Hainhofer bewirtete und beschenkte die fremden Offiziere also nicht nur, sondern leistete für sie auch noch »unbezahlte zeremonielle Arbeit«[163].

Dazu, dass die Offiziere gerade gegen Hainhofer vorgingen, trug sein Brief, der ihm zur Last gelegt wurde, sicherlich bei, doch verstärkt wurde dies wahrscheinlich noch durch den Umstand, dass Hainhofer sowohl Protestant als auch Mitglied der Augsburger Elite war: Durch ein Vorgehen gegen ihn konnte man also nicht nur Entschlossenheit gegenüber den protestantischen Einwohnern, sondern auch gegen die städtische Führungsschicht demonstrieren und so seinen Status als Obrigkeit gleich gegen beide Gruppen, von denen Widerstand zu erwarten war, inszenieren. Durch das Einlenken nach Hainhofers Entgegenkommen zeigte man sich zudem als milde und gütige Obrigkeit und vermied gleichzeitig eine Eskalation des Konflikts.[164]

Aber nicht nur im unruhigen Augsburg, sondern auch in Würzburg, dessen Elekt geflohen war, hat es, laut den Aufzeichnungen von Ganzhorn, massive Konflikte zwischen dem militärischen Kommandanten, Rittmeister Adam Heinrich Keller von Schleitheim, und dem noch in der Stadt verweilenden Domdekan Veit Gottfried von Werdenau gegeben:[165]

Der H. dombdechant hat versprochen gehabt, allhier bey der Burgerschaffi zue verbleiben. Nachdeme aber derselbe von Rittmeister Keller despectirt vndt affrontirt worden, vndt gesehen, das derselbe alles nach seinem Vnzeitigen humor dirigirn wolle, seyndt ihr Hochwürden gn. neben etlichen anderen noch anwesenten herren Capitularen davon gefahren[166].

161 Vgl. zur Bereicherung von Soldaten im Krieg: Carl, Korruption; Kaiser, Bevölkerung, S. 284.
162 Vgl. Eibach, Strafjustiz, S. 203f; Kaiser, Kriegsgreuel, S. 178f.
163 Luhmann, Legitimation durch Verfahren, S. 114. Vgl. dazu auch: Krischer, Rituale, S. 136–139.
164 Vgl. zur Inszenierung von ›Milde‹: Eibach, Strafjustiz, S. 203f; Kaiser, Kriegsgreuel, S. 178f.
165 Vgl. zur Flucht des Elekten: Sicken, Dreißigjähriger Krieg, S. 107; Deinert, Epoche, S. 50f.
166 Leo, Würzburg, S. 275. Hier nach Variante C.

In Würzburg gab es also scheinbar einen Konflikt um die Kompetenz, nachdem Franz von Hatzfeld, ohne diese zuvor zu regeln, geflohen war: Nach Meinung des im Auftrag des Rats schreibenden Ganzhorns versuchte der Rittmeister *alles nach seinem Vnzeitigen humor [zu] dirigirn*, d.h. er beanspruchte das alleinige Kommando. Dass er mit dem Domdekan das ranghöchste in der Stadt verbliebene Mitglied des einflussreichen Domkapitels beleidigte, kann man vor diesem Hintergrund als Versuch interpretieren, seinen Vorrang und seine Kompetenz gegenüber diesem wichtigsten verbliebenen Akteur in Szene zu setzen.[167] Den Wegzug des Dechanten aus der Stadt kann man dementsprechend nicht nur als Flucht deuten, sondern auch als Demonstration von Dissens und des Nicht-Akzeptierens des postulierten Vorrangs und der behaupteten Kompetenz des Rittmeisters. Dieses Vorgehen kam in der Frühen Neuzeit häufig vor, wenn ranghohe Akteure Rang, Ehre und Kompetenz nicht durchsetzen konnten und ihren Kontrahenten den Vorrang nicht einräumen wollten, wobei es hier nicht nur um die persönliche Stellung des Dechanten, sondern am Ende sogar die des gesamten Domkapitels ging.[168]

In Augsburg hatte, noch vor den Auseinandersetzungen mit Hainhofer wegen dessen Briefes, der Rat der Stadt – wohl unter Druck von außen – eine Distinktion zwischen städtischer Obrigkeit und Militär einerseits sowie der übrigen Bevölkerung andererseits forciert: Die Protestanten inklusive der im Zuge des Restitutionsedikts abgesetzten, protestantischen Angehörigen des Rats mussten ihre gesamten Waffen wohl zuerst unter Eid katalogisieren und dann im Zeughaus abliefern.[169] Auf einer symbolischen Ebene implizierte dies einen Angriff auf die Ehre der männlichen Augsburger, da das Waffenbesitzen und öffentliche Waffentragen (der Männer) per se als Zeichen der Ehre galt, das ihnen durch die Entwaffnung genommen wurde.[170] Dies bewirkte zudem auf einer funktionalen Ebene, dass sie wehrlos, also nicht mehr verteidigungsfähig waren – ein Aufstand der protestantischen Augsburger war somit nicht mehr

---

167 Vgl. allgemein: Hohrath, Bürger, S. 320f.
168 Vgl. exemplarisch zu einer solchen Inszenierung von Dissens: Lüttenberg, Rang. Vgl. zur Stellung des Würzburger Domkapitels: Horling, Julius Echter. Vgl. allgemeiner zur Bedeutung frühneuzeitlicher Domstifte: Marchal, Domkapitel. Zur Bedeutung der Ehre bei Domkapiteln: Küppers-Braun, Ahnenproben; Andermann, Praxis.
169 Vgl. Roeck, Welt, S. 243; Roeck, Stadt, Bd. 2, S. 682; Stetten, Geschichte, S. 151.
170 Vgl. zur Bedeutung von Waffen: Evert, Überlegungen; Tlusty, Martial ethic; Freitag/Scheutz, Pulverfass; Schmidt-Funke, Stadt, S. 30–33; Krug-Richter, Konflikte; Eibach, Institutionalisierte Gewalt, S. 192f.

zu befürchten.[171] Bei der Entwaffnung dürfte es Rat und Besatzungstruppen dann sicherlich auch um beide Ebenen gegangen sein: Den Augsburgern sollten die Mittel zu einem bewaffneten Widerstand genommen werden und es sollte ihnen deutlich die Kompetenz des Rats und des Militärs vor Augen geführt werden.

In Mainz, dessen Einwohner als ruhig und loyal galten, wurden diese samt ihrer Bewaffnung hingegen gemustert, wodurch ihre Kampfbereitschaft beurteilt werden sollte.[172] In der Frühen Neuzeit waren städtische Aufgebote lange Zeit üblich, auch wenn sie als nicht besonders effektiv und mitunter als (auch politisch) unzuverlässig galten, weshalb sie im Laufe des 17. Jahrhunderts allmählich durch Söldner ersetzt wurden.[173] Dass man in Mainz die städtischen Aufgebote musterte, kann man zweifelsohne als Indiz dafür werten, dass man die militärische Lage als sehr bedrohlich und die Mainzer Einwohner als loyal wahrnahm.

In der Regel waren es jedoch geworbene Söldner, denen man die Stadtverteidigung übertrug, und welche sozialen Mechanismen generell mit ihren Einquartierungen verbunden waren, lässt sich am Beispiel Augsburgs auch besonders deutlich zeigen, da dort die meisten Truppen bei den Bewohnern der Jakober Vorstadt einquartiert wurden.[174] Die Jakober Vorstadt wurde vor allem von in ärmlichen Verhältnissen lebenden Protestanten – nicht zuletzt den andernorts oft stigmatisierten Webern[175] – bewohnt: Die katholische Obrigkeit quartierte die Soldaten, von denen stets auch Gewalt und Plünderungen in ihren Quartieren zu erwarten war und deren Unterbringung immer mit zusätzlichen Kosten und Aufwand verbunden war, bei von ihnen religiös und ständisch wenig geachteten Leuten ein. Die Mehrbelastung von religiös unerwünschten Personen war im Dreißigjährigen Krieg nicht untypisch und hatte den Effekt, diese zu demütigen und zum Wegzug oder gar zur Konversion zu bewegen.[176] Die Belastung der niederen Stände – und damit die Entlastung

171 Vgl. zu frühneuzeitlichen Unruhen: Sawilla/ Behnstedt-Renn, Latenz, S. 18ff.
172 Vgl. Brück, Mainz, S. 47; Dobras, Stadt, S. 259.
173 Vgl. Eibach, Institutionalisierte Gewalt, S. 199ff. Vgl. zur Persistenz der städtischen Aufgebote aber auch: Prokosch/ Scheutz, Bürgerschuss, S. 35f.
174 Vgl. Roeck, Stadt, Bd. 2, S. 682; Roeck, Welt, S. 243.
175 In Augsburg galten Leineweber nicht als unehrlich (vgl. Stuart, Unehrliche Berufe, S. 20), andernorts hingegen galten sie es vielfach (vgl. Strieter, Anspruch, S. 138f)
176 Vgl. Plath, Konfessionskampf, S. 290ff und 499f; Medick, Dreißigjährige Krieg, S. 60 und 100.

der Höheren – mit Einquartierungen war in der gesamten Frühen Neuzeit sicherlich nicht ungewöhnlich; hierdurch wurden die oberen Stände in vielerlei Hinsicht entlastet und so die Ständeordnung gestützt.[177]

Dass Einquartierungen auch von verbündeten oder eigenen Truppen enorme Belastungen mit sich bringen konnten, war geradezu ein Gemeinplatz in der zeitgenössischen Publizistik, so hieß es in Merians ›Theatrum Europaeum‹ zu den gegen die schwedische Armee kämpfenden Truppen in der Unter-Pfalz:

Es hat diß Volck auch an andern Orthen / do sie auffgebrochen / also gehauset vnnd Tyrannisiret / daß es ein Stein erbarmen mögen: alles auff den eussersten Grad verderbet / geplündert / den Haußraht verbrennet / das Bettwerck in die Lufft gestrewet / vnd andern vnmenschlichen Muthwillen verübet / nicht anders als wann die Innwohner ihre abgesagte Feinde gewesen[178].

Diese Aussage kann man natürlich als Indiz dafür werten, wie belastend eine Einquartierung von Soldaten für die Einwohner sein konnte – dieser Befund ist durch die historische Forschung längst hinreichend belegt.[179] Man sollte aber auch nicht die polemische Stoßrichtung dieser Passage, die geradezu einem Panoptikum des Schreckens gleicht, außer Acht lassen, denn ganz explizit erschienen hier die schwedenfeindlichen Truppen als ›Tyrannen‹, die die Grenzen des Erlaubten bei weitem überschritten:[180] Eine (angebliche) Überschreitung des Maßes an Gewalt und Zerstörung, das noch als legitim galt, wurde hier zu einem Argument gegen die feindlichen Truppen, durch das sie gebrandmarkt wurden.[181]

Doch auch wenn von den eigenen Soldaten Gefahr in Form von Gewalt und Plünderung ausging, so boten sie doch auch Schutz vor feindlichen Soldaten und Marodeuren – zwischen Schutz und Bedrohung gab es somit, was die eigenen Truppen betraf, ein ambivalentes Spannungsfeld.[182] Welchen hohen Stellenwert Schutz aber auch schon vor dem Eintreffen der eigentlichen feind-

---

177 Angehörige der Universitäten wurden etwa prinzipiell nicht mit Einquartierungen belastet (vgl. etwa: Asche, Dreißigjährige Krieg, S. 158f). Vgl. zur Bedeutung der Ständeordnung: Füssel/ Weller, Ordnung.
178 Abelinus/ Merian, Theatri Europaei, S. 493.
179 Vgl. pars pro toto: Pröve, Soldat; Kaiser, Söldner; Lorenz, Rad, S. 167–187; Medick, Dreißigjähriger Krieg, S. 105–110.
180 Vgl. Meumann, Herrschaft oder Tyrannis, S. 185ff.
181 Vgl. Meumann, Herrschaft oder Tyrannis; Kaiser, Kriegsgreuel, S. 158–166; Rüther, Gewalt der Anderen.
182 Vgl. Carl, Einleitung.

lichen Armee besaß, kann man am Beispiel Münchens aufzeigen, wo Hellgemayr schrieb:

*haben die reitter .2. wagen mit folkh alher gebracht, welche fir Verätter vnd
Plinderer gehalden worden, vnd solche alle alls 23. Perschonen mit weib vnd khin-
dern alda bei dem schneider wirt in den hindern Zimer ein Quattiert sambt ihrer
wacht. ist ein erschrekhlich betrieb wesen gewest. sein da gebliben biß auf den 26.
diß, allß dan hat Mans wider lauffen lassen. hat also fast alle Däg dergleichen
alher gebracht, etliche ibl Zerhaute gestossne, wol auch gar dote darunder gewest. ist
iber auß grosse forcht vnd khumer alhie wie auch auf dem landt gewest wegen der
Straiffen, welche gar grossen schaden gethan, Die leidt erschossen, gar auf gehengt,
hauß vnd Stäbl ab gebrenet*[183].

Um München herum wurden also Akteure, die für ›Verräter‹ und Plünderer gehalten wurden, gefangen genommen, nach München gebracht und dort
gefangen gehalten, wobei dies wahrscheinlich auch mit massiver – und teils
letaler – körperlicher Gewalt verbunden war (*etliche ibl Zerhaute gestossne, wol
auch gar dote darunder gewest*). Man versuchte so einerseits die eigene Bevölkerung vor Gewalt und Plünderung zu schützen, aber andererseits auch, diese
selbst für Plünderungen und als ›Verrat‹ gebrandmarkte Widerständigkeiten zur
Rechenschaft zu ziehen.[184] Teile der ländlichen Bevölkerung stellten durch das
Plündern also durchaus eine Bedrohung für die übrige Bevölkerung dar, doch
dies gilt zum Teil auch für das Agieren der Verteidiger:[185] Einerseits diente ihr
Handeln dem Schutz der eigenen Bevölkerung vor Gewalt, wodurch sich die
Obrigkeit als handlungsfähig und ›gut‹ zeigte.[186] Andererseits richtete sich ihre
Gewalt auch gegen die eigene Bevölkerung, die sie dadurch selbst von Gewalt,
Plünderung und anderen als widerständisch deutbaren Handlungen abzuhalten
versuchte. Dieses gewaltsame Vorgehen gegen Plünderer und ›Verräter‹ aus der
eigenen Bevölkerung dürfte auch der stärkeren Trennung zwischen Obrigkeit,

---

183 Leuchtmann, Aufzeichnungen, S. 206. Vgl. dazu: Stahleder, Chronik, S. 451.
184 Was genau den ›Verrätern‹ vorgeworfen wurde – etwa Begünstigung der feindlichen
    Truppen, Desertation, mangelnder Widerstand gegen die schwedische Armee oder ein
    ›Murren‹ gegen den Herzog – muss offen bleiben. Vgl. zum Umfang des Deliktes ›Ver-
    rat‹: Krischer, Judas, S. 22. Vgl. allgemein dazu: Krischer, Verräter.
185 Vgl. zu Plünderung und ›Ungehorsam‹ der bayrischen Bevölkerung: Heimers, Krieg,
    S. 26; Albrecht, Maximilian I., S. 825f. Vgl. zur Ambivalenz von Sicherheit und Gewalt:
    Carl, Einleitung.
186 Vgl. Tischer, Kriegsbegründungen, S. 148–151; Meumann, Herrschaft oder Tyrannis,
    S. 185; Meumann, Institutionen, S. 116–128. Vgl. quasi ex negativo: Algazi, Sozialen
    Gebrauch.

inklusive Militär, und Untertanen sowie der Disziplinierung der Bevölkerung gedient haben, da hierdurch die Möglichkeit von Obrigkeit und Militär gegen deviante Akteure vorzugehen demonstriert wurde, was auch eine Drohung in Bezug auf ihr zukünftiges Verhalten war.[187]

Bauen und wachen: Die Stadt als gesicherter Raum

Plündernde Bauern, (organisierte) Marodeure und Räuber sowie herumstreifende Reiterverbände der schwedischen Armee waren aber nicht ›nur‹ eine Gefahr für die ländliche Bevölkerung, der physische Gewalt, Plünderung und Zerstörung ihrer Dörfer und Felder drohte.[188] Vielmehr konnten die schwedischen Reiter sogar eine Gefahr für befestigte Städte sein, wenn es ihnen gelang, in diese einzudringen.[189] Überaus aufschlussreich ist in diesem Zusammenhang der Bericht von William Crowne, der als Sekretär mit dem englischen Gesandten Thomas Lord Howard 1636 zu Kaiser Ferdinand II. nach Wien reiste und vermerkte:

Am gleichen Ufer nährten wir uns gegen Mittag Duisburg, aber keiner unserer Kutschen durfte hinein, denn als seine Exzellenz sich dem Tor nährte, feuerte einer der Wachtposten seine Muskete fast direkt vor der Brust der Pferde ab. Obwohl seine Kameraden sofort eine gegenteilige Order erhielten, blieben die Tore geschlossen, und wir blieben so lange draußen, bis die Stadtbewohner trotz unserer Kutschen und unseres großen Trosses davon überzeugt waren, dass wir keine Feinde waren[190].

Über diese Passage kann man gut aufzeigen, welche Vorsichtsmaßnahmen von Seiten der Stadt getroffen wurden: Man schloss die Tore, besetzte sie mit Soldaten und sorgte dafür, dass niemand in die Stadt gelangte. Laut Crowne erregte selbst der Tross des Gesandten den Argwohn der Verteidiger und wurde gestoppt, indem ein Schuss vor dem Tross in den Boden geschossen wurde, was eine überaus martialische Geste war, mit der man gleichzeitig die Ernsthaftigkeit des Begehrens unterstrich, die Folgen des Zuwiderhandelns demonstrierte und die eigene Verteidigungsbereitschaft in Szene setzte.

Man könnte versucht sein, diese Episode mit einer allzu großen, handlungsleitenden Furcht der Verteidiger zu erklären, doch betrachtet man die

---

187 Vgl. Hohrath, Bürger, S. 318–321.
188 Vgl. Kaiser, Bevölkerung, S. 284–289; Kaiser, Kriegsgreuel, S. 166–176.
189 Vgl. Hohrath, Bürger, S. 306 und 310; Schütte, Sicherheitsarchitekturen, S. 98.
190 Crowne, Sommer, S. 24.

Kriegspraktiken und -traktate dieser Zeit, so erscheint dieses Verhalten nicht besonders abwegig: Gerade im Westen des Reiches, und insbesondere in der Grenzregion zu den Niederlanden, kam es immer wieder zu Stadteinnahmen durch Handstreiche.[191] Und in einem zeitgenössischen Traktat riet man dazu: *Man kan auch mit dem an die Thor kommen / daß man Soldaten Bawersweiber [sic] oder Kanffsmanskleider [sic] anziehen lest / die etwas von Kauffgütern / Holtz / Hew oder anders / auff den Rücken / Eseln / Wägen / oder auff Schiffen / wann ein Fluß / See oder Meer da ist / zuführen / welche sich des Thors bemächtigen / vnd daselbst so lang halteu [sic] können / biß die / so im Hinterhalt ligen / ihnen zu Hülffe kommen*[192].

Angriffe durch verkleidete Soldaten auf die Tore einer Stadt gehörten also zu denjenigen Handlungen, die die Zeitgenossen als möglich – beziehungsweise im Fall des Traktats sogar als ratsam[193] – erachteten und auch das plötzliche Eindringen berittener feindlicher Einheiten war im Bereich des Möglichen (siehe auch Kap. 4. 5.).

Die Stadttore waren also äußerst verbundbare Ziele und daher verwundert es kaum, wenn Hellgemayr über spezielle Sicherungsmaßnahmen der Münchner Tore berichtet: *Nur die 2 haubt thor offen vnd mit Statwacht wol bsezt, vnd ist die Stadt frue geschpert vnd Spadt auf gethan worden wegen grosser gefahr vnd schrökhens*[194]. Nur die beiden wichtigsten Stadttore wurden überhaupt noch geöffnet – d.h. die übrigen waren stets geschlossen – und selbst diese beiden wurden unter starker Bewachung nur noch zeitlich eingeschränkt geöffnet. Dies waren alles Maßnahmen, um zu verhindern, dass die schwedische Armee sich durch einen Handstreich eines Tores und damit der ganzen Stadt bemächtigte.

Auch in anderen Städten sicherte man verstärkt die Tore[195] und Mauern und schaffte Artillerie auf die Basteien[196], damit die jeweiligen Städte verteidigungsfähig wurden. In Frankfurt an der Oder, Mainz und Augsburg wurden

---

191 Vgl. Kaiser, Generalstaatliche Söldner, S. 72–81; Bobak/ Carl, Söldner, S. 166ff.
192 DuPraissac, Handbüchlein, S. 49, im Original fälschlich mit S. 94 beschriftet.
193 Vgl. dazu Rink, Bellona, S. 171f.
194 Leuchtmann, Aufzeichnungen, S. 204.
195 Vgl. zu Mainz: Frohnhäuser, Gustav Adolf, S. 97; zu Augsburg: Birlinger, Schweden, S. 632. In Würzburg führte man die Arbeiten erst sehr spät durch, nämlich nachdem die schwedischen Truppen die Stadt erstmals zur Übergabe aufgefordert hatten: Vgl. Leo, Würzburg, S. 277.
196 Vgl. zu Mainz: Frohnhäuser, Gustav Adolf, S. 97. Vgl. zu Augsburg: Roeck, Stadt, Bd. 2, S. 683.

auch zusätzliche, behelfsmäßige Befestigungsanlagen völlig neu angelegt, aber
für gewöhnlich nicht aus Stein:[197] In der Regel wurde Erde ausgehoben und
aufgeschüttet, teilweise wurden eine Art Palisaden errichtet sowie mit Erde oder
Steinen gefüllte Körbe (sogenannte Schanzkörbe), Holzgeflechte und spanische
Reiter (hölzerne Hindernisse) aufgestellt. Doch selbst solche behelfsmäßigen
Arbeiten waren selbstverständlich teuer, arbeitsaufwendig und langwierig; zudem waren sie deutlich weniger effektiv als steinerne Verteidigungswerke, wie
sie in München seit 1618 unter großem Einsatz von Arbeitskräften gebaut, aber
bei dem Einfall der schwedischen Armee in Bayern 1632 noch nicht fertiggestellt worden waren.[198]

In der zeitgenössischen Historiographie überaus häufig überliefert sind die
Arbeiten der kaiserlichen Armee in Frankfurt an der Oder:[199]

*Als nun der Graff von Schaumburg / so sich der Zeit in Franckfurt an der Oder
befande / solchen Anzug des Königs [Gustav Adolf] vernommen / hat er ihm gleich
die Rechnung gemacht / daß es ihm gelten würde / derhalben sich zum Widerstand
auffs beste gefast gemacht / vnd die Statt mit seinem vnd etlich andern vnderschied-
lichen Regimentern mit in 7000. Mann starck zu Roß vnd Fuß wol besetzt /
auch etliche Aussenwerck vnnd Lauffgräben in den Weinbergen (die dadurch in
Grundt verderbet worden) verfertigen / vnd alles wieder einen Feindlichen Anfall
auffs beste bestellen lassen. Es ist auch der Obriste von Tieffenbach / so damals zum
Feldmarschalck vber die Keyserliche Armee bestellet worden / alda angelanget / der
hat nicht allein die Häuser / Hütten vnnd Kältern in den Weinbergen / sondern
auch die Vorstätt / sampt denen darinn befindlichen Kirchen abbrennen vnd die
Thor sperren lassen*[200].

Für Teile der Bevölkerung stellten diese Befestigungsmaßnahmen enorme
Belastungen dar, denn sie verloren Weinberge, Hütten und Häuser, die für die
Errichtung der Befestigungswerke ›rasiert‹, d.h. (kontrolliert) zerstört, wurden.
Gerade die ärmere Stadtbevölkerung, die in den Vorstädten lebte, wurde durch

---

197 Vgl. zu Frankfurt an der Oder Griesa, Glaubens- und Religionskonflikte, S. 93; Philip-
      pi, Geschichte, S. 21. Vgl. zu Mainz: Brück, Mainz, S. 47; Frohnhäuser, Gustav Adolf,
      S. 96f. Vgl. zu Augsburg: Roeck, Stadt, Bd. 2, S. 683; Roeck, Welt, S. 243f.
198 Vgl. zu den Arbeiten in München: Heydenreuter, Magistrat, S. 206ff.
199 Das Schleifen der Vorstadt ist keine reine Erfindung dieser tendenziell polemischen
      Überlieferungen (vgl. Griesa, Glaubens- und Religionskonflikte, S. 93; O. A., Frankfurt
      (Oder), S. 16).
200 Abelinus/ Merian, Theatri Europaei, S. 349. Vgl. auch: Lungwitz, Josua Redivivus,
      S. 379.

ein derartiges Vorgehen getroffen und verlor so schon vor Ankunft der feindlichen Armee einen Großteil ihres Besitzes.[201]

Die Auflistung dieser Schäden in den zeitgenössischen Flugblättern und Geschichtswerken ist durchaus als Beschuldigung gegen die kaiserlichen Truppen zu deuten, die so für zahlreiche Schäden in Frankfurt an der Oder verantwortlich gemacht wurden. Diese Anklage erhielt zudem eine konfessionelle Stoßrichtung, indem eigens das Abbrennen der zweifellos protestantischen Kirchen erwähnt wurde, und das eigens erwähnte ›Verderben‹ der Weinberge kann man in diesem Zusammenhang auch metaphorisch deuten: Durch diese Auflistung der Zerstörung erschien die kaiserliche Armee als hart und geradezu tyrannisch gegen die Bevölkerung und als Feind der Protestanten, der sogar deren Kirchen zerstört.[202]

Tatsächlich erfüllte das Schleifen der Vorstädte und das Roden des Raums, der die Stadt umgab, einen militärischen Zweck: Zum einen nahm man so den gegnerischen Truppen die Möglichkeit, sich unbemerkt der Stadt anzunähern und Deckung vor Beschuss zu finden, zum anderen konnte man durch eine weitgehend kontrollierte Zerstörung der Vorstädte verhindern, dass diese später von der feindlichen Armee angezündet wurden und das Feuer auf die Stadt übergriff.[203] In einem zeitgenössischen Militärtraktat riet man angreifenden Armeen genau hierzu, da dadurch die verteidigende Armee samt den Stadtbewohnern mit dem Löschen beschäftigt sei und man währenddessen die Stadt einfacher erstürmen könne.[204]

Die zeitgenössischen Flugblätter und Geschichtswerke vermittelten durch das Auflisten der ergriffenen Maßnahmen durchaus auch das Bild einer überaus starken, gut vorbereiteten und wohl organisierten kaiserlichen Armee in Frankfurt an der Oder.[205] Die Stadt erschien durch diese weitreichenden Vorbereitungen nur schwer einnehmbar, was aber auch ein rhetorischer Zug war, um die spätere Einnahme der Stadt durch die schwedischen Truppen unter Gustav Adolf als noch ruhmreicher darzustellen.

---

201 Vgl. Petersen, Belagerte Stadt, S. 136–140; Hohrath, Bürger, S. 313; Haas, Belagerungskrieg, S. 296f.
202 Vgl. zu den Deutungen der ›Tyrannei‹: Meumann, Herrschaft oder Tyrannis, S. 185ff.
203 Vgl. zur Deckung: Petersen, Belagerte Stadt, S. 137f; Haas, Belagerungskrieg, S. 296; Hohrath, Bürger, S. 312ff.
204 Vgl. Fronsberger, Kriegßbuch, fol. CXLIIIIr.
205 Vgl. Abelinus/ Merian, Theatri Europaei, S. 349; Lungwitz, Josua Redivivus, S. 379; O. A.: Eigentliche Abbildung / welcher gestaldt Ihre Königl: Mayt: in Schweden / den 3. Apprilis Anno 1631 die Stadt Franckfort an der Oder berandt vnd Eingenommen hatt.

Auch Augsburg wurde noch kurzfristig durch das Anlegen von Schanzen befestigt, wozu Tilly, der die Arbeiten besichtigte, gesagt haben soll, *daß schantzen seye schon vergebens*[206]; diese Episode scheint aber ausschließlich ein Produkt der lokalen Chronistik zu sein, denn Tilly scheint die Arbeiten sogar noch forciert zu haben. Auch in Augsburg hat man wohl Bauten geschliffen, um Platz für die Befestigungswerke zu schaffen. Mehr noch: Laut eines Historiographen aus dem 18. Jahrhundert musste jeder Augsburger Bürger eine Person für die Arbeiten stellen, wodurch die Armee Kosten sparen und die Arbeiten beschleunigen konnte.[207]

Bei dem angeblichen Tilly-Zitat handelt es sich wohl um eine »retrospektive Prophetie«[208], mit der den Arbeiten ex post völlige Sinnlosigkeit unterstellt wurde. Dabei erhielt diese Aussage gerade dadurch Evidenz, indem sie einem der wichtigsten gegen die schwedische Armee kämpfenden Feldherrn zugeschrieben wurde, dem man keine Parteinahme für die schwedische Seite unterstellen konnte. Man könnte sogar noch einen Schritt weiter gehen: Gerade da der Ausspruch Tilly, der nach der Niederlage bei Breitenfeld als völlig glücklos galt, zugeschrieben wurde, wurde implizit nicht nur die Lage per se als hoffnungslos beschrieben, sondern der Zustand der gegen die Schweden kämpfenden Armeen als desolat charakterisiert.[209] Dies war zum einen eine Spitze gegen die bayrischen und kaiserlichen Truppen, die (angeblich) sinnlose Arbeiten verrichteten, und zum anderen implizit eine Glorifizierung der schwedischen Armee unter Gustav Adolf, dem die gegnerischen Truppen scheinbar nichts mehr entgegenzusetzen hatten.

In Mainz setzte man weniger auf solche ad hoc errichteten Schanzen, sondern man errichtete vor allem Flusssperren, mit denen die Mündung des Mains in den Rhein blockiert wurde, um die Beweglichkeit des schwedischen Heeres und ihre Versorgungswege einzuschränken, denn gerade die Artillerie und schwere Nachschubgüter wurden in der Frühen Neuzeit bekanntlich oft mit Binnenschiffen transportiert, da dies einfacher war als sie mit Wagen – und entsprechenden Zugtieren – über Land zu schaffen.[210] Die entsprechende Sperre wurde errichtet, indem Pfähle in das Flussbett eingeschlagen sowie Schiffe und

---

206 Zitiert nach Roeck, Stadt, Bd. 2, S. 683; das Zitat auch in Roeck, Welt, S. 244.
207 Vgl. Stetten, Geschichte, S. 153.
208 Bähr, Gewalt, S. 353.
209 Vgl. zur Wahrnehmung Tillys nach Breitenfeld: Tschopp, Wallenstein, S. 109f.
210 Vgl. Carl, Logistik, S. 41f.

große Steine versenkt wurden.[211] Damit war zwar insbesondere mit den Kähnen auch durchaus relativ teures und seltenes Material vonnöten, um diese Sperre zu bauen, doch war dies einfacher als eine Schanze zu errichten. In Würzburg und bei Augsburg wiederum wurden Brücken über Main beziehungsweise Lech unbrauchbar gemacht, um die schwedische Armee am weiteren Vorrücken zu hindern.[212]

Vergleichend betrachtet scheinen Frankfurt an der Oder und – mit großen Abstrichen – Augsburg mit den Errichtungen von Schanzen Ausnahmen gewesen zu sein, da bei anderen Städten weder großflächig die Vorstädte geschleift, noch ad hoc umfangreiche Befestigungen errichtet wurden. Offenbar sah man dort derartige Maßnahmen als zu aufwändig und teuer sowie letztendlich auch nicht besonders effektiv an. Daran ist aufschlussreich, dass gerade Frankfurt an der Oder praktisch die einzige Stadt war, die im großen Still Verteidigungsmaßnahmen traf, denn Frankfurt war zugleich eine der ersten von der schwedischen Armee belagerten Städte, um die es, nachdem die kaiserliche Armee dort zuvor wohl zwischen 6000 und 9000 Soldaten zusammengezogen hatte, einen nennenswerten Kampf gab.[213] Hieraus könnte man zweierlei folgern: Erstens machten in den Augen der Zeitgenossen das Errichten von behelfsmäßigen Verteidigungsanlagen in der Regel nur dann Sinn, wenn es gelang, die Stadt insgesamt verteidigungsfähig zu machen, d.h. wenn genügend Truppen und Ausrüstungsgegenstände vorhanden waren und die Stadt gegebenenfalls auch über nennenswerte dauerhafte Befestigungsanlagen verfügte.[214] München wurde, weil es nicht stark genug befestigt war, gar nicht erst mit einer starken Garnison versehen und aus einigen Städten in der Unter-Pfalz, aber letztendlich auch aus Augsburg, wurden aus diesem Grund sogar Truppen abgezogen (dazu mehr im folgendem Kapitel).[215] Die Zeitgenossen scheinen also – geradezu im Sinne der

---

211 Vgl. Brück, Mainz, S. 47.
212 Vgl. zu Würzburg: Sicken, Dreißigjähriger Krieg, S. 108. Vgl. zu Augsburg: Birlinger, Schweden, S. 632.
213 Vgl. Wilson, Dreißigjährige Krieg, S. 566; Griesa, Glaubens- und Religionskonflikte, S. 93; Philippi, Geschichte, S. 21. Die Datierung des Sturmangriffs auf Frankfurt bei Griesa und Philippi ist falsch. Gustav Droysen geht von einer geringeren Anzahl aus (vgl. Droysen, Gustav Adolf, 283f).
214 Vgl. zu Befestigungsanlagen im 17. Jahrhundert: Bürger, Festungsbautraktate; Bürger, Festungsbaukunst.
215 Vgl. zu München: Rystad, Schweden, S. 424. Vgl. zu Worms: Mahlerwein, Reichsstadt, S. 295; Boos, Geschichte, S. 426f. Vgl. zu Augsburg: Roeck, Welt, S. 245; Roeck, Stadt, Bd. 2, S. 684.

Akteur-Netzwerk-Theorie[216] – eine Stadtverteidigung als ein Zusammenwirken von Akteuren, beweglichen Dingen und räumlichen Gegebenheiten wahrgenommen zu haben. Zweitens hat man nach der Erstürmung von Frankfurt an der Oder und der als überaus gut befestigt geltenden Würzburger Stadtfestung, dem Marienberg, sowie der Niederlage von Breitenfeld bei drohenden Belagerungen deutlich defensiver und zurückhaltender gegenüber der schwedischen Armee agiert, wozu scheinbar auch zählte, Städte nicht mehr mit äußerster Konsequenz auf Belagerungen vorzubereiten.

Gebet und Prozessionen: Religiöse Praktiken der Stadtverteidigung

Militärische Handlungen waren aber nicht die einzigen, die angewandt wurden, um Städte vor Eroberungen zu schützen; stattdessen nutzte man mitunter religiöse Handlungsmuster, um sich vor der anrückenden schwedischen Armee zu bewahren. Die Dominikanernonne Maria Anna Junius aus dem Bamberger Kloster Heilig Kreuz etwa schrieb:

Den 24. zu nacht / alls wir in der heiligen christmetten seint da hören wir ein mechtiges geschis / mit grossen stücken alls wan es donert / dessen wir von gantzen hertzen erschrocken sind / das wir balt nicht mehr singen können / dan wir haben nicht andters vermeint / dan der feind sey vor sorgam / alls wir aber in grosser angst und schmertzen unsser metten fort singen / da kumt die obriste wachmeister in unser metten / die [sic] lest uns sagen / wir sollen uns nicht förchten wegen des schissen / dan der fürst lass solches zu sorgam thun / damit der feind solches höre / und die heillige nacht nichts anfange[217].

Auf Befehl des Bamberger Bischofs scheinen also in der Heiligen Nacht 1631 in Forchheim, einer nah Bamberg gelegenen Festung, Salutschüsse abgegeben worden zu sein, um die feindliche Armee von Aktionen abzuhalten. Dies sollte offenbar erreicht werden, indem durch das Abfeuern der Geschütze überdeutlich die Präsenz und Verteidigungsbereitschaft der Besatzung demonstriert wurde, was aber auch den Effekt hatte, dass die eigene Bevölkerung verunsichert wurde und dann durch Boten wieder beruhigt werden musste.[218] Interessant ist auch, dass man gerade in der Heiligen Nacht zu dieser Maßnahme

---

216 Vgl. Latour, Soziologie, S.109–149; Bellinger/ Krieger, ANThology.
217 Hümmer, Bamberg, S. 23.
218 Vgl. zur akustischen Wahrnehmung der Artillerie: Berns, Klangkunst, S. 59; Füssel, Schlachtenlärm, S. 159ff; Reinisch, Angst, S. 290–295.

gegriffen zu haben scheint: Dies kann man erstens sicherlich durch die besondere Bedeutung dieses Tags im christlichen Festkalender erklären, der in der
Regel als Feiertag entsprechend begangen wurden – beziehungsweise begangen
werden sollte – und deshalb nicht durch Kämpfe gestört werden sollte. Zweitens impliziert die Begehung eines christlichen Feiertags aber auch sowohl das
Besuchen von Messen als auch andere besondere Aktivitäten, wie Umtrunke
oder Festessen.[219] Folglich musste gerade an einem solchen Tag mit Nachläs-
sigkeiten beim Schutz der Stadt gerechnet werden, wobei durch das Abfeuern
der Geschütze offenbar das Gegenteil demonstriert werden sollte, und dieses
Vorgehen wahrscheinlich auch mit einer generell erhöhten Wachsamkeit an
diesem Tag einherging. (Zu argumentieren, die Besorgnis am Heiligen Abend
angegriffen zu werden, beruhe auf einem Schweden-Bild, das diese als geradezu
›unchristlich‹ erscheinen lässt, wäre kaum richtig: Bekanntlich ließen gerade die
Feld- und Kriegsherren der katholischen Seite dezidiert altgläubige Festtage zu
militärischen Aktionen gegen Protestanten nutzen, um diesen einen konfessionellen Impetus zu geben.[220])

Noch gänzlich andere Handlungsmuster, um sich vor der Einnahme durch
feindliche Truppen zu schützen, boten die christlichen Konfessionen, wozu bei
der altgläubigen Richtung etwa Fürbitten, zu religiösen Handlungen verpflich-
tende Gelübde und wunderbringende Reliquien gehörten.[221] Maurus Friesenegger berichtet etwa schon 1630 von einem 40stündigen Gebet, das im Bistum Freising zur Abwendung des Kriegs abzuhalten war, ebenso von diversen
religiösen Riten, die ebenfalls den Krieg abwenden sollten und mit Ablässen
verbunden waren, wie dem Abbeten bestimmter Gebete, Kirchbesuche, Fastenhalten und dem Beiwohnen der Litanei.[222] Man wandte also typisch altgläubge
religiöse Praktiken an, um den Krieg vom eigenen Territorium fernzuhalten.[223]
Noch eindrucksvoller ist Hellgemayrs Beschreibung der religiösen Aktivitäten
in München am Ende des Aprils 1632, als die schwedische Armee auf die bayrische Residenzstadt rückte:

ist auch alhie in diser gröst vnd Höchsten Not ein khirchfart sambt seiner opfer
Nach Allten Öttingen von hie aus des wegen zu der aller Heiligsten Muetter Gottes

---

219 Vgl. zur zeitgenössischen Wahrnehmung: Schreiner, Neuordnung.
220 Vgl. Kaiser, Maximilian I., S. 84.
221 Vgl. Dürr, Prophetie, S. 21f.
222 Vgl. Friesenegger, Tagebuch, S. 14.
223 Vgl. Holzem, Maria, S. 200f.

verlobt worden. ist diser Zeith grosse Ortnung von allerlei gebetten, Processionen,
Ambtern in allen khirchen verlobt vnd gesehen worden, wie mit dan selbst alle Däg
bei den herren vättern August[inern] vmb 7. Vhr zu ehren der allerheiligsten Himel
khinigin Maria ein Ambt vnd Abents ein letanay Statlich gehallden. so hadt Man
auch gesehen, das die Liebe Jugendt, sonderlich die Junkhfrauen mit fliegenten har,
Procession weiber, wie auch alle scolares vnd schuel khinder, auch mit dem Hoch-
wirdigisten Sacramendt vnd Prinendten lichtern [Prozession(en) hielten][224].

Mit Gebeten, Prozessionen, Ämtern, Litaneien und Gelöbnissen, Walfahrten zu unternehmen, wurde in München gewissermaßen das gesamte ad
hoc zur Verfügung stehende Spektrum der katholischen Frömmigkeitspraktiken
genutzt, um *in diser gröst vnd Höchsten Not* göttlichen Beistand zu erhalten.[225]
Hellgemayr selbst verweist durchaus auf die Vielzahl der Handlungsmuster und
ihr mitunter spektakuläres Moment, wodurch in seinem Tagebuch München
zu dieser Zeit geradezu als ein von altgläubigen Handlungen gefüllter Raum
erscheint: Diese enorme Quantität der Frömmigkeitspraktiken dürfte dazu
gedient haben, den Beistand Gottes zu erhalten; ganz zweifellos hatte sie jedoch
den Effekt, einen Großteil der Einwohner Münchens zu mobilisieren und die
›Rechtgläubigkeit‹ der ganzen Stadt zu demonstrieren. Einen großen Stellenwert
scheint hierbei in München auch die Marienfrömmigkeit gespielt zu haben, die
um 1600 in Bayern forciert wurde und enorm zur Konstitution einer altgläubigen
Identität und zur Abgrenzung der Konfessionen gegeneinander beitrug.[226]
Erkenntnisreich ist auch die Deutung eines derartigen Vorgehens ex post –
in Bamberg leistete die Äbtissin des dortigen Dominikanerinnenklosters Heilig
Kreuz ein zu Gebeten verpflichtendes Gelübde, um ihr Kloster vor der schwedischen Armee zu schützen, wie Maria Anna Junius, eine Nonne des Klosters,
ein Jahr später rückblickend berichtet:
die würdige mutter [hat] disses Jar verheissen / wan uns die hoch gewenedeyte
Jungfraw und mutter gottes / bey ihren lieben son erwerbe das wir in unsern clö-
sterlein bleiben können / so wol sie ihr alle sundtag durch das gantze Jar / die aller-
heilligste glorwürdigste procession des heilligen rossen krantzs mit dem gesungen

---

224 Leuchtmann, Aufzeichnungen, S. 207; die eckige Klammer bei »August[inern]« von
   Leuchtmann, der letzte Satz hat im Originaltext nach »lichtern« eine Lücke.
225 Vgl. zu diesen Praktiken in München: Stahleder, Chronik, S. 451.
226 Vgl. zur Marienfrömmigkeit in Bayern: Hartinger, Konfessionalisierung, S. 146f;
   Schreiner, Maria, S. 400–413; Tricoire, Gott, S. 171–179.Vgl. zur konfessionellen Abgrenzung: Holzem, Maria, S. 213; Stollberg-Rilinger, Maria Theresia, S. 579.

magnificat und alle wegen den vers 3mal nach ein nandter singen deposuit potentes
de sede et exaltavit humiles das ist: er hat die gewaltigen vom stul ab gesetzet: und
die demüttigen erhöht, welches wir diss gantze Jar fleissig gehalten haben / auch die
gantze zeit so die schweden seind da gewessen / haben wir es kein einiges [einziges]
mal under lassen / die weil wir sichbarlig gesehen haben und gespürt / das der
gebenedeyten Jungfrawen maria unser gelübtnus, so wir gethon haben angenem
ist gewessen / dann wir gar oft in höchster gefahr gestandten seint / und alle zeit
wiedumb so wunderbarlig erlöst und getröst seint / deswegen wir solches / nimant
anders zu schreiber alls der gnedigen hülff gottes / und der fürbitt seiner alleliebsten
mutter mara ammen[227].

Maria Anna Junius berichtet also, dass ihr Konvent das von der Äbtissin ge-
leistete Gelübde erfüllt habe, indem er zu Ehren Marias gebetet und gesungen
habe und das Kloster so durch den dafür erhaltenen Einsatz der Heiligen bei
Gott gerettet worden sei. Diese Passage zeigt zum einen wieder die Bedeutung
des im Dreißigjährigen Krieg oft noch verstärkten Marienkults und belegt zum
anderen eine in der zeitgenössischen altgläubigen Theologie so eigentlich nicht
vorgesehene, aber in den Praktiken und Deutungen eben doch vorkommende
mechanistische do-ut-des-Logik bei Gebeten und anderen religiösen Handlungen, durch die die ›Rettung‹ des Klosters vor der schwedischen Armee hier
erklärt wurde.[228] Eine solche Erklärung ›belegte‹ auf der einen Seite die Wirksamkeit des Marienkults, und damit der eigenen Konfession, sowie auf der anderen Seite die ›Qualität‹ der eigenen religiösen Handlung: D.h. die katholische
Konfession und die eigenen religiösen Handlungsmuster wurden durch diese
Zuschreibung als effektiv gekennzeichnet und so glorifiziert.
Aber nicht nur durch religiöse Handlungen, sondern auch durch die bloße
Präsenz von Dingen versprach man sich Sicherheit:

Den 16. Februar [1632] erginge der churfürstliche Befehl an den Herrn Präla-
ten zu Heiligenberg [Benediktinerkloster Andechs], die Hl. Reliquien alsbald wie-
der auszupacken [nachdem sie zuvor zur Flucht eingepackt worden waren], und
an ihren Ort zu stellen, um dem Volk die überflüssige Furcht zu benehmen, welches
allgemeine Freud, und Hoffnung der Sicherheit für Baiern versprach[229].

227 Hümmer, Bamberg, S. 24f; Hervorhebung bei Hümmer.
228 Vgl. zur Bedeutung des Marienkults im Dreißigjährigen Krieg: Holzem, Maria, S. 213.
    Vgl. zur do-ut-des-Logik: Freitag, Berühren; Davis, Schenkende Gesellschaft, S. 151–
    157; Stollberg-Rilinger, Maria Theresia, 583.
229 Friesenegger, Tagebuch, S. 15f.

Diese Behauptung Frieseneggers, dass sich sogar der in den Kurfürstenrang aufgestiegene bayrische Herzog sich für den Verbleib der Reliquien im Kloster Andechs einsetzte und ihnen attestierte, der Bevölkerung ihre Furcht nehmen und zur Sicherheit Bayern beitragen zu können, ist zweifellos als Lob auf die Reliquien und auf das sie besitzende Koster zu verstehen. Allerdings kann man auch davon ausgehen, dass sich Maximilian wahrscheinlich tatsächlich um den Verbleib der Reliquien im Kloster bemühte, und eine zeitgenössische Deutung der Reliquien als Furcht-lindernd und Sicherheit-spendend kann man ebenfalls als gegeben annehmen.[230] Man kann aber sicherlich der – heute etwas naiv wirkenden – Deutung, dass durch die Reliquien übernatürliche Kräfte wirkten und diese Gefahr und Furcht abwehrten, noch eine zweite, zynischere zur Seite stellen: Das Einpacken – und Wegschaffen – der Reliquien verursachte sicherlich nicht nur Furcht, weil man so deren Wirkung beraubt wurde, sondern auch, da dies als Zeichen interpretiert werden konnte, dass bald die schwedische Armee käme und es Zeit wäre, zu fliehen.[231] Auch dieser Deutung wurde durch das erneute Aufstellen der Reliquien entgegengewirkt.

Die Komponente der Konfession spielte aber nicht nur eine Rolle, wenn es galt, der feindlichen Eroberung entgegenzuwirken, sondern in München bekam eine konfessionell eindeutig zu verortendes religiöses Agieren auch Bedeutung, als die Übergabe der Stadt an die schwedische Armee unter Gustav Adolf schon praktisch feststand: *Den 15. [Mai 1632]*, einen Tage ehe die ersten schwedischen Soldaten nach München kamen, *haben mir mit dem Hochwirdigen Sacrament auf diß mal die lezte Procession vor des schwedens einzug gehallden*[232], wie Hellgemayr schrieb. Durch diese Prozession, die eines der typisch altgläubigen religiösen Handlungsmuster war, demonstrierten die Teilnehmenden bis zuletzt ihre katholische Konfession.

Will man die Vorbereitungen, die in einer Stadt getroffen wurden, um sich gegen eine Einnahme durch feindliche Truppen zu wappnen, zusammenfassen, so bietet es sich an, die einzelnen Praktiken in vier Kategorien zu ordnen: Erstens gab es die Praktiken der Besetzung der jeweiligen Städte mit Verteidigern; Städte wie Augsburg, Mainz und Frankfurt an der Oder wurden mit Soldaten

---

230 Vgl. Hörger, Kriegsjahre, S. 871ff; Beck, Ordnung, S. 124f. Vgl. allgemein zur Bedeutung von Reliquien: Angenendt, Heilige und Reliquien, S. 149–166; Burkart, Entgrenzung, S. 139ff.
231 Vgl. zu diesem Mechanismus: Petersen, Belagerte Stadt, S. 142.
232 Leuchtmann, Aufzeichnungen, S. 207.

besetzt und die Bischöfe von Mainz und Würzburg versuchten mit diploma-
tischen Mitteln von Verbündeten weitere Truppen zu erhalten. Hiermit gingen
aber auch Einquartierungen einher, die für die Stadtbewohner mit Eingriffen in
ihre häuslichen Verhältnisse, finanziellen Belastungen und gegebenenfalls sogar
Gewalt und Plünderung verbunden waren.

Zweitens gab es eine Vielzahl von Praktiken, mit denen die Kompetenzen
vor Ort inszeniert oder ausgehandelt wurden: Durch das Aufstellen von Galgen
oder das Entwaffnen der städtischen Einwohner wurde die Scheidung zwischen
Militär und lokaler Obrigkeit einerseits und Einwohnern andererseits forciert,
wobei letztere diszipliniert werden sollte. Doch auch das Verhältnis zwischen
Landesherrn, städtischem Rat und den Offizieren vor Ort konnte konfliktreich
sein: Vor dem Hintergrund der drohenden Belagerung erstellte der Erzbischof
von Mainz eine Instruktion, in der er gegebenenfalls eine Übergabe seiner Residenzstadt anmahnte. In Würzburg, dessen Elekt ohne entsprechende Rege-
lungen geflohen war, versuchte der Rat sich der Verantwortung ein Stück weit
zu entledigen, indem er vom Domdekan eine Instruktion zu erhalten versuchte.
Der militärische Kommandant hingegen setzte seinen Anspruch auf Vorrang
und Kompetenz so rigoros in Szene, dass in Gestalt der letzten Domherren die
ranghöchsten und einflussreichsten zivilen Akteure die Stadt verließen. In Augsburg hingegen wurde – auch durch Druck von außen – die gesamte Befehlsgewalt über die Stadt dem militärischen Kommandanten übertragen, der diese
anschließend durch Untersuchungen – auch gegen Angehörige der städtischen
Elite – demonstrierte.

Drittens wurden die Städte durch den Einsatz von Dingen oder die Umgestaltung des Raums kampffähig gemacht: Man kann davon ausgehen, dass
in jeder Stadt, die mit einem feindlichen Angriff rechnen musste, die Tore besonders bewacht und deutlich weniger als gewöhnlich geöffnet wurden, die
Artillerie auf die Basteien gebracht wurde und die vorhandenen Festungswerke
nach Möglichkeit instand gesetzt wurden. Das Schleifen von Vorstädten oder
das Errichten von provisorischen Befestigungen kamen hingegen zwar vor, wurden aber vor allem eingesetzt, wenn man davon ausging, die Stadt so in einen
verteidigungsfähigen Zustand zu setzen, was aber nach den ersten Siegen der
schwedischen Armee immer seltener der Fall gewesen zu sein schien.

Viertens sei auch auf die religiösen Praktiken verwiesen, denen die Zeitge-
nossen zuschrieben, für Schutz vor Krieg und Belagerung zu sorgen. Mit dem
Abbeten bestimmter Gebete, Kirchbesuche, Fastenhalten, Prozessionen, dem
Beiwohnen der Litanei und Gelöbnissen, Walfahrten zu begehen, gab es ein

ganzes Spektrum an Frömmigkeitspraktiken, denen die – in der Regel altgläubigen – Zeitgenossen zuschrieben, dass sie für Hilfe gegen die feindliche Armee
sorgen könnten, und mitunter wurden solchen Handlungen auch ex post eine
solche Wirkung bescheinigt.

2. 3. Flucht, Rückzug und Evakuierung

Die Zeitgenossen nahmen den Anmarsch der schwedischen Truppen aber nicht
nur wahr und bereiteten die jeweiligen Städte auf eine militärische Auseinandersetzung vor, sondern in vielen Fällen flohen sie bekanntermaßen vor den
schwedischen Truppen.[233] Auch die militärische Variante der ›geordneten‹ ›zivilen‹ Flucht, der Rückzug, ist durchaus für diese Phase des Kriegs bereits thematisiert worden, doch in der Regel unter strategischen Gesichtspunkten.[234]
Diese militärisch-strategischen Gesichtspunkte liefern ganz zweifellos wichtige
Erklärungen, was die Gründe für die Rückzüge betrifft, doch bleibt ihr heuristi-
sches Potenzial auf dieser ›alten‹ Ebene der Militärgeschichte beschränkt, wenn
man nicht noch das Agieren vor Ort miteinbezieht. Erst hierdurch kann man
– quasi in einer Mikrogeschichte des Kriegs – feststellen, welche Konsequenzen
Rückzüge von ›eigenen‹ Truppen für die jeweiligen Städte besaßen.

Rückzug

Die strategischen Funktionen der Rückzüge – 1631 etwa aus einigen Städten in
der Unter-Pfalz, wie Worms, sowie aus schwäbischen und bayrischen Städten,
etwa Augsburg und München, im Jahr 1632[235] – sind relativ klar: Die meisten
verlassenen Städte waren schwach befestigt und die zahlenmäßig unterlegenen,
dezimierten und verstreuten Verteidiger gingen wohl nicht davon aus, sie verteidigen zu können.[236] Daraufhin begaben diese sich in stärker befestigte Orte, wo

---

233 Vgl. Wilson, Dreißigjährige Krieg, S. 586f. Vgl. allgemein zur Flucht im Dreißigjäh-
    rigen Krieg: Demura, Flucht der Landbevölkerung; Medick, Dreißigjährige Krieg,
    S. 110–113; Haude, World of the Siege, S. 26–29.
234 Vgl. Kaiser, Politik und Kriegsführung, S. 470–480; Gotthard, Dreißigjährige Krieg,
    S. 222; Gotthard, Maximilian, S. 55f.
235 Vgl. zu Worms: Mahlerwein, Reichsstadt, S. 295. Vgl. zu Augsburg: Roeck, Welt,
    S. 245; Roeck, Stadt, Bd. 2, S. 684. Vgl. zu München: Rystad, Schweden, S. 424.
236 Vgl. Wilson, Dreißigjährige Krieg, S. 575 und 594; Gotthard, Dreißigjährige Krieg,
    S. 215f.

sich die zuvor verstreuten Truppen des Kaisers und der bayrisch-ligistischen Armee sammelten. Dies geschah etwa 1632, als die schwedischen Truppen nach der Schlacht bei Rain auf dem Höhepunkt ihres militärischen ›Erfolgs‹ sogar in Bayern agierten, in besonderem Maße in Ingolstadt, das als stärkste Festung Bayerns galt.[237] Aber auch der Abzug des Hauptmanns Henrich Michael von Lüdinghausen mit seinen ligistischen Truppen aus dem auf Grund seiner topographischen Lage kaum zu verteidigenden Bamberg folgte durchaus auch dieser Logik.[238]

Die Handlungen, die mit den Rückzügen einhergingen, und deren Deutungen waren allerdings höchst verschieden. Geradezu als berüchtigt galten in Merians ›Theatrum Europaeum‹ die Abzüge der spanischen Truppen und der lothringischen Verbündeten aus Nierstein und Worms:

Vnnd solcher Succeß des Königs [von Schweden] hat vnder den Lotthringischen vnd Spanischen / so sich der Orthen herumb befunden / grosse Forcht vervrsachet / also daß sie allenthalben / wo sie sich nicht zu halten getrawet / ausgerissen / wie sie dann auch den starcken vnd festen Orth Stein [Nierstein] in Brandt gestecket vnnd verlassen / theils haben sie sich auff Mayntz / theyls auff Franckenthal reterirt: waren also damals keine Spanische mehr in der Pfaltz / als allein in Franckenthal zufinden. So quittierten auch die Lotthringer die Statt Wormbs / darinn sie den Bürgern viel Vngemach zugefüget hatten / aber bey ihrem Abzug machten sie es am allerärgsten. Dann die Statt muste ihrem Obristen Offeland 200. Ducaten / 3000. Reichsthaler vnnd ein Sack voll Silberwerck geben: Damit aber war er noch nicht zufrieden / sondern wolte noch 10000. Reichsthaler haben / name auch / biß ihm solche gelieffert würden / den Stättmeister Danner vnnd einen Rathsherrn Hartmann Seydenbinder mit sich weg. Vber das alles warffen sie bey ihrem Abzug 50. Tonnen Pulver bey S. Andræas in ein Loch / zündeten es an vnnd beschädigten damit viel Häuser vnnd Menschen[239].

Den spanischen und lothringischen Truppen wurde also zugeschrieben, beim Abzug enorme Schäden in Nierstein und Worms verursacht zu haben, wodurch insbesondere das Handeln der Lothringer in die Nähe des Illegitimen und ›Tyrannischen‹ gerückt wurde.[240] Aus der Perspektive der Soldaten jedoch

---

237 Vgl. Kaiser, Maximilian I., S. 90; Albrecht, Maximilian I., S. 817–821; Wilson, Dreißigjährige Krieg, S. 599f. Vgl. ausführlich zur Festung Ingolstadt: Schönauer, Ingolstadt, S. 187–228.
238 Vgl. Hasselbeck, Dreißigjährige Krieg, S. 100; Engerisser, Kronach, S. 39.
239 Abelinus/ Merian, Theatri Europaei, S. 493.
240 Vgl. zur Bedeutung des Vorwurfs der ›Tyrannei‹: Meumann, Herrschaft oder Tyrannis, S. 185ff.

war dies durchaus sinnhaft und zweckmäßig: Zum einen demonstrierten sie den Stadtbewohnern noch ein letztes Mal ihren – aus ihrer Sicht ganz hervorragenden – Status als Soldaten, zum anderen sorgten sie dafür, dass den schwedischen Truppen kein allzu großer Vorteil aus der Einnahme dieser Städte erwuchs.[241] Die Explosion in Worms war wahrscheinlich sogar ausschließlich dadurch bedingt, dass die Lothringer ihren großen Pulvervorrat nicht abtransportieren konnten und auf diese Weise vernichteten.[242] Auch die enorme Kontributionsforderung in Worms hing sicherlich mit ihrer Finalität zusammen: Da man nur noch ein letztes Mal Kontributionen einfordern konnte und die Stadt danach in feindliche Hände fallen würde, versuchte man so viel wie möglich zu erhalten und so die bald feindliche Stadt zu schwächen. Durch das Mitführen der Geiseln verbreitete man wiederum nicht nur Angst und Schrecken, sondern versuchte, die Stadt dazu zu bringen, die ›ausstehenden‹ Kontributionen auch zu zahlen.[243] All dieses mit Zerstörung der Stadt und Schädigung ihrer Bewohner verbundene Agieren kann man also durchaus mit der spezifischen Situation des Abzugs erklären. Hinzu kommt noch, dass Worms sowieso eine von einem protestantischen Rat dominierte Reichsstadt war, d.h. als fremde Stadt wohl noch rücksichtsloser behandelt wurde als ›eigene‹ Städte.[244]

Auch Robert Monro, der sich zu dieser Zeit in schwedischen Diensten befand, vermerkte diese Abzüge später in seinen Abhandlungen, wobei der Akzent leicht verschoben wurde:

Als die [schwedischen] Truppen hier waren, hatten die Spanier Angst, in Orten zu bleiben, die nicht schwer befestigt waren. Ihre Angst war so groß, daß sie Nierstein aufgaben und in Brand steckten, so wie die Garnison des Herzogs von Lothringen Worms aufgab, nachdem sie zuvor die Stadt mit Plünderung mißhandelt und ihr andere unerträgliche Schäden zugefügt hatten[245].

Auch hier wurden insbesondere die Handlungen der lothringischen Truppen in Worms als illegitim klassifiziert, doch zentral erscheint hier die angebliche Angst der Abziehenden, die im ›Theatrum Europaeum‹ ebenfalls erwähnt wird, wenn auch nicht so zentral: Durch das Erwähnen der Furcht der Gegner

---

241 Vgl. zur Selbstinszenierung von Söldnern: Kaiser, Söldner. Vgl. zum Zweck des Schleifens: Kaiser, Politik und Kriegsführung, S. 130.
242 Vgl. Boos, Geschichte, S. 426f.
243 Vgl. zu dieser Praktik auch: Fritz, Kriegsführung, S. 174; Plath, Alltag, S. 111f.
244 Vgl. zu Worms: Mahlerwein, Worms, S. 341. Vgl. zur Behandlung von Städte und Territorien: Kaiser, Bevölkerung, S. 283–289.
245 Mahr, Robert Monro, S. 158.

aber wurde die schwedische Armee unter Gustav Adolf glorifiziert, da die Spanier und Lothringer die schwedischen Truppen als so effektiv einzuschätzen schienen, dass sie nicht gegen sie kämpfen wollten; die spanischen und lothringischen Truppen wiederum wurden durch diese Beschreibung geschmäht, weil sie mit dem Signum der Feigheit versehen wurden.[246]

Aus Augsburg, das kurz zuvor erst mit einer Garnison aus kaiserlichen und bayrischen Truppen belegt worden war, wurden am 18. April 1632, kurz vor Ankunft der schwedischen Armee, noch auf Befehl des bayrischen Herzogs eine große Anzahl an Reitern nach Ingolstadt abgezogen. Dies erfolgte einerseits, weil Augsburg sicherlich trotz aller Verteidigungsmaßnahmen als kaum zu verteidigen wahrgenommen wurde, andererseits, da Maximilian seine Truppen in dieser angespannten Situation vor allem für die Verteidigung seines Herzogtums Bayern einsetzen wollte.[247] Interessant ist vor allem aber die Beschreibung des Auszugs der bayrischen Reiter, der im Dunkeln der Nacht, von zahlreichen mitgeführten Kerzen beleuchtet, erfolgte, in einer zeitgenössischen, protestantischen Augsburger Chronik, in der es hieß, *welcher aufzug der manier und ordnung in dieser sehr finsteren nacht einer procession nit ungleich geschinen*[248]. Dieses Postulieren einer Ähnlichkeit zwischen dem Abzug der Reiter und einer altgläubigen Prozession diente auf einer Ebene sicherlich dazu, den visuellen Charakter evident zu verdeutlichen.[249] Doch implizit war diese Aussage durchaus polemisch: Zum einen wurden die bayrischen Reiter durch den Vergleich sofort mit der anderen, katholischen Konfession in Verbindung gebracht und indirekt als fremd gekennzeichnet.[250] Zum anderen konnte man die Ähnlichkeit zwischen dem Abzug und einer Prozession noch anders interpretieren, gerade, da der Abzug bekanntlich auf den Vorstoß Gustav Adolfs hin erfolgte und die Reiter aus Augsburg zurück nach Bayern führte: Hierdurch erschien die ›Prozession‹ metaphorisch als ein von Gustav Adolf veranlasster Auszug der katholischen Konfession aus Augsburg ohne Wiederkehr.

---

246 Vgl. ex negativo zum Stellenwert der ›Tapferkeit‹: Landolt, Eidgenossen.
247 Vgl. zur Verteidigungsfähigkeit Augsburgs: Roeck, Stadt, Bd. 2, S. 684; Roeck, Welt, S. 245. Vgl. zu Maximilians Agieren: Kaiser, Politik und Kriegsführung, S. 476–480. Deutlich zugespitzter: Gotthard, Maximilian, S. 55f.
248 Zitiert nach: Roeck, Stadt, Bd. 2, S. 684; das Zitat auch in: Roeck, Welt, S. 245.
249 Vgl. zu diesem Aspekt etwa: Brauner, Wahrnehmung, S. 210ff.
250 Vgl. zur Wahrnehmung ›fremder‹ katholischer Riten: Brauner, Wahrnehmung, S. 210–216. Vgl. zur Bedeutung der Fremdheit von militärischen Einheiten: Carl, exotische Gewaltgemeinschaften; Füssel, Panduren.

Flucht

Viel häufiger als Garnisonen haben jedoch zivile Akteure bedrohte Städte verlassen. Besonders katholische Geistliche scheinen vor der schwedischen Armee
geflohen zu sein; der Erzbischof von Mainz, die Bischöfe von Worms und Bamberg sowie der Würzburger Elekt waren samt den meisten Domherren und
bischöflichen Räten geflohen wie auch der Augsburger Bischof sein Bistum ver-
ließ.[251] Gerade die Flucht der bedeutenden katholischen Geistlichen aus den
Kathedralstädten löste in zeitgenössischen pro-schwedischen Werken höhnische
Kommentare aus und wurde häufig vermerkt:[252] Erstens geschah dies zweifellos,
weil man durch den Verweis auf die Flucht der zuvor einflussreichen Prälaten
den sich gewandelten Kriegsverlauf evident machen konnte, zweitens gab dies
Gelegenheit zu einer konfessionellen Polemik und drittens diente die Flucht als
Beleg für den militärischen ›Erfolg‹ Gustav Adolfs, da selbst die Altgläubigen
offenbar so sehr von seinem ›Erfolg‹ ausgingen, dass sie vor ihm flohen.

Doch nicht nur die hohe Geistlichkeit floh, sondern auch einfache Pfarrer
und Ordensgeistliche. Erzbischof Anselm Casimir stellte es den Klerikern seiner Residenzstadt wohl schon ab dem Ende des Novembers 1631 frei, Mainz
zu verlassen, und relativ viele scheinen dann auch geflüchtet zu sein, allerdings
blieb oftmals mindestens ein Mitglied der jeweiligen Klöster, Stifte beziehungsweise Kollegien zurück.[253] Auch in Augsburg und München flohen Kleriker,
aber es blieben wohl auch dort von jeder Gemeinschaft Geistliche zurück, während es in Erfurt vor der Ankunft der ersten schwedischen Truppen wohl eher
geringe Fluchtbewegungen gab.[254] Sehr aufschlussreich ist das Beispiel Erfurts aber durch die Beschreibung des altgläubigen Kanonikers Caspar Heinrich

---

251 Vgl. allgemein: Haude, World of the Siege, S. 26–29. Vgl. zu Mainz: Brendle, Erzkanz-
     ler, S. 314 und 323; Brück, Mainz, S. 47f; Dobras, Stadt, S. 259; Frohnhäuser, Gustav
     Adolf, S. 98. Vgl. zu Worms: Brendle, Erzkanzler, S. 323. Vgl. zu Würzburg: Brendle,
     Erzkanzler, S. 323. Vgl. zu Bamberg: Engerisser, Kronach, S. 39. Vgl. zu Augsburg: We-
     ber, Augsburg, S. 278; Groll, Dreißigjähriger Krieg, S. 39.
252 Vgl. Lungwitz, Josua Et Hiskias, S. 454; Lungwitz, Imperator Theodosius Redivivus,
     S. 239; O.A., Kurtze Erzehlung Welcher Massen Ihr Königliche Mayest. in Schweden
     sich dess Hertzogthumbs Francken sambt dem darinn gelegenen Stifft, Stadt unnd
     Schloss Würtzburgk mit Kriegs Gewalt bemechtiget, ohne Seitenzahl.
253 Vgl. Brück, Mainz, S. 47; Dobras, Stadt, S. 259; Müller, Schweden [2009], S. 112–115;
     Müller, Schweden [2016], S. 220f.
254 Vgl. zu Augsburg: Weber, Augsburg, S. 277; Birlinger, Schweden, S. 631; Liebhart, Be-
     nediktinerkloster St. Ulrich und Afra, S. 50–56. Vgl. zu München: Heimers, Krieg,
     S. 28; Stahleder, Chronik, S. 450.

Marx, der zu dieser Zeit in Erfurt lebte und schrieb: *Zogen die meisten ex collegio Societatis Jesu [aus dem Jesuitenkolleg] mit weltlichen kleidern angethan von hinnen*[255]. Die flüchtenden Jesuiten trugen also weltliche Kleidung, wahrscheinlich nicht zuletzt, damit sie nicht als Angehörige des bei den Protestanten verhassten Jesuitenordens erkannt wurde.[256]

Von gänzlich anderer Quantität kann man wohl in Bezug auf Würzburg sprechen, dessen Elekt – wie bereits erwähnt – kurzfristig und ohne Vorkehrungen zu treffen, geflohen war: Dort scheinen extrem viele Geistliche geflohen zu sein.[257] Die Schüler des Kilians-Kollegs waren laut Ganzhorns Bericht die ersten, die ohne Erlaubnis flohen, *welcher abitus [Wegzug] den gemeinen Mann nit wenig bestürtzt*[258]:

Denen [den Schülern des Kilians-Kollegs] seyndt die Patres Societatis [die Jesuiten] bald à Summo usque ad infimum, Juvenes cum Senioribus [vom Obersten bis zum Niedrigsten, Junge mit Älteren] wiewohl nicht ohne hochempfindtliche Offension vieler guter Ehrlicher leüth, die Ihren geistlichen trost in solcher grosser gefahr vndt noth uff sie gesetzt gehabt, abeundo [beim Weggehen] gefolgt, unico tantum relicto Vietore Suo [nachdem als einziger ihr Büttner zurückgelassen worden war] [...]. Solchem Exempel nach, vndt aus grosser forcht incerti Eventus rerum [über den ungewissen Ausgang der Dinge] hat sich der vornembste vndt meiste theil der Geistlichen vndt Stiffts Personen, auch Closterleüthen, Item etliche fürstliche Räthe vndt aus der Burgerschafft sambt ihren Weibern undt Kindern [an andere Orte begeben][259].

Die Flucht der Mitglieder des Kilians-Kollegs und der Jesuiten rief also, laut Ganzhorn, Bestürzung und Unmut hervor, sie wurde jedoch gleichfalls wohl auch zum Vorbild für andere, die nun ihrerseits die Stadt verließen: Man sollte diese Passage zweifellos als Klage Ganzhorns gegen die Schüler des Kilians-Kollegs und die Jesuiten sowie als Entlastung der später Geflohenen interpretieren. Gleichzeitig gibt sie recht gute Indizien zu den Mechanismen der Flucht aus Würzburg, die sich wohl durch Beobachtung des Verhaltens der anderen als Kettenreaktion gestaltete. Dazu trug das Fehlen von Instruktionen

---

255 Marx, Diarium, S. 8v.
256 Vgl. zur Wahrnehmung der Jesuiten durch Protestanten: Kaufmann, Konfessionsantagonismus.
257 Vgl. Wendehorst, Stadt und Kirche, S. 321; Wagner, Würzburg, S. 126.
258 Vgl. Leo, Würzburg, S. 267. Zitat: ebd.
259 Ebd.

und die allererste – und von Ganzhorn wohl intendiert nicht in seine Flucht-Genealogie aufgenommene – Flucht, nämlich die des Elekten, sicherlich bei.[260] Auch die Vita des Würzburger Jesuiten Athanasius Kircher ist in Bezug auf die Flucht durchaus aufschlussreich: *dissolutum itaque [sic] intra 24. horas totum collegium, incredibili confusione omnibus, hoste jam urbi appropinquante, terrore perculsis; audiverunt enim inimicum nulli Jesuitarum parciturum [Und so wurde innerhalb von 24 Stunden das ganze Kollegium durch unglaubliche Verwirrung aufgelöst, nachdem alle, als sich der Feind schon der Stadt annäherte, durch Furcht erschüttert worden waren; sie hörten, dass der Feind nämlich keinen der Jesuiten verschonen werde]*[261]. Verwirrung und ein furchteinflößendes Gerücht vor dem Hintergrund der anrückenden feindlichen Armee waren also, laut Kircher, die Gründe für die Flucht der Jesuiten aus Würzburg.[262] Gleichzeitig schrieb der gelehrte Jesuit jedoch auch, die Flucht sei erfolgt, *relicta Urbe Herbipolensi sine præsidio, sine provisione, sine ulla deffensione [nachdem die Stadt Würzburg ohne Schutz, ohne Vorkehrung und ohne jegliche Verteidigung zurückgelassen worden war]*[263]. Man kann sicherlich annehmen, dass dies mindestens unterschwellig gegen den Elekten gerichtet war.

Doch auch die weltlichen Bewohner zahlreicher Städte flohen vor der anrückenden schwedischen Armee, wobei es vor allem wohlhabende Akteure waren, die sich eine Flucht überhaupt leisten konnten.[264] In der zeitgenössischen Historiographie wurde dieser Zusammenhang im Fall von München zum Anlass einer Polemik:

> *Es beklagten sich die Bürger vnnd Vnderthanen sehr vber ihres Herren [Maximilian I.] grosse Härtigkeit vnd zugezogene Ruin / neben so elender Verlassung / dann die vornehmsten alle beyzeiten sich hinweg gemacht*[265].

Die Flucht der Münchner Elite, des herzoglichen Hofes und der herzoglichen Familie, inklusive Maximilians selbst, wurde hier zum Ziel der Polemik und des Spottes, da sie geflohen waren, statt ihre Untertanen zu beschützen, was ihre Aufgabe als Obrigkeit gewesen wäre.[266] Die Flucht der Obrigkeiten

---

260 Vgl. zu solchen Fluchtmechanismen auch: Richier, Fatalismus, S. 94.
261 Kircher, Vita, S. 40.
262 Vgl. dazu auch: Bähr, Komet, S. 155.
263 Kircher, Vita, S. 40.
264 Vgl. Hohrath, Bürger, S. 316.
265 Abelinus/ Merian, Theatri Europaei, S. 645. Fast wortgleich: Lungwitz, Judas Maccabaeus, S. 90.
266 Vgl. zur Flucht Maximilians: Kaiser, Maximilian I., S. 89f. Vgl. zur Aufgabe des Schutzes: Tischer, Kriegsbegründungen, S. 148–151.

beziehungsweise des Landesherrn war auf der symbolischen Ebene ganz offenbar mit dem Risiko behaftet, als unfähig oder feige diffamiert zu werden; dies konnte Status und Ehre Schaden zufügen, denn die frühneuzeitliche Norm war dezidiert ein kämpfender und kein fliehender Fürst.[267] (Ob allerdings die Münchner Einwohner diese Klage seinerzeit führten oder diese Zuschreibung ein rhetorisches Mittel war, um die Polemik wirkungsvoller zu gestalten, muss offen bleiben.) Der Bamberger Bischof Johann Georg II. Fuchs von Dornheim wurde jedenfalls von den Einwohnern seiner Residenzstadt wegen seiner Flucht geschmäht, wie die Dominikanernonne Maria Anna Junius berichtet:

wan er [Johann Georg II.] ist hinnaus gefahren / so haben die bössen leudt geschreyen, itzunt reischt er wiederumb aus und lest uns in stich / naus das dich disser und Jener hol / das du hals und bein abfallest / und andere erschrückliche wünsch mehr so sie ihm gethon haben[268].

Die Flucht Johann Georgs II. wurde allem Anschein nach zum Anlass für Schmähungen, die gerade durch ihre Öffentlichkeit der Ehre und Autorität des Fürstbischofs enorm geschadet haben dürften.[269]

Die Fluchtziele der unterschiedlichen Akteure unterschieden sich jedoch äußerst stark voneinander: Flohen viele Akteure aus Franken – ganz am Anfang von Gustav Adolfs Eindringen in die sogenannte ›Pfaffengasse‹ 1631 – noch nach Mainz, so wurde dieser Ort kurz darauf selbst das Ziel der schwedischen Armee, worauf viele Mainzer und nach Mainz Geflüchtete nach Köln flohen.[270] Die Reichsstadt wurde daraufhin eines der Zentren der Geflüchteten, und vor allem der vertriebenen Elite: 1631 weilten dort die Erzbischöfe von Mainz und Köln, die Bischöfe von Osnabrück und Worms sowie der Würzburger Elekt, samt zahlreichen Angehörigen der jeweiligen Domkapitel, Höfe und Verwaltungen.[271] Neben Köln war wohl Bayern, und insbesondere die Residenzstadt München, in dieser Phase das wichtigste Fluchtziel. Dies änderte sich jedoch, als die Schweden nach Schwaben, spätestens aber, als sie nach Bayern selbst kamen: Nun floh man für gewöhnlich in die Habsburgischen Erblande, vor allem nach Tirol.[272] Die meisten Angehörigen der bayrischen Wittelsbacher flohen

267 Vgl. Wrede, Inszenierung. Vgl. speziell zu Maximilian: Kaiser, Maximilian I., S. 87–91.
268 Hümmer, Bamberg, S. 27.
269 Vgl. zu Performanz und Folgen solcher Beleidigungen: Schwerhoff, Invektivität, S. 32ff.
270 Vgl. zu Mainz als Fluchtziel: Brendle, Erzkanzler, S. 323.
271 Vgl. Brendle, Erzkanzler, S. 323; Wilson, Dreißigjährige Krieg, S. 587.
272 Vgl. Heimers, Krieg, S. 28.

nach Salzburg, während der Herzog selbst mit Teilen des Hofes und der Verwaltung nach Ingolstadt, der am stärksten fortifizierten Festung Bayerns, ging.[273] Allen diesen Räumen ist gemeinsam, dass sie relativ nah an den Orten lagen, von denen die Akteure flohen, und sie eine freie katholische Religionsausübung garantierten.

Wie sehr die Fluchtziele konfessionell gedeutet und aufgeladen wurden, zeigt ein Eintrag Frieseneggers für das Jahr 1631: Bayern wurde *laut bedrohet [...], weil es die allgemeine Zuflucht der katholisch Gesinnten war, und in selbem alle Anschläge wider die Gegenpartey geschmiedet wurden*[274]. Wegen der aufgenommenen katholischen Flüchtlinge und seinem angeblich überragenden Engagement im Krieg wurde das Herzogtum hier als Hort des Katholizismus glorifiziert – eine Zuschreibung von Ruhm und Ehre, die durchaus eine Spitze gegen die Habsburger enthielt.[275] Ganzhorn betonte in seinem Bericht hingegen ganz andere Aspekte der Flucht dorthin:

[Würzburger haben sich] nach Mayntz, Theils in Bayern nach München undt andere orthen, da Sie doch nit willkomm gewesen, sondern viell spotts vndt hohns ausstehen, auch alles zum thewersten bezahlen müssen, begeben, vermeinend alldorten sicher zue seyn[276].

Ganzhorn hob also vor allem die Bitterkeit hervor, mit der seine Landsleute an den Zielen ihrer Flucht konfrontiert wurden – von einem Lob der sie aufnehmenden Orte ist er weit entfernt. Sein Bericht liefert somit Indizien zu den Widrigkeiten der Flucht, abgesehen von dem oft anstrengenden und nicht ungefährlichen Weg selbst, mit denen die Geflohenen konfrontiert wurden, denn diese scheinen mitunter mit ehrverletzendem Spott und horrenden Preisen konfrontiert worden zu sein.

Doch nicht alle Akteure flohen in weiter entfernte Regionen, sondern es gab auch einige, die in der Nähe ihrer Städte blieben und sich an vermeintlich sicheren Orten – wie etwa geschützte Plätze, Verstecke oder auch abgelegene

---

273 Vgl. zu den Fluchtzielen der meisten Wittelsbacher: Heimers, Krieg, S. 28. Vgl. zum Weggang Maximilians nach Ingolstadt: Kaiser, Maximilian I., S. 90. Später begab sich auch der bayrische Herzog nach Salzburg, danach nach Braunau (vgl. Kaiser, Maximilian I., S. 89).

274 Friesenegger, Tagebuch, S. 15.

275 Vgl. zu diesem lange existierenden bayrischen Narrativ: Wieland, Adelsverschwörung. Vgl. zum kaiserlich-herzoglichen Verhältnis: Kaiser, Angstgetriebene Politik; Gotthard, Maximilian.

276 Leo, Würzburg, S. 268.

Wälder oder Täler – aufhielten.[277] So flohen etwa nicht wenige Würzburger in die dortige Stadtfestung Marienberg und große Teile der Bamberger Elite in die nahe Festung Forchheim.[278]

Evakuierung von Dingen

Doch die zeitgenössischen Akteure versuchten nicht nur ihr Leben selbst durch Flucht zu schützen, sondern sie versuchten auch, ihren Besitz zu sichern; auf die Flucht mitnehmen konnte man – selbst wenn man auf kostspielige und darum in der Regel den Wohlhabenden vorbehaltene Kutschen oder Karren zurückgreifen konnte – nur wenige bewegliche Güter. Nicht wenige, zumeist relativ kostbare Dinge wurden von Flüchtenden und Dableibenden versteckt, um sie vor dem Zugriff der gegnerischen Truppen zu schützen; Ganzhorn schrieb über die Situation in Würzburg: *Andere haben Ihre sachen hinweggeschafft, viell in die Erden vergraben, etliche vermauert, theils in tieffe bronnen geworffen*[279]. Das Verstecken war also offenbar mit nicht geringem Aufwand verbunden, der aber wohl aus Sicht der Akteure nötig war, um Teile ihres Besitzes zu schützen. Im Fall von Würzburg versuchte man aber auch auf andere Weise persönliche Dinge zu sichern, wie Ganzhorn schreibt: *Der meiste theil Geist- und Weltlichen haben Ihre besten sachen nach Hoff [auf den Marienberg] gethan, der hoffnung als wan sie allda dar wohl verwarth vnd versichert weren*[280]. Die nahe Stadtfestung erschien im Fall von Würzburg offenbar als geeigneter Verwahrungsort, da man einerseits auf Grund der Nähe einfach Dinge dorthin bringen konnte, andererseits der Marienberg stark befestigt war und damit als sicher galt. Franz von Hatzfeld, der gewählte Bischof von Würzburg, ließ wiederum mehrere Fässer voller Geld aus der Stadt in Sicherheit bringen.[281] Trotzdem erbeutete die schwedische Armee nach der Eroberung Würzburgs erhebliche Geldmengen, was Herzog Maximilian von Bayern in Briefen an Ligamitglieder mit Kritik vermerkte, da er angeblich selbst dem Elekten zuvor dazu geraten hatte, Wertgegenstände wegzuschaffen.[282] Flucht und die Evakuierung von Gütern waren

---

277 Vgl. Medick, Dreißigjährige Krieg, S. 113.
278 Vgl. zu Würzburg: Sicken, Dreißigjähriger Krieg, S. 108; Bergerhausen, Würzburg, S. 8.
   Vgl. zu Bamberg: Dengler-Schreiber, Stadtgeschichte, S. 83f.
279 Leo, Würzburg, S. 267.
280 Ebd., S. 266.
281 Vgl. Deinert, Epoche, S. 51; Kaiser, Politik und Kriegsführung, S. 479.
282 Vgl. Kaiser, Politik und Kriegsführung, S. 479.

also zumindest intern durchaus akzeptierte Handlungsmuster des (Hoch-) Adels.

Auch die Wittelsbacher selbst, der Hof und der Rat der Stadt München sowie die dortigen Kirchen und Klöster versuchten, ihre Güter in Sicherheit zu bringen, indem sie sie aus der Stadt schafften. Hellgemayr berichtet dazu:

Dise Däg hat Mahn die eroberden fahnen vnd khornet, welche bei Sti Michaelis auf gemacht gewest, alle herunder genomen vnd hin wekh gethan. [...]. haben auch <diese> Däg grosses guet, alles gelt, wein vnd alles von hoff vnd der Stadt, vil geschiz auf wasser vnd Landt, sambt weib vnder khinder hie wegkh gefiert. sein auch zu vor die khirchen schäz hin wegkh auff Purkhausen [Burghausen] gefiert worden[283].

Diese Aufzählung Hellgemayrs ist überaus aufschlussreich, denn sie gibt zum einen Indizien, welch ein logistischer Aufwand betrieben wurde, um die – im Fall der Kanonen auch überaus schweren – Dinge abzutransportieren, wozu man offenbar sowohl Wagen als auch Boote nutzte. Zum anderen ist auch die Auflistung der Dinge selbst interessant: Eroberte Fahnen, Kanonen, Geld, Wein, *khirchen schäz*, also wohl liturgisches Gerät, Reliquien und ähnliches. Diese Zusammenstellung der laut Hellgemayr abtransportierten Dinge wirkt auf den ersten Blick zweifellos ziemlich willkürlich. Doch betrachtet man sie näher, so ist sie dies keinesfalls; alle Dinge besaßen hohen symbolischen – und nicht selten auch ökonomischen – Wert und ihr Besitz war für den Status insbesondere der herzoglichen Familie, die kurfürstlichen Rang beanspruchte, und der Kirchen und Klöster konstitutiv: Der Besitz von Beutestücken und schweren Waffen gehörte in Zeiten der »heroischen Monarchie«[284] zum wichtigen Besitz eines Fürsten, ein großer Weinvorrat war zur Inszenierung der fürstlichen Freigiebigkeit bei Festivitäten unverzichtbar und *khirchen schäz* waren für altgläubige Kirchen und Klöster schlichtweg existenziell.[285] Und auch die von Hellgemayr nicht explizit aufgeführten Bestände der herzoglichen Kunstsammlung und Bibliothek, die Maximilian I.

---

283 Leuchtmann, Aufzeichnungen, S. 205; spitze Klammern bei Leuchtmann. Vgl. dazu: Heimers, Krieg, S. 28.

284 Wrede, Inszenierung, Zitat im Titel.

285 Vgl. zur Bedeutung von höfischen Festivitäten etwa: Dickhaut/ Steigerwald/ Wagner, Praxis. Vgl. zur Bedeutung von Reliquien: Angenendt, Heilige und Reliquien, S. 149–166; Burkart, Entgrenzung, S. 139ff.

zu einem großen Teil evakuieren ließ, waren für die fürstliche Statusrepräsentation von zentraler Bedeutung.[286]

Die Routinen, die genutzt wurden, um eigene bewegliche Güter vor dem Zugriff der anrückenden feindlichen Armee zu schützen, waren also praktisch bei Personen jeglichen Standes und auch bei Institutionen einander recht ähnlich: Dinge wurden an vermeintlich sichere Orte verbracht oder – falls dies nicht möglich war – versteckt. Doch das Ausmaß der Durchführung und die dafür eingesetzten Mittel differierten beträchtlich, denn in München wurden offenbar nicht wenige Karren und Boote mobilisiert, um die beweglichen Güter der herzoglichen Familie, des Hofes, des Rates und der Kirchen und Klöster in Sicherheit zu bringen. An dieser Stelle lässt sich auch der Zusammenhang zwischen dem Wegschaffen und der Dinglichkeit der Güter besonders gut erkennen:[287] Besonders viele oder schwere Dinge – wie etwa Kanonen – zu transportieren, war besonders aufwändig und erforderte die Mobilisierung von Karren, Booten, Fuhrknechten, Schiffern und Leuten, die beim Verladen halfen.[288] Dies konnten sich nur wenige Akteure überhaupt leisten und weist auch auf den symbolischen beziehungsweise ökonomischen Wert der Dinge hin. Doch die Materialität der Dinge setzte diesem Agieren auch Grenzen: So wurden laut einem Brief eines bayrischen Rats an Herzog Maximilian zwar viele Dinge wie *Musketen, Harnisch, wehren vnd was noch guett vnd brauchbar auff die flöss gebracht*[289], doch fast alle Kanonen jedoch im herzoglichen Zeughaus vergraben.[290] Höchstwahrscheinlich wäre es viel zu aufwändig gewesen, die über 100 Geschütze wegzuschaffen.

Aber nicht nur das materielle Gewicht der Dinge konnte ihren Transport aufwändig gestalten, worauf die Ausführungen des Benediktiners Maurus Friesenegger hindeuten, die sich zwar nicht auf eine Evakuierung aus einer Stadt

---

286 Vgl. zur Evakuierung: Albrecht, Maximilian, S. 832; Rystad, Schweden, S. 425; Sutner, München, S. 20; Lübbers, Hofbibliothek, S. 186f; Kaltwasser, München, S. 20f und 25ff. Vgl. zur Bedeutung von fürstlichen Kunstkammern allgemein: Asch, Adel, S. 142; Tauber, Nutzung; Collet, Kunstkammer, S. 341ff. Vgl. speziell zur Wunderkammer der Residenz in München: Pilaski, Wissen. Vgl. zu den Beständen der Kunstkammer: Bachtler, Goldschmiedearbeiten; Goldberg, Dürer-Renaissance. Vgl. zur Hofbibliothek: Schmid, Hofbibliothek; Hacker, Hofbibliothek. Vgl. zu Kunstmöbeln: Langer, Pracht, S. 13–16.
287 Vgl. zur Dinglichkeit: Siebenhüner, Mobilität.
288 Vgl. Carl, Logistik, S. 41f.
289 Zitiert nach: [Aretin], O. A., Sp. 51.
290 Vgl. [Aretin], O. A., Sp. 51.

beziehen, aber sicherlich wichtige Indizien auch zu ähnlichen Transporten aus Städten liefern können. Friesenegger machte detaillierte Angaben über den Transport des *Hl. Schatz[es]*[291] des Kloster Andechs, der laut der Beschreibung des Geistlichen Anfang April 1632 in Sicherheit gebracht wurde:

Die Gefäße wurden in Kisten gelegt, und auf Wägen geladen, die ausgenommenen Reliquien aber getragen. Und der P. Prior begleitete den Schatz bis nacher Burghausen. Der Herr Prälat [Abt Michael Einslin] trug die Hl. 3 Hostien auf seiner Brust bis nacher München[292].

Auch hier war der Transport offenbar mit einigem Aufwand verbunden; bemerkenswert ist aber hier weniger, dass Wagen benutzt wurden, sondern vielmehr, dass sie in manchen Fällen gerade nicht genutzt wurden: Nur die Reliquiengefäße wurden gut verstaut mit Wagen transportiert, die Reliquien selbst hingegen wurden getragen. Nach altgläubigen Vorstellungen mussten Reliquien auf eine Weise behandelt werden, die ihren Status achteten und ehrten, und daher wurden sie getragen, die *Hl. 3 Hostien* sogar vom Prälaten persönlich *auf seiner Brust*, um deren nochmals herausragendere Stellung zu verdeutlichen.[293]

Praktiken der Flucht vor der schwedischen Armee gab es also in vielen Städten, in denen man fürchtete, belagert und eingenommen zu werden. Allerdings gab es auch Städte, aus denen heraus es offenbar kaum Fluchtbewegungen gab, etwa Augsburg, Erfurt, Frankfurt am Main und Frankfurt an der Oder. Erklären lässt sich das damit, dass man einer Einnahme durch die Schweden relativ positiv gegenüberstand (Augsburg), damit rechnete, durch Verhandlungen günstige Konditionen zu erhalten (Erfurt und Frankfurt am Main), oder wahrscheinlich davon ausging, die schwedische Armee zurückzuschlagen (Frankfurt an der Oder).

Die abziehenden Akteure unterschieden sich auch stark voneinander: Der Abzug einer Garnison hatte militärische Gründe und konnte mit Hohn und Spott begleitet sein oder aber zu einer finalen Kulmination der Schrecken für die Stadt führen, wenn die Truppen noch ein letztes Mal Kontributionen forderten oder Anstrengungen unternahmen, ihren Gegnern möglichst wenig zu hinterlassen. Die Flucht von katholischen Geistlichen kam häufig vor und diejenige von Bischöfen und Domherren war praktisch die Regel, da diese offen-

---

291 Friesenegger, Tagebuch, S. 16.
292 Ebd.; eckige Klammer in der Edition.
293 Vgl. Burkart, Entgrenzung, S. 140f.

bar Repressalien fürchteten. Neben den geistlichen flohen aber auch – zumeist hohe – weltliche Akteure, zu denen auch der bayrische Herzog Maximilian zählte.

Die Fluchtziele konnten vermeintlich sichere Orte in der Nähe sein, doch in der Regel flohen zumindest die ständisch hoch stehenden Personen in andere Regionen: Die Stadt Köln war gerade unter den hohen Geistlichen ein oft genutztes Ziel, doch floh man am Anfang des Zugs der schwedischen Armee durch die so genannte ›Pfaffengasse‹ auch nach Mainz oder München, später dann in die habsburgischen Erblande.

Mit der Flucht der Akteure ging in der Regel auch ein Verstecken oder Abtransportieren ihrer Güter einher, doch während die meisten nur wenige Dinge in Sicherheit bringen konnten gelang es in München, mit enormen Aufwand zahlreiche Güter der herzoglichen Familie, des Hofes und städtischen Rats sowie der Kirchen und Klöster wegzuschaffen – ständische Ungleichheit bedingte andere Möglichkeiten, um die eigenen Güter zu schützen, doch gleichzeitig waren diese Güter auch notwendig, um den eigenen Status zu perpetuieren.[294]

294 Vgl. Füssel, Relationale Gesellschaft, S. 130–133.

3. Die schwedischen Truppen vor der Stadt

* * *

3. 1. Eine Stadt auffordern

Das Verhältnis zwischen der schwedischen Armee und den Akteuren in den jeweiligen Städten war überaus vielfältig, denn nicht nur die Akteure in den Städten unterschieden sich stark voneinander, sondern auch die jeweiligen Kontexte. Nichtsdestotrotz – oder gerade deswegen – hatte dieses erste Aufeinandertreffen eine enorme performative Dimension, d.h. durch die dabei angewandten Handlungen wurde das Verhältnis der Akteure zueinander überhaupt erst sinnhaft zum Ausdruck gebracht.

Praktiken der Aufforderung

Die schwedische Armee hatte bei Lechhausen am Ufer des Lech gegenüber Augsburg ihr Lager aufgeschlagen und war durch die bayrische Garnison von Befestigungsanlagen der Stadt aus mit Kanonen beschossen worden. Kurz darauf kam am 19. April 1632 ein schwedischer Trompeter zum Verhandeln in die Reichsstadt.[1] Jakob Wagner, Einwohner der Reichsstadt, beschrieb dies folgendermaßen:

> *Montag, den 19. April, morgens um 8 Uhr kommt ein königlicher Trompeter mit nachstehenden Schreiben vor den Einlass, welches von dem bayrischen Oberstleutnant Treberaix [de Treberey, der Kommandeur der bayrischen Truppen] angenommen und den Herrn Stadtpflegern überantwortet wurde. Der Trompeter aber ist mit verbundenen Augen an den Graben herumgeführt worden bis zum Wertnachbrucker Thor, allda er aufgehalten worden bis zu einer Gegenantwort. Unterdessen ist ihm an Essen und Trinken kein Mangel gelassen worden*[2].

Diese Verhandlungsart war in doppelter Hinsicht von Sicherheitsaspekten geprägt: Das Verbinden der Augen diente den Verteidigern dazu, zu verhindern, dass ihre Befestigungs- und Toranlagen von dem Trompeter aus der Nähe betrachtet werden konnten und diese somit der schwedischen Armee mög-

---

1 Vgl. Roeck, Welt, S. 245; Roeck, Stadt, Bd. 2, S. 684f.
2 Roos, Chronik, S. 2.

lichst verborgen blieben.[3] Die schwedische Seite wiederum schickte mit dem
Trompeter einen Boten und keinen Offizier oder Höfling mit Autorität für eine
Verhandlung, wodurch die wichtigen und ranghohen Akteure davor geschützt
wurden, bei solch einer heiklen Aktion verletzt oder getötet zu werden. Die
hierdurch bedingte Kommunikation über Briefe hatte zudem für beide Seiten
den Vorteil, intern mit allen entscheidenden Personen beraten zu können, ohne
dass diese einer erhöhten physischen Bedrohung ausgesetzt wurden.

Die – scheinbar ostentative – Bewirtung des gegnerischen Trompeters mit
Speise und Getränk wiederum hatte sicherlich zwei Dimensionen:[4] Zum einen
sollte der angreifenden Armee so gezeigt werden, dass die Stadt über genügend
Vorräte verfügte, um eine Belagerung durchzuhalten, zum anderen war dies
vor allem eine demonstrative Höflichkeitsgeste.[5] Hierdurch setzten der Kommandeur der Verteidiger seine Politesse in Szene und zeigte damit seine (beanspruchte) Zugehörigkeit zur höfisch-adligen Sphäre, während er gleichzeitig
auch Rang und Ehre seiner Gegner anerkannte.[6] Ferner konnte diese Höflich-
keitsbezeugung auch als eine Geste interpretiert werden, die zeigen sollte, dass
man auf Seite der Verteidiger an einer Eskalation der Gewalt nicht interessiert
und stattdessen zu einer Übergabe der Stadt bereit sei.[7]

Im Fall von Würzburg war es ebenfalls ein Trompeter, der die Stadt durch
ein Schreiben und mündliche Nachricht aufforderte.[8] Hierbei scheint es jedoch
zu einem Zwischenfall gekommen zu sein, denn Ganzhorn, bischöflicher Rat in
Würzburg, bemerkte in seinem Bericht: *Der gemelte trompeter hat auch schreiben
eingeben, es hat damahlen ein Burger von dem dickhen thurn fewer uff gemelten
trompeter geben, das Pferdt unter Ihme erschossen*[9]. Ein solches Verhalten scheint
keineswegs unüblich gewesen zu sein, denn die Duisburger Garnison gab, als
sich der englische Gesandten Thomas Lord Howard mit seinem Gefolge 1636

---

3 Vgl. zum Faktor der Sichtbarkeit: Kroll, Festungsräume, S. 698f. Vgl. zur Komplexität
   frühneuzeitlicher Toranlagen: Landwehr/ Pröve, Räume, S. 674f.
4 Bei der Aufforderung Bacharachs scheint der schwedische Trompeter ebenfalls bewirtet
   und sogar beschenkt worden zu sein (vgl. Khevenhüller, Annales, Bd. 12, Sp. 89).
5 Vgl. Füssel/ Petersen, Ananas, S. 372.
6 Vgl. zur Höflichkeit im Krieg: Wrede, Zähmung; Süßmann, Höflichkeit.
7 Vgl. Köhler, Höflichkeit, S. 386–392.
8 Vgl. Leo, Würzburg, S. 276f. Vgl. dazu: Scharold, Geschichte, S. 15f. Eine Aufforderung durch einen gefangenen Hauptmann der Stadtbesatzung von Königshofen, wie
   Herfried Münkler berichtet, ist nicht zu belegen (vgl. Münkler, Dreißigjährige Krieg,
   S. 515).
9 Leo, Würzburg, S. 276f. Vgl. dazu: Scharold, Geschichte, S. 15f.

der Stadt – in friedlicher Absicht – nährte, ebenfalls Schüsse ab, die vor diesen einschlugen.[10] Zwar wurde hierbei kein Schaden angerichtet, doch aufgrund der geringen Präzision frühneuzeitlicher Schusswaffen war auch das Abgeben von Warnschüssen mit hohen Risiken verbunden.[11] Das Abfeuern von (Warn-) Schüssen war also eine äußerst martialische – und potenziell letale – Geste, mit der die Bereitschaft und Fähigkeit zur Gewaltanwendung seitens der Stadt in Szene gesetzt wurde und die zweifellos abschreckend wirken sollte.

Für die Angehörigen der schwedischen Armee, die den Städten Nachrichten überbringen sollten, (aber auch für Fremde) stellten diese kriegerischen Inszenierungen der Wehrhaftigkeit zweifellos eine enorme Gefahr dar, und aus diesem Grund waren es eben in der Regel auch Trompeter oder Trommler und keine hochrangigen Offiziere oder Höflinge, die Städte zur Übergabe aufforderten.[12] Indizien dafür, welche Konsequenzen Aufforderungen jedoch zeitigen konnten, liefert der Bericht Heubels, der sich 1632 während der Kämpfe bei Nürnberg und der Alten Veste im dortigen schwedischen Lager aufhielt:

Wenige Tage hehrnach wahr mein Obrister [abkommandiert] mit etzlichen Völkern Neustadt, 4 Meilen von Nürnberg gelegen, einzuenehmen und zue besezen, es hatten aber die Keyserlichen den Tag zuevor dies Städtlein besezet. Dessen ungeachtet, so ritt doch Herr Obrister nächst an das Stadtthor und fordert die Stadt auf, worüber er erschossen worden und die Völker unverrichteter Dinge wieder zurück den Obristen bracht, welche Kühnheit die Generalität nicht wohlgesprochen[13].

Im Fall dieses Offiziers war die Aufforderung der Stadt laut dieses Berichts tödlich verlaufen und da er als Obrist der Kommandeur der schwedischen Truppen vor Ort war, waren diese offenbar handlungsunfähig und kehrten zur Hauptarmee zurück. In symbolischer und instrumenteller Hinsicht war der Tod eines Offiziers für eine Armee äußerst schwerwiegend, weshalb sie eben normalerweise auch nicht für das risikoreiche Auffordern einer Stadt eingesetzt

---

10   Vgl. Crowne, Sommer, S. 24. Ähnliches gab es auch bei der Aufforderung Leipzigs 1642 (vgl. Zirr, Schweden, S. 89).

11   Vgl. Plaßmeyer, Zielübungen, S. 137.

12   Trompeter oder Trommler werden häufig in dieser Funktion erwähnt (vgl. Leuchtmann, Aufzeichnungen, S. 207; Khevenhüller, Annales, Bd. 11, Sp. 1910; Khevenhüller, Annales, Bd. 12, Sp. 89; Zirr, Schweden, S. 81, 89, 95 und 97f). Vgl. zu dieser Thematik auch: Vo-Ha, Rendre, S. 93f.

13   Heubel, Anmerkungen, fol. 91f. Die Passage findet sich auch in: Heubel, Heubel, S. 27. Laut Heubel handelte es sich bei dem Offizier um Oberst Johann Riese, doch diese Angabe erscheint fraglich (vgl. zum Tod Rieses: Mahr, Robert Monro, S. 182f; Soden, Gustav Adolph, S. 349).

wurden:[14] Die anderen schwedischen Offiziere werteten diese Aktion scheinbar eben auch als allzu große *Kühnheit*, d.h. die gezeigte Tapferkeit überschritt hier scheinbar eine Grenze und wurde abgelehnt.[15] Dies ist nicht nur ein Indiz dafür, dass ein zu großes Maß an Mut möglich war und als solches gebrandmarkt werden konnte, sondern vor allem auch, dass die schwedischen Offiziere das Auffordern einer feindlichen Stadt als äußerst gefährliche Handlung wahrnahmen, die nicht von Offizieren oder anderen hochrangigen Akteuren durchgeführt werden sollte.

Ob das Abfeuern von Waffen – gerade, wenn es dabei auf gegnerischer Seite zu Verletzten oder Toten führte – jedoch insofern als abschreckend wahrgenommen wurde, dass man daraufhin nicht mehr versucht, diese Stadt einzunehmen, kann man sicherlich bezweifeln – womöglich wirkte es mitunter sogar eskalierend. Nach Würzburg schickte man jedenfalls wieder Unterhändler und offenbar übte man, nachdem die Stadt eingenommen worden war, Vergeltung für das Abfeuern der Waffe, denn Ganzhorn schrieb: *davor [für das Erschießen des Pferdes] mann Ihme [dem Trompeter] 40 Rthlr. hernacher bezahlen müssen*[16]. 40 Reichstaler waren sicherlich keine besonders hohe Summe, nichtsdestotrotz wurde durch diese Zahlung der Schuss als ein illegitimer, wiedergutmachungsbedürftiger Akt charakterisiert.[17]

In Frankfurt an der Oder setzte die Garnison wiederum ganz anders in Szene, dass sie keine Verhandlungen wolle: Die kaiserlichen Truppen fielen aus der Stadt aus und beschossen die schwedische Armee relativ stark.[18] Zudem wurde *auch eine Ganß vber den Wall herauß gehenckt / vnnd darbey gegen den [sic] Schwedischen Soldaten allerhandt hönische vnnd spöttische Wort gebraucht*[19]. Auch

---

14 Vgl. grundlegend zum Tod von Offizieren: Füssel, Tod. Vgl. allgemeiner zur symbolischen und instrumentellen Bedeutung von Offizieren: Kaiser, Kriegsgefangene, S. 13.

15 Vgl. zum Stellenwert der ›Tapferkeit‹: Landolt, Eidgenossen; Frevert, Vergängliche Gefühle, S. 42. Vgl. begriffsgeschichtlich zur ›Tugend‹ der Soldaten: Pelizaeus, Entwicklung.

16 Leo, Würzburg, S. 277.

17 Ein einigermaßen brauchbares Reitpferde kosteten mitunter schon über zwanzig Reichstaler (vgl. Fenske, Marktkultur, S. 187), wirklich gute Pferde kosteten deutlich mehr (vgl. Bayreuther, Pferde, S. 234). Vgl. zur sozialen Konstruktion von Devianz: Kästner/ Schwerhoff, Devianz, S. 27–34.

18 Vgl. Mahr, Robert Monro, S. 109f; Abelinus/ Merian, Theatri Europaei, S. 349f; Lungwitz, Josua Redivivus, S. 379f; O. A.: Eigentliche Abbildung / welcher gestaldt Ihre Königl: Mayt: in Schweden / den 3. Apprilis Anno 1631 die Stadt Franckfort an der Oder berandt vnd Eingenomen hatt.

19 Abelinus/ Merian, Theatri Europaei, S. 349.

der für die schwedische Armee kämpfende Robert Monro erwähnte die Gans, die, *[u]m uns [die schwedischen Truppen] zu verspotten*[20], am Wall aufgehängt worden sei. Der Sinn der aufgehängten Gans wird jedoch erst wirklich deutlich, wenn man zeitgenössische Flugblätter hinzuzieht, in denen es etwa hieß:

Die Kayserl. aber haben Sie [die gegnerischen Soldaten] schimpfflich von den Wällen angeschrien: Ihr Strömlinge / wollet ihr Städte ohne Geschütz einnehmen? Ihr habt Sie gewiß zu Stralsundt an Häringen verfressen / daß Ihr keine mit bringet / O ihr Wasser Gänse / holet zuvor ewre Stücken / wo Ihr etliche habt? vnd dergleichen mehr[21].

Die schwedischen Truppen wurden also als Strömlinge und Wassergänse verspottet und durch das Aufhängen der Gans verhöhnten die kaiserlichen Truppen ihre Gegner nicht nur, sondern sie demonstrierten an der Gans, was sie mit ihnen zu tun gedachten. Dies war ein interessantes Wechselspiel von Repräsentiertem und Repräsentanten: Zuerst wurden die Schweden als Gänsen verhöhnt, dann wurde die Gans als Symbol für die schwedische Armee aufgehängt.

Die aufgehängte Gans am Wall von Frankfurt an der Oder war zweifellos eine enorm drastische Geste. Diese Rigorosität lässt sich wahrscheinlich damit erklären, dass die kaiserlichen Truppen in Frankfurt an der Oder relativ stark waren, die Stadt verhältnismäßig gut auf eine Belagerung vorbereitet war und die schwedische Armee bis dato auch nicht besonders erfolgreich auf diesem Kriegsschauplatz agiert hatte, wodurch die kaiserlichen Truppen daher die Situation womöglich als gar nicht besonders bedrohlich wahrnahmen.[22] Das in dem zeitgenössischen Flugblatt erwähnte rhetorische Fragen der kaiserlichen Truppen nach der Artillerie ihrer Gegner kann man durchaus als Indiz hierfür deuten.[23] (Tatsächlich setzten die schwedischen Truppen ihre Kanonen beim Kampf um Frankfurt an der Oder allerdings keineswegs besonders spät ein.[24])

20 Mahr, Robert Monro, S. 109. Vgl. dazu: Bieder/ Gurnik, Bilder, S. 70; Philippi, Geschichte, S. 21f.
21 O. A., Eigentliche Abbildung / welcher gestaldt Ihre Königl: Mayt: in Schweden / den 3. Apprilis Anno 1631 die Stadt Franckfort an der Oder berandt vnd Eingenommen hatt.
22 Vgl. zur Situation in Frankfurt: Griesa, Glaubens- und Religionskonflikte, S. 93; Spieker, Geschichte, S. 188. Vgl. zur bis dato wenig erfolgreichen schwedischen Armee: Wilson, Dreißigjährige Krieg, S. 556–569, passim.
23 Vgl. O. A.: Eigentliche Abbildung / welcher gestaldt Ihre Königl: Mayt: in Schweden / den 3. Apprilis Anno 1631 die Stadt Franckfort an der Oder berandt vnd Eingenommen hatt. Vgl. dazu auch: Griesa, Glaubens- und Religionskonflikte, S. 93.
24 Vgl. zum zeitlichen Ablauf: Griesa, Glaubens- und Religionskonflikte, S. 93f.

Die Erwähnung der verhöhnenden Frage in dem pro-schwedischen Druckwerk aber hatte vor allem einen Effekt: Durch sie wurden die kaiserlichen Truppen als Gegner präsentiert, der der schwedischen Armee jegliche militärische Potenz absprachen – ex post aber erschien diese ehrabschneidende Polemik zweifellos als absolut haltlos und als Zeichen von Hochmut und Überheblichkeit.[25]

Die Kunst des Drohens

Das Verhältnis der Parteien wurde zudem auch in den Briefen und mündlichen Botschaften, die die Boten übermittelten, sinnfällig zum Ausdruck gebracht, wobei dies sicherlich auch einen Effekt auf die weiteren Verhandlungen ausgeübt haben dürfte. Die schwedischen Truppen nutzten dabei häufig eine überaus aggressive Rhetorik beim Auffordern von Städten zu einer Übergabe, insbesondere, wenn es sich um katholische Städte handelte, wie etwa Würzburg oder Königshofen: Garnison und Einwohner der Stadt Königshofen bei Würzburg forderten sie laut eines zeitgenössischen Geschichtswerkes auf, *sie solten ihre Weiber vnd Kinder heraus schaffen / Denn Ihre Mayt. [Gustav Adolf] weren resolviret, die Stadt mit Fewer zu verderben*[26]. Der Schutz von Frauen und Kindern – also nach frühneuzeitlicher Wertung besonders schützenswerten Personen[27] – wurde hier zwar vorgegeben, doch letztendlich war dies in allererster Linie eine kaum verhohlene Androhung von äußerst massiver Gewalt, die durchaus zur völligen Vernichtung der Stadt mitsamt allen Menschen darin hätte führen können.[28]

Die Gewaltandrohungen der schwedischen Armee konnten jedoch sogar noch massivere Formen annehmen, wie es bei der Aufforderung zur Übergabe der Stadt Würzburg 1631 geschah, wo man damit drohte, *allda es dan weit ärger als zue Magdeburg mit Plündern, Sengen, vndt Brennen nidermachen, auch der Weibe undt Kinder keines weegs verschonen, zuegehen solle*[29]. Diese Gewaltandrohung war extrem und kaum mehr zu steigern – kurzum: Die Rhetorik war hyperbolisch und keineswegs untypisch für diese Situation.[30] Besonders auffallend

---

25 Vgl. zu dieser Art des Narrativs: Remy, Sempach, S. 85.
26 Lungwitz, Josua Et Hiskias, S. 452f.
27 Vgl. Kaiser, Kriegsgreuel, S. 159f.
28 Vgl. zu dieser Praktik: Petersen, Belagerte Stadt, S. 237f; Füssel, Theatrum Belli, S. 221f; Füssel, Schauspiel, Information und Strafgericht.
29 Leo, Würzburg, S. 277.
30 Vgl. Kaiser, Kriegsgreuel, S. 177.

ist die Nutzung Magdeburgs als Vergleichspunkt; dies lässt mit der zeitlichen Nähe der Aufforderung Würzburgs zur Übergabe zur Zerstörung Magdeburgs sowie dem enormen medialen Echo der Eroberung dieser Stadt erklären.[31] Magdeburg war in diesem Zusammenhang konfessionsübergreifend – nicht zuletzt aufgrund der zeitgenössischen Publizistik – zu einer Chiffre für den massiven und verheerenden Einsatz von Gewalt gegen eine Stadt avanciert:[32] Die Wendung *ärger als zue Magdeburg* war also an Hyperbolik kaum zu überbieten. Zudem war diese Wendung aber wahrscheinlich nicht nur ein Vergleichspunkt für die Intensität der angedrohten Gewalt, sondern vielmehr auch ein Verweis, durch den das möglicherweise kommende Massaker als Revanche für das Massaker in Magdeburg klassifiziert wurde.

Der Zweck aller dieser Drohungen war klar: Sie sollten Furcht erzeugen und die Gegner zur Übergabe der jeweiligen Städte veranlassen. Von den Zeitgenossen formulierte dies der Schotte Robert Monro, der als Offizier in der Armee des schwedischen Königs diente, am deutlichsten:

Dem jungen Pappenheim, der hier [in der Festung Wülzburg bei Schwabach] Kommandant war, teilte er [Gustav Adolf] mit daß er die Grafschaft seines Vaters verheeren ließe, wenn er die Festung nicht übergäbe, denn S.M. hielt diese Verwüstung, wenn auch nur widerstrebend, für notwendig. Der Kavalier hielt jedoch die Festung, unbeeindruckt von den Drohungen des Königs, so daß dieser gezwungen war, hier abzuziehen[33].

Hier wurde nicht mit Gewalt gegen die Festung beziehungsweise die Menschen darin gedroht, sondern gegen Besitz und Untertanen des Vaters des Festungskommandeurs: Die schwedische Armee versuchte also quasi die familiären Beziehungen des Kommandanten zu nutzen, indem sie Gewalt gegen Besitz und Personen desjenigen einzusetzen androhte, dem der Festungskommandeur persönliche Loyalität schuldete. Dies misslang jedoch; möglicherweise hing dies damit zusammen, dass der junge Adlige so seinen Ruf als loyaler Offizier (und damit auch den Ruf seiner ganzen Familie) schützen wollte[34], und in diesem sich abzeichnenden Normkonflikt[35] den Ruf als treuer Kriegs-

---

31   Die Literatur zu dieser Thematik ist kaum mehr zu überschauen. Vgl. vor allem: Emich, Bilder.
32   Vgl. etwa: Gotthard, Dreißigjährige Krieg, S. 184ff.
33   Mahr, Robert Monro, S. 165f.
34   Vgl. zu dieser Norm: Walther, Freiheit, S. 314; Asch, Adel, 193f.
35   Vgl. Karsten/ Thiessen, Normenkonkurrenz.

mann höher einschätzte als den Schutz der Güter sowie der Pächter, Bauern und Dienstleute der Familie.[36]

Dafür, dass diese Art der Drohung gegen eigentlich völlig Unbeteiligte für die Zeitgenossen durchaus grenzwertig erschien, spricht das Indiz, dass Monro eigens dieses Verhalten begründet und auf die (militärische) Notwendigkeit verwies. Indem er zudem das (angebliche) Widerstreben des Königs erwähnt, erklärt er dieses Verhalten indirekt zur absoluten Ausnahme, wodurch er die Handlungen der schwedischen Truppen als ansonsten normenachtend deklariert.

Bei Schreiben an von lutherischen Räten dominierte Städte wie Erfurt oder Frankfurt am Main wandte die schwedische Armee keine so martialische und rücksichtslose Rhetorik an.[37] Vielmehr bat man in Erfurt wohl um ›Quartier‹ für die Truppen[38] und bot der Reichsstadt Frankfurt an, zum Vorteil des Protestantismus und der Stadt eine Garnison dort einzurichten,[39] und versprach, die städtischen Freiheiten und Rechte zu schützen[40]: Beide Vorschläge waren zweifellos dissimulierend, denn fremde Truppen in Kriegszeiten in die Stadt zu lassen, tangierte in der Regel nicht nur die Kompetenzen der lokalen Obrigkeit, sondern wurde von der Gegenseite gewöhnlich auch als feindlicher Akt gewertet. Das Gewähren von Quartieren oder gar die Aufnahme einer Garnison hätte also impliziert, dass sich die Städte auf die Seite des schwedischen Königs gestellt, der jeweilige Rat und die jeweilige Stadtgemeinschaft Kompetenzen zugunsten der Akteure der schwedischen Armee vor Ort aufgegeben und Truppen aufgenommen hätten. Hierdurch wäre diese Art des Bündnisses asymmetrisch und für die Städte faktisch irreversibel gewesen – eine fremde Garnison bedeutete durchaus eine Art Besatzungsherrschaft.[41]

---

36   Damit erinnert diese Drohung an bestimmte Aspekte der mittelalterlichen Fehdeführung, die auch darauf abzielte, die Ehre des Gegners zu beschädigen, indem deren Schutzbefohlene attackiert wurden (vgl. Algazi, Sozialen Gebrauch).

37   Eine Ausnahme hiervon scheint die Aufforderung an Nürnberg zu bilden (vgl. Donaubauer, Nürnberg, S. 84f und 92f; Soden, Gustav Adolph, S. 54–67; Endres, Endzeit, S. 274f; Chemnitz, Kriegs, S. 218).

38   Vgl. O.A., Warhafftiger wolgegründeter Bericht. Welcher gestalt […] Gustavi Adolphi […] am 22. Septembris deß Jahrs 1631. zum erstenmahl in der Stadt Erffurdt angelanget, S. 25f.

39   Vgl. Gotthold, Schweden, Bd. 1, S. 7; Rieck, Frankfurt am Main unter schwedischer Besatzung, S. 47.

40   Vgl. Gotthold, Schweden, Bd. 1, S. 6; Rieck, Frankfurt am Main unter schwedischer Besatzung, S. 47.

41   Vgl. Schmidt-Voges/ Jörn, Schweden.

Im Fall von Augsburg erwähnte man eine etwaige Garnison von schwedischen Truppen nicht einmal, sondern forderte, die Stadt solle sich

der bayrischen und fremden Garnisonen entschlagen, dieselbige aus der Stadt schaffen und Euch [sich] gänzlich wiederum in vorigen freien Stand stellen, fürden auch aller Thätlichkeiten gegen uns [die schwedische Armee] und die Unsrigen enthalten und im übrigen wegen verübter Hostilität Euch [sich] mit uns [der schwedischen Armee] gebührend abfinden[42].

Die schwedische Seite bot ferner an, sie wolle die Freiheit Augsburgs schützen, wenn die Stadt diese Forderungen erfülle.[43] Diese Forderung war zweifellos auch dissimulierend, denn man forderte schlichtweg ein faktisch völlig asymmetrisches Bündnis von Augsburg, das auch auf eine Besatzungsherrschaft hinauslief, da die Stadt im Zweifelsfall auf die Hilfe eines Protektors angewiesen wäre:[44] Bernd Roeck nannte dieses Schreiben denn auch nicht zu Unrecht ein »bemerkenswertes Dokument schwedischer Kriegspropaganda«[45].

Bei mehrheitlich protestantischen Städten – wie Erfurt, Frankfurt am Main und Augsburg – wurden die Effekte, die die Forderungen der schwedischen Seite zeitigen würden, also dissimuliert; von einer Übergabe der Stadt war explizit nirgends die Rede. Aber auch die genutzten Drohungen waren letztlich dissimulierend in dem Sinne, dass explizit nie mit bestimmten Gewalthandlungen gedroht wurde, aber letztlich implizit immer eine Gewaltanwendung als möglich erschien.

Im Fall von Frankfurt am Main man verwies man darauf, dass der König im Fall einer abschlägigen Antwort auf sein Angebot auch Maßnahmen gegen die Stadt einleiten könnte, was zweifellos eine implizite Androhung von Gewalt war.[46] Falls die gegnerischen Truppen die Reichsstadt einnehmen würden, drohte man sogar explizit mit einer gewaltsamen Eroberung und dem – durch das Kriegsrecht legitimierten – Verlust sämtlicher städtischen Freiheiten und Rechte.[47] Dies war zweifellos eine hypothetische Aussage und daher keine explizite Gewaltandrohung, aber trotzdem erschien Gewalt hier als ein Mittel,

---

42 Roos, Chronik, S. 3. Das Schreiben ist auch abgedruckt in: Stetten, Geschichte, S. 164f.
43 Vgl. Roos, Chronik, S. 3.
44 Vgl. zu Formen der ›Protektion‹ in der Frühen Neuzeit: Haug/ Weber/ Windler, Protegierte.
45 Roeck, Stadt, Bd. 2, S. 685.
46 Vgl. Gotthold, Schweden, Bd. 1, S. 6.
47 Vgl. ebd., S. 5f.

das gegen die Stadt angewandt werden könnte. Genau dies war sicherlich auch die Intention, diesen hypothetischen Fall zu konstruieren: Hierdurch konnte explizit – und durchaus exzessiv – die Möglichkeit der Gewaltanwendung aufgezeigt werden, ohne, dass der Stadt (in ihrer jetzigen Verfasstheit) dezidiert gedroht wurde.

Augsburg wurde ebenfalls nicht explizit mit Gewalt gedroht, doch der Hinweis, dass *soviel Tausend Christenseelen hierunter unschuldig leiden*[48] würden, war doch ebenfalls recht eindeutig, wobei es in dem Schreiben der schwedischen Armee noch ferner hieß:

So erfahren wir jedoch mit höchster Verwunderung, dass Ihr [die Stadt Augsburg] ohne einzige erhebliche Ursach nit allein unsere offene Feind in Euer Stadt aufgenommen, sondern auch darauf ungescheut in Feindthätlichkeit wider uns ausgebrochen. Nun haben wir zwar genugsame Ursachen, Euch und Eure Stadt also fort dem Verdienst nach zu begegnen, würden auch vor der ganzen Welt genugsam entschuldigt sein, wann wir ohne einzige vorgehende Verwarnung Euch mit selbsterwählten Feindschaften zusetzten[49].

Die schwedische Seite bezichtigte, die Reichsstadt sich ihnen gegenüber feindlich verhalten zu haben und leitet hiervon das Recht ab, der Stadt ihrem *Verdienst nach zu begegnen*, was nach den Maßstäben des frühneuzeitlichen (Kriegs-) Rechts und der zeitgenössischen Normen eine Anwendung von Gewalt bedeutete.[50] Implizit wurde hier also auch mit Gewalt gedroht, sowie eine mögliche Gewaltanwendung als legitim klassifiziert – aus Gnade jedoch würde man nicht so handeln, wenn die Reichsstadt die Forderungen erfülle.[51] Die Gewaltandrohung wurde hier also gleich dreifach kaschiert: Erstens wurde auch hier nicht explizit mit Gewalt gedroht. Zweitens verwies die schwedische Seite, indem sie postulierte, dass die Reichsstadt sich ›feindlich‹ ihr gegenüber verhalten habe, recht deutlich auf Recht und Normen, die wiederum eine etwaige Gewaltanwendung rechtfertigten, und betonte so die Möglichkeit der Gewaltanwendung. Drittens inszenierte sich die schwedische Seite sogar noch als gnädig, weil sie auf die angeblich legitimen Konsequenzen verzichtete – der ›Verzicht‹ auf Gewalt wurde hier also zu einer Gnade verklärt, die allgemein als

---

48 Roos, Chronik, S. 2.
49 Ebd., S. 2.
50 Vgl. Tischer, Kriegsbegründungen, S. 158–162; Pröve, Legitimation, S. 265f; Pröve, Violentia, S. 39f.
51 Vgl. Roos, Chronik, S. 2f.

Signum einer ›guten Herrschaft‹ galt.[52] Die schwedische Seite – oder genauer: der schwedische König – erschien in dieser Logik also sogar als gnädiger und guter Herrscher und Patron Augsburgs.

Ganz ähnlich haben die schwedischen Truppen wohl auch in Heilbronn argumentiert, denn in Khevenhüllers historiographischen Werk hieß es, sie hätten der Stadtgemeinschaft mitgeteilt:

Daß sie [die Stadtgemeinschaft] trachten solten, die Guarnison in der Güte aus der Stadt zu schaffen, sonsten würde er [der schwedische Kommandant] Mittel gebrauchen müssen, die er zur Verschonung der Bürger, als seiner Glaubens-Genossen, biß dato hätte unterlassen wollen[53].

Der Kommandeur der schwedischen Truppen schrieb hier seinem eigenen bisherigen Verhalten eine besondere ›Schonung‹ seiner *Glaubens-Genossen* zu und attestierte sich damit, konfessionell loyal agiert zu haben, wodurch er als ein ›guter‹ Protestant und geradezu als Patron der Stadtgemeinschaft erschien.[54] Hierdurch wurde seine Forderung beziehungsweise seine implizite Androhung massiver Gewalt gewissermaßen in den Rahmen der konfessionellen Loyalität und vor allem der Patronage gerückt – er, so der Tenor seines Schreibens, habe bislang nach den jeweiligen Normen gehandelt, doch die Stadtgemeinschaft habe die konfessionelle Loyalität und die do-ut-des-Logik der Patronage nicht beachtet.

Grundlegend für diese Deutungen ist, dass die Nicht-Anwendung besonders rigoroser Gewalthandlungen als ›Schonung‹ klassifiziert wurde – diesen Deutungsrahmen könnte man heuristisch geradezu als Ökonomie des moralischen Werts von Gewalthandeln beschreiben: Anwendungen von Gewaltpraktiken und deren Unterlassungen werden im Medium der Sprache – oder auch des Bildes – mit Handlungen der Gegenseite ›verrechnet‹. Die Norm hierbei ist durchaus das Unterlassen bestimmter, als moralisch verwerflich geltender Praktiken und eine nach den Normen der Zeit moralisch einwandfreie Kriegsführung.[55] Allerdings konnte das Unterlassen nicht nur

---

52 Vgl. zur Gnade: Eibach, Gleichheit, S. 524; Eibach, Strafjustiz, S. 203f. Zum ›Gewaltverzicht‹: Meumann, Institutionen, S. 116–128; Meumann, Herrschaft oder Tyrannis, S. 183ff.
53 Khevenhüller, Annales, Bd. 11, Sp. 1910.
54 Vgl. zur Semantik der Patronage: Emich, Staatsbildung, S. 41–44; Emich/ Reinhardt/ Thiessen/ Wieland, Stand, S. 259–262. Allgemein zur Patronage vgl. Asch/ Emich/ Engels, Integration; Droste, Patronage; Emich/ Reinhardt/ Thiessen/ Wieland, Stand; Schilling, Patronage.
55 Vgl. Kaiser, Kriegsgreuel, S. 158–166.

mit symbolischem Gewinn – im Sinne einer Glorifizierung –, sondern im Zweifelsfall eben auch mit einer ›Verrechnung‹ verbunden werden, bei der man Forderungen stellt. Zudem hatte dieser Deutungsrahmen auch das Potenzial, eigene grenzwertige oder illegitime Handlungen mit denen der Gegner in Relation zu setzten.

Mit Hilfe dieses Deutungsrahmens erhob die schwedische Seite Forderungen und drohte mit massiver Gewaltanwendung, wobei sie gleichzeitig den Anspruch erhob, beides sei völlig legitim, d.h. der Verweis auf die angebliche konfessionelle Loyalität, Gnade und Patronage diente dazu, Legitimität für die gestellten Forderungen und für die angedrohte Gewalt zu postulieren. Der Zweck dieser – nun verhohlenen – Gewaltandrohung war allerdings der gleiche, wie bei den exzessiven Drohungen gegen die katholischen Städte: Die Akteure sollten in Angst versetzt werden, damit sie die Städte den schwedischen Truppen übergeben würden.[56] Doch auch, wenn die Intention die gleiche war, ist doch die Dissimulation der Drohung aufschlussreich. Sicherlich ist sie einerseits durch eine gewisse konfessionsbedingte Rücksichtnahme gegenüber den jeweiligen Stadtbewohnern zu erklären, andererseits sicherlich auch damit, dass ein allzu exzessives Drohen gegenüber protestantischen Städten sowohl mit der schwedischen Bündnispolitik[57] als auch mit dem Ruf des schwedischen Königs als Protektor des Protestantismus[58] inkompatibel gewesen wäre.[59]

Bei den Städten Würzburg und Augsburg ist quellenmäßig auch noch ein weiteres Phänomen gut überliefert: Die schwedischen Boten drängten in diesen Städten zu einer raschen Antwort.[60] Dies kann man sicherlich auch als einen weiteren Versuch interpretieren, Druck und damit Furcht zu erzeugen; doch dürften auch noch ein weiterer Faktor eine Rolle gespielt haben: Da die schwedische Armee in beiden Fälle die Städte praktisch erreicht hatte, versuchte man von schwedischer Seite so wahrscheinlich, ein Hinauszögern der Entscheidung durch die Stadt zu verhindern, damit keine Zeit für die mögliche Belagerung

---

56 Vgl. Kaiser, Kriegsgreuel, S. 176–180.
57 Vgl. Schmidt-Voges/ Jörn, Schweden; Wilson, Dreißigjährige Krieg, S. 575–578.
58 Vgl. Schmidt, Leu; Gilly, Löwe; Aurnhammer, Held.
59 Gustav Adolfs Drohungen und nicht selten rigorosen Verhandlungspraktiken auch gegenüber protestantischen Akteuren sind unbestreitbar (vgl. etwa Wilson, Dreißigjährige Krieg, S. 562f und 569), doch trotzdem haben sie nicht selten etwas Dissimulierendes.
60 Vgl. zu Würzburg: Leo, Würzburg, S. 277 und 280. Vgl. zu Augsburg: Emmendörffer, Welt, S. 476; Roos, Chronik, S. 3.

vergeudet würde oder währenddessen eine gegnerische Armee herangeführt werden könnte.

Zusammenfassend kann man also sagen, dass das erst nicht-gewaltsame Zusammentreffen von Akteuren der schwedischen Armee mit Akteuren der jeweiligen Städte oder Garnisonen in der Regel durch einen Trompeter, Trommler oder Boten seitens der schwedischen Truppen erfolgte – die eigentlich entscheidenden Akteure kommunizierten zu diesem Zeitpunkt also über Briefe und mündliche Botschaften miteinander. Dies ermöglichte potenziell nicht nur interne Beratungen, sondern resultierte vor allem daher, dass es stets möglich war, dass die schwedischen Akteure beschossen wurden.

Zwar war es möglich, mit Bewirtung des gegnerischen Boten Politesse und Verhandlungsbereitschaft zu demonstrieren, doch war es genauso möglich, das Feuer auf den Boten zu eröffnen und so die eigene Verteidigungsbereitschaft und -fähigkeit in Szene zu setzen. In Frankfurt an der Oder inszenierte man mit Gesten und polemischen Rufen dies wohl sogar so stark, dass die schwedische Seite auf das Abschicken eines Boten sogar ganz verzichtete.

Die Botschaften, die die schwedische Armee ihren gegnerischen Akteuren vor Ort zukommen ließ, hatten immer die Intention, diese zur Übergabe der Stadt zu veranlassen, indem sie sie in Furcht versetzten: Katholischen Städten drohte man unverhohlen mit extremer Gewalt, während man (mehrheitlich) protestantischen Städten impliziter mit Gewalt drohte, was sowohl mit Rücksichtnahme gegenüber der jeweiligen protestantischen Stadt als auch der Rücksichtnahme gegenüber den protestantischen Bündnispartnern und dem eigenen Ruf als ›Retter‹ des deutschen Protestantismus zu erklären sein dürfte.

3. 2. Über Verhandlungen beraten

Nach der Ankunft des Boten der schwedischen Armee, die in der Regel das erste Zusammentreffen der schwedischen Truppen mit den Akteuren, die sich in der jeweiligen Stadt befanden, war, folgten für gewöhnlich Beratungen und Verhandlungen über die mögliche Übergabe der Stadt. Doch wie genau berieten die Akteure vor Ort über die Aufforderung, die jeweilige Stadt zu übergeben? Versucht man die Akteure zu eruieren, die intern über die Übergabe der jeweiligen Stadt berieten, so ergibt sich bereits eine erste Differenz: In München spielte der bayrische Herzog Maximilian, auch wenn er nicht persönlich anwesend war, eine wichtige Rolle.[61] In Nürnberg und Frankfurt am Main war es jeweils der Rat der Stadt, der intern über die Übergabe beriet.[62] In der bischöflichen Residenzstadt Würzburg hingegen berieten neben den Amtleuten des Elekten auch militärische Akteure über die Übergabe und in Augsburg nahmen an der internen Verhandlung nicht nur die ›neue‹, katholische Obrigkeit, sondern auch Kommandeure des Militärs und protestantische Akteure teil.[63] Möglicherweise war diese Beteiligung militärischer Akteure in Würzburg und der Reichsstadt Augsburg dem Umstand geschuldet, dass dort bereits die Hauptmacht der schwedischen Armee angekommen war, während man in München, Nürnberg und Frankfurt am Main jeweils nur mit einzelnen Boten konfrontiert war.[64]

Eine ›abgeleitete‹ Entscheidung: Würzburg

Versucht man aber nun die Praktiken, mit denen Entscheidungen getroffen beziehungsweise in Szene gesetzt wurden, auch in ihren Abläufen in den Blick zu nehmen, so werden, auch wenn es Ähnlichkeiten bei den beteiligten Akteure gibt, recht schnell deutliche Unterschiede sichtbar.[65] Über das Ergebnis der internen Beratung in der Stadt Würzburg[66], deren Vorstadt auf der rechten Mainseite zu diesem Zeitpunkt schon teilweise von schwedischen Truppen eingenommen worden war, berichtete der bischöfliche Rat Ganzhorn, außer, dass er die Beteiligten nicht nur teilweise aufzählte, sondern sie allesamt als *gute[.] leüth*[67] charakterisierte, d.h. als fähig auswies, vor allem das Ergebnis:

[Es wurde] nach reiffer undt tieffer erwegung beeder Extremitäten, momenten aus gantz Relevirenten Sonderlichen diesen Penetrirenten undt hochbewegten Vrsa-

---

61 Vgl. Albrecht, Maximilian, S. 829; Rystad, Schweden, S. 424; Destouches, München, S. 7f.

62 Vgl. zu Nürnberg: Willax, Antischwedischer Widerstand, S. 123–130; Endres, Endzeit, S. 275f. Vgl. zu Frankfurt vor allem: Rieck, Frankfurt am Main unter schwedischer Besatzung, S. 29–52; Rieck, Krisenjahre, S. 126–136.

63 Vgl. zu Würzburg Sicken, Dreißigjähriger Krieg, S. 107f. Vgl. zu Augsburg vor allem: Roeck, Welt, S. 245; Roeck, Stadt, Bd. 2, S. 684f.

64 Vgl. zu Würzburg: Sicken, Dreißigjähriger Krieg, S. 107; Wagner, Würzburg, S. 126; Deinert, Epoche, S. 54. Vgl. zu Augsburg: Roeck, Welt, S. 244f; Roeck, Stadt, Bd. 2, S. 683f.

65 Vgl. allgemein zur Praktik des Entscheidens: Hoffmann-Rehnitz/ Krischer/ Pohlig, Entscheiden; Stollberg-Rilinger/ Krischer, Herstellung.

66 Vgl. Wagner, Würzburg, S. 126; ausführlicher aber: Sicken, Dreißigjähriger Krieg, S. 107f; Scharold, Geschichte, S. 16f.

67 Leo, Würzburg, S. 279.

*chen, Weilen die Statt mit solcher geringer hülff der wenigen, auch in Kriegssachen
vnerfahrene Burgerschafft allein, ohne alle Assistentz der ermangelten Soldaten,
auch abgang der darzue gehörigen nothwendigen ammunition undt anderen re-
quisiten in Sano iudicio [Zubehör nach einem besonnenen Urteil], Contrà tan-
tam potentiam et ex Victoriâ Leipsiacâ insolentiorem factum militem [gegen eine
so große Macht und ein Heer, das nach dem Sieg bei Leipzig noch unverschämter
geworden war], keines weegs, undt ohne éusserste vor augen schwebente total ruin
der gantzen Statt sambt aller Innwohner klein undt gros, elendig undt Erbärmlich
nidermachen, so bey der Posteritet in æternum gar nit zu verantworten mit nichten
zue defendiren, uff die guthwillige übergab, æquis tamen et certis observandis con-
ditionibus [mit billigen und gleichzeitig fest zu befolgenden Bedingungen] Einhellig
geschlossen*[68].

Ganzhorn beschrieb die Entscheidung hier ausdrücklich als *Einhellig geschlossen*, d.h. konsensual getroffen. Interessant ist hierbei vor allem das Narrativ Ganzhorns, durch das die letztlich getroffene Entscheidung geradezu als aus
den Gegebenheiten abgeleitet erschien: Ganzhorn deutete zwar an, dass auch
über eine Ablehnung der Akkordverhandlungen und (damit) Verteidigung der
Stadt diskutiert wurde und *beede[.] Extremitäten*, also eine ›erfolgreiche‹ und
eine ›erfolglose‹ Verteidigung, als prinzipiell möglich angesehen wurden. Allerdings wurde die erste Möglichkeit in Ganzhorns Bericht letztlich nicht als echte
Alternative charakterisiert, da wegen des Mangels an Ausrüstung und wehrfä-
higen Leuten das Risiko eines Sturmangriffs mit folgendem Massaker als viel
zu groß dargestellt – und wahrscheinlich auch wahrgenommen – wurde. Die
Entscheidung über die Übergabeverhandlungen der Stadt Würzburg wurde bei
Ganzhorn also durchaus als konsensual beschrieben[69] und es wurden auch Al-
ternativen angedeutet, doch letztlich erscheint die getroffene Entscheidung als
aus den Umständen abgeleitet und damit als alternativlos.[70]

Diese Art der Inszenierung der (Nicht-) Entscheidung naturalisierte die
folgenden Übergabeverhandlungen und machte sie zu einem Gebot der Notwendigkeit, was eine Entlastung der beteiligten Akteure darstellt, indem es eine
Legitimität ihres Agierens postulieren sollte.[71] Dieses Narrativ hängt dann si-

---

68 Ebd., S. 279.
69 Vgl. zum Beraten über Übergaben auch: Fischer-Kattner, Temporale Perspektiven,
    S. 90f.
70 Vgl. theoretisch zur Alternativlosigkeit: Krischer, Problem, S. 35f.
71 Vgl. zur zeitgenössischen Rhetorik der Notwendigkeit: Petris, Vernunft, S. 226–232.

cherlich auch mit dem Charakter der Schrift Ganzhorns zusammen, die als
Bericht für den – geflohenen – Elekten von Würzburg über die Ereignisse in
seiner Residenzstadt dienen sollte.[72]

Konflikte inszenieren und beraten: Augsburg

Während in Würzburg die internen Beratungen über eine mögliche Übergabe
also wahrscheinlich konfliktlos verliefen, so war die Situation in Augsburg, das
zu diesem Zeitpunkt ebenfalls bereits mit der sich in Stadtnähe verschanzenden
schwedischen Armee konfrontiert war, deutlich komplizierter. Dies lag sowohl
daran, dass neben der ›neuen‹, katholischen Obrigkeit auch der Kommandeur
der bayrischen Besatzungstruppen involviert war, als auch daran, dass die mehrheitlich protestantischen Einwohner ebenfalls einen Faktor darstellten, den
man einzubeziehen versuchte.[73]

Teile der zivilen katholischen Obrigkeit baten den bekannten, zur protestantischen Stadtelite gehörenden Kunstagenten Hainhofer, er solle sich bei
seinen Glaubensgenossen umhören, ob diese bereit seien, die Stadt Augsburg
gegen die schwedischen Truppen zu verteidigen.[74] Zuvor jedoch hatten sie auch
Hainhofers Meinung erfragt, wie dieser selbst schrieb.[75] Nach eigenen Angaben
habe er der *evangelischen burgerschafft auffrichtigkeit v. bestendige trew*[76] hervorgehoben, doch gleichzeitig die Verteidigungsfähigkeit als desolat beschrieben,
denn es herrsche ein *mangel an Proviant*[77] und zudem

> *ihre Herrschaften [die katholischen Stadtpfleger] selbsten besser alß ich wissen,
> und [ich] von ihnen selber gehört habe, wie bawfellig die wahll und Stattmauren,
> das wan mann nun 2 oder 3 schuß auß halben Carthaunen, darin thete sie uber
> ainen haufen fallen würden, Die baÿrische besazung, inn der Statt meinsten theilß
> zum fechten unwilligs und ohnversuechtes Landt Volck*[78].

Interessant an Hainhofers Ausführungen ist, wie sehr sie den von Ganzhorn für Würzburg aufgeführten Punkte ähnelten: Wenige unerfahrene beziehungsweise unwillige Soldaten, schlechte Befestigungsanlagen, ein Mangel an

72 Vgl. Leo, Würzburg, S. 200–205.
73 Vgl. Roeck, Welt, S. 245; insbesondere aber: Roeck, Stadt, Bd. 2, S. 684f.
74 Vgl. Emmendörffer, Welt, S. 474; Stetten, Geschichte, S. 161ff.
75 Vgl. Emmendörffer, Welt, S. 473.
76 Ebd., S. 473.
77 Ebd., S. 473.
78 Emmendörffer, Welt, S. 473.

Proviant und Ausrüstung sowie kaum Aussichten auf Hilfe durch ein Heer[79] waren offenbar in der zeitgenössischen Wahrnehmung aussagekräftige Punkte für die Bewertung der Lage bei einer – drohenden – Belagerung und damit wichtige Argumente, wenn es um eine mögliche Übergabe ging.

Zudem schrieb Hainhofer, er habe die katholische Obrigkeit vor einem Sturmangriff durch die schwedischen Truppen gewarnt:

ich es auch ihren Herrschaften nit rathen wollte das sie sich wann der König diese Stadt, mit stürmender Handt einnemmen sollte, sich auf der gassen In armis [unter Waffen] finden lassen, sie ohne wahl nider gemacht würden und ich das gebot wohl bleiben lassen wollte, mich umb selbe zeit auff die gassen zue begeben, weil man ein frisches exempel der königlichen gnad und ungnad, an würtzburg habe, inn dem die inn der Stadt sich auff gnad ergeben, und ihnen kein leid widerfahren, die im schloß [der Festung Marienberg] aber des Stürmens erwartet und alle sein nider gehawen worden. Und weilen ihre Majt: von Schweden inn allen Städten und Vestungen sonderlich zu Maynz (so doch eine lautere Pfaffenstadt seye) die sie noch einbekommen, den catholischen gajst, und weltlichen, so wohl alß den Evangelischen das Exercitium Religionis freÿ lassen[80].

Aufschlussreich hierbei ist, dass die Geschehnisse in Würzburg, der Würzburger Stadtfestung Marienberg und Mainz zu Exempeln stilisiert wurden, die zur Planung zukünftiger Handlungen nützlich seien. Die Geschehnisse in Würzburg und Mainz waren also offenbar bekannt und Hainhofer schrieb ihnen zu, typisch, wiederholbar und daher geeignet zu sein, hieraus zu lernen: Das aktuelle Kriegsgeschehen konnte also durchaus als lehrreich beschrieben und zu Orientierungspunkten bei der Planung zukünftigen Handelns stilisiert werden.[81]

Insgesamt hatten die Ausführungen Hainhofers, nach seinem eigenem Bericht, die Stoßrichtung, eine Übergabe zu befürworten, zu der er angeblich auch explizit riet, doch inwiefern all dies zutraf oder ob es sich dabei um nachträgliche Stilisierungen Hainhofers handelt, lässt sich nur schwer beantworten.[82] (Für die Auswertung seiner Deutungsmuster in Bezug auf eine mögliche Übergabe ist dies allerdings auch unerheblich.)

79   Vgl. ebd., S. 473.
80   Ebd.
81   Vgl. zum frühneuzeitlichen Umgang mit Zeit allgemein: Landwehr, Geburt.
82   Vgl. zu Hainhofers angeblichem Rat zur Übergabe: Emmendörffer, Welt, S. 473.

Letztendlich können Hainhofers Ausführungen jedenfalls von der altgläubigen Obrigkeit nicht als so schweden-freundlich wahrgenommen worden sein, dass man auf eine Kooperation mit ihm verzichtete. Vielmehr stellten die katholischen Stadtpfleger dem protestantischen Kunstagenten sogar die prestigträchtige Geschlechterstube für sein Treffen mit Teilen der protestantischen Einwohnerschaft zur Verfügung, was eindeutig für die Billigung dieser Aktion spricht und ihr einen offiziellen Charakter verliehen haben dürfte.[83] Das anschließende Zusammentreffen Hainhofers mit etwa 400 protestantischen Akteuren – größtenteils Repräsentanten der oberen Stände – verlief jedoch tumultartig: Diese waren nicht bereit, der katholischen Obrigkeit zu helfen, und bedrängten Hainhofer verbal massiv, da er den Stadtpflegern helfe.[84] Nach den massiven, erzwungenen Veränderungen zuungunsten der Protestanten in Folge des Restitutionsedikts waren diese in einer großen Mehrheit nicht bereit, sich für den status quo oder gar die nunmehr ausnahmslos katholische Obrigkeit einzusetzen, sondern sie betrachteten dies, inklusive des Agierens Hainhofers, offenbar als Illoyalität.[85] Dass es aber überhaupt zu derartig deutlichen Artikulationen der Unzufriedenheit kam, dürfte die Art der Beratung, bei der nur Protestanten anwesend waren, geradezu forciert haben, da hierdurch ein Stück weit die obrigkeitliche Kontrolle wegfiel – Dinge, die ansonsten nur angedeutet wurden, waren hier offenbar sagbar.[86]

Diese Episode zeigt, dass angesichts der nahen schwedischen Truppen im Fall von Augsburg Loyalitäten völlig neue Bedeutungen bekamen: Die katholische Obrigkeit sondierte die Positionierung der kurz zuvor entwaffneten und seit geraumer Zeit marginalisierten Protestanten. Dabei hatten diese Befragung wohl vor allem den Effekt, Informationen über ihre Loyalität zu gewinnen und damit feststellen zu können, inwiefern von den Augsburger Protestanten bei einer Belagerung eine zusätzliche Gefahr ausging. Denn dass man die protestantischen Einwohner wirklich – wie die Frage suggerierte – bewaffnen und zur Verteidigung einsetzen wollte, erscheint doch recht fraglich. Die versammelten

---

83 Vgl. Emmendörffer, Welt, S. 474. Vgl. zur Bedeutung der Geschlechterstube: Jachmann, Kunst, S. 44.

84 Vgl. Emmendörffer, Welt, S. 474f.

85 Vgl. zu den Folgen des Restitutionsedikts: Roeck, Stadt, Bd. 2, S. 655–679; Medick, Dreißigjährige Krieg, S. 70–76.

86 Vgl. zu diesem Phänomen am Beispiel Lübecks: Hoffmann[-Rehnitz], Differenzierung. Vgl. zu dieser Episode: Roeck, Stadt, Bd. 2, S. 684. Vgl. zur Repressionen gegen die Protestanten in Augsburg nach dem Restitutionsedikt: Roeck, Stadt, Bd. 2, S. 668–679.

Protestanten wiederum inszenierten größtenteils eindeutig ihre Ablehnung der katholischen Obrigkeit, was in dieser expliziten Form und unter diesen Umständen besonderes Gewicht erhielt und die Stellung der Stadtpfleger destabilisiert haben dürfte.[87]

Die meisten der Anwesenden Protestanten verweigerten jedoch der katholischen Obrigkeit nicht nur die Loyalität, sondern sie definierten diese neu, indem sie dem Protestanten Hainhofer, der in bestimmten Maße mit den Stadtpflegern kooperierte, mangelnde Loyalität vorwarfen: Loyalität zur Obrigkeit wurde hier als Illoyalität definiert.[88] Dieser Vorwurf gegen einen Protestanten zeigt, dass hier eine Gruppe – informell – neu definiert wurde und Konfession zwar ein wichtiger Faktor war, aber kein ausreichender, denn notwendig war ferner die demonstrative Ablehnung der altgläubigen Obrigkeit.[89]

Aber die Versammlung der ungefähr 400 Protestanten hatte nicht nur den Effekt, dass Loyalitäten und Illoyalitäten zum Ausdruck gebracht wurden und hierdurch ein Antagonismus zu Tage trat. Vielmehr versammelten sich im weiteren Verlauf des Tages etwa 200 Protestanten, vornehmlich der unteren Stände und insbesondere der Weber, die nicht an der Versammlung teilgenommen hatten, und beschuldigten Hainhofer, sie nicht geladen zu haben.[90] Hier entstanden wohl tumultartige Szenen und Hainhofer verbarrikadierte sich nach eigenen Angaben in seinem Haus, zum Schutz vor dem *Lumpengesindlein*[91], wie er diese Akteure abwertend nannte.[92] Bei diesem Protest ging es, wenn man Hainhofers Ausführungen Glauben schenkt, wohl vor allem um den (vermeintlichen) Ausschluss der unteren Stände von der Beratung und damit um die Frage der Repräsentation, was sich durchaus mit anderen frühneuzeitlichen Stadtunruhen deckt.[93] Viel entscheidender dürfte im Gesamtzusammenhang jedoch der Effekt gewesen sein, dass diese vergleichsweise kleine Unruhe das Gefahrenpotential einer großen und der Obrigkeit zum Teil offen feindlich gegenübertretenden Einwohnerschaft deutlich gemacht haben dürfte.[94]

---

87 Vgl. Roeck, Stadt, Bd. 2, S. 684f; insbesondere aber: Weber, Augsburg, S. 269.
88 Vgl. zur Bedeutung der Kategorie Loyal/ Illoyal: Krischer, Judas.
89 Vgl. theoretisch dazu: Latour, Soziologie, S. 50–75.
90 Vgl. Weber, Augsburg, S. 269; Roeck, Stadt, Bd. 2, S. 684f; Stetten, Geschichte, S. 164.
91 Emmendörffer, Welt, S. 475.
92 Vgl. ebd., S. 475.
93 Weber und Roeck interpretieren diese Unruhe deutlich funktionaler (vgl. Weber, Augsburg, S. 269; Roeck, Stadt, Bd. 2, S. 684f).
94 Vgl. Roeck, Stadt, Bd. 2, S. 684f.

Kurz nachdem am Morgen des 19. Aprils 1632 die Stadt Augsburg durch ein von einem schwedischen Trompeter überbrachtes Scheiben zur Übergabe aufgefordert wurde, entstand wohl ein weiterer Konflikt: Der bayrische Oberstleutnant de Treberey, der nach dem Abzug der bayrischen Reiter unter dem Befehl des Obristen Rudolf von Bredow in der Nacht vom 17. zum 18. April das Kommando über die Truppen in Augsburg übernommen hatte, bemerkte bei einer Beratung mit der Teilen der katholischen Stadtelite, dass

von König. Mt [Gustav Adolf] des Herren Commandanten [de Treberey] und seiner Soldatesca was sie für Conditiones inn Abzug haben mit nichten gedacht worden, ist er sehr daruber erzürnet rasent ab und auff gelauffen und inn Gifft mit seinem Regiment Stäblein immer inn boden gestoßen, und gesagt er wölle sich ritterlich wehren und ehr die Stadt an 4 orthen anzünden und inn Brandt steckhen, ehe er sie dem König wolle lassen zu theil werden, weil er ihne so schlecht tractire[95].
Man kann sicherlich davon ausgehen, dass der Protestant Hainhofer in seinem Bericht die Reaktion des bayrischen Kommandanten stark akzentuierte und ihn so gleich doppelt, als unbeherrscht und als tyrannisch, brandmarkte – denn nicht nur ›Tyrannei‹ galt in der Frühen Neuzeit als verdammenswert, sondern auch Unbeherrschtheit wurde gerade in der höfischen Welt des Adels als großer persönlicher Defekt wahrgenommen.[96]

Doch auch wenn diese Episode von Hainhofer mit einschlägiger Betonung beschrieben wurde, so gab es nichtsdestotrotz einen Konflikt zwischen der altgläubigen Obrigkeit und dem bayrischen Kommandanten.[97] Hierbei ist es sehr wahrscheinlich und bezeichnend, dass er wegen der Abzugsbedingungen entstand: Der Abzug war nicht zuletzt ein Moment einer sozialen Schätzung, d.h. hier wurde – auch und gerade zwischen Gegnern – Ehre und Unehre zum Ausdruck gebracht und der bayrische Offizier nahm es wahrscheinlich als Angriff auf seine Ehre wahr, dass die schwedische Seite diesen Punkt nicht ansprach.[98]

---

95 Emmendörffer, Welt, S. 476.
96 Vgl. zur ›Tyrannei‹: Kampmann, Westfälische System, S. 204f und 211–217; Kampmann, Interventionsproblematik, S. 78; Meumann, Herrschaft oder Tyrannis, S. 185ff; Tischer, Grenzen, S. 52f; Pröve, Legitimationen, S. 265f. Vgl. Unbeherrschtheit: Asch, Adel, S. 221f.
97 Vgl. Weber, Augsburg, S. 269; Roeck, Stadt, Bd. 2, S. 684f; Stetten, Geschichte, S. 165. Die Darstellung bei Groll, Droysen und Soden hingegen ist stark verzerrt (vgl. Groll, Dreißigjährige Krieg, S. 37; Droysen, Gustav Adolf, S. 541; Soden, Gustav Adolph, S. 238).
98 Vgl. Zur Bedeutung des Abzugs: Ostwald, Representations of Honor; Lynn, Introduction; Duchhardt, Kugeln im Mund; Broekmann, Formen, S. 77. Vgl. zum Stellenwert des Ehrverlusts: Schreiner/ Schwerhoff, Verletzte Ehre.

Die Reaktion de Trebereys auf die Nicht-Thematisierung kann man somit als Beleg für die enorme Bedeutung dieser Praktik deuten sowie als Indiz für den hohen Stellenwert, den Ehre für frühneuzeitliche Soldaten insgesamt besaß.[99]

Wesentlich zu diesem Konflikt beigetragen haben sicherlich auch die unterschiedlichen Loyalitätsbeziehungen der Akteure in Augsburg: Die katholische Obrigkeit war der Stadt Augsburg und dem Kaiser, der sie in ihre Position gebracht hatte, verpflichtet.[100] Der Kommandeur agierte hingegen als Untergebener des bayrischen Herzogs Maximilian, der seine Einheiten wohl vor allem aus strategischen Gründen in Augsburg stationiert hatte, aber zu diesem Zeitpunkt bereits bayrische Einheiten zum Schutz seines Herzogtums nach Bayern zurückbeordert hatte.[101] De Treberey hatte also gar kein primäres Interesse an der Lage der Stadt oder der Situation der altgläubigen Obrigkeit vor Ort und daher war für ihn wahrscheinlich der (möglichst ehrenhafte) Abzug nach Bayern wichtiger. Der bayrische Offizier hatte also keineswegs die Intention die Stadt zu verteidigen oder ihr Schaden zuzufügen[102], sondern die Drohung zielte wahrscheinlich vor allem darauf ab, bessere Abzugsbedingungen zu erhalten – oder besser: zu erpressen – wofür sich dann auch, wohl in Folge seiner Drohung, diverse Akteure der Stadt einsetzten.[103] Man kann diese Drohung de Trebereys somit durchaus primär als einen Akt der internen Kommunikation interpretieren, durch den er versuchte, städtische Akteure für sein Interesse zu mobilisieren.

Aber nicht nur durch diesen internen Konflikt ist die Beratung in Augsburg aufschlussreich, sondern auch, weil man durch die Beschreibungen Hainhofers und Wagners einige Indizien über die Beratung in actu erhält: Die Beratung fand im repräsentativen Haus des katholischen Stadtpflegers Hieronymus Imhof im Beisein der Stadtpfleger, *der 5 andere[n] gehäyme[n] Herren*[104], etlichen

---

99 Vgl. Kaiser, Söldner.
100 Vgl. zum kaiserlichen Eingriff in die Augsburger Ratsherrschaft: Roeck, Stadt, Bd. 2, S. 661–666; Warmbrunn, Konfessionen, S. 163f.
101 Vgl. zur Stationierung in Augsburg: Kaiser, Politik und Kriegsführung, S. 477ff. Vgl. zum Rückzug: Roeck, Stadt, Bd. 2, S. 684; Roeck, Welt, S. 245.
102 So allerdings bei Groll (vgl. Groll, Dreißigjährige Krieg, S. 37).
103 Vgl. Emmendörffer, Welt, S. 476. Sowohl die altgläubige Obrigkeit als auch die protestantische Elite baten in ihren Briefen an Gustav Adolf um ›gute‹ Abzugsbedingungen für die bayrischen Truppen (vgl. Roos, Chronik, S. 3ff).
104 Emmendörffer, Welt, S. 476. Diese fünf Geheimen Räte bildeten mit den beiden Stadtpflegern den Innersten Rat, das höchste Gremium der Reichsstadt (vgl. Roeck, Stadt, Bd. 1, S. 246).

von der Klerisei[105], sowie des bereits erwähnten bayrischen Kommandanten, Oberstleutnant de Treberey, statt; die wichtigsten Akteure der (zivilen) Obrigkeit, des Militärs und der altgläubigen Geistlichkeit nahmen also daran teil. Zu Beginn der Beratung, bei der das Schreiben der schwedischen Seite laut vorgelesen wurde, berieten also die katholischen Akteure intern, während sich Hainhofer – möglicherweise zusammen mit wenigen anderen Protestanten – in der *Trabanten Stuben*[106], also einem Vorzimmer, befand und erst später dazu gerufen wurde.[107] Dies ermöglichte den Katholiken eine interne Beratung, bei der Meinungsverschiedenheiten offener ausgetragen werden konnten, da der interne, informelle Charakter der Gespräche das Risiko eines Ehrverlustes aufgrund einer marginalisierten Meinung reduzierte.[108] Anschließend konnte im besten Fall ein einheitlicher, allgemein akzeptierter Standpunkt präsentiert werden, d.h. es war – idealerweise – möglich, gleichzeitig Dissens intern zu klären und Konsens (teil-) öffentlich zu inszenieren. Diese Deutung gewinnt zudem an Plausibilität, wenn man bedenkt, dass letztendlich nur wenige, dafür aber besonders einflussreiche Akteure an dieser Beratung beteiligt waren und dieses Zusammentreffen zudem im Haus eines der Stadtpfleger stattfand, also in einem informellen Rahmen.[109] Aus dieser Perspektive betrachtet wäre das Agieren des bayrischen Kommandanten de Treberey zum Teil auch auf diese Beratungssituation zurückzuführen, die internen Dissens begünstigt haben dürfte, indem bestimmte soziale Mechanismen der Konsensforcierung reduziert wurden.[110]

Hainhofer – und eventuell andere anwesende Protestanten – wurden hingegen später über die Ergebnisse der Vorgänge in Kenntnis gesetzt und beauftragt, ein Bittschreiben an den schwedischen König zu verfassen, um diesen gnädig zu stimmen und vor allem einen vorteilhaften Abzug der bayrischen Soldaten zu erwirken.[111]

Die protestantische Elite versammelte sich daraufhin im Haus des Ludwig Rem (Rehm) und endgültig angefertigt, d.h. korrigiert und ins Reine geschrieben, wurde das Schreiben in der Schreibstube eines Angehörigen der Familie

---

105 Roos, Chronik, S. 3.
106 Emmendörffer, Welt, S. 476.
107 Vgl. ebd., S. 476.
108 Vgl. zu diesem Mechanismus: Hoffmann[-Rehnitz], Differenzierung.
109 Vgl. zum Raum der Beratung: Jachmann, Kunst, S. 44f.
110 Vgl. Hoffmann[-Rehnitz], Differenzierung, insbesondere S. 189f.
111 Vgl. Emmendörffer, Welt, S. 476; Stetten, Geschichte, S. 165.

Österreicher (Oesterreicher). Die Protestanten agierten also in anderen Räumen, die eindeutig zu Protestanten gehörten – es fand also eine räumliche und damit auch symbolische Abgrenzung zwischen beiden konfessionell-aufgeladenen Gruppen statt. Weshalb die Protestanten aber sowohl im Haus Rems und Österreichers agierten, wird in Hainhofers Bericht nicht ganz klar, doch scheint es wenig plausibel, darin einen Mangel an Schreibutensilien zu vermuten; möglicherweise wollte man so noch mehr Akteure einbinden und damit verpflichten, doch dies ist letztlich nicht eindeutig zu klären.[112]

Anders als in Würzburg kam es in Augsburg im Zuge der Beratungen um einen möglichen Akkord zu diversen konfrontativen Gruppenbildungen, durch die die Interessen der bayrischen Truppen und großer Teile der protestantischen Einwohner in Szene gesetzt wurden, die sich letztlich im Handeln niederschlugen: Man versuchte nicht, die Reichsstadt zu verteidigen, sondern bemühte sich um einen ›ehrenhaften‹ Auszug der bayrischen Truppen. Dass aber überhaupt Dissens in diesem Ausmaß artikuliert wurde, dürfte nicht zuletzt auch an der gewählten internen Beratungsroutine gelegen haben, durch die (bei der Beratung der altgläubigen Elite) soziale und (bei der Beratung der Protestanten) obrigkeitliche Kontrollmechanismen reduziert wurden.

Die Bürgerschaft einbinden: Nürnberg

In Nürnberg hingegen tat man genau das Gegenteil: Dort war es schon relativ früh zum Kontakt zwischen der protestantischen Reichsstadt und schwedischen Akteuren gekommen, nämlich als die schwedische Armee noch weit entfernt von der Stadt war.[113] Daraufhin ließ der sogenannte Kleine Rat, die faktische Stadtobrigkeit der durch eine extreme Ratsverfassung geprägten und von Patriziern dominierte Stadt, den aus mehreren hundert Mitgliedern auch aus dem Handwerk bestehenden Großen Rat über mögliche Verhandlungen abstimmen. Hierzu wurden sämtliche Angehörigen des Großen Rats geladen, an einem von mehreren Terminen abzustimmen.[114] Dabei hatten die Angehörige des Großen Rates einzeln und öffentlich abzustimmen und dabei ihre

---

112 Vgl. dazu auch: Jachmann, Kunst, S. 44f. Vgl. zu dem Mechanismus der verpflichtenden Einbindung: Stollberg-Rilinger, Kleider, S. 51.
113 Vgl. Donaubauer, Nürnberg, S. 83.
114 Vgl. Willax, Antischwedischer Widerstand, S. 128. Vgl. zu den Verhandlungen ferner: Donaubauer, Nürnberg, S. 94–98; Soden, Gustav Adolph, S. 63ff.

Meinung zu artikulierten.[115] Die Meisten stimmten für ein Bündnis mit dem schwedischen König und begründeten dies mit konfessionellen Erwägungen, vor allem aber mit dem Argument, dass dieser Schritt Schutz vor militärischer Bedrohung biete.[116]

Franz Willax, der sich eingehend mit der Situation in Nürnberg im Dreißigjährigen auseinandergesetzt hat, hat sicherlich nicht Unrecht, wenn er den sozialen Druck hervorhebt, den diese Art der Entscheidungsfindung erzeugte.[117] Gleichzeitig erscheinen jedoch seine Andeutungen schwedenfeindliches Agierens seitens größerer Teile der Nürnberger Bevölkerung gerade im Hinblick auf diesen Entscheidungsprozess nicht besonders plausibel:[118] Erstens entschied Nürnberg sehr früh über ein Bündnis mit der schwedischen Krone, nämlich in einer Situation, in der man diesen Schritt andernorts noch lange hinauszögerte. Zweitens gab es auch laut Willax, bis auf einen Fall, keinerlei offenen oder identifizierbaren subversiven Widerstand gegen das Bündnis bei der Abstimmung, obwohl diese keinesfalls so plötzlich oder unter so bedrohlichen Umständen anberaumt wurde, dass sich kein Widerstand hätte formieren können.[119]

Die Effekte, die mit dieser Art des Beratungs- und Entscheidungsprozesse verbunden waren, dürften vielmehr andere gewesen sein, nämlich solche, die unmittelbar mit Repräsentationspraktiken in der Ständegesellschaft verbunden waren. Das Recht auf politische Partizipation und Entscheidungsbefugnis wurde von frühneuzeitlichen Akteuren für gewöhnlich stets in Szene gesetzt und ausgeübt, um zu demonstrieren, dass die betreffenden Akteure ebendieses Recht besaßen und es hierdurch – auch zukünftig – ausüben zu können.[120] Ganz ähnlich verhielt es sich mit der Befugnis auf Äußerungen bei öffentlichen Beratungen – auch von diesem Recht wurde von den Zeitgenossen in der Regel allein schon deshalb Gebrauch gemacht, um es in Szene zu setzen und es zukünftig nicht zu verwirken. Selbst, wenn man keine noch nicht genannten Argumente hinzufügte, nutzte man das Rederecht und wiederholte gegebenenfalls bereits vorgebrachte Argumente.[121] Für die einzelnen Akteure ging es also

---

115 Vgl. Willax, Antischwedischer Widerstand, S. 126.
116 Vgl. ebd., S. 126f.
117 Vgl. ebd., S. 126.
118 Vgl. ebd., S. 128ff.
119 Vgl. ebd., S. 130.
120 Vgl. Krischer, Politische Repräsentation, S. 144–147.
121 Vgl. Neu, Sitzen, S. 132f.

bei solchen Beratungen stets auch um die Inszenierung und Verstätigung ihrer Kompetenzen und damit ihres Ranges.[122] Für die Stadtgemeinde als Ganzes gesehen ging es bei einer solchen umfangreichen Abstimmung, bei der mehrere hundert Mitglieder des Großen Rats abstimmten, zum einen darum, eine Entscheidung zu treffen, zum anderen jedoch auch ganz offensichtlich um die Einbindung möglichst vieler Akteure und letztlich einen breiten Konsens:[123] Dies ist insofern aufschlussreich, da man in der Reichsstadt Nürnberg ansonsten auf die Einbindung größerer, nicht-patrizischer Gruppen verzichtete. Nürnberg war geradezu berühmt-berüchtigt für die Exklusion von Handwerkern aus städtischen Ämtern sowie eine besonders rigide Ständeordnung, die Patriziat und Großkaufleute in besonderer Weise distinguierte.[124] Vor diesem Hintergrund ist die Beteiligung größerer Bevölkerungsteile besonders beachtenswert und kann als Versuch interpretiert werden, einen möglichst breiten Konsens herzustellen. Hierdurch wurde sowohl die Stadtgemeinschaft durch die Mitwirkung an der Entscheidung in besonderer Weise verpflichtet, als auch insgesamt das Bild einer konsensualen und damit ›guten‹ Entscheidung evoziert.[125]

Dass trotz der beinahe einstimmigen Entscheidung zugunsten eines (asymmetrischen) Bündnisses mit der Krone Schwedens die Rhetorik bei der Abstimmung doch wenig panegyrisch wirkte und es sogar Mahnungen gab, dass »des Kaisers Reputation gewahrt bleibe[n]«[126] solle, mag zunächst paradox wirken. Doch gerade weil die Reichsstadt so früh und ohne größeren Druck auf die schwedische Seite gewechselt war, könnte man diese Rhetorik, bei der größtenteils auf eine (angebliche) Bedrohung als Grund für diese Entscheidung verwiesen wurde, als Versuch nicht weniger Akteure interpretieren, den reichsstädtischen Bezugsrahmen von Kaiser und Reich auch in diesen Krisenzeiten aufrecht zu erhalten.[127] In diesem Sinne wären entsprechende Bemerkungen von Mitgliedern des Großen Rats als Versuche zu interpretieren, den Kleinen

---

122 Vgl. Krischer, Politische Repräsentation, S. 144–147.
123 Vgl. zur Bedeutung des Konsenses: Stollberg-Rilinger, Kleider, S. 51.
124 Vgl. zu den städtischen Ämtern: Rogge, Kommunikation, S. 401–404. Vgl. zur Ständeordnung: Schmidt, Konstituierung, S. 112f.
125 Vgl. zur Verpflichtung durch Einbindung: Stollberg-Rilinger, Kleider, S. 51. Vgl. zur ›konsensualen‹ Entscheidung: Hoffmann[-Rehnitz], Differenzierung, S. 189f.
126 Willax, Antischwedischer Widerstand, S. 127.
127 Vgl. zu dieser Thematik auch: Burkhardt, Reich.

Rat dazu zu bringen, den Kaiser und seine Verbündeten nicht zusätzlich zu provozieren, sondern vielmehr das Bild zu erzeugen, nur durch eine militärische Notsituation auf die andere Seite gewechselt zu sein.[128] Dieses bei der Befragung des Großen Rats immer wieder genutzte Narrativ war zwar weitgehend eine Fiktion, doch durch diese Heuchelei wurde das Bild einer treuen Reichsstadt perpetuiert, wodurch eventuell sogar dem Vorwurf des Verrats entgegengewirkt werden sollte.[129]

Verhandlungen verzögern: Frankfurt am Main

Während Nürnberg relativ früh ein Bündnis mit der schwedischen Krone anstrebte und diese interne Entscheidung in dezidiert konsensualer Form herbeiführte, sah die Situation in der lutherischen Reichsstadt Frankfurt am Main völlig anders aus. Zwar kam es auch zwischen dieser Reichsstadt und den anrückenden schwedischen Heeren ebenfalls sehr früh zu Kontakt, indem die Schweden Boten zu ihren Glaubensgenossen schickten.[130] Doch beriet in Frankfurt allein der Rat über mögliche Verhandlungen mit der schwedischen Seite, vermied jegliche Vorfestlegung in den Antwortschreiben und gestaltete auch die Instruktionen der Gesandtschaft entsprechend, wobei die Fertigstellung dieser Schriftstücke mehrere Tage in Anspruch nahm.[131] Dabei versuchte der Rat offenbar, keine verbindliche Entscheidung treffen zu müssen, d.h. die Schriftstücke so zu verfassen, dass man sich nicht positionierte. Auch die lange Dauer der internen Beratung diente wahrscheinlich diesem Zweck, denn andere Städte benötigten für eine interne Beratung – sieht man von Nürnberg ab, dessen Beratung, schon allein von den beteiligten Akteuren her betrachtet, ganz andere Ausmaße annahm – in der Regel nur einen Tag.[132]

Nachdem man denn schon eine Zeit lang mit der schwedischen Seite verhandelt hatte, ließ der Rat dann sogar noch von drei Syndici der Stadt jeweils

---

128 Vgl. zur Bedeutung der ›Notwendigkeit‹: Petris, Vernunft, S. 226–232
129 Vgl. theoretisch zur Heuchelei: Neu/ Pohlig, Einführung. Vgl. zur Bedeutung solcher Rhetorik auch: Neu, Ritter, S. 126–129; Neu, Verrat, S. 115–119.
130 Vgl. Gotthold, Schweden, Bd. 1, S. 5; Rieck, Frankfurt am Main unter schwedischer Besatzung, S. 30; Traut, Gustav II. Adolf , S. 14.
131 Vgl. Gotthold, Schweden, Bd. 1, S. 5–9; Rieck, Krisenjahre, S. 126ff.
132 Vgl. zu Augsburg: Roeck, Stadt, Bd. 2, S. 684f. Vgl. zu Würzburg: Sicken, Dreißigjähriger Krieg, S. 107f.

ein Gutachten zu der Frage verfassen, wie man sich dem schwedischen König gegenüber positionieren solle.[133] Dies kann man durchaus als Versuch des Rats interpretieren, die Zumutung der Entscheidung – zumindest ein Stück weit – zu externalisieren und damit auch Verantwortung zu delegieren.[134]

Die doch recht gut erforschten internen Beratungen der Reichsstadt Frankfurt am Main liefen also stets darauf hinaus, keine Entscheidung zu treffen und sich zu beiden Seiten hin nicht zu kompromittieren.[135] Diese Verhaltensweise mit der Furcht vor Vergeltungsmaßnahmen in Form von militärischen Aktionen oder des Verlusts von Privilegien zu erklären, ist angesichts der zu dem Zeitpunkt der Verhandlungen immer noch nahen kaiserlich-ligistischen Truppen und der spezifischen Erfahrung Frankfurts mit einer kaiserlicher Exekution im Zuge des sogenannten Fettmilch-Aufstands (1612–1614) durchaus berechtigt.[136] Gleichzeitig verdeutlicht jedoch das Beispiel Nürnbergs, das ebenfalls mit nahen kaiserlich-ligistischen Truppen konfrontiert war, dass ähnliche Situationen zu völlig anderen Strategien führen konnten.

Beraten über Distanz: München

Die internen Beratungen in München hingegen liefen wiederum völlig anders ab als die übrigen. Hier spielten die Akteure vor Ort wohl nur eine untergeordnete Rolle, denn über Briefe und Instruktionen nahm der bayrische Herzog Maximilian wohl maßgeblichen Einfluss auf das Geschehen.[137] Seine Einflussnahme ging so weit, dass auf seine Veranlassung hin der Gesandte der französischen Krone in München, St. Etienne, und Johann Küttner (manchmal auch Kütner oder Kittner geschrieben), ein Rat in Maximilians Diensten, an den Akkordverhandlungen teilnahmen.[138] Über Instruktionen, Briefe und Mittelsmänner wurde in München also letztlich die interne Entscheidung

---

133 Vgl. Rieck, Krisenjahre, S. 130–133.
134 Vgl. zur Entscheidung als Zumutung: Krischer, Problem, S. 35f. Vgl. theoretisch zur Externalisierung: Hoffmann-Rehnitz/ Krischer/ Pohlig, Entscheiden, S. 238f.
135 Vgl. zum Forschungsstand: Rieck, Frankfurt am Main unter schwedischer Besatzung, S. 29–52; Gotthold, Schweden, Bd. 1; Traut, Gustav Adolf, S. 14–21.
136 Vgl. Rieck, Krisenjahre, S. 128ff. Vgl. speziell zum Fettmilchaufstand etwa: Schnettger, Konfliktlösung.
137 Vgl. Albrecht, Maximilian, S. 829. Vgl. ebenfalls (mit abgedruckten Quellenbelegen): Destouches, München, S. 7f; Sutner, München, S. 22.
138 Vgl. Heimers, Krieg, S. 28f; Rystad, Schweden, S. 424; Stahleder, Chronik, S. 451; Albrecht, Maximilian, S. 828f.

über Akkordverhandlungen mit der schwedischen Seite von dem abwesenden Herzog und Stadtherrn getroffen. Eine solche Praxis bedeutet aber nicht nur, dass die Entscheidung nicht vor Ort getroffen wurde, sondern der Einsatz von Distanzmedien bedingte in der Frühen Neuzeit vor allem auch, dass die Entscheidung quasi im Voraus getroffen werden musste: Die entsprechenden Informationen und Instruktionen mussten schließlich vor Ort sein, wenn es galt, zu Handeln.[139] Maximilian hatte also schon Anweisungen über eine mögliche Übergabe seiner Residenzstadt verfasst, als die schwedische Armee noch relativ weit entfernt war – die Entscheidung, so könnte man sagen, war also schon im Voraus getroffen worden. Gleichzeitig würde solch eine Formulierung aber das Agieren der Akteure vor Ort ausblenden, die letztendlich auch handelten, indem sie die herzoglichen Instruktionen befolgten: Auf diese Weise präsentierten sich die Angehörigen des Münchner Rats und die bayrischen Räte vor Ort als loyale Diener ihres Herzogs und delegierten gleichzeitig die Verantwortung für die Entscheidung an ihn.[140]

Interessant in diesem Zusammenhang ist auch ein Eintrag im Selbstzeugnis Hellgemayrs, in dem es heißt, München sei von einem schwedischen Trompeter zur Übergabe aufgefordert worden, denn genau einen Tag später begannen laut derselben Quelle die Verhandlungen St. Etiennes' und Küttners in Freising.[141] Es wäre also durchaus möglich, dass die Aufforderung durch die schwedische Seite das Agieren vor Ort auslöste, was in dieser Konstellation ja keineswegs selbstverständlich ist.

Versucht man die Praktiken des Beratens zusammenzufassen, so fällt auf, dass es viele, stark divergierende Modi gab: In Würzburg und in Frankfurt am Main beriet man offenbar in einem kleinen Kreis der Elite vor Ort, doch während die bischöflichen Amtsträger zusammen mit dem Kommandanten in Würzburg innerhalb eines Tages zu einer Entscheidung gelangten, dauerte die Beratung der lutherischen Räte der Reichsstadt mehrere Tage. In München wiederum war es vor allem der bayrische Herzog und Stadtherr, der über Instruk-

---

139 Vgl. etwa: Auer, Instruktion; Burschel, Sultan, S. 413.
140 Vgl. zur Bedeutung der Treue: Stollberg-Rilinger, Kaiserin, S. 682f. Gewissermaßen ex negativo: Krischer, Judas, S. 22f. Vgl. zur Delegation von Verantwortung: Hoffmann-Rehnitz/ Krischer/ Pohlig, Entscheiden, S. 238.
141 Vgl. Leuchtmann, Aufzeichnungen, S. 207. In der einschlägigen Literatur wird diese Aufforderung nicht erwähnt. Vgl. zum Aufbruch der Unterhändler auch: O.A., Gewiser Bericht vnd Vrkhundt deß entstandenen Vbels vnd Vnruhe in Minchen im Jar 1632, S. 311; Franz Sigl's, Franziskaners in München, Geschichte der Münchner Geiseln, S. 2.

tionen, Briefe und Boten stark auf die Entscheidung bezüglich einer Übergabe Einfluss nahm, was die Akteure vor Ort ein sehr großes Stück weit von der Entscheidung entband – dies schränkte zweifellos ihre Kompetenz stark ein, befreite sie aber auch von der Verantwortung. In Nürnberg hingegen delegierte der stark patrizisch geprägte Kleine Rat die Entscheidung an den Großen Rat, wodurch eine eindeutig konsensuale Entscheidung getroffen werden konnte. In Augsburg wiederum versuchten die katholischen Stadtpfleger in mehreren Schritten möglichst viele Meinungen einzuholen; sowohl der Kommandant der bayrischen Truppen als auch die befragten Protestanten zeigten dabei eindeutig ihren Unwillen, die Stadt zu verteidigen – an eine Verteidigung war so nicht zu denken.

An einigen Stellen werden auch die Argumente genannt, die für eine Aufnahme von Verhandlungen über eine Übergabe sprechen: Zahlenmäßig schwache, unerfahrene oder kampfunwillige Truppen, schlechte Befestigungsanlagen, geringe Mengen an Munition und Proviant und die große Wahrscheinlichkeit eines Massakers.

3. 3. Praktiken der Belagerung

Die Ankunft des Boten der schwedischen Armee war in der Regel das erste Zusammentreffen der schwedischen Truppen mit den Bewohnern und Soldaten, die sich in der jeweiligen Stadt befanden. In den Fällen von Würzburg, Mainz und Augsburg befanden sich jedoch auch die schwedischen Truppen unmittelbar vor den Städten und begannen mit diversen Belagerungshandlungen, wie auch in Frankfurt an der Oder, wo die schwedische Seite – wie bereits erwähnt – zuvor jedoch keinen Boten zur Stadt schickte.[142] Genau diese Praktiken, die die schwedischen Truppen bei diesen und anderen Belagerungen der Jahre 1630 bis 1632 anwandten, werden nun in den Blick genommen, nicht

---

142 Vgl. zu Würzburg: Sicken, Dreißigjähriger Krieg, S. 107f; Deinert, Epoche, S. 54f; Bergerhausen, Würzburg, S. 6f. Vgl. zu Mainz: Brück, Mainz, S. 48; Dobras, Stadt, S. 259; Frohnhäuser, Gustav Adolf, S. 98f; Schaab, Geschichte der Bundesfestung Mainz, S. 160f. Die Zeitangabe bei Gustav Droysen ist nicht korrekt (vgl. Droysen, Gustav Adolf, S. 461). Vgl. zu Augsburg: Roeck, Stadt, Bd. 2, S. 683ff; Roeck, Welt, S. 244f; Weber, Augsburg, S. 269. Vgl. zu Frankfurt an der Oder: Griesa, Glaubens- und Religionskonflikte, S. 93.

zuletzt auch, um ihre Effekte zu eruieren und aufzuzeigen, wie Belagerungen im Dreißigjährigen Krieg überhaupt durchgeführt wurden.[143]

Eine kriegerisches Spektakel: Aufmarschieren

Die erste Handlung war die Ankunft der schwedischen Armee vor der gegnerischen Stadt, die für gewöhnlich in Schlachtordnung erfolgte, um auf einen Ausfall der feindlichen Truppen vorbereitet zu sein.[144] Zudem erhofften sich die Zeitgenossen mitunter wohl sogar einen psychologischen Effekt von einem solchen Aufmarsch, denn in einem Militärtraktat aus dem 17. Jahrhundert riet man: *Man soll in voller Battaille[-] oder Schlachtordnung / doch weit vnd vornen breit marschieren / damit es dem Feind ein schräcken gebäre / vnd er die Armee für stärcker alß sie ist / ansehe*[145]. Der Aufmarsch in Schlachtordnung besaß also potenziell auch eine symbolische Dimension, insofern die Größe der eigenen Truppen durch die Marschordnung betont werden konnte, was Furcht erzeugen konnte beziehungsweise sollte.

Wie solch ein Aufmarsch in Schlachtordnung aussehen konnte, beschrieb der Obrist Robert Monro äußerst ausführlich, indem er zum Aufmarsch der Truppen unter dem Kommando des schwedischen Königs vor Frankfurt an der Oder schrieb:

Für die Aufstellung dazu übte S.M. [seine Majestät, Gustav Adolf] selbst die Funktion eines Generalmajors aus, was ihm wohl anstand, und nachdem er Sir John Hepburn um Hilfe und Unterstützung gebeten hatte, begann der König, die Armee, Infanterie, Kavallerie und Artillerie, in Schlachtordnung aufzustellen. Die abkommandierten Musketiere rückten als verlorener Haufen vor die Armee, wie der König auch Pelotons von 50 Musketieren aufgestellt hatte, die zwischen den Schwadronen der Reiterei marschieren mußten. Als alles in einer Schlachtlinie stand, wurde das Zeichen zum Vorrücken gegeben. Die Feldzeichen wurden entrollt, und unter Trompetengeschmetter und Trommelwirbel rückten wir nun mit flatternden Fahnen vor. Jeder Befehlshaber war für sein Kommando ernannt und auf seinen Posten eingewiesen worden. Der herrliche königliche Herrscher führte sie an. So mar-

---

143 Vgl. zu Belagerungen in der Frühen Neuzeit: Haas, Belagerungskrieg; Petersen, Belagerte Stadt; Hohrath, Bürger; Duffy, Siege Warfare. Eine konzise Einführung bietet: Füssel, Kriegstheater, S. 16ff. Speziell zu Belagerungen im Dreißigjährigen Krieg vgl.: Rebitsch, Typologie der Kriegsführung, S. 35–39.
144 Vgl. zum Aufmarsch in Schlachtordnung etwa: Mahr, Robert Monro, S. 99 und 108.
145 Lavater, Kriegsbüchlein, S. 122.

schierte die Royalarmee in Schlachtordnung etwa eine halbe Meile, so tadellos, wie
es eine geschlossene Formation nur tun konnte, im gleichen Schritt und Tritt, und
alle führten die gleiche Bewegung aus, und sie rückten vor, hielten an, schwenkten
und standen wieder, bis sie schließlich nahe an die Stadt herangekommen waren[146].

Drei Elemente fallen bei dieser Beschreibung auf: Erstens hob Monro die
Akustik und Visualität des Aufmarsches hervor, was ihm geradezu den Charakter eines Spektakels verlieh, denn es wurden Trompeten und Trommeln eingesetzt sowie Feldzeichen entrollt. Zweitens betonte der Obrist dezidiert, wie
wohlgeordnet die Truppen marschierten, wodurch die Armee als diszipliniert
und nach zeitgenössischen Maßstäben ›gut‹ – eben weil wohlgeordnet – charakterisiert wurde sowie auch dem Marsch selbst implizit auch noch eine ästhetische Dimension zugesprochen wurde.[147] Drittens verwies der Schotte im
Dienst der schwedischen Krone auch sehr deutlich auf die Funktion des Königs
als Feldherr bei dieser Aktion, was in Zeiten der »heroischen Monarchie«[148] allein schon eine Ehrzuschreibung war, die jedoch noch durch die Betonung des
perfekten Marsches gesteigert wurde.

Diese Beschreibung des Marsches der schwedischen Truppen nach Frankfurt an der Oder hat zwar geradezu den Charakter einer panegyrischen Ma-
növerkritik, doch kann man auch – oder gerade – daraus einige Rückschlüsse
ziehen: Auch Truppenbewegungen im Krieg wurden von den Zeitgenossen
nach ästhetischen Kriterien bewertet; diese Ästhetik wurde jedoch nicht als
›bloßer‹ schöner Schein betrachtet, sondern vielmehr als Signum dafür, dass
eine Truppe wohlgeordnet und diszipliniert war und ihre Soldaten fähig waren, ihre ›Rollen‹ im ›Kriegstheater‹ ›gut‹ zu spielen.[149] Die Ästhetik war also
ein Zeichen für militärische Qualität. Auf diese Weise vor eine gegnerische
Stadt zu ziehen, demonstrierte den Verteidigern also die Schlagkraft der eigenen Armee.

Vor Würzburg rückte die schwedische Schlachtordnung sogar so nah vor
die Stadt, dass sie laut dem bischöflichen Rat Ganzhorn von dem Marienberg
aus beschossen wurde:

---

146 Mahr, Robert Monro, S. 108. Vgl. auch: ebd., S. 99.
147 Vgl. zur Bedeutung der Ordnung der Armee: Huntebrinker, Sozialverband, S. 187–191.
    Vgl. zur ästhetischen Qualität: Rudolph, Heer; Füssel, Theatrum Belli, S. 220–225.
148 Wrede, Inszenierung, Zitat im Titel.
149 Vgl. Huntebrinker, Sozialverband, S. 187–191. Vgl. speziell zur Theatermetapher: Mei-
    er, Spiel, S. 306–309.

hat sich die Schwedische Armèe zu Ross undt fues oben uff dem Greinberg in grosser anzahl undt menge Præsentiert, auch ungeachtet, das von Hoff [dem Marienberg] aus, auff Sie, aus den Batterien beschehens stehtiges fewergebens[150].
Auch Ganzhorn beschrieb das Handeln der schwedischen Truppen aus der Perspektive des Belagerten als ein Präsentieren, d.h. als ein auf Sichtbarkeit hin ausgelegtes Agieren; zudem wird hier auch deutlich, wie nah die Truppen an die Stadt vorrückten, nämlich so nah, dass sie beschossen wurden.

Dies scheint aber keineswegs eine Besonderheit gewesen zu sein, denn zur – gescheiterten – Belagerung des sehr stark befestigten Ingolstadts schrieb Monro:

Entsprechend seiner Gewohnheit kommandierte er [Gustav Adolf] unsere Brigade ab, die ganze Nacht unter dem Feuer von Kanonen und Musketen auf einer kahlen Fläche unter Waffen zu stehen, mit dem Befehl, im Falle eines Ausfalls des Feindes ihn solange aufzuhalten, bis unsere Armee in Kampfbereitschaft wäre, um uns zu Hilfe zu kommen. [...]. Unsere Leute wurden reihenweise von den Schüssen der Kanonen weggerissen[151].

Es war also scheinbar durchaus üblich, bestimmte Einheiten der Armee in der Nähe eines Stadttores im Schussfeld der gegnerischen Truppen zu postieren, um die übrigen eigenen Leute vor Ausfällen zu schützen. Um 1700 wurde diese offenbar mitunter ziemlich verlustreiche Praktik nicht mehr angewandt, doch noch kurz vor 1600 wurde in einem Militärtraktat dezidiert dazu geraten.[152] Indizien dafür, wie dieses Handlungsmuster konkret durchgeführt und wahrgenommen wurde, bieten Monros weitere Ausführungen zu Ingolstadt:

Kein Mann, und wäre er noch so tapfer, konnte dafür getadelt werden, daß er sich hier bückte, wenn er in der Nacht die Kanonen in einer Reihe vor sich aufblitzen sah, und derjenige, der sich nicht ganz klein machte, um nicht von einer Kugel getroffen zu werden, wurde nicht bedauert, wenn er ums Leben kam, nur weil er aufrecht stehengeblieben war, [um] seine Tapferkeit zu zeigen[153].

Die meisten Soldaten scheinen sich also gebückt oder auf den Boden gelegt zu haben, um dem Beschuss zu entgehen; einige jedoch sind laut Monro stehengeblieben, um ihre *Tapferkeit zu zeigen*. Dieses Verhalten rügte Monro jedoch dezidiert und meinte, auch die anderen Soldaten hätten es nicht gut-

---

150 Leo, Würzburg, S. 278.
151 Mahr, Robert Monro, S. 171.
152 Vgl. zur Praxis um 1700: Haas, Belagerungskrieg, S. 299. Vgl. zur Theorie kurz vor 1600: Du Bellay, Kriegs Regiment, S. 582.
153 Mahr, Robert Monro, S. 172.

geheißen: Es überschritt – zumindest in der Wahrnehmung des schottischen Obristen – die Grenze dessen, was als mutig galt; die Stehengebliebenen waren also allzu tollkühn. Ex post wurde in Monros Militärtraktat also über eine spezielle Form einer Handlungsroutine verhandelt, die hier scheinbar angewandt wurde, um Tapferkeit zu demonstrieren, aber vom Verfasser abgelehnt wurde, wobei er dies als allgemeine Meinung deklarierte.

Dass aber selbst das Hocken oder Liegen in Schlachtordnung eine überaus riskante Praxis war, betonte der Schotte in schwedischen Diensten ausdrücklich: *Wer sagt, in dieser Nacht an diesem Platz [vor Ingolstadt] keine Angst vor Kanonenkugeln gehabt zu haben, aus dem hätte man für die nächste Nacht Schießpulver machen sollen, und selbst wenn mir einer einen Eid schwört, daß er sich vor den Schüssen nicht gefürchtet habe, würde ich ihm nie mehr etwas glauben, auch wenn er die Wahrheit spräche*[154].

Für Monro war das Agieren in Schlachtordnung vor Ingolstadt also ein so gefährliches Unterfangen, dass er Furcht bei den beteiligten Akteuren dezidiert voraussetzte. Dies sagt einiges über die Wahrnehmung, Diskursivierung und Normierung von Emotionen bei frühneuzeitlichen Soldaten aus, denn auch diese Passage richtete sich gegen eine Inszenierung von Mut und Furchtlosigkeit, die Monro offenbar als hyperbolisch ablehnte und in seinem Traktat verdammte.[155] Ex nagativo kann man also durchaus darauf schließen, dass das Stehen in Schlachtordnung ex post zum Anlass für die verbale Inszenierung von Mut und Furchtlosigkeit genutzt wurde, eben weil es als extrem gefährlich galt. Ganz sicher jedoch kann man durch Monros Passage auf eine zeitgenössische Wahrnehmung dieses Agierens als potenziell risikoreich schließen sowie auf eine ganz spezifische Wahrnehmung der Aktion vor Ingolstadt als besonders gefährlich: Das extrem gut befestigte Ingolstadt wurde also von den Zeitgenossen als besonders wahrgenommen und damit die Durchführung eines oft angewandten Handlungsmusters eben auch als exzeptionell.[156]

Der Zweck einer solchen Aufstellung und ihr Ineinanderwirken mit anderen Belagerungsroutinen kann man sehr gut an Monros Beschreibung zur Belagerung von Mainz feststellen:

---

154 Ebd., S. 171.
155 Vgl. zum Stellenwert der ›Tapferkeit‹: Landolt, Eidgenossen; Frevert, Vergängliche Gefühle, S. 42.
156 Vgl. zum Gefecht vor Ingolstadt: Soden, Gustav Adolph, S. 241f; Kaiser, Maximilian, S. 78f. Vgl. ausführlich zur Festung Ingolstadt: Schönauer, Ingolstadt, S. 187–228.

Während er [der schwedische König] auf der der Pfalz zugewandten Seite um die Stadt [Mainz] ritt und sich die Wälle und Befestigungsanlagen ansah, stand die Armee in Schlachtordnung. [...]. Die Brigaden des Fußvolks wurden auf ihre jeweiligen Postenabschnitte geschickt, wobei Hepburns Brigade entsprechend der Gewohnheit an die gefährlichste Stelle nahe beim Feind kam. Als die Nacht hereinbrach, begannen wir, unsere Annäherungsgräben auszuheben und unsere Batteriestellungen vorzubereiten. Dabei zogen wir unsere Kampfabteilungen zur Arbeit heran, aus denen nach Kriegsbrauch Leute abkommandiert wurden, Schanzkörbe für die Geschützstellungen zu flechten, während andere das Material dafür heranbrachten. Andere arbeiteten, beschützten die Schanzarbeiter oder hielten Wache bei der Artillerie und den Fahnen, die vor den Brigaden aufgepflanzt waren[157].

Truppen in Schlachtordnung vor einer gegnerischen Stadt in Stellung zu bringen diente also dazu, zahlreiche andere Handlungen zu schützen und sie damit erst zu ermöglichen; dieser auf solche Weise risiko- und mitunter verlustreich hergestellte Schutz scheint für die Belagerungen der schwedischen Armee in dieser Phase des Dreißigjährigen Kriegs geradezu konstitutiv gewesen zu sein.

Eine königliche Aufgabe: Die Befestigungsanlagen wahrnehmen

Von großer Bedeutung war auch die (genaue) Wahrnehmung der feindlichen Befestigungen und davon abhängig die Planung der eigenen Erdarbeiten für die Belagerungen. Monro betonte immer wieder die entscheidende Rolle Gustav Adolfs dabei und auch in Merians umfangreichem Geschichtswerk wurde die Rolle des Königs hierbei durchaus akzentuiert:[158]

Deß andern Tags umb 10. Vhren gegen Mittag / hat sich der König mit etlich tausend Mann / etwan ein Büchsenschuß weit von der Statt [Frankfurt an der Oder] sehen lassen / die Newgemachte Schantzen vnd Aussenwerck / ingleichem wo das Läger am füglichsten zuschlagen / recognosciret[159].

Implizit wurde hierbei zweifellos die Tapferkeit des Königs betont, indem darauf verwiesen wurde, dass Gustav Adolf nicht nur als Feldherr seine Truppen anführe, sondern sich dabei selbst nur *etwan ein Büchsenschuß weit* vom Gegner aufgehalten habe, d.h. sein eigenes Leben riskierte. Solche Verweise glorifizierten die Rolle des Königs als Feldherrn, indem diese lebensgefährlichen

---

157 Mahr, Robert Monro, S. 158. Vgl. auch Mahr, Robert Monro, S. 102.
158 Vgl. Mahr, Robert Monro, S. 101, 151 und 158.
159 Abelinus/ Merian, Theatri Europaei, S. 349.

Handlungen zu effektvollen Argumenten wurden, mit denen letztlich Ruhm und Ehre postuliert wurde.[160] Doch so ehrgenerierend die Rolle als Feldherr auch war, so war sie doch – gerade, wenn sie so tatkräftig und offensiv ausgeführt wurde – stets auch ein potentiell letales Risiko und damit auch ein Risiko für das Königtum der eigenen Dynastie.[161]

Dass aber Gustav Adolf gerade die Beobachtung selbst vornahm, ist durchaus aussagekräftig, und zwar was diese Praktik als auch was die Rolle des Königs als Feldherrn betrifft – in einem zeitgenössischen Militärtraktat heißt es nämlich zur Beobachtung der gegnerischen Stellungen:

[Es] gebürt i[h]m [dem Kommandeur] auch / daß er Obersten Rittmeister vnd Feldmarschalken / sampt andern erfahrnen Leute hinschicke: oder wann er disen nicht trawen dörfft / selber Persönlich mit hinziehe / dz er der Statt gelegenheit vnnd bevestung auff allen seitten erkundige / vnnd ein ort für das Leger erlese[162].

Im zeitgenössischen Imaginarium kam also der Beobachtung der gegnerischen Stellungen eine herausragende Bedeutung zu:[163] Eine so große, dass sie nur von erfahrenen und vertrauenswürdigen Leuten beziehungsweise dem obersten Kommandeur selbst vorgenommen werden sollte. Dieses Agieren galt also als enorm wichtig und indem Gustav Adolf es durchführte, inszenierte er seine Rolle als Feldherr und postulierte er militärische Kompetenz. Hierzu gehörte auch, dass es laut Monro in der Regel der König war, der die Orte für Lager, Batterien und Laufgräben auswählte.[164]

Krieg führen mit dem Spaten: Erdarbeiten

Nachdem die feindlichen Stellungen in Augenschein genommen und danach die entsprechenden Befehle gegeben worden waren, begannen die Erdarbeiten: Unter der Deckung der Infanterie in Schlachtordnung wurde das eigene Lager befestig, Stellungen für die Batterien ausgehoben und die Laufgräben vorangetrieben.[165] Diese Praxis erforderte Arbeit, Material und daher Planung; Monro bemerkte zur Belagerung Demmins:

---

160 Vgl. Wrede, Einleitung, S. 23ff. Vgl. zur Dauer dieses Deutungsrahmens auch: Prietzel, Tod, S. 70ff.
161 Vgl. Wrede, Einleitung, S. 23ff; Querengässer, Risiko oder Handlungsvorteil, S. 332ff.
162 Du Bellay, Kriegs Regiment, S. 568.
163 Vgl. Füssel, »Roi connétable«, S. 206.
164 Vgl. Mahr, Robert Monro, S. 101, 151 und 158.
165 Vgl. Mahr, Robert Monro, S. 102, 108f, 114f, 158.

Am nächsten Morgen erhielt jedes Regiment zu Fuß den Befehl, gemäß der Gepflogenheit eine entsprechende Anzahl von Schanzkörben für die Kanonen anzufertigen. Sie sollten am nächsten Tag mit Wagen nach Demmin gebracht werden, das wir belagern wollten. Diese Vorbereitungen wurden schon im Voraus für die Batterien getroffen, da Holz rar und weit weg von dort zu finden war[166].

Gerade die Erdarbeiten waren also mit Planung durch die schwedische Armee verbunden, die auch schon vor der Ankunft vor der jeweiligen Stadt begann und die erforderlich war, weil das benötigte Material – in diesem Fall Holz – mitunter knapp und schwer zu beschaffen war; regionale Unterschiede hatten also durchaus Auswirkungen auf die jeweiligen Belagerungen und wurden offenbar nach Möglichkeit einkalkuliert.[167] In einem Militärtraktat, entstanden in der Mitte des 17. Jahrhunderts, wurde sogar dazu geraten, durch Beobachtung der Vegetation auf die Beschaffenheit des Bodens zu schließen, ehe man mit den Arbeiten an den Laufgräben beginne:[168] Auch der Boden hatte also in der zeitgenössischen Wahrnehmung Auswirkungen auf die Arbeiten, die es einzukalkulieren galt.[169]

Durchgeführt wurden die Erdarbeiten normalerweise nachts, damit die eigenen Truppen möglichst vor dem Beschuss der Gegner aus der Stadt geschützt waren.[170] Dies bedeutete zwar nicht, dass generell bei Nacht nicht aus der Stadt heraus geschossen wurde – der nächtliche Beschuss der schwedischen Truppen vor Ingolstadt zeigt dies eindrücklich – sondern, dass der Beschuss weniger gezielt und heftig geschah als bei Tageslicht. In manchen Fällen konnte jedoch der Beschuss des Nachts sogar ganz eingestellt werden, wie es Monro von der Belagerung Neu-Brandenburgs berichtet: *In der Nacht kehrte überall Ruhe ein, bis der Tag wieder anbrach*[171]. Weil die Praktik des Schießens in relativ hohem Maß vom Tageslicht abhängig war, teilte dies die Zeit der Belagerung – zumindest phasenweise – in Tages- und Nachtzeit mit jeweils eigenen Handlungsmustern:[172] Tagsüber wurde verstärkt geschossen, während man

---

166 Ebd., S. 101.
167 Vgl. zur Knappheit von Holz auch: Bothe, Natur, S. 325ff.
168 Vgl. Lavater, Kriegsbüchlein, S. 125.
169 Vgl. dazu auch: Bothe, Natur, S. 128; Petersen, Militärische Mimesis, S. 137.
170 Vgl. Mahr, Robert Monro, S. 102, 114f, 158. Hierzu wurde auch in einem zeitgenössischen Militärtraktat geraten (vgl. Du Bellay, Kriegs Regiment, S. 581f).
171 Mahr, Robert Monro, S. 100. Wiederholt schrieb Monro auch, dass der Beschuss morgens begann (vgl. ebd., S. 102, 158).
172 Vgl. Petersen, Dunkelheit. Vgl. allgemeiner zur Zeit der Belagerung: Fischer-Kattner, Temporale Perspektiven.

nachts, um dem Beschuss zu entgehen, stärker die Erdarbeiten vorantrieb.[173]

Zweifellos waren die Erdarbeiten eine wichtige und zentrale Routine der Belagerungen um das Jahr 1630 herum, auch in der zeitgenössischen Wahrnehmung.[174] Was für eine enorme Bedeutung ihr insgesamt zugeschrieben wurde, kann man am besten an einem Flugblatt aus dem Jahr 1632 aufzeigen, das den Kampf des schwedischen Königs und des sächsischen Herzogs auf symbolischer Ebene zu einer medizinischen Maßnahme erklärte (siehe Abbildung 5):[175] Hier wurde der Krieg (der katholischen Seite) als Krankheit beschrieben, die es zu bekämpfen galt; die Nutzung der Krankheitsmetapher ist dabei durchaus zeittypisch.[176] Viel interessanter ist die Visualisierung: Die bildliche Metapher für die Kriegsaktivitäten der Gegner ist weniger die Pikenierformation, vor der katholische Geistliche stehen, auf der rechten Seite des Bildes, sondern der im Zentrum des Bildes zu sehende Annäherungsgraben mit Arbeitern, der sich einer Stadt nährt, über der bereits Rauchsäulen aufsteigen. Und auch im Text des Flugblatts wurde die ›Krankheit‹ Krieg immer wieder mit Erdarbeiten assoziiert: Die Erdarbeiten bei Belagerungen stehen in diesem Flugblatt pars pro toto für die Kriegsaktivitäten von Kaiser und Liga, d.h. diese Praxis gilt in dieser Zeit als so zentral, dass sie zur Metapher für Krieg überhaupt werden konnte.[177]

Nichtsdestotrotz erreichten die Arbeiten, die die schwedische Armee in den frühen 1630er durchführten, mitnichten das Ausmaß, das die Erdarbeiten in den Kämpfen um 1600 in den Niederlanden besaßen: Städte wurden dort mitunter mit einer doppelten – d.h. zur Stadt und zum Umland hin ausgerichteten – Erdbefestigung umschlossen, und auch die Batterien und Laufgräben wurden nicht selten stark befestigt, was zu wochen- oder auch monatelangen Arbeiten führte.[178] Eine völlige Umschließung, doppelt oder auch nur einfach, kam bei den schwedischen Belagerungen scheinbar nie vor und auch die Erdarbeiten, die durchgeführt wurden, waren offenbar deutlich einfacher gehalten. Schon

173 Vgl. Petersen, Dunkelheit, S. 160–164; Haas, Belagerungskrieg, S. 303. Im 18. Jahrhundert wurde mitunter auch nachts kontinuierlich geschossen (vgl. Petersen, Dunkelheit, S. 163f).

174 Vgl. dazu auch: Felberbauer, Waffentechnik und Waffenentwicklung, S. 98.

175 Vgl. O. A., Der Kön. May. zu Schweden / vnd Churf. Durchl. zu Sachsen / etc. wolbestalte Apotheck / wider den fressenden Wurm.

176 Vgl. Sawilla, Entscheiden, S. 355–366.

177 Vgl. zur zeitgenössischen Wahrnehmung auch: Pollak, Cities, S. 116; Völkel, Historiker, S. 92f.

178 Vgl. Duffy, Siege Warfare, S. 93–100; Fischer-Kattner, Violent Encounters, S. 35.

Abbildung 5: Metaphorische Kriegsdarstellung, anonymes Flugblatt, 1632

innerhalb einer Nacht hatten die schwedischen Truppen vor Frankfurt an der Oder ihr Lager verschanzt:[179]

Die folgende Nacht haben sich die Schwedischen in den abgebrandten Vorstätten [Frankfurts] starck verschantzt / vnd wiewol die Keyserliche ohn unterlaß hefftig hinauß geschossen / in Meynung sie damit zurück zuhalten / haben sie doch nicht viel damit außrichten können / vnd haben jene die Nacht vber mit solchem Ernst vnnd Fleiß ihre Arbeit fortgetrieben / daß sie deß Morgens sich dermassen verschantzt gehabt / daß ihnen mit dem Schiessen auß der Statt kein Abbruch könne mehr gethan werden[180].

Frankfurt an der Oder war keineswegs ein Sonderfall, sondern es war sogar verhältnismäßig gut besetzt und vorbereitet, und auch die Befestigung des Lagers vor Mainz dauerte ähnlich lange.[181]

Diese Unterschiede zwischen den Belagerungen der spanischen und niederländisch-republikanischen Truppen in den Niederlanden einerseits und denen der schwedischen Armee im Reich andererseits erscheinen erklärungsbedürftig, aber möglicherweise auch aufschlussreich. Wichtig scheint vor allem, die Besonderheiten in den Anfang des 17. Jahrhunderts bereits schon seit Jahrzehnten umkämpften Niederlanden zu betonen: Die Städte und Festungen in den Niederlanden waren – aufgrund der schon lange als Belagerungskrieg geführten Auseinandersetzung zwischen Spanien und der Republik der Niederlande – für gewöhnlich äußerst stark und innovativ befestigt sowie gut bewaffnet und besetzt, wodurch Belagerungen aufwändig und kräfteintensiv wurden.[182] Die geographischen Besonderheiten, wie die Nähe der befestigten Plätze zueinander sowie ihre Zugänglichkeit über Wasserwege, erleichterten zwar die Logistik für umfangreiche Belagerungsaktionen, machten die einzelnen Festungen aber auch zu bedeutsamen Plätzen, mit denen man Umland und Wege beherrschen konnte.[183] All diese Faktoren führten zu einer Intensivierung des Belagerungs-

179 Die Ausführungen Münklers, nach denen es bereits am Tag der Ankunft der schwedischen Truppen zum finalen Sturmangriff gekommen sei, sind nicht korrekt (vgl. Münkler Dreißigjähriger Krieg, S. 460).
180 Abelinus/ Merian, Theatri Europaei, S. 349.
181 Vgl. zu Frankfurt: Griesa, Glaubens- und Religionskonflikte, S. 93. Vgl. zu Mainz: Brück, Mainz, S. 48; Frohnhäuser, Gustav Adolf, S. 99.
182 Vgl. Duffy, Siege Warfare, S. 58–105. Exemplarisch am Beispiel von Ostende ausgeführt wurde dies von Anke Fischer-Kattner (vgl. Fischer-Kattner, Temporale Perspektiven; Fischer-Kattner, Violent Encounters).
183 Vgl. zur Logistik: Carl, Logistik, S. 41f. Vgl. zur Bedeutung der Festungen: Völkel, Historiker, S. 88f.

kriegs in den Niederlanden, der bald als der ›innovativste‹ in ganz Europa angesehen wurde.[184]

Die Städte im Reich hingegen waren weit weniger gut befestigt und besetzt, und es war durchaus eine gängige Praxis, besonders gut befestigte Städte zu umgehen, wie es die schwedische Armee im Fall Ingolstadts getan hat – diese gut ausgebaute bayrische Festung hat den Truppen Gustav Adolfs somit eben nicht den Weg ins Herzogtum Maximilians versperrt, obgleich sie nicht eingenommen wurde.[185] Kurzum: So umfangreiche Erdarbeiten bei einer Belagerung, wie sie in den Niederlanden üblich waren, waren im Reich in vielen Fällen überhaupt nicht notwendig. Die sehr viel simpleren Anlagen, die von den schwedischen Truppen errichtet wurden, waren hier letztlich sogar funktionaler, weil sie eben deutlich schneller fertiggestellt werden konnten und nichtsdestotrotz wirksam waren.[186] Von den hier untersuchten Städten leisteten Mainz und die Würzburger Stadtfestung Marienberg mit 5 Tagen den längsten Widerstand, während die Einnahmen Bambergs, Frankfurts an der Oder und Augsburgs rascher erfolgten.[187]

Die Erdarbeiten – also die Verschanzung des eigenen Lagers, die Befestigung der Artilleriestellungen und das Ausheben der Annäherungsgräben – wurden von der schwedischen Armee also für gewöhnlich relativ schnell durchgeführt, was zweifellos damit zusammenhing, dass diese recht einfach gehalten waren. Gleichzeitig könnte dies jedoch noch mit einem anderen Faktor zusammenhängen: Es scheint durchaus üblich gewesen zu sein, nicht nur die Trup-

---

184 Vgl. Duffy, Siege Warfare, S. 104.
185 Vgl. zu dieser Praktik allgemein: Kaiser, Politik und Kriegsführung, S. 133ff. Vgl. zur Umgehung Ingolstadts: Wilson, Dreißigjährige Krieg, S. 599f.
186 Vgl. mit einem Blick auf das 18. Jahrhundert: Hohrath, Bastionen, S. 123.
187 Vgl. zu Mainz: Brück, Mainz, S. 48; Frohnhäuser, Gustav Adolf, S. 98f; Müller, Staat, S. 56ff. Die Belagerung von Mainz dauerte drei Tage; doch schon einen Tag zuvor schlugen die schwedischen Truppen vor Mainz ihr Lager auf und blockierten die Stadt teilweise, wobei die Übergabe erst am Tag nach der Einstellung der Kämpfe erfolgte. Vgl. zur Würzburger Stadtfestung: Sicken, Dreißigjähriger Krieg, S. 107ff. Vgl. zu Bamberg: Engerisser, Kronach, S. 39. Vgl. zu Frankfurt an der Oder: Griesa, Glaubens- und Religionskonflikte, S. 93f O. A., Frankfurt (Oder), S. 16ff. Vgl. zu Augsburg: Vgl. Roeck, Stadt, Bd. 2, S. 683ff. Vgl. allgemein zu der nicht selten kurzen Dauer von Belagerungen im Dreißigjährigen Krieg: Haude, World of the Siege, S. 33f. Auch auf dem Gebiet des Reichs gab es während des Dreißigjährigen Kriegs lang andauernde Belagerungen (vgl. Martines, Zeitalter, S. 141–151; Ackermann, Versorgung, S. 280–283), doch gleichzeitig scheinen die schnellen Stadteinnahmen typisch für die Armee Gustav Adolfs gewesen zu sein.

pen in Schlachtordnung innerhalb des Schussfeldes der gegnerischen Kanonen aufzustellen, sondern sogar das Lager so nah aufzuschlagen. Monro schrieb nämlich zur Belagerung Demmins: *Wir kampierten auf einem Hügel innerhalb der Reichweite der Kanonen der Stadt*[188]. Und auch der heute wohl bekannteste Söldner des Dreißigjährigen Kriegs, Peter Hagendorf, macht bemerkenswerte Angaben zur Belagerung von Corbie in Frankreich im Jahre 1636:

Da hat sich der franszose fordt gemacht, vndt wir sindt auff kurwii [Corbie] gegangen, eine mechtige festung an dem wasser, wo wir so gescharmutzet haben, vor dieser festung, Ist mancher siedtzen blieben, man, vndt // weieb, den es Ist ein stugk, dain gewesen, das selbiege haben wir nur den weiberhundt geheissen, auff einmal, haben sie mit den stugk neben meinen Zelt, In der hudten, den Man, vndt das weieb, fruhmorgens, alle 4 fusse, dichte, am marsse weggeschossen, den, alle schus, haben sie mit diesen stugk, In unser legher können schiessen, vndt haben grossen schaden gethan[189].

Im Dreißigjährigen Krieg scheint man also mitunter das Lager innerhalb der Reichweite der feindlichen Stadtgeschütze aufgeschlagen zu haben, was wohl stets – wie im von Hagendorf geschilderten Fall – zum Beschuss des Lagers und damit zu Tot und Zerstörung führte. Im 18. Jahrhundert versuchte man solche Fälle zu vermeiden und verlegte gegebenenfalls das Lager sogar, damit es sicher vor gegnerischem Beschuss war.[190] Doch in diesen Fällen aus dem frühen 17. Jahrhundert scheint man den Beschuss, und damit die Verluste, in Kauf genommen oder sogar einkalkuliert zu haben. Der (möglicherweise intendierte) Effekt dieser vergleichsweise offensiveren und für die eigenen Leute deutlich gefährlicheren Praxis lag sicherlich darin, die Erdarbeiten gering zu halten, indem auf diese Weise eine nur kurze Strecke durch die Annäherungsgräben überwunden werden musste.

Zerstörung und Schrecken: Artilleriebeschuss

Um die Verluste durch feindlichen Beschuss möglichst gering zu halten, wurden jedoch nicht nur die besonders gefährlichen Erdarbeiten – wie bereits erwähnt – in der Nacht durchgeführt, wenn aufgrund der eingeschränkten Sicht

---

188 Mahr, Robert Monro, S. 101.
189 Peters, Hagendorf, S. 61. Vgl. zum Kontext dieser Belagerung: Wilson, Dreißigjährige Krieg, S. 666f.
190 Vgl. zu der Praktik im 18. Jahrhundert: Haas, Belagerungskrieg, S. 299.

weniger gezielt und intensiv geschossen wurde, sondern die Belagerer schossen, vor allem tagsüber, auch in die Stadt hinein. Dies hatte vor allem drei Effekte: Erstens wurden die feindlichen Soldaten und Geschütze dezimiert sowie die Möglichkeit zur Deckung, etwa in Gestalt der Brustwehr, verringert. Zweitens konnte durch Artilleriebeschuss eine Bresche in die Mauer geschossen werden, was allerdings bei den hier untersuchten Belagerungen ein sehr sekundärer Effekt war. Drittens hatte der Beschuss auch eine symbolische Dimension, bei der es darum ging, die eigene Stärke zu demonstrieren.[191]

Ex negativo kann man diese symbolische Dimension von Belagerungsartillerie recht gut am Beispiel von Frankfurt an der Oder aufzeigen, wo die kaiserlichen Truppen die schwedische Armee wohl verhöhnten, diese sollten doch ihre Kanonen herbeischaffen.[192] Das scheinbare Fehlen der gegnerischen Artillerie wurde hier zum Anlass von Spott, durch den der schwedischen Armee ihre militärische Potenz abgesprochen wurde. Genau dies ist ein Indiz für die herausragende Rolle von Geschützen für die Belagerung in der Wahrnehmung der Zeitgenossen: Kanonen wurden als absolut notwendig für eine Belagerung wahrgenommen und damit war ihre Existenz und ihr Einsatz geradezu ein Signum für die Stärke der Belagerer.[193] Auch Monro schrieb den eigenen Kanonen eine symbolische – und geradezu psychologische – Dimension zu, wenn er zu der Belagerung von Mainz vermerkte:

Nachdem wir in der Nacht die Batterien fertiggestellt und auch noch am Tage in den Gräben gearbeitet hatten, begann am nächsten Morgen auf beiden Seiten der Kampf mit Kanonen und Musketen, wobei unsere Geschütze vom Wasser und von der anderen Seite des Rheins her geradewegs in die Stadt hineinschossen, was unter den Einwohnern großen Schrecken hervorrief[194].

Die schwedischen Truppen schossen also in die Stadt Mainz hinein, d.h. sie beschossen nicht nur die militärisch relevanten Befestigungsanlagen, sondern auch die übrigen Stadtteile, was eine gängige Praxis war, um Furcht zu erzeugen; genau diese Wirkung attestierte der schottische Obrist dem Beschuss dann

191 Vgl. Haas, Belagerungskrieg, S. 299–308; Haas, Schicksal, S. 48–52; Petersen, Belagerte Stadt, S. 233–238. Spezielle zum Schießen einer Bresche im frühen 17. Jahrhundert vgl.: Rebitsch, Typologie der Kriegsführung, S. 37; Ortner, Artillerie, S. 154.
192 Vgl. O. A.: Eigentliche Abbildung / welcher gestaldt Ihre Königl: Mayt: in Schweden / den 3. Apprilis Anno 1631 die Stadt Franckfort an der Oder berandt vnd Eingenommen hatt. Vgl. dazu auch: Griesa, Glaubens- und Religionskonflikte, S. 93.
193 Vgl. Luh, Kriegskunst, S. 102–107.
194 Mahr, Robert Monro, S. 158.

auch.[195] Die Belagerer nahmen den Beschuss also als der Gegenseite furchtein-
flößend wahr und hatten auch wohl die Intention, genau diesen Sinn zu erzeugen, d.h. es gab bestimmte Handlungsmuster, mit Kanonen umzugehen, um
damit vor allem symbolische Effekte zu erzielen, weniger um einen bestimmten
instrumentellen Zweck zu erfüllen.[196] Ein Indiz, in welchem Umfang Artilleriebeschuss auch als kommunikativer Akt interpretiert werden kann, gibt ferner
eine Äußerung Monros über die Belagerung Neu-Brandenburgs:

*Als wir in die Stellungen einrückten und dabei in die Reichweite der Kano-
nen der Stadt gerieten, wurden wir mit Geschützen, Wallbüchsen und Musketen
begrüßt. In kurzer Zeit jedoch zahlten wir den Feinden das, was sie uns geschickt
hatten, mit Zinsen zurück, und der Feuerwechsel dauert solange, wie sie selbst herausschossen*[197].

Bei diesem Beschuss ging es, so wie Monro ihn schildert, praktisch nicht
mehr darum, einen militärischen Zweck zu erfüllen, etwa eine Bresche zu schießen oder die Brustwehr zu zerstören, sondern vor allem darum, feindlichen
Beschuss zu vergelten und den Gegnern die überlegene Feuerkraft der schwedischen Truppen zu demonstrieren.

Betrachtet man auf diese Weise Belagerungspraktiken aus einer dezidiert
kulturhistorischen Perspektive, so erhält ein Vermerk aus Merians ›Theatrum
Europaeum‹ zu den Geschehnissen um Augsburg geradezu eine zusätzliche Dimension:

*Der Belägerung nun ein rechten Anfang zumachen / hat der König / [...] an
füglichen Orthen Battereye auffwerffen lassen / doch deren keines gelöset / wiewol
die Bayerischen auß der Statt [Augsburg] vnauffhörlich / gleichwol ohne Schaden /
auff die Schwedische herauß geschossen*[198].

Die Aufstellung – und höchstwahrscheinlich auch Befestigung – der Batterien hatte den Zweck, die Kanonen bereit zu machen, um Augsburg beschie-
ßen zu können; da die Geschütze jedoch noch nicht abgefeuert wurden (und
letztlich vor Augsburg wohl überhaupt nicht eingesetzt wurden[199]), war dies
nicht zuletzt auch eine symbolische Geste, mit der die schwedische Armee ihre

---

195 Vgl. Haas, Belagerungskrieg, S. 305; Haas, Schicksal, S. 49f.
196 Vgl. theoretisch: Stollberg-Rilinger/ Neu, Einleitung, S. 22–25; Stollberg-Rilinger,
     Kommunikation, S. 497f.
197 Mahr, Robert Monro, S. 100.
198 Abelinus/ Merian, Theatri Europaei, S. 636.
199 Vgl. Stetten, Geschichte, S. 163.

Kampfkraft und -bereitschaft zur Schau stellte, wobei beide Dimensionen aufs Engste miteinander verbunden waren.

Kanonen ermöglichten also Handlungen, durch die die Verteidiger dezimiert und deren Hilfsmittel – vor allem in Gestalt von Geschützen und Brustwehren – zerstört wurden. Zudem war es möglich, mit Artilleriebeschuss relativ gezielt Angst zu verbreiten, indem man auf nicht-militärische Bereiche der Stadt feuerte, was keinen direkten militärischen Nutzen hatte. Und schließlich war es auch möglich, durch das bloße Präsentieren der Geschütze sowie besondere Taktung des Beschusses die eigene Feuerkraft in Szene zu setzen. Für all dieses Agieren waren Geschütze notwendig, doch zeigt dieses Spektrum auch, wie different diese eingesetzt wurden und dass die Existenz – oder Nicht-Existenz – von Geschützen sowie ihr Einsatz von den Belagerten wahrgenommen wurde, wie auch Wahrnehmung und Reaktion der Belagerten wiederum von den Belagerern beobachtet wurden: Dinge, Praktiken und Wahrnehmungen waren also, gerade was Artilleriebeschuss angeht, äußerst komplex verflochten. Überhaupt war der Artilleriebeschuss eine überaus wichtige Belagerungsroutine, denn bei den hier untersuchten Belagerungen wurden die Kämpfe zwischen der schwedischen Armee einerseits und den kaiserlichen beziehungsweise ligistischen Truppen andererseits vor allem in Gestalt von Artillerieduellen ausgetragen, die es unter anderem bei Frankfurt an der Oder, Mainz und Würzburg gab, während die ligistischen Truppen zwar aus Augsburg heraus das Feuer eröffneten, die schwedischen dies aber wohl nicht erwiderten.[200]

Selten, aber gefürchtet: Ausfälle

Viel seltener kam es zu Ausfällen; in Frankfurt an der Oder, wo die kaiserliche Armee einen relativ großen Verband zusammengezogen hatte, gab es schon kurz nach der Ankunft der schwedischen Truppen, noch ehe diese mit ihren Schanzarbeiten begannen, einen Ausfall, der zeitgenössisch mehrfach beschrieben wurde. Robert Monro, der an der Belagerung teilgenommen hatte, beschrieb diesen Ausfall folgendermaßen:

---

200 Vgl. zu Frankfurt: Mahr, Robert Monro, S. 109f; Abelinus/ Merian, Theatri Europaei, S. 349. Vgl. zu Mainz: Mahr, Robert Monro, S. 158; Lungwitz, Imperator Theodosius Redivivus, S. 87. Vgl. zu Würzburg: Mahr, Robert Monro, S. 147; Abelinus/ Merian, Theatri Europaei, S. 464. Vgl. zu Augsburg: Roeck, Welt, S. 245; Roeck, Stadt, Bd. 2, S. 684; Stetten, Geschichte, S. 163f.

[Die kaiserliche Armee] machte sofort darauf mit 200 Mann einen Ausfall gegen unsere Wachen, die den Feind mit Musketensalven empfingen. Da er aber für die Wachen zu stark war, befahl S.M. [Gustav Adolf] dem Major Sinclair, einen Offizier mit weiteren 50 Musketieren abzukommandieren, die den Wachen beistehen sollten. Als der Feind trotzdem unsere Wachen weiter zurückdrängte und sie zwang, Gelände aufzugeben, befahl der König dem Major unverzüglich, mit 100 Musketieren einzugreifen, dem Feind Widerstand zu leisten und den Wachen zu Hilfe zu kommen, was der Major auch sofort ausführte. Er zwang den Feind, sich schneller zurückzuziehen als er vorgerückt war, wobei ein Oberstleutnant und ein Hauptmann gefangengenommen wurden[201].

Die kaiserlichen Truppen machten also einen Ausfall und attackierten hierbei die *Wachen*, also die schwedischen Truppen, die das Stadttor bewachten, um Ausfälle zu verhindern. Der intendierte Effekt dieses Angriffs war es höchstwahrscheinlich, die bevorstehenden Schanzarbeiten der schwedischen Truppen zu stören und die eigene Kampfkraft zu demonstrieren, um die Gegner zu verunsichern. In einem zeitgenössischen Militärtraktat schrieb man einem solchen ersten Gefecht einen äußerst großen Einfluss auf die Moral der beteiligten Truppen zu, denn es sei *vnmüglich / daß der vberwundne de Siger nicht förchte*[202]. Dass allerdings von schwedischer Seite zweimal kleinere Einheiten geschickt wurden kann man als Indiz für das Bestreben werten, dieses Gefecht zwar zu gewinnen, aber dabei möglichst klein zu halten. Insgesamt war das Gefecht dann auch von eher geringem Ausmaß, wobei Monros Bemerkungen zu der Geschwindigkeit des gegnerischen Rückzugs und der Gefangenen in seinem Text dazu dienten, dieses Scharmützel aufzuwerten, indem er besondere ›Leistungen‹ hervorhob.[203]

In einem von Lungwitz pro-schwedischen Geschichtswerken hieß es jedoch schon geradezu panegyrisch zu diesem Gefecht:

Vmb fünff Vhr deß Abends haben die Keiserischen durch das Gubonische Thor einen starcken Außfall gethan / vnnd etwas mit den Schwedischen scharmützieret / sind aber also vnd dergestalt empfangen worde / daß sie sich wieder hinein in die Stadt / vnd vnter ihr Geschütz retteriren, vnd einen Leutenant sampt etlichen Soldaten im stich lassen müssen[204].

---

201 Mahr, Robert Monro, S. 109.
202 Vgl. Du Bellay, Kriegs Regiment, S. 571; Zitat: Ebd.
203 Der Ausfall galt als so bedeutend, dass Gustav Droysen ihn erwähnte (vgl. Droysen, Gustav Adolf, S. 284).
204 Lungwitz, Josua Redivivus, S. 379.

Bei Lungwitz wurde aus dem Gefecht, das von Monro als eher klein und lange Zeit ausgeglichen beschrieben wurde, ein *starcke[r] Außfall*, der für die kaiserlichen Truppen geradezu schmachvoll endete, da er eigens betonte, diese hätten sich *vnter ihr Geschütz retteriren, vnd einen Leutenant sampt etlichen Soldaten im stich lassen müssen*: Hierdurch wurde die schwedische ›Leistung‹ enorm akzentuiert und damit glorifiziert.

Welche Folgen und Ausmaße aber Ausfälle im Dreißigjährigen Krieg haben konnten, kann man recht gut am Beispiel Donauwörths aufzeigen, das 1632 von schwedischen Truppen belagert wurde. Nachdem die schwedischen Truppen ihre Kanonen in Stellung gebracht hatten, wurden sie laut Monro attackiert: *Da machte der Feind voll Tapferkeit einen Ausfall, vertrieb die Schweden, die zur Deckung der Geschütze eingesetzt waren, und vernagelte die Zündlöcher der Kanonen*[205]. Bei diesem Ausfall war der Zweck also ziemlich klar, denn es ging den Angreifern wohl vor allem darum, die Kanonen unbrauchbar zu machen und damit einen Beschuss der Stadt zu verhindern. An dieser Stelle wird auch wieder deutlich, wie sehr Dinge die Kämpfe beeinflussten: Durch den Ausfall wurden gezielt Geschütze (also Dinge) unbrauchbar gemacht, wodurch der Beschuss – also eine auf die Geschütze angewiesenes Vorgehen – gestoppt werden sollte. Eine solche Art von Ausfall, bei dem es vor allem darum ging, Geschütze oder Erdarbeiten des Gegners unbrauchbar zu machen, kam zwar bei den schwedischen Belagerungen in den frühen 1630er Jahren scheinbar äußerst selten vor, war allerdings bei frühneuzeitlichen Belagerungen wohl insgesamt recht üblich und kam bis ins 18. Jahrhundert vor.[206]

Bei der Belagerung Donauwörths kam es jedoch nicht nur zu diesem wohl relativ kleinen Ausfall, sondern später noch zu einem weitaus größeren, denn Monro folgendermaßen beschrieb:

Nachdem wir unsere Wachen und Vorposten aufgestellt hatten, griff der Feind bei Tagesanbruch unsere Stellungen mit 800 Musketieren an. Das Gefecht setzte bei den Musketieren ein. Wir stießen dann mit allen Kampfgruppen der Pikeniere in den Feind hinein und kämpften solange, bis wir sie soweit hatte, daß sie die Waffen wegwarfen und um »Quartier« riefen[207].

---

205 Mahr, Robert Monro, S. 166.
206 Vgl. Petersen, Militärische Mimesis, S. 137–140; Petersen, Belagerte Stadt, S. 385; Haas, Belagerungskrieg, S. 304.
207 Mahr, Robert Monro, S. 166f.

Dieses Beispiel zeigt, dass auch im Dreißigjährigen Krieg während der 1630er Jahren große Ausfälle vorkommen konnten, auch, wenn diese ansonsten in frühneuzeitlichen Kriegen nicht unübliche Praxis in dieser Phase äußerst selten war.[208]

Diese in so vielen Städten wie Würzburg oder Augsburg nicht vorkommenden Handlungsmuster intensiv darzulegen, bietet die Möglichkeit, die Unterschiedlichkeit der Formen, die ein Belagerungskampf in dieser Zeit annehmen konnte, aufzuzeigen. Hierdurch wird nicht nur konkretisiert, wie ein Ausfall aussehen konnte (und weshalb die schwedische Armee immer wieder eigene Truppen in das feindliche Artilleriefeuer stellte, um ihre Arbeiten zu schützen), sondern man kann durch diese Varianzen – also gewissermaßen durch das Aufzeigen der Potenziale – auch Typisches und Besonderes sichtbarer machen. Typisch für die Belagerungen durch schwedische Truppen in den Jahren 1630 bis 1632 ist, dass die Belagerten normalerweise keinen Ausfall durchführten; da aber die Beispiele der Belagerungen von Frankfurt an der Oder und von Donauwörth zeigen, dass Ausfälle durchaus vorkamen, kann man somit von einem defensiven Verhalten der kaiserlichen beziehungsweise ligistischen Truppen in den meisten Städten ausgehen, bei dem riskante und möglicherweise verlustreiche Manöver vermieden wurden.

Raum einnehmen und drohen: Der Kampf um die Vorstadt

Während Ausfälle aus einer belagerten Stadt also durchaus vorkamen, so war es ebenso möglich, dass sich die Angreifer bei der Belagerung Teile der Stadt bemächtigten, wie es im Fall von Würzburg geschah.[209] Dort gelang es den schwedischen Truppen ein Tor aufzubrechen, wobei sie eine Petrade, also eine Sprengladung, die am Tor befestigt und dann gezündet wurde, benutzten.[210] Bogislaus von Chemnitz berichtete in seinem historiographischen Werk jedoch von einigen Schwierigkeiten bei diesem Vorgehen:

---

208 Vgl. zu der Praktik im 18. Jahrhundert: Haas, Belagerungskrieg, S. 304.
209 Vgl. allgemein dazu: Fischer-Kattner, Violent Encounters, S. 35. Vgl. zu Würzburg: Sicken, Dreißigjähriger Krieg, S. 108; Wagner, Würzburg, S. 126; Deinert, Epoche, S. 54f; Scharold, Geschichte, S. 16; Droysen, Gustav Adolf, S. 435f; Soden, Gustav Adolph, S. 40. Diese Praktik wurde durchgeführt, nachdem die Stadt am selben Tag zur Übergabe aufgefordert worden war; die Darstellung bei Herfried Münkler ist in dieser Hinsicht leicht irreführend (vgl. Münkler, Dreißigjähriger Krieg, S. 515).

Die Vorstadt zu Würtzburg fand der König [Gustav Adolf] / bey seiner An-
kunfft / fest verschlossen / vnd das Thor mit Mist derogestalt verschüttet: Daß / ob
er schon eine petarde anschrauben lies / dieselbe doch keine rechte vnd gebührende
operation hatte. Oberm Thor / in einem kleinen Thürnlein / liessen sich / zu An-
fangs / etliche mit musqvetten mercken / vnd thaten vnterschiedliche Schüsse heraus:
Verlohren sich aber bald / wie die Königliche Schwedische musqvetierer mit Ernst
andrungen. Dan / weil die petarde vergebens gespielet / als lies der König mit Gewalt
an das Thor gehen; dasselbe mit Axten aufhawen; die Füllung wegräumen: Vnd
kam also in die Vorstadt mit der gantzen infanterie[211].

Laut Chemnitz gelang es also nicht, das Tor der Vorstadt auf der rechten
Mainseite aufzusprengen, sondern es wurde letztlich mit Äxten und anderem
Gerät manuell aufgebrochen: Dies ist ein gutes Indiz dafür, welche Effekte eine
Verstärkung von Toren durch Erde, Steine und ähnlichen Materialien – die von
Chemnitz wohl als polemische Spitze gegen die Würzburger abwertend als *Mist*
bezeichnet wurden – zeitigen konnten und mit welchen Mitteln Tore mitunter
aufgebrochen wurden.[212] Obwohl die gegnerischen Truppen Widerstand leisteten, indem sie aus der Vorstadt rechts des Mains herausschossen, gelang es
den Soldaten des schwedischen Königs ohne vorherige Belagerung innerhalb
sehr kurzer Zeit die Befestigungsanlagen, zu überwinden und in die Vorstadt
einzudringen, wo es dann aber wohl nicht mehr zu nennenswerten Kämpfen
kam.[213] Geht man von diesem Beispiel aus, war ein Handstreich eine reelle
Gefahr für Vorstädte, aber gegebenenfalls auch für Städte. Im zeitgenössischen
Imaginarium waren die Befestigungswerke denn auch nicht zwangsläufig nur
durch langwierige Belagerungen bezwingbare Hindernisse, sondern man fürchtete durchaus das Überklettern der Mauern und bewertete diese dementsprechend, wie der Bericht William Crownes zeigt:

Am nächsten Morgen ging seine Exzellenz [Thomas Lord Howard] durch die
Stadt [Hanau], um nach den Festungswerken zu schauen, die sehr stark sind und
kaum von irgendeiner Truppe erklommen werden können[214].

Das Eindringen in die Vorstadt konnte denn auch unterschiedliche Effekte zeitigen, wie das Beispiel Würzburg zeigt, denn durch die Einnahme der

---

210 Vgl. Abelinus/ Merian, Theatri Europaei, S. 464; Chemnitz, Kriegs, S. 232.
211 Chemnitz, Kriegs, S. 232.
212 Vgl. zur Verstärkung des Würzburger Tores: Leo, Würzburg, S. 277.
213 Vgl. ebd., S. 278.
214 Crowne, Sommer, S. 76.

Vorstadt auf der rechten Mainseite gelang es den schwedischen Truppen, eine gegnerische Verteidigungslinie zu überwinden sowie einen Raum mit Möglichkeiten zur Deckung und mit festen Quartieren zu gewinnen. Doch nicht nur aus strategisch-taktischen Gesichtspunkten entstand eine neue Lage, sondern die Einnahme besaß noch ganz andere Implikationen, wie Ganzhorn schrieb:

[Die schwedischen Truppen haben] sich der gantzen vorstatt Hauger undt Pleicher vierthel [der Viertel um Stift Haug und in der Pleich] mit allen Ihren Stiffts- Item Pfarrkirchen, Clöstern, Spithälern etc. undt anderen alsobalden bemächtiget. Allermassen Sie gleich, die aus grosser forcht von denen Stifftsherrn vndt ordens Personen /: als die sich eines theils zuvor gar hinweg- mehrertheils in die Statt begeben :/ verlassene undt vacirente Clöster St. Afra [Benediktinerinnenkloster St. Afra], Carthausen [Kartäuserkloster Engelgarten], Capuciner [Kapuzinerkloster], das Stifft Haug [Kollegiatstift Haug], Closter St. Marx [Dominikanerinnenkloster St. Markus], sambt beeden Julier- undt Bürgerspithal zue Ihrem vortheil invadirt, occupirt, exspolijrt [eingenommen, besetzt, geplündert] undt mit Viellen Regimentern besetzt, welche darinnen pro more Suo [ihrer Sitte nach] also hausgehalten, wie es die evidentia rei [der Augenschein] laider genugsamb zu erkennen geben[215].

Die schwedischen Truppen plünderten also die eingenommene Würzburger Vorstadt auf der rechten Mainseite und insbesondere die katholischen Klöster und Stifte.[216] Nach zeitgenössischem Kriegsbrauch war dies ein durchaus übliches Vorgehen, auch wenn Sakralräume nicht selten als eigentlich sakrosankt galten.[217] Für die beteiligten Soldaten stellte die Beute zweifellos einen materiellen Gewinn dar, der ihren Sold ergänzte, während das Beutemachen für die in den Vorstädten lebenden Einwohner sicherlich zum Teil einen enormen materiellen Verlust bedeutete, wobei ihnen zudem körperliche Übergriffe drohten.[218] Allerdings war die Plünderung von katholischen Klöstern und Stiften durch Truppen eines protestantischen Königs ein spezieller

---

215 Leo, Würzburg, S. 278.
216 Vgl. Abelinus/ Merian, Theatri Europaei, S. 464; Wagner, Würzburg, S. 126; Bergerhausen, Würzburg, S. 6.
217 Vgl. zu diesem Kriegsbrauch: Kaiser, Kriegsgreuel, S. 160; Meumann, Herrschaft oder Tyrannis, S. 184; Bobak/ Carl, Söldner, S. 167; Asch, Kriegsrecht, S. 110f. Vgl. zur Bedeutung frühneuzeitlicher Kriegsbräuche: Möbius, Kriegsbrauch. Vgl. zum Plündern von Sakralräumen: Pepper, Siege law, S. 577. Grotius hingegen erklärte die Güterwegnahme aus Sakralräumen für legitim (vgl. Grotius, Bücher, S. 459ff).
218 Vgl. Carl/ Bömelburg, Lohn; Xenakis, Plündern.

Fall, denn das Beute-machen erhielt hier eine konfessionelle Stoßrichtung:[219] Zum einen konnte das Plündern selbst in seiner symbolischen Dimension als Angriff auf die altgläubige Kirche insgesamt gedeutet werden, zum anderen wurden durch das Beute-machen auch zahlreiche, für die katholische Glaubensausübung zentrale Dinge, wie etwa Reliquien, aus der Germania Sacra entfernt oder zerstört (siehe auch Kapitel 7. 3.). Die ausführliche Auflistung der geplünderten katholischen Einrichtungen durch den dem Würzburger Klerus nahestehenden Ganzhorn kann durchaus als Beleg dafür gelten, welche Bedeutung von altgläubiger Seite der Plünderung der Klöster und Stifte beigemessen wurde.

Gerade wenn man die potenzielle Beobachterrolle der Akteure in der Stadt Würzburg einkalkuliert, besaß die Plünderung der Vorstadt sicherlich nicht nur den Effekt, materiellen Gewinn zu generieren, sondern auch Furcht zu erzeugen: Hier wurde beobachtbar, wie die schwedischen Truppen mit Gebiet umgingen, das – wie es in zeitgenössischen termini hieß –›mit dem Schwert‹ (also nach Kriegsrecht) erobert wurde, d.h. nicht mit einer ›gütlichen‹ Einigung übergeben wurde, und mit dem daher nach Belieben verfahren werden konnte.[220]

Dass in der Nacht nach dem Beute-machen in der eroberten Vorstadt ein Feuer ausbrach, war sicherlich von schwedischer Seite nicht intendiert.[221] Gleichwohl bestand in der Frühen Neuzeit durchaus ein Nexus zwischen Besetzungen beziehungsweise Einquartierungen und erhöhter Brandgefahr.[222] Für die Bewohner der jeweiligen Häuser bedeutete dies den Verlust von Hab und Gut. Mit einer eindeutigen Stoßrichtung beschrieb der Würzburger Ganzhorn diesen Brand in dem Vorstadtviertel Pleich:

Selbige nacht zwischen 9 undt 10 Uhren ist bey dem Wirthshaus zum Ochsen im Plaicher Vierthel durch verwarlosung der Soldaten ein vngefehrtes fewer auskommen, welches 3 allernechst dabey gelegene heüser hinabwarths gegen dem Mayn zue ergriffen, dieselbe baldt in die aschen gelegt, samt allen an hausrath undt

---

219 Vgl. allgemein Greyerz/ Siebenhüner, Religion. Vgl. speziell zum Umgang von schwedisch-protestantischen Truppen mit altgläubigen Kirchengütern: Medick, Dreißigjährige Krieg, S. 62–70; Medick, Orte.
220 Vgl. Carl, Protektion, S. 300; Steiger, Occupatio bellica, S. 217–237; Bergerhausen, Grunddokument, S. 330f. Zur zeitgenössischen Deutung vgl. auch: Grotius, Bücher, S. 485ff. Vgl. zum Beuterecht nach Grotius: Blom, Booty; Jaeger/ Feitsch, Ius et bellum.
221 Vgl. Chemnitz, Kriegs, S. 232; Leo, Würzburg, S. 296.
222 Vgl. Langer, Begegnung, S. 78; Schennach, Verhältnis, S. 49.

anderen drinnen gefundenen mobilien zue nichts vndt arme leüth gemacht, Welches fewer Ihr König. May. [Gustav Adolf] ohngerne gesehen vndt darumben zue löschen befohlen, wie dan dasselbe per milites mit wein gedämpfft undt gelescht worden, Jedoch nit ohne eüssersten schaden der armen Burgern[223].

Ganzhorn akzentuierte ganz eindeutig den Schaden, der den Einwohnern durch das Feuer entstand, wodurch er Leid und Verlust hervorhob und damit die Würzburger zu Opfern der schwedischen Truppen erklärte, was letztere in die Nähe von ›Tyrannen‹ rückte.[224] Zudem enthielt Ganzhorns Beschreibung auch eine Polemik gegen die schwedischen Soldaten, die er einem gängigen Stereotyp gemäß als die Ordnung missachtend, ja diese pervertierend beschrieb:[225] Er unterstellte ihnen *verwarlosung* und, dass sie Feuer mit Wein löschten.

Gänzlich anders als die Einnahme der Würzburger Vorstadtteile rechts des Mains verlief die Eroberung des Mainviertels links des Flusses: Dieser Teil der Würzburger Vorstadt, der direkt vor der Festung Marienberg lag, wurde auch nach der Übergabe der Stadt noch von bischöflichen Soldaten besetzt und es kam dort zu schweren Gefechten, als schwedische Truppen diesen Vorstadtteil eroberten. Auch in diesem Teil der Vorstadt kam es offenbar zu Güterwegnahmen, wie Ganzhorn berichtet, doch charakteristischer für die Einnahme dieses Raums waren die heftigen Infanteriekämpfe in der teils befestigten Würzburger Vorstadt vor dem Marienberg (aus diesem Grund werden diese Ereignisse in Kapitel 4. 3. ausführlicher behandelt).[226]

Versucht man nun abschließend die Belagerungspraktiken der schwedischen Armee vor gegnerischen Städten zusammenzufassen, so könnte man diese in dreifacher Hinsicht heuristisch differenzieren: Erstens scheint es so zu sein, dass man die unterschiedlichen Praktiken nur sehr unzureichend erfasst, wenn man sie isoliert betrachtet, da sie gewissermaßen ein Praxisgefüge bilden.[227] Das mitunter verlustreiche Aufmarschieren in Schlachtordnung hing

---

223 Leo, Würzburg, S. 296.
224 Vgl. zum zeitgenössischen ›Tyrannen‹-Diskurs: Meumann, Herrschaft oder Tyrannis, S. 185ff.
225 Vgl. Huntebrinker, Sozialverband, S. 191–196.
226 Vgl. zu den Güterwegnahmen: Leo, Würzburg, S. 307. Von Güterwegnahmen ist hier und im Folgenden die Rede, um nicht mit Klassifikationen wie (legitimer) Beutenahme oder (illegitimer) Plündern Vorannahmen anzustellen, sondern Handlungen und ihre Deutungen zum Gegenstand der Forschung zu machen (vgl. dazu Rohmann, Piraterie). Vgl. zu den Kämpfen: Mahr, Robert Monro, S. 148f; Freeden, Marienberg, S. 151; Münkler, Dreißigjähriger Krieg, S. 516.
227 Vgl. theoretisch: Hillebrandt, Praktiken, S. 38–41.

mit den Erdarbeiten zur Befestigung des Lagers beziehungsweise der Batterien zusammen, die dadurch Schutz vor Ausfällen erhielten, und die nächtlichen Arbeiten an den Annäherungsgräben mit dem vermehrten feindlichen Beschuss bei Tageslicht.

Zweitens lässt sich auch bei den eigentlich recht gut erforschten Belagerungsroutinen eine spezifische Historizität und, wenn man so will, auch eine Regionalität erkennen: Nicht nur das bereits erwähnte Aufmarschieren in Schlachtordnung innerhalb der Reichweite der gegnerischen Artillerie wurde schon um 1700 nicht mehr durchgeführt. Vielmehr unterschied auch Art und Umfang der durchgeführten Erdarbeiten eine Belagerung durch die schwedische Armee in den 1630er Jahren von anderen: Bei Belagerungen in den Niederlanden um 1600, aber auch Belagerungen des ausgehenden 17. oder des 18. Jahrhunderts wurden bedeutend umfangreichere Arbeiten durchgeführt. Diesen Befund sollte man aber weniger einfach in Narrative über Fortschrittlichkeit oder Rückständigkeit einfügen, sondern kontextualisieren, denn die von den schwedischen Truppen durchgeführten simplen Erdarbeiten waren durchaus effektiv.

Drittens erscheint es auch und gerade bei diesen Belagerungsroutinen zielführend, wenn man sowohl ihren Zweck als auch ihren Sinn in den Blick nimmt: Zweifellos hatte diese Handlungen praktisch immer den Zweck, den gegnerischen Truppen Schaden zuzufügen und eine Erstürmung der Stadt vorzubereiten. Nichtsdestotrotz besaßen viele von ihnen auch eine dezidiert kommunikative Dimension – insbesondere, wenn man an den Aufmarsch oder bestimmte Formen des Beschusses denkt. Zudem sollte man auch einkalkulieren, dass die Verteidiger in der Regel fachkundige Beobachter gewesen sein dürften, die die Aktionen der schwedischen Truppen zu deuten verstanden.

3. 4. Mit dem Gegner verhandeln

Zahlreiche Städte, die mit den Boten oder Truppen des schwedischen Königs konfrontiert waren, versuchten, einen möglichen Sturmangriff zu vermeiden, und bemühten sich darum, mit ihren Gegnern zu verhandeln; versucht man dementsprechend festzustellen, wie über den Abschluss eines Akkordes verhandelt wurde, so scheinen die Handlungen sehr vielfältig zu sein.

Mit (mehrheitlich) protestantischen Städten auf Distanz verhandeln

Betrachtet man den Faktor Raum, so fällt auf, dass einige Städte – etwa Erfurt, Frankfurt am Main und München – gewissermaßen aus der Distanz verhandelten: Nachdem sie durch schwedische Boten zur Übergabe aufgefordert worden waren, ehe die gegnerischen Truppen die Stadt überhaupt erreicht hatten, schickten diese Städte Gesandte zum Verhandeln zur schwedischen Hauptmacht, wodurch die Verhandlungen in einiger Distanz zu den jeweiligen Städten stattfanden. Für die schwedische Seite lag der Vorteil dieser Verhandlungspraxis sicherlich darin, diese Städte möglicherweise schon frühzeitig einnehmen zu können. Zudem konnte man das städtische ›Entgegenkommen‹ als Ehrerweis deuten, denn nach frühneuzeitlichem Zeremoniell galt das räumliche Entgegenkommen als Ausdruck der Ehrzuweisung.[228] Für diese Bedeutungsebene spricht auch, dass die schwedische Seite angeblich ihren Unmut darüber geäußert habe, dass die Gesandten, die für die Stadt München verhandelten, nicht schon in Moosburg gekommen seien.[229] Für die Akteure auf Seiten der bedrohten Städte hingegen dürfte der Vorteil wiederum darin bestanden haben, einen (für sie erträglichen) Akkord aushandeln zu können, ohne dass es zu irgendwelchen Belagerungshandlungen und damit zu Verlusten und Zerstörungen kam.

Die Verhandlung wurden dementsprechend in einiger Entfernung von den jeweiligen Städten in der Regel im Feldlager des schwedischen Königs geführt, wobei die Gesandten der Städte ihre Stellung über Kreditive ausgewiesen zu haben scheinen, während auf schwedischer Seite oftmals der König persönlich verhandelte.[230] Die Verhandlungen wurden dabei keineswegs in einem Arkanbereich geführt, sondern *unter dem freyen Himmel in gegenwart vieler hohen*

---

228 Vgl. Stollberg-Rilinger, Kleider, S. 160; Stollberg-Rilinger, Status, S. 148; Krischer, Zeremonialschreiben, S. 100.
229 Vgl. Heimers, Krieg, S. 28; Stahleder, Chronik, S. 451.
230 Vgl. zum königlichen Feldlager als Verhandlungsort über die Übergabe Erfurts: Beyer/ Biereye, Geschichte, S. 532; Schauerte, Gustav Adolf, S. 6f. Vgl. zu den Kreditiven: O.A., Warhafftiger wolgegründeter Bericht. Welcher gestalt [...] Gustavi Adolphi [...] am 22. Septembris deß Jahrs 1631. zum erstenmahl in der Stadt Erffurdt angelanget, S. 27; Gotthold, Schweden, Bd. 1, S. 33; Abelinus/ Merian, Theatri Europaei, S. 635. Vgl. zum König als Verhandlungspartner (Erfurt): Beyer/ Biereye, Geschichte, S. 532; Schauerte, Gustav Adolf, S. 6f. Vgl. dazu zu Frankfurt am Main: Rieck, Frankfurt am Main unter schwedischer Besatzung, S. 46–50; Gotthold, Schweden, Bd. 1, S. 38ff; Traut, Gustav II. Adolf, S. 18f.

Standespersonen vnd fürnehmen Officirer[231], wie es später über die Verhandlung mit Erfurt in einem im Auftrag des Erfurter Rats veröffentlichten Bericht hieß. Beziehungsweise im *beyseyn vieler Personen / mündtlich vnnd offentlich*[232], wie es bei Merian im ›Theatrum Europaeum‹ zu den Verhandlungen mit Frankfurt am Main berichtet wird. Die Anwesenheit ranghoher Akteure war zweifellos auch für die Gesandten und die durch sie repräsentierte Stadt ehrgenerierend, was sicherlich auch zur Erwähnung dieses Umstands in dem veröffentlichten Bericht des Erfurter Rats beigetragen haben dürfte. Die konkrete Durchführung dieser Verhandlungen in der Öffentlichkeit machte sie wiederum wahrscheinlich zu einem zelebrierten Spektakel: Hier wurde also keineswegs vertraulich über einen möglichen Akkord und seine Konditionen verhandelt, sondern sämtliche Worte und Gesten konnten von zahlreichen Akteuren gesehen, gedeutet und weiterverbreitet werden.

Die Verhandlungen fanden also – in den Termini Ervin Goffmans ausgedrückt[233] – auf der Vorderbühne statt. Die Beobachtbarkeit des Geschehens schließt im Zeitalter von Simulation und Dissimulation Verstellungen nicht aus, doch dürfte diese Situation dazu beigetragen haben, dass die beteiligten Akteure überaus konsequent ihren sozialen Rollen gemäß agiert haben.[234]

Mit großer Konsequenz scheint der schwedische König das ›evangelische Wesen‹ als Argument genutzt zu haben, um seinen Anspruch auf einen Akkord mit den (mehrheitlich) protestantischen Städten Erfurt und Frankfurt am Main zu begründen.[235] Als zusätzliches Argument für die Notwendigkeit einer schwedischen Garnison diente die Sicherheit.[236] Die Gesandten dieser beiden Städte wiederum versicherten zwar, das Agieren Gustav Adolfs für das ›evangelische Wesen‹ gutzuheißen, wodurch sie sich von den Feinden des Königs

---

231 O.A., Warhafftiger wolgegründeter Bericht. Welcher gestalt […] Gustavi Adolphi […] am 22. Septembris deß Jahrs 1631. zum erstenmahl in der Stadt Erffurdt angelanget, S. 27.

232 Abelinus/ Merian, Theatri Europaei, S. 489.

233 Vgl. Goffman, Theater, S. 100–104.

234 Vgl. zu Simulation und Dissimulation: Stollberg-Rilinger, Einleitung, S. 9ff.

235 Vgl. zum zeitgenössischen Diskurs des ›evangelischen Wesens‹: Schmidt, Leu; Gilly, Löwe. Vgl. zu Frankfurt: Rieck, Frankfurt am Main unter schwedischer Besatzung, S. 47; Gotthold, Schweden, Bd. 1, S. 33; Kirchner, Erinnerungen, S. 285–296; O. A., Merkwürdige Unterhandlungen. Vgl. zu Erfurt: Schauerte, Gustav Adolf, S. 7; Stievermann, Erfurt, S. 45f.

236 Vgl. zu Frankfurt: Rieck, Frankfurt am Main unter schwedischer Besatzung, S. 47; Gotthold, Schweden, Bd. 1, S. 34f und 38.

abgrenzten. Doch zugleich verwiesen sie auf Herkommen, Rechte, das durch einquartierte Soldaten entstehende Ungemach sowie speziell die Frankfurter Gesandten auf negative Auswirkungen auf den Handel der Reichsstadt, um Einquartierungen zu entgehen und wahrscheinlich auch, um sicherzugehen, dass dieses Bündnis durch Soldaten unter schwedischem Kommando in den jeweiligen Städten nicht zu asymetrisch würde.[237]

Diese vorgebrachten Argumente sind durchaus aufschlussreich: Erstens zeigen sie, dass es Gustav Adolf offenbar ziemlich gut gelang, sich selbst als Beschützer des ›evangelischen Wesens‹ in Szene zu setzen:[238] So gut, dass mit Erfurt und Frankfurt am Main zwei andere protestantische Akteure diesem Argument nicht widersprachen, obwohl es quasi gegen sie verwand wurde. Zweitens wird deutlich, dass sowohl die Gesandten Erfurts als auch die Frankfurts, trotzdem der König das Argument des ›evangelischen Wesens‹ besetzte, juristisch und sozial bei den Zeitgenossen überaus anerkannte Argumente gegen eine schwedische Garnison anführten.[239] Drittens scheinen beide Seiten bei diesen Verhandlungen auf der Vorderbühne weitestgehend jegliche verbale Eskalation vermieden zu haben – eine Gewaltandrohung kam wohl nur kurz bei den Verhandlungen mit Frankfurt vor[240] –, was vor allem auch konfessionelle Gründe gehabt haben dürfte, denn ein offene und exzessive Drohung mit Gewalt war bei Verhandlungen unter protestantischen ›Glaubensverwandten‹ wahrscheinlich deutlich weniger akzeptiert als bei interkonfessionellen Verhandlungen.

Aufschlussreich ist aber auch, wie diese Verhandlungen wahrgenommen wurden: Der Versuch der Erfurter Gesandten, eine Garnison – und damit eine Besetzung der Stadt – abzuwenden, wurde von Robert Monro, Offizier in Gustav Adolfs Armee, auf eindeutige Weise gedeutet:

Die Erfurter, die über unser Kommen wenig erfreut und auch wenig willig waren, solche Gäste aufzunehmen, da sie alle Katholiken, Jesuiten und Mönche waren, schickten ihre Abgesandten dorthin, um mit S.M. [Gustav Adolf] zu verhandeln[241].

---

237 Vgl. zu Frankfurt: Rieck, Frankfurt am Main unter schwedischer Besatzung, S. 48f; Gotthold, Schweden, Bd. 1, S. 38ff; Traut, Gustav II. Adolf, S. 18f. Vgl. zu Erfurt: O.A., Warhafftiger wolgegründeter Bericht. Welcher gestalt [...] Gustavi Adolphi [...] am 22. Septembris deß Jahrs 1631. zum erstenmahl in der Stadt Erffurdt angelanget, S. 26ff.
238 Vgl. Schmidt, Leu; Gilly, Löwe.
239 Vgl. zur Bedeutung des ›Herkommens‹: Landwehr, Geburt, S. 113f; Neu, Heuchelei; Birr, Zeit.
240 Vgl. Rieck, Frankfurt am Main unter schwedischer Besatzung, S. 49.
241 Mahr, Robert Monro, S. 144.

Monro erklärte die Erfurter also zu *Katholiken, Jesuiten und Mönche*, da sie Bündnis und Besatzung vermeiden wollten: Loyalität und Gegnerschaft zu Gustav Adolf wurde hier in hohem Maße zu einer Frage der Konfession stilisiert, wobei diese Wahrnehmungs- beziehungsweise Zuschreibungspraxis die tatsächliche Konfessionszugehörigkeit zu einem geradezu sekundären Faktum werden ließ.

In anderer Weise spielte die Konfession bei dem Bericht des pro-schwedischen Historiographen Matthaeus Lungwitz über die Verhandlung des schwedischen Königs mit Frankfurt eine Rolle:

[Die Frankfurter hätte] gantz weißlich erwogen / daß Ihre Königl. Majest. dero expeditiones zu keinem andern Ende fortgesetzt / als daß sie ihr gäntzlich vorgesatzt / Gottes des Allerhöchsten Ehre zu befördern / sein heiliges vnd allein seligmachendes Wort auszubreiten / vnd die von den Papistischen Tyrannen höchstbedrängte Evangelische mit dero Succurs zu erfrewen[242].

Lungwitz nutzt also die Verhandlungen als Schreibanlass, um die Kämpfe konfessionell aufzuladen und den schwedischen König als heroischen Glaubenskämpfer in Szene zu setzen. Dabei wurden diese Ausführung des Weiteren noch dazu verklärt, übereinstimmend mit dem *Causa impulsiva expeditionis Succicæ [anstoßgebenden Grund des schwedischen Feldzugs]*[243] zu sein.

Mit katholischen Städten auf Distanz verhandeln

Auch mit Gesandten entfernter katholischer Städte scheint man – um es wieder mit dem Terminus Goffmans zu formulieren – auf der Vorderbühne verhandelt zu haben, allerdings auf eine andere Weise als mit den Gesandten der mehrheitlich protestantischen Städte Erfurt und Frankfurt. Der Gesandte Neuburgs an der Donau, der Gustav Adolf in seinem Lager im bayrisch-schwäbischen Grenzgebiet aufsuchte und vom schwedischen General Gustav Horn zum König geführt wurde, wurde von diesem sogleich mit massiven Vorwürfen und Beschimpfungen konfrontiert.[244] Dann jedoch verlagerte sich laut Lungwitz und Merian das Geschehen:

Als nun der König hierüber fortgeritten / hat er ihme Gesandten durch Herrn Pfalzgraffen Augustum [August bei Rhein zu Sulzbach] [...] andeuten lassen / sie

---

242 Lungwitz, Imperator Theodosius Redivivus, S. 68.
243 Ebd., S. 68.
244 Vgl. Abelinus/ Merian, Theatri Europaei, S. 635; Lungwitz, Judas Maccabaeus, S. 43f.

solten 200000 Pfundt Brodt vnnd drey hundert Tonnen Bier in das Läger lieffern / als dann ihre May. nach Befindung ihres Verhaltens / sich weiter gegen ihnen erklären wolte[245].

Teile der Verhandlungen wurden also nicht mehr vom König, sondern von einem Adligen aus dessen Gefolgschaft geführt, der – von diesem wohl dazu veranlasst – mehr oder weniger subtil eine große Menge an Proviant forderte. Ausgehend von diesem Befund könnte man durchaus interpretieren, dass die Rolle des Königs bei Verhandlungen mit Gesandten altgläubiger Städte deutlich konfrontativer und rigoroser war als bei solchen von protestantischen. Ja, man könnte sogar sagen, dass diese Rolle so eindeutig definiert war, dass ein anderer Akteur die Verhandlungen mit dem Neuburger Gesandten fortsetzen musste. Hierdurch wurde nicht nur eine Dysfunktionalität vermieden, sondern es scheint sogar, als sei durch das Zusammenwirken der Akteure auf schwedischer Seite sogar auf instrumenteller wie symbolischer Ebene überaus effektiv agiert worden: Durch die besonders rigorose Art zu verhandeln, konnte Gustav Adolf sich als unnachgiebiger Verfechter der protestantischen Sache in Szene setzen sowie später dementsprechend inszeniert werden; zudem war mit dieser Radikalität auch die Möglichkeit verbunden, besonders hohe Forderungen zu stellen. Dysfunktional wurde diese Art des Verhandelns im Fall von Neuburg aber gerade deshalb nicht, weil August bei Rhein zu Sulzbach die notwendigen, weniger rigorosen Teile der Verhandlung übernahm.

Gänzlich untypisch war diese Art der Verhandlung jedoch nicht; vielmehr scheint sie einem typisch (hoch-) adligen Verhandlungsstil entsprochen zu haben, zu dem geradezu adelstypische Eigenarten wie eine eigenwillige Rigorosität, ein gewisser Grobianismus sowie eine Neigung zur Gewaltandrohung beziehungsweise -anwendung gehörten.[246] Dazu kam noch, dass das persönliche Verhandeln mit Königen in der Frühen Neuzeit sowieso als ausgesprochen schwierig galt, da man es wegen ihres überragenden sozialen Status prinzipiell für problematisch hielt, ihnen offen zu widersprechen.[247] Nichtsdestotrotz gestalteten sich die Verhandlungen für Gustav Adolf immer wieder recht schwierig.

---

245 Abelinus/ Merian, Theatri Europaei, S. 635. Vgl. auch Lungwitz, Judas Maccabaeus, S. 43f.
246 Vgl. Waquet, Verhandeln, S. 127; Köhler, Höflichkeit, S. 392; Asch, Adel, S. 193f; Walther, Protest, S. 178–184; Walther, Hosen, S. 55f.
247 Vgl. Köhler, Verhandlungen, S. 427. Vgl. auch: Petersen, Belagerte Stadt, S. 170ff.

Einen sehr interessanten Fall, bei dem sich einige vormoderne Mechanismen der Konfliktverschärfung und -regulierung bei Verhandlungen geradezu beispielhaft zeigen lassen, ist sicherlich die Verhandlung über die Übergabe Münchens, die Matthäus Merian im ›Theatrum Europaeum‹ beschrieb:

Wie die zu München [...] gesehen / daß durch Einnehmung der vorbesagten Orth der König [Gustav Adolf] ihnen gar nah auff den halß kommen / vnd wol vermercket / daß nunmehr auchihnendas Spiel gelten würde / haben sie ihre Abgeordnete nacher Freysingen dem König entgegen geschickt / auff leydentliche Conditionen sich mit ihm zuvergleichen. Worauff der König ihnen zwar Conditionen vorschlug / weil sie aber den Bayerischen nicht gefielen / vnnd sie nicht annehmlich bedünckten / wolte es mit dem Accordt nicht fort. So schien es auch / als wann die zu München den König nur auffzuhalten / vnnd die Sach uff die lange Banck / in Hoffnung diese Händel vnderdessen sich etwa ändern möchten / zu spielen gedächten. Derhalben der König / solches wol merckende / mit der Armee darauff fortrucket. Da die Inwohner dieses vernommen / wolten sie ferners Ernsts nicht erwarten / sondern krochen zum Creutz vnnd entschlossensich sämptlich / daß sie sich gutwillig ergeben wolten. Worauff dann die eltesten Herrn der Statt die Schlüssel sampt dem Gehorsamb Ihrer May. entgegen getragen / vnd dieselbe Ihrer Kön. Ma. mit Bitt vnd tieffester Demuth vbergeben / die der König auch in Gnaden auff vnd angenommen[248].

Verhandlungen auf Distanz scheinen also durchaus als komplexes Geflecht aus Praktiken und möglichen Deutungen interpretierbar: Verhandlungen, bei denen es keine Einigung gab, wurden im Fall Münchens als Taktik interpretiert, mit der man den Vormarsch der schwedische Armee verzögern wolle. Verhandlungen aus der Distanz waren – zumindest im Imaginarium der Zeitgenossen – »Zeitpraktiken«[249], mit denen man (zumindest eine Weile) ganze Armeen aufhalten konnte.[250] Ob die Gesandten, die für die Stadt München verhandelten, dies intendierten, ist zwar nicht klar, doch ein solcher Effekt war sicherlich vorhanden und wurde offensichtlich von manchen Zeitgenossen so wahrgenommen. Um die Verhandlungen zu beschleunigen, sei die schwedische Armee auf München *fortrucket* – damit sollte man wohl eher kein faktisches Vorwärtsmarschieren verstehen, sondern wohl eher ein symbolisches: Wahrscheinlich

248 Abelinus/ Merian, Theatri Europaei, S. 645.
249 Vgl. zu »Zeitpraktiken«: Landwehr, Zeiten, S. 29f. Zitat: ebd., S. 29.
250 Vgl. überblicksartig zum Nexus zwischen Zeit und Militär: Landwehr, Zeit.

hat man das Vorrücken angekündigt, die Armee marschbereit gemacht oder vielleicht auch eine kurze Strecke auf das ohnehin nahe München zurücklegen lassen. Bei diesem Vorrücken dürfte es also vor allem darum gegangen sein, Furcht bei den Gesandten zu erzeugen, indem man ihnen die Möglichkeit der schwedischen Truppen vor Augen stellte – auch das war eine Agieren mit Zeit, durch die eine mögliche Zukunft als wahrscheinlich in Szene gesetzt wurde.[251]

Erst nach dieser Drohgebärde haben die Gesandten sich mit dem schwedischen König *mit Bitt vnd tieffester Demuth* geeinigt, worauf dieser sie *in Gnaden auff vnd angenommen*: Schon in diesem Narrativ werden typische vormoderne Wahrnehmungs- und Verfahrensweisen der Konfliktregulierung deutlich, bei denen Bitten und Selbstdemütigung der Unterlegenen auf den Überlegenen in der Regel verpflichtend wirkte.[252] Einem Flehenden Gnade zu gewähren, war den auch geradezu ein Signum der ›guten Herrschaft‹, d.h. Gustav Adolfs Einigung mit den Gesandten, die für München verhandelten, wurde hier zu einem Argument verklärt, durch das der schwedische König als ›gnädiger‹ und damit ›guter‹ Herrscher erschien.[253] Konstitutiv für diesen Effekt war jedoch stets die Selbstdemütigung des Unterlegenen, durch die dieser seine Unterlegenheit geradezu performativ herstellte:[254] Aus dieser Perspektive betrachtet, diente das Drohmanöver der Durchsetzung von Übergabebedingungen und Hierarchie mittels Furcht. Merian und auch Lungwitz, dessen historiographisches Werk Merian hier wohl als Vorlage diente, schrieben denn auch konnotativ über die für die Stadt München verhandelnden Unterhändler: Sie *krochen zum Creutz*[255], während der pro-kaiserliche und pro-katholische Historiograph Franz Christoph Khevenhüller eine so ehrverletzend klingende Formulierung hingegen vermied.[256] Ein Bericht, der im Münchner Franziskanerkloster über-

---

251 Vgl. allgemein: Landwehr, Geburt.
252 Vgl. grundlegend zu frühneuzeitlichen Kniefällen: Stollberg-Rilinger, Knien. Vgl. auch zeitlich ausgreifender: Althoff, Bilder, S. 33f.
253 Vgl. zur ›guten Herrschaft‹: Eibach, Strafjustiz, S. 203; Eibach, Gleichheit, S. 522f.
254 Möglicherweise forcierte die schwedische Seite diese (Selbst-) Demütigung noch, indem sie den Unterhändlern zuerst demonstrativ eine Unterredung verweigerte (vgl. O.A., Gewiser Bericht vnd Vrkhundt deß entstandnen Vbels vnd Vnruehe in Minchen im Jar 1632, S. 311; Heimers, Krieg, S. 29). Wenn dies zuträfe, müssten die Bitten um eine Unterredung jedoch aus chronologischen Gründen innerhalb weniger Stunden erfolgt sein.
255 Abelinus/ Merian, Theatri Europaei, S. 645. Vgl. die praktisch identische Passage bei Lungwitz, Judas Maccabaeus, S. 89f.
256 Vgl. Khevenhüller, Annales Ferdinandei, Bd. 12, Sp. 141.

liefert wurde, beschrieb dies jedoch gänzlich anders: Die Unterhändler, die für die Stadt München verhandelten, seien *dem Creiz so auf die Creizwochen khumen ist, entgegen gezogen*[257]. Hier werden die Verhandlungen – die in der Woche nach Ostern erfolgten – und die spätere Besetzung in einem religiösen Rahmen gedeutet, der beides geradezu mit der Kreuzigung Christi gleichsetzte, d.h. man deutete es als gottgefälliges Martyrium, wodurch die (militärische) Niederlage als ein (religiöser) Sieg erschien.[258] Ex post konnte solch eine Handlung also noch genutzt werden, um die unterlegenen Akteure zu verhöhnen, die Ereignisse für sie durch zurückhaltendere Formulierungen glimpflicher erscheinen zu lassen oder diese aber in einem anderen Deutungsrahmen vollkommen umzudeuten.

Wie genau aber die Handlungsmuster aussahen, die die Gesandten anwandten, kann man nur sehr bedingt ermitteln. Sicher belegt ist vor allem, dass, nachdem schon am 14. Mai 1632 ›erfolglos‹ verhandelt wurde, am nächsten Tag weitere Akteure aus München ins schwedische Feldlager kamen.[259] Man kann sicherlich davon ausgehen, dass diese personelle Aufstockung als Ehrerweisung gegenüber Gustav Adolf sowie als Relevanzzuweisung an diese Verhandlungen interpretierbar war, d.h. die hohe Anzahl der Akteure ist nicht zuletzt auch symbolisch zu verstehen.[260] Angeblich hat der Rat Johann Küttner (Kittner) mit einem Fußfall um Gnade gebeten, doch dies ist nicht besonders gut belegt.[261] In den Textquellen heißt es jedoch immer wieder, die Schlüssel seien der schwedischen Armee entgegen getragen worden.[262] Es wäre also durchaus möglich, dass Gustav Adolf also schon bei Freising die Stadtschlüssel übergeben worden wären, was auch mit Fußfällen verbunden gewesen sein könnte – in der zeitgenössischen Ikonographie jedenfalls sind Schlüsselübergaben praktisch

---

257 O.A., Gewiser Bericht vnd Vrkhundt deß entstandnen Vbels vnd Vnruehe in Minchen im Jar 1632, S. 311.
258 Vgl. zu solch einem Deutungsmuster: Burschel, Das Heilige und die Gewalt, S. 354–357. Vgl. grundlegend zu Martyrium: Burschel, Sterben; Burschel, Tode.
259 Vgl. Stahleder, Chronik, S. 451; Leuchtmann, Aufzeichnungen, S. 207.
260 Vgl. Lutter, Überwachen, insbesondere S. 119 und 126; Stollberg-Rilinger, Kleider, S. 156.
261 Vgl. Heimers, Krieg, S. 29.
262 Vgl. Abelinus/ Merian, Theatri Europaei, S. 645; Khevenhüller, Annales Ferdinandei, Bd. 12, Sp. 141; Lungwitz, Judas Maccabaeus, S. 89f. Die zeitgenössischen Bilder jedoch zeigen eine Schlüsselübergabe in der unmittelbaren Nähe Münchens (vgl. Abelinus/ Merian, Theatri Europaei, ohne Seitenzahl, zwischen S. 644 und 645; O. A., Kurtzer Bericht von Eroberung der Curffürstlichen Statt München).

immer mit dem Knien der Unterlegenen verbunden.[263] Das Knien jedoch ist als eine eindeutige und praktisch ultimative Demutsgeste zu werten, die für den Knienden eine enorme (Selbst-) Demütigung darstellte und in der Frühen Neuzeit – im Gegensatz zum Mittelalter – nur noch wenig gebräuchlich war.[264] Das Überbringen der Stadtschlüssel wiederum entsprach symbolisch schon der Übergabe der Stadt (siehe Kapitel 3. 6.).[265]

Doch auch, wenn man nicht exakt feststellen kann, wie genau die Gesandten, die für München verhandelten, in Freising agierten, so steht allerdings fest, dass eine Einigung mit Gustav Adolf erzielt und die Übergabe vereinbart wurde.[266]

Im Gegensatz zu Städten wie Augsburg, Mainz und Würzburg, die erst mit der schwedischen Seite verhandelten, als deren Truppen bereits vor Ort waren, verhandelten einige Städte wie Frankfurt am Main, Erfurt, Neuburg an der Donau und München aus der Distanz. Versucht man diese abweichende Verhandlungspraxis zu erklären, so fallen zwei Besonderheiten bei diesen Städten auf: Sie waren entweder protestantisch dominierte Städte ohne kaiserliche oder ligistische Besatzung oder aber sie lagen in Bayern, wo noch einige Städte mehr äußerst schnell einen Akkord abschlossen.[267] Dass es Versuche gab, protestantische Städte frühzeitig zu einem Akkord zu bewegen, verwundert eher nicht, doch bei bayrischen, dezidiert katholischen Städten, die mit Herzog Maximilian einen eindeutig positionierten Stadtherrn hatten, erscheinen frühe Verhandlungen und Akkordabschlüsse doch erklärungsbedürftiger. Robert Monro schrieb dazu:

Als Donauwörth eingenommen und durch eine starke Besatzung von Schweden gesichert war, rief dies Erstaunen und großen Schrecken bei allen Papisten in Bayern hervor [...]. [...]. Und als die Einwohner von Neuburg sahen, daß Schloß Oberndorf und verschiedene andere Orte von S.M. [Gustav Adolf] eingenommen worden waren, begehrten sie einen Schutzbrief von S.M., vor allem auch deshalb, weil die

---

263 Vgl. etwa: Vo-Ha, Rendre, S. 115.
264 Vgl. grundlegend zu frühneuzeitlichen Kniefällen: Stollberg-Rilinger, Knien.
265 Vgl. Erler, Art. »Schlüssel«, Sp. 1444.
266 Vgl. Heimers, Krieg, S. 28f; Rystad, Schweden, S. 424; Stahleder, Chronik, S. 451; Albrecht, Maximilian, S. 828f.
267 Vgl. zu den bayrischen Städten: Parker, Dreißigjährige Krieg, S. 209. Diese spezielle Einigungssituation wurde bereits zeitgenössisch als Spezifikum wahrgenommen (vgl. Mahr, Robert Monro, S. 173).

Schweden überall große Beute machten und, wohin sie auch kamen, die Papisten beim Geldbeutel nahmen[268].

Monros Ausführungen enthalten zweifellos einen anti-katholischen Impetus und eine Glorifizierung des militärischen Könnens Gustav Adolfs, doch offenbar nahm schon dieser Zeitgenosse bayrische Städte als besonders verhandlungs- und übergabebereit wahr und auch seine Erklärung – nämlich erhöhte Übergabebereitschaft auf Grund von Furcht vor einer erfolgreichen und rigoros gegen altgläubige Akteure vorgehenden Armee – ist trotz aller gebotenen ideologiekritischen Vorbehalte kaum von der Hand zu weisen. Nach zahlreichen Stadteinnahmen – zuletzt in Franken, dem Maingebiet, Schwaben und Teilen Bayerns – galt die schwedische Armee 1632, als sie weiter nach Bayern vorrückte, offenbar als Gegner, dem sich weniger gut geschützte Städte besser ergeben sollten. Das Wissen um das bisherige Agieren der schwedischen Truppen spielte bei dieser Einschätzung, wie die Ausführungen Monros nahelegen, sicherlich eine nicht unbedeutende Rolle.

Abgesehen von den beiden genannten mehrheitlich protestantischen Städten und einigen Städten in Bayern war jedoch eine Verhandlung auf Distanz eher die Ausnahme; mit den allermeisten Städten wurden erst Verhandlungen über die Übergabe geführt, wenn die schwedische Armee sich bereits vor den jeweiligen Städten befand.[269]

Verhandlungen vor Ort

Vorhandlungen mit der schwedischen Seite wurden, wenn die Truppen Gustav Adolfs schon vor der Stadt waren, auf zweierlei Weisen initiiert: Entweder die Städte verdeutlichten ihre Verhandlungsbereitschaft über den schwedischen Akteur – in der Regel einen Trommler oder Trompeter – durch den sie zur Übergabe aufgefordert wurden, oder aber sie schickten selbst jemanden zu den schwedischen Truppen.

Letzteres erschien im zeitgenössischen Imaginarium jedoch offenbar mitunter als überaus riskant, denn in einem Militärtraktat aus der Mitte des 17. Jahrhunderts hieß es dazu:

---

268 Vgl. Mahr, Robert Monro, S. 167f.
269 Vgl. zu den Normen dieser Verhandlungsform im 18. Jahrhundert: Duchhardt, Kugeln im Mund, S. 134f und 138f.

*[Um zu verhandeln] solle man des morgens / oder da sie zeit zu seyn vermeyn-
ten / durch einen Trommelschläger (welcher deß ersten den Hüt an einem stecken
hinter den Schantzkörben herfür zum dritten mal / damit er nicht erschossen werde
/ auffzeiget / vnd darzu die Trommel drey mal auff einanderen schlaget) ein Brieff
dem General zuschicken*[270].

In der Praxis wandte man zumindest das Trommelschlagen, das quellenmäßig äußerst gut belegt ist, an.[271] Die wahrscheinlich doch recht große Häufigkeit, mit der dieses Handlungsmuster angewandt wurde, sowie die Erwähnung
in einem Traktat legen nahe, dass das Trommelschlagen als Ankündigung von
Boten eine etablierte Praxis war; die Bedeutung des Trommelschlags in dieser Situation war also sicherlich allgemein bekannt. Genau durch dieses Wissen aber wurde aus dem bloßen Trommeln – also dem Klang beziehungsweise
der Benutzung eines bestimmten Musikinstruments – ein spezifisches Signal,
auf das entsprechend reagiert werden konnte, indem man nicht auf den gegnerischen Akteur schoss. Damit also von der Seite der Stadt aus überhaupt
Verhandlungen initiiert werden konnten, war diese allgemein bekannte Praxis
vonnöten, durch die eine temporäre Feuerpause erbeten werden konnte – was
jedoch wiederum nicht bedeutet, dass die gegnerische Seite stets auf dieses Begehren einging (siehe Kapitel 4. 3.).

Wie genau dieses Vorgehen aber, abgesehen vom Trommelschlagen, aussah,
wird in den Quellen nur selten berichtet, nur Robert Monro erwähnte diese
Praxis ausführlicher:

*[Die Verteidiger von Landsberg an der Warthe] schickte […] unverzüglich auf
unserer Seite einen Trommler heraus, der sagte, daß sie über »Quartier« verhandeln
wollten. Ich empfing ihn, und nachdem ihm die Augen verbunden worden waren,
wurde er mit einem Geleit zum König [Gustav Adolf] geschickt*[272].

Der Botengang des Trommlers verlief hier also etappenweise: Wohl noch
relativ nah an der Stadt traf er das erste Mal auf schwedische Truppen, denen
er mitteilte, dass die Stadt über eine Übergabe verhandeln wolle; dann *empfing*
ihn Monro, der ihn mit verbundenen Augen zum schwedischen König (ins
Lager) schickte. Der Trommler traf also nacheinander auf immer hochrangigere

270 Lavater, Kriegsbüchlein, S. 79.
271 Vgl. Mahr, Robert Monro, S. 100; Abelinus/ Merian, Theatri Europaei, S. 350 und
    S. 639; Khevenhüller, Annales, Bd. 12, Sp. 89. Vgl. auch: Vo-Ha, Rendre, S. 77f. Vgl.
    zur Praktik des Verhandelns im 18. Jahrhundert: Petersen, Belagerte Stadt, S. 250f.
272 Mahr, Robert Monro, S. 116.

Akteure der schwedischen Seite und gleichzeitig begab er sich wahrscheinlich immer weiter ins gegnerische Lager. Dies ähnelte in gewisser Weise der zeitgenössischen höfischen Praktik des Antichambrierens, bei der man auch (gestaffelt) einen Raum durchschritt und auf immer bedeutendere Akteure traf, wodurch Rang und Ehre des letzten Akteurs akzentuiert wurde.[273] Ganz ähnlich dürfte auch die soziale Logik dieses Agierens gewesen sein, die durch die Ähnlichkeit zum Antichambrieren verständlich gewesen sein dürfte: Der Rang des schwedischen Königs wurde hierdurch hervorgehoben.

Zugleich wurden auf diese Weise die verhandelnden Personen der schwedischen Seiten, allen voran der König, geschützt, da sie sich nicht räumlich exponieren mussten. Auch das Verbinden der Augen bei dieser Handlung diente der Sicherheit, weil hierdurch verhindert wurde, dass der gegnerische Trommler das schwedische Lager, und insbesondere die Laufgräben und Geschützstellungen, genauer betrachten konnten.[274] Auf diese Weise konnte die gegnerische Seite keine militärisch relevanten Informationen hierbei generieren.

In den Fällen von Augsburg und Würzburg jedoch nutzten die Städte dieses Handlungsmuster nicht, sondern kommunizierten über den schwedischen Boten, der sie zur Übergabe aufgefordert hatte. Dies setzte voraus, dass die Städte schon zum Zeitpunkt der Aufforderung in bestimmtem Maße kommunikationsbereit waren; die folgende Kommunikation nahm bei beiden Städten jedoch ganz spezifische Formen an.

In Augsburg wurde von der katholischen Obrigkeit und dem bayrischen Kommandanten schon nach der (ersten) Ankunft des schwedischen Trompeters am 19. April 1632 ein Antwortschreiben verfasst, in dem die eigene Verhandlungsbereitschaft zum Ausdruck gebracht wurde.[275] Dieses wurde dem Trompeter binnen weniger Stunden ausgehändigt, wobei die Augsburger Wagner und Hainhofer übereinstimmend berichten, dass das Drängen des Trompeters diese Aktion sogar noch beschleunigt habe.[276] Hainhofer fügte noch hinzu, die schnelle Aushändigung dieses Schreibens habe eine gemeinsame Übersendung des Schreibens der altgläubigen Obrigkeit und eines ebenfalls Verhandlungsbereitschaft signalisierenden Briefs der protestantischen Einwohnerschaft verhin-

273 Vgl. Karner, Raum; Satzinger/ Jumpers, Zeremoniell, passim.
274 Vgl. dazu auch: Duchhardt, Kugeln im Mund, S. 139.
275 Der Brief ist im Wortlaut wiedergegeben in Wagners Selbstzeugnis: Vgl. Roos, Chronik, S. 3f.
276 Vgl. Roos, Chronik, S. 3; Emmendörffer, Welt, S. 476.

dert, weil das letztere Schreiben nicht so schnell fertiggestellt werden konnte.[277] Man bemühte sich in Augsburg also um eine überaus rasche Beantwortung des königlichen Aufforderungsschreibens, wodurch Entgegenkommen ausgedrückt wurde, denn in der höfisch-adligen Interaktion war Zeit ein bedeutsames Medium und eine nur kurze Wartezeit war ein Zeichen des Entgegenkommens und der Ehrzuschreibung.[278] Durch ein solch symbolisch entgegenkommendes und ehrgenerierendes Verhalten gegenüber der schwedischen Seite wurde signalisiert, dass man an einer Konfrontation kein Interesse habe und ›ernsthaft‹ verhandeln wolle.

In Würzburg hingegen agierte man völlig anders: Dem ersten schwedischen Trompeter wurde mitgeteilt, man brauche Zeit zum Beraten.[279] Vom zweiten Trompeter verlangte der Kommandant der Stadt, Rittmeister Keller von Schleitheim, dann eine *ansehenliche herren Standts Personen, oder sonst Einen anderen Ehrlichen bekanten Cavallier, oder vornehmen verständigen Officier*[280], mit der Begründung, *weilen bey dem Kriegsweesen nit herkommen, das mann von solchen wichtigen sachen mit Trommetern zu tractiren pflege*[281]. In Würzburg wirkten die Akteure auf Seiten der Stadt also früh und deutlich auf den Ablauf der Verhandlungen ein. Schon allein durch das aktive, die schwedischen Bemühungen geradezu konterkarierende Agieren wurde Autonomie und Handlungsmacht in Szene gesetzt, indem man sich den schwedischen Zügen eben gerade nicht fügte, sondern eigensinnig auf die Verhandlungen einwirkte. Und auch die jeweiligen Handlungen hatten eine eindeutige Stoßrichtung: Wie eine kurze Wartezeit den Wartenden sozial auszeichnete, so wirkte langes Warten (stark) ehrmindernd, d.h. die Würzburger Seite kam der Schwedischen nicht entgegen, sondern wandte eine geradezu beleidigende Praktik an.[282] Und auch die Forderung des Rittmeisters nach einem ranghohen Verhandlungspartner ist durchaus als konfrontativ zu werten, denn hierbei wurde letztlich der Rang der Stadt Würzburg beziehungsweise derjenige des Stadtkommandanten äußerst stark akzentuiert: In der frühneuzeitlichen Logik wurde nämlich durch einen ranghohen Unterhändler stets (auch) der Rang des Gegenübers zum Ausdruck

---

277 Vgl. Emmendörffer, Welt, S. 476. Der Brief ist im Wortlaut wiedergegeben in Wagners Selbstzeugnis: Vgl. Roos, Chronik, S. 4f.
278 Vgl. Landwehr, Geburt, S. 289; Vogel, Marquis, S. 224.
279 Vgl. Leo, Würzburg, S. 277.
280 Leo, Würzburg, S. 280.
281 Ebd., S. 280.
282 Vgl. Landwehr, Geburt, S. 289; Vogel, Marquis, S. 224.

gebracht.[283] Beide Handlungsmuster liefen also darauf hinaus, den Rang der städtischen Seite zu betonen und denjenigen der Schwedischen zu mindern. Die Akteure in der Stadt Würzburg mieden also ganz eindeutig jegliches Entgegenkommen, das man eben auch als Unterordnung oder gar ›Dienstbarkeit‹ hätte deuten können.[284] Stattdessen pflegten sie einen geradezu adligen Verhandlungsstil, bei dem die eigene Freiheit, Autonomie und Ehre stark betont wurden – auch und gerade zu Ungunsten der schwedischen Seite.[285]

Ausgehend von dieser Episode ist es besonders interessant zu fragen, welche Akteure überhaupt als Unterhändler agierten. In einem Militärtraktat hieß es dazu:

Wann nun der Feind sich zu accordieren eynlassen will / so schickt er etliche fürnemme Oberste in die Vestung zu parlamentieren / mit Instruction: vnd hergegen der Gubernator die fürnembsten Capitain zu Geiseln in das Läger / vnd wird interim ein anstand der Wehr vn Waaffen gemachet[286].

Dieses Militärtraktat sah also ranghohe Unterhändler vor; allerdings sollte man zwei Dinge beachten: Erstens beschreibt das Traktat kein konkret durchgeführtes Handeln, sondern gibt – tendenziell normativ – an, wie dieses aussehen sollte; zur Untersuchung tatsächlicher Handlungsmuster eignet es sich daher nur bedingt, da es aus der Perspektive eines Militärtheoretikers einen Idealtyp beschreibt. Zweitens stammt dieses Militärtraktat aus den späten 1650er Jahren, also über Zwanzig Jahre nach den Ereignissen, die hier von Interesse sind, und betrachtet man frühere Traktate, so fällt auf, dass dieses Thema überhaupt nicht behandelt wurde – möglicherweise kam es also erst im späteren Verlauf des Dreißigjährigen Kriegs oder kurz nach diesem zur Reflexion und Theoretisierung.

Geradezu frappierend ist, dass Robert Monros Bericht über die Verhandlung zur Übergabe Demmins den Ausführungen des eben genannten Militärtraktats zu dem Ablauf des Verhandelns ziemlich unähnlich ist, denn ersterer schrieb: *Major Greenland, ein englischer Kavalier, der damals dem Kaiser diente, wurde herausgeschickt, um mit S. M. [Gustav Adolf] einen Akkord auszuhandeln*[287]. Zwar war der besagte Akteur zweifellos ein hochrangiges Mitglied der

---

283 Vgl. Thiessen, Diplomatie, S. 488f.
284 Vgl. Walther, Protest; Walther, Hosen.
285 Vgl. Waquet, Verhandeln, S. 127. Zum adligen Stil vgl. auch: Walther, Protest; Walther, Hosen.
286 Lavater, Kriegsbüchlein, S. 80.
287 Mahr, Robert Monro, S. 103.

Ständegesellschaft, doch wurde er aus der belagerten Stadt *herausgeschickt* – d.h. die Verhandlungen werden mit an Sicherheit grenzender Wahrscheinlichkeit im Lager der schwedischen Armee stattgefunden haben, die gerade keinen ihrer ranghohen Akteure in die Stadt hineinschickte. Dies ist kein unbedeutendes Detail, sondern belegt im Gegenteil das Entgegenkommen der Akteure in der Stadt, das auf symbolischer Ebene ganz eindeutig als ehrgenerierend für die schwedische Seite, d.h. für den schwedischen König, zu werten ist.[288] Doch auch auf funktionaler Ebene hatte dies einen Effekt, da man einen Akteur, den man in das feindliche Lager beziehungsweise die gegnerische Stadt schickte, selbstverständlich auch ein – großes – Stück weit auslieferte.[289] Dabei war das Schicksal eines ständisch hochstehenden Akteurs aus zeitgenössischer Perspektive zweifellos viel bedeutender als dasjenige eines einfachen Boten: Auch auf dieser Ebene machten die Verteidiger von Demmin also ein Zugeständnis, indem sie es riskierten, einen adligen Offizier aus der Stadt heraus zu schicken.

In Würzburg wurde laut dem Bericht des bischöflichen Rats Joachim Ganzhorn – nach der Forderung des Stadtkommandanten nach einem hochrangigem Unterhändler auf schwedischer Seite – anders verhandelt, denn Ganzhorn schrieb:

Vber ein nit gantze halbe stundt ohngefehrlich kombt von der Semmelßgassen herein biß zum Spithalthor geritten Hochgedachter Ihrer Köng. May. Obrister Stallmeister [Johann Albrecht von der Schulenburg], sambt 2 bey sich habenten Reysigen, undt begehrt mit dem Obersten Commendanten der Statt [...] zue reden, der sich auch gleich daselbsten deme præsentirt, undt dessen für- undt anbringen in præsentia plurimorum [in Gegenwart der Meisten] der länge nach angehört[290].

Hier kam mit Johann Albrecht von der Schulenburg ein ranghoher Akteur der schwedischen Seite zum Verhandeln, doch kam dieser, wie auch an anderer Stelle deutlich wird, nicht in die Stadt hinein, sondern blieb vor dem Tor (genauer: dem Spitaltor).[291] Die Verhandlung war somit auch von den schwedischen Truppen beobachtbar und daher war ein sofortiges militärisches Eingreifen, um mögliche Angriffe auf die eigenen Unterhändler zu stoppen oder zu vergelten, von schwedischer Seite stets möglich.

---

288 Vgl. Stollberg-Rilinger, Kleider, S. 160; Stollberg-Rilinger, Status, S. 148; Krischer, Zeremonialschreiben, S. 100.
289 Vgl. dazu etwa: Zirr, Schweden, S. 98.
290 Leo, Würzburg, S. 280.
291 Vgl. auch: ebd., S. 289.

Am Beispiel von Würzburg wird zudem auch deutlich, dass beim Verhandeln Briefe eine wichtige Rolle spielen konnten, denn die Würzburger übergaben dem schwedischen Unterhändler – nach einer internen Beratung – ein Schreiben mit für sie annehmbaren Vereinbarungen für eine Übergabe der Stadt, die dieser dem schwedischen König überbringen sollte.[292] Dieses Mittel der Kommunikation unter Abwesenden dürfte einerseits notwendig gewesen sein, da (aus Gründen der Repräsentation und der Sicherheit) die für die Frühe Neuzeit eigentlich üblichere »Kommunikation unter Anwesenden«[293] mit Gustav Adolf nicht möglich war und so mit dem entscheidenden schwedischen Akteur über Distanzmedien kommuniziert werden musste.[294] Andererseits boten Briefe durch ihre Schriftlichkeit auch Sicherheit, indem sie mögliche Zusagen durch ihre Materialität konservierten.[295]

In Augsburg waren die Verhandlungen – nachdem man, wie erwähnt, der schwedischen Seite brieflich Verhandlungsbereitschaft signalisiert hatte – wieder anders und vor allem auch komplexer: Dort agierten zahlreiche, hochrangige Akteure als Unterhändler für die schwedische Seite, doch auch diese verhandelten vor der Stadt *vor dem Wertachbrucker Thor bei St. Wolfgang, dem Siechenhaus, auf der grünen Wiese*[296]. Auch hier kamen die schwedischen Unterhändler also ihrem Gegenüber nicht bis in die Stadt entgegen, sondern ließen sie zu sich herauskommen. Allerdings implizierte die zahlreiche und ranghoch besetzte Verhandlungsdelegation eine symbolische Aufwertung der Unterhändler aus Augsburg, wobei diesen freilich gleichzeitig hierdurch auch Rang, Ehre und Würde der schwedischen Seite vor Augen geführt wurde.[297]

Wie wenig standardisiert die personelle Besetzung von Übergabeverhandlungen während dieser Zeit noch war, kann man einerseits an der großen Varianz der verhandelnden Akteure sehen. Andererseits aber auch daran, dass wahrscheinlich auch die schwedische Seite Einfluss auf die personelle Zusammensetzung der gegnerischen Unterhändler nahm (wie es vice verca der Würz-

---

292 Vgl. ebd., S. 289.
293 Schlögl, Vergesellschaftung, S. 21. Vgl. allgemein dazu: Schlögl, Vergesellschaftung; Schlögl, Kommunikation.
294 Vgl. zu Distanzmedien: Hengerer, Abwesenheit.
295 Vgl. Schlögl, Medien, S. 10f.
296 Roos, Chronik, S. 7. Vgl. auch Emmendörffer, Welt, S. 477. Vgl. zu den Unterhändlern: Roos, Chronik, S. 7; Emmendörffer, Welt, S. 477.
297 Vgl. Thiessen, Diplomatie, S. 488f; Thiessen, Gestaltungsspielräume 202f; Krischer, Gesandtschaftswesen, S. 230f.

burger Stadtkommandant getan hatte), denn der Augsburger Jacob Wagner
schrieb:

Als sie [die Augsburger Unterhändler] zu den Schwedischen hinauskamen, sind
sie alsbald gefragt worden, ob von den Evangelischen auch unter ihnen seien; als sie
aber nicht näher geantwortet, sondern (sagten), sie werden schon mit dem was sie
(ver)handeln, zufrieden sein, ist ihnen doch angezeigt worden, sie sollen wieder in
die Stadt zurückkehren und von den Evangelischen auch etliche mit herausbringen,
denn anderer Gestalt werde mit ihnen nichts traktiert werden[298].

Dieses Zitat ist aber nicht nur ein gutes Indiz für eine geringe Standar-
disierung von Übergabeverhandlungen und die Möglichkeit, den Modus der
Verhandlung zum Verhandlungsgegenstand zu machen, sondern auch die Stoßrichtung dieses Versuchs ist ebenfalls aufschlussreich: Die katholischen Unterhändler und (damit) die von diesen repräsentierte altgläubige Obrigkeit der
Reichsstadt wurde in ihrer Ehre angegriffen, indem die schwedische Seite ihren
Einfluss demonstrierte und die zuvor marginalisierten Protestanten als bedeutsame Gruppe reetablierte.[299] Damit wurde schon im Modus der Verhandlungen
der schwedische Impetus manifest und für die beteiligten Akteure wahrnehmbar.[300] (Und auch protestantische Delegierte verhandelten fortan mit.[301])

Bezeichnend für die Lage in Augsburg ist aber auch, dass die Schweden
gleichzeitig mit dem bayrischen Kommandanten de Treberey über den Abzug der
bayrischen Truppen aus der Reichsstadt verhandelten.[302] In diesem Fall verhandelte der schwedische Unterhändler, ein hoher Offizier, sogar in der gegnerischen
Stadt:[303] Dem bayrischen Offizier kam man somit symbolisch entgegen und die
Sicherheitsaspekte scheinen in diesem Fall, wahrscheinlich wegen des recht eindeutigen Kräfteverhältnisses, der brieflich ausgedrückten Intention zum Abzug
sowie der gleichzeitigen Verhandlungen vor der Stadt, sekundär gewesen zu sein.

Diese im Untersuchungskorpus absolut spezielle Art der Verhandlung ist
(neben den bereits erwähnten Vorkommnissen während der internen Beratung)

---

298 Roos, Chronik, S. 7.
299 Vgl. grundlegend zum Stellenwert von Ehre in frühneuzeitlichen Stadtgesellschaften:
     Füssel/ Weller, Ordnung; Carl/ Schmidt, Stadtgemeinde.
300 Vgl. zu dieser Episode: Roeck, Stadt, Bd. 2, S. 685ff; Stetten, Geschichte, S. 168ff; Bir-
     linger, Schweden, S. 632.
301 Vgl. Roos, Chronik, S. 7f; Emmendörffer, Welt, S. 477f.
302 Vgl. Roeck, Welt, S. 245; Roeck, Stadt, Bd. 2, S. 685; Weber, Augsburg, S. 269; Stetten,
     Geschichte, S. 170.
303 Vgl. Roos, Chronik, S. 7; Emmendörffer, Welt, S. 478.

ein weiteres Indiz für die völlig unterschiedlichen Interessen der altgläubigen Stadtobrigkeit einerseits und der bayrischen Besatzung andererseits. Beide Akteursgruppen verhandelten nun auch getrennt für ihre Interessen, d.h. der Stadtobrigkeit war am künftigen Status der Stadt, dem Kommandeur jedoch am Abzug seiner Truppen gelegen.[304] Dieser Verhandlungsmodus dürfte die Position derjenigen, die im Namen der Stadt verhandelten, geschwächt haben, wodurch, insbesondere nachdem die Garnison mit der schwedischen Seite ihren Abzug vereinbart hatte, ein Abbruch der Verhandlungen – d.h. eine sogenannte Exitlösung[305] – durch sie praktisch unmöglich wurde.[306]

›Lustigkeit‹ und Politesse, Unsicherheit und Aggression

Nach den Gesprächen kam es bei den Verhandlungen um Augsburg noch zur Bewirtung der Unterhändler vor der Stadt.[307] Dem Augsburger Kunstagenten Hainhofer wurde von der altgläubigen Stadtobrigkeit befohlen,

das er etliche gute spießen von gesottenem und gebratenem so vil er inn der eyl auffbringen künde, auch Confect, u. ein baar legel siessin [süßen] und anderen guten weins nach St. Wolfgang under den Lindenbaum, den Herren abgeordneten, hinauß schickhen, und sambt der seinen selbs auch fleissig auff warte[308].

Die katholische Stadtobrigkeit demonstrierte mit der Bewirtung der Unterhändler Politesse und symbolisierte damit gleichermaßen Entgegenkommen wie auch höfische Umgangsformen und somit ihren Rang, wobei beides wohl noch durch Umfang und Güte der Speisen und Getränke verstärkt werden sollte.[309] Um aber überhaupt solche Effekte erzielen zu können, war – wie hier deutlich wird – nicht zuletzt auch die Verfügbarkeit bestimmter zur Bewirtung benötigter Güter unerlässlich.

Auffallend an den Beschreibungen Wagners und Hainofers an dieser letzten Phase der Verhandlungen ist eine ganz bestimmte Zuschreibung: *Da (sind)*

---

304 Eine ähnliche Situation gab es in den 1640er Jahren auch in Leipzig (vgl. Zirr, Schweden, S. 119ff).
305 Vgl. theoretisch zur Exitlösung: Köhler, Verhandlungen, S. 413f.
306 Vgl. Roeck, Welt, S. 245; Roeck, Stadt, Bd. 2, S. 685; Weber, Augsburg, S. 269; Stetten, Geschichte, S. 170.
307 Vgl. Roos, Chronik, S. 8.
308 Emmendörffer, Welt, S. 478.
309 Vgl. zum Entgegenkommen: Köhler, Höflichkeit, S. 386–392. Vgl. zu den Umgangsformen: Asch, Adel, S. 218–225. Vgl. zur Bedeutung der Speisen: Davis, Schenkende Gesellschaft, S. 54–67.

dann die Schweden lustig gewesen: der [schwedische] König hat sich zu Ross nicht weit von ihnen sehen lassen, wo er hin- und hergeritten[310], wie Wagner schrieb. Die sichtbare Präsenz des schwedischen Königs ist möglicherweise wiederum als schwedisches, die Augsburger Unterhändler ehrendes Entgegenkommen zu deuten, wobei dies möglicherweise als Reaktion auf die Bewirtung interpretiert werden kann, die so gewissermaßen Teil eines Gabentauschs der materiellen und immateriellen Höflichkeitsbezeugungen gewesen wäre.[311] Viel wichtiger ist aber wahrscheinlich eine andere Bemerkung: Die Schweden seien *lustig gewesen*. Diese Zuschreibung von Emotion ist bemerkenswert, weil Hainhofer sie ebenfalls gebrauchte:

> *der bayrische Commandant (so mit ainem Schweedischen hohen Officier den ihre Maÿ: [Gustav Adolf] zuer [Ver-]Handlung, mit ihme, wegen des Abzugs herein geschickht im würthshauß, beim Zimprecht Korrenmann aller lustig seÿe,)*[312].

Auch dieser Schwede war also, zusammen mit dem bayrischen Kommandanten de Treberey, *lustig*. Diese Zuschreibung einer bestimmten Emotion ist bemerkenswert, da sie letztlich immer im Kontext einer Situation erfolgte, als die Verhandlungen praktisch abgeschlossen waren: Die Einigung wurde also mit ›Lustigkeit‹ in Verbindung gebracht, eine Zuschreibung, die im frühneuzeitlichen Kontext mit Fröhlichkeit, Ausgelassenheit, Nähe und geradezu Intimität assoziiert wurde. Allerdings könnte man die ›Lustigkeit‹ auch als Umschreibung einer zunehmenden Alkoholisierung interpretieren: Ein solcher gemeinsamer Konsum von alkoholischen Getränken, der häufig über ritualisiertes Zutrinken erfolgte, kann als ein für die Frühe Neuzeit übliches Mittel der Vergesellschaftung gelten.[313] Wie auch immer: Da das Beisammensein in Gegenwart der gegnerischen Unterhändler und bei den Schweden vor dem Tor allgemein sichtbar geschah, kann man davon ausgehen, dass man so das Ende der Auseinandersetzung um Augsburg feierlich beging. Bei diesem ›Lustig-sein‹ handelte es sich wohl weniger um eine die Unterlegenen schmähende Siegesfeier als um eine Festivität, durch die eine soziale Schätzung des Gegners erfolgte.[314] Das gemeinsame Mahl der Unterhändler vor der Stadt jedenfalls, als auch das von Hainhofer beschriebene Zusammensein de Trebereys mit seinem schwedischen

---

310 Roos, Chronik, S. 8.
311 Vgl. theoretisch zum Gabentausch: Mauss, Gesellschaft.
312 Emmendörffer, Welt, S. 478.
313 Vgl. Schwerhoff, Policey, S. 368ff; Nolde, Peinlichkeiten, S. 359–362.
314 Vgl. dazu Medick, Dreißigjährige Krieg, S. 399–406.

Verhandlungspartner, sind definitiv auch als Medien zu interpretieren, durch die eine solche soziale Anerkennung des Gegners erfolgte.[315]

Auffällig an den Verhandlungen in Augsburg ist somit, dass beide Seiten – vor allem aber die Akteure, die die Reichsstadt verteidigten – immer wieder Gesten der Höflichkeit und der sozialen Auszeichnung ihrer Gegner anwandten, d.h. in Fragen des Zeremoniells ihren Feinden entgegenkamen, womit die Verteidiger gleichzeitig auch ihre Einigungsbereitschaft zum Ausdruck brachten. Gleichzeitig agierte die schwedische Seite jedoch situativ auch konfrontativ, um die Bedeutung der Augsburger Protestanten zu akzentuieren, was gleichzeitig auch den Effekt hatte, die schwedische Überlegene zu demonstrieren.

Verhandlungen konnten aber auch noch andere (Teil-) Praktiken beinhalten, denn in Neu-Brandenburg, Demmin und Landsberg an der Warthe wurden, wie Monro berichtete, Geiseln ausgetauscht ehe die Verhandlungen begannen.[316] Dieses Agieren diente zweifellos dazu, Sicherheit zu schaffen, indem man so etwaige Übergriffe auf die eigenen Unterhändler oder – speziell von Seiten der Stadt aus betrachtet – einen möglichen Handstreich vergelten könnte. Auf symbolischer Ebene dürfte es sicherlich auch dazu gedient haben, Vertrauen zu schaffen, doch gleichzeitig ist ein solches Vorgehen ein gutes Indiz dafür, dass es an Vertrauen gemangelt hat.[317] Bezeichnender Weise stammen alle von Monro genannten Beispiele aus dem nordostdeutschen Raum, d.h. aus der frühen Phase des kriegerischen Agierens Gustav Adolfs im Reich. Es wäre also durchaus möglich, dass in dieser frühen Phase Verhandlungen mit der damals weitgehend unbekannten und als barbarisch geltenden schwedischen Armee als risikoreich oder unkalkulierbar wahrgenommen wurden und man deshalb zu besonderen Vorsichtsmaßnahmen griff.[318] Über einen Geiselaustausch während Verhandlungen in der folgenden Zeit berichten die Quellen jedenfalls nichts.

Während man in vielen Städten versuchte, annehmbare Übergabevereinbarungen auszuhandeln – etwa indem man, wie in Augsburg oder der Stadt Würzburg, der schwedischen Seite eine Liste mit für die städtische Seite akzeptablen Bedingungen schickte[319] – so gab es auch Städte und Festungen, die ihre Ableh-

---

315 Vgl. zu dieser Thematik auch: Wrede, Zähmung; Süßmann, Höflichkeit.
316 Vgl. Mahr, Robert Monro, S. 100, 103 und 116.
317 Vgl. Valerius/ Carl, Geiselstellung.
318 Vgl. zur frühen Deutung der schwedischen Truppen: Wilson, Dreißigjährige Krieg, S. 562f.
319 Vgl. für Augsburg: Roos, Chronik, S. 8. Vgl. für die Stadt Würzburg: Leo, Würzburg, S. 288f.

nung einer möglichen Übergabe zum Ausdruck brachten. Die überlieferte Rhetorik der Verteidiger hierbei war mitunter rigoros: Es gab durchaus eindeutig kriegerische und herausfordernde Antworten der Verteidiger.[320] Exemplarisch hierfür kann die Aussagen des Kommandanten von Donauwörth stehen, der wohl verlauten ließ, *[e]r wüste Ihm [Gustav Adolf] nichts zuwillen / als Kraut vn Loth / vnd die Spitze vom Degen*[321]. Solche Aussagen waren geeignet, die eigene Tapferkeit und die Bereitschaft, die Stadt zu verteidigen, in Szene zu setzen. Doch gab es neben diesen wohl auch noch andere, weniger rigorose, wie die des Kommandanten von Bacharach, der laut Khevenhüllers ›Annales Ferdinandei‹ zur Antwort gab, *weil er kein anderes als Soldaten-Handwerck gelernet, ihm auch eine Schande wäre, ein so starck und wohlproviantirtes Schloß zu übergeben, wolte er der Schwedischen erwarten, und sein bestes thun*[322]. Hier wurde die Verteidigung geradezu zu einer Frage des soldatischen ›Berufsethos‹ – und damit der Ehre – stilisiert. Zudem wurde nebenbei auch auf die Verteidigungsfähigkeit der Befestigungsanlage verwiesen, wodurch die schwedischen Truppen zweifellos abgeschreckt werden sollten.

Der Würzburgische Kommandant, Adam Heinrich Keller von Schleitheim, verhielt sich wiederum laut Ganzhorn im Verlauf der Übergabeverhandlungen bezüglich der Würzburger Stadtfestung Marienberg demonstrativ höflich und verwies vor allem auf das Loyalitätsverhältnis zu seinem Herrn, dem Elekten von Würzburg, das ihm eine Übergabe nicht erlaube.[323] Keller nutzte also die Sprache des Hofes, indem er Höflichkeit an den Tag legte und auf Dienstverpflichtungen, d.h. Patronagebeziehungen, verwies. Der intendierte Effekt aller dieser Aussagen bestand zweifellos immer darin, eine Übergabe abzulehnen, doch das Spektrum der verwendeten rhetorischen Mittel ist durchaus bemerkenswert und verweist auf die Pole zwischen denen sich adlige Gewaltunternehmer im 17. Jahrhundert bewegten, nämlich rücksichtsloser Gewaltanwendung einerseits und höfischer Politesse andererseits.[324]

---

320 Vgl. dazu auch: Kaiser, Kriegsgreuel, S. 160, 176f.
321 Chemnitz, Kriegs, S. 308; verl. auch: Abelinus/ Merian, Theatri Europaei, S. 633.
322 Khevenhüller, Annales, Bd. 12, Sp. 90.
323 Vgl. Leo, Würzburg, S. 308.
324 Vgl. Asch, Adel, S. 193f und 218.

Verhandlungsarten, statistisch betrachtet

Probiert man abschließend, sich noch einmal der Differenz zwischen Verhandlungen aus der Nähe und solchen auf Distanz zu nähern, so ergibt sich ein interessantes Bild, wenn man einmal die Ebene der Mikrohistorie verlässt und stattdessen eine stärker statistisch geprägte Perspektive einnimmt. Eine Differenz zwischen Städten, die direkt mit schwedischen Truppen konfrontiert waren, und solchen, bei denen sich die schwedische Armee noch nicht vor den Toren befand, bestand in der Geschwindigkeit mit der Entscheidungen getroffen wurden, scheinbar nur sehr bedingt: Augsburg und die Stadt Würzburg einigten sich bereits nach einem Tag mit ihren Gegnern, während Mainz, das es als einzige dieser drei Städte auf einen längeren Belagerungskampf ankommen ließ, nach wenigen Tagen aufgab.[325] Von den Städten, die nicht unmittelbar mit schwedischen Truppen konfrontiert waren und sich ›gütlich‹ mit der schwedischen Seite einigten, benötigte München zwei beziehungsweise drei Tage und Frankfurt am Main über drei Wochen für die Verhandlungen.[326] Die Verhandlungen mit Frankfurt dauerten also scheinbar deutlich länger als andere, doch betrachtet man nicht ausschließlich die Kategorie Zeit, sondern bezieht auch den Faktor Raum mit ein, so ergibt sich ein anderes Bild: München und Frankfurt am Main einigten sich erst mit den Schweden, als starke schwedische Truppen höchstens noch zwei Tagesmärsche entfernt waren, denn spätestens zwei Tage nach der Einigung erreichte die schwedische Hauptmacht die jeweiligen Städte.[327]

Die Anwesenheit oder zumindest Nähe starker schwedischer Truppen war also offenbar ein äußerst wichtiger Faktor bei den Verhandlungen. Gleichzeitig zeigen die Beispiele von Frankfurt am Main, Nürnberg und – mit Abstrichen – Erfurt jedoch auch, dass die schwedische Seite dem Faktor Konfession eine große Bedeutung beimaß, da diese Städte relativ früh aufgefordert wurden; doch nur mit Nürnberg kam ein Bündnis zustande, ohne dass die Armee dabei

---

325 Vgl. zu Augsburg: Roeck, Stadt, Bd. 2, S. 685. Vgl. zu Würzburg: Sicken, Dreißigjähriger Krieg, S. 107f. Vgl. zu Mainz: Brück, Mainz, S. 48; Frohnhäuser, Gustav Adolf, S. 98f; Müller, Staat, S. 56ff. Am 19. Dezember 1631 erreichte die schwedische Armee Mainz, am 20. begann die Belagerung, am 22. kapitulierte die Stadt und am 23. erfolgte die Übergabe.

326 Vgl. zu München: Stahleder, Chronik, S. 451f. Vgl. zu Frankfurt: Gotthold, Schweden, Bd. 1; Rieck, Frankfurt am Main unter schwedischer Besatzung, S. 29–52.

327 Vgl. zu München: Stahleder, Chronik, S. 451f. Vgl. zu Frankfurt: Rieck, Frankfurt am Main unter schwedischer Besatzung, S. 52ff.

eine unmittelbare Rolle spielte. Die schwedische Seite maß hier der Konfession offenbar eine größere Wirkmächtigkeit zu, als sie besaß.

Militärischer ›Erfolg‹ oder Verrat? Zeitgenössische Deutungen

In den – ex post erfolgten – Zuschreibungen Robert Monros, der im Dreißig-jährigen Krieg in der Armee Gustav Adolfs diente, erschien jedoch oftmals der Faktor des Militärischen als entscheidend: Neu-Brandenburg wurde überge-ben, *[d]a er [der Feind] einen Generalangriff befürchtete*[328] und Landsberg an der Warthe

[a]ls der Feind sah, daß die Schanze verloren war und daß wir auf der stärk-sten Seite der Stadt so nah herangerückt waren, auch daß Feldmarschall Horn mit seinen Streitkräften auf die andere Seite marschierte, die am schwächsten war[329].

Zur Übergabe Demmins schrieb er: *Da begannen sie den Mut zu verlieren, denn als sie erkannten, daß das Schloß übergeben war, hatten sie keine Hoffnung mehr, die Stadt noch länger zu behaupten*[330], während es zu Mainz hieß: *Als der Feind sah, daß keine Hoffnung auf Entsatz war, trat er in Verhandlungen ein*[331]. Doch Übergaben so zu beschreiben und zu begründen war kein Spezifikum des schottischen Obristen, sondern in Matthäus Merians ›Theatrum Europaeum‹ tat man dies beispielsweise auch:

[Der schwedische König hat] die darinn [in Mainz] liegende Spanier den rech-ten Ernst sehen lassen. Sie haben sich zwar Anfangs tapffer gewehret / als er aber durch Geschwindigkeit genahet / daß er under das Geschütz der Schantzen vnnd biß an die StattGraben kommen / auch allbereyt Petraden am Ganthor angeschrau-bet / vnd ein Sturm angetretten werden sollen / haben sie den Muth sincken lassen / den 13. Decembris accordirt[332].

In der Beschreibung der Zeitgenossen erscheinen also militärische Manöver als für Stadtübergaben entscheidend. Zugespitzt gesprochen waren somit mili-tärische Aktionen, inklusive Gewalt, im zeitgenössischen Imaginarium das Mit-tel der Wahl, um eine Stadt zu erobern. Dies ist eigentlich kaum überraschend, doch impliziert dieser Befund mehr Komplexität als es den Anschein hat: Keine der vier eben erwähnten Städte – Neu-Brandenburg, Landsberg, Demmin und

---

328 Mahr, Robert Monro, S. 100.
329 Ebd., S. 116.
330 Ebd., S. 103.
331 Ebd., S. 159.
332 Abelinus/ Merian, Theatri Europaei, S. 493.

Mainz – wurde mit einem Sturmangriff eingenommen, sondern alle wurden per Akkord übergeben. Man schrieb somit dem militärischen Vorgehen hier keinen (rein) funktionalen Effekt zu, sondern einen symbolischen. Damit ist gemeint, dass der Wahrnehmung von den militärischen Aktionen der schwedischen Truppen durch ihre Gegner entscheidende Bedeutung attestiert wurde – Monro benutzte dementsprechend auch Wahrnehmungszuschreibung, wie ›sehen‹ oder ›erkennen‹. Im ›Theatrum Europaeum‹ ging man sogar noch einen Schritt weiter und machte aus dem militärischen Agieren geradezu eine Schau-Praktik (*den rechten Ernst sehen lassen*). Es wurde also eine Beobachterrolle der Verteidiger ganz explizit vorausgesetzt, durch die die schwedischen Aktionen überhaupt zu einer entsprechenden Reaktion der Verteidiger und damit zur Übergabe der Stadt geführt hätten. (Bei Monro erfolgte zudem nicht selten auch noch eine Zuschreibung von Emotionen: Die Feinde fürchteten sich, verloren Mut und Hoffnung etc.). Die Zeitgenossen gingen also davon aus, dass militärische Aktionen von der Gegenseite wahrgenommen und gedeutet wurden und diese damit auch eine – in modernen Termini gesprochen – symbolische Dimension besaßen, die einen entscheidenden Effekt auf die Entscheidung zur Übergabe besaß.

Diese Beschreibungen machen aber nicht nur deutlich, was für eine zentrale Rolle die Zeitgenossen der Wahrnehmung militärischer Aktionen beimaßen, sondern sie besaßen auch eine zusätzliche Stoßrichtung: Durch die Erwähnung wurden die entsprechenden militärischen Aktionen hervorgehoben und gerühmt – evident wurde diese postulierte ›Qualität‹ gerade durch die Reaktion der Verteidiger gemacht, d.h. der geschlossene Akkord wurde zum Signum einer hervorragenden militärischen Aktion und des Sieges. In einigen Flugblättern ging man sogar noch einen Schritt weiter: Während bei Monro die Stadtübergabe die mittelbare Wirkung einer ›guten‹ militärischen Aktion ist, ist sie bei einigen Flugblättern eine unmittelbare: Eine militärische Aktion habe dazu geführt, dass die Soldaten in Augsburg sich *mit Accordt ergeben müssen*[333]; in Mainz haben die schwedischen Truppen *zum accordieren sie [die Verteidiger] genötiget*[334], beziehungsweise eine militärische Aktion habe dazu geführt, *daß sie [die Verteidiger] übermannet waren / vnd [...] accordiren musten*[335]. Die

---

333 O. A., Hertzlicher Wunsch vnd Sehnliches verlangen / Der Hochbetrangten Evangelischen Burgerschafft zu Augspurg.
334 O. A., Mayntz.
335 O. A., Abriß vnd Beschreibung Der Churfürstl. Residentz-Statt Maeintz.

Verhandlung und letztlich auch die Handlungsmacht der Akteure in der Stadt wurde so konsequent ausgeblendet und das ›Akkordieren‹ geradezu zu einem mechanischen Akt gemacht, der durch eine militärische Aktion ausgelöst wurde. Eine solche Perspektivierung führte zweifellos zu einer Glorifizierung der angreifenden Armee – und insbesondere ihres Feld- und Kriegsherrn Gustav Adolf – da dieser Seite die ›gute‹ militärische Aktion und damit die alleinige Handlungsmacht zugeschrieben wurde.

Gänzlich anders beschrieb Maurus Friesenegger, Mönch im Kloster in Andechs, die Gründe der Stadtübergaben: *Den 20. April ergab sich Augsburg ohne Schwertstreich den Schweden*[336], wie auch zuvor *die [sic] Reichsstädte den Schweden vielfältig die Schlüssel frei entgegen trugen*[337]. Friesenegger erwähnte gerade keine militärischen Aktionen der schwedischen Armee, sondern betonte im Fall von Augsburg sogar das völlige Fehlen jeglicher Gegenwehr – was nicht mit den Tatsachen übereinstimmte –, d.h. eine militärische Notwendigkeit der Übergaben wurde bestritten, wodurch die Übergaben recht deutlich in die Nähe des Verrats gerückt wurden.[338] In anderen Passagen wurde der Mönch noch deutlicher: Der schwedische König habe *die [an Sachsen] angrenzenden Landschaften, wohin ihn die Ketzer [die Protestanten] wo nicht berufen, doch gerne eingelassen, unter seine Gewalt gebracht*[339], hieß es an anderer Stelle und ferner: *Den 4. Mai hat der Magistrat von Landsberg wider den Willen der Bürgerschaft, und der Besatzung, da sie dem Feind noch weit überlegen waren, demselben die Stadt schändlich übergeben*[340]. Friesenegger deutete einige Stadtübergaben also ziemlich eindeutig als Verrat, insofern er ihnen jegliche militärische Notwendigkeit absprach oder sie explizit als *schändlich* titulierte. Den verächtlich als *Ketzer* bezeichneten Protestanten attestierte er sogar, den schwedischen Truppen *gerne* ihre Städte übergeben zu haben, was zweifellos eine eindeutig konfessionelle Polemik war.[341]

Diese mal impliziter, mal expliziter erfolgende Zuschreibung von Verrat fügte sich ziemlich gut in die um 1600 verbreiteten Diskurse der konfessionellen Bedrohung ein und zudem dürfte sie auch in gewisser Weise produktiv

---

336 Friesenegger, Tagebuch, S. 16.
337 Ebd., S. 15.
338 Vgl. zum Verrat in der Frühen Neuzeit: Neu, Ritter; Neu, Verrat; Haug-Moritz, Verraten; Krischer, Judas, S. 21ff.
339 Friesenegger, Tagebuch, S. 14.
340 Ebd., S. 16.
341 Vgl. Gotthard, Gerecht Krieg, S. 473–484.

gewesen sein:[342] Indem man zwielichtige Gründe für die Übergaben der Städte angab oder das Bild von einer geradezu ›freudigen‹ Übereinkunft zwischen Stadt und (feindlicher) Armee zeichnete, verweigerte man den schwedischen Truppen die Anerkennung irgendeines militärischen ›Erfolgs‹. Damit waren die Stadteinnahmen keine Indizien für eine militärische ›Leistung‹ und auch nicht ehrgenerierend. Dem Narrativ einer ›erfolgreichen‹ schwedischen Armee und ihres mindestens ebenso ›erfolgreichen‹ Feldherrnkönigs wurde so ein eindeutiges Gegennarrativ entgegengesetzt. Hierdurch vermied man auch eine der ›heroischen‹ Erzählweise implizit innewohnende religiöse Dimension: Militärische Kämpfe (insbesondere Schlachten[343], aber auch Stadteinnahmen[344]) wurden in der Vormoderne nicht selten als Gottesurteile gedeutet – indem man aber eine Stadteinnahme als Verrat deutete, verhinderte man dieses Deutungspotenzial.[345] Die eigene Seite war durch das Verratsnarrativ somit von jeglicher Verantwortung entbunden, während die schwedische Seite und die jeweiligen Städte mit dubiosen Handlungen in Verbindung gebracht wurden.

Zusammenfassend lässt sich sagen, dass es zwei sich stark unterscheidende Modi der Verhandlung über die Übergabe einer Stadt gab: Erstens gab es eine Verhandlung aus der Distanz, bei der die Unterhändler, die für die Stadt verhandelten, zu der schwedischen Armee, die sich zu diesem Zeitpunkt noch in einiger Entfernung zu ebendieser Stadt befand, kamen, um zu verhandeln; zweitens gab es anderweitige Formen der Verhandlung die erfolgten, wenn die schwedische Armee bereits die jeweilige Stadt erreicht hatte.

Die erste Art der Verhandlung scheint auf der Vorderbühne abgelaufen zu sein: In Gegenwart zahlreicher, teils ranghoher Akteure verhandelten die Unterhändler im Lager der schwedischen Armee im Freien mit dem schwedischen König. Durch diese Art des Verhandelns scheinen diese Treffen geradezu zu Spektakeln geworden zu sein, bei denen alles beobachtbar war und insbesondere Gustav Adolf hat wohl seine Rolle akzentuiert: Bei protestantischen Verhandlungspartnern – wie den Gesandten von Frankfurt am Main und Erfurt – inszenierte er sich als ›Retter des Protestantismus‹ und vermied weitestgehend

342 Vgl. zum konfessionellen Diskurs um 1600: Gotthard, Gerecht Krieg, S. 473–484. Allgemeiner vgl. auch: Schilling, Fundamentalismus.
343 Vgl. Clauss, Schlacht, S. 69–74.
344 Vgl. Houston, City; Albrecht, Maximilian, S. 829.
345 In der frühneuzeitlichen Wahrnehmung pervertierte der Verräter, quasi Judas-gleich, die (göttliche) Ordnung (vgl. Haug-Moritz, Verraten, S. 95–102; Krischer, Judas, S. 13–19, 21ff).

Drohungen, während er gegenüber Unterhändlern, die für altgläubige Städte wie München und Neuburg an der Donau verhandelten, deutlich rigoroser und konfrontativer vorging.

Die Abwesenheit der schwedischen Armee von der jeweiligen Stadt war aber nicht nur konstitutiv für die praktische Durchführung dieses Verhandlungsmusters, sondern es gab noch weitere Verbindungen: Die Verhandlungen um die Übergabe Münchens wurden von den (pro-protestantischen) Zeitgenossen auch als ein Agieren mit Zeit beschrieben, durch die ein weiterer Vormarsch der schwedischen Truppen verhindert werden sollte; Verhandlungen hatten also durchaus das Potential retardierend auf die Truppenbewegung zu wirken. Die Abwesenheit der schwedischen Armee wiederum verhinderte eine feindliche Attacke auf die jeweiligen Städte – genau deshalb scheint man im katholischen Bayern überaus häufig auf Distanz verhandelt zu haben: Ein konfessionell bedingtes rigoroses Vorgehen von Seiten der Schweden versuchte man so zu verhindern. Für die schwedische Seite andererseits war diese Art des Verhandelns sicherlich auch attraktiv: Das Entgegenkommen der gegnerischen Unterhändler konnte als Ehrzuweisung interpretiert werden und man konnte, da die Armee weder kämpfen noch überhaupt bis zur jeweiligen Stadt vorrücken musste, verlustlos und schnell Städte einnehmen. Allerding erfolgte eine Übergabe – und in der Regel auch eine Aufnahme von Verhandlungen – erst, wenn die schwedischen Truppen bis auf wenige Tagesmärsche auf die jeweiligen Städte vorgerückt waren.

Wurde jedoch verhandelt, wenn die Armee die jeweilige Stadt schon erreicht hatte, so waren vor allem zwei Faktoren für die Verhandlungen zentral: Sicherheit und Ehre. Beide Seiten versuchten die Verhandlung so zu gestalten, dass ihre Unterhändler vor möglichen Übergriffen geschützt wurden: Aus diesem Grund wurde nicht selten zwischen den schwedischen Stellungen und der Stadt verhandelt, da so die Situation beobachtbar war und zugleich beide Seiten gleich stark bedroht wurden. Zusätzlich wurden Verhandlungen während der frühen Phase von Gustav Adolfs Kriegszügen im Reich auch durch die gegenseitige Stellung von Geiseln abgesichert. Mitunter verhandelte man aber auch in der Stadt oder im schwedischen Lager, was zweifellos ein symbolisches Entgegenkommen der jeweils anderen Seite war, wobei den Unterhändlern, die zu den schwedischen Truppen kamen, die Augen verbunden wurden, damit sie nicht – zufällig oder nicht – die Stellungen ihrer Gegner betrachten konnten. Gerade, wenn man die personelle Gestaltung der Unterhändler betrachtet, zeigt sich auch, dass diese zeitgenössisch (noch) wenig normiert war und sie selbst zu einem Gegenstand der Verhandlungen werden konnte. Diese Verhandlungen über den Verhandlungsmodus hatten in der Regel den Impetus, die eigene Freiheit, Handlungsmacht und Ehre zu akzentuieren, indem man das Agieren des Gegenübers durchkreuzte und ›bessere‹ – d.h. hochrangigere – Verhandlungspartner verlangte. Dies war ein Vorgehen, das für die so düpierte Gegenseite gleichermaßen ehrverletzend war.

3. 5. Über einen Akkord beraten

Nachdem Verhandlungen mit der schwedischen Seite aufgenommen worden waren, konnte es in der Stadt aber immer noch zu Beratungen über die mögliche Übergabe kommen. So geschah es etwa in Erfurt und in Würzburg, wodurch man an Hand dieser beiden Beispiele ein Schlaglicht auf Beratungen zu diesem Zeitpunkt werfen kann.

Laut der im Auftrag des Rats der Stadt Erfurt veröffentlichten Flugschrift über die Einnahme der Stadt kam es nach der Verhandlung auf Distanz noch zu einer Beratung von Akteuren des Rats der Stadt mit Vertretern des Erzbischofs von Mainz, der der Landesherr der Stadt war. Adam Schwind, der höchste Vertreter des Erzbischofs vor Ort, habe dem Rat, laut dieser Flugschrift, zugeredet, die Bedingungen Gustav Adolfs anzunehmen und auf keinen Fall Widerstand zu leisten.[346] Diese Erzählweise hatte zweifellos eine enorm entlastende Funktion, denn eine solche Aussage Schwinds hätte den Rat von der Verantwortung für diese Entscheidung entbunden; diese Zuschreibung war somit geeignet, dem Rat zur Delegation von Verantwortung für eine etwaige Übergabe zu dienen, die so bei den bischöflichen Amtleuten zu liegen schien. Dass es tatsächlich Beratungen des Erfurter Rats mit den bischöflichen Amtleuten vor Ort gab, belegt auch der Bericht des dort bepfründeten altgläubigen Kanonikers Caspar Heinrich Marx:

Alß die Maintzischen Beambte undt Rathe, wie auch die Geistlichkeit hiesiges ohrtes vernommen, daß Ein Ehrenfester Raht die Quartier nicht könte abwenden, sondern daß Ihre Maiestät, der konig aus Schweden, gewis in hiesige Stadt kommen

---

346 Vgl. O. A., Warhafftiger wolgegründeter Bericht. Welcher gestalt [...] Gustavi Adolphi [...] am 22. Septembris deß Jahrs 1631. zum erstenmahl in der Stadt Erffurdt angelanget, S. 33f.

würde undt Ein Ehrenfester Raht ietzo imb Tractat und Accord mit Ihrer Maiestät
stunden, ist der Maintzische Voigt, Herr Johan Bötner, beneben dem Gerichtschrei-
ber Herrn Joanni Jagenern [Johann Jagemann] in die hohe Lilien zue den da Ver-
sambleten Bürgermeistern geschickt worden, mit begehren, darmit die Maintzischen
Beambten undt Geistlicheit auch in den Accord eingeschlossen werden mögen[347].

Marx erwähnt eine Akkordbereitschaft der mainzischen Amtleute nur implizit und akzentuiert stattdessen ihren Versuch, auf die möglichen Akkordbedingungen einzuwirken, *darmit die Maintzischen Beambten undt Geistlicheit*
auch in den Accord eingeschlossen werden mögen. Laut dem Erfurter Kleriker
waren es dann auch die Amtleute, von denen diese Beratung ausging: Sie erschienen hier als ›gute‹ Amtleute, die sich für die Belange ihres Herrn und ihrer
Glaubensgenossen einsetzten.

Die Beratung zwischen dem Rat der Stadt Erfurt und den bischöflichen
Amtleuten wurde also höchst unterschiedlich gedeutet: Während die im Auftrag des Rats veröffentlichte Flugschrift sie so beschrieb, als sei es zur Billigung
eines Akkords durch die Amtleute gekommen, inszenierte Marx die Beratung
als Versuch der Amtleute, sich für die bischöflichen Belange und die Katholiken
einzusetzen. Die Beratung wurde so geradezu zu etwas, was man diskursthe-
oretisch als »leeren Signifikanten«[348] bezeichnen könnte, d.h. es wurden stark
divergierende – und fast antagonistische – Deutungen auf sie projiziert. Den
konkreten Effekt dieser Beratung in actu kann man so zwar nicht mehr feststellen, doch sind aus kulturgeschichtlicher Perspektive auch und gerade diese
Deutungsmöglichkeiten interessant: Es war durchaus möglich, einen Konsens
über eine Stadtübergabe zu postulieren, durch den die getroffene Entscheidung
als ›gut‹ charakterisiert und ein Teil der Verantwortung an die bischöflichen
Amtleute delegiert wurde. Ebenso gut war es aber auch möglich, einen Dissens zu beschreiben, bei dem Nachverhandlungen gefordert wurden – beide
erwähnten Varianten erschienen im Imaginarium der Zeitgenossen offenbar als
möglich.

Doch auch wenn sich beide Varianten stark unterscheiden, so haben sie
doch einen gemeinsamen Bezugspunkt: Den Erzbischof von Mainz. Beide
Narrative setzen – jedes auf seine Weise – loyale Untertanen in Szene, denn
in der ersten Erzählung tun die Erfurter Räte nichts ohne Zustimmung der

---

347 LHASA, MD, A 37b I, II IX Nr. 15, fol. 9ʳ.
348 Landwehr, Diskursanalyse, S. 89. Vgl. auch: Laclau/ Mouffe, Hegemonie, S. 147–152.

bischöflichen Amtleute, während in der zweiten die Amtleute nichts tun, was den Interessen ihres Herrn zuwider wäre. Beide Gruppen werden also in ›ihren‹ Narrativen als dem Erzbischof loyal charakterisiert – auch und gerade der Rat der Stadt Erfurt, die zur Zeit der Veröffentlichung der besagten Flugschrift in schwedischer Hand war. Dies lässt sich zum einen sicherlich damit erklären, dass Loyalität und Treue zum (Stadt-) Herrn in der Frühen Neuzeit sicherlich ein Wert an sich war und man vermeiden wollte, als Verräter zu erscheinen, der im Ruf stand, die Ordnung zu pervertieren.[349] (Die politische Loyalität wurde im Fall des Erfurter Rats also keineswegs von einer konfessionellen Solidarität geschlagen.)

Zudem könnten diese Erzählungen auch gerade im Hinblick auf eine andere Zukunft verfasst worden sein: Der Erfurter Kleriker Marx scheint geradezu ein Rechtfertigungsschreiben für seinen Erzbischof verfasst zu haben, doch auch insgesamt betrachtet, scheinen die Akteure in Erfurt ihre Schreiben auch für die Situation verfasst zu haben, dass der Mainzer Erzbischof wieder ihr Stadtherr würde und sie sich vor diesem rechtfertigen müssten. Ihr Verhalten wäre so als ein Agieren zu interpretieren, das mögliche Veränderungen antizipiert, wobei die Flugschrift im Auftrag des Erfurter Rats bezeichnenderweise 1634 veröffentlicht wurde, also in dem Jahr, als die schwedische Position durch die Niederlage in der Schlacht bei Nördlingen stark geschwächt wurde.[350]

In Würzburg war die Lage um einiges komplexer. Ein Großteil der Würzburger Elite befürwortete einen Akkord mit der schwedischen Seite, doch einige andere Akteure in der Stadt, insbesondere der Kommandant, Rittmeister Keller von Schleitheim, lehnten eine Übergabe rigoros ab und rieten stattdessen zur Verteidigung der Stadt.[351] Mit der Autorität der Mehrheit der städtischen Elite wurde jedoch die Entscheidung zur Übergabe der Stadt getroffen.[352] Um den akkordunwilligen Kommandanten zum Einlenken zu bewegen, bereitete man zur Entlastung Kellers sogar ein Schreiben vor, das die Verantwortung dieser Entscheidung beim Rat der Stadt Würzburg verortete:[353] Gegenüber Keller und seiner Position war die städtische Elite also bereit, eine Entscheidung zu

349 Vgl. zum Stellenwert der Loyalität: Stollberg-Rilinger, Kaiserin, S. 682f. Vgl. zum Verrat als Perversion der Ordnung: Haug-Moritz, Verraten, S. 95–102; Krischer, Judas, S. 13–19, 21ff.
350 Vgl. zur Situation Erfurts: Press, Kurmainz, S. 394; Stievermann, Erfurt, S. 56f.
351 Vgl. Leo, Würzburg, S. 288.
352 Vgl. ebd., S. 288.
353 Vgl. ebd, S. 439f.

treffen und zu verantworten, was man durchaus als Indiz dafür werten kann, dass die meisten entscheidenden Akteure in der Stadt das Schlimmste befürchteten, sollte es zu einem Kampf um Würzburg kommen.

Gleichzeitig versuchten die Bürgermeister und Räte der Stadt Würzburg, ihre Entscheidung zur Übergabe abzusichern: Sie wandten sich an das letzte in der Stadt verbliebene Mitglied des Domkapitels, Domscholaster Erhard von Lichtenstein, damit dieser ihren Entschluss gutheißen solle, was er auch tat.[354] Damit versuchte die Würzburger Elite, die Entscheidung zur Übergabe der Stadt ein Stück weit zu delegieren und ihr so mehr Legitimationspotenzial zu verschaffen.[355] Dass es sich bei dem dazu gewählten Akteur um ein Mitglied des Domkapitels handelte, verwundert kaum, denn Domstiften kam traditionell ein wichtiger Stellenwert bei den zu treffenden Entscheidungen des Bistums zu und sie definierten sich auch selbst als politische Institution – auch und gerade das Würzburger Domkapitel.[356] Der bischöfliche Rat Ganzhorn verwies selbst dezidiert auf die herausragende Bedeutung des letzten Mitglieds des Domkapitels in der Stadt, indem er anmerkte, dass man *neminem ex Superioribus [niemanden Höhergestellten] darüber [habe] consuliren können*[357].

Durch diesen Einbezug des Domscholasters versuchte die städtische Elite zweifellos zur Legitimation der Entscheidung zur Stadtübergabe gegenüber dem bischöflichen Stadtherrn beizutragen, wobei Ganzhorns gesamter Bericht letzten Endes der Erklärung und Rechtfertigung dieser Entscheidung gegenüber dem Elekten diente.[358]

Genau aus diesem Grund legte Ganzhorn wohl auch die Punkte, die laut ihm in der Beratung für eine Übergabe genannt wurden, noch einmal ausführlich dar: Die schwedischen Truppen seien erfahren, gut ausgerüstet und hätten einen erfahrenen und klugen Feldherrn, während die eigenen Truppen unerfahren, zahlenmäßig unterlegen, schlecht ausgerüstet und einen nicht besonders fähigen (!) Kommandanten hätten. Zudem hätte die Stadt keine Hilfe zu er-

354 Vgl. Leo, Würzburg, S. 288f. Vgl. auch: Scharold, Geschichte, S. 20f. Erhard von Lichtenstein war Scholaster des Würzburger Domkapitels und Propst der beiden dortigen Kollegiatstifte St. Burkhard und Neumünster; damit war er zweifellos ein in Würzburg sehr einflussreicher Akteur. Vgl. zu diesem: Wendehorst, Stift Neumünster, S. 320; Leo, Würzburg, S. 416f.
355 Vgl. Hoffmann-Rehnitz/ Krischer/ Pohlig, Entscheiden, S. 238f.
356 Vgl. zum Würzburger Domkapitel: Horling, Julius Echter. Vgl. zu Domstiften allgemein: Marchal, Domkapitel.
357 Leo, Würzburg, S. 289.
358 Vgl. ebd., S. 200–205, insbesondere: 203f.

warten, die gegnerische Armee aber habe bereits durch die Eroberung der Vorstadt rechts des Mains eine vorteilhafte Position eingenommen und Würzburg drohe eine komplette Zerstörung.[359] Ganzhorn nannte in seiner Schrift somit praktisch alle Argumente, die in ähnlicher Form in der Regel auch genannt wurden, wenn über die Aufnahme der Verhandlungen beraten wurde (siehe Kapitel 3. 2.). Diese ausführliche Auflistung erlaubt aber nicht nur, wie bereits im entsprechenden Kapitel erwähnt, die Rekonstruktion des zeitgenössischen Diskurses über gerechtfertigte Übergaben, sondern gibt einen klaren Hinweis auf die Intention dieser Passage – nämlich als Legitimationsversuch der Übergabe gegenüber dem bischöflichen Stadtherrn.

Dezidiert thematisierte Ganzhorn auch die Position derjenigen, die eine Übergabe ablehnten, wie etwa Rittmeister Keller von Schleitheim und Sigismund Joachim Truchseß von Henneberg.[360] Ganzhorns Bericht hatte dabei ganz eindeutig die Stoßrichtung, ihre ablehnende Haltung zu diskreditieren und die ›Richtigkeit‹ der Entscheidung zur Übergabe der Stadt ›aufzuzeigen‹, indem es bei ihm über ihre Position hieß:

Deme da [falls] mann damahl gefolget hette, würde es gewislich mit der Statt Würtzburg, undt allen dessen Innwohnern klein undt gros, Jung undt Alt, ut infrà latius audientur [wie unten ausführlicher zu hören ist], gar bald gethan, undt ausgewesen vndt alles in dampff, Rauch undt fewer gleichwie Magdenburg auffgangen undt Würtzburg heütiges tags gewesen sein[361].

Die Position der Akkordunwilligen wurde hier eindeutig diskreditiert, indem sie mit verheerenden Folgen in Verbindung gebracht wurde. Diese Zuschreibung der Folgen, die ihre Position gezeitigt hätte, ist eine kontrafaktische Zukunftsbeschreibung, die Plausibilität postulierte, indem sie implizit aber deutlich auf die Geschehnisse bei der von Keller von Schleitheim geleiteten Verteidigung der Stadtfestung Marienberg anspielte, die letztlich mit einem Sturmangriff eingenommen wurde.[362] Indem aber die Forderung nach Verteidigung der Stadt auf diese Weise als verheerend diskreditiert wurde, erschien die Übergabe der Stadt auf Drängen der städtischen Elite als ›richtige‹ Entscheidung. Die kontrafaktisch beschriebenen Folgen einer etwaigen Verteidigung

---

359 Vgl. ebd., S. 286f.
360 Vgl. zur Person des Sigismund Joachim Truchseß von Henneberg: Leo, Würzburg, S. 433.
361 Ebd., S. 288.
362 Vgl. zum frühneuzeitlichen Umgang mit Zeit: Landwehr, Geburt.

der Stadt fungierten hier also vor allem als rhetorisches Mittel, um dem bischöflichen Stadtherrn die ›Richtigkeit‹ der getroffenen Entscheidung vor Augen zu
führen sowie ihm gegenüber das Vorgehen der Mehrheit des städtischen Rats zu
rechtfertigen und die konträre Position zu diskreditieren.

Aber auch das Agieren des Kommandanten der Stadt, Rittmeister Keller
von Schleitheim, während der Belagerung Würzburgs ist hier von Interesse.
Dieser hatte anfangs gegen die Aufnahme der Verhandlungen mit der schwedischen Seite nichts einzuwenden und anschließen versuchte er, eine Übergabe
der Stadt zu verhindern.[363] Diese Gleichzeitigkeit der Bereitschaft, Verhandlungen aufzunehmen, und der Intention, die Stadt zu verteidigen, wirkt auf
den ersten Blick zwar paradox, doch dies könnte man als einen taktischen Einsatz der Verhandlungen interpretieren:[364] Da die schwedischen Truppen überlegen waren, war die Verhandlung nicht zuletzt eine Praktik der Verzögerung,
durch die ein Einsatz der gegnerischen militärischen Mittel hinausgezögert
werden konnte, bis möglicherweise Verstärkung durch Tillys Truppen eintraf,
was man in Würzburg für möglich hielt.[365] Die anschließende Verteidigung der
Festung Marienberg durch Keller von Schleitheim wiederum ist ein Anzeichen
dafür, dass er die schwedischen Truppen nicht als extrem bedrohlich wahrnahm
– jedenfalls nicht als so bedrohlich, als dass er die Festung hätte übergeben
müssen.[366] Diese Wahrnehmung selbst ist allerdings möglicherweise wiederum
als Indiz für einen spezifisch soldatischen Habitus, der zu einer gewissen Selbst-
überschätzung neigte, zu interpretieren.[367]

Zusammenfassend kann man sagen, dass Beratungen über eine mögliche
Übergabe der Stadt diverse Effekte zeitigen konnten: Zwar versucht man si-
cherlich eine konsensuale Entscheidung herbeizuführen, doch in Würzburg
kam kein Konsens zustande, wohl aber eine Entscheidung durch Mehrheit und
Autorität, bei der auch der letzte in der Stadt verbliebene Domherr mitwirkte.
Durch seine Zustimmung wurde sogar die Verantwortung (zu einem großen

363 Vgl. zur anfänglichen Position Kellers: Leo, Würzburg, S. 279. Vielmehr führte der
   Kommandant die Verhandlungen mit der schwedischen Seite (vgl. ebd., S. 280–296).
364 Vgl. zur Taktik im Sinne Certeaus: Certeau, Kunst, S. 87–92.
365 Vgl. zur Hoffnung auf Entsatz: Deinert, Epoche, S. 54; Bergerhausen, Würzburg, S. 7.
   Vgl. zum Agieren mit Zeit: Landwehr, Zeit; Landwehr, Zeiten, S. 29f.
366 Vgl. zur Verteidigung des Marienbergs durch Keller: Sicken, Dreißigjähriger Krieg,
   S. 108; Bergerhausen, Würzburg, S. 6f.
367 Vgl. zu einem ähnlichen Fall: Kaiser, Kriegsgreuel, S. 176f. Vgl. allgemeiner zum soldatischen Habitus: Kaiser, Söldner.

Teil) von der städtischen Elite auf den Domherrn delegiert – ein Effekt, den es in ähnlicher Weise möglicherweise auch in Erfurt gab.[368] Wie groß die Bedeutung dieser Beratungen war, kann man am besten aufzeigen, wenn man die unterschiedlichen Narrative beachtet: In Erfurt und Würzburg fertigte man eindeutig tendenziöse Erzählungen über die jeweiligen Beratungen an, was zweifellos auf die Bedeutsamkeit dieser hinweist, aber auch auf ihre mitunter konträre Deutbarkeit. Dieses Ringen um die Deutung verweist allerdings auch auf die Ebene der Zeit: Mit diesen Deutungen wurde vor allem eine mögliche Zukunft antizipiert, indem man nicht zuletzt den ehemaligen – und möglicherweise zukünftigen – Stadtherrn von der Richtigkeit des eigenen Handelns überzeugen und somit etwaiger Vergeltung entgehen wollte.

3. 6. Medien der Einigung

Von zentraler Bedeutung für den Ablauf der Stadtübergabe und das weitere Agieren war das Medium des Akkords; ohne Beachtung dieses Faktors sind zahlreiche folgende Handlungsmuster nicht zu erklären und aus diesem Grund bereitet auch die Chronologie der Ereignisse selbst modernen Darstellungen mitunter gewisse Probleme.

Am Eindrücklichsten wird die Bedeutung des Mediums sicherlich am Beispiel Würzburgs deutlich, denn dort verhandelte man intensiv darüber: Die Akteure in der Stadt schickten der schwedischen Seite einen Brief mit für sie annehmbaren Übergabebedingungen.[369] Daraufhin erhielten sie vom schwedischen Stallmeister Johann Albrecht von der Schulenburg die Antwort, dass Gustav Adolf die Punkte für *zu weitleüffig undt derhalben für gantz vnnötigh Erachtet*[370]; viel allgemeiner sicherte der König den Schutz der Sicherheit der Einwohner und der städtischen Privilegien zu.[371] Die Würzburger Seite wollte diese Bedingungen annehmen, forderte aber vor oder bei der Stadtübergabe:

Das dieselbe[n] [Bedingungen] aus allerhand bewegenten motiven undt erheblichen ursachen, Insonderheit ex Capite liquidæ probationis in omnen Eventum et apud posteritatem [als Grundlage einer klaren Beweisführung hinsichtlich des

368 So jedenfalls bei Schauerte (vgl. Schauerte, Gustav Adolf, S. 7).
369 Vgl. Leo, Würzburg, S. 289. Vgl. dazu: Scharold, Geschichte, S. 21f.
370 Leo, Würzburg, S. 289.
371 Vgl. Leo, Würzburg, S. 289f.

ganzen Ereignisses und für Nachwelt] uffs Papir gebracht, in gebührenter form, un-
ter Ihrer König. May. eigenhändiger Subscription undt Insigell richtig ausgefertiget
[würden][372].

Die Würzburger Seite verlangte also eine Verschriftlichung der Übergabebedingungen und stellte klare Bedingungen an die Formalia. Hierdurch wollte
man offenbar Klarheit und Verbindlichkeit herstellen, indem man erstens die
Akkordvereinbarungen durch die Verschriftlichung verstetigen und zweitens
den schwedischen König durch Unterschrift und Siegel an die Zusagen binden
wollte.[373] Die schwedische Seite war dazu jedoch nicht bereit:

Es hat aber mehrbesagter mox reversus [bald zurückkehrender] Königlicher
Stallmeister in solche Königliche Subscription vnndt Sigillation keines weegs willigen
wollen, vorgebend, als wan solches begehren Ihrer König. May. zum Despect
gereichen vnndt mann in dero Parole ein mistrauen setzen wollte, da Sie doch ein
hoch- vnndt Weitberümbter Christlicher König weren, der sein wort zue halten
pflegte, Derentwegen gantz ommöthig Sie damit zu molestriren[374].

Die schwedische Seite machte also aus der Würzburger Forderung nach
einer Verschriftlichung ein Begehren, das die Ehre des schwedischen Königs
verletzte, da sie Zweifel an seinem Wort unterstelle. An dieser Deutungs- und
Zuschreibungspraxis kann man sehr gut die spezifische Dynamik einer Verhandlung mit einem König in persona erkennen, denn der herausragende Rang
des Verhandlungspartners engte erkennbar die Möglichkeiten des Gegenübers
ein.[375] Insbesondere auch, indem er es nahelegte beziehungsweise erlaubte, bestimmte Forderungen oder Vorschläge als Angriff auf die königliche Ehre zu
deuten. Die Akteure in der Stadt erhielten daraufhin von der schwedischen
Seite nur einen Vertrag ohne Datum, Siegel und Unterschrift; ratifiziert wurde
dieser von Gustav Adolf erst Tage nach der Übergabe der Stadt, d.h. man hatte
die Stadt Würzburg auf ein Versprechen hin übergeben, das man nur vom Hö-
rensagen kannte.[376]

In Augsburg lagen die Dinge vom Effekt her ähnlich, in der Durchführung
jedoch anders: Zu den sieben Forderungen, die die katholischen Unterhändler

---

372 Leo, Würzburg, S. 290f.
373 Vgl. zur Bedeutung von Schriftlichkeit: Schlögl, Medien, S. 10f.
374 Leo, Würzburg, S. 294.
375 Vgl. Köhler, Verhandlungen, S. 427.
376 Vgl. zum ungesiegelten Schriftstück ohne Unterschrift: Leo, Würzburg, S. 294. Vgl.
   zum später ausgestellten Salva-Guardia-Schreiben: Bergerhausen, Würzburg, S. 12f.
   Der Text ist auch abgedruckt in: Leo, Würzburg, S. 441f.

in verschriftlichter Form ihren schwedischen Counterparts übergaben, hieß es in den Aufzeichnungen des Augsburgers Jakob Wagner: *Solche 7 vorgeschriebene Artikel haben zwar die kgl. Abgeordneten angenommen aber dabei vermeldet, wann I. Kgl. M. [Gustav Adolf] in die Stadt werde kommen, alsdann werde I. M. alles dirigieren und ordnen*[377]. Hainhofer hatte nach eigenen Angaben wiederum von den protestantischen Unterhändlern erfahren, dass die Schweden gesagt hätten, *die Papst Guarnison (wie sie solche genant) werde noch selbigen Tag auß, und die Königischen einziehen, alß dan würde der König alles nach seinem willen Dirigiern*[378]. Die schwedische Seite verweigert also den Akteuren in der Stadt Augsburg mit ziemlicher Deutlichkeit einen Vertrag, der die Übergabe der Stadt regelte. Auch Mainz und Frankfurt am Main wurden höchstwahrscheinlich ebenfalls ohne einen verschriftlichten Vertrag übergeben.[379] Bei München geht die moderne Forschung mitunter von einem bei Freising ausgehandelten Vertrag aus, wobei allerdings Zweifel angebracht erscheinen:[380] Der für gewöhnlich gut informierte Hofmusiker Hellgemayr schrieb über die Verhandlungen bei Freising, die Unterhändler hätten *kheinen andern audienz bekhumen allß ihr Ci[nigliche] Maiestedt [Gustav Adolf] welle allhie [in München] die antwort fon sich geben*[381], was deutlich auf ein Fehlen eines Vertrags hindeutet. Zudem berichten diverse Quellen, die von der Stadt aufzubringende Summe von 300.000 Reichstalern sei erst nach der Übergabe der Stadt ausgehandelt worden, und auch der nur in einer Abschrift erhaltene Brandbrief – in dem die Summe von 300.000 Reichstalern fixiert wurde – enthält eine dementsprechende spätere Datumsangabe.[382]

Eine solche ›gütliche‹ Übergabe ohne Vertrag dürfte vor allem zwei Effekte gehabt haben: Erstens dürften diese Verweigerungen von Verträgen für

---

377 Roos, Chronik, S. 8.
378 Emmendörffer, Welt, S. 477.
379 Vgl. zu Mainz: Frohnhäuser, Gustav Adolf, S. 100. Vgl. zu Frankfurt: Traut, Gustav II. Adolf, S. 21; Rieck, Frankfurt am Main unter schwedischer Besatzung, S. 52f.
380 Vgl. zum angeblichen Vertrag: Stahleder, Chronik, S. 451f. Chronologisch korrekt ist die Beschreibung bei Heimers (vgl. Heimers, Krieg, S. 28–33).
381 Leuchtmann, Aufzeichnungen, S. 207; erste eckige Klammer bei Leuchtmann, zweite von D.R.
382 Vgl. zur Verhandlung zur Brandschatzung: Abelinus/ Merian, Theatri Europaei, S. 645f; Lungwitz, Judas Maccabaeus, S. 90; Khevenhüller, Annales Ferdinandei, Bd. 12, Sp. 143; O.A., Gewiser Bericht vnd Vrkhundt deß entstandnen Vbels vnd Vnruehe in Minchen im Jar 1632, S. 313. Der Brandbrief ist abgedruckt in: [Arentin], O.A., Sp. 53f. Die bei Peter Englund angegebene Geldsumme ist falsch (vgl. Englund, Verwüstung, S. 124).

die Akteure in der Stadt einen Angriff auf die eigene Ehre dargestellt haben, während die schwedische Seite gewissermaßen Eigenschaften ihrer adligen Vortrefflichkeit – Freiheit, Autonomie und (militärische) Überlegenheit – in Szene setzte.[383] Schon zu diesem Zeitpunkt wurden also Hierarchien konsequent und unmissverständlich etabliert, wobei so auch verdeutlicht wurde, dass konsensuales Aushandeln, eigentlich ein Signum frühneuzeitlicher Herrschaft, von Seiten der Schweden nur in begrenzten Maßen erwünscht war.[384] Zweitens ermöglichte es das Fehlen von Verträgen auch, Nachverhandlungen anzustellen, wovon Gustav Adolf und seine Leute in vielen Städten unmittelbar nach der Einnahme Gebrauch machen sollten (dazu später mehr).

Ein gänzlich anderes Medium des Akkords als ein schriftlicher Vertrag oder ein mündliches Versprechen waren Geiseln, die nicht nur – wie bereits erwähnt – zur Sicherung der Verhandlungen sondern auch der bereits getroffenen Vereinbarungen ausgetauscht werden konnten. In Demmin beispielsweise wurden Geiseln ausgetauscht, doch ist auf Grund von Monros Formulierung nicht ganz klar, zu welchem der beiden Zwecke.[385] In Würzburg jedoch wurden die Geiseln laut Ganzhorns Bericht eindeutig ausgetauscht, um die getroffenen Bedingungen abzusichern; von den Akteuren in der Stadt wurde ein Bürgermeister und der Abt des Schottenklosters herausgeschickt, während die schwedische Seite zwei höhere Offiziere hineinschickte.[386] Gerade der hohe Rang der Geiseln war sicherlich für dieses Vorgehen konstitutiv, denn Leben und Unversehrtheit einer ranghohen Person waren nach frühneuzeitlichen Maßstäben deutlich wichtiger als Leben und Gesundheit ›einfacher‹ Menschen.[387] Beachtenswert ist aber auch die Symmetrie des Geiseltausches: Auf funktionaler Ebene bedeutet dies, dass sich beide Seite absicherten – die Schweden gegen eine etwaige Weigerung, die Stadt tatsächlich zu übergeben, die Akteure in der Stadt vor einem möglichen Angriff oder Handstreich der schwedischen Truppen. Allerdings dürfte es bei dieser Symmetrie nicht nur um einen Zweck gegangen sein, sondern auch um Sinn, d.h. indem beide Seiten gleichviele Geiseln stellten, wurde eine gewisse Gleichwertigkeit postuliert und so eine Ehrverletzung einer Seite verhindert.

383 Vgl. zur adligen Vortrefflichkeit: Walther, Protest; Walther, Hosen; Walther, Freiheit.
384 Vgl. zur schwedischen Besatzungspraktik allgemein: Schmidt-Voges/ Jörn, Schweden. Vgl. zum Aushandeln: Meumann/ Pröve, Herrschaft; Asch/ Freist, Staatsbildung.
385 Vgl. Mahr, Robert Monro, S. 103.
386 Vgl. Leo, Würzburg, S. 295.
387 Vgl. Valerius/ Carl, Geiselstellung, S. 491ff und 501f

Aufschlussreich ist aber auch die konkrete vom Würzburger Ganzhorn in seinem Bericht geschilderte Durchführung dieser Praxis:

Worauff alsobalden noch selbigen abents zu bestättigung vndt steiffer vesterhaltung dessen alles, vornehme Personen hinc inde pro obsidibus [von da und dort als Geiseln] vndt zue geisseln pro more militari [nach Sitte des Militärs] gegeneinander hinaus und herein pari passu [im gleichen Schritt] gegeben vndt gelassen worden[388].

Interessant an diesem Zitat ist weniger, dass auch Ganzhorn diese Handlung als Mittel der Verstetigung des Ausgehandelten betrachtet. Viel wichtiger ist, dass er Hinweise auf die konkrete Handlungsroutine gibt, indem er schreibt, die Geiseln seien *gegeneinander hinaus und herein pari passu gegeben* worden. Der der Austausch der Geiseln verlief also symmetrisch insofern, als beide Seiten die Geiseln gleichzeitig losschickten und diese sich in gleichem Schritt (*pari passu*) der jeweiligen Gegenseite näherten. Dies bot einerseits Sicherheit, da bei dieser Art der Durchführung keine Seite von der anderen um Geiseln ›betrogen‹ werden konnte, andererseits symbolisierte es auch Gleichwertigkeit beider Seiten.[389] Zudem kann man die Formulierung, dies sei nach militärischem Brauch (*pro more militari*) geschehen, durchaus als Indiz für die Verbreitung dieses Handlungsmusters interpretieren.

Welche Implikationen das Stellen von Geiseln haben konnte, kann man am Beispiel Würzburgs ebenfalls aufzeigen; der eindeutig pro-schwedische Historiograph Bogislaus Philipp von Chemnitz schrieb über die von schwedischer Seite gestellten Geiseln, *welche der Commandant vom Schlos [Rittmeister Keller von Schleitheim] in den güldnen Falcken einlogieren / vnd wol tractiren lassen / auch ihnen zur Abendmahlzeit selber Geselschafft geleistet*[390]. Die Geiseln wurden demnach relativ komfortabel untergebracht und standesgemäß behandelt – ein Vorgehen, wie es in der Vormoderne gegen hochrangige Geiseln tendenziell üblich gewesen zu sein scheint:[391] Hierdurch wurde der Rang der Geiseln anerkannt, ihre Ehre gewahrt sowie die eigene Politesse gezeigt und damit die eigene Zugehörigkeit zur höfisch-adligen Sphäre demonstriert.[392] Dies trug faktisch zweifellos enorm zur Aufrechterhaltung eines bestimmten Typs der Adeligkeit

388 Leo, Würzburg, S. 295.
389 Vgl. zur Demonstration von Gleichrangigkeit: Rohrschneider, Friedenskongress, S. 237.
390 Chemnitz, Kriegs, S. 232. Vgl. auch: Leo, Würzburg, S. 295f.
391 Vgl. Valerius/ Carl, Geiselstellung, S. 493 und 503–506.
392 Vgl. zur Höflichkeit im Krieg: Wrede, Zähmung; Süßmann, Höflichkeit.

bei, bei dem die ständische Qualität das entscheidende Kriterium war, nicht etwa Konfession oder Parteizugehörigkeit in einem Kampf.[393] Chemnitz wiederum trug ebenfalls zur Verstetigung dieser Adligkeit bei, indem er von dieser Episode berichtete, wobei durch die Beschreibung der Behandlung der Geiseln die Anerkennung des Rangs – und damit der Rang selbst – der Geiseln ebenso betont wurde, wie das Agieren des Würzburger Kommandanten gelobt wurde, da sein Verhalten gegen die Geiseln als höflich und standesgemäß erschien.

Die Situation von Geiseln konnte sich jedoch auch als überaus prekär erweisen: Kurz nach dem Nachtmahl der Würzburger Geiseln brach in der von den schwedischen Truppen besetzten Vorstadt ein Feuer aus:[394]

worüber die Königliche Geissel in der Stadt schier in Gefahr gerathen weren: Sintemahl das gemeine Volck / so wol auch Pfaffen vnd Münche vor ihrem logement zusammenlieffen / vnd ihnen ziemlich hart zuredeten[395].

Diese Beschreibung kann man zweifellos als Indiz dafür interpretieren, wie prekär und gefährlich die Lage der Geiseln sein konnte, insbesondere, wenn etwas passierte, was die Menschen in der Stadt als feindlichen Akt der schwedischen Truppen deuten konnten. Allerdings enthält Chemnitz' Beschreibung durchaus eine Spitze gegen die katholischen Geistlichen, deren Beteiligung an diesem Vorfall er eigens betonte, wodurch er sie in die Nähe eines Agierens rückte, das geradezu einer von den höheren Ständen ebenso gefürchteten wie verachteten ›Zusammenrottung‹ glich.[396]

Ein völlig anderes Medium waren Unterwerfungsgesten; die in den Quellen immer wieder vorkommende Unterwerfungsgeste war das Aushändigen oder – wie es in der Sprache der Zeitgenossen hieß – ›Entgegentragen‹ der Stadtschlüssel, das für einige Städte erwähnt wurde.[397] Durch diese Geste wurden gerade nicht die modi festgeschrieben, auf die sich die beiden Seiten geeinigt hatten, sondern sie brachte allein sinnfällig zum Ausdruck, dass sich die Verteidiger ergaben. Typisch an dieser Praktik scheint gewesen zu sein, dass die Akteure der

---

393 Vgl. zu diesem Normkonflikt: Asch, Adel, S. 176; Süßmann, Höflichkeit.
394 Vgl. Leo, Würzburg, S. 296.
395 Chemnitz, Kriegs, S. 232.
396 Vgl. Stollberg-Rilinger, Maria Theresia, S. 683.
397 Vgl. allgemein dazu: Erler, Art. »Schlüssel«, Sp. 1444. Vgl. als Beispiele: Hümmer, Bamberg, S. 30; Friesenegger, Tagebuch, S. 15; Abelinus/ Merian, Theatri Europaei, S. 645; Khevenhüller, Annales Ferdinandei, Bd. 12, Sp. 110 und 141; Lungwitz, Imperator Theodosius Redivivus, S. 64; Lungwitz, Josua Et Hiskias, S. 456; Lungwitz, Judas Maccabaeus, S. 43 und 89f.

Abbildung 6: Ankunft der schwedischen Truppen vor München, Kupferstich aus Matthäus Merians ›Theatrum Europaeum‹

jeweiligen Städte ihrem Gegenüber mit den Schlüsseln entgegenkamen; in der Ikonographie ist denn auch häufig im Hintergrund einer Schüsselübergabeszene die jeweilige Stadt zu sehen.[398] Doch hier ist eine gewisse Vorsicht geboten: Die Schlüssel der Stadt München wurden laut einigen schriftlichen Quellen schon in Freising übergeben, doch zwei Bilder zeigen die Schlüsselübergabe in unmittelbarer Nähe Münchens (siehe Abbildung 6 und 7).[399] Darunter befindet sich auch die bildliche Darstellung im ›Theatrum Europaeum‹, was bemerkenswert ist, da der Text in Merians Geschichtswerk die Übergabe in Freising

398 Vgl. Fischer-Kattner, Introduction, 6ff; Vo-Ha, Rendre, S. 115; Abelinus/ Merian, Theatri Europaei, ohne Seitenzahl, zwischen S. 644 und 645; O. A., Kurtzer Bericht von Eroberung der Curfffürstlichen Statt München.
399 Vgl. als schriftliche Quellen: Abelinus/ Merian, Theatri Europaei, S. 645; Khevenhüller, Annales Ferdinandei, Bd. 12, Sp. 141; Lungwitz, Judas Maccabaeus, S. 89f. Vgl. als bildliche Quellen: Abelinus/ Merian, Theatri Europaei, ohne Seitenzahl, zwischen S. 644 und 645; O. A., Kurtzer Bericht von Eroberung der Curfffürstlichen Statt München.

Abbildung 7: Ankunft der schwedischen Truppen vor München, anonymes Flugblatt, 1632

verortet. Möglicherweise handelt es sich also um eine ikonographische Fiktion, die den Sinn hatte, auch bildlich den Nexus zwischen der Übergabe der Schlüssel und der Übergabe der Stadt herzustellen, denn ansonsten sähe man nur eine Schlüsselübergabe, ohne zu wissen, welche Stadt hierdurch übergeben wurde.

Genauso typisch für die Ikonographie von Schlüsselübergaben ist das Knien der Akteure der Stadt, was man als Indiz werten kann, dass die Übergabe der Stadtschlüssel nicht selten mit dieser für die Vormoderne typischen Demuts- und Unterwerfungsgeste einherging.[400] Sogar im berühmten Bild der Übergabe Bredas von Velázquez, das die ›Milde‹ der Sieger in Szene setzte, ist ein Knien der Unterlegenen aufgehoben.[401] Indem man aber das Knien ins Bild setzte, inszenierte man eine rigorose Dichotomie zwischen ›Sieger‹ und ›Besiegten‹, bei der der Besiegte geschmäht wurde: Bedingt durch derartige bildliche Darstellungen dürfte aber dieses Handlungsmuster – unabhängig von der konkreten Durchführung – im zeitgenössischen Imaginarium vor allem mit

---

400 Vgl. zur Ikonographie von Schlüsselübergaben: Vo-Ha, Rendre, S. 115; Abelinus/ Merian, Theatri Europaei, ohne Seitenzahl, zwischen S. 644 und 645; O. A., Kurtzer Bericht von Eroberung der Curffürstlichen Statt München. Vgl. grundlegend zu frühneuzeitlichen Kniefällen: Stollberg-Rilinger, Knien. Vgl. für einen breiteren zeitlichen Rahmen auch: Althoff, Bilder, S. 33f.
401 Vgl. Süßmann, Ritter, S. 95.

einer rigorosen Unterordnung der unterlegenen Seite sowie deren Ehrverlust verbunden gewesen sein.

Überhaupt scheint es geboten, die Ikonographie der Schlüsselübergabe näher zu betrachten; in praktisch identischer Weise wurde auf einem zeitgenössischen Flugblatt als auch in Merians ›Theatrum Europaeum‹ die (angebliche) Münchner Schlüsselübergabe ins Bild gesetzt:[402] Vor der im Hintergrund gezeigten Stadt München präsentieren (teils) kniende Akteure einem bildlich hervorgehobenen Reiter mit berittenem Gefolge Schlüssel und mit Siegeln versehende Urkunden. Dieser zentral hervorgehobene Reiter wird jeweils durch Schriftzüge als Gustav Adolf ausgewiesen, wie stets auch Teile des Gefolges durch Schriftzüge als Friedrich von der Pfalz, August bei Rhein zu Sulzbach, Wilhelm von Sachsen-Weimar und der Lübecker Bischof Johann Friedrich von Holstein zu identifizieren sind.

Der Sinn dieser beiden Bilder war ein vierfacher: Erstens wurde durch die Darstellung der durch seine Ikonographie eindeutig als Schlüsselübergabe zu identifizierenden Szenerie vor dem Hintergrund Münchens das Narrativ erzeugt, München sei durch eine Schlüsselübergabe übergeben worden. Dabei wurde die angebliche Schlüsselübergabe zum Moment der Stadteinnahme verklärt und die übergebene Stadt durch die Stadtansicht im Hintergrund evident gemacht. Zweitens wurde durch die Darstellung des Kniens der städtischen Akteure – gerade im Kontrast zum reitenden Gustav Adolf und seinem Gefolge zu Pferd – die (Selbst-) Demütigung der Münchner eindeutig in Szene gesetzt und eine klare Differenz zwischen ›Sieger‹ und ›Besiegten‹ inszeniert. Drittens implizierte die Darstellung langjähriger Feinde von Kaiser und Liga – wie Friedrich von der Pfalz, August bei Rhein zu Sulzbach, Wilhelm von Sachsen-Weimar und Johann Friedrich von Holstein – im Gefolge des schwedischen Königs vor München auch noch einen weiteren Angriff auf die Ehre der schwedischen Gegner: Man inszenierte so nicht nur die Unfähigkeit der kaiserlich-ligistischen Seite, eine ihrer wichtigsten Residenzstädte zu verteidigen, sondern auch ihre Impotenz, ihre protestantischen Feinde zu besiegen. Viertens wurde auch implizit die herausragende Rolle Gustav Adolfs akzentuiert, denn er besetzte im Bild deutlich die ehrgenerierendste Position vor allen anderen protestantischen Fürsten. Mehr noch: Man könnte ihn durch dieses bildliche Arrangement sogar

---

402 Vgl. O. A., Kurtzer Bericht von Eroberung der Curffürstlichen Statt München; Abelinus/ Merian, Theatri Europaei, ohne Seitenzahl, zwischen S. 644 und 645.

als ›Protektor‹ all dieser protestantischen Fürsten deuten, denen er nach Jahren der Niederlagen wieder einen ehrenvollen ›Sieg‹ ›schenkt‹.[403]

Aufschlussreich ist auch, dass die beiden einzigen zeitgenössischen Bilder von Schlüsselübergaben an die schwedische Armee unter Gustav Adolf die Übergabe Münchens thematisieren. Möglicherweise galt die Darstellung dieser ehrverletzenden Praktik selbst als Angriff auf die Ehre der unterlegenen Seite, so dass man diesen Darstellungstypus eigentlich mied und nur den kaisertreuen bayrischen Herzog mit einem solchen Bild treffen wollte.

Es gab also zwei, sich zum Teil ergänzende Medien des Akkords, die geeignet waren, Sicherheit zu schaffen:[404] Schriftliche Verträge und das Stellen von Geiseln. Sie alle sollten die ausgehandelte Einigung konservieren, doch sie wurden in unterschiedlichen Maßen angewendet und hatten verschiedene Implikationen. Das Stellen von Geiseln sollte die ausgehandelte Übergabe gegen militärische Finten absichern und dafür sorgen, dass eine geregelt Übergabe der Stadt erfolgte. Schriftliche Verträge regelten – idealtypisch betrachtet – hingegen sämtliche Punkte des faktischen Herrschaftswechsels und waren ein wichtiger juristischer Faktor; allerdings scheinen die Schweden es oft – erfolgreich – vermieden zu haben, schriftliche Verträge anfertigen zu müssen, d.h. die Städte wurden nicht selten ohne einen schriftlich fixierten Vertrag übergeben. Dies war zum einen ein Angriff auf die Ehre der unterlegenen Seite und eine Inszenierung der eigenen Überlegenheit und zum anderen ein Winkelzug, durch den später Punkte nachverhandelt werden konnten. Durch die Schlüsselübergabe wurde wiederum von vornherein nur zum Ausdruck gebracht, dass sich die Verteidiger ergaben. Gerade durch die – tendenziöse – Verbildlichung dieser Geste konnte eine rigorose Dichotomie zwischen ›Sieger‹ und ›Besiegten‹ in Szene gesetzt und letztere geschmäht werden.

---

403 Vgl. zum Konzept der ›Protektion‹: Haug/ Weber/ Windler, Protegierte.
404 Vgl. überblicksartig zur Sicherheit: Kampmann/ Niggemann, Sicherheit.

4. Die schwedischen Truppen kommen in die Stadt

* * *

4. 1. Praktiken des Abzugs

Die Garnison in der Stadt spielte bei Stadtübergaben mit Akkord eine durchaus bedeutende Rolle, denn in der Regel kam es nämlich zu einem ausgehandelten ritualisierten Auszug der unterlegenen Soldaten aus der Stadt. Allerdings konnte eine ›gütliche‹ Übergabe auch implizieren, dass sich die Garnisonstruppen von der ›siegreichen‹ Armee anwerben lassen mussten.[1] Welche Formen der Umgang der schwedischen Truppen 1630–1632 mit gegnerischen Garnisonen annehmen konnte, soll im Folgenden gezeigt werden.

Der Moment der Übergabe

Wurde eine Stadt übergeben, so war in vielen Fällen die erste Praktik der Übergabe die Öffnung der Tore und der Auszug der unterlegenen Armee aus der Stadt. Für die schwedische Seite scheint hierbei mitunter die genaue Einhaltung des vereinbarten Abzugszeitpunkts von großer Bedeutung gewesen zu sein, denn zu den Übergabebedingungen von Demmin gehörte laut Monro, dass der gegnerische Kommandant mit seinen Truppen *präzise am nächsten Tag um 12 Uhr abmarschiere*[2]. In Würzburg, dessen Garnison sich zuvor auf die linke Flussseite des Mains zurückgezogen hatte, führte die Terminierung der Toröffnung sogar zu einer offenbar gefährlichen Situation, wie der bischöfliche Rat Ganzhorn berichtet:

Des andern tags welcher der 15te Octobris gewesen als die Statt umb 8 uhren den Schwedischen versprochener massen eröffnet, undt übergeben werden sollen, da man dan auff des H.^{n} Rittmeisters vertröste herabkunfft in Statt mit schmertzlichem verlangen vndt grossen Sorgen, Weilen er die accords Puncten bey sich gehabt, eüsserster vor augen schwebender gefahr, alle augenblickh Inständig gewartet, welcher

---

1   Vgl. zur Kapitulation im Dreißigjährigen Krieg allgemein: Höbelt, Surrender. Vgl. zu ritualisierten Abzügen: Ostwald, Representations of Honor; Lynn, Introduction; Duchhardt, Kugeln im Mund. Vgl. zur Anwerbung von unterlegenen Gegnern: Kroener, Soldat; Kaiser, Kriegsgefangene.
2   Mahr, Robert Monro, S. 103.

sich aber um unbewuster vrsachen willen so weit verweilet, das unterdessen die
præfigirte stundt fast ausgewesen; Wie nun die Schweden darauffer fleissig achtung
geben, aber noch kein eintziges zeichen der thor eröffnung vermerckht, haben sie
sich allgemach dem Ochsenthor vndt selbiger Revier so weit genähert, auch mit
petraden fewerwerckhen, richtung des geschütz undt anderen Kriegs Instrumenten
dermassen versehen, vndt solche præparatoria unterdessen gemacht, da sie sich der-
selben leichtlich, vndt wie sie hernacher vorgeben in einer halben stundt mit gewalt
bemächtigen können, allda es dan freylich hergangen, wie Sie oben getrohet, vndt
das Exempel mit Magdenburgen mit der Statt, vndt Armen Burgerschafft ohne alle
Barmherzigkeit fürnemblich in solcher furia erbärmblich gespilt worden sein[3].

Sowohl die beteiligten Akteure auf Seiten der Stadt als auch die Akteure auf
schwedischer Seite maßen dem vereinbarten Termin offenbar große Bedeutung
zu. In dieser Situation kam es scheinbar zu einer vermehrten Beobachtung des
jeweiligen Gegenübers, die selbst – jedenfalls von den Akteuren in der Stadt –
wahrgenommen wurde (*Wie nun die Schweden darauffer fleissig achtung geben*).
Weil aber beiden Seiten um die Bedeutung des Termins und der gegenseitigen
Beobachtung gewusst haben dürften, kann man die Vorkehrungen der schwedischen Truppen sicherlich nicht nur als funktional, sondern auch als symbolisch
interpretieren: Einerseits bereiteten sie wahrscheinlich durchaus einen Angriff
vor, andererseits taten sie dies aber wohl auch so, dass man es durchaus in der
Stadt bemerken konnte und sollte – insbesondere die *allgemach[e]* Annäherung
an das betreffende Tor weist recht deutlich in diese Richtung. Das Agieren der
schwedischen Seite sollte man somit nicht zuletzt auch als eine Drohung interpretieren.

Von Ganzhorn wurde diese Situation denn auch als äußerst bedrohlich beschrieben, wobei er die Verantwortung hierfür – wieder einmal – beim Würzburger Kommandanten verortet, der nicht für eine rechtzeitige Toröffnung
gesorgt habe. Nur durch das Bitten eines Unterhändlers und der Geiseln sowie eine dann schnell erfolgende Öffnung des Tores sei eine Erstürmung der
Stadt verhindert worden.[4] Dabei bezeichnete Ganzhorn die Gewährung des
Aufschubs von Seiten der Schweden ausdrücklich als Gnade.[5] Ganzhorn stellte
also die Einhaltung des Termins ganz eindeutig als Norm dar und auch die von
ihm beschriebenen Emotionen und Wahrnehmungen, die er anderen Akteuren

---

3   Leo, Würzburg, S. 296f. Vgl. dazu: Scharold, Geschichte, S. 24f.
4   Vgl. Leo, Würzburg, S. 297f.
5   Vgl. Leo, Würzburg, S. 298.

in der Stadt attestierte, deuteten darauf, dass man der Achtung des Termins einige Bedeutung beimaß und Konsequenzen in Form von Gewalt befürchtete.

Für die schwedische Seite war der Termin wahrscheinlich ebenfalls äußerst bedeutsam: Für sie dürfte eine solche präzise Terminierung eine »Zeitpraktik« gewesen sein, die vor allem dazu diente, ein Hinauszögern der Übergabe zu verhindern und damit die Stadteinnahme zu beschleunigen.[6] Ein Hinauszögern kostete Zeit, d.h. man benötigte zusätzliche Verpflegung, musste ein Mehr an Sold zahlen und die Gefahr, dass eine feindliche Armee kommen oder im eigenen Lager eine Seuche ausbrechen könnte, stieg.[7] Im Fall von Würzburg fürchtete die schwedische Seite wohl vor allem die Ankunft eines Heeres unter dem Kommando Tillys.[8] Die Nicht-Einhaltung eines Übergabetermins dürfte zudem als Angriff auf die Ehre interpretiert worden sein, die in diesem Fall jedoch wohl durch die Bitten der Würzburger abgemildert wurde:[9] Durch die Bitten erkannten die Würzburger die Superiorität der schwedischen Seite an, die sich in Folge dessen mit einem ›gnädigen‹ Entgegenkommen als gütige und damit ›gute‹ Herren in Szene setzen konnte.[10] Allerdings gewährten sie laut Ganzhorn auch nur einen Aufschub um eine halbe Stunde.[11] Diese Fristverlängerung dürfte neben diesem symbolischen aber auch einen funktionalen Grund gehabt haben: Ein Sturmangriff war in der Regel immer mit Risiken verbunden und implizierte de facto stets eigene Verluste, weshalb man ihn tendenziell mied. Der kurze Aufschub der Frist dürfte also durch viele unterschiedliche und in manchen Fällen auch einander widersprechenden Faktoren – Ehre und Reputation, Zeit und mögliche Verluste – bedingt sein. Die Situation in actu sollte man dementsprechend als äußerst komplex und mitunter auch paradox interpretieren und daher als mit unikausalen Erklärungen nicht abbildbar.[12]

6 Vgl. zu »Zeitpraktiken«: Landwehr, Zeiten, S. 29f. Zitat: ebd., S. 29. Vgl. dazu mit besonderem Blicks aufs Militärische: Landwehr, Zeit und Militär.
7 Vgl. Martines, Zeitalter, S. 126f, 161–165 und 180–186.
8 Vgl. Mahr, Robert Monro, S. 147.
9 Vgl. zu Angriffen auf die Ehre: Schreiner/ Schwerhoff, Verletzte Ehre.
10 Vgl. zu Bitten in Kriegszeiten: Kaiser, Kriegsgreuel, S. 178f. Vgl. zur frühneuzeitlichen Bedeutung der Gnade: Eibach, Strafjustiz, S. 203; Eibach, Gleichheit, S. 522f.
11 Vgl. Leo, Würzburg, S. 297.
12 Vgl. dagegen: Wrede, Zähmung, insbesondere: S. 237.

Die Bedeutung der Dinge: Semantiken des Abzugs

Ehe aber überhaupt die Tore geöffnet wurden, bereitete man – falls Truppen in der Stadt waren – den Abzug vor. In zahlreichen Fällen gehörte zu den Akkordbedingungen der Abzug der sich in der Stadt befindlichen Soldaten, doch am Beispiel Augsburgs zeigt sich, dass ein solcher nicht ohne weiteres möglich war: Laut dem Augsburger Hainhofer begehrte der bayrische Kommandant de Treberey *40 wägen zuer abfuhr der kranckhen Soldaten und der Bagaggi*[13], die Hainhofer im Auftrag der altgläubigen Obrigkeit beschaffen sollte. Auch wenn Hainhofer wieder einmal seine eigene Rolle hierbei akzentuiert haben dürfte, so wird doch nichtsdestotrotz deutlich, welchen Stellenwert Transportmittel bei einem Abzug spielten.[14] Ohne Wagen hätten die bayrischen Truppen zahlreiche Habseligkeiten und wohl sogar kranke Soldaten zurücklassen müssen: Der Abzug konnte also durchaus ein logistisches Problem werden, wenn nicht genügend Wagen zur Verfügung standen. In Augsburg schickte der dort ansässige Kunstagent Hainhofer

meine und andere Diener auch der Herren Stadt Pfleger diener auff alle Strassen, inn die Chlöster, Stierhoff, an die wagg, auff die Bleiche zue der saurbeckhen, zue der garensiederen, zue etlich burgeren so Ross halten und inn der wirts Heusern, wo fuer, und Karrenleuth, auß zu spannen, Pflegeren geschickht, und im Namen der herren Stadt Pfleger sie nöthigen lassen auff die nacht herberg, nach fridberg zu fahren[15].

Die benötigten Wagen zu beschaffen war also ein enormer Aufwand, der die Mobilisierung zahlreicher Akteure bedurfte: Dass wohl nur um die 20 Wagen beschafft werden konnten, zeigt durchaus, welch enorm große Anzahl an Fahrzeugen – selbst für eine Stadt wie Augsburg – die geforderten Wagen waren und damit, welche Menge an Dingen (und Menschen) abtransportiert werden sollten.[16] Besonders schwierig scheint sich die Beschaffung der Wagen aber auch gestaltet zu haben, weil sie innerhalb kurzer Zeit erfolgen musste und viele Akteure Angst vor einem Verlust ihrer Fuhrwerke hatten: *hat fast jeder umb seine Pferdt von mir versichert sein wöllen denen ich aber der Herren Stadt Pfleger zue bürgen für geschlagen habe*[17], wie Hainhofer schrieb. Diese Beschreibung trägt

---

13 Emmendörffer, Welt, S. 478.
14 Vgl. zur Bedeutung von Transportmitteln: Martines, Zeitalter, S. 165–171.
15 Emmendörffer, Welt, S. 478.
16 Vgl. zur Anzahl der Wagen: Emmendörffer, Welt, S. 478.
17 Emmendörffer, Welt, S. 478.

einerseits dazu bei zu erklären, weshalb die Beschaffung der Wagen scheinbar ein so großes Problem war; andererseits enthält sie aber zweifellos auch eine Polemik: Die bayrischen Soldaten seien so wenig vertrauenswürdig, dass niemand seinen Wagen habe geben wollen – und Hainhofer es vermied, für sie zu bürgen. Hier nutzte Hainhofer ein weitverbreitetes Stereotyp, das Söldnern Habgier, Diebstahl und Betrug zuschrieb.[18] Allerdings dürfte dieses Söldnerbild auch zu der Weigerung, Fuhrwerke zu stellen, beigetragen haben und gänzlich unbegründet dürften die Befürchtungen gerade in dieser Situation nicht gewesen sein.

Die entsprechenden Wagen waren aber einerseits für die abziehenden Soldaten wichtig, weil sie so teilweise vor materiell-ökonomischen Schäden geschützt waren, die durch das Zurücklassen von ihren Habseligkeiten bedingt wurden. Andererseits waren bei Abzügen auch die mitgeführten Dinge enorm mit Bedeutung aufgeladen, was man am besten an Hand eines Militärtraktats aus der Mitte des 17. Jahrhunderts aufzeigen kann:

Es geschehen aber die Accord auff underschidliche gattung: vnd erstlich auff Gnad vnd Vngnad / oder auff Gnad. Wo es auff Gnad vnd Vngnad beschicht / steht es dem General frey / nach willen sich gegen ihnen [den Abziehenden] zu verhalten. Wo es aber auff Gnad beschicht / beschicht solches mit besonderen Puncten: Etwan werden etliche besonderbare Personen / Pferd / Harnast [Harnische]/ Gewehr vorbehalten / offt Kleider vnd Kleinodien / etwan die Vberläuffer / etwan die Gefangenen / etwan wird ihnen erlaubt mit fliegendem Fahnen / brennenden Lunden / Kugeln in dem mund vnd offenem Trommelschlag auszuziehen / etwan auch werden sie mit Seitengewehr / oder Haab vnd Gut des Kriegsherren / vnd mit sicherer Convoy hin gelassen / etliche vnder die Compagnie gesteckt / etliche preyß gemacht / etlich gehenckt / etwan mit den eynwohnern mit weissen stäblein fort geschickt: vnd seind der Accord so vil / daß sie zu erzellen vast ein gantz Buch erforderen wurden[19].

Sicherlich bezeichnend ist, dass diese Ausführungen über *Accord[e]*, also Stadtübergaben, sich auf den Abzug fokussieren, denn dieser war aus der Perspektive der Soldaten zweifellos überaus bedeutsam: Auf den enormen Stellenwert dieser Handlung für die Soldaten in der Stadt deutete ja bereits das schon erwähnte Agieren des bayrischen Kommandanten de Treberey in Augsburg hin, der versuchte, diverse Akteure der Stadt dazu zu bewegen, sich für ›gütliche‹

---

18 Vgl. zu diesem Stereotyp: Huntebrinker, Söldner, S. 157–168.
19 Lavater, Kriegsbüchlein, S. 80.

Abzugsbedingungen für die bayrischen Truppen einzusetzen.[20] (Was offenbar gelang, denn sowohl die altgläubige Obrigkeit als auch die protestantischen Einwohner baten in ihren Briefen an Gustav Adolf den schwedischen König mit Erfolg genau hierum[21]). Und auch die zahlreichen akribisch-detaillierten Schilderungen des adligen Offiziers Monro von Abzügen sind ein starkes Indiz für die enorme Bedeutung, die den modi des Abzugs von soldatischer Seite attestiert wurden.[22]

Des Weiteren fällt bei dem eben erwähnten Traktat aber auch die Fokussierung auf den Status der Abziehenden sowie die Semantik der mitgeführten Dinge auf – es scheint, als sei aus einer eher soldatischen Perspektive vor allem von Bedeutung gewesen, wer mit welchen Dingen abziehen konnte.[23] Betrachtet man denn auch die Beschreibungen von Abzügen im Tagebuch des heute wohl bekanntesten Söldners des Dreißigjährigen Kriegs, Peter Hagendorf, so sind es ebenfalls die abziehenden Akteure und vor allem die mitgeführten Dinge, die dort erwähnt werden.[24] Gerade den Dingen kam offenbar ein besonderer Sinn zu, so dass sie in großen Teilen die Bedeutung eines Auszugs erzeugten.[25]

Ob die Abziehenden ihre Fahnen behalten durften, ob und wenn ja wie viele Kanonen sie mitnehmen durften, sie womöglich gar mit ›ehrenhaften‹ Trommelschlag ausziehen konnten oder als ehrgenerierendes Zeichen ihrer Kampfbereitschaft mit brennende Lunten und Kugeln im Mund marschieren durften oder sie – in weniger guten Fällen – ausschließlich mit Ober- und Untergewehr, wie es in zeitgenössischen termini hieß, also mit Waffen wie Pike, Degen, Pistole und Muskete ausziehen mussten oder ob man sie sogar zwang, diese zurückzulassen, waren die wichtigsten der diversen Zeichen, die zum Einsatz kommen konnten.[26] Ein Auszug, bei dem man die Abziehenden nötigte, mit einem ehrenrührigen Stecken in der Hand – dem Zeichen der Bettler und Landesverwiesenen – aus der Stadt zu marschieren, scheint im Dreißigjährigen

---

20 Siehe Kapitel 3. 2.
21 Vgl. Roos, Chronik, S. 3ff.
22 Vgl. etwa: Mahr, Robert Monro, S. 100f, 102f, 103, 116, 116f, 157.
23 Vgl. dazu auch: Ostwald, Representations of Honor, S. 94–98; Vo-Ha, Rendre, S. 83–86. Vgl. zur Semantik von Abzügen im 18. Jahrhundert: Petersen, Belagerte Stadt, S. 251f.
24 Vgl. Peters, Hagendorf, S. 53, 60, 63, 68, 79, 81. Kritischer der Quellenlage gegenüber: Duchhardt, Kugeln im Mund, S. 135ff.
25 Vgl. allgemein zum Sinn der Dinge: Füssel, Relationale Gesellschaft, S. 130–133.
26 Eine völlig konträre, inkorrekte Deutung der mitgeführten Kugeln liefert Heinz Duchhardt (vgl. Duchhardt, Kugeln im Mund, S. 141f).

Krieg keine oder zumindest keine häufige Praxis gewesen zu sein. Allerdings scheint diese Form zumindest kurz vor Ausbruch des Dreißigjährigen Kriegs aber durchaus noch in Gebrauch gewesen zu sein.[27] Noch schlechter waren die Konditionen, wenn die Soldaten nicht abziehen durften, sondern forciert wurden, in die gegnerische Armee einzutreten, d.h. sich ›unterstecken‹ zu lassen.[28]

Gerade die ›besseren‹ Abzugsbedingungen ließen also diverse Varianten zu und erlaubten damit eine relativ feine Nuancierung: Zu dem Abzug aus Landsberg an der Warthe hieß es etwa bei Monro, adliger Offizier in schwedischen Diensten:

nach den Vertragsbedingungen war es ihm [dem Kommandanten] gestattet worden, vier Ordonanzgeschütze mit herauszunehmen, und die Soldaten sollten mit voller Bewaffnung, mit Sack und Pack unter Trommelschlag und fliegenden Fahnen herausmarschieren und unter einen Konvoy von Reitern nach Golgau abziehen[29].

Während dort die Abziehenden mit ihren (leichten) Waffen, den Fahnen, vier Geschützen und Trommelschlag aus der Stadt marschieren durften, gestattete man den unterlegenen Soldaten beim Abzug aus Demmin neben der Mitnahme von leichten Waffen und Fahnen nur die Mitführung von zwei Kanonen und scheinbar keinen Trommelschlag:

Dabei wurde festgelegt, daß der Gouverneur [Federico Savelli] mit Sack und Pack, mit fliegenden Fahnen, den Waffen und zwei Ordonanzgeschützen ausziehen und unter einem Geleit zur nächstgelegenen kaiserlichen Garnison gebracht werden sollte. Voraussetzung war, daß der Gouverneur alle Geschütze zurückließ – es waren 60 Messingbüchsen – dazu alle Munitions- und Lebensmittelvorräte, auch alle überzähligen Waffen[30].

Gerade bei dieser Ausführung Monros über die Bedingungen des Auszugs aus Demmin wird noch einmal explizit deutlich, dass die Anzahl der mitgeführten Geschütze durch die Kapitulationsbedingungen normiert wurde, d.h. in der Regel gerade nicht alle in der Stadt vorhandenen Kanonen mitgeführt wurden. Diese Limitierung der mitgeführten Waffen diente einerseits der Nuancierung der Ehre der Ausziehenden, andererseits aber nutzte die siegreiche

---

27 Vgl. Gräf, Söldnerleben, S. 135. Vgl. zur Bedeutung des Steckens als Zeichen der Bettler und Landesverwiesener: Gräf, Söldnerleben, S. 135, Anm. 326; Broekmann, Formen, S. 77.

28 Vgl. Höbelt, Surrender, S. 144; Kroener, Soldat, S. 282ff. Vgl. zu dieser Unterscheidung auch: Lynn, Introduction.

29 Mahr, Robert Monro, S. 116.

30 Mahr, Robert Monro, S. 103.

Armee dies aber zweifellos auch dazu, die gegnerische Kampfkraft zu schwächen und die eigenen Waffenvorräte zu erweitern.[31]

Durch die Aufzeichnungen des Augsburgers Wagner wiederum wird deutlich, dass die aus Augsburg abziehende bayrische Garnison keine Artillerie
mitführen durfte, dafür aber mit Fahnen, Trommelschlag und mit brennende
Lunten marschieren durfte.[32] Einige frühneuzeitliche historiographische Werke
vermerkten auch die zu den brennenden Lunten gehörenden Kugeln im Mund,
die Wagner höchstwahrscheinlich schlichtweg nicht wahrgenommen hatte:[33]

Diesen Tag, abends um 4 Uhr, ist die hier liegende Garnison unter dem Oberst-
leutnant und Kommandanten Treberaix [de Treberey], nachdem sie sich auf dem
Weinmarkt gesammelt, mit 14 offenen und fliegenden Fahnen, mit Ober- und
Untergewehr, brennenden Lunten und dem Feldspiel samt ihrer ganzen Bagage
in guter Ordnung zu Ross und Fuss zum roten Thor ausgezogen, wobei I. Kgl. M.
[Gustav Adolf] zu Ross bei dem oberen Gottesacker mit seinen Kavalieren gehalten
und diesem Abzug zugesehen[34].

Noch aufschlussreicher an dem Bericht Wagners und den ähnlich lau-
tenden Aufzeichnungen Hainhofers aus Augsburg ist jedoch, dass man recht
gut feststellen kann, welche Formen die Performanz eines Auszugs annehmen
konnte.[35] Dass sich die Ausziehenden auf dem Weinmarkt, dem wohl be-
deutendsten Platz Augsburgs, versammelten, hatte sicherlich auch logistische
Gründe. Allerdings kam es sicherlich auch einer letzten Demonstration der eigenen Stärke gleich, indem man noch ein letztes Mal die Kontrolle über einen
wesentlichen Ort der Stadt und damit pars pro toto über diese als Ganzes inszenierte.[36] Durch die erwähnte *gute[.] Ordnung* inszenierten sich die abziehenden
Soldaten als disziplinierte und schlagkräftige Truppe, wobei diese zudem auch
der visuellen Ästhetisierung des Auszugs diente.[37]

---

31   Vgl. Ostwald, Representations of Honor, S. 99f.
32   Vgl. auch: Roeck, Welt, S. 245f.
33   Vgl. Chemnitz, Kriegs, S. 314; Stetten, Geschichte, S. 170. Aber nicht alle zeitgenös-
     sischen Geschichtswerke vermerkten die Kugeln explizit (vgl. Abelinus/ Merian, Theatri
     Europaei, S. 636; Lungwitz, Judas Maccabaeus, S. 47).
34   Roos, Chronik, S. 8f.
35   Vgl. Hainhofers Bemerkungen zum Auszug in: Emmendörffer, Welt, S. 478.
36   Vgl. zur Bedeutung des Weinmarkts: Roeck, Stadt, Bd. 2, S. 689ff; Jachmann, Öffent-
     lichkeit, S. 198f.
37   Vgl. zum imaginierten Nexus zwischen ›guter‹ Ordnung und militärischer Schlagkraft:
     Huntebrinker, Sozialverband, S. 187–191. Vgl. zur ästhetischen Qualität: Rudolph,
     Heer; Füssel, Theatrum Belli, S. 220–225.

Dieses ästhetische Moment des Abzugs trug sicherlich auch dazu bei, dass der schwedische König mit seinem Gefolge diesem Spektakel zusah. Die Anwesenheit Gustav Adolfs lässt sich aber auch noch durch zwei einander scheinbar widersprechenden Faktoren erklären, nämlich zum Einen als Ehrerweisung an den Gegner und zum Anderen als Inszenierung des Sieges. Die Anwesenheit eines hochrangigen Akteurs bei einem Abzug unter ›ehrenhaften‹ Bedingungen, der zudem als wohldurchgeführtes Manöver erschien, kann man sicherlich als tendenziell ehrgenerierend für die Abziehenden und als Geste des Respektes ihnen gegenüber interpretieren. Ein Abzug war schließlich in der Frühen Neuzeit keine Schande, sondern die ›guten‹ Abzugsbedingen waren vielmehr als Zeichen der Ehre zu verstehen.[38] Gleichzeitig manifestierte sich im Abzug aber auch der Sieg der Angreifer, wodurch der anwesende schwedische Feld- und Kriegsherr beim Abzug der unterlegenen Truppen auch einer Inszenierung der eigenen Überlegenheit beiwohnte. Dass der Abzug zugleich auch eine Inszenierung der Ehre und (vermeintlichen) Tapferkeit der wegziehenden Soldaten war, dürfte dieser Sinndimension keineswegs abträglich gewesen sein, denn einen tapferen und starken Gegner geschlagen zu haben, ließ den eigenen Sieg noch bedeutsamer erscheinen.[39]

Die visuellen Aspekte des Auszugs in actu und die damit verbundenen Schaupraktiken werden auch an Hand eines Vermerks des Augsburgers Hainhofer deutlich, der schrieb, dass *meine Leuth [Hainhofers Dienstleute] alle ausser Hauß waren das baÿrische Volckh sehen hinauß […] zue ziehen*[40]. Auch die ›einfachen Leute‹ sahen also dem Auszug zu, was darauf hindeutet, dass dieser geradezu zu einem Spektakel werden konnte.[41]

Bezeichnender Weise wurde der Abzug der bayrischen Truppen aus Augsburg denn auch in zwei Flugblättern ins Bild gesetzt (siehe Abbildung 8 und 9).[42] Die bayrischen Soldaten wurde dabei in einer langgezogenen Marschformation dargestellt, die aus der in Teilen abgebildeten und mit Beschriftungen versehenden Stadt Augsburg auszieht. In beiden Fällen wurden sie mit einem

---

38 Vgl. Wrede, Zähmung, S. 218.
39 Vgl. Remy, Sempach, S. 86.
40 Emmendörffer, Welt, S. 478.
41 Vgl. allgemein zu Kriegspraktiken als Spektakel: Füssel, Theatrum Belli, S. 220–225.
42 Vgl. O. A., Wahrer Bericht / wie vnd wann Ihr Königl: May: in Schweeden mit dero KriegsArmada für Augspurg geruckt; Mannasser, Gründliche vnd Außführliche Beschreibung welcher Gestalt die Königl. May. zu Schweden […] gegen die Statt Augspurg geruckt.

H. B. 519

Wahrer Bericht/wie vnd wann Ihr Königl:
May: in Schweeden mit dero Kriegs Armada für Augspurg
gerückt/ auch was sich in kürtze daselbst zugetragen.

DEmnach der Durchleuchtigst/Großmächtigst/ Hochgeborne Fürst vnnd Herr/ Herr Gustavus Adolphus von Gottes Genaden/ der Schweeden/ Gotten vnnd Wenden König/ rc. Im Jahr 1632. den 17. Aprilis mit dero Kriegs Armada für Augspurg gezogen/ dieselbig belägert/ vnd sich zu Morgens frühe den 18. diß mit grosser Macht hat sehen lassen / alßbald die Guarnison in Augspurg solches gewahr worden/ hueben sie an mit grossen Stucken auff sie zuschiessen / vnder disem feyrten die Schweedische nicht/ sonder machten ein Bruck vber den Lech vnd Wertha/ daß man von dem Königlichen Läger in das SchwabenLandt ohne schaden passieren kunden. Interim kam von Ihr Königl: May: rc. den 19. diß ein abgeordneter Trometer / welchem die Augen verbunden waren/vnd in die Statt geführt/ zu den Obersten Herren/ darauff alßbald den andern Tag als den 20. Aprill die Herren Rathsverwandte Euangelisch vnnd Catholisch sich zu den Schwedischen Abgesandten begeben/ vnnd ein fridlichen Accordo getroffen/ doch müste disen Tag die Kayserl: Guarnison abziehen mit Sack/ Pack/ fliegenden

Fahnen/ welche waren 4000. zu Fueß vnd wenig Reutter/vnd müsten ihrn Marsch auff Haustädten nennen/wie in der Figur wirdt angedeut/darauff alßbald das Schweedische Volck eingezogen/ welche warn 24. Fahnen zu Fueß vnd 4. Compagnia Reutter/die vbrige in dem Feldläger geblieben/hernach den 22. diß die Herren Rathsverwandte Euangelischer Religion widerumb in ihre vorige Stell vnd Aembter eingesetzt/ entlich den 24. diß Monats seyn Ihr Hoch Königl: May: rc. zu Morgens vmb 11. Uhr in selb aigener Person mit sambt Hertzog Fridericus auch sonst vil Fürsten vnd Herren auß dem Feldläger zu Augspurg angelangt/ vnd sich in die Kirchen zu S. Anna begeben/ allda man ein Predig gehalten vnd das Te Deum laudamus gesungen worden. Von dannen seynd Ihr Königl: May: auff den Weinmarckt in der Herren Fugger Behausung eingeritten / allda die gantze Statt vnd Burgerschafft den Ayd mit auffgeregten Fingern Ihrer May: gelaistet/ was sich weiter möcht in diser Statt Augspurg begeben/ wirdt die Zeit mit sich bringen/ Gott mit vns.

Getruckt vnnd verlegt durch Daniel Mannasser/ Burger vnd
Kupfferstecher in Augspurg/ Anno 1632.

Abbildung 8: Abzug der bayrischen Truppen aus Augsburg,
Flugblatt von Daniel Mannasser, 1632

Gründliche vnd Außführliche Beschreibung welcher Gestalt die Königl. May. zu Schweden/ꝛc. nach erhaltener Victori am Lechfluß wider die Käyſ. vnd Ligiſtiſche Armada/ gegen die Statt Augſpurg geruckt/ dieſelbe mit Accort erobert/vnd nach geſchehenem Abzug der Bäyriſchen Beſatzung eingezogen/ dem Evangeliſchen Gottesdienſt beygewohnet/ auch wegen Raͤtho vnd anderer Statt ämpter Königliche Ordinantzerẗheilen laſſen.

Abbildung 9: Abzug der Garnison aus Augsburg, anonymes Flugblatt, 1632

Schriftzug versehen, der sie als abziehende kaiserliche (!) Soldaten kennzeichnet. Die Anwesenheit Gustav Adolfs wurde ebenfalls – durch die Darstellung eines entsprechend beschrifteten Reiters – in Szene gesetzt, wobei von den Akteuren auf schwedischer Seite vor allem starke Reitereinheiten akzentuiert werden, die auf beiden Seiten der abziehenden bayrischen Formation gezeigt werden.

Die Logik dieser beiden fast identischen Bilder lag jedoch weniger darin, eine Geste des Respekts gegenüber den abziehenden Truppen in Szene zu setzen, als vielmehr die militärische Überlegenheit der schwedischen Seite zu inszenieren: Durch die bildliche Akzentuierung der schwedischen Reiterformationen auf beiden Seiten der Abziehenden wurde vor allem die Möglichkeit, die Abzugsbedingungen zu brechen und Gewalt anzuwenden, drohend angedeutet.[43]

Neben den ›besseren‹ Abzugsbedingungen gab es jedoch auch Konditionen, die für die unterlegenen Soldaten deutlich weniger ›gut‹ waren, wie jene für die Verteidiger einer Schanze vor Oppenheim, von denen der Offizier Monro berichtet: *Ihre Fahnen wurden ihnen abgenommen. Da sie alle bereit waren, in unsere Dienste zu treten, wurden sie vom König [Gustav Adolf] Sir John Hepburn zugewiesen, der [...] ihr Oberst wurde*[44]. Dass den sich Ergebenen die Fahnen abgenommen wurden, implizierte zweifellos eine enorme Verletzung ihrer Ehre, wobei die Kondition nicht einmal einen Abzug enthielt: Diese Soldaten zogen nicht aus, sondern wechselten den Dienstherren, was ein Agieren war, das in der Frühen Neuzeit zwar nicht unbedingt typisch war, aber durchaus vorkam und es hier der schwedischen Armee ermöglichte, die eigenen Truppen mit Soldaten aufzustocken.[45] In der Forschung hat man diese Seitenwechsel lange Zeit als einen Indikator für die Illoyalität der frühneuzeitlichen Söldner betrachtet, doch inzwischen betont man häufiger die strukturellen Zwänge, durch die derartige Fahnenwechsel erfolgten.[46] Damit einhergehend werden Flucht und Desertation auch als eigensinnige Mittel betrachtet, den Seitenwechsel wieder rückgängig zu machen.[47] Dieser Befund trifft wohl auch auf nicht Wenige dieser Soldaten zu, denn der protestantische Schotte Monro schrieb weiter:

43   Vgl. dazu auch: Wrede, Zähmung, S. 219.
44   Mahr, Robert Monro, S. 157.
45   Vgl. Kroener, Soldat, S. 282ff.
46   Vgl. ebd., S. 283f.
47   Vgl. ebd., S. 283f.

[Ihr Oberst John Hepburn war] auch ein gütiger Schutzherr, der sie in guten Quartieren unterbrachte, bis sie neu eingekleidet und bewaffnet waren. Aber sie zeigten sich undankbar und blieben nicht, sondern liefen in Bayern alle davon[48].

Dass die in die schwedische Armee übergelaufenen beziehungsweise ›untergesteckten‹ Soldaten in Bayern desertierten, scheint wohl kein Einzelfall gewesen zu sein und ist durchaus bezeichnend:[49] Zum einen ist dies sicherlich als Indiz für eine gewisse Loyalität der zuvor kaiserlich-ligistischen Soldaten gegenüber ihrer ehemaligen Seite zu interpretieren und deutet so tatsächlich auf die situativen Zwänge als wichtige Faktoren bei Fahnenwechseln hin. Zum anderen scheint gerade der Faktor Raum einen bedeutenden Einfluss auf die Desertationen gehabt zu haben, da besonders viele von ihnen scheinbar in Bayern stattfanden: Man könnte diese Indizien sicherlich dahingehend interpretieren, dass das altgläubige Bayern sich für Desertationen katholischer, ehemals Kaiser oder Liga dienender Soldaten besonders anbot, da sie hier auf eine einigermaßen freundlich gesinnte Bevölkerung trafen oder sich womöglich selbst in der Umgebung auskannten. Beides waren jedenfalls Faktoren die auch andernorts die Möglichkeiten der Desertation mitbestimmten.[50]

Loyalität und Illoyalität konnten jedoch auch ganz anders definiert werden, wie es die moderne Forschung lange Zeit tat, denn Monro beschrieb den neuen Oberst der in die schwedische Armee gewechselten Soldaten als deren Patron, während er die Desertion als Akt der Undankbarkeit definierte. Diese Deutung nutzte die zeitgenössischen Termini der Patronage und warf damit den geflohenen Soldaten unverhohlen Untreue und Undank vor.[51]

Längerfristig scheinen die (forcierten) Wechsel von kaiserlichen oder ligistischen Truppen in funktionaler Hinsicht für die schwedische Seite also auch negative Effekte gehabt zu haben, insofern einige der jeweiligen Soldaten wieder flohen. Kurzfristig konnten solche Konditionen jedoch wohl auch einen ziemlichen symbolischen Gewinn zeitigen, wie Monros Bericht über die Übergabe der Stadtfestung von Demmin nahelegt:

Sie [die Verteidiger der Stadtfestung] waren geneigt, in den Dienst S.M. [Gustav Adolfs] zu treten und ihre Fahnen zu übergeben. Damit waren wir sofort ein-

---

48 Mahr, Robert Monro, S. 157.
49 Vgl. zu einem weiteren Fall: ebd., S. 167.
50 Vgl. Kaiser, Söldner, S. 116; Schennach, Verhältnis, S. 71f.
51 Vgl. zur Sprache der Patronage: Emich, Staatsbildung, S. 41–44; Emich/ Reinhardt/ Thiessen/ Wieland, Stand, S. 259–262.

verstanden. Ihre Fahnen wurden herausgebracht, entrollte und auf unsere Batterien als Siegeszeichen des Königs aufgepflanzt[52].

An dieser Stelle kann man recht gut aufzeigen, welche Bedeutung die Übergabe von Fahnen besaß: Auch übergebene Fahnen waren *Siegeszeichen*, die als solche präsentiert wurden und die die ›Überwindung‹ eines Gegners repräsentierten.[53] Gerade vor Demmin dürfte die Präsentation der gegnerischen Fahnen zudem noch einen ganz besonderen kommunikativen Effekt besessen haben: Da die Stadtfestung übergeben wurde, ehe die Stadt sich ergab, war das Aufstellen der Fahnen auch ein Mittel, um den Verteidigern der Stadt die Eroberung der Stadtfestung und damit ihre eigene Lage drastisch vor Augen zu führen.

Die vereinbarten Abzugsbedingungen konnten jedoch auch nachträglich von der siegreichen Armee gebrochen werden, wobei dies doch eher selten geschehen zu sein scheint.[54] Peter Hagendorf etwa, der in seinem Selbstzeugnis zahlreiche Auszüge vermerkte, beschrieb nur zwei Fälle, in denen die Vereinbarung gebrochen wurde.[55] Und von den hier genauer untersuchten Abzügen wurden nur die Bedingungen von jenem aus Kolberg nicht gehalten. Der eigentliche Auszug aus Kolberg erfolgte offenbar sogar mit *leidentlicher Condition*[56], wie Lungwitz in seinem Geschichtswerk vermerkte:

[Sie] zogen den 2. Martii mit Sack vnd Pack / brennenden Lunden / schlagenden Trummeln vnd zweyen Stücken / neun Compagny zu Fuß / vnd 6. Cornet zu Roß / musten aber Cornet [Reiterfahnen] vnd Fahnen drinnen lassen / vnd ob zwar anfänglich solch Keiserisch Volck auff Landsberg convoirt ward / weil aber die Keiserischen eben damals zu New Brandenburg so vbel gehauset / vnnd keinem Schwedischen Quartier gegeben / sihe / so gab auch der König jetzo Ordinantz, daß das Keiserische Volcke / so aus Colberg gezogen / welches damals noch in der Newmarck war / angehalten / vnd disarmiret würde[57].

Die Entwaffnung erfolgte also erst, nachdem die Erstürmung Neu-Brandenburgs durch die kaiserliche Armee bekannt wurde, und war damit schein-

52 Mahr, Robert Monro, S. 102f.
53 Vgl. zur vormodernen Bedeutung von Fahnen: Landolt, Heldenzeitalter, S. 89–94.
54 Martin Wrede geht allerdings von häufigen Brüchen der Konditionen aus (vgl. Wrede, Zähmung, S. 218f).
55 Vgl. zu den beschriebenen Auszügen: Peters, Hagendorf, S. 53, 47, 60, 63, 68, 79, 81. Vgl. zu den beschriebenen Akkordbrüchen: ebd., S. 47, 81.
56 Lungwitz, Josua Redivivus, S. 374.
57 Lungwitz, Josua Redivivus, S. 374f.

bar vor allem auch eine Revanche für die dortigen Geschehnisse.[58] Zentral für
den Nexus beider Ereignisse war aber für alle Lesenden das Werk Lungwitz,
denn erst durch seine Erwähnung des (angeblichen) Befehls des schwedischen
Königs erhielten (und erhalten) beide Geschehnisse eine Verbindung. Mehr
noch: Indem dieser Zusammenhang konstituiert wurde, scheint das schwedische Agieren einer Logik zu folgen, die man als Ökonomie des moralischen
Werts von Gewalthandeln bezeichnen könnte: Nach dieser Logik rechtfertigte
ein – faktischer oder zumindest vermeintlicher – Normverstoß der Gegenseite
die Anwendung ebenfalls zweifelhafter Gegenmaßnahmen. Die für diese Logik
notwendige Relation stellte für die Lesenden jedoch erst Lungwitz her; inwiefern dieser Sinn für die an der Entwaffnung beteiligten Akteure wahrnehmbar
war, lässt sich kaum mehr klären. Möglicherweise wurde dieser Sinn von den
beteiligten Soldaten der schwedischen Armee mit Worten oder Gesten in Szene
gesetzt, möglicherweise war diese Sinndimension aber auch für viele oder sogar
alle in actu Beteiligten inexistent.

Eine Entwaffnung – und damit ist hier höchstwahrscheinlich eine vollständige Entwaffnung und nicht ›nur‹ ein Wegnehmen der Kanonen gemeint –
bedeutete aber in jedem Fall ganz zweifellos für die Entwaffneten einen Verlust
von Ehre, denn durch die Wegnahme der Waffen wurden sie faktisch wehrlos
gemacht und eines zentralen Statussymbols beraubt.[59]

Sinnverschiebungen: Medialisierung und Deutung von Abzügen

Für die Deutung des Abzugs war aber – sofern man nicht Zeuge war – eine
Überlieferung notwendig, die möglichst genau den Ablauf des Auszugs und
vor allem auch die jeweils genutzten Dinge beschrieb oder ins Bild setzte. Erst
durch das Medium der Beschreibung oder des Bilds wurde der Ablauf des
Auszugs über Zeit und Raum kommunizierbar, d.h. es wurde Wissen darum
generiert.[60] Wenn aber Abzüge nicht korrekt wiedergegeben wurden, konnte
sich ein vom konkreten, in actu durchgeführten Abzug völlig differentes Bild
verbreiten: Vom Abzug der Soldaten aus Mainz gibt es letztendlich mehrere
Versionen: In einem Flugblatt hieß es, *die Besatzung [sei] umb 4 vhr / mit Sack*

---

58 Vgl. Kaiser, Kriegsgreuel, S. 167; Kaiser, Politik und Kriegsführung, S. 318ff.
59 Vgl. zur frühneuzeitlichen Bedeutung von Waffen: Evert, Überlegungen, S. 61–65;
    Tlusty, Martial ethic, insbesondere S. 133–165.
60 Vgl. theoretisch-allgemein: Stollberg-Rilinger, Rituale, S. 184f. Vgl. exemplarisch etwa:
    Bauer, Strukturwandel.

vnd Pack / Vnder- vnd Oberwehr / neben wenig Stucken auß der Statt gezogen[61].
In Merians ›Theatrum Europaeum‹ schrieb man präzisierend die Besatzung sei
*mit zwey Stücken Geschütz / Ober vnnd Vnderwehren / Sack vnd Pack abgezo-
gen*[62]. Lungwitz berichtete in seinem Geschichtswerk hingegen, man habe die
Besatzung *mit Sack vnd Pack abziehen lassen*[63]. Und Monro schrieb noch akzen-
tuierter: *Es wurde ihnen zugestanden, ohne Waffen herauszumarschieren*[64]. Und
betrachtet man zudem das Bild des anfangs zitierten Flugblatts (siehe Abbildung 10), so ist keineswegs der im Flugblatttext erwähnte Tross mit Artillerie
zu erkennen, sondern stattdessen Abziehende zu Fuß und zu Pferd mit Piken,
Musketen und Fahnen – letztere wurden jedoch im Text des selben Flugblatts
nicht genannt.[65] Der Sinn der Handlung konnte also medial stark verändert
werden: Vom Abzug aus Mainz gibt es drei Varianten, von denen eine einen
relativ ehrenhaften Abzug mit Kanonen und leichter Bewaffnung beschreibt,
eine einen ebenfalls ehrenhaften Abzug mit Fahnen und leichter Bewaffnung
ins Bild setzt und eine einen unehrenhaften Abzug ohne jegliche Bewaffnung
und ohne Kanonen oder Fahnen erwähnt.

Eine konkrete Rekonstruktion des Abzugs aus Mainz ist auf Grund
dieser Quellenlage somit kaum möglich.[66] Aus dezidiert kulturhistorischer
Perspektive hingegen ist der divergierende Quellenbefund jedoch überaus
aufschlussreich:[67] Er zeigt eindrücklich die Bedeutung der medialen Vermittlung von Performanzen, deren in actu erzeugter Sinn durch Verschriftlichung
oder Verbildlichung erheblich verändert werden konnte.[68] Grund für diese
Veränderungen könnten eine prekäre Informationslage oder aber die Intention, die Abziehenden in besserem oder schlechterem Licht erscheinen zu
lassen, gewesen sein. Zudem deutet das eben erwähnte Flugblatt über die
Einnahme der Stadt Mainz, das den Abzug im Bild völlig anders als im Text
darstellt, darauf hin, dass Auszüge für nicht militärisch geprägte Zeitgenossen

61 O. A., Abriß vnd Beschreibung Der Churfürstl. Residentz-Statt Maeintz.
62 Abelinus/ Merian, Theatri Europaei, S. 493. Gleiches gibt auch Khevenhüller an (vgl.
   Khevenhüller, Annales, Bd. 11, Sp. 1905).
63 Lungwitz, Imperator Theodosius Redivivus, S. 90.
64 Mahr, Robert Monro, S. 159.
65 Vgl. O. A., Abriß vnd Beschreibung Der Churfürstl. Residentz-Statt Maeintz.
66 Anders sah des offenbar Frohnhäuser (vgl. Frohnhäuser, Gustav Adolf, S. 100).
67 Vgl. grundlegend zur kulturgeschichtlichen Perspektive: Daniel, Kulturgeschichte.
68 Vgl. theoretisch-allgemein: Stollberg-Rilinger, Rituale, S. 233f. Vgl. exemplarisch etwa:
   Stollberg-Rilinger, Kleider, S. 32–41.

keine so große Wichtigkeit besaßen und ihre Durchführung wenig akribisch geschildert wurde.[69]

Doch auch wenn über einen bestimmten Abzug falsch oder tendenziös berichtet wurde, so veränderte dies jedoch die – wohl vor allem von militärischen Akteuren tradierte – Semantik von Abzugsritualen nicht:[70] Es wurde in derartigen Berichten weder der Sinn der Performanz umgedeutet, noch wurde er bestritten oder ad absurdum geführt. Eine Veränderung der Bedeutung des jeweils nicht korrekt beschriebenen Rituals erfolgte in den Druckmedien ausschließlich, indem man den Ablauf einer bestimmten Handlung unrichtig oder verkürzt darstellte, und nicht, indem die etablierte Semantik von Abzugsritualen umgedeutet wurde: Dies war definitiv kein Angriff auf das Zeichensystem der Abzüge.

Monros Ausführungen über die Abzugsbedingungen der Verteidiger von einer Schanze bei Oppenheim hingegen hatten jedoch einen anderen Impetus:

Er [ein Oberst der schwedischen Armee] gewährte ihnen – es waren Italiener –, ehrenvollere Bedingungen, als sie es in Wahrheit aufgrund ihres Verhaltens verdient hätten, denn sie erhielten die Erlaubnis, mit Sack und Pack unter voller Bewaffnung herauszukommen und unter einem Geleit zur nächsten Garnison zu marschieren[71].

Monro ging es bei diesen Ausführungen auch um die Bedeutung von Abzugsritualen, die er durch die Bedingungen, die den Verteidigern der Schanze zugestanden worden waren, geradezu als pervertiert deutete: Gerade weil Monro bestimmte Formen des Abzugs – gemäß den üblichen Konventionen – als ehrenhaft deutete, kritisierte er es, dass den Abziehenden vorteilhafte Bedingungen gewährt wurden, da sie diese nicht verdient hätten. Monro postulierte also generell eine Verbindung zwischen dem Abzugsritual und dem militärischen Verhalten der Abziehenden, wobei Ehre diesen Nexus herstellte: Nach Monros Logik wurde beim Abzug die Ehre oder Schande in Szene gesetzt, die die Besatzung bei der Verteidigung ›erworben‹ hatte; dieser Logik gemäß monierte er, dass das Verhältnis zwischen dem Abzugsritual und dem vorherigen militärischem Verhalten der Verteidiger bei der Übergabe der Schanze in Unordnung geraten sei.[72]

---

69 Vgl. dazu auch: Ostwald, Representations of Honor, S. 101ff; Duchhardt, Kugeln im Mund, S. 137.

70 Vgl. allgemein zu diesem Spannungsfeld bei Ritualen: Stollberg-Rilinger, Rituale, S. 184f.

71 Mahr, Robert Monro, S. 157.

72 Wie unterschiedlich von zeitgenössischen Militärs die ›Verteidigungsleistung‹ bewertet werden konnte, wird deutlich an einem Beispiel aus dem 18. Jahrhundert (vgl. Hohrath, Bastionen, S. 95ff).

Diese Äußerung Monros sollte man vor allem als Teil eines – durchaus rigorosen – adlig-soldatischen Diskurses interpretieren, bei dem Ehre zwangsläufig mit Tapferkeit korrelierte und ehrgenierende Performanzen oder Artefakte auf keinen Fall irgendwie erkauft werden durften.[73] Doch zweifellos waren die Abzugsbedingungen (und damit gegebenenfalls Zeichen der Ehre) ein Verhandlungsgegenstand, wodurch sie letztendlich nicht immer mit der Tapferkeit und den gezeigten militärischen ›Leistungen‹ der Verteidiger korreliert haben dürften.

Monros Ausführungen sind letztlich in doppelter Hinsicht aufschlussreich: Erstens wird vor ihrem Hintergrund der Ritualcharakter der Abzüge noch deutlicher, indem die Aufmerksamkeit auf ihre Performativität gelenkt wird, d.h. die Fähigkeit von Abzugsritualen, Ehre (oder Schande) zuzuschreiben und die Abziehenden in ehrbare (oder schändliche) Akteure zu transformieren.[74] Dass die in diesen Ritualen zugeschriebene Ehre nicht notwendigerweise mit dem zuvor gezeigten Verhalten korrelieren musste, verdeutlich geradezu den performativen Charakter des Rituals, also die Konstruktion einer anerkannten Fiktion.[75]

Zweitens jedoch werden durch Monros Äußerungen auch die Grenzen des Abzugsrituals deutlich, indem die damit intendierten Effekte nur begrenzt Wirkung entfalteten, also die hierbei geschaffenen ›Realitäten‹ nicht allgemein anerkannt wurden. Zwar erhielten die Abziehenden, laut dem schottischen Obristen Monro, ehrenvolle Bedingungen, doch sie verdienten sie seiner Meinung nach nicht, wodurch die performative Wirkung des Rituals mindestens im Fall von Monro ausblieb. Mehr noch: Indem er dies in seinem Traktat schrieb, griff er den Sinn des bei der Schanze durchgeführten Rituals an und etablierte damit eine konträre – zusätzliche – Deutung. Das Traktat des Obristen und Adligen Monro wurde damit ebenfalls zu einem Medium, in dem wiederholt über Ehre und Schande verhandelt wurde.[76] Zur Einnahme von Letzin (bei Demmin) hieß es etwa:

Dort lagen im Schloß über 600 Soldaten der Kaiserlichen, die um gute Kapitulationsbedingungen hätten kämpfen können. Sie waren aber beim Wachehalten

---

73 Vgl. zur Verbindung von Ehre und Tapferkeit: Asch, Herbst, insbesondere S. 27–64; Asch, Ehre; Walther, Freiheit, S. 313f. Vgl. zum ›Erkaufen‹ von Prestige: Walther, Hosen, S. 45ff.

74 Vgl. zum Konzept der Performativität: Martschukat/ Patzold, Geschichtswissenschaft.

75 Vgl. theoretisch dazu: Bourdieu, Ökonomie des sprachlichen Tausches, S. 111–119.

76 Vgl. dazu auch: Ostwald, Representations of Honor, S. 103–119.

so nachlässig und ließen unsere Musketiere, nachdem diese die Brücke überquert hatten, in das Schloß eindringen, ehe die Besatzung zu den Waffen greifen konnte, und da sie so überrumpelt worden waren, erhielten sie schlechtere Kapitulationsbedingungen, als wenn sie gekämpft hätten. Die Soldaten und Offiziere, die zuerst eindrangen, machten deshalb so reiche Beute an goldenen Ketten und Geld, weil die Kaiserlichen schon so lange dort gelegen waren, und obwohl sie das ganze Geld des Landes dort angehäuft hatten, waren sie doch nicht so klug gewesen, es wegzubringen. Es waren dumme, unbedarfte Italiener, die armseligsten Offiziere, die ich je gesehen habe, die es nicht wert waren, daß man sie als Soldaten bezeichnet, denn obwohl sie von unserem Marsch wußten, ließen sie sich auf so jämmerliche Weise überraschen[77].

Und über die Eroberung Demmins schrieb Monro:

Wäre der Gouverneur, der Herzog von Savelli, jedoch so tapfer gewesen wie jene, die er befehligte, hätte er angesichts der Jahreszeit und der Lage in der Stadt diese einen Monat länger halten können, so daß er nach unserer Einschätzung kein guter Soldat war[78].

Und zu der Einnahme Landsbergs an der Warthe merkte der schottische Obrist an:

Nachdem sie abgezogen waren und S.M. [Gustav Adolf] die Stadt mit einer Garnison besetzte, da sahen wir erst, wie stark sie gewesen waren, und wir schämten uns für sie, wie sie sich gehalten hatten, denn sie waren die ältesten Truppenteile und, wie uns berichtet wurde, die Auslese der ganzen kaiserlichen Armee, die eine so starke Stadt ohne jede Notwendigkeit feige übergeben hatten und noch dazu bei Aussicht auf Hilfe[79].

Monro beurteilte also häufiger explizit die Tapferkeit der Verteidiger, wobei er immer wieder normierende Anmerkungen machte: Seiner Ansicht nach ›fehlende‹ Tapferkeit wurde benannt und nicht selten äußerst polemisch kommentiert, wobei er den Akteuren mitunter ihren Status als (gute) Soldaten und damit letztlich ihre Ehre absprach.[80] Diese Äußerungen sollte man – wie bereits

77   Mahr, Robert Monro, S. 100f.
78   Mahr, Robert Monro, S. 103. Auch von kaiserlich-ligistischer Seite wurde Kritik am Kommandanten Federico Savelli geäußert, die dieser jedoch auch mit publizistischen Mitteln – mit einigem Erfolg – energisch zurückwies (vgl. Mazzetti di Pietralata, Federico Savelli, S. 184–187).
79   Mahr, Robert Monro, S. 116f.
80   Vgl. zum Stellenwert der ›Tapferkeit‹: Landolt, Eidgenossen; Frevert, Vergängliche Gefühle, S. 42.

erwähnt – in einem adlig-soldatischen Diskurs verorten, in dem ›Tapferkeit‹ zum entscheidenden distinguierenden Kriterium stilisiert wurde. Durch diese Bemerkungen trug der schottische Obrist und Adlige zur Perpetuierung und Ausweitung der Reichweite dieses Diskurses bei und er inszenierte sich selbst als Anhänger des adlig-soldatischen Ideals der Tapferkeit. Letzteres war auch eine – tendenziell ehrgenerierende – Selbstverortung im Feld der höfisch-adligen Lebensweisen, die ihn als adligen Soldaten von Adligen, die Königen oder Fürsten in anderen Funktionen dienten, sowie solchen, die als Hofleute fungierten oder sich als Jäger, Reiter, Kunstliebhaber und Mäzene, Sammler, Gelehrte etc. in Szene setzten, abgrenzte.[81]

Der Abzug der Belagerer: Ingolstadt 1632

Zu guter Letzt soll noch ein Abzug ganz anderer Art in den Blick genommen werden, nämlich der Rückzug der schwedischen Armee nach der ›erfolglosen‹ Belagerung der bayrischen Festung Ingolstadt am 3. Mai 1632.[82] Der Obrist Monro schrieb dazu:

> *S.M. [Gustav Adolf] brach [...] auf und marschierte [von Ingolstadt] ab, wobei der Feind unsere Nachhut mit einer starken Kampfgruppe von Reitern und Dragonern angriff. General Baner, der den Befehl hatte, den Rückzug durchzuführen, verhielt sich in seinem Kommando, als der Feind angriff, umsichtig und tapfer. Er attackierte den Feind fortwährend mit kleinen Einheiten und zwang ihn zum Rückzug, während das Gros der Armee abmarschierte. Der General setzte dabei nacheinander immer wieder frische Truppen ein, um die Angriffe des Feindes abzufangen, bis zuletzt alle in Sicherheit waren. Der Feind zog sich dann auch zurück und wagte es nicht, sich außerhalb des Festungsbereiches im Felde zu zeigen, nachdem er bei einem Ausfall am Tag zuvor von den Schweden zurückgeschlagen worden war. Nach diesem ehrenvollen Rückzug setzte S.M. [Gustav Adolf] den Marsch nach Moosburg fort*[83].

Bei diesem Rückzug handelte es sich nicht um ein mit den Gegnern zuvor ausgehandeltes und abgesprochenes Ritual, sondern um eine militärische

---

81   Vgl. zu diesen Ausformungen von Adligkeit: Asch, Adel, S. 132–151 und 218–225.
82   Vgl. Wilson, Dreißigjährige Krieg, S. 599f; Soden, Gustav Adolph, S. 241f. Die Belagerung begann am 29. April (vgl. Kaiser, Maximilian I., S. 90) und endete am 3. Mai (vgl. Stahleder, Chronik, S. 451); die Bemerkung von Sigrun Haude, die Belagerung habe eine Woche lang gedauert (Haude, World of the Siege, S. 35), ist nicht ganz korrekt.
83   Mahr, Robert Monro, S. 172f.

Aktion, die eine sehr funktionale Dimension besaß, aber durch die Beschreibung wiederum auch eine symbolische Komponente bekam: Die Deckung des Rückzugs diente vor allem dem Schutz des abziehenden Heeres und vor allem dessen Trosses vor feindlichen Angriffen. Durch die Beschreibung der Deckung und vor allem der für die schwedischen Seite ›erfolgreichen‹ Rückzugsgefechte wurden die schwedischen Truppen jedoch als wohlgeordnet und militärisch ›überlegen‹ präsentiert. Diese Elemente des Rückzugs wurden im Bericht geradezu zu Argumenten, durch die man den Abzug zu einem ›guten‹ Rückzug verklären konnte – Monro titulierte ihn explizit als *ehrenvollen Rückzug* – wodurch die zuvor ›gescheiterte‹ Belagerung gewissermaßen relativiert wurde. Auch ein zeitgenössisches Flugblatt deutete den Rückzug der schwedischen Truppen aus einer pro-schwedischen Perspektive:

Nach dem Königl. Mayestatt zu Schweden [Gustav Adolf] / die Statt Augspurg einbekommen / haben sie sich an diesen Ort nicht lang auffgehalten / sondern ihren gantzen Marche vff Ingolstatt genommen / in meynung den Feind in das Feld zu bringen / darzu Er sich aber nicht verstehen wollen / sondern in seinen Vortheil bey Ingolstatt blieben / Höchstberührt Ihre Königl. Majestätt haben vnterdessen die Zeit nicht vergeblich wollen lassen hingehen / noch das Volck vor Ingolstatt dißmals vnnöthiger weiß verliehren / sondern Ihren Weg nach Landshut / Moßburg vnd Freysing genommen / selbige Orte mit Accord erobert vnd eingenommen[84].

Implizit rückte das Flugblatt die bayrischen Verteidiger Ingolstadts in die Nähe der Feigheit, da diese eine Schlacht vermieden und stattdessen in ihrem *Vortheil bey Ingolstatt blieben*, d.h. sich in der Festung verschanzten. Ferner wurde die ›erfolglose‹ Belagerung – also der Grund des Rückzugs der schwedischen Armee – relativiert, indem auf die Einnahmen Landshuts, Moosburgs, Freisings und vor allem Münchens verwiesen wurde, denn letztere Eroberung war das zentrale Thema dieses Flugblatts. Vor dem Hintergrund all dieser Stadteinnahmen erschien der Rückzug von Ingolstadt als Marginalie und wurde sogar als kluge Strategie gedeutet, wie es das Flugblatt tat: *Höchstberührt Ihre Königl. Majestätt haben vnterdessen die Zeit nicht vergeblich wollen lassen hingehen / noch das Volck vor Ingolstatt dißmals vnnöthiger weiß verliehren.* Sogar ein Rückzug wurde somit ex post noch als Ausdruck der überlegenen Strategie des schwedischen Königs verklärt, der auf diese Weise

84 O. A., Kurtzer vnd Eygentlicher Abriß / Der schönen Fürstlichen Haupt Stadt München / im Land zu Bayern.

als großer Stratege gerühmt wurde – konstitutiv für diese Deutung waren aber zweifellos die späteren Stadteinnahmen.

Zusammenfassend kann man sagen, dass das Öffnen des Tores sowie gegebenenfalls der Abzug der die Stadt zuvor verteidigenden Truppen die ersten Praktiken der Übergabe waren. Durch die Terminierung derselben dürfte die schwedische Seite versucht haben, ein Hinauszögern der Übergabe zu verhindern und damit möglichst schnell eine klare und für sie vorteilhafte Situation zu schaffen – solch ein Hinauszögern scheint von den Zeitgenossen als dubios wahrgenommen worden zu sein und als Grund einer möglichen Gewaltanwendung.

Beim Abzug selbst waren die mitgeführten Dinge von enormer Bedeutung, denn vor allem durch sie erhielt die Handlung ihren Sinn als ehrenhaft oder schändlich, wobei die Verteidiger bei besonders schlechten Bedingungen sogar in die schwedische Armee eintreten mussten. Klar ist, dass Abzüge zuvor ausgehandelte Rituale waren, die Ehre oder Schande zuschrieben; für Monro scheint dies dubios gewesen zu sein, denn der schottische Obrist und Adlige beurteilte die Abziehenden in seinem Traktat konsequent nach der von ihnen bei der Verteidigung gezeigten ›Tapferkeit‹.

Der Rückzug der schwedischen Armee nach der ›gescheiterten‹ Belagerung Ingolstadts wiederum wurde Thema von Deutungen, die durch Verweise auf die Ordnung des Rückzugs, die ›gewonnenen‹ Rückzugsgefechte, die ›Feigheit‹ der Verteidiger oder spätere schwedische ›Erfolge‹ den Charakter der Niederlage relativierten.

4. 2. Einzüge in eingenommene Städte

Während die Abzüge der unterlegenen Garnison aus übergebenen Städten noch vergleichsweise gut erforscht sind, wurde das Hineinmarschieren der ›siegreichen‹ Truppen hingegen kaum thematisiert. Doch schon die wenigen Ausführungen der Forschung, die größtenteils den Einzug Gustav Adolfs in Frankfurt am Main behandeln, lassen auf eine äußerst bedeutungsvolle Handlungsgefüge schließen.[85]

---

85   Vgl. zum Einzug in Frankfurt: Rieck, Frankfurt am Main unter schwedischer Besatzung, S. 57–61; Münkler, Dreißigjähriger Krieg, S. 522f; Pollak, Representations, S. 621. Vgl. aber auch zu einem gänzlich anderen Beispiel: Cassan, Krone, S. 136.

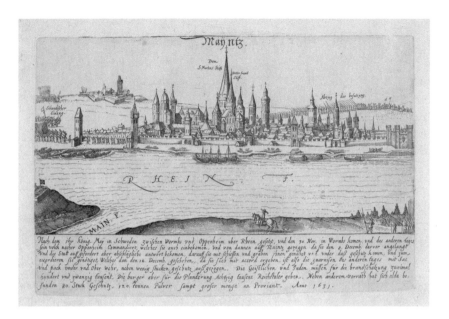

Abbildung 10: Einnahme der Stadt Mainz, anonymes Flugblatt, 1631

Performanzen und ihre Bilder: Mainz und Frankfurt am Main

Nach dem etwaigen Auszug der Besatzung der jeweiligen Stadt zogen die Schweden in diese ein, was nicht zuletzt auch eine enorme symbolische Dimension besaß; besonders akzentuiert wurde diese in einem Flugblatt, das die Einnahme der Stadt Mainz zeigt (Abbildung 10): Dort ist auf der linken Bildhälfte der Einzug der schwedischen Truppen zu sehen, während auf der rechten Bildhälfte der Abzug der Verteidiger gezeigt wird. Zur noch besseren Einordnung sind beide Heerzüge auch noch mit *Schwedischer Einzug* beziehungsweise *Abzug der besatzung*[86] beschriftet. In actu erfolgte der Einzug der Sieger allerdings stets nach dem Abzug der Verteidiger: Das Flugblatt zeigt somit nacheinander folgende Handlungen gleichzeitig, was ein häufig eingesetztes Mittel frühneuzeitlicher Flugblätter war, um Verbindungen und Verweise herzustellen sowie Abfolgen quasi erzählend darzustellen.[87] Die Einnahme der Stadt Mainz wurde auf diese Weise bildlich allein mit dem Abzug der Verteidiger und dem

---

86 Beide Zitate: O. A., Maÿntz.
87 Vgl. Rudolph, Evidenz.

Abbildung 11: Ankunft der schwedischen Truppen in Frankfurt am Main, Kupferstich aus
Matthäus Merians ›Theatrum Europaeum‹

Einzug der schwedischen Truppen in Verbindung gebracht, während alle anderen (Belagerungs-) Handlungen konsequent ausgeblendet wurden. Überspitzt
formuliert könnte man sagen, dass die Eroberung von Mainz als ›Wechsel‹ der
Besetzungstruppen dargestellt wurde; die Gewalt des Krieges erschien so nicht
im Bild, als ob die schwedischen Truppen eine Belagerung überhaupt nicht
nötig gehabt hätten – nur wenn man den Text las, erfuhr man, dass es eine
mehrtägige Belagerung gegeben hatte. Der Einzug der schwedischen Armee
wurde so (zusammen mit dem Abzug der Gegner) zum Moment der Stadteinnahme verklärt.

Überaus interessant ist auch das bekannte Bild zu Frankfurt am Main in
Merians ›Theatrum Europaeum‹ (Abbildung 11): Es zeigt eine große, geordnet in die Stadt Frankfurt – oder genauer: die Vorstadt Sachsenhausen – hi-
neinmarschierende Armee und deutet durch Rauch vor den Mündungen der
Festungsartillerie Salutschüsse an. Da ein großes bewaffnetes, geordnet in eine
Stadt marschierendes Gefolge auf einen Adventus hindeutete sowie Salutschüsse eine Ehrbezeugung (der Stadt) waren, wurde durch dieses bildliche Arrangement suggeriert, dass es sich bei dem dargestellten Manöver um einen feier-

lichen Einzug handelte.[88] Dies war jedoch nicht der Fall, denn das dargestellte Manöver war eigentlich ein Durchzug der schwedischen Truppen, das sich in der Durchführung signifikant von einem solennen Einzug unterschied.[89] Der Historiograph Lungwitz rühmte sogar die Schlichtheit des schwedischen Königs beim Durchmarsch:

Ihre Majest. [Gustav Adolf] sind ohne Pracht / vnd ohne Trabanten / mit Hertzog Bernhard von Weymar durchgezogen. Gantz Heroisch / so dann auch sehr freundlich haben ihre Majest. mit entblösseten Haupt gegen der Bürgerschafft im durchreiten sich erzeiget / also daß die Frewd- vnd Holdseligkeit dieses tapffern Heldens nicht gnugsam zu beschreiben[90].

Die von Lungwitz beschriebene Schlichtheit – d.h. der barhäuptige Ritt *ohne Pracht / vnd ohne Trabanten* – könnte man durchaus als Inszenierung christlicher Demut interpretieren, wobei diese bei einem Ein- beziehungsweise Durchzug auch implizit auf den Einzug Christi in Jerusalem verwies, der in der Vormoderne ein bekanntes Motiv war.[91] Doch dies wäre dann auch das einzige Element, das im weitesten Sinne auf einen Adventus hinwies.[92] Bei der von Lungwitz gelobten *Frewd- vnd Holdseligkeit* des Königs dürfte es sich denn vor allem um einen Topos des vormodernen Herrscherlobs handeln, da Gustav Adolf bei diesem Manöver schlichtweg durch die Stadt geritten ist – bis auf das Sich-betrachten-lassen kam es scheinbar zu keiner Interaktion zwischen dem schwedischen König und den Einwohnern Frankfurts.[93] In Selbstzeugnissen wurde der Durchzug der schwedischen Truppen denn auch klar als solcher beschrieben, wobei der Frankfurter Caspar Kitsch (Kietzsch) vor allem die Größe des schwedischen Heeres akzentuierte:

88 Auch in der Forschungsliteratur wurde der Durchzug von Martha Pollak als Einzug, »entry«, (Pollak, Representations, S. 621) und von Anja Rieck sogar als »[f]eierlicher Einzug« (Rieck, Frankfurt am Main unter schwedischer Besatzung, S. 57) bezeichnet. Vgl. zum Gefolge bei Einzügen: Rudolph, Adventus, S. 31; Stollberg-Rilinger, Kleider, S. 156ff. Vgl. zu Salutschüssen: Krischer, Diplomatische Zeremoniell, S. 26.
89 Vgl. (allerdings mit nicht immer präziser Deutung): Rieck, Frankfurt am Main unter schwedischer Besatzung, S. 57–61.
90 Lungwitz, Imperator Theodosius Redivivus, S. 68.
91 Vgl. Helas, Triumpf, S. 139–143.
92 Dieses Motiv schwang bei vormodernen Adventus-Ritualen zwar immer mit, doch in der Frühen Neuzeit verwies doch kam noch eine dabei vorkommende Praktik explizit darauf (vgl. aber auch: Stollberg-Rilinger, Kleider, S. 105f.)
93 Vgl. zu diesem Topos etwa: Stollberg-Rilinger, Maria Theresia, S. 318f; Althoff, Ethik, S. 40–44.

Den 17. November auf den Donnerstag umb Eilf Uhr ist Ihr Kön: May: [Gustav Adolf] hie durch gezogen mit einer grossen Armee, sambt Attilerey, der Droß und die Paggaiwägen über die Brück durch die Statt nach Höchst gemaschirt und hat dieser Durchzug von Donnerstag bieß auf den Freytag die zween gantzer Tag gewehret. Es ist nicht alles genugsam zu beschreiben was für eine Macht ist gewesen an Volck Attilerey Droß und Paggaiwägen, so es noch nicht die Helffte hie durch ist gezogen[94].

Ganz ähnlich beschrieb dies auch Peter Müller, ebenfalls Einwohner der Mainstadt:

Den 17. November ist alhie zu Frankfurt durchgezogen Ihr Königliche Majestät aus Schweden mit viel tausend Mann zu Ross und zu Fuss; hat etliche Stück Geschütz mit sich hindurch geführt. Den andern Tag hernach sind mehr denn 18 Cornet wieder hindurch gezogen und ein ziemlicher Tross, dass sich Jedermann über solche Menge Volk verwundert hat[95].

Die beiden Einwohner hielten also vor allem die Größe des Heerzugs für erwähnenswert – bedenkt man, dass eine frühneuzeitliche Armee mit Tross aus mehr Menschen bestand, als in den meisten vormodernen Städten lebten, so ist dies durchaus erklärlich.[96] Der schottische Obrist Monro hingegen legten den Fokus etwas anders:

Bei diesem Marsch durch Frankfurt hielt man so eine Ordnung, als zöge ein König mit seinen Edelleuten in feierlicher Prozession ins Parlament ein, und alle Leute bewunderten die gute Ordnung und die Disziplin, die S.M. [Gustav Adolf] in seiner Armee hielt[97].

Hier ist es vor allem die (angeblich) ›gute‹ Ordnung und Würde des Marsches, die akzentuiert wurde: Monro inszenierte damit die Armee ehrgenerierend als diszipliniert und attestierte ihrem Marsch eine – ebenfalls ehrgenerierende – ästhetische Qualität.[98] Die Zeitgenossen, die den Marsch durch Frankfurt am Main in actu wahrnahmen, deuteten diesen also ausschließlich als Truppendurchzug und keineswegs als solennen Einzug.[99] Es scheint sogar so,

94   Gustav Adolf König von Schweden in Frankfurt am Main 1631 und 1632, S. 165.
95   Becker, Chronik, S. 65.
96   Vgl. Martines, Zeitalter, S. 153.
97   Mahr, Robert Monro, S. 155f.
98   Vgl. zur Bedeutung der militärischen Ordnung: Huntebrinker, Sozialverband, S. 187–191. Vgl. zur ästhetischen Qualität des Militärischen: Rudolph, Heer; Füssel, Theatrum Belli, S. 220–225.
99   Tage später kam es wohl zu einem feierlicheren Einzug mit einer cavalcata (vgl. Becker, Chronik, S. 66; Gustav Adolf König von Schweden in Frankfurt am Main 1631 und 1632, S. 165; Traut, Gustav Adolf, S. 21; Gotthold, Schweden, Bd. 2, S. 3f).

als habe Gustav Adolf weitere Interaktionen gemieden und den Rat so düpiert, denn Lungwitz berichtet:

Der Magistrat zu Franckfurt war der Meinung / Ihre Königl. Majest. würden in der Stadt logiren / oder zum wenigsten das Mittagsmahl darinnen halten / dazu man in Braunfels allerley præparatoria gemacht; Aber sie sind / wie gemeldet / durch die Stadt geritten / vnd das Mittagsmahl im freyen Felde gehalten[100].

Es kam in der Frühen Neuzeit durchaus vor, dass (hoch-)adlige Gäste einer Reichsstadt eine für sie praktisch nicht ehrgenerierende Interaktion mit dem Rat mieden.[101] Allerdings war Gustav Adolf in dieser Situation kein bloßer Hochadliger, sondern ein König und Feldherr, der mit seiner Armee faktisch die Gewalt über die Stadt besaß. Unter diesen Umständen dürfte die Vermeidung einer Interaktion mit dem Rat vor allem eine Geste des Unmuts und der Zurückweisung gewesen sein.[102] Möglicherweise war dies die Revanche für die durch das abwartend-abweisende Agieren der Reichsstadt langwierig gewordenen Verhandlungen (siehe dazu Kapitel 3. 2.).

Wenn die Ausführungen Lungwitz' stimmen sollten, dürfte diese Reaktion Gustav Adolfs für den Rat aus vielerlei Gründen ein nicht geringes Problem dargestellt haben: Erstens entging dem Rat der Reichsstadt so eine für ihn überaus ehrgenerierende Interaktion mit einem König.[103] Zweitens misslang es durch die Zurückweisung des Gastmahls, eine Art des Gabentauschs zwischen dem Rat und dem König in Gang zu setzen, durch den der Rat im späteren Verlauf tendenziell auch hätte profitieren können.[104] Drittens gelang es dem Rat nicht, sich in einer Interaktion mit dem König als Obrigkeit der Stadt Frankfurt in Szene zu setzen und mittels einer Interaktion en passant vom König als Obrigkeit der Stadt anerkannt zu werden, wie es bei einem Einzug für gewöhnlich üblich war.[105]

Zu einer Interaktion mit Akteuren der Stadt und damit zu einem wesentlichen Bestandteil eines frühneuzeitlichen Adventus kam es somit beim Durch-

100 Lungwitz, Imperator Theodosius Redivivus, S. 69.
101 Vgl. Krischer, Zeremonialschreiben, S. 99f; Krischer, Diplomatische Zeremoniell, S. 25ff.
102 Von einem besonderen Entgegenkommen von schwedischer Seite zu sprechen, wie dies Münkler tut (vgl. Münkler, Dreißigjähriger Krieg, S. 522), ist sicherlich deplatziert.
103 Vgl. zur Bedeutung einer Interaktion zwischen Stadt und Hochadligen: Rudolph, Adventus, S. 33f; Krischer, Zeremonialschreiben, S. 99f; Krischer, Diplomatische Zeremoniell, S. 25ff; Krischer, Reichsstädtische Außenbeziehungen.
104 Vgl. grundlegend zum Gabentausch in der Frühen Neuzeit: Davis, Schenkende Gesellschaft.
105 Vgl. Rudolph, Adventus, S. 33f.

zug des schwedischen Königs mit seiner Armee durch Frankfurt am Main gerade nicht.[106] Nichtsdestotrotz konnte Gustav Adolf mit einem überaus großen
Heer die Stadt durchqueren und hierbei von dieser symbolisch Besitz ergreifen,
während der Ruhm, der ihm durch die fehlende Interaktion mit den städtischen Akteuren gewissermaßen entging, ihm später sogar medial zugeschrieben
wurde:[107] Das Bild in Merians ›Theatrum Europaeum‹ deutet schließlich einen
feierlichen Adventus (mit sonst nirgends erwähnten Salutschüssen für den König) an. Dabei wird die Suggestivkraft des Bildes auch noch dadurch verstärkt,
dass man das Heer in die Stadt hineinziehen, aber nicht auf der anderen Seite herauskommen sieht. Und Lungwitz' Erwähnung des vorbereiteten Mahls
konnte ganz explizit als Ehrerweisung des Rats an den König gedeutet werden,
zumal Lungwitz es selbst explizit als *Ehrerbietung vnd trewe Affection des Magis-
trats zu Franckfurt gen I. R. M. [Gustav Adolf]*[108] beschrieb.

Praktiken voller Bedeutung: Einzüge in Augsburg und Nürnberg

Betrachtet man nun aber die Einzüge des schwedischen Königs – die in der
Regel Stunden, manchmal sogar Tage nach den Einzügen der ersten schwedischen Truppen in diesen Städten erfolgten – etwa in Nürnberg und Augsburg,
so erscheinen diese als komplexes, symbolisch stark aufgeladenes Geflecht aus
Handlungen, das offenbar stark an Adventus-Rituale angelehnt war.[109] Sowohl
in Augsburg als auch in Nürnberg kamen Akteure aus den jeweiligen Städten
dem König und seinem Gefolge entgegengeritten; Hainhofer beschrieb dieses
Agieren in Augsburg:

*Umb 8 Uhren ist der König zu Bohem und Hertzog von Hollstain ihrer Maÿ:
[Gustav Adolf] wie auch aine stund hernach hiesige Patricii: und kauffleuth mit
einer hipschen Cavalcata hinauß entgegen geritten deren Rittmaister Herr Daniel
Heintzel war, sie einzuholen*[110].

Ganz ähnlich hieß es in Lungwitz' Geschichtswerk zu Nürnberg:

---

106 Vgl. zur sonst üblichen Interaktion bei einem Adventus: Lampen, Stadttor, S. 18f;
     Schweers, Bedeutung, S. 37f; Rudolph, Adventus, S. 33f. Vgl. zu den Ereignissen in
     Frankfurt: Rieck, Frankfurt am Main unter schwedischer Besatzung, S. 57–61.
107 Vgl. zur Bedeutung der Durchquerung des Stadtraums: Schweers, Bedeutung, S. 46–
     51.
108 Lungwitz, Imperator Theodosius Redivivus, S. 69.
109 Vgl. allgemein zum Adventus-Ritual: Rudolph, Reich; Johanek/ Lampen, Adventus.
110 Emmendörffer, Welt, S. 485. Vgl. auch: Lungwitz, Judas Maccabaeus, S. 47.

Demnach nun Ihre Königl. Majest. [Gustav Adolf] nahe bey Nürnberg ankommen / ist der Rath daselbst / neben den vornembsten Geschlechtern vnd Bürgern / in einer ansehnlichen Reuterey Ihrer Majest. entgegen gezogen / vnd mit sonderbaren Frewden vnd unaufhörlichen Frolocken Ihre Königl. Majest. vnd dero Hoffstadt empfangen / vnd in die Stadt einbegleitet[111].

Dieses Vorgehen war in erster Linie ein Ehrerweis an Gustav Adolf, dem man so (auch symbolisch) entgegen-kam, wobei der symbolische Wert dieses Rituals auch va-riiert werden konnte: Je wei-ter man dem Einzuholenden entgegenkam sowie je mehr

Abbildung 12: Zug Gustav Adolfs nach Nürnberg, Ausschnitt eines anonymen Flugblatts, 1632

und je höherrangige Akteure dabei beteiligt waren, desto größer war der Eh-renerweis.[112] In Nürnberg erhielt der schwedische König also wahrscheinlich einen (noch) ehrenvolleren Empfang als in Augsburg, da ihm dort auch der Rat entgegenritt.[113] Ein zeitgenössisches Flugblatt akzentuierte zudem die hochran-gigen Akteure noch, indem es bemerkte, dass *auch viel HerrenStandspersonen / die sich der zeit allhier [in Nürnberg] vffhalten*[114] dabei beteiligt gewesen seien.

Ein weiteres Flugblatt (siehe Abbildung 12) setzte den gemeinsamen Marsch nach Nürnberg in Szene. Die dort genutzte, um der besseren Über-

---

111 Lungwitz, Imperator Theodosius Redivivus, S. 262. Vgl. auch: Mahr, Robert Monro, S. 164.
112 Vgl. Lutter, Überwachen, insbesondere S. 119 und 126; Stollberg-Rilinger, Kleider, S. 156.
113 Vgl. Donaubauer, Nürnberg, S. 200; Priem, Geschichte der Stadt Nuernberg, S. 207f; Hammerbacher, Historische Beschreibung der Stadt Nuernberg, S. 451f; Soden, Gu-stav Adolph, S. 219; Droysen, Gustav Adolf, S. 531.
114 O. A., Andeutliche kurtze Beschreibung vnd Figurliche entwerffung / Welcher gestalt […] Gustavus Adolphus […] zu Nürnberg […] Eingeritten.

sichtlichkeit willen serpentinenförmige Darstellung des Zugs entsprach dem üblichen frühneuzeitlichen Darstellungsmodus eines solchen Ereignisses, auch wenn die Darstellung und Beschriftung der meisten dieser Bilder deutlich differenzierter ausfiel.[115] Das Flugblatt vermerkte etwa – alle Akteure der Stadt Nürnberg völlig undifferenziert subsummierend – die *Nürnbergische Reyterey*[116], d.h. eine genaue Differenzierung und damit Hierarchisierung sämtlicher beteiligter Personen, wie dies Bilder ähnlicher Ereignisse oftmals taten, leistete diese Darstellung nicht.

Das Bild liefert somit nur vage Indizien, wie die beteiligen Akteure im Zug positioniert waren: Nach der bereits erwähnten *Nürnbergische[n] Reyterey* ritten gemäß der Darstellung ein Pauker und mehrere Trompeter, die die Nürnberger symbolisch von Gustav Adolfs Gefolge abtrennten. Es folgten *Etliche vertriebene Herrenstands Personen*, worunter etwa Bernhard von Sachsen-Weimar und August bei Rhein zu Sulzbach zu verstehen sind, die sich zu dieser Zeit im Gefolge Gustav Adolfs aufhielten. Diesen folgte, getrennt von einem schwedischen Offizier, der schwedische König Gustav Adolf und der als böhmischer König titulierte Friedrich von der Pfalz[117].

Von Bedeutung waren diese Positionierungen im Raum des Zuges, da damit der Rang der jeweiligen Akteure in Szene gesetzt wurde, denn das entscheidende Hierarchisierungskriterium bei Adventus-Zügen war die Nähe zum eingeholten Herrn, d.h. in diesem Fall zum schwedischen König Gustav Adolf.[118] Dass städtische Akteure hierbei offenbar wenig ehrgenerierende Plätze einnahmen und die ›besseren‹ Plätze stattdessen vom Gefolge des Herrschers eingenommen wurden, wäre keineswegs unüblich, da es den eingeholten Kaisern, Königen und Fürsten oft gelang, das Zeremoniell in ihrem Sinne zu gestalten beziehungsweise sowieso mit ranghohem Gefolge reisten, wie es bei Gustav Adolf auch spätestens ab 1632 der Fall gewesen war.[119]

---

115 Vgl. zu derartigen Bildern: Stollberg-Rilinger, Kleider, S. 157f; Linnemann, Inszenierung, S. 92–96.
116 O. A., EinZug Königl. Maÿ zu Schweden & nacher Nürnberg.
117 Vgl. O. A., EinZug Königl. Maÿ zu Schweden & nacher Nürnberg; sämtliche Zitate: ebd.
118 Vgl. Rudolph, Adventus, S. 46–49.
119 Vgl. zur Position des königlichen Gefolges: Rudolph, Adventus, S. 46–49; Rudolph, Reich, S. 156f.

Anstatt aber eine genaue Ordnung und damit Hierarchisierung der beteiligten Akteure ins Bild zu setzten, wie dies die meisten anderen zeitgenössischen Bildern dieser Ritualgattung taten, folgte dieses Flugblatt offenbar einer
anderen Logik: Schon die Gestaltung, bei der eine Darstellung Gustav Adolfs
zu Pferd den Vordergrund des Bildes dominiert, während die Cavalcata im
Hintergrund zu sehen ist, macht eine Fokussierung des Flugblatts auf die Rolle
des schwedischen Königs evident. Aus dieser Perspektive betrachtet reichte eine
derart vage Beschreibung des Zugs aus: Da Gustav Adolf eingeholt wurde, war
er sowieso nach der Logik eines Adventus-Zugs der ranghöchste Akteur. (Und
sogar anhand der vagen Beschriftung konnte man auch erkennen, dass sein
Gefolge offenbar besser positioniert war als die Akteure der Stadt Nürnberg).
Entscheidend war also weniger, wie genau ein Zug zu Ehren des schwedischen
Königs durchgeführt worden war, sondern vor allem, dass dies geschehen war.
Damit war es auch nicht nötig, dass die Ordnung des Zugs elaboriert ins Bild
gesetzt wurde; es reichte vielmehr aus, dass man das Dargestellte als Cavalcata
erkannte, d.h. die zeitgenössischen Konventionen der Darstellung dieses Sujets
befolgt wurden.

Versucht man sich dem Flugblatt zudem noch aus einer stärker diskursana-
lytischen Richtung zu nähern, so erscheinen die vagen Bezeichnungen der beteiligten Akteure als *Nürnbergische Reyterey* und *Etliche vertriebene Herrenstands
Personen*[120] nochmals in einem gänzlich anderen Licht.[121]

Die Erwähnung der *Nürnbergische[n] Reyterey* machte eine Beteiligung von
Akteuren der Stadt evident, was aber in der spezifischen Kriegssituation nicht
nur ein Ehrerweis gegen Gustav Adolf war, sondern gerade auch eine Inszenierung von Loyalität. Wenn also auf dem Flugblatt die Teilnahme von Nürn-
bergischen Akteuren an dem Adventus-Zug vermerkt wurde, wurde damit die
Loyalität der Stadt Nürnberg in Szene gesetzt, wobei eben allein entscheidend
war, die Reiter als Repräsentanten der Stadt Nürnberg zu kennzeichnen. Dies
geschah durch die scheinbar vage Formulierung *Nürnbergische Reyterey*, die in
Wirklichkeit den intendierten Nexus präzise hergestellt haben dürfte.

Ebenfalls auf den ersten Blick unpräzise erscheint die Erwähnung der
Etliche[n] vertriebene[n] Herrenstands Personen; diese Benennung der sich im
Gefolge Gustav Adolfs befindenden (Hoch-) Adligen diente zum einen sicher-

120 Beide Zitate: O. A., EinZug Königl. Maÿ zu Schweden & nacher Nürnberg.
121 Vgl. theoretisch: Landwehr, Diskursanalyse.

lich dazu, Rang und Ehre des schwedischen Königs hervorzuheben, da in der Frühen Neuzeit ein ranghohes Gefolge als ehrgenerierend galt.[122] Besonders hervorgehoben wurde auf dem Flugblatt denn ja auch Friedrich von der Pfalz, der als König von Böhmen tituliert wurde. Zum anderen hatte die Bezeichnung *Etliche vertriebene Herrenstands Personen* aber noch einen weiteren Effekt: Viele Adlige, die sich Gustav Adolf anschlossen, hatten zuvor im Krieg durch das Agieren der kaiserlichen Seite und ihrer Verbündeter ihre Territorien und Titel verloren und waren geächtet worden.[123] All jenen versprach das Flugblatt implizit Restitution durch den schwedischen König – während es der Gegenseite genau hiermit drohte. Das Flugblatt enthielt also eine implizite Ankündigung, Titel und Territorien (wieder) umzuverteilen und indem Friedrich von der Pfalz auf dem Flugblatt den Titel des böhmischen Königs führte, wurde schon einmal der Umfang skizziert, in dem Umverteilungen als möglich erachtet wurden. Dass gleichzeitig bei diesen impliziten Zukunftsentwürfen die übrigen zu restituierenden Adligen nicht konkret benannt wurden, war sicherlich durchaus intendiert, da diese Unklarheit Furcht auf der Gegenseite ausgelöst haben dürfte.

Eine solche Umverteilung von Territorien und Titeln anzudeuten dürfte gerade dadurch brisant gewesen sein, da Kaiser Ferdinand II. entsprechende Umverteilungen zum Teil in einem großen Maßstab durchgeführt hatte, um aus seiner Sicht illoyale, zumeist protestantische Akteure zu bestrafen und seine Verbündeten zu belohnen. Die Drohung dies im süddeutschen Raum rückgängig zu machen, hatte sicherlich einen gewissen Effekt, da sie durch die ›Erfolge‹ der schwedischen Armee nicht unrealistisch und in manchen Regionen sogar schon teilweise erfolgt war.[124] Vor allem aber war diese Drohung ziemlich weitreichend, insofern ihre Umsetzung zu enormen funktionalen und symbolischen Implikationen geführt hätte, da zahlreiche kaiser- und ligafreundliche Akteure Land und Titel verloren hätten, womit zugleich Akte der Patronage der Habsburger ihren Verbündeten gegenüber sowie Demonstrationen kaiserlicher Macht rückgängig gemacht worden wären.

---

122 Vgl. Horowski, Hof, S. 166f.
123 Vgl. Wilson, Dreißigjährige Krieg, S. 442–446, 514f; Gotthard, Dreißigjährige Krieg, S. 112–115, 131ff; Kampmann, Emperor, S. 45.
124 Vgl. Schmidt-Voges/ Jörn, Schweden; Wilson, Dreißigjährige Krieg, S. 583f; Schmidt, Reiter, S. 388f.

Da nicht wenige Konfiskationen zudem rechtlich überaus fragwürdig gewesen waren sowie etablierte Geschlechter getroffen hatten, erschien diese implizite Forderung zudem tendenziell auch noch als ein Akt für die ›Teutsche Libertät‹, als deren Retter sich der schwedische König wiederholt inszeniert hatte.[125] Gustav Adolf inszenierte sich also gewissermaßen als Protektor der protestantischen Adligen, der diesen half, ›Recht‹ durchzusetzen.[126] Hierdurch wurde der kaiserlichen beziehungsweise katholischen Seite implizit vorgeworfen, Recht zu verletzen, was in der Frühen Neuzeit ein weitreichender, Interventionen legitimierender Vorwurf war.[127]

Die Inszenierung *Etliche[r] vertriebene[r] Herrenstands Personen*[128] in der Cavalcata des schwedischen Königs entfaltete also deshalb eine Wirkung, weil man so in deren Namen implizit Forderungen erhob – im Namen Friedrichs von der Pfalz etwa wurden auch zuvor schon wiederholt Forderungen nach dem Königreich Böhmen erhoben[129] – wodurch der Status der gemachten Umverteilungen wieder unsicher wurde und sich Gustav Adolf als Protektor der (vertriebenen) protestantischen Adligen inszenierte. Aus schwedischer Perspektive dürften viele dieser Akteure genau aus diesem Grund von großem Interesse gewesen sein, denn obgleich sie in der Regel kaum Truppen und keine Territorien besaßen, besaßen sie doch einige nicht leicht zurückweisbare Forderungen und – bei Protestanten – ein gewisses Renommee.[130]

Nach dem Einholen und dem Zug zur Stadt, der Cavalcata, betrat Gustav Adolf auch die Stadt. Dieser Moment am Tor war bei Adventi oftmals stark symbolisch aufgeladen, und im Fall von Augsburg kam es in dieser Situation auch zu einer Interaktion mit dem – auf Intervention des schwedischen Königs – nun protestantischen Rat der Stadt.[131] Der Augsburger Hainhofer beschrieb dies folgendermaßen:

---

125 Vgl. zu den Konfiskationen: Wilson, Dreißigjährige Krieg, S. 514ff; Gotthard, Dreißigjährige Krieg, S. 131ff; Kampmann, Emperor, S. 47. Vgl. zur ›Teutsche Libertät‹: Tischer, Grenzen, S. 48; Wilson, Dreißigjährige Krieg, S. 560.
126 Vgl. zum Konzept der ›Protektion‹: Haug/ Weber/ Windler, Protegierte.
127 Vgl. Tischer, Grenzen; Kampmann, Westfälische System.
128 O. A., EinZug Königl. Maÿ zu Schweden & nacher Nürnberg.
129 Vgl. Groenveld, Könige, S. 170f.
130 Vgl. Wilson, Dreißigjährige Krieg, S. 583.
131 Vgl. zu den Geschehnissen am Augsburger Tor: Stetten, Geschichte, S. 178; Wagenseil, Geschichte, S. 183. Vgl. allgemein zur Bedeutung der Interaktion am Tor: Lampen, Stadttor. Vgl. zur Umbesetzung des Augsburger Rats: Roeck, Stadt, Bd. 2, S. 687.

Nach 10 Uhren haben Ihre königl. Mt: von Schweden [Gustav Adolf] Ihren, siegreichen einzug allhir inn Augspurg gehalten, von den Evangelischen Restituirten herrn Raths verwandten und Ihren Herren advocaten ander Jacober Thor (da herr d. Johann Miller eine herzbrechende zierliche Oration gethan) mit aller underthanigster reverens. Empfangen, und [...] zu fueß mit entblösten häupteren, nechst vor Ihrer Mt: hero einbegleidet worden[132].

Ähnlich beschrieb dies auch Wagner, ein anderer Bewohner der Stadt:

[Gustav Adolf sei mit seinem Gefolge] zum Jacoberthor gekommen, wo der wieder eingesetzte, alte evangelische Rat I. M. gewartet, und durch H. Dr. Miller durch eine Oration empfangen und eingeladen worden. Darauf (sind) I. Kgl. M. mit ihrem Komitat eingeritten, die Ratsherrn mit blossem Haupt vor I. M. hergehend[133].

Die beiden Beschreibungen sind sehr ähnlich, denn beide berichten vom Empfang des schwedischen Königs durch den Rat der Stadt am Tor, der Rede des Johann Miller und dem gemeinsamen Einzug in die Stadt Augsburg. Jedoch sind die kleinen, unterschiedlichen Akzentuierungen nichtsdestotrotz sehr aufschlussreich: Hainhofer beschreibt das Zusammentreffen von Gustav Adolf mit dem Rat vor allem als Ehr- und Loyalitätserweis gegenüber dem schwedischen König, da er dem Rat ausdrücklich zuschrieb, den schwedischen König mit *aller underthanigster reverens* empfangen zu haben. Wagner hingegen deutete das Agieren des Rats als sehr viel selbstbewusster und aktiver, da er betonte, der König sei am Tor *eingeladen worden*, d.h. man habe ihm dort überhaupt erst die Erlaubnis erteilt, die Stadt zu betreten: Die erste Interaktion zwischen Rat und König ließ sich also offenbar unterschiedlich deuten. Diese Zuschreibungen, vor allem aber der Umstand, dass es zu ebendieser Interaktion am symbolisch hochaufgeladenen, innen von außen scheidenden Tor kam, lässt denn auch darauf schließen, dass das Zeremoniell am Tor prinzipiell – wie bei anderen Einzügen auch – amorph gewesen war.[134] Einerseits brachte der Rat dem Einziehenden (enorme) Ehrungen entgegen, andererseits präsentierte er sich durch das räumliche Arrangement des Rituals am Tor aber auch als Obrigkeit, der die Kontrolle über den Stadtraum zukam.[135] Im Fall von Augsburg war Letzteres

132 Emmendörffer, Welt, S. 485.
133 Roos, Chronik, S. 11.
134 Vgl. zur Bedeutung von Toren und der Interaktion an diesen: Lampen, Stadttor; Schütte, Stadttor.
135 Vgl. zum Entgegenkommen: Rudolph, Adventus; Stollberg-Rilinger, Rituale, S. 109–112. Vgl. zur symbolischen Kontrolle des Stadtraums: Schweers, Bedeutung, S. 45; Lampen, Stadttor, 18f; Rudolph, Adventus, S. 33f.

zweifellos eine sozial anerkannte Fiktion, denn die schwedischen Truppen hatten schon Tage zuvor die Reichsstadt besetzt.[136]

Dass die Ratsherren den König dann ohne Kopfbedeckung – wie Hainhofer und Wagner übereinstimmend explizit erwähnen – in die Stadt geleiteten, war eine äußerst starke Ehrbezeugung, denn das Ziehen des Huts beziehungsweise jegliches barhäuptige Agieren bei solennen Akten war eindeutig codiert.[137] Diese Szene des Einzugs in die Stadt Augsburg, bei der hutlose Ratsherren Gustav Adolf voranschritten, wurde denn auch in einem zeitgenössischen Flugblatt ins Bild gesetzt.[138] Dies diente der Inszenierung der Ehre des schwedischen Königs, indem solch ein ehrgenerierender Akt durch das Medium des Bilds konserviert und verbreitet wurde.[139]

Überhaupt ist die Ikonographie dieses Bilds ebenso interessant wie eindeutig: Barhäuptige, einheitlich in schwarz gekleidete und durch den Schriftzug *EVANGELISCHRATHSPERSONEN*[140] identifizierbare Akteure gehen in einer städtischen Kulisse einer zentral-hervorgehobenen, reich gekleideten Person zu Pferd, die durch den Schriftzug *KÖNIGL. MT.*[141] als Gustav Adolf gekennzeichnet ist, voraus, der noch weitere Reiter durch ein Tor im Hintergrund folgen. Hier wurde nicht nur der Einzug Gustav Adolfs zum Moment der Einnahme Augsburgs verklärt, sondern eindeutig eine Hierarchie zwischen dem Augsburger Rat und dem schwedischen König ins Bild gesetzt, denn die Dichotomien zu Fuß gehend und reitend sowie barhäuptig und mit Kopfbedeckung agierend waren in der Frühen Neuzeit eindeutig deutbar – so eindeutig, dass die schlicht in schwarz gekleideten, hutlos zu Fuß gehenden Augsburger Ratsherren geradezu wie Lakaien des prächtig gekleideten, reitenden und einen Hut tragenden Gustav Adolf erscheinen.

In Nürnberg kam es offenbar nicht zu einer Interaktion zwischen Rat und König am Tor, doch im Gegensatz zu Augsburg spielte dort das städti-

136 Vgl. Roeck, Stadt, Bd. 2, S. 685f.
137 Vgl. Stollberg-Rilinger, Kleider, S. 160.
138 Vgl. O. A., Deß Durchleuchtigsten / Großmächtigsten Fürsten vnd Herrn […]: Auch wie Ihre Königl: Majest: die herrliche vnd weitberhümbte Statt Augspurg / mit Accord erobert.
139 Vgl. allgemein: Bauer, Strukturwandel; Stollberg-Rilinger, Rituale, S. 184f.
140 O. A., Deß Durchleuchtigsten / Großmächtigsten Fürsten vnd Herrn […]: Auch wie Ihre Königl: Majest: die herrliche vnd weitberhümbte Statt Augspurg / mit Accord erobert.
141 Ebd.

sche Aufgebot eine wichtige Rolle.[142] Während Lungwitz einfach vermerkte, dass *in allen Gassen / so wol Soldaten als Bürger in Rüstung gestanden*[143] hätten, deutet Monro dies explizit: *Und um ihren Willkommensgruß noch ehrenvoller zu machen, standen Bürger und Soldaten in ihren schimmernden Waffen Spalier*[144]. Man konnte dieses Agieren als zusätzliche Ehrung der Ankommenden interpretieren, nicht zuletzt, da der Anblick der in der Regel geordnet stehenden Bewaffneten wahrscheinlich auch ein Schauspiel bot, d.h. dieses Vorgehen besaß eine tendenziell visuell ästhetisierende Dimension.[145] Ein zeitgenössisches Flugblatt (siehe Abbildung 13) inszenierte die Bewaffneten – und sogar die übrigen Schaulustigen – als wohlgeordnete Gruppen.[146] Dadurch wurde die ästhetische Qualität hervorgehoben und die Truppen ebenso wie das gesamte Gemeinwesen Nürnbergs als geordnet und damit nach frühneuzeitlichen Kriterien auch als ›gut‹ präsentiert.[147]

Die Präsentation von Bewaffneten war aber nicht nur ein ehrendes Spektakel für die Ankommenden; durch die Teilnahme von Bewaffneten betonte die Reichsstadt Nürnberg vielmehr auch ihre Wehrhaftigkeit und Autonomie, wohl nicht zuletzt auch gegenüber den Ankommenden.[148] Dies war eine Dimension der Adventus-Praktik, die auch bei anderen frühneuzeitlichen Herrscherbesuchen vorkam, doch gerade gegenüber der mitunter rabiat agierenden schwedischen Seite dürfte dieses Vorgehen eine deutliche Botschaft symbolischer Kommunikation gewesen sein. Indem die Bewaffneten zudem im erwähnten Flugblatt ins Bild gesetzt wurden, wurde Nürnberg zugleich aber auch als wichtiger und (einigermaßen) kampfkräftiger Verbündeter des schwedischen Königs präsentiert, was wiederum eine eindeutig Botschaft an die kaiserlich-ligistische Seite gewesen sein dürfte.

In Bezug auf den Adventus in Nürnberg berichten die Quellen neben diesem martialischen Agieren auch noch von etwas völlig anderem, nämlich dem Weinen der Einwohner. Lungwitz schrieb dazu in seinem Geschichtswerk:

---

142 Vgl. allgemein zur Beteiligung des städtischen Aufgebots an Adventi: Schilling, Grammatiken, S. 100–103; Rudolph, Heer, S. 55–63.
143 Lungwitz, Imperator Theodosius Redivivus, S. 262.
144 Mahr, Robert Monro, S. 164.
145 Vgl. Rudolph, Heer, S. 60; Füssel, Theatrum Belli, S. 221.
146 Vgl. O. A., Andeutliche kurtze Beschreibung vnd Figurliche entwerffung / Welcher gestalt [...] Gustavus Adolphus [...] zu Nürnberg [...] Eingeritten.
147 Vgl. Huntebrinker, Sozialverband, S. 187–191.
148 Vgl. allgemein: Schilling, Grammatiken, S. 100–103; Rudolph, Heer, S. 55–63.

Abbildung 13: Ankunft des schwedischen Königs in Nürnberg, anonymes Flugblatt, 1632

[Es] ist eine solche Frewde / Frolocken vnd Glückwündschung bey den Bürgern vnnd Einwohnern / bey Jung vnd Alt / Groß vnd Klein / Reich vnd Arm vber Ihrer Königl. Majest. [Gustav Adolfs] glückseligster Ankunfft gewesen / also daß es mit Worten nicht mag ausgesprochen werden / in dem den Leuten / als sie die liebreiche Heroische Person / des glorwürdigsten thewren Königs gesehen / für grossen vnausprechlichen Frewden / die trewen Liebesthränen gegen Ihre Majest. vber ihre Backen abgeflossen[149].

Vor lauter Freude über die Ankunft Gustav Adolfs haben also laut Lungwitz die Einwohner geweint: Diese Zuschreibung ist zum einen interessant für die Geschichte der Emotionen, da sie einiges über die frühneuzeitliche Codierung von Freude aussagt.[150] Zum anderen ist die Attestierung des Weinens aber auch im Hinblick auf den *adventus* als Ritual aufschlussreich, denn bei Lungwitz kamen den Tränen ein zeichenhafter Charakter zu, der eine besondere Loyalität und Ergebenheit gegenüber dem schwedischen König *(trewen Liebesthränen gegen Ihre Majest.)* ausdrückte. Da es sich beim Weinen jedoch um eine Handlung handelte, die in hohem Grad mit Emotionen verbunden war, stellte es eine Verbindung zwischen Innen und Außen, Emotion und Performanz her, was in Monros Werk noch deutlicher wird:

In der Stadt waren die Einwohner überglücklich, als sie den König [Gustav Adolf] sahen, aber mit noch größerer Zuneigung überschütteten sie den König von Böhmen [Friedrich von der Pfalz], so daß es keine Worte ausdrücken können. Ich weiß dies wohl, denn ich habe ihnen in die Augen geblickt, die Freudentränen vergossen, glücklich über den Anblick gleich zweier Könige auf einmal, die Gott, der König der Könige, zu ihrer Errettung gesandt hatte[151].

Monro macht die Tränen in diesem Zitat ganz eindeutig zum Beleg der Emotion Freude – und durch die Beschreibungen der Freude der Einwohner wurde gewissermaßen das Ritual aufgewertet, indem dies eine besondere Aufrichtigkeit beim Vollzug der Handlung suggerierte.[152] Diese Betonung

---

149 Lungwitz, Imperator Theodosius Redivivus, S. 262.
150 Vgl. allgemein zur Geschichte der Emotionen etwa: Frevert, Emotions in history; Frevert, Vergängliche Gefühle; Jarzebowski/ Kwaschik, Performing Emotions. Speziell zur Vormoderne vgl.: Frevert, Gefühlspolitik; Jarzebowski, Überlegungen; Althoff, Tränen und Freude; Ziegeler, Emotionen.
151 Mahr, Robert Monro, S. 164.
152 Vgl. zu diesem Nexus auch Barbara Stollberg-Rilingers Ausführungen, die diesen aber erst im 18. Jahrhundert verortet: Stollberg-Rilinger, Kleider, S. 244f. Vgl. ebenfalls: Frevert, Gefühlspolitik, S. 90ff.

der Innerlichkeit in Bezug auf die Durchführung eines Rituals lässt sich wahrscheinlich am besten über den Wirkmächtigkeit protestantischer Ritualdiskurse
erklären: Der Aufrichtigkeit beim Vollzug von Ritualen kam dort ein großer
Stellenwert zu, so dass dies einen Nexus zwischen Innen und Außen etablierte.[153] Die protestantischen Ritualdiskurse verliehen also der inneren Haltung
beim Ritualvollzug Wichtigkeit und dürften insofern zu den Schilderungen
Monros und Lungwitz' beigetragen haben, als dass hierdurch das Weinen, als
Ausdruck von Emotionen, bedeutungsvoll wurde.[154]

Lungwitz beließ es in seinem Geschichtswerk aber nicht bei einer Schilderung des Einzugs Gustav Adolfs in Nürnberg, sondern stellte auch noch einen Ritualvergleich mit dem Einzug und der darauf folgenden Kaiserkrönung
Karls V. in Bologna an.[155] Die Schilderung des zweiten Ritualkomplexes geriet zu einer Aneinanderreihung von Beschreibungen von demütigenden Eh-
rerweisen Karls dem Papst gegenüber sowie kurialer Pracht und päpstlichem
›Hochmut‹.[156] Lungwitz subsummierte die Passage durchaus treffend:

Diese Historiam haben wir darumb allhier wollen erzehlen / auff daß der
günstige Leser des Pabsts Stoltz / Pracht / Hoffart vnd Ehrgeitz gründlich möge se-
hen; Denn allhier haben wir Evangelischen einen hellen Spiegel / darin man siehet
des Pabsts Vbermuth vnd Gottlosigkeit / welche stracks wider Gottes Wort gerichtet
ist; vnd insonderheit sihet man allhier / wie daß der Pabst die gewaltigen Keyser vnd
Potentaten nur für seine Fußschemel vnd Stallknechte erkennet[157].

Das Zitat und auch die übrigen ritualvergleichenden Passagen enthalten
die etablierten Topoi der protestantischen Papstkritik: Der Papst als hochmü-
tig, verschwenderisch, gottlos etc.[158] Doch letztlich ging Lungwitz noch einen
Schritt weiter: Weil Kaiser und letztlich auch andere katholische König und
Fürsten angeblich immer wieder auf für sie ehrverletzendste Weise die Superiorität des Papstes anerkannten, erschienen ihre Herrschaften dubios. Lungwitz
unterstellte also implizit, dass Katholiken aufgrund ihrer angeblichen Servilität
dem Papst gegenüber unfähig seien, Herrschaft auszuüben: Ihnen fehlte Rang,
Ehre und Autorität, die in der Vormoderne für die Ausübung von Herrschaft

---

153 Vgl. Stollberg-Rilinger, Knien, S. 521–530.
154 Vgl. zur Bedeutung des Weinens als Zeichen ›wahrer‹ Affekte im 18. Jahrhundert: Frevert, Gefühlspolitik, S. 53 und 107f.
155 Vgl. Lungwitz, Imperator Theodosius Redivivus, S. 253–261.
156 Vgl. ebd., S. 253–258.
157 Ebd., S. 258f.
158 Vgl. etwa: Warncke, Bildpropaganda, S. 185–189.

als notwendig angesehen wurden.[159] Dies war zweifellos eine Attacke auf die altgläubigen Herrscher und vor allem gegen Kaiser Ferdinand II.

Während durch den Ritualvergleich einerseits das Kaiseramt durch die Unterstellung einer Servilität gegenüber dem Papsttum diskreditiert wurde, wurde andererseits Gustav Adolf immer wieder glorifiziert:

Aber so viel Evangel. Christen in Deutschland Ihre Königliche Maj. [Gustav Adolf] gesehen / oder von derselben gehöret haben / so viel Ehrenseulen / so viel lebendige Ehrenporten vnd Triumphbogen sind Ihrer Königl. Majest. zu Nürnberg vnd anderswo auffgerichtet woden / welche nun vnd nimmermehr vergehen / sondern derselben ewiglich bleiben[160].

Diese Attestierung von Loyalität – ja Zuneigung und Liebe – der protestantischen ›Deutschen‹ gegenüber Gustav Adolf war für den schwedischen König zweifellos ehrgenerierend und eine Spitze gegen den Habsburger Ferdinand II., da die Untertanen dem frühneuzeitlichen Imaginarium gemäß eigentlich ihm, dem Kaiser, mit entsprechenden Emotionen verbunden gewesen sein sollten.[161] Interessant dabei ist, wie dabei die Konfession zu dem entscheidenden Faktor stilisiert wurde, der über Loyalitäten entschied, wobei diese Wahrnehmungs- und Zuschreibepraxis erheblich zur Konfessionalisierung des Kriegs beitrug.[162] Lungwitz ging mit seinen Zuschreibungen noch weiter, indem er noch anführte:

Der Pabst vnd sein Hausse / vnd die Ligisten / so für das Pabstumb streiten / dachten nicht anders / sie wolten nun / ihre Spanische Monarchi in Deutschland auffrichten / vnd müsten die Evangelischen Deutschen nunmehr ihre Sclaven vnd Leibeigene Knechte seyn; Aber Gott der HErr erwecket Ihre Königl. Majest. zu Schweden / vnd durch dero glückselige Expeditiones macht der HErr zu nicht der Heyden Rath / vnd wendet die Gedancken der Päbstischen Völcker: vnd do es die Ligisten haben wollen auffs klügste greiffen an / ist doch Gott der HErr gangen eine andere Bahn / es ist gestanden in seinen Händen; daß nun jederman bekennen muß / vnd sagen / das hat Gott gethan / vnd mercken / daß es des HErrn Werck sey[163].

In dieser Passage waren drei ›klassische‹ Themen des konfessionellen Diskurses um 1600 enthalten und miteinander verwoben: Verschwörungstheorien, der Topos von Gott als Helfer der ›wahren‹ Gläubigen sowie die Vorstellung

---

159 Vgl. Asch, Herbst, etwa: S. 35 und 53f.
160 Lungwitz, Imperator Theodosius Redivivus, S. 260.
161 Vgl. Stollberg-Rilinger, Maria Theresia, S. 682f.
162 Vgl. Gotthard, Notwendige Krieg, S. 473–484.
163 Lungwitz, Imperator Theodosius Redivivus, S. 261.

eines Werkzeug Gottes: Eine ›papistische‹ Verschwörung und die Errichtung einer *Spanische[n] Monarchi* – d.h. vor allem die Etablierung einer ›Tyrannei‹ nach ›spanischem‹ Vorbild, auch wenn die Vorstellung einer spanischen Universalmonarchie dabei sicher mitschwang – waren gängige Topoi der zeitgenössischen, protestantischen Verschwörungstheorien und zusammen quasi das ultimative (protestantische) Schreckensszenario.[164] Indem solch ein Horror imaginiert wurde, konnte denn auch die Abwendung eines solchen Schreckens als Beleg eines Eingreifen Gottes gedeutet werden, wodurch die so Geschützten sich als die ›wahren‹ und ›auserwählten‹ Gläubigen Gottes deuten konnten.[165] Gustav Adolf wurde wiederum als Werkzeug des ›eingreifenden‹ Gottes glorifiziert und als Protektor der Protestanten gegen die katholischen ›Umtriebe‹ imaginiert sowie in Folge dessen sein Agieren, d.h. sein Feldzug inklusive der Zahlreichen Eroberungen, als gottgewollt gepriesen.[166] Zentral für die Bedeutung Gustav Adolfs waren also die Verschränkungen der Deutungen.

Die Einzüge des schwedischen Königs in Augsburg und Nürnberg waren also auch bedeutungsvoll, weil sie Anlass zu Deutungen lieferten – nicht zuletzt auch zu dem konfessionell-zugespitzten Ritualvergleich mitsamt der antipäpstlichen Polemik im Geschichtswerk des Matthaeus Lungwitz. Doch selbst in den Medien der Schrift und des Bilds waren die in actu durchgeführten Performanzen das zentrale Thema; die Verschriftlichung oder Verbildlichung konnte jedoch auch dazu führen, dass die Handlungen in tendenziöser Weise dargestellt wurden, wie bei dem bereits erwähnten Bild bei Merian, das einen solennen Einzug in Frankfurt andeutet, obwohl der schwedische König mit seinen Truppen die Mainstadt ohne Feierlichkeiten durchzog.

Akte der Konfrontation: Würzburg und München

Den Einzug Gustav Adolfs in die Stadt Würzburg kann man nicht genau rekonstruieren, da die wenigen hierüber berichtenden Quellen extrem divergieren. Lungwitz schrieb in seinem Geschichtswerk:

---

164 Vgl. zur ›papistischen‹ Verschwörung: Gotthard, Notwendige Krieg, S. 476. Vgl. zur ›spanischen‹ Tyrannei: Schmidt, Universalmonarchie. Vgl. zum Schreckensbild der Universalmonarchie: Tischer, Sicherheit, S. 79–85.
165 Vgl. Pohlig, Gewalt, S. 130.
166 Vgl. Schmidt, Leu, S. 333–343.

[D]er Rath vnnd die Bürgerschafft [haben] / am 5. Octobris Ihrer Mayt. [Gustav Adolf] die Schlüssel entgegen gebracht / vnd die Stadt vbergeben. Ist also Ihre Mayt. Mit etliche 1000. Mann zu Roß vnd Fuß in die Stadt eingezogen[167].

Dementsprechend wären Rat und Teile der Einwohnerschaft dem schwedischen König entgegengekommen und hätten die Schlüssel der Stadt übergeben; dies wäre eine eindeutige, für die unterlegene Seite tendenziell ehrverletzende Unterwerfungsgeste gewesen (siehe Kap. 3. 6.). Der bischöfliche Rat Ganzhorn hingegen beschrieb den Einzug Gustav Adolfs und der schwedischen Armee völlig anders:

Ihre May. [Gustav Adolf] [hat] etliche Regimenter zue Ross und fues in die Statt Commandirt, Sie aber sambt dem Hertzogen von [Sachsen-]Weimar, Item dem Grafen von Thurn, Solms, vndt anderen mehr Officiern, haben unterdessen bey dem Burgerspithal onfern desseligen thor, auff Einen grauen Pferdt sitzendt, fast ein gantze stundt gehalten und begehrt, das Jemand aus der Statt zu Ihm hinaus kommen wolle, darzue sich obgedachter Hr. Dr. Faltermeyer guthwillig gebrauchen, zue Ihrer May. sich hinaus verfügt, vndt nach viellem gehabten gespräch ihre May. herein geführt[168].

Laut Ganzhorns Beschreibung musste die schwedische Seite längere Zeit warten, ehe es zu der von ihr intendierten Interaktion kam, was ein Umstand gewesen wäre, der für den König und sein Gefolge ehrverletzend gewesen wäre, denn für gewöhnlich wartete der Rangniedere auf den Höherstehenden.[169] Ganzhorn zufolge kam auch allein der bischöfliche Rat Christoph Faltermayr, um Gustav Adolf in die Stadt zu führen, was ebenfalls eher ehrmindernd als ehrgenerierend gewesen sein dürfte, da die ehrgenerierende Qualität dieser Geste von Anzahl und Rang der entgegenkommenden Akteure abhing.[170] Von einer Schlüsselübergabe ist bei Ganzhorn denn auch keine Rede.

Diese divergierenden Berichte sind einerseits interessant, weil man so die Wirkung der Medialisierung von Performanzen analysieren kann: Textliche Darstellungen waren eben auch ein Mittel der Auseinandersetzung, über das man versuchte, Ereignisse für die eigene Seite möglichst vorteilhaft darzustellen. Es verwundert daher wenig, dass die Berichte des pro-protestantischen,

---

167 Lungwitz, Josua Et Hiskias, S. 456.
168 Leo, Würzburg, S. 300f.
169 Vgl. Landwehr, Geburt, S. 289; Vogel, Marquis, S. 224.
170 Vgl. Lutter, Überwachen, insbesondere: S. 119 und 126; Stollberg-Rilinger, Kleider, S. 156.

schwedenfreundlichen Lungwitz und des dem Würzburger Elekten loyalen Ganzhorns deutlich divergieren. Andererseits sind diese Berichte auch aufschlussreich, da Ganzhorns Schilderung Indizien liefert, welch zentrale Rolle der Mitwirkung der Stadtgemeinschaft hinsichtlich des Adventus zukam: Ein wie von Ganzhorn beschriebenes minimales Mitwirken hätte wohl für die schwedische Seite eine mindestens peinliche symbolische Wirkung gehabt.

Im ebenfalls katholischen München gestalteten die Schweden den Adventus völlig anders; Lungwitz schrieb dazu inhaltlich mit anderen Quellen übereinstimmend:[171]

Sind also Ihre lobwürdigste Königliche Majestet zu Schweden den 7. Maii, mit dero victorisirenden Armada für die Stadt München ankommen [...]. Vnd Mittags gegen XII. Vhren / mit drey Regimentern / neben beyden Pfaltzgraffen / Friederico vnd Augusto, denen Hertzogen von Weimar vnd Holstein / auch andern Graffen / Herren / Obristen vnd Officirern in die Stadt geritten[172].

Eine Interaktion mit Akteuren der Stadtgemeinschaft war hier offenbar überhaupt nicht intendiert; stattdessen zog Gustav Adolf zusammen mit Friedrich von der Pfalz, August bei Rhein zu Sulzbach, Bernhard und Wilhelm von Sachsen-Weimar, dem Lübecker Bischof Johann Friedrich von Holstein, anderen Adligen und ranghohen Offizieren sowie zahlreichen schwedischen Truppen in München ein.[173] Indem die schwedische Seite offenbar konsequent auf jegliches Mitwirken städtischer Akteure am Adventus verzichtete, konnte es auch zu keinen durch deren Agieren ausgelösten Peinlichkeiten kommen. Mehr noch: Da keine städtischen Akteure mitwirkten, zog Gustav Adolf völlig im Gestus des Eroberers ein; zu einer versöhnlichen Geste, gerade dem Rat gegenüber, der hierdurch in seiner Stellung anerkannt worden wäre, kam es dabei gerade nicht.

Vielmehr scheint es, als hätte die schwedische Seite beim Einzug nicht zuletzt ihre militärische Überlegenheit zur Schau gestellt, indem Gustav Adolf direkt vor München *dero Kriegsvolck in Schlachtordnung gestellet*[174] habe, wie Lungwitz vermerkte. Und auch ein zeitgenössisches Flugblatt, das die Ankunft

---

171 Vgl. Leuchtmann, Aufzeichnungen, S. 207; O.A., Gewiser Bericht vnd Vrkhundt deß entstandnen Vbels vnd Vnruehe in Minchen im Jar 1632, S. 312.
172 Lungwitz, Judas Maccabaeus, S. 90.
173 Vgl. Riezler, Geschichte, S. 416; Heimers, Krieg, S. 29; Rystad, Schweden, S. 425; Stahleder, Chronik, S. 452.
174 Lungwitz, Judas Maccabaeus, S. 90.

Gustav Adolfs in München ins Bild setzte, akzentuierte Truppen und Gefolge des schwedischen Königs (siehe Abbildung 14).[175] Vor allem durch diese Verbildlichung wurde eine militärische Überlegenheit des schwedischen Königs gegenüber den in den Kriegsjahren zuvor militärisch starken und siegreichen bayrischen Wittelsbachern postuliert – letztere, so der unterschwellige Tenor des Bilds, seien nicht einmal mehr dazu in der Lage, ihre Residenzstadt zu verteidigen.

Das Gefolge Gustav Adolfs trug ebenfalls zur Bedeutung dieses Einzugs bei: Da bei der Ankunft in München zahlreiche Akteure aus dem Gefolge des schwedischen Königs (Hoch-) Adlige waren, war ihre Beteiligung für Gustav Adolf ehrgenerierend.[176] Doch die meisten bekannten Akteure aus dem Gefolge des schwedischen Königs waren vor allem auch politisch und konfessionell eindeutig einzuordnen: Dass neben den seit Beginn des Dreißigjährigen Kriegs immer wieder gegen Kaiser und Liga kämpfenden Brüdern Bernhard und Wilhelm von Sachsen-Weimar gerade auch der einst vertriebene und als ›Winterkönig‹ verspottete Friedrich V. in die herzogliche Residenzstadt einzog, dürfte für die Gegner des schwedischen Königs sicherlich ehrverletzend gewesen sein.[177] Vor allem gegen den bayrischen Herzog Maximilian war dies sicherlich eine mit den Mitteln der Symbolik ausgeführte Attacke, denn München war seine Residenzstadt, die, wie dies in der Frühen Neuzeit allgemein üblich war, auf vielfältige Weise als Raum ihres Fürsten markiert war.[178] Die Logik, mit einem solchen Gefolge in die Residenzstadt des gegnerischen bayrischen Herzogs einzuziehen, dürfte darin gelegen haben, möglichst ostentativ in den Raum des ›anderen‹ einzudringen und diesem seine militärische Unterlegenheit vor Augen zu führen.[179] Für solch eine Praxis war also der Faktor Raum konstitutiv, d.h. dieses Agieren erhielten seinen Sinn erst durch den Raum, in dem es durchgeführt wurde. Zugleich ist es überaus wahrscheinlich, dass diese Handlung auch den Raum demonstrativ tangierte, indem dieser sym-

175 Vgl. O. A., Kurtzer vnd Eygentlicher Abriß / Der schönen Fürstlichen Haupt Stadt München / im Land zu Bayern.

176 Vgl. zur Bedeutung von Adligen im königlichen Gefolge: Horowski, Hof, S. 166f.

177 Vgl. zu Bernhard und Wilhelm von Sachsen-Weimar: Ackermann, Optionen, S. 209–212. Vgl. zu Friedrich V. und seinem Verhältnis zu Maximilian I.: Kaiser, Pfalzpolitik, S. 126f.

178 Vgl. allgemein etwa: Hirschbiegel/ Paravicini, Residenzstadt. Vgl. speziell zu München: Heydenreuter, Magistrat, S. 205–210; Krems, Inszenierung, S. 285ff.

179 Vgl. Reinle/ Hesse, Logik, S. 143f.

Abbildung 14: Ankunft des schwedischen Königs mit seinen Truppen bei München, anonymes Flugblatt, 1632

242 Die schwedischen Truppen kommen in die Stadt

bolisch deutlich umgestaltet oder geradezu verkehrt wurde.[180] Der Einzug des schwedischen Königs mit derart politisch und konfessionell verortbaren Akteuren in München hatte jedenfalls das Potenzial, die Ordnung des Raums der katholischen Residenzstadt Maximilians stark zu verändern. Zudem war die Anwesenheit Friedrichs von der Pfalz dort wohl auch eine subtile Form der Revanche, da der bayrische Herzog einst Teile von Friedrichs Territorien und dessen Kurwürde erhalten hatte.[181]

Einzüge in katholische Städte unterschieden sich an Hand dieser Befunde diametral von den Adventi in (mehrheitlich) protestantischen Städten: Die protestantischen Obrigkeiten scheinen um einen möglichst ehrenvollen Empfang Gustav Adolfs bemüht gewesen zu sein, bei dem oftmals die etablierte Semantik von Adventus-Ritualen genutzt wurde. Hierdurch kam es zu einer Interaktion zwischen dem jeweiligen Rat und Gustav Adolf, bei der beide Seiten soziale Schätzung und Loyalität gegenüber dem jeweils anderen inszenierten, wobei gleichzeitig auch die Asymmetrie der Beziehung zum Ausdruck gebracht wurde. Mit den altgläubigen Obrigkeiten kam es aber nicht zu vergleichbaren Interaktionen, d.h. gegenseitige Loyalität wurde nicht zum Ausdruck gebracht; stattdessen kam es in München wohl zu einer Zurschaustellung militärischer Schlagkraft durch die Truppen des schwedischen Königs. Noch aufschlussreicher ist der Fall Würzburgs, denn selbst wenn die ehrverletzende Unterwerfungsgeste eine lungwitzsche Zuschreibung ist, ist diese Beschreibung im proschwedischen Geschichtswerk in Bezug auf das zeitgenössische Imaginarium aufschlussreich. Zu einer im weitesten Sinne reziproken Anerkennung von Rang und Loyalität sollte es aus der schwedischen Perspektive also gerade nicht kommen, sondern vielmehr zu Gesten, die die eindeutige Unterlegenheit der Stadt zum Ausdruck brachten beziehungsweise die eindeutige Überlegenheit der schwedischen Seite.

In diesem Zusammenhang ist aber auch der Umgang katholischer Akteure mit den Einzügen Gustav Adolfs aufschlussreich. Ein altgläubiger Chronist aus Augsburg vermerkte zum dortigen Einzug: *Er [Gustav Adolf] ist gar schlecht auff eim braunen gerüttem*[182]. Diese Bemerkung betraf keineswegs eine Neben-

---

180 Vgl. zum Nexus von Raum und Praktiken theoretisch: Löw, Raumsoziologie. Vgl. zur frühneuzeitlichen Ordnung des Raums exemplarisch: Dartmann/ Füssel/ Rüther, Raum; Hochmuth/ Rau, Machträume; Rau/ Schwerhoff, Räume.
181 Vgl. Kaiser, Pfalzpolitik, S. 126f.
182 Zitiert nach Roeck, Stadt, Bd. 2, S. 687f.

sächlichkeit, denn das Reiten war eine für (Hoch-) Adlige zentrale Fähigkeit, deren Beherrschung Ruhm und Ehre, deren Nichtbeherrschung aber Spott und Schande brachte.[183] Der Chronist attestierte dem schwedischen König also ziemlich deutlich Schande. Mehr noch: In zeitgenössischen Pferdetraktaten wurde eine Verbindung zwischen dem Reiten und Dressieren eines Pferds mit der Herrschaft über Menschen konstruiert – ein schlechter Reiter war dementsprechend auch ein schlechter Herrscher.[184] Man konnte folglich die Bemerkung des Chronisten über den Reitstill Gustav Adolfs durchaus auch als unterschwellige Bemerkung über die Herrscherqualitäten des schwedischen Königs interpretieren. Frappierend ist jedenfalls, dass der bischöfliche Rat Ganzhorn ebenfalls den Einritt Gustav Adolfs in Würzburg thematisierte; laut seinem Bericht ist der schwedische König *von dem Pferdt abgestiegen, weilen es hinckend worden*[185]. Unterschwellig war dies auch eine Bemerkung über die Qualität des Pferds beziehungsweise die reiterlichen Fähigkeiten des Königs, die angesichts der Bedeutung des Reitens in der Welt des Adels wenig schmeichelhaft war.[186] Zudem konnte man diese Beschreibung leicht als schlechtes Vorzeichen für Gustav Adolf interpretieren, wobei der Ausdeutung kaum Grenzen gesetzt waren: Das hinkende Pferd als Verkörperung seines Herrn, das Zu-Boden-zwingen des reitenden Königs etc.[187] Es gab also durchaus Gegendeutungen zu den Einzügen Gustav Adolfs, die den schwedischen König implizit verspotteten. Die vor Ort lebenden Katholiken nutzten also Schreibpraktiken als ein Mittel, um unterschwellig ihre Ablehnung Gustav Adolfs zu verdeutlichen, und es ist sicherlich von einer lokalen Zirkulation derartiger Schriften auszugehen.

183 Vgl. zur Bedeutung des Reitens für (Hoch-) Adlige: Saracino, Pferdediskurs, S. 344–348 und 368; Stockhorst, Ars Equitandi, S. 159–196; Weber, Bestiarium, S. 36. Vgl. zum Spott: Weber, Bestiarium, S. 43f. Vgl. dazu aber auch: Stockhorst, Ars Equitandi, S. 185f.
184 Vgl. Saracino, Pferdediskurs, S. 352; Weber, Bestiarium, S. 36; Stockhorst, Ars Equitandi, S. 159–196.
185 Leo, Würzburg, S. 301.
186 Vgl. zur Bedeutung der Qualität des Pferdes: Weber, Bestiarium, S. 44; Bayreuther, Pferde, S. 227–234. Zum Imaginarium des ›Verschmelzens‹ zwischen Pferd und Reiter beim ›guten‹ Reiten: Saracino, Pferdediskurs, S. 369.
187 Vgl. Weber, Bestiarium, S. 46–51.

Vor dem Adventus: Schwedische Truppen in der Stadt

Während die Einzüge des schwedischen Königs ausführlich beschrieben und ihnen dabei offenbar Sinn zugeschrieben wurden, wurden die Einzüge der schwedischen Truppen, die in einigen Städten wie Augsburg und München schon mindestens am Vortag erfolgt waren, in zeitgenössischen Quellen in der Regel nur vergleichsweise kurz erwähnt.[188] Hellgemayr erwähnte ihre Ankunft in München nur äußerst lakonisch: *Den 16. diß Sondag Vocem Jucunditatis sein schon etliche schwedische alher khumen*[189]. In Augsburg wurde der Einzug in der Regel fast ebenso knapp beschrieben.[190] Allerdings wurde oftmals vermerkt, dass die protestantischen Einwohner der Reichsstadt den die erste Nacht in der Stadt unter freiem Himmel kampierenden Soldaten Speise und Trank brachten.[191] Dies kann man sowohl als Geste der Loyalität und des Entgegenkommens interpretieren als auch als einen Versuch, eine Art Gabentausch zu initiieren, d.h. die Soldaten in einem gewissen Umfang zu verpflichten und gewogen zu stimmen.[192] Dieses Verhalten war sicherlich einerseits auf eine gewisse (konfessionelle) Solidarität zurückzuführen, hatte aber sicherlich andererseits auch damit zu tun, dass die Einwohner davon ausgingen, dass in kürze schwedische Soldaten in der Reichsstadt einquartiert würden, die man auf diese Weise wohl gewogen stimmen wollte.

Der Einzug der schwedischen Soldaten aber scheint vor allem für die zu diesem Zeitpunkt noch katholische Obrigkeit Bedeutung gehabt zu haben; laut dem in der Regel gut informierten Augsburger Hainhofer beschwerte sich diese nämlich bei Gustav Adolf schriftlich, weil aus ihrer Perspektive die schwedischen Truppen zu früh in die Stadt eingedrungen seien.[193] Problematisch für die altgläubige Obrigkeit war sicherlich der Umstand, dass nun die schwedischen Truppen faktisch die Kontrolle über den Stadtraum innehatten und hierdurch der Einfluss ebendieser Stadtobrigkeit in funktionaler und symbolischer Hinsicht stark limitiert bis inexistent war. Ansonsten aber war für die Zeitgenos-

---

188 Vgl. zu Augsburg: Roeck, Stadt, Bd. 2, S. 685–688. Vgl. zu München: Heimers, Krieg, S. 28f.
189 Leuchtmann, Aufzeichnungen, S. 207.
190 Vgl. Emmendörffer, Welt, S. 478; Roos, Chronik, S. 9.
191 Vgl. Emmendörffer, Welt, S. 478; Roos, Chronik, S. 9; Roeck, Stadt, Bd. 2, S. 686.
192 Vgl. zum Gabentausch theoretisch: Mauss, Gabe. Vgl. zu Form und Funktion Praktiken des Gabentauschs in der Frühen Neuzeit: Davis, Schenkende Gesellschaft.
193 Vgl. Emmendörffer, Welt, S. 478.

sen offenbar der Einzug Gustav Adolfs weitaus berichtenswerter – und damit sicherlich auch bedeutsamer – als der Einzug seiner Truppen, der zuvor erfolgt war.

Zusammenfassend kann man die Einzüge Gustav Adolfs in die eingenommenen Städte sicherlich als überaus symbolisch aufgeladene Akte bezeichnen. Gerade die protestantischen oder mehrheitlich protestantischen Städte nutzten die Semantik des Adventus-Rituals und kamen dem schwedischen König entgegen oder empfingen ihn in der Stadt. Für die Stadtobrigkeiten war dies ein Mittel, um von Gustav Adolf in ihrer Position anerkannt zu werden und eine Art des Gabentauschs zu initiieren, durch den sie sicherlich die königliche Gunst erlangen wollten. Für den König war ein solcher Einzug ehrgenerierend und eine Demonstration von Loyalität. In katholischen Städten hingegen kam es nicht zu solchen Mitwirkungen: In München kam es zu überhaupt keiner Interaktion mit den Akteuren der Stadt, sondern die schwedische Seite demonstrierte ihre militärische Überlegenheit mit einem (später medial akzentuierten) Einmarsch vieler Truppen sowie einer – sicherlich gerade für den bayrischen Herzog – ehrverletzende Neuordnung des Stadtraums. Für Würzburg gibt die Schilderung Lungwitz' Aufschluss über einen aus pro-schwedischer Sicht gelungenen Einzug: Die Würzburger hätten ihre Schlüssel in einem öffentlichen Akt dem schwedischen König übergeben. Ganzhorns Bericht hingegen gibt Aufschluss über einen aus anti-schwedischer Perspektive guten Einzug: Demzufolge sei Gustav Adolf durch minimale Mitwirkung der Würzburger geschmäht worden – und den Schlüssel bekam er nach diesem Bericht auch nicht.

Diese Berichte zeigen auch, wie die Einzüge ex post noch mit Sinn aufgeladen werden konnten: Das berühmte Bild Merians, das den Marsch Gustav Adolfs Armee nach Frankfurt am Main darstellte, deutete zahlreiche ehrgenerierende Handlungen an, die in actu nicht durchgeführt wurden. Der Ritualvergleich im Geschichtswerk des Matthaeus Lungwitz diente vor allem der konfessionellen Polemik und der Glorifizierung des schwedischen Königs, während die Beschreibungen des Einritts Gustav Adolfs durch Katholiken dazu dienten, den schwedischen König zu verhöhnen und als unfähigen Herrscher zu diffamieren.

4. 3. Eine Stadt erstürmen: Kämpfe in Festungen und Städten

Zu einer geregelten Übergabe kam es allerdings nicht immer: Frankfurt an der Oder und der Marienberg, die Stadtfestung Würzburgs, wurden mit Sturmangriffen eingenommen.[194] Dabei kam es in beiden Fällen zu extremen Gewalthandeln.[195] Frankfurt schien, nach der eindeutigen Geste mit der erhängten Gans (siehe Kapitel 3. 1.), überhaupt nicht zur Übergabe aufgefordert worden zu sein, ehe es am zweiten Tag der Belagerung zum Sturmangriff kam. Der Kommandeur des Marienbergs hingegen hatte zweimal Aufforderungen der schwedischen Seite zurückgewiesen, worauf die von etwa 600 Soldaten verteidigte Festung nach fünf Tagen Belagerung erstürmt wurde.[196]

Im Theater der Tapferkeit: Heroisierungen von Kämpfen

Insbesondere der Angriff auf den Marienberg erwies sich jedoch als kompliziert, da die vor der Festung liegende Vorstadt Würzburgs am linken Mainufer – auch nach der Übergabe der Stadt und der dieser vorangegangenen Erstürmung der übrigen Würzburger Vorstadtteile rechts des Mains – noch von verteidigenden Truppen kontrolliert wurde. Zudem hatten die Verteidiger die Brücke über den Main teilweise demontiert, so dass diese an einer Stelle nur noch über eine Planke passiert werden konnte. Es kam zu einem heftigeren Infanteriegefecht um den bebauten und teils befestigten Raum vor der Festung, das sogenannte Mainviertel. Infanteristen in schwedischen Diensten nahmen die dem Marienberg vorgelagerte Würzburger Vorstadt links des Mains ein, wobei sie unter Artilleriebeschuss vom Marienberg die das Ufer verteidigende gegnerische

---

194 Vgl. zu Frankfurt: Plage, Einnahme der Stadt Frankfurt; Griesa, Glaubens- und Religionskonflikte, S. 93ff; Bieder/ Gurnik, Bilder, S. 70f; Philippi, Geschichte, S. 22 O. A., Frankfurt (Oder), S. 16ff. Die Datierung des Sturmangriffs auf Frankfurt bei Philippi und Griesa ist falsch. Vgl. zum Würzburger Marienberg: Seberich, Erstürmung; Freeden, Marienberg, S. 151–155; Sicken, Dreißigjähriger Krieg, S. 108f; Deinert, Epoche, S. 57f; Bergerhausen, Würzburg, S. 6ff; Scharold, Geschichte, S. 27ff.
195 Vgl. theoretisch dazu: Trotha, Soziologie der Gewalt. Insbesondere Trothas Prämisse, Gewalt mit Hilfe einer ›Dichten Beschreibung‹ im Sinne von Clifford Geertz zu analysieren (vgl. Trotha, Soziologie der Gewalt, S. 20–25), erscheint äußerst sinnvoll.
196 Vgl. zur Zurückweisung der Aufforderungen: Leo, Würzburg, S. 307f und 313f; Freeden, Marienberg, S. 151f. Vgl. zur Anzahl der Verteidiger: Sicken, Dreißigjähriger Krieg, S. 108; Bergerhausen, Würzburg, S. 6f. Die Angabe bei Soden ist falsch (vgl. Soden, Gustav Adolph, S. 41). Die Ausführungen bei Arnold sind in ihrer Gänze inkorrekt (vgl. Arnold, Kriegswesen, S. 115f).

Infanterie zurückdrängten, nachdem sie den Fluss mit Booten und über die behelfsmäßig reparierte Brücke überquert hatten.[197]

Laut Robert Monro hatte Gustav Adolf zuvor selbst darauf gedrängt, diese Aktion möglichst schnell durchzuführen:

> *S. M. [Gustav Adolf] wußte, daß wenn diese Edelleute [James Ramsey und John Hamilton, die Kommandeure dieses Angriffs] mit ihren Soldaten den anderen nicht den Weg freimachten, könnte man nicht annehmen, daß sich im Augenblick nochmals eine so günstige Gelegenheit böte [den Angriff durchzuführen], denn er wußte, daß der Feind bereits auf drei Tagesmärsche herangekommen war, der Festung [Marienberg] beizustehen.*[198]

Gustav Adolf hatte also laut Monros Bericht versucht, die Aktion seiner Soldaten vor dem Marienberg zu beschleunigen, damit keine größere Gefahr durch etwaige heranrückende Truppen des Gegners drohte.[199] Dies impliziert eine gedankliche Antizipation der gegnerischen Manöver und ein Agieren, das von einem spezifischen Umgang mit Zeit geprägt ist.[200]

Die Bedeutung der für den Angriff auf den Marienberg notwendigen Flussüberquerung akzentuierend nannte Robert Monro sie, die *gefährlichste und wichtigste Aktion [...], die je während des Krieges in Deutschland durchgeführt wurde*[201]. Der Gebrauch dieses Superlativs weist zweifellos darauf hin, dass die Aktion als riskant galt, war aber wahrscheinlich auch dadurch bedingt, dass zwei Landsleute Monros, James Ramsey und John Hamilton, die Flussüberquerung befehligten: Durch die besondere Betonung der Gefährlichkeit der Aktion erschien ihre Durchführung besonders ruhmreich und an diesem Ruhm konnten landsmannschaftlich verbundene Akteure tendenziell partizipieren.[202] Monro jedenfalls stilisierte die Flussüberquerung unter feindlichem Beschuss zu einem Ringen um Ruhm und Ehre: *wenn tapfere Kavaliere voll Wagemut sich einmal entschlossen haben, ist ihnen nichts zu schwer, um für sich und für ihr Land Ruhm und Ehre zu gewinnen*[203]. Dies ist eine geradezu typisch adlige Deu-

---

197 Vgl. Leo, Würzburg, S. 307; Mahr, Robert Monro, S. 148f. Vgl. auch: Freeden, Marienberg, S. 151; Münkler, Dreißigjähriger Krieg, S. 516; Droysen, Gustav Adolf, S. 436.
198 Mahr, Robert Monro, S. 148.
199 Vgl. zum möglichen Entsatz der Stadt: Deinert, Epoche, S. 54; Bergerhausen, Würzburg, S. 7.
200 Vgl. dazu: Landwehr, Zeit, 16ff.
201 Mahr, Robert Monro, S. 148.
202 Vgl. zur landsmannschaftlichen Verbundenheit: Emich, Normen, S. 85ff.
203 Mahr, Robert Monro, S. 148.

tung, denn gerade dieser Stand stilisierte den persönlichen Einsatz im Krieg als Mittel, um Ehre zu erlangen und den eigenen Status legitimierend in Szene zu setzen.[204] Wenn Monro also derartig über die Kämpfe im Krieg schrieb, inszenierte er erstens die Vortrefflichkeit seines (adligen) Standes, beschrieb (zweitens) ein Mittel, diese Überlegenheit unter Beweis zu stellen, und hob (drittens) implizit eine militärisch-martialische Form der Adligkeit rühmend hervor.[205] Zudem nutzte und verstetigte der schottische Obrist den zeitgenössischen Diskurs der ›natio‹, um in Abgrenzung zu anderen Landsmannschaften die Aktion seiner Kampfgefährten zu einem Argument für den – besonderen – Ruhm der Schotten zu machen.[206]

In besonderer Hinsicht aufschlussreich ist auch, dass Monro den Krieg geradezu zu einem Theater der Tapferkeit stilisierte: *Sie [die Kommandanten der Flussüberquerung] waren […] von einem König besonders ausgewählt worden, unter den Augen der ganzen Armee Zeugnis für ihre Tapferkeit und Entschlußkraft abzulegen*[207]. Monro hob in besonderer Form die Beobachtung der Aktion durch die eigenen unbeteiligten Truppen hervor, durch die diese scheinbar geradezu zu einer Prüfung des Muts der beteiligten Akteure wurde. Diese Situation könnte man in Anlehnung an Clifford Geertz mit einem gewissen Zynismus als »deep play«[208] bezeichnen, also ein risikoreiches ›Spiel‹ mit hohen Einsätzen, bei dem es um die eigene Ehre ging – nur, dass die Akteure in Würzburg im Gegensatz zu denen in Geertz' Beispiel nicht Geld riskierten, sondern ihr eigenes Leben. Der Kampf im Krieg war somit für bekannte Persönlichkeiten, also vor allem für Offiziere beziehungsweise Adlige, mit einem doppelten Risiko verbunden, da es für sie sowohl um Leben und Tod als auch um Ehre und Schande ging.[209] Letztlich dürfte dies tendenziell ein Normenkonflikt gewesen sein, weil – zumindest in bestimmten, riskanten Situationen – ein gleichzeitiger Schutz von Leben und Ehre kaum möglich war.[210]

Bemerkenswert ist in diesem Zusammenhang auch das Agieren des schwedischen Königs Gustav Adolf nach der Flussüberquerung seiner angreifenden Soldaten. Der Würzburger Ganzhorn schieb dazu: *Ja es hat der König selbsten*

---

204 Vgl. Asch, Adel, S. 194f.
205 Vgl. Asch, Herbst, insbesondere S. 27–64; Asch, Ehre; Walther, Freiheit, S. 313f.
206 Vgl. zur ›natio‹: Hirschi, Funktionen, S. 377f.
207 Mahr, Robert Monro, S. 148.
208 Geertz, Deep play, insbesondere S. 231ff. Zitat: S. 231.
209 Vgl. Wrede, Einleitung, S. 29f.
210 Vgl. allgemein zum Normenkonflikt: Karsten/ Thiessen, Normenkonkurrenz.

*sich uff die Brückhen hinaus [...] nit ohne grosse leibs vndt lebens gefahr, wegen
des stehtigen schiessens von hoff [dem Marienberg] herab verfüget*[211]. Der König
riskierte also ebenfalls sein Leben, wobei dies durch die Stellung Gustav Adolfs
als König einige Spezifika aufwies: Ein so lebensbedrohliches Verhalten war für
einen Hochadligen schon aus dynastischen Gründen mit besonderen Risiken
verbunden, denn es galt, die Herrschaft des eigenen Hauses nicht aufs Spiel zu
setzen.[212] Zudem war ein Agieren auf dem Schlachtfeld für frühneuzeitliche
Hochadlige auch keineswegs typisch, denn obgleich viele von diesen sich häufig
in martialisch-heroischer Pose zur Schau stellten, fungierten doch letztlich nur
wenige tatsächlich als Kommandeure im Kampf.[213] Gustav Adolf agierte also
in einer besonders martialischen Weise als König, die einerseits für Leib und
Leben besonders gefährlich war, andererseits aber auch in besonderer Weise den
Erwerb von Ruhm und Ehre möglich machte.[214]

Der finale Kampf: Praktiken und Deutungen

Doch es kam nicht nur im Kampf um die Mainbrücke zu Gefechten mit der
verteidigenden Infanterie, sondern auch in Kämpfen um andere befestigte Gebäude, die nicht direkt zur Festung Marienberg gehörten.[215] Die Verteidiger
zogen sich also nicht in ihre Festung zurück, vielmehr kämpften sie auch vor
den Befestigungsanlagen – d.h. der Marienberg wurde in sehr offensiver Weise
verteidigt. Im ›Theatrum Europaeum‹ hieß es dazu:

*[D]ie Bischoffliche Soldate[n] ausserhalb ihrer Schatzen [Schanzen] mit ihnen
[den schwedischen Truppen] in die fünff Stund lang scharmütziret / aber endlich
mit zimblichem Verlust wider zurück in besagte Schantz getrieben worden*[216].

Robert Monro wiederum erwähnte eigens, dass erst nach diesen Kämpfen
und, nachdem die Hauptmacht der schwedischen Truppen den Main überquert
hatte, *der Feind auf allen Seiten blockiert und gezwungen war, in den Festungswerken zu bleiben*[217]. Dieser Verteidigungsstil, bei dem es offenbar zu größeren
Kämpfen vor der Festung kam, unterscheidet sich deutlich von der Praxis, die

211 Leo, Würzburg, S. 307.
212 Vgl. Wrede, Einleitung, S. 29f; Querengässer, Risiko oder Handlungsvorteil, S. 332ff.
213 Vgl. Wrede, Einleitung, S. 23–30; Asch, Herbst, insbesondere S. 27–64.
214 Vgl. zu einem ähnlichen Beispiel: Füssel, »Roi connétable«, S. 200–203.
215 Vgl. Leo, Würzburg, S. 309; Mahr, Robert Monro, S. 149.
216 Abelinus/ Merian, Theatri Europaei, S. 464.
217 Mahr, Robert Monro, S. 149.

ab etwa 1700 üblich wurde und bei der letztlich ›nur‹ noch plötzliche Ausfälle durchgeführt wurden. Bei dieser späteren Handlungsroutine ging es darum, den Angreifern Verluste zuzufügen, nicht aber tatsächlich den vorgelagerten Raum in Gefechten zu verteidigen.[218]

Wegen dieser offensiven Verteidigungsweise und dem feindlichen Beschuss war ein Agieren unmittelbar vor den gegnerischen Befestigungsanlagen äußerst riskant. Um unter diesen Umständen nähere Informationen über die räumlichen Gegebenheiten zu erhalten, ließ Gustav Adolf in Frankfurt an der Oder offenbar einen Hauptmann in Begleitung eines *Sergeanten mit zwölf tüchtigen Burschen*[219] Erkundungen unternehmen. Auf diese Weise musste der schwedische König sich nicht selbst in die exponierte Lage vor der Festung begeben und vermied die eben skizzierten Gefahren für sich und seine Dynastie.[220] Durch den Bericht erhielt er Kenntnisse über den Raum vor der Festung und befahl daraufhin, wie Robert Monro berichtet, John Hepburn und Johan Banér den Angriff.[221]

Der entscheidende Sturmangriff auf Frankfurt an der Oder ebenso wie der finale Angriff auf den Marienberg – nach den eben erwähnten Kämpfen der Infanterie, inklusive einem ersten Angriff auf die Festung am Vortag[222] – erfolgte mit Sturmleitern.[223] Man hatte die jeweiligen Befestigungsanlagen zwar zuvor mit Artillerie beschossen, aber keine Bresche in die Mauer geschossen, wie dies bei Belagerungen spätestens ab etwa 1700 üblich wurde.[224] Solch ein Angriff mit Leitern dürfte deutlich riskanter gewesen sein als eine Attacke über eine Bresche, doch war diese Praktik gleichzeitig weniger zeitaufwendig, da man so ohne das mitunter langwierige Brescheschießen auskam.[225] Die Durchführung von Sturmangriffen unterschied sich, wie auch die übrige Belagerungspraxis, offenbar recht deutlich von den Handlungsmustern, die einige Jahrzehnte später dann üblicherweise angewandt wurden. Dies hat auch damit zu tun, dass wohl selbst eine verhältnismäßig gut fortifizierte Festung wie der Würzburger

218 Vgl. Petersen, Militärische Mimesis, S. 137–140; Petersen, Dunkelheit, S. 164; Haas, Belagerungskrieg, S. 304f.
219 Mahr, Robert Monro, S. 110.
220 Im 18. Jahrhundert galt diese Delegation des Beobachtens allerdings zunehmend als problematisch (vgl. Bothe, Natur, S. 244f).
221 Vgl. Mahr, Robert Monro, S. 110.
222 Vgl. Sicken, Dreißigjähriger Krieg, S. 108; Freeden, Marienberg, S. 151f.
223 Vgl. Mahr, Robert Monro, S. 149 (Marienberg) und 110f (Frankfurt).
224 Vgl. zur Praxis um 1700: Haas, Belagerungskrieg, S. 308; Haas, Schicksal, S. 49.
225 Vgl. zum Brescheschießen im 17. Jahrhundert: Ortner, Artillerie, S. 154.

Marienberg Schwachstellen aufwies und sicherlich nicht annähernd so verteidigungsfähig war, wie es etwa die berühmten Festungen in den Niederlanden zur gleichen Zeit waren.[226] Andererseits ist die Durchführung eines Sturmangriffs ohne vorheriges Schießen einer Bresche, auch bei schwach befestigten Orten, im Vergleich zur späteren Praxis völlig atypisch, weshalb man von gänzlich anderen Praktiken des Sturmangriffs sprechen kann.[227]

Sowohl beim Angriff auf den Marienberg als auch bei der Attacke auf Frankfurt an der Oder wurden von den angreifenden Truppen mehrere befestigte Verteidigungslinien überwunden. In beiden Fällen drang die schwedische Armee, nachdem sie mit Leitern die erste Mauer überquert hatte, durch Tore ins Innere der Festung beziehungsweise Stadt ein; sowohl auf dem Marienberg als auch in Frankfurt gelang es den Angreifern durch noch geöffnete Tore einzudringen, durch die sich kurz zuvor noch Verteidiger zurückgezogen hatten.[228] Dies ist ein guter Hinweis auf die Ambivalenz von inneren Toren bei Sturmangriffen: Zwar boten sie für die eigenen Truppen in vorgelagerten Stellungen die Möglichkeit, sich zurückzuziehen, doch gleichzeitig konnten durch sie auch Angreifer weiter vordringen.

Die Bewertung der Rückzüge in Frankfurt an der Oder und auf dem Marienberg durch Robert Monro, damals Obrist im Dienst Gustav Adolfs, fiel äußerst eindeutig aus; zum Rückzug auf dem Marienberg schrieb er:

Dort hielten die [feindlichen] Soldaten an einer Stelle schlecht Wache und wurden völlig unerwartet von einigen Schweden überrumpelt, die mit ihren Leitern über den Wall gestiegen waren, so daß sie in panischer Angst ihre Stellungen verließen[229].

Monro schrieb den Verteidigern also zu, schlecht agiert zu haben; der Schotte verhöhnte seine ehemaligen Gegner ex post also noch und attestierte ihnen ein Verhalten, das ihnen Schande einbrachte. Ganz ähnlich schrieb er auch zum Angriff auf die äußere Verteidigungslinie von Frankfurt an der Oder:

[W]ir [hätten], wenn der Feind sich nicht voller Angst vom Wall zurückgezogen hätte, nur mit großem Glück [...] eindringen können. Der Feind zeigte sich aber so

---

226 Vgl. zur Einschätzung der Verteidigungsfähigkeit des Marienbergs: Bürger, Marienberg, S. 203–210; Leo, Würzburg, S. 105ff.

227 Vgl. zur um 1700 üblichen Praxis: Luh, Kriegskunst, S. 107–114; Haas, Belagerungskrieg.

228 Vgl. zum Marienberg: Freeden, Marienberg, S. 153; Scharold, Geschichte, S. 26–33; Sicken, Dreißigjähriger Krieg, S. 108f.

229 Mahr, Robert Monro, S. 149.

schwach und zog sich zurück, so daß die [schwedischen] Kommandeure die Befehle
ausführen konnten, die sie vom König [Gustav Adolf] erhalten hatten[230].

Auch hier attestiert Monro den gegnerischen Truppen, unfähig agiert zu
haben, wobei er ferner noch zur Attacke auf das innere Tor anmerkte: *Er [der*
Feind] war von unserem Eindringen so überrascht, daß er weder den Mut noch die
Geistesgegenwart hatte, das Fallgatter des großen Tores herunterzulassen[231]. Monro schrieb seinen Gegnern aber nicht ›nur‹ Unfähigkeit in diesen Situationen
zu, sondern auch eine bestimmte Emotion: Angst.[232] Im Imaginarium Monros
scheinen die Rückzüge in Frankfurt und in der Würzburger Stadtfestung nicht
zuletzt durch Furcht bedingt worden zu sein. Angst wurde so zum einen zu
einer Erklärung für das (angeblich) unfähige Verhalten der Verteidiger, zum
anderen wurde sie aber auch zu einem weiteren Stigma, denn implizit attestierte
Monro diesen damit, feige zu sein, also eine im frühneuzeitlichen militärischen
Diskurs zentrale soldatische Eigenschaft, nämlich Tapferkeit, nicht zu besitzen.[233]

Während Monro die Verteidiger als unfähig, ängstlich und geradezu
schreckhaft charakterisierte, beschrieb der Würzburger Ganzhorn den ersten
Moment des Sturmangriffs auf den Marienberg mit einer völlig anderen Akzentuierung:

[A]lles was in den wehren geweßen vndt in solcher Ersten Furia [von den schwe-
dischen Truppen] angetroffen, das ist alles mit baylen Jämmerlich niedergehauen,
Ehlenig ermordt, vndt zue boden gelegt worden. Wie nun solchen Jammer vndt
Elendt die uff den Batterien verordnete Constabel gesehen vndt so viell vermerckht,
das alle Ihre mühe vndt arbeit nunmehr umbsonst vndt vergebens, ia Sie der gefahr
am nechsten seyndt, haben sie Ihre Stationes deserirt, vndt alles dahinden gelassen,
sich so guth Sie könt per fugam Salvirt [durch Flucht gerettet][234].

Hier erschienen die sich Zurückziehenden ganz im Gegensatz zur Beschreibung Monros als Soldaten, die sich aus einer Lage zurückzogen, die sie in Ganzhorns Zuschreibung völlig richtig als ausweglos erkannten.

In Ganzhorns Schilderung erschienen aber nicht nur die Würzburger Truppen in einem besseren Licht, sondern der altgläubige Historiograph polemi-

---

230 Mahr, Robert Monro, S. 110f.
231 Mahr, Robert Monro, S. 111.
232 Vgl. dazu: Bähr, Furcht, S. 340–381.
233 Vgl. zu Feigheit und Tapferkeit: Landolt, Eidgenossen; Frevert, Vergängliche Gefühle,
     S. 42.
234 Leo, Würzburg, S. 317.

sierte vielmehr gegen die schwedischen Truppen, deren Agieren er in drastische Worte (*Jämmerlich niedergehauen, Ehlenig ermordtet*) fasste, durch die es als grenzüberschreitend erschien. Nicht zuletzt auch durch die Benutzung der zeitgenössisch immer wieder vorkommenden und eindeutig konnotierten Furia-Metapher wurde das Bild von hemmungslos eingesetzter Gewalt evoziert.[235] Durch die explizite Erwähnung der dabei von den schwedischen Truppen verwendeten Beile wurde diesen zudem unterschwellig Fremdheit attestiert, die sich in der offenbar andersartigen Bewaffnung – mit, wie Ganzhorn an anderer Stelle explizit schrieb, *Schwedischen Beylen*[236] – manifestierte.[237] Die Gewalt wurde hierdurch implizit zur »Gewalt der Anderen«[238], d.h. sie wurde ethnisiert und als fremdartig stigmatisiert.[239]

Die Kämpfe um den Marienberg und um Frankfurt an der Oder waren von Anfang an allerdings keineswegs eindeutig, sondern sie waren auch für die schwedische Seite durchaus verlustreich.[240] Nach Monros Angaben war in Frankfurt insbesondere sogar das Eindringen durch ein geöffnetes Tor besonders gefährlich:

Wir [die schwedischen Truppen] drängten nach, in der Absicht, dem zurückweichenden Feind durch eine große Ausfallpforte, die zwischen den beiden Wällen lag, in die Stadt hinein zu folgen. Sie hatten zwei große Torflügel geöffnet und drängten hier hinein. Nach ihrem Rückzug (vor einigen Tagen) hatten sie hier ein paar Orgelgeschütze in Stellung gebracht, mit denen man ein Dutzend Schüsse auf einmal abfeuern kann. Daneben hatten sie noch zwei Ordonanzgeschütze aufgepflanzt, die ebenfalls den Eingang absicherten, und dann standen da noch Musketiere, die nun zusammen mit den Schüssen aus den Geschützen unbarmherzig unter unseren Musketieren und Pikenieren aufräumten[241].

In Frankfurt an der Oder war also das Eindringen in die Stadt für die schwedischen Truppen verlustreich, da das geöffnete Tor verteidigt wurde – es

---

235 Vgl. zur ›Furia‹-Metapher: Bobak/ Carl, Söldner, S. 180f.
236 Leo, Würzburg, S. 317; ferner sprach Ganzhorn an einer anderen Stelle noch explizit von einem *Schwedisch Beyl* (Leo, Würzburg, S. 322) und verwies mehrfach auf Beile der Angreifer (vgl. Leo, Würzburg, S. 320–322).
237 Vgl. Füssel, Panduren, S. 187.
238 Rüther, Gewalt der Anderen, S. 191.
239 Vgl. Carl, Exotische Gewaltgemeinschaften; Füssel, Panduren.
240 Vgl. zum Marienberg: Freeden, Marienberg, S. 152ff; Sicken, Dreißigjähriger Krieg, S. 108f. Vgl. zu Frankfurt: Griesa, Glaubens- und Religionskonflikte, S. 94. Tendenziös: Philippi, Geschichte, S. 22.
241 Mahr, Robert Monro, S. 111.

war also keineswegs per se einfach oder gefahrlos, durch ein offenes Tor in die gegnerische Stadt einzudringen. Für eine entsprechende Verteidigung allerdings waren Vorbereitungen sowie entsprechende Geschütze notwendig: Ohne das Vorhanden-sein dieser Waffen und ihrer vorherigen Aufstellung war diese Art der Verteidigung nicht möglich. Eine solche Vorbereitung der Verteidigung der Tore war allerdings kein Einzelfall, denn der bischöfliche Rat Ganzhorn erwähnte ähnliches für den Würzburger Marienberg:

gleich bey dem thor [haben] 4 schöne grosse mit hagel [Kartätschen] geladene vndt auff dasselbe gerichte stückh gestanden, welche da [falls] Sie der zeit recht, vndt opportune in acht genommen wordten [wären], so were gewislich vff selbiges mahl der Schweden keiner weiters hinein kommen, auch der anderen lust darein mit gewalt der zeit zu tringen ohnzweifflich vergangen[242].

Auch auf dem Marienberg wurde ein Tor gegen eindringende Gegner also mit Artillerie gesichert, doch kam diese auf Grund des Rückzugs der Verteidiger nicht zum Einsatz; um militärische Effekte zu erzielen, mussten die Kanonen eben nicht nur vorhanden sein und aufgestellt, sondern auch im entscheidenden Moment bedient werden.

Im Fall von Frankfurt an der Oder, das von zahlenmäßig starken Gegnern verteidigt wurde, setzte sich der Kampf sogar noch in der Stadt selbst fort, nachdem die schwedischen Angreifer alle Wälle überwunden hatten. Monro schrieb dazu:

So konnten wir [die schwedischen Truppen], indem wir dem Feind auf den Fersen blieben, in die Straßen der Stadt eindringen. Dort hielten wir dann an, bis unsere Pikeniere nachgekommen waren und sich in Formation aufgestellt hatten. Flankiert von Musketieren griffen wir mit gefällten Piken an, wobei die Musketiere auf den Flanken Feuerschutz gaben, bis die Ordnung des Feindes ins Wanken gebracht wurde[243].

Sogar in der Stadt selbst wurde also laut Monro noch eine Zeit lang von beiden Seiten in geordneten Formationen gekämpft:[244] Das bloße Überwinden der Mauern war also noch lange nicht das Ende der Kämpfe, wenn die Verteidiger zahlenmäßig stark waren und geordnet agierten. John Sinclair und George Heatly, zwei schottische Offiziere in schwedischen Diensten, die mit einigen

---

242 Leo, Würzburg, S. 317f.
243 Mahr, Robert Monro, S. 111.
244 Vgl. zum Folgenden: Mahr, Robert Monro, S. 111ff. Vgl. zu Kämpfen in belagerten Städten: Petersen, Belagerte Stadt, S. 306–310.

Musketieren sehr früh mit Leitern in die Stadt eingedrungen waren, wurde etwa offenbar direkt innerhalb der Mauer von Kürassieren angegriffen. Als äußerst verlustreich kann wohl auch der Kampf der Gelben und Blauen Brigade mit dem Kaiser dienenden irischen Infanteristen unter dem Befehl des später an der Ermordung Wallensteins beteiligten Walter Butler gelten, der letztlich im Nahkampf mit Piken und Degen endete.[245] Zuvor hatten die Angreifer, wie Monro schrieb, *schlimme Verluste durch die Handgranaten, die die Iren unter sie warfen*[246], erlitten. Der Einsatz dieser Waffen war offenbar häufig äußerst wirkungsvoll, wobei diese vom schottischen Adligen beschriebene Nutzung beim Kampf um Frankfurt einer der ersten erwähnten Einsätze von Handgranaten überhaupt gewesen zu sein scheint.[247]

Von einiger Bedeutung dürfte es daher gewesen sein, dass der schwedische General Johan Banér laut Monros Bericht in dieser Situation weitere Truppen in die Stadt führte. Erst nachdem die Formationen der Verteidiger dann auseinandergebrochen waren, scheinen die Kämpfe asymmetrisch geworden zu sein, d.h. die schwedischen Truppen töteten ohne große eigene Verluste extrem viele Soldaten der kaiserlich-ligistischen Armee (und zivile Akteure).[248] Der Kampf ging nun in Frankfurt an der Oder in ein Massaker über, an dessen Ende etwa 2000 Verteidiger tot waren.[249] Dass bei der Einnahme Frankfurts gleichzeitig wohl ›nur‹ etwa 300 Soldaten der schwedischen Armee getötet wurden, war ziemlich typisch für einen Kampf in der Vormoderne, denn nicht selten kamen die meisten Soldaten in einem Kampf nach dem Auseinanderbrechen ihrer Formationen um, d.h. sie wurden auf der Flucht von den überlegenen gegnerischen Truppen getötet.[250]

---

245 Vgl. zu irischen Söldnern: Carl, Exotische Gewaltgemeinschaften, S. 166–169. Vgl. zur Beteiligung Butlers: Bücheler, Pappenheim, S. 62ff; Bieder/ Gurnik, Bilder, S. 69. Die Heftigkeit des Kampfes in der Stadt relativierend: Droysen, Gustav Adolf, S. 285.
246 Mahr, Robert Monro, S. 112.
247 Vgl. zur Nutzung von Handgranaten im Dreißigjährigen Krieg: Felberbauer, Waffentechnik und Waffenentwicklung, S. 100ff. Laut Felberbauer wurde Handgranaten erstmals 1634 eingesetzt (vgl. ebd., S. 100), d.h. der Einsatz in Frankfurt im Jahr 1631 könnte sogar der erste seiner Art gewesen sein.
248 Vgl. zu all diesen Begebenheiten: Mahr, Robert Monro, S. 111ff.
249 Vgl. Griesa, Glaubens- und Religionskonflikte, S. 95; Philippi, Geschichte, S. 22.
250 Vgl. zur Asymmetrie vormoderner Kämpfe: Rogers, Tactics, S. 220–223. Vgl. zu den schwedischen Verlusten in Frankfurt: Griesa, Glaubens- und Religionskonflikte, S. 95; O. A., Frankfurt (Oder), S. 18.

Rettungsbemühungen in höchster Not: Versuche, sich zu ergeben

In Frankfurt an der Oder, aber wohl auch auf dem Marienberg, probierten die Verteidiger noch nach dem Eindringen der schwedischen Truppen in die Befestigungen, ein Massaker zu verhindern, indem versuchten, sich zu ergeben.[251] Im ›Theatrum Europaeum‹, dem zeitgenössischen Geschichtswerk des Matthäus Merian, hieß es zu diesbezüglichen Versuchen in Frankfurt:

Die Kayserischen haben zwar bey solchem mächtigen Einfall der Schwedischen zweymal die Trommel gerühret vnd accordiren wollen / aber die Schwedischen / weil sie den Vortheil in Händen gehabt / vnnd es schon zu lang gewartet gewesen / haben sich zu keinem Accord verstehen wollen / auch wann die Kayserische Quartier begehrt / haben die Schwedische [...] nidergemacht / was ihnen vorkommen[252].

Diese Passage ist durchaus aufschlussreich in Bezug auf die Handlungen, die man nutzte, um sich zu ergeben.[253] Zum einen wurde die Benutzung einer Trommel genannt, was ein Signal war, das auch angewandt wurde, um hiermit während der Belagerung, aber noch vor dem Sturmangriff, um Verhandlungen über eine Übergabe zu bitten (siehe Kapitel 3. 4.) – d.h. man nutzte dieses Vorgehen nicht nur in Extremsituationen. Zum anderen hieß es, die unterlegenen Soldaten hätten *Quartier begehrt*, womit wahrscheinlich ein Rufen um ›Quartier‹, also Gnade, gemeint ist.[254] Monro berichtet über diese Form in Bezug auf einen anderen Angriff: *da warfen sie ihre Waffen weg und riefen nach »Quartier«*[255]. Es gab also zwei Formen, sich zu ergeben: Mittels des Trommelns (Schamade) und durch Rufen (sowie das Wegwerfen der Waffen). Allerdings besaßen beide Handlungsmuster unterschiedliche Implikationen, denn beim Rufen ging es darum, dass jeweils ein Akteur sich ergab, während es beim Trommeln offenbar um eine ›gütliche‹ Einigung für die ganze Stadt – also einen Akkord – ging.

Auch Ganzhorn berichtete, dass der Kommandant des Würzburger Marienbergs noch während des Sturmangriffs der schwedischen Truppen versuchte, die Festung per Akkord zu übergeben:

---

251 Vgl. allgemein zur Kapitulation in der Frühen Neuzeit: Afflerbach, Kunst der Niederlage, S. 89–105.
252 Abelinus/ Merian, Theatri Europaei, S. 350. Vgl. auch Lungwitz, Josua Redivivus, S. 382.
253 Vgl. dazu auch: Batelka/ Weise/ Xenakis/ Carl, Gewalttäter, S. 94f; Kaiser, Kriegsgefangene, S. 12f.
254 Vgl. dazu auch: Kaiser, Ars moriendi, S. 339f.
255 Mahr, Robert Monro, S. 157.

[Nutzlos sei] des herrn Commendanten oder Gubernatoris zu accordiren begehren, als zue selbiger zeit viell zu spath, vndt bey solcher furia sowohl vnempfindtlich, alß auch vnahnnemblich, nichts fructificieren können noch wollen[256].

Es scheint also sowohl in Frankfurt an der Oder als auch in der Würzburger Stadtfestung Versuche gegeben zu haben, die Stadt beziehungsweise Festung noch nach Beginn des Sturmangriffs mit einem Akkord zu übergeben. Gleichzeitig deuten die Zuschreibungen Merians und Ganzhorns doch auch eindeutig in die Richtung, dass es nach Meinung vieler Zeitgenossen für einen Akkord eigentlich schon zu spät gewesen sei: Ab einer bestimmten Phase der Belagerung konnte man gemäß eines weit verbreiteten Kriegsbrauchs also praktisch nicht mehr mit einer ›gütlichen‹ Einigung rechnen.[257] Dies war eine zeitgenössische Vorstellung, die in manchen modernen historischen Abhandlungen zu einer Tatsache in Bezug auf die Belagerungspraxis mutierte.[258] Gleichwohl versuchten der Kommandeur Frankfurts an der Oder und möglicherweise auch derjenige des Marienbergs genau dies, d.h. sie hielten eine Übergabe also durchaus noch für möglich – und in ähnlichen Fällen um 1600 war es das auch.[259]

Gänzlich anders als der Würzburger Ganzhorn berichtete Lungwitz in seinem Geschichtswerk über die Einnahme des Marienbergs, denn in seiner Version versucht der Festungskommandeur Keller von Schleitheim nicht die Festung zu übergeben, sondern die Verteidiger schlugen, noch nachdem schwedische Truppen in die Vorwerke eingedrungen waren, eine Aufforderung zur Übergabe aus:

Ob nun zwar die Belägerten den grossen Ernst gesehen / vnd dahero leichte abnehmen können / daß es ihnen in die lenge zu widerstehen / nicht mit müglich seyn würde / ihnen auch darneben zum Uberfluß / im Namen Ihrer Königl. Mayt. zu Schweden zugeruffen worden / sie solten sich gütlich ergeben / es sollte ihnen Quartier ertheilet werden / haben sie doch als vnbesonnen Leute die angebotene Gnade außgeschlagen / vnd sich erkläret / biß in den Todt ritterlich zu fechten / vnd das Schlos zu defendiren[260].

256 Leo, Würzburg, S. 318.
257 Vgl. Völkel, Historiker, S. 104f. Vgl. zur Bedeutung frühneuzeitlicher Kriegsbräuche: Möbius, Kriegsbrauch.
258 Vgl. Wrede, Zähmung, S. 218.
259 Vgl. Bobak/ Carl, Söldner, S. 165–169; Kumpera, Pilsen, S. 258f.
260 Lungwitz, Josua Et Hiskias, S. 457.

Laut Lungwitz – und eines zeitgenössischen Flugblatts[261] – bot also die schwedische Seite während des Sturmangriffs den Verteidigern des Marienbergs eine ›gütliche‹ Übergabe der Festung an; ob nun diese Version oder die Ganzhorn zutreffend ist, kann nicht geklärt werden. Klar ist jedoch, dass beide Versionen Verantwortung zuschrieben: In Ganzhorns Version wurde die Verantwortung für die ›misslungene‹ Übergabe dem Kommandanten Keller attestiert, da er nicht in der Lage gewesen sei, sich zum ›richtigen‹ Zeitpunkt zu ergeben. In Lungwitz‹ Narrativ hingegen wurde nicht nur die Verantwortung für das Scheitern einer Übergabe der Festung den Verteidigern zugeschrieben, sondern – im Gegensatz zu Ganzhorns Bericht – auch den schwedischen Truppen bescheinigt, sich um eine ›gütliche‹ Übergabe bemüht zu haben: Die schwedische Seite erschien damit als potenziell *Gnade* gewährend und wurde so (ein großes Stück weit) von der Verantwortung für das folgende Massaker entlastet.[262] Im Gegensatz zu Ganzhorns Version, der zwar den Würzburger Kommandanten Keller als unfähig darstellt und ihm somit auch Verantwortung für die Folgen des Sturmangriffs attestierte, aber die schwedischen Truppen in keiner Weise entlastete.

Zusammenfassend kann man feststellen, dass die Praktiken des Angreifens und Verteidigens einer Stadt beziehungsweise Festung um 1630 offenbar einige Spezifika aufweisen, die bei Kämpfen um 1700 unüblich gewesen sind: Die Verteidiger agierten mitunter sehr offensiv, indem sie auch außerhalb ihrer Verteidigungswerke kämpften und das nicht ›nur‹ bei Ausfällen. Die Angreifer agierten ebenfalls äußerst offensiv, da sie auf langwierigen Beschuss der feindlichen Stellungen, inklusive des Schießens einer Bresche, verzichteten und stattdessen Leitern nutzten, um in die feindlichen Stellungen einzudringen. Auffällig sind ferner die Häufungen des Eindringens durch geöffnete Innentore, auf das sich die Verteidiger allerdings vorbereitet hatten, indem sie an entsprechenden Stellen Geschütze positionierten. Dieser Befund fügt sich ziemlich gut in die zu konstatierende Praxis eines Kampfes, der sich, wie im Fall Frankfurts an der Oder, auch noch innerhalb der Stadtmauern fortsetzen konnte, wobei Angreifer und wahrscheinlich auch die Verteidiger geordnet in Formationen kämpften.

Interessant sind auch die Modi mit denen diese Kämpfe gedeutet wurden: Der der Würzburger Stadtgemeinschaft angehörende Ganzhorn schrieb den

---

261 Vgl. O. A., Eroberung der Stadt Würtzburg in Francken / vnd Vesten Schlosses daselbsten.
262 Vgl. zur Bedeutung der Gnade allgemein: Eibach, Gleichheit, S. 524; Eibach, Strafjustiz, S. 203f. Speziell im Krieg: Kaiser, Kriegsgreuel, S. 178f.

schwedischen Truppen, die den Marienberg stürmten, immer wieder Brutalität und Fremdheit zu (siehe auch das folgende Kapitel) und stigmatisierte sie hierdurch. Robert Monro, schottischer Offizier im Dienste Gustav Adolfs, hingegen attestierte den Verteidigern wiederholt Unfähigkeit und Furcht, wodurch er sie ex post noch verhöhnte. Besonders aufschlussreich ist auch der Nexus von ›tapferem‹ Agieren und Ehren von dem Monro berichtete: Besondere ›Tapferkeit‹ konnte als ruhmreich stilisiert werden. Vor allem deuten Monros Ausführungen jedoch auch dahin, dass durch die Beobachtbarkeit der beteiligten Akteure die Kämpfe – in bestimmten Situationen – zu etwas wurden, das man als »deep play«[263] bezeichnen könnte: D.h. der Kampf wurde zu einem ›(Schau-) Spiel‹, bei dem es gleichermaßen um Leben und Tod, wie um Ehre und Schande ging.

In Frankfurt an der Oder und wohl auch auf dem Marienberg versuchten die Verteidiger, als sich ihre Niederlage abzeichnete, sich zu ergeben: Einzelne Akteure riefen um ›Quartier‹, um ihr Leben zu retten, während getrommelt wurde, um einen Akkord für die gesamte Stadt abzuschließen. Die Zeitgenossen bezeichneten dies zwar wiederholt als zu spät, doch andere Städte wurde um 1600 in ähnlichen Situationen übergeben.

4. 4. Die tödlichen Folgen eines Sturmangriffs: Massaker

Bei der Eroberung Frankfurts an der Oder und des Marienbergs kam es dann in Folge der jeweiligen Sturmangriffe zu Massakern, d.h. die schwedischen Truppen töteten in einer »einseitig-extreme[n] Form von Gewaltanwendung«[264] (Hans Medick) zahlreiche, weitgehend schutzlose Akteure, die sich ergeben wollten beziehungsweise keine Soldaten waren.[265] Solch ein Vorgehen bei ei-

---

263 Vgl. Geertz, Deep play, insbesondere S. 231ff. Zitat: S. 231.
264 Medick, Dreißigjährige Krieg, S. 205.
265 Vgl. zu Massakern aus historischer Perspektive: Medick, Massaker, S. 15f; Dwyer/ Ryan, Theatres of Violence. Vgl. zu Massakern und ihren Deutungen in der Frühen Neuzeit: Burschel, Das Heilige und die Gewalt; Burschel, Massaker; Davis, Riten; Wendland, Gewalt; Crouzet, Gewalt. Vgl. dazu auch die einschlägigen Aufsätze in: Vogel, Bilder des Schreckens. Vgl. zu Massakern aus theoretischer Perspektive: Sofsky, Traktat über die Gewalt, S. 173–190. Sofskys Theorie ist allerdings völlig ahistorisch und enthält essentialistische Prämissen, etwa über die absolute Vernichtung der Gewalt erleidenden Seite und den Sadismus der Gewalttäter, die aus geschichtswissenschaftlicher Sicht äußerst fragwürdig sind. Vgl. speziell zu dem Massaker in Frankfurt: Griesa, Glaubens- und Religionskonflikte, S. 94f. Vgl. zu dem Massaker auf dem Marienberg: Freeden, Marienberg, S. 154; Sicken, Dreißigjähriger Krieg, S. 109; Bergerhausen, Würzburg, S. 8.

nem Sturmangriff war in der Frühen Neuzeit nicht unüblich und nach zeitgenössischem Kriegsbrauch auch legitim.[266]

Vergeltung, Ritual der Rechtlosigkeit und Dezimierung der ›anderen‹: Logiken der Gewalt

Insbesondere Monros Ausführungen über das Agieren der schwedischen Truppen in Frankfurt legen zudem den Schluss nahe, dass die extreme Gewalt auch keineswegs willkürlich angewandt wurde:

Der größte Teil ihrer Soldaten wurde niedergehauen als Vergeltung für die Greueltaten, die sie in Neu-Brandenburg verübt hatten, aber einige ihrer Offiziere erhielten »Quartier«, so wie sie es auch gegenüber unseren gegeben hatten[267].

Nach Monro war das Massaker in Frankfurt also eine *Vergeltung* für die zuvor beim Sturmangriff in Neu-Brandenburg getöteten schwedischen Truppen.[268] Dies scheint sich auch in dem Agieren vor Ort niedergeschlagen zu haben, denn es ist vielfach überliefert, dass die schwedischen Soldaten bei diesem Massaker *New Brandenburgisch Quartier*[269] gerufen hätten und so direkt eine Verbindung zwischen den Ereignissen herstellten. Auf diese Weise rekurrierten die schwedischen Truppen auf die Vorkommnisse in Neu-Brandenburg, wo die kaiserlich-ligistischen Truppen angeblich kein ›Quartier‹, d.h. keine Gnade, gewährt hatten, und wiesen ihre extreme Gewalt auf diese Art als Revanche hierfür aus.[270]

Interessant ist zudem die Bemerkung Monros, dass einige der gegnerischen Offiziere Gnade erhielten, *so wie sie es auch gegenüber unseren gegeben hatten*: Zumindest in Monros Darstellung wirkt dies so, als hätten sich die schwedischen Truppen bemüht, das vorherige Verhalten ihrer Gegner möglichst korrekt zu imitieren, wodurch die Vergeltung zu einer Spiegelung der zu vergeltenden Handlungen wurde und hierdurch auf diese verwies.[271] Ferner hieß es bei Monro noch:

Er [Musten, ein Offizier der schwedischen Armee] gab denen, die unter ihm standen, von sich aus einen Befehl, wie sie sich verhalten sollten, so daß sie dem

---

266 Vgl. Kaiser, Kriegsgreuel, S. 160; Asch, Kriegsrecht, S. 110. Vgl. auch: Möbius, Kriegsbrauch.

267 Mahr, Robert Monro, S. 111f.

268 Vgl. zu den Ereignissen in Neu-Brandenburg: Kaiser, Politik und Kriegsführung, S. 318ff.

269 Abelinus/ Merian, Theatri Europaei, S. 350. Wortgleich auch in: Lungwitz, Josua Redivivus, S. 382.

270 Vgl. Kaiser, Kriegsgreuel, S. 167. Vgl. allgemeiner zur gewaltsamen Revanche frühneuzeitlicher Soldaten: Batelka/ Weise/ Xenakis/ Carl, Gewalttäter, S. 88f.

271 Vgl. zu gewaltsamen ›Spiegelungen‹: Foucault, Überwachen, S. 59ff.

Feind keine besseren Bedingungen für »Quartier« gewährten, als wir [die Soldaten in Monros Einheit] es auch taten. Auch die Deutschen [in schwedischen Diensten], die sich der Grausamkeiten erinnerten, die der Feind in Neu-Brandenburg verübt hatte, gaben nur wenig »Quartier«[272].

Die Offiziere in Gustav Adolfs Armee stimmten sich laut diesen Angaben also sogar ab, in welcher Weise sie Gegner gefangen nehmen oder töten sollten.[273] Dies ist ein weiteres Indiz dafür, dass das Massaker in Frankfurt an der Oder nicht spontan oder willkürlich erfolgte, sondern abgestimmt und mit einer klaren Intention, nämlich als Vergeltung für das Massaker in Neu-Brandenburg. (Im späteren Verlauf des Sturmangriffs nahm allerdings die Gewalt, aber vor allem das Wegnehmen von Gütern, offenbar Ausmaße an, die von den höheren Offizieren der schwedischen Armee nicht mehr intendiert waren.)

Beim Massaker auf dem Marienberg verwiesen die schwedischen Truppen laut eines Flugblatts ebenfalls auf ein Massaker der Gegenseite, indem sie angeblich *Magdeburger Quartir*[274] schrien.[275] Auch dort scheinen die angreifenden Soldaten also auf ein von ihren Feinden begangenes Massaker rekurriert zu haben, wodurch die extreme Gewalt auf dem Marienberg als Vergeltung hierfür erschien. Diese diskursive Praktik des In-Relation-setzens von gewaltsamen Ereignissen könnte man als Form einer Ökonomie des moralischen Werts von Gewalthandeln interpretieren, bei der grenzüberschreitende Gewaltaktionen der Gegenseite gegebenenfalls als Anlass, vor allem aber als Rechtfertigung für eigene zweifelhafte Gewalthandlungen dienten. Ob aber tatsächlich die schwedischen Soldaten auf dem Marienberg durch eine entsprechende Handlung diese Verknüpfung herstellten, ist nicht ganz sicher – es könnte auch sein, dass die entsprechenden Rufe in diesem Fall ein nachträgliches Konstrukt des Flugblatts sind.[276] Auf jeden Fall erhielt das Massaker auf dem Marienberg zeitgenössisch von pro-protestantischer Seiten den Charakter einer Vergeltung für

---

272 Mahr, Robert Monro, S. 112.
273 Tatsächlich nahmen die schwedischen Truppen in Frankfurt an der Oder nicht wenige feindliche Soldaten gefangen (vgl. Abelinus/ Merian, Theatri Europaei, S. 350; Lungwitz, Josua Redivivus, S. 382; Mahr, Robert Monro, S. 112f; Griesa, Glaubens- und Religionskonflikte, S. 94f; O. A., Frankfurt (Oder), S. 18).
274 O. A., Eroberung der Stadt Würtzburg in Francken / vnd Vesten Schlosses daselbsten.
275 Vgl. auch: Freeden, Marienberg, S. 154. Entgegen den Angaben bei Münkler (vgl. Münkler, Dreißigjähriger Krieg, S. 516) wurde dieser Ruf nicht von Robert Monro überliefert. Vgl. auch: Bähr, Komet, S. 163.
276 Vgl. zur medialen Deutung von Massakern etwa: Burschel, Das Heilige und die Gewalt.

die von kaiserlich-ligistischer Seite begangene extreme Gewalt bei der Eroberung Magdeburgs.[277]

Revanche ist aber nur eine Sinnebene der Massaker in Frankfurt an der Oder und auf dem Marienberg: Durch ein Massaker in einer im Sturmangriff eingenommenen Stadt wurde auch zum Ausdruck gebracht, dass die Angreifer in der Lage sind, Widerstand gewaltsam zu brechen – die eigene militärische Potenz wurde auf diese Weise also mit letalen Folgen in Szene gesetzt. Dies war auch eine Drohung an alle Städte, die zukünftig belagert werden sollten.[278] Ein Indiz für diese Wirkung eines Massakers liefert der der Augsburger Elite angehörende Hainhofer, der berichtet, er habe auch gerade im Hinblick auf das Geschehnis auf dem Marienberg der katholischen Obrigkeit Augsburgs von einer Verteidigung der Reichsstadt abgeraten.[279] Zudem hatte das Massaker auf dem Marienberg sicherlich auch eine Verbindung zu den Drohungen, die die schwedische Seite zuvor gegen die Verteidiger der Würzburger Festung ausgestoßen hatten, denn es war gewissermaßen die ›Umsetzung‹ dieser Drohung, durch die die Angreifer letztlich ihre Glaubwürdigkeit ›demonstrierten‹.[280]

Des Weiteren waren Massaker auch Mittel, mit denen Differenzen hergestellt wurden: Zum einen wurde der Unterschied zwischen Sieger und Besiegten durch ein Massaker aufs Drastischste performativ zum Ausdruck gebracht, zum anderen wurde durch ein Massaker auch der Unterschied zwischen einer ›gütlich‹ übergebenen Stadt und einer mit einem Sturmangriff eroberten Stadt evident gemacht. Gerade im Hinblick auf den Unterschied zwischen einer mit Akkord übergebenen Stadt und einer ›mit dem Schwert‹ – wie es zeitgenössisch hieß – eroberten Stadt könnte man das Massaker durchaus als Ritual der Rechtlosigkeit bezeichnen: Nach zeitgenössischem Kriegsrecht verloren die Akteure, die sich in einem durch einen Sturmangriff eingenommenen Raum (sei es Festung, Stadt oder Stadtviertel[281]) befanden, all ihre Rechte.[282] Das Massaker und die Plünderung waren dann die ersten und drastischsten Ereignisse, die

277 Vgl. zu Magdeburg exemplarisch: Kaiser, Excidium Magdeburgense; Emich, Bilder.
278 Vgl. Kaiser, Kriegsgreuel, S. 176ff.
279 Vgl. Emmendörffer, Welt, S. 473.
280 Vgl. zu dieser Logik: Kaiser, Kriegsgreuel, S. 177.
281 Vgl. Pepper, Siege law, S. 584f.
282 Vgl. Carl, Protektion, S. 300; Steiger, Occupatio bellica, S. 217–237; Asch, Violence, S. 299; Bergerhausen, Grunddokument, S. 330f. Zur zeitgenössischen Deutung vgl. auch: Grotius, Bücher, S. 485ff. Vgl. zum Beuterecht nach Grotius: Blom, Booty; Jaeger/ Feitsch, Ius et bellum.

den unterlegenen Akteuren ihren neuen Status vor Augen führten, wobei sie wahrscheinlich einen ritualhaft-transitiven Charakter besaßen: Gerade durch die Durchführung derart gewaltsamer Akte wurde der Statuswechsel vollzogen, d.h. Rechtlosigkeit wurde performativ erzeugt, indem man die Akteure als rechtlos behandelte.[283]

Zur konkreten Durchführung und damit auch dem Umfang der Massaker trugen aber auch die Umstände bei: In Frankfurt hatte womöglich sogar die große Anzahl der kaiserlich-ligistischen Soldaten (wohl zwischen 6000 und 9000) Auswirkungen auf den Umfang der Gewalt der schwedischen Truppen, da letztere fürchten mussten, dass sich ihre Gegner wieder in großer Stärke formierten. Das Töten der Gegner diente in dieser Situation womöglich auch dazu, die feindliche Armee möglichst konsequent zu schwächen und an einer Neuformierung zu hindern.[284] Des Weiteren trug sicherlich auch die Flusslage Frankfurts zur hohen Opferzahl von etwa 2000 Toten bei, denn die meisten kaiserlich-ligistische Soldaten versuchten nach dem verlorenen Kampf über die Brücke auf die andere Seite der Oder zu fliehen, wobei nicht wenige von ihnen im Gedränge ins Wasser stürzten und ertranken.[285]

Solche Faktoren gab es auf dem Marienberg nur sehr bedingt, an dessen Beispiel man die gleichzeitige Entgrenzung und Begrenzung der Gewalt ziemlich gut aufzeigen kann. Nach zahlreichen Berichten töteten die schwedischen Truppen vor allem Soldaten und altgläubige Geistliche, insbesondere Mönche, während sie weltliche Männer, die keine Soldaten waren, und vor allem Frauen zum größten Teil am Leben ließen.[286] (In einem Brief an den geflohenen Elekten Franz von Hatzfeld heißt es, dass insbesondere die auf den Marienberg geflüchteten Nonnen schwersten Misshandlungen ausgesetzt gewesen seien, was nicht untypisch gewesen wäre.[287] Doch ob dies wirklich zutraf, ist ungewiss – andere Quellen jedenfalls berichten nichts darüber.) Die

---

283 Vgl. theoretisch: Stollberg-Rilinger, Rituale, insbesondere: S. 7–17; Bachmann-Medick, Performative Turn, S. 111–120.

284 Vgl. zur Bedeutung des ›Zerstreuens‹ des Gegners: Rogers, Tactics, S. 220–223.

285 Vgl. Griesa, Glaubens- und Religionskonflikte, S. 94; Philippi, Geschichte, S. 22.

286 Vgl. zur ›Schonung‹: Leo, Würzburg, S. 323. Die anderslautenden Angaben bei Herfried Münkler sind nicht korrekt (vgl. Münkler, Dreißigjähriger Krieg, S. 516). Vgl. zum Töten der Mönche: Abelinus/ Merian, Theatri Europaei, S. 465; Leo, Würzburg, S. 320ff.

287 Vgl. zur angeblichen Misshandlung der Nonnen: Leo, Würzburg, S. 449. Vgl. allgemeiner zu derartigen Übergriffen zuletzt: Medick, Dreißigjährige Krieg, S. 205–222.

offenbar recht gezielte Tötung der katholischen Geistlichen kann man in diesem Zusammenhang sicherlich als einen Hinweis auf die radikale Konfessionalisierung des Kriegs deuten.[288] Die Tötung der Soldaten wurde wiederum wahrscheinlich auch dadurch bedingt, dass militärische Gewalt gegen Soldaten im 17. Jahrhundert üblich war, offenbar als einigermaßen akzeptabel galt und insgesamt kaum skandalisiert wurde.[289] Die meisten anderen Akteure ließen die schwedischen Truppen am Leben; dies ist zum einen sicherlich als Versuch zu interpretieren, eine Skandalisierung des Sturmangriffs zu vermeiden, zum andern aber sicher auch dem Bemühen geschuldet, Wirtschaftskraft und Verwaltung der Stadt nicht übermäßig zu schädigen, da man intendierte, auf beides zurückzugreifen.[290] Von diesem Befund ausgehend kann man sicherlich von einer gleichzeitigen Entgrenzung und Begrenzung der Gewalt sprechen: Eine Entgrenzung lag vor, da man wehrlose Akteure und solche, die sich ergeben wollten, tötete; eine Begrenzung gab es, weil man offenbar nur bestimmte Akteure tötete. Das Töten beim Massaker auf dem Marienberg, bei dem es wohl um die 700 Tote gab, war also nicht willkürlich, sondern ziemlich zielgerichtet.

Anklagen und Gedenken: Der zivile Umgang mit dem Massaker

Aus der Perspektive des Würzburger Ganzhorn hingegen war das Massaker ein *grewliches, grimmiges vndt erschröckliches procedere mit hauen vndt stechen*[291]:

> *Indeme nun die Schwedische Soldatesca mit grosser vngestümme vndt mänge ins Schloss getrungen, Da ist es gleich ahn ein Mazza Mazza, hawen undt stechen gangen, vndt niemandt in der Ersten Furia verschont worden, Sondern alles was Sie angetroffen, es seye gleich in den wehren oder nit gewesen, Das hat sich elendig undt Erbärmlich nidermachen lassen müssen*[292].

Ganzhorn akzentuierte in seinem Bericht die Brutalität der schwedischen Soldaten, deren Gewalt auf diese Weise als grenzüberschreitend und barbarisch

---

288 Vgl. dazu auch: Davis, Riten, S. 175–184. Vgl. allgemeiner: Greyerz/ Siebenhüner, Religion; Schilling, Fundamentalismus.

289 Vgl. Kaiser, Kriegsgreuel, S. 166.

290 Vgl. zu Skandalisierung und ihrer Vermeidung: Kaiser, Kriegsgreuel, S. 160–166; Meumann, Herrschaft oder Tyrannis, S. 181 und 185ff. Vgl. zur Schonung von Wirtschaftskraft und Verwaltung: Carl, Protektion, S. 300f.

291 Leo, Würzburg, S. 319.

292 Leo, Würzburg, S. 319.

gebrandmarkt wurde.[293] Sogar in der Hofkapelle seien Menschen umgebracht worden:

Etliche haben Ihr glückh vndt heyl in der HoffCapellen gesucht [...], Denen allen aber es so weit undt gar gefehlet, Das Sie ohneracht loci Sacri [des geweihten Orts] Ihren geist darinnen auffgeben undt Ihr leben lassen müssen, Wie dan die gantze Capellen voll todter Cörper gelegen[294].

Durch diese Zuschreibung erschien die Gewalt der schwedischen Soldaten in besonderem Maße grenzüberschreitend, da Gewalt in einem Gotteshaus als geradezu gottloser Akt wirken musste.[295] Allerdings sollte man diese Passage nicht nur als reine Polemik gegen die angreifenden Truppen werten, sondern auch als Hinweis darauf, dass das Massaker in symbolischer Hinsicht auch auf den Raum Auswirkungen hatte: Ein Massaker in einer Kirche oder Kapelle hatte sicherlich etwas tendenziell Entweihendes. Aber in der Beschreibung Ganzhorns war nicht nur die Schlosskapelle betroffen:

Vndt ist des niederhauens, grimmigen todtschlagens, Schiessens undt stechens so viell gewesen, das der gantze Inner vndt Eüssere hoff, alle gemach, Cammern, gäng, Eckhen, Winkhel voll todter Cörper, Ja so gar das fürstliche gemach dessen nit gefreyet gewesen. Inmassen noch eine gute zeit hernachher, das aller orthen sichtbahres ohnvergangenes blut solches viel zu viell bezeüget hat[296].

Diese Beschreibung diente zweifellos auch dazu das Ausmaß der Gewalt als enorm groß zu charakterisieren und die Gewalt deshalb als grenzüberschreitend zu diskreditieren.[297] Ferner ist dieser Bericht aber auch als Indiz dafür zu werten, dass die Toten tatsächlich die Wahrnehmung der Festung Marienberg nach dem Massaker prägten. Ganz ähnlich hieß es auch über Frankfurt an der Oder: *in den Gassen gegen der Brücken zu / die Todten so hoch vbereinander gelegen / das man darvor nicht fortkommen können*[298] sowie *die Straßen lagen voll mit Toten*[299]. Kurz nach dem Massaker waren also die Leichen der Getöteten Zeichen des Massakers, d.h. die Körper waren wahrnehmbare Evidenzen der Gewalt, mit denen nicht zuletzt auch die überlebenden Einwohner konfrontiert wurden.

293 Vgl. dazu allgemein auch: Slanicka, Feindbilder, S. 99–102; Kaiser, Kriegsgreuel, S. 160–166; Meumann, Herrschaft oder Tyrannis, S. 181 und 185ff.
294 Leo, Würzburg, S. 320.
295 Vgl. Signori, Frauen, S. 144 und 153f.
296 Leo, Würzburg, S. 322.
297 Vgl. dazu auch: Slanicka, Feindbilder, S. 99–102.
298 Abelinus/ Merian, Theatri Europaei, S. 350.
299 Mahr, Robert Monro, S. 112.

Ganzhorns Bemerkung, dass *so gar das fürstliche [bischöfliche] gemach dessen nit gefreyet gewesen* sei, deutet des Weiteren in die Richtung, dass die Leichen möglicherweise in der Wahrnehmung der Zeitgenossen etwas den Raum – in metaphysischer Hinsicht – verunreinigendes hatten.[300] An anderer Stelle hieß es dementsprechend noch, dass die Leichen *ein grosses abschewen geben*[301]. Doch auch in physischer Hinsicht tangierte das Massaker nach Ganzhorns Angaben auch später noch den Raum, da *sichtbahres ohnvergangenes blut*[302] zu sehen gewesen sei. Dies kann man als Hinweis darauf interpretieren, dass noch lange Blutspuren in den betreffenden Räumen zu sehen gewesen sind, doch er selbst vermerkte an anderer Stelle, die Räume seien bald nach dem Massaker gereinigt worden.[303] Daher sollte man vor allem die polemische Intention dieser Ausführungen einkalkulieren: Blut war in der Frühen Neuzeit enorm symbolisch aufgeladen, insofern vergossenes Blut als Zeichen des Unrechts firmierte.[304] Wenn der bischöfliche Rat Ganzhorn also über sichtbares vergossenes Blut schrieb, konnte man dies sicher unschwer als Verweis auf begangenes Unrecht interpretieren. Ganzhorns Schildung von lange sichtbaren Verunreinigungen durch Blut hatten also definitiv einen anti-schwedischen Impetus und könnten vor dem Hintergrund der erwähnten Reinigungsarbeiten auch eine bloße Fiktion mit polemischem Sinn gewesen sein.

Ganzhorn thematisierte aber nicht nur die Auswirkungen des Massakers auf die Räume der Festung und Residenz, sondern ebenfalls die Tode diverser Würzburger Einwohner, nämlich die der Räte Sigismund Joachim Truchseß von Henneberg und Veit Zyrer, der Kapuziner Leopold von Pöttmes (Taufname: Johann Erasmus von Gumppenberg) und Simeon von Greding (Taufname: Jodok Elperle) sowie des Priors des Würzburger Kartäuserklosters Engelgarten Bruno Lindner.[305] Allen gemeinsam war, dass sie ranghohe und wichtige Angehörige der Würzburger Stadtgesellschaft waren, was ihre Tode erst erwähnenswert und bedeutsam machte.

300 Vgl. zu ›Reinheit‹ und ›Unreinheit‹: Burschel, Erfindung.
301 Leo, Würzburg, S. 339.
302 Ebd., S. 322.
303 Vgl. ebd., S. 340.
304 Vgl. Hohkamp, Grausamkeit.
305 In der Edition zu Ganzhorns Beschreibung gibt es ausführliche Angaben zu den betreffenden Personen. Vgl. zu Sigismund Joachim Truchseß von Henneberg: Leo, Würzburg, S. 433. Vgl. zu Veit Zyrer: Leo, Würzburg, S. 437. Vgl. zu Leopold von Pöttmes: Leo, Würzburg, S. 416. Vgl. zu Simeon von Greding: Leo, Würzburg, S. 429. Vgl. zu Bruno Lindner: Leo, Würzburg, S. 417.

Die Tode von Sigismund Joachim Truchseß von Henneberg, Veit Zyrer und des Kartäuserpriors samt einigen Mönchen wurde vom Würzburger Ganzhorn detailliert beschrieben: Von ersterem hieß es, er sei

durchstochen, darauff zue boden gesuncken, vff andere allbereith allda gelegene todte Cörper gefallen, baldt mit einem spitzigen hammer in seinen kopff geschlagen, vndt nochmals mit inem andern tödtlichen stich verwundet undt vom leben zum Todt gebracht worden[306].

Zyrer wiederum *hat Erstlich ein Schwedisch Beyl, vnnd hernacher Ein Partisan damit er ligend durchstochen worden, versuchen, undt darüber seinen geist aufgeben müssen*[307], während die Kartäuser *mit beylen niedergeschlagen, vnnd ehlendig tractirt undt mactirt [umgebracht] worden*[308]. Die Tode dieser Akteure wurde in Ganzhorns Bericht somit geradezu zu Exempeln der Brutalität der schwedischen Truppen stilisiert.[309] Dies wurde noch gesteigert, indem Ganzhorn berichtete, Truchseß von Henneberg und Zyrer hätten um Gnade gebeten.[310] Durch diese Schilderung des Agierens der schwedischen Soldaten erschien ihr Vorgehen als grenzüberschreitend.

Während bei der Schilderung dieser Tode vor allem die enorme Gewalt und Rücksichtslosigkeit der schwedischen Soldaten akzentuiert wurde, lag der Fokus beim Bericht über den Tod der Kapuziner anders:

[Leopold von Pöttmes habe] sambt seinem zugegebenen Fratre [Simeon von Greding] eben in der kirchen gebett, solchen Tumult vermerckht, vndt gesehen, wie es vor vndt hinter Ihnen hergangen, vndt das mann Sie gleicher gestalt mit beylen nieder- undt Todt machen werde, hat er seinen Aggressorem nit mehr gebetten, dan das mann Ihrer in der kirchen als Einem heiligen vnnd Gott geweyheten orth verschonen vndt dasselbe mit Ihrem blut nit prophaniren wolle, der dan solches gethan, Sie gleich hinaus vndt ein wenig vor die kirchen geführt, allda bey der thür Sie nit mehr als den herrn Jesum ahnruffende mit beylen Jämmerlich nidergehauet[311].

---

306 Leo, Würzburg, S. 320.
307 Ebd., S. 322.
308 Ebd., S. 322.
309 Vgl. allgemein zur Beschreibung von Gewalt als Exempel von Grausamkeit: Slanicka, Feindbilder, S. 99–102.
310 Vgl. zu den Flehen um Gnade der beiden Akteure: Leo, Würzburg, S. 320 und 322.
311 Leo, Würzburg, S. 321. Hierzu gab es aber auch anderslautende Berichte, in denen es hieß, ein Kapuziner sei in der Schlosskapelle getötet worden (vgl. Bähr, Komet, S. 164; Hümmer, Bamberg, S. 18).

Das Bemühen des Leopold von Pöttmes richtete sich laut Ganzhorns Angaben also völlig darauf, eine (zusätzliche) Entweihung der Hofkapelle durch sein Blut zu verhindern; mit diesem Versuch, den sakralen Ort, nicht aber sein eigenes Leben zu schützen, attestierte der Katholik Ganzhorn dem Kapuziner schon etwas märtyrerhaftes.[312] Zudem waren die beiden Kapuziner Leopold von Pöttmes und Simeon von Greding die einzigen, die laut dem Bericht Ganzhorns vor ihrem Tod Gott anriefen. Dies ist bemerkenswert, denn die ›geistige Vorbereitung‹ auf den eigenen Tod, performativ umgesetzt etwa durch einen Anruf Gottes, noch besser aber eine entsprechende Interaktion mit einem Geistlichen, war in der Frühen Neuzeit notwendig für einen ›guten Tod‹, d.h. eine Art zu Sterben, die gesellschaftlich als Signum eines ›richtig‹ geführten Lebens galt.[313] Plötzliche Tode, wie sie nach Ganzhorns Angaben Sigismund Joachim Truchseß von Henneberg und Veit Zyrer gestorben waren, ließen die Gestorbenen in einem der Tendenz nach dubiosen Licht erscheinen und vor allem Zweifel daran aufkommen, ob diese die Seligkeit erlangt hätten.[314] Auch wenn in Zeiten des Krieges sicherlich gewisse Einschränkungen bei entsprechenden Zuschreibe- und Wahrnehmungspraktiken galten, so sind die Unterschiede bei diesen Beschreibungen doch bemerkenswert.[315]

Möglicherweise hing dies mit den innerstädtischen Konflikten um den Umgang mit der schwedischen Seite zusammen: Der bischöfliche Rat Ganzhorn und viele, die eine ›gütliche‹ Einigung mit den Schweden favorisierten, lehnten eine Verteidigung der Stadt ab und durch diesen Bericht konnte Ganzhorn ›demonstrieren‹, dass die Verteidigung der Festung denjenigen, die auf die den Marienberg geflohen waren, nichts als Elend und Tod gebracht hatte.[316] (Die beiden Kapuziner waren im Gegensatz zu den anderen nicht dorthin geflohen, sondern fungierten dort als Geistliche.) Mehr noch: Oberschultheiß Sigismund

---

312 Vgl. grundlegend zum Martyrium: Burschel, Sterben; Burschel, Tode.
313 Vgl. Thiessen, Sterbebett, S. 642f; Krusenstjern, Sterben, S. 473ff und 486f; Kaiser, Ars moriendi, S. 340.
314 Vgl. Krusenstjern, Sterben, S. 475–780.
315 Vgl. zu den Besonderheiten in Kriegszeiten: Krusenstjern, Sterben, S. 474f und 486f. Vgl. kritischer dazu: Denzler, Kriegstote, S. 94f.
316 Vgl. zur Ablehnung der Verteidigung: Leo, Würzburg, S. 285–288. Vgl. speziell zu Ganzhorns Position: Leo, Würzburg, S. 287f. Joachim Ganzhorn selbst war übrigens auch auf den Marienberg geflohen (vgl. Leo, Würzburg, S. 303). Er verriet dort bei der Erstürmung laut einer Klosterchronik schwedischen Soldaten das Versteck der ihm anvertrauten Wertgegenstände des Würzburger Dominikanerinnenkloster St. Markus (vgl. Leo, Würzburg, S. 162).

Joachim Truchseß von Henneberg hatte laut Ganzhorns Ausführungen immer wieder für eine Verteidigung der Stadt Würzburg plädiert und Akteure, die diese ablehnten, heftig attackiert.[317] Zudem hatte er für einen Rückzug der Würzburger Einwohner auf den Marienbergs agitiert, der verteidigt werden sollte – die Zuschreibung eines ›dubiosen‹ Todes war möglicherweise Ganzhorns Reaktion.[318] Insofern kann man die Schilderungen dieser Tode durch Ganzhorn auch als Mittel des innerstädtischen Konfliktaustrags deuten, mit denen die ›Richtigkeit‹ der Übergabe der Stadt evident gemacht wurde.

Die bildliche oder schriftliche Darstellung der Tode konnte aber auch der Memoria der Getöteten dienen.[319] Es gab Bilder, die die beiden getöteten Kapuziner jeweils einzeln mit individuellen Gesichtszügen darstellten; alle Bilder zeigten die Geistlichen bis zum Oberkörper liegend vor monotonem Hintergrund.[320] Gesichtszüge und Körperhaltung erscheinen dabei ruhig, ja fast entspannt, und der Körper und die Kleider der Mönche wurde in reinem Zustand dargestellt. Zu memorialzwecken wurden die beiden Geistlichen also in einem ›würdigen‹ Zustand vor einem neutralen und damit ›angemessenen‹ Hintergrund präsentiert. Ihr Aussehen und der Hintergrund verweisen also kaum mehr auf die Art ihres Todes, stattdessen wirkt beides wie bei friedlich ›entschlafenen‹ Akteuren, also Akteuren, die ein Signum eines ›guten Todes‹ erfüllten.[321] Allerdings sind bei beiden Kapuzinern, insbesondere jedoch bei Pater Simeon, die Kopfwunden kaum zu übersehen, die klar auf die Art ihrer Tode verwiesen. Diese Darstellung sowohl der Wunden als auch der ruhigen Gesichtsausdrücke kann man durchaus dahingehend interpretieren, dass die Mönche als Märtyrer gezeigt und memoriert werden sollten.[322]

Eindeutig der Gedenkfunktion diente auch ein offenbar schon kurz nach dem Tod der Kapuziner in der Franziskanerkirche errichtetes Epitaph, das schon Ganzhorn erwähnte und sich offenbar bis in die Neuzeit erhalten hat.[323] Durch die Nutzung von Stein sollte zweifellos eine Dauerhaftigkeit des Epitaphs – und

317 Vgl. Leo, Würzburg, S. 288.
318 Vgl. zum Werben für einen Rückzug auf die Festung: Ebd., S. 296.
319 Vgl. grundlegend zur Memoria: Oexle, Memoria.
320 Vgl. Leo, Würzburg, S. 98, Abb. 2 und 3; Bergerhausen, Würzburg, S. 9, Abb. 5 und 6.
321 Vgl. Krusenstjern, Sterben, S. 473.
322 Vgl. zur Kombination von Gewalt und ›Selbstbeherrschung‹ beim Martyrium: Burschel, Tode, S. 81–86.
323 Vgl. Leo, Würzburg, S. 321. Eine Abbildung findet sich in: Sicken, Dreißigjähriger Krieg, S. 123, Abb. 34.

damit des Gedenkens – gewährleistet werden.[324] Dass dieser Gedenkstein für die Kapuziner in der Franziskanerkirche aufgestellt wurde liegt daran, dass die beiden Pater dort begraben wurden.

Die unterschiedlichen Begräbnisweisen nach einem Massaker waren Vorgangsweisen, die eng mit dem Stand der getöteten Person verbunden waren. Für gewöhnlich war die konkrete Durchführung einer Beerdigung in der Frühen Neuzeit eine Praxis, bei der der Stand und die Ehre der verstorbenen Person durch diverse Handlungen sowie die materielle Ausgestaltung und Lage des Grabs inszeniert wurden.[325] Nach einer Schlacht oder einem Massaker hingegen war es oft schon ein Zeichen der Distinktion, wenn Akteure in ›ehrbarer‹ Weise in geweihter Erde bestattet wurden und nicht in ein Massengrab kamen.[326] Von den mehreren Hundert Toten, die es auf dem Marienberg gab, erwähnte der Würzburger Ganzhorn dann auch nur drei – nämlich die beiden Kapuziner und Sigismund Joachim Truchseß von Henneberg – für die dies zutraf; ganz offenbar um den distinktiven Effekt zu verdeutlichen, nannte er eigens den genauen Ort der Gräber und hob die ›Ehrbarkeit‹ der Begräbnisse hervor.[327] Um aber überhaupt auf diese Weise bestattet werden zu können, musste zuvor die jeweilige Leiche ›erfolgreich‹ von der schwedischen Seite erbeten werden – ein Vorgang, bei dem ein hoher sozialer Status sicherlich von Vorteil war.[328]

Die meisten bei der Eroberung Frankfurts an der Oder und des Marienbergs Getöteten aber kamen in Massengräber, doch selbst dies erforderte einiges an Arbeitskraft, wie man Monros Bemerkungen über das Vorgehen in Frankfurt an der Oder entnehmen kann: *Dann wurde der Befehl gegeben, die Toten zu begraben, was man in sechs Tagen nicht völlig schaffen konnte. Zuletzt warf man sie in Haufen in große Gruben, mehr als 100 in jedes Grab*[329]. Dieses Vorgehen diente dazu, die Toten möglichst schnell zu begraben, wobei es aber nicht ausschließlich darum ging, möglichst wenig Arbeit zu haben: Man tat dies in der

---

324 Vgl. zur Bedeutung des Materials: Erben, Fiktion, S. 86.
325 Vgl. Weller, Begräbnis; Brademann, Konfessionalisierung; Bähr, Vernichtung, S. 109–115.
326 Vgl. vor allem Füssel, Tod, S. 135–139; Füssel, Toten, S. 224 und 232; Baumann, Sterben, S. 115ff. Vgl. ebenfalls: Krusenstjern, Sterben, S. 487–490. Vgl. zur Bedeutung der geweihten Erde: Stuart, Berufe, S. 218ff.
327 Vgl. Leo, Würzburg, S. 339.
328 Vgl. zum Erbeten der Leichen: Leo, Würzburg, S. 339. Vgl. zum Nutzen von Status bei Bittgesuchen: Eibach, Gleichheit, S. 522ff.
329 Mahr, Robert Monro, S. 114.

Regel auch, damit es in Folge der (verwesenden) Leichen in der Stadt nicht zu Ausbrüchen von Krankheiten kam.[330] Ganz explizit wurde dieser Zusammenhang von Ganzhorn in Bezug auf den Würzburger Marienberg thematisiert, wo man die Toten in eine unvollendete Bastei warf:[331]

[Überall auf dem Marienberg haben] nit ein geringe anzahl Todter Cörper gelegen, welche nit allein ein grosses abschewen geben, sondern Innerhalb einer kurzen zeit, wie besorgt worden, einen grossen gestanckh von sich geben, vndt leichtlich ein grosse infection verursachen können vnnd mögen. Als hat ein Ehrbarer Rath 150 BÜRGER hinauff schaffen, welche mit zutuung eines zue hoff gefangenen Einspennigers, nahmens hanns Heüleins, solche Cadavera zur frohn, aller orthen hervorsuchen, zum schloss hinaus tragen, vndt dieselbe in die erste beym außgang noch Unausgebaute, ohnausgefüllte Pastey, uff einen hauffen zuesammen tragen, werffen, vndt mit etwas wenig Erdten zuedeckhen müssen. Deren also ehlendig verscharrten verius dan begrabener anzahl sich uff 700 beloffen hat[332].

Ganzhorn wies aber nicht nur auf das Risiko einer möglichen Krankheitsübertragung durch die Leichen hin, sondern vor allem auf die sozialen Aspekte dieses Umgangs mit den Toten, dem er eine zweifache stigmatisierende Wirkung attestierte, nämlich für die beteiligten Bürger sowie für die Toten – und ihre Familien – selbst. Die Ausübung von Totengräberarbeiten, die gemeinhin als ehrmindernd bis unehrlich galten, dürfte für die beteiligten Akteure äußerst ehrschädigend gewesen sein.[333] Für gewöhnlich griff man für solche Arbeiten auf Bauern und sozial niedrig stehende Einwohner zurück, während der (aufgenötigte) Einsatz von Bürgern eher weniger typisch ist.[334] Möglich wäre, dass man durch eine aufgezwungene Totengräberarbeit intendierte, die Ehre der Würzburger Bürger gezielt zu attackieren und diesen so die neuen Kräfteverhältnisse vor Augen zu führen. In Ganzhorns Aufzeichnungen jedenfalls erhielt die Beseitigung der Leichen durch die explizite Erwähnung der beteiligten *BÜRGER* zweifellos eine polemische Stoßrichtung, denn so rückte er die neuen Herren der Stadt in die Nähe von ›Tyrannen‹, die in der zeitgenös-

---

330 Vgl. Füssel, Leiden, S. 36–39; Füssel, Toten, S. 227ff.
331 Vgl. Freeden, Marienberg, S. 107; Scharold, Geschichte, S. 32; Leo, Würzburg, S. 106f.
332 Leo, Würzburg, S. 339.
333 Vgl. Stuart, Berufe, S. 56 und 112f.
334 Vgl. Füssel, Leiden, S. 36; Füssel, Toten, S. 225f; Rüther, Gewalt nach der Gewalt, S. 188.

sischen Deutung die Ständeordnung pervertierten und (ranghohe) Personen ehrmindernde Arbeiten verrichten ließen.[335] Für die Hinterbliebenen der Getöteten war dieser Umgang mit den Toten sicherlich problematisch, denn in der Frühen Neuzeit nutzte man die Beerdigung, um Rang und Ehre des Verstorbenen (und seiner Familie) zu inszenieren. Aber hier waren weder entsprechende Gedenk- und Bestattungsriten, noch eine Wahl oder Ausgestaltung der Grabstätte möglich.[336] Der bischöfliche Rat Ganzhorn nutzte die Art der Bestattung sogar für eine Polemik, indem er die Toten die *ehlendig verscharrten* nannte und damit den Eroberern unterstellte, nicht dafür gesorgt zu haben, dass die Leichen ›angemessen‹ begraben wurden.[337]

Zwischen Entgrenzung und Begrenzung der Gewalt

Wie aber bereits erwähnt wurden auf dem Marienberg vor allem Soldaten und katholische Geistliche getötet, d.h. die meisten Akteure, die dorthin vor den schwedischen Truppen geflüchtet waren, blieben am Leben. Lungwitz beschrieb die Behandlung der Überlebenden durch die schwedischen Soldaten als äußerst differenziert:

Was aber vnbewehrtes Volck / als Weiber / Nonnen vnd Kinder gewesen / sind vnbeleidigt in die Stadt gelassen worden. Vornehme Leute / sampt Gelehrten haben sich racioniren müssen. Was aber von Officirern / so Kriegsämpter bedienet / gewesen / sind von den Soldaten gefangen / vnd biß auffs Hembde außgezogen worden[338].

Diese Schilderung ließ insbesondere die Behandlung der Frauen und Kinder als ›gnädig‹ erscheinen, doch durch andere Quellen wird deutlich, dass auch diese Akteure Lösegeld zahlen mussten.[339] Aber selbst dies konnte noch als ›gnädiges‹ Verhalten gedeutet werden, wie es ein zeitgenössisches Flugblatt tat:

---

335 Vgl. allgemein zum frühneuzeitlichen Tyrannenbild: Meumann, Herrschaft oder Tyrannis, S. 185ff; Pröve, Legitimationen, S. 265f. Vgl. zum Bild der ›ägyptischen Dienstbarkeit‹: Burschel, Söhne.

336 Vgl. zu den Gedenk- und Bestattungspraktiken: Weller, Begräbnis; Bähr, Vernichtung, S. 109–115. Vgl. zur Ausgestaltung und Wahl der Grabstätten: Brademann, Konfessionalisierung; Bähr, Vernichtung, S. 109–115.

337 Vgl. zur Bedeutung des Begrabens nach Schlachten: Füssel, Leiden, S. 39f. Vgl. aus mediävistischer Perspektive grundlegend: Rüther, Gewalt nach der Gewalt, S. 188–192.

338 Lungwitz, Josua Et Hiskias, S. 457.

339 Vgl. Abelinus/ Merian, Theatri Europaei, S. 465; Leo, Würzburg, S. 323; Hümmer, Bamberg, S. 18. In diesem Kontext kam es nicht zu einer Plünderung der Stadt, wie Bähr sie erwähnt (vgl. Bähr, Komet, S. 164).

Weib / Kinder / Jungfrauen vnd Closter-frauen / so sich hinauff [auf den Marienberg] Salviert / sind durch die Soldaten / ohn all zugefügtes Leyd wider herab inn die Stadt Convoirt / mit leydentlicher Rantzion loß vnd zufriden gelassen worden[340].

Der ›Verzicht‹ auf Gewalt wurde hier zu einem panegyrisch gelobten Akt der ›Gnade‹ stilisiert. Der Würzburger Ganzhorn wiederum deutete die Behandlung der Frauen auf dem Marienberg deutlich anders, denn die Frauen seien *mit abnahmb alles des Ihrigen, so sie bey sich gehabt, nit allein gar nit verschont, sondern Sie seyndt darüber noch starckh ranzionirt worden*[341]. Ganzhorn schrieb den schwedischen Truppen also zu, rücksichtslos agiert und die Bevölkerung übermäßig belastet zu haben.[342] Das Ranzionieren der Frauen auf dem Marienberg wurde somit völlig konträr gedeutet. Nach zeitgenössischem Kriegsrecht und -brauch war eine Lösegeldforderung für bei einem Sturmangriff Gefangene allerdings durchaus üblich und die auf dem Marienberg Gefangenen mussten offenbar zum größten Teil Lösegeld zahlen.[343] Solche Lösegeldforderungen boten der schwedischen Armee zweifellos die Möglichkeit, Geld und Güter zu erhalten. Gerade die Forderungen gegenüber den auf dem Marienberg gefangenen Würzburger Einwohnerinnen und Einwohnern dürfte allerdings auch ein Mittel der Revanche gewesen sein, denn eigentlich hatte sich die Stadt ja ›gütlich‹ ergeben, trotzdem aber waren viele Akteure von dort auf die Festung geflüchtet, was die schwedische Seite wahrscheinlich als feindlichen Akt wertete.[344] Ganzhorn berichtet denn auch von einer weiteren Handlung:

Etliche vndt darunter vornehme leüth haben von hoff [dem Marienberg] aus, den Obristen, hohen Officiren, Ihre Sackh undt Packh, ohne huet undt mantel ad instar mancipiorum [in Gestalt der Sklaven] mit grossem Schimpff, vndt Spott, herab in Ihre Quartier tragen, undt noch darzue zu danckh, dieselbe mit starckhen Ranzionen, vndt langwüriger Costbahren vnterhaltung, mit grossen Fastidijs [Widerwillen] haben müssen[345].

---

340 O. A., Eroberung der Stadt Würtzburg in Francken / vnd Vesten Schlosses daselbsten.
341 Leo, Würzburg, S. 323.
342 Vgl. zum Ranzionieren auf dem Marienberg: Scharold, Geschichte, S. 31f.
343 Vgl. allgemein zum Ranzionieren: Carl/ Bömelburg, Einleitung, S. 13; Steiger, Occupatio bellica, S. 230ff.
344 Vgl. zur Flucht auf die Festung: Sicken, Dreißigjähriger Krieg, S. 108; Bergerhausen, Würzburg, S. 8.
345 Leo, Würzburg, S. 324.

Solch ein Tragedienst, noch dazu hutlos ausgeführt, wäre zweifellos als eine enorme Demütigungsgeste zu werten.[346] Es spricht also einiges dafür, dass die Schweden die auf dem Marienberg Gefangenen öffentlich in ihrer Ehre verletzten und durch Lösegeldforderungen und Einquartierungen gezielt belasteten.[347]

Eine Demutsgeste leistete auch der Kommandant der Festung, Adam Heinrich Keller von Schleitheim, indem er vor dem schwedischen König Gustav Adolf kniete.[348] Die Leistung eines Kniefalls war in der Frühen Neuzeit praktisch die ultimative Praktik der Selbstdemütigung und verpflichtete das Gegenüber (fast) zwangsläufig zu einem Akt der Gnade.[349] Durch das Gewähren von Gnade wiederum inszenierte sich der schwedische König als gnädiger und damit ›guter‹ Herrscher, dessen Überlegenheit ebenfalls durch den Fußfall von Keller anerkannt wurde, der auf diese Weise sein Leben retten konnte.[350]

Ganzhorn schrieb allerdings über den Kniefall, dass Gustav Adolf den Befehl gegeben hätte, Keller zu erschießen, doch hätten die schwedischen Soldaten dies nicht getan, weil sie zu sehr mit dem Plündern beschäftigt gewesen wären.[351] Diese Details sind allerdings schwerlich anders denn als polemische, anti-schwedische Fiktion zu werten, durch die der schwedische König als grausam und ›tyrannisch‹ sowie seine Soldaten als gierig und undiszipliniert abqualifiziert werden sollten, wobei der Würzburger Ganzhorn bei seiner Darstellung der Soldaten zwei ›klassische‹ Topoi der Polemik gegen Söldner nutzte.[352]

Dies soll aber nicht heißen, dass es auf dem Marienberg und in Frankfurt an der Oder nicht zu Plünderungen und Übergriffen gekommen wäre; die Würzburger Festung und die Stadt an der Oder wurden von den schwedischen Soldaten bekanntermaßen geplündert, wie es in der Frühen Neuzeit nach ei-

---

346 Vgl. zur Bedeutung des Hutziehens: Stollberg-Rilinger, Kleider, S. 160.
347 Vgl. grundlegend zum Stellenwert von Ehre in frühneuzeitlichen Stadtgesellschaften: Füssel/ Weller, Ordnung; Carl/ Schmidt, Stadtgemeinde.
348 Vgl. Abelinus/ Merian, Theatri Europaei, S. 465; O. A., Eygentlicher Abriß vnd Beschreibung / Der geschwinden Eroberung der Statt Würtzburg Vgl. auch: Soden, Gustav Adolph, S. 41.
349 Vgl. Stollberg-Rilinger, Knien, S. 505–517.
350 Vgl. auch zu einem anderen Beispiel aus dem Dreißigjährigen Krieg: Kaiser, Kriegsgreuel, S. 178f.
351 Vgl. Leo, Würzburg, S. 330. Dies übernahm offenbar Scharold (vgl. Scharold, Geschichte, S. 31).
352 Vgl. zu diesen Söldnerstereotypen: Huntebrinker, Söldner, S. 157–168.

nem Sturmangriff gemeinhin üblich war.[353] Für den großen Teil der Soldaten war dies eine Gelegenheit, einen ökonomischen Gewinn in Form von Beute zu erhalten, wobei dieser Faktor auch in der zeitgenössischen Deutung eine erhebliche Rolle spielte.[354] In Frankfurt aber überschritten die Soldaten dabei Grenzen, wie das ›Theatrum Europaeum‹ berichtet:[355]

Den Soldaten hat er [Gustav Adolf] / weil die Statt mit stürmender Hand eingenommen worden / 3. Stund lang zu plündern erlaubet; aber sie haben solche Licentz mißbrauchet / vnd mit plündern vnd allerley Muthwillen vber die bestimpte Zeit so lang angehalten / biß der König [Gustav Adolf] vnd seine Obristen mit Prügeln vnd blossen [gezückten] Dägen mit Gewalt abgewehret / vnd darüber auch etliche / so es gar vbermacht / auffgehencket[356].

Die Zeit, in der rechtmäßig Beute gemacht werden durfte, war limitiert, doch die Soldaten setzten sich offenbar darüber hinweg, sicherlich um noch mehr Beute zu machen.[357] Die schwedischen Offiziere setzten dann scheinbar massivere Gewalt ein, um ihre eigenen Soldaten zu disziplinieren, da diese in nicht mehr kontrollierbarer Weise vor allem Güter wegnahmen, aber auch vergewaltigten und töteten, und so zu einem Unsicherheitsfaktor geworden waren.[358] Auf die eigenen Soldaten als Sicherheitsrisiko deutet auch eine Bemerkung Monros hin, der schrieb, der Markt, wo die Quartiere des Königs und seiner hohen Offiziere lagen, sei ein Ort gewesen, *wo eine starke Wache gehalten wurde, um Plünderungen und Übergriffe der Soldaten zu unterbinden*[359]. Schwedische Offiziere und teilweise auch Soldaten wurden also eingesetzt, um Gewalt und Plünderungen der eigenen Truppen einzuhegen – die

---

353 Vgl. allgemein: Martines, Zeitalter, S. 69–94; Pepper, Siege law, S. 577; Kaiser, Kriegsgreuel, S. 160; Asch, Kriegsrecht, S. 110f. Vgl. zu Frankfurt: Griesa, Glaubens- und Religionskonflikte, S. 95; O. A., Frankfurt (Oder), S. 18. Vgl. zum Würzburger Marienberg: Sicken, Dreißigjähriger Krieg, S. 109; Deinert, Epoche, S. 57; Freeden, Marienberg, S. 154f.

354 Vgl. Burschel, Söldner, S. 207ff; Xenakis, Plündern. Vgl. für einen Blick auf das Spätmittelalter: Jucker, Söldnerlandschaft, S. 86–93; Jucker, Kredite, S. 159–170.

355 Vgl. aus theoretischer Perspektive dazu auch: Trotha, Soziologie der Gewalt, S. 25.

356 Abelinus/ Merian, Theatri Europaei, S. 350.

357 Vgl. zur zeitlichen Begrenzung des Beute-machens: Carl/ Bömelburg, Einleitung, S. 13.

358 Vgl. zu diesem scheinbaren Paradox: Carl, Einleitung. Vgl. zu den Vorkommnissen in Frankfurt: Griesa, Glaubens- und Religionskonflikte, S. 95; O. A., Frankfurt (Oder), S. 18; Spieker, Geschichte, S. 190ff. Eher relativierend: Droysen, Gustav Adolf, S. 285; Philippi, Geschichte, S. 22; Bieder/ Gurnik, Bilder, S. 70f.

359 Mahr, Robert Monro, S. 113.

Rolle der Angehörigen der schwedischen Armee war in dieser Situation also paradox.[360]

Allerdings sollte man auch nicht die panegyrische Stoßrichtung dieser Aussage in Merians Geschichtswerk übersehen: Die schwedischen Offiziere, vor allem aber der König selbst, wurden als Akteure in Szene gesetzt, die die Ordnung wiederherstellten und für Sicherheit sorgten; auf diese Weise wurde insbesondere Gustav Adolf als ›guter‹ Herrscher präsentiert, der für Schutz sorgte.[361] Zudem war es für den Kriegsherrn Gustav Adolf und seine höheren Offiziere offenbar von Interesse, eine möglichst unversehrte Stadt zu erobern, da so die städtische Ökonomie und Infrastruktur für eine spätere schwedische Nutzung geschont würde.[362] In welchem Umfang allerdings diese Bemühungen im Konflikt mit einem nicht unerheblichen Teil der Soldaten Wirkung zeigten, deutet eine Bemerkung Monros zu den Geschehnissen in Frankfurt an der Oder hin: *Ich muß gestehen, daß ich einfach nicht in der Lage war, etwas gegen diese Disziplinlosigkeit zu unternehmen*[363]. In der Frühen Neuzeit waren die Mittel und wahrscheinlich auch die Bereitschaft der Offiziere, gegen zahlreiche marodierende Soldaten der eigenen Armee vorzugehen, äußerst begrenzt.[364] Über den Umfang der Disziplinlosigkeit schrieb Monro dann:

Als die Wut verraucht war, waren alle Soldaten, die nun ihre Pflicht vernachlässigten, um so mehr darauf aus, Beute zu machen, denn die ganze Straße stand voll mit Reiteseln, Reitpferden, Kutschen und verlassenen Wagen [der fluchtbereiten Soldaten und Stadtbewohner], angefüllt mit Reichtümern aller Art, Tafelsilber, Juwelen, Gold, Geld, Kleidern, so daß ich später nie mehr sah, daß man den Offizieren so schlecht gehorchte und keinen Respekt mehr vor ihnen hatte, wie es hier eine Zeitlang geschah, bis der Höhepunkt überschritten war. Und ich kenne sogar einige Regimenter, die keinen einzigen Mann mehr bei den Fahnen stehen hatten, bis das Wüten vorüber war. Einige Fahnen waren die ganze Nacht hindurch verschwunden, bis man sie dann am nächsten Morgen wieder beibrachte. So eine Unordnung herrschte bei uns, und das alles wurde hervorgerufen durch die Raffgier, die Wurzel allen Übels und der Ehrlosigkeit[365].

---

360 Vgl. zu dieser paradoxen Rolle des Militärs auch: Füssel, Panduren, S. 191.
361 Vgl. hierzu auch: Meumann, Herrschaft oder Tyrannis, S. 185; Meumann, Institutionen, S. 116–128; ex negativo vgl.: Pröve, Legitimation, S. 267f.
362 Vgl. Carl, Protektion, S. 302.
363 Mahr, Robert Monro, S. 112.
364 Vgl. Lorenz, Rad, S. 178–182, 298ff und 308ff.
365 Mahr, Robert Monro, S. 113.

Regimenter, die völlig disziplinlos wurden, verschwundene Fahnen – all dies kann man zweifellos als Übertreibungen des schottischen Obristen werten, doch deuten diese Zuschreibungen Monros eindeutig in die Richtung, dass er das Maß an Disziplinlosigkeit als enorm wahrnahm. Diese Beschreibung Monros dürfte bei Zeitgenossen eindeutige Assoziationen hervorgerufen haben: Die Disziplinlosigkeit einer Armee galt im frühneuzeitlichen Imaginarium als äußerst schädlicher Zustand, der die ›gute‹ Ordnung geradezu pervertierte und die Soldaten zu einer unbeherrschbaren Gefahr machte – eine disziplinlose Armee war das absolute Gegenbild einer geordneten Truppe.[366] Interessant ist, dass Monro einen Konnex zwischen der Disziplinlosigkeit und den soldatischen Beute-Praktiken konstatierte: Der Gier der einfachen Soldaten nach Beute attestierte er, für Unordnung und Übergriffe verantwortlich zu sein: Der adlige Offizier Monro nutzte also letztlich das Stereotyp des gierigen Söldners – allerdings, um hierdurch Disziplinlosigkeit (und damit Übergriffe) der schwedischen Armee in Frankfurt an der Oder so zu ›erklären‹, dass die schwedischen Offiziere von Verantwortung entlastet wurden.[367]

Dabei ist es bezeichnend für die Deutung Monros, dass er die Geschehnisse in Frankfurt an der Oder praktisch ausschließlich als Disziplinlosigkeit und Verletzung der soldatischen Gehorsamspflicht deutete und nicht explizit die exzessive Gewalt der Soldaten skandalisierte. Dies kann man einerseits als ein Indiz auf die Grenzen des zeitgenössisch Schreibbaren deuten, d.h. das Berichten über eigene extreme Gewalt gegenüber wehrlosen Akteuren, und insbesondere Frauen, war offenbar tabuisiert.[368] Andererseits sollte man aber auch in Erwägung ziehen, dass Disziplinlosigkeit und Gehorsamsverweigerung in der Wahrnehmung frühneuzeitlicher Offiziere deutlich mehr Bedeutung zukam als anderen Formen der Devianz, denn sie implizierten einen Kontrollverlust über die eigenen Truppen.[369]

Für die Bewohner Frankfurts an der Oder bedeutete die Erstürmung ihrer Stadt oftmals den Verlust zahlreicher ihrer Habseligkeiten und Gefahr für Leib und Leben.[370] Doch in Folge der Belagerung und Erstürmung der Stadt an der Oder verloren viele Einwohner nicht ›nur‹ zahlreiche ihrer mobilen Habselig-

---

366 Vgl. Huntebrinker, Sozialverband, S. 187–196; Huntebrinker, Söldner, S. 157–168.
367 Vgl. zu diesem Stereotyp: Huntebrinker, Söldner, S. 157–168; Carl/ Bömelburg, Einleitung, S. 15.
368 Vgl. Dinges, Soldatenkörper, S. 90f und 93f.
369 Vgl. hierzu: Lorenz, Rad, S. 232–241; Huntebrinker, Söldner, S. 220–235.
370 Vgl. dazu allgemein auch: Martines, Zeitalter, S. 69–94.

keiten, sondern es wurden auch zahlreiche Häuser zerstört, wozu ein bei der Erstürmung der Stadt ausgebrochenes Feuer beitrug.[371]

Zusammenfassend kann man sagen, dass Massaker äußerst bedeutungsvolle Handlungen waren: Die Massaker auf dem Marienberg, vor allem aber in Frankfurt an der Oder, kam der Charakter der Revanche zu, d.h. durch sie wurden Normübertritte der Gegenseite ›vergolten‹. Zudem wurde durch sie eine klare Unterscheidung zwischen Sieger und Besiegten, vor allem aber zwischen durch Akkord Besiegten und durch Sturmangriff Besiegten geschaffen: Gerade letztere Differenz besaß einige Implikationen, denn nach einem Sturmangriff verloren die unterlegenen Akteure all ihr Recht; das Massaker wurde hier zu einem Ritual der Rechtlosigkeit, durch das der neue Status der Akteure performativ hergestellt wurde.

Doch dies waren vor allem die Deutungen der Angreifer; die Bewohner deuteten das Massaker als brutale und mitunter frevelhafte Grenzüberschreitung.[372] Auch wenn vor allem Soldaten getötet wurden, wurde doch der Fokus insbesondere auf die Tode von wichtigen Akteure der Stadtgemeinschaft gelegt und die Art ihres Sterbens zu Exempeln der gegnerischen Grausamkeit stilisiert.

Die Leichen wurde für gewöhnlich in Massengräbern ›bestattet‹, was nicht zuletzt auch dazu diente, den Ausbruch von Seuchen zu verhindern; allerdings war dies für die Angehörigen der Stadtgesellschaft problematisch, da sie so die übliche bedeutungsgeladene Funeralkultur nicht anwenden konnten. Zudem konnte dieser Umgang zu polemischen Reaktionen führen, bei denen den Eroberern einen ›unangemessener‹ Umgang mit den Toten unterstellt wurden.

Die auf dem Marienberg Gefangenen mussten Lösegeld zahlen, was von pro-schwedischer Seite als Akt der Gnade stilisiert wurde, von anti-schwedischer Seite hingegen als rücksichtslose Belastung gedeutet wurde.

Zu umfangreichen Plünderungen kam es vor allem in Frankfurt an der Oder, wo die Soldaten länger plünderten als es ihnen erlaubt war, und andere schwedische Truppenteile versuchten, dies zu unterbinden – schwedische Soldaten waren hier gleichzeitig Unsicherheitsfaktoren und Akteure, die Sicherheit schufen. Bei zeitgenössischen Aussagen über die Sicherheit schaffenden Soldaten sollte man jedoch nicht den panegyrischen Beiklang derselben überhören oder von einem umfassenden ›Erfolg‹ ausgehen.

---

371 Vgl. Griesa, Glaubens- und Religionskonflikte, S. 95; Eickhoff/ Grothe/ Jungklaus, Schlacht, S. 36f.
372 Vgl. zu diesen dichotomen Sichtweisen: Petersen, Belagerte Stadt, S. 311–318.

4. 5. Zwischen Akkord und Sturmangriff: Ambivalente Praktiken der Stadteinnahme

In manchen Fällen kam es jedoch weder zu einer vorab geregelten Übergabe noch zu einem völlig durchgeführten Sturmangriff.[373] In Bamberg kam es, nachdem die Stadt eigentlich schon den schwedischen Truppen unter dem Kommando von Gustav Horn übergeben worden war, in der Stadt selbst zu Kämpfen.[374] Durch einen ankommenden Landausschuss verstärkt, versuchten Teile der Einwohnerschaft die Stadt zu verteidigen.[375] Lungwitz schrieb hierzu:

Da vergassen die Bürger ihre zusage / brachen den Accord / schlugen sich zu dem ankommenden Succurs / griffen die Schwedischen an / vnd von Geierswehr aus schossen sie mit Doppelhacken vnd Mußqueten biß umb Mitternacht. Aber mit der Hülffe Gottes haben die Schwedischen dem ankommenden Succurs dermassen zugesetzt / daß sie wiederumb weichen müssen. Hierauff haben sich die Bürger auff das Rathhauß reteriret / vnd sich von dannen daraus gewehret[376].

Diese Aussage enthielt – neben einer mit anderen Berichten übereinstimmenden Schilderung der Kämpfe – eine Sakralisierung der Aktion der schwedischen Truppen, indem Lungwitz ein Eingreifen Gottes unterstellt, was auch eine Glorifizierung der schwedischen Seite als von Gott ausgewählt impliziert.[377] Zudem beinhaltete diese Passage auch eine Polemik gegen die Bamberger Bürger, denen er den Bruch der Vereinbarung vorhielt. An anderer Stelle wurde er dazu noch grundsätzlicher: *Aber / da sehe doch nur alle Welt / vnd mercke / wie steiff die Papisten vber [sic] ihrem Accord halten*[378]. Hier wurden die Vorkommnisse in Bamberg zu einem allgemeinen Beleg über die Zuverlässig-

---

373 Vgl. zu einem ähnlich gelagerten Beispiel auch: Afflerbach, Kunst der Niederlage, S. 104f.
374 Vgl. zur Übergabe Bambergs: Hasselbeck, Dreißigjährige Krieg, S. 101; Looshorn, Geschichte, S. 213ff. Vgl. auch: Hümmer, Bamberg, S. 30.
375 Vgl. Hasselbeck, Dreißigjährige Krieg, S. 101; Deinlein, Geschichte, S. 25f; Engerisser, Kronach, S. 39f; Looshorn, Geschichte, S. 213ff; Weber, Bamberg, S. 13ff. Peter Wilson datiert die Ereignisse um einen Tag zu früh und erwähnt die Übergabe nicht (vgl. Wilson, Dreißigjährige Krieg, S. 596). Sehr kurz: Soden, Gustav Adolph, S. 188. Gustav Droysen schildert die Einnahme Bambergs fälschlicherweise als Stadtübergabe (vgl. Droysen, Gustav Adolf, S. 522).
376 Lungwitz, Imperator Theodosius Redivivus, S. 239f.
377 Vgl. zur Sakralisierung der schwedischen Seite auch: Schmidt, Leu, S. 336f und 342. Vgl. allgemeiner: Pohlig, Gewalt, S. 130.
378 Lungwitz, Imperator Theodosius Redivivus, S. 239.

keit der Altgläubigen stilisiert, d.h. der Fall wurde zu polemischen Zwecken verallgemeinert und ins Konfessionelle gewendet. Eine weitere Brisanz erhielt die Passage möglicherweise zudem noch, weil kurz nach 1600 tatsächlich einige katholische Publikationen bestritten, dass Verträge mit ›Ketzern‹ eingehalten werden müssten, was Irritationen bei Protestanten ausgelöst hatte.[379]

Die Bamberger Dominikanernonne Maria Anna Junius akzentuierte in ihrem Selbstzeugnis hingegen die Tapferkeit der kämpfenden Bamberger Einwohner, die *sich gar ritherlich gewert*[380] hätten:

[D]an edtliche Burger seint auff den rathaus gewessen / die haben gar starck hinnüber auff die feind geschossen / das kein feind für die Häusser herfür hat wagen törffen / dan sie haben sie geschwind nidter geschossen[381].

Während also implizit die Tapferkeit der kämpfenden Einwohner betont wurde, fiel die Bemerkung der Dominikanerin über den Ausschuss eher spöttisch aus: *der aus schuß der zu abens kumen ist und lermer gemacht hat ist aller ausgerissen*[382]. Die militärische ›Leistung‹ des eigenen städtischen Gemeinwesens wurden also eindeutig und ehrgenerierend akzentuiert, was durchaus üblich war.[383] Zugleich könnte dies noch damit zusammenhängen, dass Maria Anna Junius ihre Informationen nach eigenen Angaben von einem für ihren Konvent tätigen Schreiner erhielt, der in jener Nacht im Rathaus gewesen war.[384]

Nachdem der Ausschuss geflohen war und der Kampf bereits mehrere Stunden bis Mitternacht gewährt hatte, läutete man in Bamberg die Glocken, damit weitere Einwohner zur Verteidigung der Stadt ins Rathaus kämen.[385] Es kamen wohl nur wenige, so dass der Kampf kurz nach Mitternacht beendet war, indem die vormals kämpfenden Einwohner das Rathaus verließen und ihre Häuser aufsuchten.[386] Spätestens zu diesem Zeitpunkt waren laut den Angaben der Maria Anna Junius auch nur noch wenige Bamberger Einwohner in die Kämpfe involviert, doch auch zuvor hatten sich längst nicht alle beteiligt.[387] Vielmehr scheint die Ablehnung einer Einigung mit den schwedischen Trup-

---

379 Vgl. Gotthard, Notwendige Krieg, S. 484ff.
380 Hümmer, Bamberg, S. 33.
381 Ebd., S. 32f.
382 Ebd., S. 33.
383 Vgl. Prietzel, Krieg, S. 30–34.
384 Vgl. Hümmer, Bamberg, S. 34.
385 Vgl. ebd., S. 33f.
386 Vgl. ebd., S. 34; Lungwitz, Imperator Theodosius Redivivus, S. 240.
387 Vgl. zu den wenigen Kämpfern nach Mitternacht: Hümmer, Bamberg, S. 34.

pen durch den Ausschuss und einige Einwohner zu innerstädtischen Konflikten geführt zu haben, denn die Bamberger Dominikanernonne Maria Anna Junius vermerkte in ihrem Selbstzeugnis:

[D]a kumt ein aus schus unsers landvolcks / alls sie solches sehen [die Übergabe der Stadt], wollen sie es durch aus nicht thun / sondtern sich wehren / wie ihnen der herr burgameister starck gewert hatt / sie sollen nachlassen / sie werden die sach erger machen / alls sie itzunder sey / aber es hat kein bitten noch abwehren geholffen / sondtern sie haben starck under die feind geschossen / und sie wiederumb aus der statt vertrieben[388].

Teile der Einwohnerschaft und offenbar auch des Rats scheinen also eine Verteidigung der Stadt abgelehnt zu haben und versuchten wohl, die verteidigungsbereiten Akteure abzuhalten, da sie die Reaktion der schwedischen Truppen fürchteten. Laut der Dominikanerin flohen aus Angst vor der Rache der schwedischen Soldaten zudem *hauffen weis* Einwohner aus der Stadt in die Wälder und Dörfer des Umlands.[389] Diese Beschreibung liefert somit vor allem Indizien bezüglich der Erwartungen der Einwohner Bambergs: Viele Akteure scheinen eine gewaltsame Revanche der schwedischen Truppen befürchtet zu haben, d.h. eine Verteidigung nach einem praktisch geschlossenen Akkord rief im Imaginarium der Zeitgenossen offenbar extreme Gewalt als Reaktion der Angreifer hervor. Gänzlich in dieser Wahrnehmung verhaftet schrieb Maria Anna Junius:

[D]ie feind so sehr erzörn seint gewessen / das sie erst mit gantzer macht und gewalt / wiederumb in die statt gebrochen und haben befohlen / man sol keines menschen verschonen / sondtern alles nidter machen[390].

Dieses Zitat sagt aber ausschließlich etwas über die Erwartungen und Wahrnehmungen der Dominikanerin aus, denn einen solchen Befehl hatte es faktisch offenbar überhaupt nicht gegeben.[391] Auch Lungwitz thematisierte die Erwartungshaltung der Einwohner Bambergs in seinem Geschichtswerk:

[Das Eindringen der schwedischen Truppen in die Stadt habe] vnter den Bürgern grosse Furcht vnd Erschrecknis vervrsacht / denn sie nicht anders vermeinet / sie würden / weil sie den Accord nicht gehalten / alle niedergehawen werden / so

---

388   Ebd., S. 30f.
389   Vgl. ebd., S. 31; Zitat: ebd.
390   Ebd., S. 31. Vgl. zu diesen Befürchtungen auch: Medick, Dreißigjährige Krieg, S. 148.
391   Vgl. zu konfessionellen Wahrnehmungsmodi: Schilling, Fundamentalismus; Gotthard, Notwendige Krieg.

aber doch nicht geschehen. Wann den Päpstischen in einer evangelischen Stadt solch Glück bescheret were / daß dieselbe Meister darinn worden / hilff ewiger GOTT / wie würden sie mit den Evangelischen so schrecklich Tyrannisch seyn umbgangen / wie das trawrige Exempel mit Magdeburg bezeuget! Aber so viel mehr lobens werth sind die Schwedischen daß sie Sanfftmuth in diesem Stück gebraucht / vnd die Bamberger nicht gestrafft / wie sie wol verdienet[392].

Das Ausbleiben eines Massakers in Bamberg wurde von Lungwitz also explizit genutzt, um den *Sanfftmuth* der schwedischen Truppen zu glorifizieren und ihnen so die Herrentugend der Gnade zu attestieren.[393] Die Erwartung der Bamberger sei aber nach Lungwitz' Ansicht durchaus berechtig gewesen, denn eine ›Strafe‹, d.h. die Anwendung extremer Gewalt, hätten *sie wol verdienet*. Diese Erwartungen von extremer Gewalt waren aber nicht nur Einzelmeinungen, sondern in der Frühen Neuzeit ging man allgemein davon aus, dass eine Anwendung extremer Gewalt gegen die Garnison und die Einwohner einer mit einem Sturmangriff eingenommenen Stadt berechtigt sei.[394] Dies hatte aber durchaus auch Grenzen: Insbesondere die Eroberung Magdeburgs 1631 durch die Truppen Tillys war ein Fall, bei dem die extreme Gewalt beim Sturmangriff nicht selten als grenzwertig oder illegitim gewertet wurde, da sie ein zu großes Ausmaß annahm.[395] Der Rekurs Lungwitz' auf die Geschehnisse in Magdeburg war dann auch eine Polemik gegen die kaiserlich-ligistische Seite, deren Agieren als *schrecklich Tyrannisch* gebrandmarkt wurde: Diese Klassifikation des gegnerischen Vorgehens als ›tyrannisch‹ diente neben den polemischen Zweck erstens sicherlich der Rechtfertigung und Glorifikation des eigenen Agierens, da nach frühneuzeitlichen Maßstäben ein Kampf gegen ›Tyrannen‹ nicht nur legitim, sondern sogar geboten war.[396] Zweitens diente sie der Akzentuierung der eigenen ›Gnade‹, denn neben diesem Exempel erschien der *Sanfftmuth* der schwedischen Truppen noch größer.

Das Ausbleiben eines Massakers machte aber nicht nur eine Glorifizierung der Angreifer wegen ihrer ›Gnade‹ möglich, sondern hatte noch weitere Effekte:

---

392 Lungwitz, Imperator Theodosius Redivivus, S. 240.
393 Vgl. zur Bedeutung der Gnade allgemein: Eibach, Gleichheit, S. 524; Eibach, Strafjustiz, S. 203f. Speziell im Krieg: Kaiser, Kriegsgreuel, S. 178f.
394 Vgl. Kaiser, Kriegsgreuel, S. 160; Asch, Kriegsrecht, S. 110.
395 Vgl. zur Deutung der Magdeburger Ereignisse vor allem: Emich, Bilder. Vgl. zur Begrenzung der Gewalt auch: Meumann, Institutionen, S. 116–128; Meumann, Herrschaft oder Tyrannis.
396 Vgl. Kampmann, Westfälische System, S. 204f und 211–217; Kampmann, Interventionsproblematik, S. 78; Meumann, Herrschaft oder Tyrannis, S. 185ff; Tischer, Grenzen, S. 52f; Pröve, Legitimationen, S. 265f.

Zerstörungen blieben auf diese Weise aus, wodurch die schwedische Armee zukünftig die städtische Ökonomie und Infrastruktur nutzen konnte.[397] Außerdem vermied man so tendenziell eine weitere Eskalation der Gewalt in Gestalt einer gewaltsamen Revanche seitens der kaiserlich-ligistischen Armee.[398] Dieser Faktor wird besonders deutlich, wenn man die zeitgenössischen Zuschreibungen und Performanzen in Bezug auf Massaker betrachtet, denn dabei scheint Revanche ein nicht unwichtiger Faktor gewesen zu sein (siehe auch Kapitel 4. 4.).

Zu einem Massaker ist es in Bamberg also nicht gekommen; allerdings wurde laut Maria Anna Junius den Dominikanernonnen nach Mitternacht von dem bereits erwähnten Schreiner berichtet, dass *was nun weidters geschossen werdte / das tuhe der feind*[399]. Man kann dies dahingehend interpretieren, dass die schwedischen Truppen nach dem eigentlichen Kampf in die Luft schossen: Diese hörbare Inszenierung der Präsenz bewaffneter schwedischer Truppen in der Stadt wäre einerseits ein akustisches Siegeszeichen, andererseits auch eine Drohung an die Einwohner Bambergs.[400] Ferner wurden zahlreiche Häuser geplündert, von denen viele wohl katholischen Geistlichen gehörten.[401] Das Beute-machen war, wie schon oft betont, ein Mittel für die Soldaten, ökonomischen Gewinn zu erzielen.[402] In diesem Fall hatte es zudem auch mehrere symbolische Dimensionen: Erstens scheint es nicht zuletzt ein Akt gegen die fremd-konfessionellen Geistlichen gewesen zu sein, wodurch diesem Agieren eine konfessionelle Dimension verliehen wurde – eine Dimension, die durch die Berichte in zeitgenössischen Geschichtswerken auch unabhängig von den tatsächlich durchgeführten Handlungen virulent wurde. Zweitens waren die Güterwegnahmen sicherlich auch ein Akt der Revanche, mit dem die zähe Verteidigung und der Bruch des bereits geschlossenen Akkords vergolten

---

397 Vgl. Carl, Protektion, S. 300f.
398 Vgl. grundlegend: Füssel, Preis, S. 184f. Herfried Münkler geht undifferenziert von einer stetigen Eskalation der Gewalt seit der Erstürmung Magdeburgs aus (vgl. Münkler, Dreißigjähriger Krieg, S. 516f); von einer latent stets zu extremer Brutalität neigenden frühneuzeitlichen Kriegsführung geht übrigens auch Martin Wrede aus (vgl. Wrede, Zähmung, insbesondere S. 218f).
399 Hümmer, Bamberg, S. 34.
400 Vgl. zu Salutschüssen als Siegeszeichen: Berns, Klangkunst, S. 59f. Allgemeiner dazu auch: Füssel, Schlachtenlärm. Vgl. zu Salutschüssen als Drohung: Huntebrinker, Söldner, S. 281ff.
401 Vgl. Lungwitz, Imperator Theodosius Redivivus, S. 240; Abelinus/ Merian, Theatri Europaei, S. 605; Looshorn, Geschichte, S. 219f und 222; Deinlein, Geschichte, S. 26; Hasselbeck, Dreißigjährige Krieg, S. 102.
402 Vgl. Jucker, Söldnerlandschaft; Jucker, Kredite; Burschel, Söldner, S. 207ff.

wurde.[403] Drittens war das Beute-machen aber vor allem auch eine für eine
Stadteroberung ›mit dem Schwert‹, wie es zeitgenössisch hieß, (also per Sturmangriff) typische und nach Kriegsbrauch auch übliche Praxis.[404] D.h. aber
nicht nur, dass es ein in den Augen vieler Zeitgenossen legitimes Vorgehen
war, sondern vor allem auch, dass es wahrscheinlich auch ein differenzmar-
kierendes Handlungsmuster war: Gerade weil man legitimer Weise nur nach
Sturmangriffen in einer Stadt plündern durfte, war das Beute-machen in Bamberg möglicherweise ein symbolischer Akt, der zeigen sollte, dass die Stadt mit
einem Sturmangriff eingenommen wurde und man nun nach zeitgenössischem
Kriegsrecht nach Belieben mit ihr verfahren konnte.[405] Dass (viertens) also auch
durch die Güterwegnahme eine Differenz zwischen ›Siegern‹ und ›Besiegten‹
geschaffen wurde, ohne dass es zu einem Massaker kam, ist sicherlich auch
evident.

Ein Sturmangriff hatte somit nicht ›nur‹ den Zweck die Stadt faktisch zu
erobern, sondern auch den Sinn, sie verbindlich einzunehmen, d.h. den rechtlichen Status der Stadt sowie der sich dort befindlichen Akteure und Güter
zu transformieren, so dass die Sieger nach zeitgenössischem Kriegsrecht und
-brauch jeweils nach Belieben verfahren konnten. Der Sturmangriff war also
potenziell auch ein Ritual mit performativer Wirkung.[406]

Vor diesem Hintergrund ist es überaus interessant, die Einnahme Erfurts
zu betrachten. Nachdem es zwischen der Stadt Erfurt und der schwedischen
Seite Verhandlungen gegeben hatte und es dabei zu keiner Einigung gekommen war, nahm Wilhelm von Sachsen-Weimar – auf persönlichen Befehl
Gustav Adolfs, wie Robert Monro berichtet[407] – die Stadt ein.[408] Mit einem

403 Vgl. zu derartigen Revanchen: Pröve, Violentia, S. 39f. Vgl. terminologisch zur Güter-
    wegnahme: Rohmann, Piraterie.
404 Vgl. Martines, Zeitalter, S. 69–94; Pepper, Siege law, S. 577; Kaiser, Kriegsgreuel,
    S. 160; Lynn, Introduction, S. 103; Asch, Kriegsrecht, S. 110f.
405 Vgl. Carl, Protektion, S. 300; Steiger, Occupatio bellica, S. 217–237; Asch, Violence,
    S. 299; Bergerhausen, Grunddokument, S. 330f; Blom, Booty.
406 Vgl. theoretisch: Stollberg-Rilinger, Rituale, insbesondere: S. 7–17; Bachmann-Medick,
    Performative Turn, S. 111–120.
407 Vgl. Mahr, Robert Monro, S. 144.
408 Vgl. Stievermann, Erfurt, S. 45; Beyer/ Biereye, Geschichte, S. 533; Schauerte, Gustav
    Adolf, S. 7ff. Als Quellen vgl.: LHASA, MD, A 37b I, II IX Nr. 15, 9ᵛ; Mahr, Robert
    Monro, S. 144; Khevenhüller, Annales, Bd. 11, Sp. 1879; Chemnitz, Kriegs, S. 218–
    221; Pufendorf, Kriegs-Geschichte, S. 72; Lungwitz, Josua Et Hiskias, S. 449f. Die Dar-
    stellungen von Schmidt und Berg lassen fälschlicherweise den militärischen Charakter
    der Aktion außer Acht (vgl. Schmidt, Reiter, S. 379; Berg, Occupation, S. 53).

Regiment Reitern drang der Herzog in die Stadt ein, deren Torwachen genötigt wurden, ihre Waffen niederzulegen, und ritt in Begleitung zahlreicher Kavalleristen auf den Markt, wo ihm, nach einer Verhandlung mit dem Rat der Stadt, die Stadtschlüssel übergeben wurden.[409] Von den durchgeführten Handlungen war die Eroberung Erfurts also eindeutig etwas, was man als Handstreich bezeichnen kann: Die gegnerischen Reiter drangen – offenbar plötzlich und schnell – durch ein geöffnetes Tor in die Stadt ein. Khevenhüller berichtete zudem, Wilhelm von Sachsen-Weimar (beziehungsweise dessen Kutscher) habe *seinen Wagen in und zwischen dem Thore still halten lassen*[410] und hierdurch ein Schließen des Tors verhindert. Dies ist ein interessantes Indiz dafür, wie ein solcher Überraschungsangriff auf ein Stadttor durchgeführt wurde, der geradezu ein Topos in zeitgenössischen Militärtraktaten war.[411] Ein weiteres Indiz für die konkrete Durchführung des Unternehmens ist die Bemerkung, der Herzog sei zuerst mit nur wenigen Reitern ans Tor geritten und erst anschließend sei die Hauptmacht des Kavallerieregiments gefolgt.[412] Vielleicht haben die Wachen aus diesem Grund die Gefahr unterschätzt. Zu einem Kampf kam es denn auch nicht, da die Erfurter Soldaten am Tor ihre Waffen niederlegten und der Rat später als Unterwerfungsgeste die Schlüssel auslieferte. Lungwitz subsummierte die Ereignisse denn auch folgendermaßen: *ist also die Stadt ohne Blutstürtzung bezwungen worden*[413], was implizit wiederum die ›Gnade‹ und ›Umsicht‹ der schwedischen Truppen glorifiziert, die kein Massaker in Erfurt anrichteten.

Nach der faktischen Einnahme der Stadt durch die Reiter des Herzogs Wilhelm von Sachsen-Weimar und der symbolischen Unterwerfung durch die Schlüsselübergabe wurden die beiden typischen Handlungsmuster eines Sturmangriffs, Massaker und Plünderung, in Erfurt nicht durchgeführt. Man verzichtete von schwedischer Seite auf die blutigen Rituale der Stadteroberung und ihre symbolisch-performativen Implikationen. Stattdessen kam es zu einer eher moderaten Einigung zwischen den Akteuren der Stadt Erfurt und der

---

409 Vgl. Beyer/ Biereye, Geschichte, S. 533; Schauerte, Gustav Adolf, S. 7; Mahr, Robert Monro, S. 144; Khevenhüller, Annales, Bd. 11, Sp. 1879; Lungwitz, Josua Et Hiskias, S. 449f.
410 Khevenhüller, Annales, Bd. 11, Sp. 1879.
411 Vgl. DuPraissac, Handbüchlein, S. 49, im Original fälschlich als S. »94« beschriftet; Rink, Bellona, S. 171f.
412 Vgl. Lungwitz, Josua Et Hiskias, S. 449; Khevenhüller, Annales, Bd. 11, Sp. 1879.
413 Lungwitz, Josua Et Hiskias, S. 450.

schwedischen Seite, die auch beinhaltete, dass der katholische Klerus in der Stadt bleiben durfte.[414]

Ein Grund für dieses ›Entgegenkommen‹ ist sicherlich, dass es bei der Einnahme zu keinem Kampf gekommen war, für den man aus Perspektive der Eroberer Revanche hätte üben müssen. Ein Weiterer war, dass man auf diese Weise langfristig von der städtischen Ökonomie und Infrastruktur profitieren konnte; zudem war Erfurt eine mehrheitlich protestantische Stadt, deren Plünderung dem Bild des schwedischen Königs wenig zuträglich gewesen wäre.

Allerdings berichtet der damals in Erfurt lebende altgläubige Kanoniker Caspar Heinrich Marx, die Soldaten Wilhelms von Sachsen-Weimar hätten einige katholische Geistliche misshandelt und deren Wohnungen geplündert.[415] Dies ist ein Hinweis darauf, dass es in Folge der Besetzung de facto zu Plünderungen kam, doch durch die Nicht-Erwähnung dieser in praktisch allen zeitgenössischen Geschichtswerken – unter anderem auch im pro-katholischen Werk Khevenhüllers – lassen den Schluss zu, dass diese nur in begrenztem Umfang durchgeführt wurden und es wohl keine offizielle Erlaubnis für dieses Agieren gab, wie dies beim legitimen Beute-machen der Fall gewesen wäre.[416] Diese spezifische Konstellation hatte mehrere Effekte: Erstens waren diese Plünderungen scheinbar dezidiert gegen die altgläubigen Geistlichen gerichtete Akte, die hierdurch eine konfessionelle Stoßrichtung erhielten.[417] Dies war möglicherweise sogar ein Effekt, den viele protestantische Erfurter begrüßten.[418] Zweitens allerdings hatte diese Plünderung, da sie nur wenige (und noch dazu katholische) Einwohner betraf und höchstwahrscheinlich offiziell nicht erlaubt worden war, keine Implikationen für die meisten Einwohner oder die Stadt als Gemeinwesen –, d.h. sie besaß in Bezug auf das Gemeinwesen keine symbolisch-performative Wirkung, sondern waren, im Gegensatz zu dem offiziell erlaubten und umfangreichen Beute-machen bei einem Sturmangriff, deviante Handlungen und kein Ritual.[419]

---

414 Vgl. zur Einigung: Press, Kurmainz, S. 394. Kritischer: Stievermann, Erfurt, S. 46–51. Vgl. zum Bleiberecht für die altgläubigen Kleriker: Weiß, Revolution, S. 138; Schmidt, Reiter, S. 379f.

415 Vgl. LHASA, MD, A 37b I, II IX Nr. 15, fol. 9^r-9^v.

416 Vgl. zu dieser Differenz: Meumann, Herrschaft oder Tyrannis, S. 184; Carl/ Bömelburg, Einleitung, S. 12f.

417 Vgl. allgemein: Greyerz/ Siebenhüner, Religion.

418 Vgl. Berg, Occupation, S. 63; Medick, Dreißigjährige Krieg, S. 62–70; Medick, Orte.

419 Vgl. zu dieser Differenz: Meumann, Herrschaft oder Tyrannis, S. 184; Carl/ Bömelburg, Einleitung, S. 12f.

Dass diese Plünderungen in der Wahrnehmung der Erfurter Stadtobrigkeit keine oder zumindest keine große Rolle spielten, zeigt auch eine Flugschrift, die im Auftrag des Rats 1634 veröffentlicht wurde.[420] Darin waren aber nicht ›nur‹ – wie in praktisch allen anderen zeitgenössischen Geschichtswerken auch – die Plünderungen inexistent, sondern auch der Handstreich des Herzogs Wilhelm von Sachsen-Weimar. Laut dieser Flugschrift habe der Erfurter Rat 1631 die Bedingungen, die Gustav Adolf gestellt hatte, nach einer Beratung angenommen und den schwedischen König hierüber mittels eines Boten in Kenntnis gesetzt.[421] Zudem sei dem Rat das Kommen Wilhelms von Sachsen-Weimar ebenfalls mit einem Boten angekündigt worden und am Tor habe es keine irgendwie ›feindseligen‹ Interaktionen gegeben.[422] Die Übergabe der Schlüssel sei auch nur unter der Bedingung erfolgt, dass

solche außantwortung [Übergabe der Schlüssel] gemeiner Stadt an dero Rechten / Gerechtigkeiten vnd Freyheiten / dem albereit gnädigst beschehenen Königlichem versprechen nach / zu keinem nachtheil vnd abbruch gereichen sollte[423].

Ferner habe Wilhelm von Sachsen-Weimar auf Verlangen des Rats versprochen, dass *alle disordre verbliebe [unterbliebe] vnd niemand schaden geschehe*[424].

Kurzum: Man hat in dieser Flugschrift ein Narrativ geschaffen, in dem nichts auf eine auch nur im Entferntesten plötzliche oder gewaltsame Einnahme der Stadt hindeutete; stattdessen wurde der Rat als Verhandlungspartner präsentiert, der die Rechte der Stadt wahrte und die Einwohner schützte, auch wenn es zu einer vereinbarten Okkupation kam. Diese Darstellung des Rats hing sicherlich mit den sich seit der schwedischen Niederlage in der Schlacht bei Nördlingen (1634) verändernden Kräfteverhältnissen zusammen, durch die eine erneute Stadtherrschaft des Mainzer Erzbischofs nicht unwahrscheinlich wurde.[425] Man kann dieses Narrativ dementsprechend als Rechtfertigung gegenüber dem ehemaligen (und möglicherweise auch zukünftigen) Stadtherrn interpretieren. Dazu passt aber eben nicht nur die Inszenierung des Erfurter Rats als Stadtobrigkeit, die die städtischen Rechte wahrte und die Einwoh-

---

420 Vgl. O. A., Warhafftiger wolgegründeter Bericht. Welcher gestalt […] Gustavi Adolphi […] am 22. Septembris deß Jahrs 1631. zum erstenmahl in der Stadt Erffurdt angelanget.

421 Vgl. ebd., S. 34f.

422 Vgl. ebd., S. 35.

423 Ebd., S. 38.

424 Ebd., S. 37.

425 Vgl. Press, Kurmainz, S. 394; Stievermann, Erfurt, S. 56f.

ner schützte, sondern auch die Umdeutung der Umstände der Einnahme. Eine handstreichartige Einnahme der Stadt hätte sicherlich ein Versäumnis seitens der Verteidiger, und damit des Rats, nahegelegt, was durch dieses Narrativ verhindert wurde.

Doch auch wenn diese Erzählweise sicherlich keine besonders große Wirkung entfaltet haben dürfte, so war sie doch immerhin möglich und man sollte davon ausgehen, dass hierfür konstitutiv war, dass es eben zu keinem Massaker, keinen nennenswerten Plünderungen und insgesamt keiner berichtenswerten Gewalt bei der Einnahme gekommen war.[426] Ex negativo bedeutet dies vor allem eines: Plünderungen und Massaker bei einem Sturmangriff waren differenzmarkierende Handlungen, die Umdeutungen der Art der Stadteinnahme praktisch unmöglich machten.

Zusammenfassend kann man sagen, dass es auch gewaltsame Stadteroberungen gab, bei denen es nicht zu Massakern oder Plünderungen kam. Allerdings waren in der Wahrnehmung der Zeitgenossen Eroberungen ohne einen Akkord eindeutig mit Imaginarien extremer Gewalt verbunden und das Ausbleiben von Massakern wurde sogar genutzt, um die Angreifer für ihre ›Gnade‹ zu rühmen. Derartige Gewalt – in Form von Massaker und Plünderung – war aber nicht sinnlos, sondern erzeugte vielmehr einen eindeutigen sozialen Sinn, den man gerade ex negativo sehr gut erkennen kann: Die Einnahme Erfurts, bei der es kein Massaker und (praktisch) keine Plünderung gab, wurde nach wenigen Jahren stark umgedeutet, wobei jegliche Erinnerung an die militärische Aktion getilgt wurde. Massaker und (umfangreiche) Plünderungen machten solche Umdeutungen – andernorts – allerdings tendenziell unmöglich, was bedeutsam war, da eine gewaltsame Einnahme den rechtlichen Status der Stadt transformierte, indem die jeweiligen Städte und die dort beim Sturmangriff angetroffenen Akteure praktisch rechtlos wurden. Die umfangreichen Plünderungen in Bamberg haben, aus dieser Perspektive betrachtet, eine rituelle Dimension, durch den der neue Status der Stadt performativ hergestellt wurde; in Erfurt wiederum korreliert das Ausbleiben (fast) jeglicher Gewalt mit dem Abschluss eines Akkords nach der Einnahme.

---

426 Ausschließlich das Werk des Bogislaus von Chemnitz wurde möglicherweise leicht von diesem Bericht beeinflusst, da es von einem Deputierten des Erfurter Rats berichtet, der Gustav Adolf die Annahme der gewünschten Akkordbedingungen mitteilen sollte. Allerdings sei dieser erst beim schwedischen Heer angekommen, als Wilhelm von Sachsen-Weimar die Stadt bereits eingenommen hatte (vgl. Chemnitz, Kriegs, S. 220f).

5. Die eroberte Stadt als Gemeinwesen

* * *

5. 1. Eide, Versprechen und schriftliche Verpflichtungen

Eine der zentralsten – und zeitgenössisch umstrittensten – Handlungen zwischen den Stadtgemeinschaften eroberter Städte und den Eroberern war die Vereidigung der Bürgerschaft auf den siegreichen Kriegsherrn.[1] Die Durchführung von Huldigungen differierte jedoch im Dreißigjährigen Krieg in den verschiedenen Städten äußerst stark.

Huldigungen in Perfektion: Frankfurt am Main und Augsburg

In Frankfurt hat der Rat der Reichsstadt *Ihr Kön: May: ihn Schweden [Gustav Adolf] ihm Braunefelß [Gasthaus in Frankfurt am Main] Ihn seinem Losament geschworen*[2]. Der Rat leistet also einen *leiblichen Eydt*[3]; genau dies hatte man von städtischer Seite eigentlich verhindern wollen, doch die schwedische Seite bestand erfolgreich darauf.[4] Konstitutiv hierfür war sicherlich, dass zum einen durch eine eidliche Huldigung die Differenz zwischen Herrscher (beziehungsweise Obrigkeit) und Untertanen performativ erzeugt wurde.[5] Zum anderen besaß der Eid im Imaginarium der Zeitgenossen auch eine metaphysische Qualität, durch die eine eidliche Verpflichtung eine tendenziell höhere Wirksamkeit versprach.[6] Durch beide Faktoren wurde die Bindung zwischen dem Frankfurter Rat und dem schwedischen König durch den Eid tendenziell stabiler und asymmetrischer.

Gleichzeitig war jedoch die gewählte Form des Handgelübdes für den Rat auch ehrgenerierend, denn sie implizierte eine persönliche Interaktion der Rats-

---

1 Vgl. allgemein: Carl, Protektion, S. 299f.
2 Gustav Adolf König von Schweden in Frankfurt am Main 1631 und 1632, S. 167.
3 Ebd.
4 Vgl. Traut, Gustav Adolf, S. 25–28; Gotthold, Schweden, Bd. 2, S. 32; Rieck, Frankfurt am Main unter schwedischer Besatzung, S. 67f; Berner, Gustav Adolf, S. 402.
5 Vgl. Holenstein, Huldigung der Untertanen; Holenstein, Huldigung und Herrschaftszeremoniell, S. 29–36; Holenstein, Seelenheil, S. 19f; Weller, Ort, S. 298–306.
6 Vgl. Holenstein, Seelenheil, S. 26ff.

herren mit dem König.[7] Diese hob zudem den Rang des Rats gegenüber der übrigen Bürgerschaft hervor, da letztere ihren Eid nicht in einer Form leistete, bei der es zu einer ehrgenerierenden Nähe zum schwedischen König kam – das Handgelübde war also exklusiv und daher distinktiv.[8] Zudem hob auch die Performanz der Huldigung der übrigen Bürgerschaft den herausgehobenen Status des Frankfurter Rats als Stadtobrigkeit hervor, denn die Bürger schwuren ihren Eid vor Teilen des Rats und Vertretern Gustav Adolfs.[9] Dies vermerkte auch der Frankfurter Caspar Kitsch in seinem Selbstzeugnis:

Ihr Kön: May: [Königliche Majestät, Gustav Adolf] hat es Einem seinem Commissarius und E. E. B. Rath übergeben der burger leiblichen Eydt schwur ihn seinem Nahmen zu verrichten, wie auch geschehen ist[10].

Die Huldigung der übrigen Bürgerschaft war damit nicht nur ein Mittel ihre Loyalität gegenüber der schwedischen Seite einzufordern, sondern diente auch dazu, die Stellung des Rats als Obrigkeit zu bekräftigen.

In Augsburg hingegen leistete die Bürgerschaft den Eid geschlossen auf dem Weinmarkt vor dem städtischen Anwesen der Fugger.[11] Dort befand sich zu diesem Zeitpunkt Gustav Adolf, der die verbale Interaktion mit der Bürgerschaft allerdings einem dort ebenfalls stehenden königlichen Sekretär übernehmen ließ.[12] Dies war eine in der Frühen Neuzeit nicht ungewöhnliche Praxis, die dazu diente, den Rangunterschied der Beteiligten zu akzentuieren – nicht selbst zu reden, sondern einen Sekretär oder Orator reden zu lassen, war eine eindeutig distinktive Praktik.[13] Distinktiv war auch das räumliche Arrangement, denn der schwedische König, sein Gefolge und der Sekretär befanden sich in einem oberen Stockwerk des fuggerschen Anwesens, also deutlich erhöht.[14] Zudem waren zwischen der Augsburger Bürgerschaft und dem Gebäude schwedische Soldaten postiert, wie es auch das Bild eines Flugblatts, das die Huldigung the-

---

7   Vgl. Krischer, Zeremonialschreiben, S. 99f; Krischer, Diplomatische Zeremoniell, S. 25ff; Krischer, Reichsstädtische Außenbeziehungen, S. 410–413.
8   Vgl. allgemein zum Handgelübde: Weller, Ort, S. 301.
9   Vgl. Gotthold, Schweden, Bd. 2, S. 36.
10   Gustav Adolf König von Schweden in Frankfurt am Main 1631 und 1632, S. 168.
11   Vgl. Roeck, Welt, S. 251; Roeck, Stadt, Bd. 2, S. 688f; Weber, Augsburg, S. 273ff; Stetten, Geschichte, S. 178f; Birlinger, Schweden, S. 633; Berner, Gustav Adolf, S. 430; Droysen, Gustav Adolf, S. 546; Soden, Gustav Adolph, S. 229. Wagenseils Deutungen hierzu sind nicht korrekt (vgl. Wagenseil, Geschichte, S. 183f).
12   Vgl. Roos, Chronik, S. 11; Emmendörffer, Welt, S. 486f.
13   Vgl. etwa: Rudolph, Reich, S. 105; Stollberg-Rilinger, Symbol, S. 93.
14   Vgl. allgemein zu derartigen räumlichen Arrangements: Weller, Ort, S. 301.

Abbildung 15: Huldigung der Augsburger, anonymes Flugblatt, 1634

matisiert, darstellte (siehe Abbildung 15).[15] Auch dies ist eindeutig als Mittel der Distinktion zu interpretieren, wobei es gleichermaßen zweifellos auch dem Schutz des schwedischen Königs und eventuell auch der Einschüchterung der Einwohner Augsburgs diente.[16] Der Rangunterschied zwischen dem schwedischen König Gustav Adolf und der Bürgerschaft der schwäbischen Reichsstadt wurde also in der Performanz der Huldigung offenbar stark akzentuiert, wobei es im Gegensatz zu den Ereignissen in Frankfurt am Main zu keiner Besserstellung des Rates gegenüber den übrigen Bürgern kam.

15 Vgl. zu den Soldaten: O. A., Deß Durchleuchtigsten / Großmächtigsten Fürsten vnd Herrn [...]: Auch wie Ihre Königl: Majest: die herrliche vnd weitberhümbte Statt Augspurg / mit Accord erobert; Mannasser, Gründliche vnd Außführliche Beschreibung welcher Gestalt die königl. May. zu Schweden [...] gegen die Statt Augspurg geruckt / dieselbe mit Accord erobert.
16 Vgl. zu solch einer Praktik als Distinktionsmedium: Weller, Ort, S. 301. Vgl. zu dieser Praktik als Mittel der Einschüchterung: Roeck, Stadt, Bd. 2, S. 689.

Jakob Wagner betonte in seiner Schilderung der Eidesleistung allerdings das (angebliche) Entgegenkommen Gustav Adolfs: Der schwedische König habe sich *mit blossem Haupt an das Fenster gestellt*[17] und sich bei den Augsburgern durch seinen Sekretär, dafür dass sie sich *so willig eingestellt [hätten], gnädigst bedank[t]*[18]. Das hutlose Agieren und der Dank waren beide eindeutig konnotierte Gesten, die für die Augsburger Bürgerschaft ehrgenerierend gewesen wären; inwiefern sie jedoch tatsächlich in actu durchgeführt wurden oder ob es sich dabei um Fiktionen Wagners handelt, muss hier offen bleiben.[19] Klar ist allerdings, dass der der Augsburger Elite angehörende Jakob Wagner mit dieser Beschreibung seinem Gemeinwesen Ehre zuschrieb.

Interessant ist auch, dass die Huldigungen innerhalb einer do-ut-des-Logik gedeutet werden konnten; der Augsburger Hainhofer etwa schrieb, der königliche Sekretär habe gesagt:

Da Ihre [die Augsburger] die Huldigung nach der begriffenen Aÿdts laisten werden, wollen Ihre Königl. Maÿ: hinwiederumb euch inn königlichen Gnaden gewogen verbleiben, Euch Ewre Privilegia Konigliche halten[20].

Und der Frankfurter Caspar Kitsch vermerkte zum Handgelübde in der Mainstadt, es sei erfolgt *wie Ihr Kö: May: auch dargegen geschworen hat*[21]. Während er zur Huldigung der übrigen Bürger anmerkte:

Den 2. December hat Eines ehrliebende Burgerschaft auf dem Römer Ihre Kön: May: geschworen, bey ihm zu halten, Es sey ihm Nothfall oder andern Ungelegenheiten sich begeben möchte, ihm bey zu springen, wie Ihr Kön: May: sich auch dar gegen erkleret hat, sie bey Ihre Religion, Privilegia und freyheit erhalten, einig und allein nach Gottes Ehre zu trachten, die wahre evangelische Religion erhalten und zu bestreitten, wie es auch die Erfahrung gibt bey dieser Zeit[22].

Der Eid wurde zeitgenössisch also häufig als Teil eines Gabentausches imaginiert, d.h. die Leistung des Eides wurde mit einer Gegengabe in Relation gesetzt.[23] Gleichzeitig unterscheiden sich die entsprechenden Zuschreibungen

17   Roos, Chronik, S. 11.
18   Ebd. Dies erwähnte auch Hainhofer (vgl. Emmendörffer, Welt, S. 486).
19   Vgl. zur Bedeutung des gezogenen Huts: Stollberg-Rilinger, Kleider, S. 160. Vgl. zum Sinn des Danks: Holenstein, Huldigung und Herrschaftszeremoniell, S. 26f.
20   Emmendörffer, Welt, S. 486.
21   Gustav Adolf König von Schweden in Frankfurt am Main 1631 und 1632, S. 167.
22   Ebd., S. 168.
23   Vgl. theoretisch zum Gabentausch: Mauss, Gabe. Vgl. speziell zum Gabentauschs in der Frühen Neuzeit: Davis, Schenkende Gesellschaft.

aber auch deutlich: Der Sekretär Gustav Adolfs nutzte laut Hainhofers Überlieferung einen Diskurs, der die herausgehobene königliche Stellung Gustav
Adolfs akzentuierte und die Gegengabe quasi als paternalistische ›Gnade‹ deutete.[24] Kitsch machte hingegen den Gabentausch in seinem Selbstzeugnis zu
einer Interaktion unter gleichwertigen Partnern, die streng reziprok ablief. In
beiden Fällen ging es zweifellos um die Zuschreibung von Rang und Ehre, die
im ersten Fall zu Gunsten des schwedischen Königs und im zweiten tendenziell
zugunsten der Reichsstadt Frankfurt ausfiel, denn von einem König – zumindest mittels bestimmter Handlungssequenzen – als gleichwertiger Partner anerkannt zu werden, war für eine (Reichs-) Stadt eine enorme Ehre.[25]

Korrekt war die Beschreibung des Caspar Kitsch jedoch wahrscheinlich
nicht: Gustav Adolf hatte beim Handgelübde mit großer Wahrscheinlichkeit
keinen Eid geleistet, um seine Zusicherungen zu bestätigen, sondern eine un-
verbindlichere Form genutzt. In den kurz danach ausgestellten Versicherungsschreiben jedenfalls wurde zwar ausdrücklich mehrfach der Eid der Frankfurter
erwähnt, jedoch nur das Versprechen des schwedischen Königs.[26] Ein Versprechen aber war in der frühneuzeitlichen Deutung deutlich weniger bindend als
ein Eid.[27] Auch durch diese Asymmetrie des Schwörens und Nicht-Schwörens
wurde die Beziehung zwischen den städtischen Gemeinwesen und Gustav
Adolf sinnfällig zum Ausdruck gebracht: Die Bürgerschaften wurden durch
die Eidesleistung zu huldigungspflichtigen Untertanen gemacht, während der
schwedische König eidmäßig ungebunden blieb.[28]

Ein Indiz auf die Rolle, die Zeitgenossen einem solchen Eid aber zuschrieben, liefert ein Flugblatt, das die Huldigung der Augsburger Bürgerschaft ins
Bild setzte, wobei auch starke schwedische Truppen gezeigt wurden (siehe Abbildung 15). Durch diese Verbildlichung von Truppen und dem Eid wurde
die Superiorität der schwedischen Seite geradezu in dreifacher Weise in Szene
gesetzt: Nämlich als faktisch (durch das Militär) sowie rechtlich und quasi metaphysisch (durch die Huldigung). Doch dies geschah nicht aus einer Position
der schwedischen Stärke heraus: Das Flugblatt erschien nämlich nicht im Jahr

24 Vgl. zu diesem Diskurs: Stollberg-Rilinger, Maria Theresia, S. 682f.
25 Vgl. Krischer, Diplomatische Zeremoniell.
26 Vgl. Rydberg/ Hallendorff, Sverges traktater, S. 584–587.
27 Vgl. grundlegend: Holenstein, Seelenheil.
28 Die Darstellung des Verhältnisses zwischen Frankfurt und Gustav Adolf bei Georg Sch-
    midt ist nicht korrekt (vgl. Schmidt, Reiter, S. 385).

der Einnahme der Reichsstadt (1632), sondern zwei Jahre später, als nach der schwedischen Niederlage in der Schlacht bei Nördlingen eine Belagerung Augsburgs durch kaiserlich-ligistische Truppen drohte.[29] Aus dieser geschwächten Position heraus verwies man also vor allem auf den Eid der Augsburger Bürgerschaft und inszenierte sie damit als verpflichtete, loyale Untertanen – eine Inszenierung, die sicherlich gleichermaßen disziplinierend nach innen wie abschreckend nach außen wirken sollte.

Doch um überhaupt eine Huldigung durchzuführen, wurde diese in der Regel zuvor, wie in Frankfurt am Main und in Augsburg, angekündigt und dabei der Wortlaut des geforderten Eides bekannt gegeben. Der Frankfurter Peter Müller merkte beispielsweise über den Ablauf in der Mainstadt an: *Den 30. November sind die Burger allesammt uf den Römer gefordert und (ist) ihnen vorgehalten (worden), wie es Ihr K. M. [Gustav Adolf] gehalten haben will*[30]. Während also in Frankfurt die Bürger zum Römer beordert wurden, um die Eidesformel zu hören, wurde im ungleich größeren Augsburg der zu leistende Eid laut Hainhofer an mehreren Orten verlesen:

bin ich [Hainhofer] umb 4 Uhren auff die herren stuben (allda derselben genossen inn ziemlicher anzahl, darunter auch die geweste Herren Stadt Pflegere u. andere dess Raths erschinen, gangen, und daselbst wie auch an den 3 anderen gewohnlichen orthen, der königliche herr Statt Halter Graf von Hohenloe neben dem königlichen herren gehaymen Secretarius Philip Satleren die formulam Iuramenti [Eidesformel] wider welche niemandt gered hat, abgelesen[31].

Dieses Agieren diente zweifellos dazu, die Bürger überhaupt erst über die bevorstehende Huldigung und den Eid in Kenntnis zu setzen.[32]

Über die Grenzen, eine Huldigung durchzuführen

Doch eine Bekanntgabe von Huldigung und Eid war offenbar keine Selbstverständlichkeit, denn in Würzburg machte man Vergleichbares allem Anschein nach nicht. Der bischöfliche Rat Ganzhorn merkte über die Huldigung in der Stadt Würzburg an, die Bürgerschaft sei ins Julierspital beordert worden, wo dann ohne vorherige Ankündigung eine Huldigung durchführt worden sei.[33]

---

29 Vgl. zu dieser Belagerung: Martines, Zeitalter, S. 141–151.
30 Becker, Chronik, S. 66.
31 Emmendörffer, Welt, S. 484.
32 Vgl. Stetten, Geschichte, S. 177f.
33 Vgl. Leo, Würzburg, S. 305f.

Wenn diese Beschreibung zutreffend ist, verfuhr die schwedische Seite wahrscheinlich so, um ein Fernbleiben von (großen) Teilen der Würzburger Bürgerschaft zu verhindern. Ex negativo kann man dies als Indiz für die Handlungsmacht der nicht-huldigenden Bürger interpretieren, denn durch Abwesenheit – oder gar Störungen – konnte die Vereidigung offenbar stark beeinträchtigt werden.[34] Dafür spricht auch, dass Wagner zur Huldigung in Augsburg eigens die *grosse[.] Menge* der Huldigenden vermerkte sowie, dass diese den *Eid ohne einige Widerrede* geleistet hätten.[35] Indem die schwedische Seite aber möglicherweise in Würzburg die Bürgerschaft versammelte und dann wohl ohne Ankündigung einen Eid verlangte, verhinderte sie ein gezieltes Fernbleiben. Der versammelten Bürgerschaft attestierte der bischöfliche Rat Ganzhorn wiederum, *vi Iustoque metu [durch Zwang und wohlbegründete Furcht]*[36] zum Eid genötigt worden zu sein – und angesichts der dort offenbar anwesenden schwedischen Truppen kann man sicherlich von einer gewissen Forcierung ausgehen. In der Stadt Würzburg nutzte die schwedische Seite also wahrscheinlich Dissimulation und die implizite Drohung, die durch ihre Truppen ausging, um die Bürgerschaft zu einer Huldigung zu bewegen.

Gleichzeitig sollte man aber auch nicht die potenziell rechtfertigende Stoßrichtung der Ganzhornschen Ausführungen über die Huldigung übersehen. Indem Ganzhorn der Bürgerschaft zuschrieb, *vi Iustoque metu [durch Zwang und wohlbegründete Furcht]*[37] zur Huldigung forciert worden zu sein und ihnen attestierte, vor der *Necessitati [Notwendigkeit]*[38] gewichen zu sein, erschien ihre Eidesleistung als zu rechtfertigender Schritt. Für diese Rechtfertigung nutzte Ganzhorn den in der Frühen Neuzeit verbreiteten und weitgehend anerkannten argumentativen Topos der Notwendigkeit, um auf die Extremsituation verweisend die als Verrat und Eidbruch deutbare Huldigung zu rechtfertigen.[39]

In diesem Rechtfertigungsnarrativ spielte aber nicht nur die Rhetorik der Notwendigkeit eine Rolle, sondern auch die Sprache der Loyalität. Ganzhorn attestierte der Bürgerschaft, dass ihnen die Eidesleistung *nit allein bedenckhlich,*

---

34 Vgl. hierzu auch: Holenstein, Huldigung und Herrschaftszeremoniell, S. 27; May, Schwörtage, S. 217–229.
35 Beide Zitate: Roos, Chronik, S. 12.
36 Leo, Würzburg, S. 306.
37 Ebd.
38 Ebd.
39 Vgl. zum Diskurs der Notwendigkeit: Petris, Vernunft, S. 226–232. Vgl. zur Deutung von Huldigungen durch den (ehemaligen) Landesherrn: Carl, Protektion, S. 299f.

sondern gar ohnverantwortlich fallen[40] und ihnen die Aufforderung dazu *menniglich seltzam, undt hochschmerzlich vorkommen*[41] sei; d.h. Ganzhorn schrieb der Bürgerschaft zu, wie loyale Untertanen gefühlt zu haben.[42] Die attestierten Emotionen wurden hier zu Belegen der Loyalität, die dem Vorwurf des Verrats entgegenwirken sollten.[43] Zudem schrieb der bischöfliche Rat Ganzhorn dem Domherrn Erhard von Lichtenstein in gewisser Weise die Entscheidung und die Verantwortung zu, denn dieser habe laut Ganzhorns Bericht vor der Einnahme der Stadt dazu geraten, dass die Bürgerschaft, wenn man einen Eid fordern würde, *pariren vndt Iuriren [schwören]*[44] solle. Ganzhorn versuchte also die Huldigung auf drei Arten zu rechtfertigen, nämlich erstens durch die Rhetorik der Notwendigkeit, zweitens die Sprache der Loyalität sowie drittens durch die Delegation der Entscheidung und Verantwortung.

In Erfurt sah die Situation wiederum gänzlich anders aus: Der altgläubige Geistliche Caspar Heinrich Marx schrieb, *Raht undt Bürgerschaft [haben] der Cron Schweden undt Confoederirten huldigen müssen*[45], während etwa Lungwitz wesentlich unpräziser vermerkte, Gustav Adolf habe *den Rath / die Bürgerschafft vnd Clerisey in ihre Pflicht genommen*[46]. In der bereits erwähnten 1634 im Auftrag des Erfurter Rats verfassten Flugschrift war hingegen von einer Vereidigung nicht mehr die Rede; stattdessen sei es zu einer Interaktion mit dem schwedischen König gekommen und

alle die der consultation beygewohnet / [waren] mit den aufgesetzten vnnd auff gnädigsten befehl zur verlesung vberreichten concepten des versicherungsbriefes vnd der Reversalen wohl zu frieden [gewesen][47].

Hier ging es also scheinbar nicht um eine Huldigung, sondern um eine Zustimmung von (Teilen) der Bürgerschaft zu den ausgehandelten Akkordpunkten. Die Entscheidung über die Akkordpunkte wurde also öffentlich zelebriert und in Szene gesetzt, wobei dies wohl dazu diente, die Entscheidung zur

40 Leo, Würzburg, S. 306.
41 Ebd.
42 Vgl. zu den ›Gefühlen der Untertanen‹: Stollberg-Rilinger, Maria Theresia, S. 682f. Vgl. allgemeiner dazu auch: Frevert, Gefühlspolitik, insbesondere: S. 90–100.
43 Vgl. allgemein zum Verrat: Krischer, Verräter.
44 Leo, Würzburg, S. 306.
45 LHASA, MD, A 37b I, II IX Nr. 15, fol. 10ᵛ.
46 Lungwitz, Josua Et Hiskias, S. 450.
47 O. A., Warhafftiger wolgegründeter Bericht. Welcher gestalt [...] Gustavi Adolphi [...] am 22. Septembris deß Jahrs 1631. zum erstenmahl in der Stadt Erffurdt angelanget, S. 55.

Entscheidung der gesamten Bürgerschaft zu machen und ihr so Legitimität zu verleihen.[48] Dies wiederholte sich offenbar auch in einer Interaktion der Bürgerschaft mit Gustav Adolf:

Als habe dieselbe [königliche Majestät, Gustav Adolf] mehrgedachte Personen gefragt: Ist das so mir ewer Rathsmeister jetzo auff mein anbringen geantwortet hat / ewer aller will vnd meinung / vnd als sie mit ihrem Ja es einmütig bekräfftiget / in gnädigster antwort sich vernehme lasse / daß sie an solcher vnterthänigsten erclärung eine gnädigste beliebung trügen / vnd sie darauff gnädigst wiederumb von sich gelassen[49].

Ein rechtsverbindlicher Eid scheint dies nicht gewesen zu sein, doch machte man so das ganze Gemeinwesen zum Träger dieser Entscheidung und dies bedeutete auch, dass man das gesamte Gemeinwesen verpflichtete.[50] In dem vom Erfurter Rat ausgestellten Versicherungsschreiben hieß es dann, man habe sich *mit Vorbewust vndt einwilligung der Sämptlichen Räthen, Vormunden von Vierteln vndt Handtwerckeren […] [auf die Akkordpunkte] obligiret vndt verpflichtet*[51] und das Schreiben sei *mit einwilligung aller obgenanten*[52] ausgestellt worden. Die Bürgerschaft wurde also durch ihre Einbeziehung verpflichtet, wobei dies sicherlich bis zu einem gewissen Grad auch eine Taktik des Erfurter Rats und der schwedischen Seite war.[53] Doch von einem Eid war im Versicherungsschreiben an die schwedische Seite nichts zu lesen, denn dort hieß es, der Rat würde *vrkunden vndt bekannen*[54]. In den Versicherungsschreiben anderer Städte wurden stattgefundene Huldigungen zwar nicht notwendigerweise genannt.[55] Dass im Fall von Erfurt jedoch tatsächlich auf eine Handlung Bezug genommen, aber diese nicht als Eidesleistung deklariert wurde, deutet stark darauf hin, dass

---

48 Vgl. theoretisch dazu: Hoffmann-Rehnitz/ Krischer/ Pohlig, Entscheiden, 247ff.
49 O. A., Warhafftiger wolgegründeter Bericht. Welcher gestalt […] Gustavi Adolphi […] am 22. Septembris deß Jahrs 1631. zum erstenmahl in der Stadt Erffurdt angelanget, S. 55f.
50 In der Literatur hingegen wurde die Performanz – möglicherweise undifferenziert – als Eid gedeutet (vgl. Beyer/ Biereye, Geschichte, S. 535; Schauerte, Gustav Adolf, S. 12; Weiß, Revolution, S. 139). Vgl. zu frühneuzeitlichen Praktiken der Verpflichtung: Stollberg-Rilinger, Kleider, S. 51.
51 Vgl. Rydberg/ Hallendorff, Sverges traktater, S. 534.
52 Vgl. Ebd.
53 Vgl. zur Verpflichtung durch Einbeziehung: Hoffmann[-Rehnitz], Differenzierung.
54 Vgl. Rydberg/ Hallendorff, Sverges traktater, S. 533.
55 Die Huldigung in Frankfurt am Main wurde in den entsprechenden Schriftstücken etwa nicht genannt (vgl. Rydberg/ Hallendorff, Sverges traktater, S. 584–587).

in Erfurt kein Eid geleistet wurde, sondern sich die Stadtgemeinschaft in unverbindlicherer Form verpflichtete.

Noch sicherer ist die Absenz einer Huldigung in München, doch auch in Nürnberg scheint es zu keiner Vereidigung gekommen zu sein.[56] Betrachtet man nun die Städte, bei denen man eine Existenz einer Huldigung mindestens mit großer Wahrscheinlichkeit annehmen oder verwerfen kann, so ergibt sich folgendes Bild: In Augsburg, Frankfurt am Main, Würzburg, Mainz und Bamberg kam es zu Huldigungen, während es in München und wohl gleichfalls in Erfurt und Nürnberg keine Vereidigungen der Bürgerschaft gab.[57] Die Entscheidung, ob Bürgerschaften vereidigt wurden oder nicht, scheint keinem einheitlichen, klaren Muster zu folgen; man sollte folglich von diversen Faktoren ausgehen, die auf die Entscheidung einwirkten.

In München trug wahrscheinlich die Kombination zweier Faktoren zum Ausbleiben einer Huldigung bei: Zum einen lag München extrem exponiert, so dass die schwedische Seite sicherlich davon ausging, die Stadt nicht auf längere Sicht halten zu können. Zum anderen war die Bevölkerung Münchens Gustav Adolf und seinen Truppen wenig wohlgesonnen, d.h. man hätte wohl wie in Würzburg List und Zwang einsetzen müssen, um die Bürgerschaft zu einer Huldigung zu bewegen, und dabei einen Aufruhr riskiert.[58] Möglicherweise ging die schwedische Seite also davon aus, dass sie beim Versuch einer Huldigung in München viel riskieren würde, um wenig zu gewinnen.

Frankfurt am Main, Würzburg und Mainz waren auf Grund ihrer geographischen Lage strategisch wichtige Städte, deren sich die Schweden sicherlich besonders versichern wollten; zudem legten es die Konfession der Einwohner von Bamberg, Würzburg und Mainz beziehungsweise Frankfurts distanziertes Agieren bei den Verhandlungen nah, einen Eid als Mittel zur Loyalitätssicherung beziehungsweise -erzwingung zu nutzen.[59] Augsburg wiederum war aus

---

56 Vgl. zu München: Riezler, Geschichte, S. 420; Stahleder, Chronik, S. 451–456. Vgl. zu Nürnberg: Donaubauer, Nürnberg, S. 200–207; Endres, Endzeit, S. 275.
57 Vgl. zu Augsburg: Roeck, Welt, S. 251; Roeck, Stadt, Bd. 2, S. 688f; Weber, Augsburg, S. 273ff. Vgl. zu Frankfurt am Mainz: Rieck, Frankfurt am Main unter schwedischer Besatzung, S. 65ff. Vgl. zu Mainz: Müller, Staat, S. 58 und 91f; Müller, Schweden [2016], S. 199; Dobras, Stadt, S. 259. Vgl. zu Bamberg: Deinlein, Geschichte, S. 27; Soden, Gustav Adolph, S. 188.
58 Vgl. zum Gewaltpotenzial städtischer Einwohner: Eibach, Institutionalisierte Gewalt, S. 199ff; Sawilla/ Behnstedt-Renn, Latenz, S. 18ff; Hohrath, Eroberer, S. 76f.
59 Vgl. zu Frankfurt: Rieck, Frankfurt am Main unter schwedischer Besatzung, S. 29–64; Traut, Gustav Adolf, S. 13–27.

protestantischer Perspektive derart symbolträchtig, dass eine Huldigung dort für Gustav Adolf zweifellos enorm ehrgenerierend war.[60] In Erfurt und Nürnberg, deren (mehrheitlich) protestantische Bevölkerung als loyal gelten konnte, scheint die schwedische Seite auf eine Huldigung verzichtet zu haben.

Die Sprache der Verpflichtung

Die Eidesformeln der Huldigungen scheinen sich zwar unterschieden zu haben, doch wesentlich war wohl stets das für frühneuzeitliche Untertaneneide typische Gelöbnis von Treue und Loyalität.[61] Der bischöfliche Rat Ganzhorn schrieb zur Vereidigung der Bürgerschaft in der Stadt Würzburg, diese schwor *das Sie deroselben [dem schwedischen König] getreü vndt holdt sein, auch wider Sie, Ihre Officier, vndt Armèe feindtliches nichts attentiren, noch mit dero feindlichen heimblich correspondiren, oder verstehen solten oder wolten*[62].
Und in Augsburg wurde der neue, durch den Schwur performativ erzeugte Status der Schwörenden als Untertanen noch expliziter, denn dort lautete der Eid:
Wir N.N. geloben und schweren, das wir dem durchleuchtigsten, Großmächtigsten Fürsten und Herren, Herren Gustaph Adolph von Schweeden, Gothen und Wenden König: Grossfürsten Inn Finnlandt, Herzogen zue Ehesten und Carelen, herren uber Ingermanlandt, unseren allergnädigsten König und Herren, und der Cron Schweeden getrew, hold, ghorsamb und gewertig seyn, dero bestes prüeffen, schaden aber warnen und auff erster mögligkheit nach abwenden, auch alles das thuen und lassen wollen, Waß getrewen underthanen; ihren Natürlichen Herren zue thuen und laisten obligt, trewlich und ohngeferde, so wahr unß Gott helffe zue Seel und leib[63].
Diese deutliche Eidesformel hatte die Augsburgische Elite wohl noch versucht abändern zu lassen und Gustav Adolf deshalb *underthänigst gebehen das es umb etwaß geendert werden möchte*, doch *ihre Mt: [Majestät, Gustav Adolf] haben es hoch empfunden und keine enderung zue lassen wollen*[64], wie der oft gut informierte Augsburger Hainhofer in seinem Selbstzeugnis vermerkte. Die angeblich bei dieser Gelegenheit geäußerte Meinung des Königs, dass der Eid *der*

---

60 Vgl. dazu etwa: Roeck, Stadt, Bd. 2, S. 695–708; Schmidt, Kommentar, S. 233ff.
61 Vgl. allgemein: Holenstein, Seelenheil, S. 19f.
62 Leo, Würzburg, S. 305f.
63 Emmendörffer, Welt, S. 484. Vgl. auch Roos, Chronik, S. 12.
64 Beide Zitate: Emmendörffer, Welt, S. 482.

Stadt an ihrer Immediatet [Reichsunmittelbarkeit] unschädlich sein solle[65] deutet darauf hin, dass man von städtischer Seite wohl genau dies fürchtete – explizit artikuliert wurde dies jedoch weder bei Hainhofer noch beim ebenfalls in Augsburg lebenden Wagner.[66] Allerdings kann man Hainhofers Vermerk des angeblichen Ausspruchs Gustav Adolfs durchaus als Versuch interpretieren, ein Argument für den Bestand der Reichsunmittelbarkeit zu generieren.

Weniger gut ist allerdings der Eid, den die Frankfurter Bürgerschaft leistet, durch die Selbstzeugnisse der Frankfurter überliefert. Caspar Kitsch schrieb lakonisch, man habe geschworen, *bey ihm [Gustav Adolf] zu halten*[67], während Peter Müller ausführlicher anmerkte, man habe geschworen

dass man ihm [Gustav Adolf] zu allen Durchzügen hin und her freyen Pass unverhindert lassen, dagegen unserm Feind, den Kaiserlichen, keinen Pass gestatten wolle; wo es auch dazu kommen sollt, dass der König Volk in die Stadt legen sollt, wir sich ganz nit darwider sperren[68].

Analog zum Versicherungsbrief gelobten die Frankfurter offenbar explizit ein Durchmarschrecht für schwedische Truppen, doch ebenso schworen sie viel weitergehend Gustav Adolf die Treue und die Stadt (gegebenenfalls unter königlichem Oberbefehl) bis zum Äußersten gegen alle Feinde der schwedischen Seite zu verteidigen.[69] Insbesondere Kitsch' Ausführungen, die die Passrechte akzentuierten, waren also offenbar sehr selektiv – ob dies daran lag, dass der Seidenarbeiter die Bedeutung des Schwurs nicht richtig verstanden hatte oder ob er die Tragweite des Eides für sein Gemeinwesen in seinem Selbstzeugnis gezielt herunterspielte, muss hier offen bleiben.

Unabhängig von den geleisteten Eiden stellten die Räte der Städte Erfurt, Frankfurt am Main, Nürnberg und Augsburg auch Versicherungsbriefe für die schwedische Seite aus, wie ihnen wiederum durch den schwedischen König ebenfalls Versicherungsbriefe ausgestellt wurden. In diesen Schreiben wurden die wechselseitigen Verpflichtungen der Städte und der schwedischen Seite zu-

---

65 Ebd.
66 Vgl. zur Angst um die Reichsunmittelbarkeit: Roeck, Stadt, Bd. 2, S. 688f; Weber, Augsburg, S. 273ff; Stetten, Geschichte, S. 176.
67 Gustav Adolf König von Schweden in Frankfurt am Main 1631 und 1632, S. 168.
68 Becker, Chronik, S. 66.
69 Vgl. zum Versicherungsbrief: Rydberg/ Hallendorff, Sverges traktater, S. 584–587. Vgl. zum Eid: Traut, Gustav Adolf, S. 27f. Die Darstellung des Verhältnisses zwischen Frankfurt und Gustav Adolf bei Georg Schmidt ist nicht korrekt (vgl. Schmidt, Reiter, S. 385).

einander etwas ausführlicher fixiert, wobei sich viele ›gütlich‹ übergebene Städte ihre ›althergebrachten‹ Rechte und Freiheiten bestätigen ließen.[70] An den Kompetenzen der meisten Städte änderte sich somit ad nomina nichts, was durchaus in das Bild der rechtwahrenden Schweden passt, das man nicht selten in der historischen Forschung zeichnet.[71] Gleichzeitig sollte man drei Faktoren bei der Bewertung dieses Sachverhalts nicht außer Acht lassen: Erstens diente das Bild der ›rechtswahrenden‹ und ›rechtsherstellenden‹ Schweden zeitgenössisch als Mittel der Glorifizierung, d.h. über die Achtung des Rechts wurde Ehre postuliert.[72] Zweitens erhielt die schwedische Seite, indem sie Rechte bestätigte, den Status des Herrschers.[73] Und drittens sollte man den Akt der Bestätigung von Rechten nicht mit der künftigen Verwaltungs-, Regierungs- und Rechtsprechungspraxis verwechseln. Nicht wenige der Formulierungen in den Versicherungsbriefen waren zudem amorph; die Erfurter ließen sich etwa versprechen, dass

die einqwartirungen vndt Gvarnisonen höher, weiter vndt länger nicht alss es oft allerhöchstermelter Königl. May:tt [Gustav Adolf] vndt gemeiner Stadt sicherheit, auch die ratio belli ohnvermeidtlich erheischet, erstrecken vndt continuiren [solle][74].

Wesentlich eindeutiger hingegen waren der Duktus und die scheinbar floskelhaften Wendungen dieser Texte, durch den sich die beiden Seiten ziemlich eindeutig zueinander positionierten.[75] Von Gustav Adolf schrieben die Städte, er sei *vnser [der Stadt] gnedigster Herr*[76] beziehungsweise *vnser Allergnädigster König vndt Herr*[77], wie auch von Gustav Adolf, *vnsern gnedigsten König vndt Herrn*[78], zu lesen ist. Diesem gelobten die Räte an Eidesstatt, dass *Wir bey höchstgedachter Ihrer Königl. May:tt getrewlich stehen vndt halten*[79] werden; *Wir*

---

70 Vgl. Stievermann, Erfurt, S. 47ff. Vgl. zu Erfurt: Rydberg/ Hallendorff, Sverges traktater, S. 531 und 533. Vgl. zu Nürnberg: Rydberg/ Hallendorff, Sverges traktater, S. 746.
71 Kritisch dazu etwa: Roeck, Stadt, Bd. 2, S. 689–694; Schmidt, Reiter, S. 380 und 388f.
72 Vgl. Tischer, Grenzen, S. 48; Wilson, Dreißigjährige Krieg, S. 560.
73 Vgl. allgemein dazu etwa: Stollberg-Rilinger, Kleider, S. 79–85.
74 Rydberg/ Hallendorff, Sverges traktater, S. 533.
75 Vgl. etwa: Signori, »Sprachspiele«; Stollberg-Rilinger, Kleider, S. 160; Krischer, Zeremonialschreiben, S. 105–109; Landwehr, Rhetorik, S. 275–284.
76 Rydberg/ Hallendorff, Sverges traktater, S. 747. (Es geht um die Stadt Nürnberg).
77 Ebd., S. 749. (Es geht um Augsburg). Vgl. zu einem ähnlichen Wortlaut: Ebd., S. 533. (Es geht Erfurt).
78 Ebd., S. 584. (Es geht um die Stadt Frankfurt am Main).
79 Ebd., S. 747. (Es geht um die Stadt Nürnberg).

getrew, holdt, gehorsamb vnd gewertig sein[80] werden und *getrew, holdt vnd ge-wärtigk [zu] sein*[81] sowie *alless dass thuen vnd leisten [zu] wollen, was getrewen vnderthanen, Ihrem naturlichen Herrn zue thuen vnd leisten obligt*[82]. Schaden gelobte man vom schwedischen König fernzuhalten:

wedher durch vns noch andere nicht allein in allergeringsten nicht moliren, attentiren vndt vornehmen, sondern viell mehr alle gefahr, schaden vndt nachtheill besten fleisses warnen vndt abwenden helffen wollen[83].

Und auch der schwedischen Armee werde man von *nuhn vnd ins kunfftig, alle trew vndt guthen willen erweisen, vndt wieder dieselbe, heimblich noch offendt-lich, nichtes ratschlagen, noch tentiren lassen*[84]. Von den Städten wurden diese Versicherungsbriefe *allervnterthänigst herausgestellet*[85], während der schwedische König seinen Versicherungsbrief zur *bezeugung vnserer ahngestambten Königli-chen milde, gute vnd wohlgewogenheit*[86] beziehungsweise nur *gegen vnderthenigs-ter ausandworrtung eines Reverses*[87] ausstellte. Zudem gelobte Gustav Adolf auch nicht an Eidesstatt, wie es auf der Gegenseite die Räte taten, sondern er hat *gnedigst zugesagt vnnd verprochen*[88], *allergnedigst zugesagdt*[89] und *hiemit Königl. Versprechen, vnd zusagen*[90]. Derartige Anreden und Wendungen waren in der Frühen Neuzeit aber keine inhaltsleeren Floskeln, sondern besaßen stets auch eine enorme performative Wirkung, die über Stand, Rang und Ehre entschied. Mittels all dieser Wendungen wurde der herausragende Rang des schwedischen Königs als Herr der jeweiligen Städte ebenso in Szene gesetzt wie der Status ebendieser Städte als Gustav Adolfs Untertanen.

Gleichzeitig nannten sich die Räte der Städte Nürnberg und Frankfurt am Main in den Versicherungsschreiben ausdrücklich Rat *dess Römischen Reichsz Stadt Nurnberg*[91] beziehungsweise Rat der *Freyen Römischen Reichz Stadt Franckfurt*[92]: Nürnberg und Frankfurt versuchten also dezidiert, ihren Status

---

80 Ebd., S. 750. (Es geht um die Stadt Augsburg).
81 Ebd., S. 534. (Es geht um die Stadt Erfurt).
82 Ebd., S. 750. (Es geht um die Stadt Augsburg).
83 Ebd., S. 534. (Es geht um die Stadt Erfurt).
84 Ebd., S. 584. (Es geht um die Stadt Frankfurt am Main).
85 Ebd., S. 534. (Es geht um die Stadt Erfurt).
86 Ebd., S. 531. (Es geht um die Stadt Erfurt).
87 Ebd. (Es geht um die Stadt Erfurt).
88 Ebd., S. 745. (Es geht um die Stadt Nürnberg).
89 Ebd., S. 533. (Es geht um die Stadt Erfurt).
90 Ebd., S. 586. (Es geht um die Stadt Frankfurt am Main).
91 Ebd., S. 747.
92 Ebd., S. 584.

als Reichsstädte aufrechtzuerhalten.[93] Dies mag vordergründig paradox wirken, da die Städte sich auf die Seite Gustav Adolfs – und damit ex negativo gegen den Kaiser – stellten, doch durch diese Deutung (die man durchaus als Akt der Heuchelei interpretieren könnte[94]) blieb das Heilige Römische Reich weiterhin ein integrierender Bezugsrahmen, aus dem sich auch die pro-schwedischen Städte nicht entfernten.[95] (Und der schwedische König versuchte offenbar auch nicht, die eingenommenen Städte demonstrativ aus dem Reichsverband zu lösen.) Etwas anders sah es hingegen in Augsburg aus: Dort gelang es – wohl zum Leidwesen vieler Augsburger[96] – deutlich weniger gut, eine solche Fiktion zu erzeugen, so dass 1632 durch Vertreter der Stadt Ulm Zweifel geäußert wurde, ob Augsburg noch eine Reichsstadt sei.[97] Doch die Augsburger Gesandten scheinen die Ulmer letztlich von Augsburgs weiterhin bestehender Reichsunmittelbarkeit überzeugt zu haben.[98] Viele moderne Historiker hingegen urteilten, dass der Reichsstadtstatus Augsburgs mit der Einnahme der Stadt und vor allem der Huldigung 1632 erloschen sein müsse.[99]

In Würzburg und in München gab es derartige Versicherungsschreiben wie in Erfurt, Frankfurt am Main, Nürnberg oder Augsburg nicht, sondern eine schriftlich ausgestellte Salva Guardia (Würzburg) und ein Brandschatzungsprotokoll (München).[100] Durch das erst sechs Tage nach Einnahme der Stadt ausgestellte Salva-Guardia-Schreiben wurde den Einwohnern Würzburgs Schutz vor Gewalt und Plünderungen zugesichert – ein Schutz der Religionsausübung oder der politischen Verfasstheit des Gemeinwesens wurde dabei jedoch nicht zugesichert, d.h. es war nicht annähernd so weitgehend wie die Versicherungsschreiben.[101] In München hingegen wurde die Ausübung der katholischen Religion ebenso zugesichert wie der Schutz sämtli-

---

93   Vgl. Stievermann, Erfurt, S. 48; Rieck, Krisenjahre, S. 136.
94   Vgl. zur Heuchelei: Stollberg-Rilinger, Kleider, S. 274–281; Neu/ Pohlig, Einführung, insbesondere: S. 580f.
95   Vgl. zu dieser Thematik auch: Burkhardt, Reich.
96   Vgl. Roeck, Stadt, Bd. 2, S. 688f; Weber, Augsburg, S. 273ff.
97   Vgl. Stetten, Geschichte, S. 219ff; Roeck, Stadt, Bd. 2, S. 689.
98   Vgl. Stetten, Geschichte, S. 220f.
99   Vgl. Roeck, Stadt, Bd. 2, S. 688f; Weber, Augsburg, S. 273ff; Stievermann, Erfurt, S. 48.
100 Der Wortlaut des Würzburger Salva Guardia wird wiedergegeben in: Leo, Würzburg, S. 441f. Der Wortlaut des Münchner Brandschatzungsprotokolls wird wiedergegeben in: [Aretin], O. A., Sp. 53f. Vgl. zur Salva Guardia allgemein: Carl, Protektion, S. 304ff.
101 Vgl. Leo, Würzburg, S. 441f.

cher sich in der Stadt befindender Güter und die weitestgehende Beibehaltung der Stellung des Rats, allerdings forderte man im Gegenzug 300.000 Reichstaler Brandschatzung.[102]

Hier nutzte man also überhaupt nicht mehr das Narrativ der wechselseitigen Verpflichtungen wie man es gegenüber vielen, zumeist protestantischen und bikonfessionellen Städten tat, sondern man forderte im Fall Münchens für jegliches ›Entgegenkommen‹ explizit und exzessiv Brandschatzung. Dadurch wird nicht zuletzt ex negativo auch eine weitere Bedeutung der Versicherungsschreiben deutlich, da diese im Gegensatz hierzu ein wechselseitiges Verhältnis von Rechten und Pflichten zumindest fingierten – und mindestens für (mehrheitlich) protestantische Städte dürfte dies nicht zuletzt in symbolischer Hinsicht ein Vorteil gewesen sein. Solche für die Städte ehrgenerierenden, reziproken Elemente fehlen in den Schreiben für Würzburg und München allerdings völlig. Gleichzeitig jedoch wird auch hier die Superiorität des schwedischen Königs inszeniert: Würzburg sei *auß sonderbahrer König.[lichen] milte vnd gnade [...] in vnseren Special schuz, schirm, protection und Salva quardia auf- vnd angenommen*[103] worden, während die *Stadt München vnd alle derselben Inwohner in der Kön.[iglichen] May. Schutz vnd protection sich vnderthänigst ergeben, vnd zur bezeugung Ires schuldigen gehorsambs*[104] die Leistung der Brandschatzung versicherten. In den Schreiben wurde also Gustav Adolfs Handeln als ›Protektion‹ inszeniert, wodurch der schwedische König als Schutzherr der Münchner und Würzburger Einwohner erschien.[105] Mit dieser Formulierung wurde eine militärische und moralische Superiorität postuliert, da damit auf die eigene Fähigkeit, Schutz zu gewähren, ebenso angespielt wurde, wie auf die christliche Tugend, Schwache und Verfolgte zu schützen.[106] Flankiert wurde der Terminus der ›Protektion‹ noch mit den Begriffen Gnade (Würzburg) und Gehorsam (München); beide kennzeichnen relativ klar ein Herren-Untertanen-Verhältnis, denn Gnade war eine Tugend der Herrschenden, während Untertanen gemäß

---

102 Vgl. [Aretin], O. A., Sp. 53f. Die Geldsumme, die Peter Englund angibt, ist falsch (vgl. Englund, Verwüstung, S. 124). Der Schutz umfasste auch dezidiert die *Chur- vnd fürstliche palatia* (Zitiert nach: [Aretin], O. A., Sp. 54), die entgegenlautende Darstellung bei Georg Schmidt ist also nicht korrekt (vgl. Schmidt, Reiter, S. 399).

103 Leo, Würzburg, S. 441f.

104 Zitiert nach: [Aretin], O. A., Sp. 53.

105 Vgl. grundlegend zur Protektion: Haug/ Weber/ Windler, Protegierte.

106 Vgl. zur Fähigkeit, Schutz zu gewähren: Kaiser, Kriegsgreuel, S. 178f. Vgl. zur Tugend, Verfolgte zu schützen: Althoff, Ethik.

der zeitgenössischen Wahrnehmung ihrem Herrn Gehorsam entgegenzubringen hatten.[107]

Zusammenfassend kann man sagen, dass es in nicht wenigen der von der Armee Gustav Adolfs eingenommenen Städten zu Huldigungen kam; insbesondere in besonders bedeutsamen oder potenziell unzuverlässigen Städten ließ man die Einwohner Eide oder öffentliche Versprechen leisten. Die Durchführung dieser variierte jedoch stark: In Frankfurt am Main leistete der Rat ein distinktives Handgelübde und die Bürgerschaft wiederum einen Eid vor dem städtischen Rat und Vertretern des schwedischen Königs; in Augsburg hingegen huldigten Rat und Bürgerschaft gemeinsam Gustav Adolf. Die Einwohner von Würzburg wurden scheinbar mit List und Zwang zur Huldigung genötigt und die Einwohner Erfurts leisteten wahrscheinlich nur ein weniger verbindliches Versprechen.

Gleichzeitig sollte man aber nicht die Narrative außer Acht lassen, mit denen über die Huldigungen berichtet wurde: Der explizite Verweis auf Zwang bei Ganzhorn diente dazu, die Huldigung in Würzburg zu rechtfertigen, während man in Frankfurt am Main mit einer Rhetorik des do-ut-des die Ehre der Stadt hervorhob.

Neben den Eiden, deren Wortlaut die Schwörenden praktisch zu Untertanen machte, gab es auch noch Versicherungsschreiben, Salva-Guardia-Briefe und Brandschatzungsprotokolle – ihre Wendungen hatten ganz ähnliche Effekte, nämlich den schwedischen König als Herrn der Stadt in Szene zu setzen. Allerdings unterschieden sich Versicherungsschreiben, die zumeist von (mehrheitlich) protestantischen Städten ausgestellt wurden, von Salva-Guardia-Briefen und Brandschatzungsprotokollen, da erstere eine für die Städte tendenziell ehrgenerierende Fiktion der Wechselseitigkeit pflegten.

---

107 Vgl. zur Bedeutung der Gnade allgemein: Eibach, Gleichheit, S. 524; Eibach, Strafjustiz, S. 203f. Speziell im Krieg: Kaiser, Kriegsgreuel, S. 178f. Vgl. zum Gehorsam: Stollberg-Rilinger, Maria Theresia, S. 682f.

5. 2. Eingriffe in die Ratsherrschaft

Neben den Huldigungen kam es im Dreißigjährigen Krieg auch zu forcierten
Veränderungen der Ratsherrschaft; das bekannteste Beispiel hierfür ist zweifellos Augsburg.[108] Dort ließ Gustav Adolf am 21. April 1632, noch vor seinem
Einzug in die Stadt, eine Abordnung protestantischer Bürger Augsburgs in sein
Lager kommen und unterbreitete ihnen seine Pläne für die politischen Veränderungen ihres Gemeinwesens, und insbesondere die Veränderung des Rats,
bei der sämtliche Katholiken ihre Ämter verlieren sollten.[109] Folgt man den
Darstellungen dieses Treffens durch die protestantischen Augsburger Wagner
und Hainhofer, so handelte es sich dabei im funktionellen Sinne kaum um
eine Praktik des Entscheidens, da allein die schwedische Seite bestimmte.[110]
Die Protestanten hingegen hätten erfolglos darauf gedrängt, einige Katholiken
in ihren Ämtern zu belassen.[111] Beim Treffen Gustav Adolfs mit der Delegation
der protestantischen Augsburger ging es also offenbar in erster Linie darum, die
Nähe der vormals marginalisierten Protestanten zum schwedischen König in
Szene zu setze und dadurch ihre neue Bedeutung zu betonen sowie durch das
(fingierte) Beraten Legitimität zu postulieren.
    Gleichzeitig ist jedoch auch eine gewisse Skepsis gegenüber den Berichten
Wagners und Hainhofers angebracht: Die Betonung des Einsatzes der Augs-
burger Protestanten für die altgläubigen Amtsträger diente zweifellos auch der
Delegation von Verantwortung für die Absetzung derselben an die schwedische
Seite.[112] Mindestens in den Berichten über die Treffen, möglicherweise aber
auch durch das Agieren beim Treffen selbst, wurde also eine Rückeroberung der
Stadt antizipiert.[113]
    Ob die protestantische Delegation nun interveniert oder nicht, sei einmal
dahingestellt – jedenfalls kam es zu einer radikalen Umbesetzung des Rats.

---

108 Vgl. allgemein etwa: Warmbrunn, Konfessionen, S. 162–180; Wüst, Reichsstädte,
    S. 302. Vgl. zu Augsburg: Roeck, Stadt, Bd. 2, S. 693f und 715–720; Roeck, Welt,
    S. 251f; Weber, Augsburg, S. 275f; Stetten, Geschichte, S. 172ff.
109 Vgl. Roeck, Stadt, Bd. 2, S. 693f; Stetten, Geschichte, S. 172f. Herfried Münklers Aus-
    führungen sind mehr als elliptisch (vgl. Münkler, Dreißigjähriger Krieg, S. 548).
110 Vgl. Roos, Chronik, S. 9f und Emmendörffer, Welt, S. 480f. Vgl. theoretisch zum Ent-
    scheiden: Hoffmann-Rehnitz/ Krischer/ Pohlig, Entscheiden.
111 Vgl. Roos, Chronik, S. 10 und Emmendörffer, Welt, S. 481.
112 Vgl. theoretisch dazu: Hoffmann-Rehnitz/ Krischer/ Pohlig, Entscheiden, S. 238f.
113 Vgl. Roeck, Stadt, Bd. 2, S. 694.

Nachdem in Folge des Restitutionsedikts alle Protestanten ihre städtischen Ämter verloren hatten, wurden diese wiedereingesetzt, während nun alle Altgläubigen ihre Ämter verloren.[114] Indem man nun spiegelbildlich vorging, wurde
gleichzeitig das Agieren nach dem Restitutionsedikt als Grenzüberschreitung
gebrandmarkt und vergolten, wodurch der Charakter der Revanche bei dieser
Handlung evident wurde.[115] Deutlich wird dieser Nexus auch im Selbstzeugnis
des Augsburger Arztes Philipp Hoechstetter, denn dort hieß es:

Am 22. September 1631 wurde ein papistischer Senat oder Magistrat gewählt,
und ausgeschlossen von diesem Ehrenamt wurden die Lutheraner. Und da es ein
herbstlicher Magistrat war, verdorrte er rasch wieder. Nicht mehr als sechs Monate
stand sie im Flor, diese Herbst- und Winterblume. Der wirklich erhabene Gustav
Adolph, der Schwedenkönig, Beschützer der lutherischen Religionsfreiheit, über-
nimmt am 20. April, nachdem zuerst Tilly mit den Baiern in die Flucht geschlagen
war, Augsburg und schafft unter Androhung der Schutzhaft den alten papistischen
Senat ab und ließ ihn gänzlich aus Evangelischen wählen. Und das geschah am
29. April. Und diesmal ist es eine Frühlingswahl. Sie grüne, blühe und gedeihe für
immer![116].

Hoechstetter deutete die Umbesetzungen also in einem Zusammenhang,
bei dem beide Umbesetzungen in Kontrast zueinander gesetzt und hierdurch
Polemiken gegen die alte, katholische Obrigkeit und Zukunftshoffnungen in
Bezug auf den neuen, protestantischen Rat artikuliert wurden. Der bekannte
Architekt Elias Holl beschrieb die Ratsumbesetzung wiederum in konfessionellen Termini als Befreiung *aus der grausamen Gewissens-Bedrangnuß*[117], die
durch Gottes *sonderbare Gnad und starken Arm der königl. Majestät in Schwe-*
den[118] beendet wurde. Damit thematisierte der Protestant Holl explizit die ge-
gen protestantische Ratsherren gerichtete Zwangsmaßnahmen aus der Zeit des
Restitutionsedikts, die auch dazu geführt hatten, dass er selbst das Amt des
Baumeisters aufgeben musste.[119]

---

114 Vgl. zur Absetzung der Protestanten: Warmbrunn, Konfessionen, S. 163f; Medick,
   Dreißigjährige Krieg, S. 73f; Roeck, Stadt, Bd. 2, S. 675–678. Eine unzutreffende Darstellung liefert Martines (vgl. Martines, Zeitalter, S. 142). Vgl. zur Absetzung der Katholiken: Warmbrunn, Konfessionen, S. 166ff; Roeck, Stadt, Bd. 2, S. 693f.
115 Vgl. zu derartigen Spiegelungen: Foucault, Überwachen, S. 59ff.
116 Herz, Tagebuch, S. 223. Vgl. das lateinische Original: ebd., S. 206.
117 Meyer, Hauschronik, S. 88.
118 Ebd.
119 Vgl. Medick, Dreißigjährige Krieg, S. 74; Roeck, Stadt, Bd. 2, S. 676.

Es ging bei der Ratsumbesetzung in Augsburg zugleich um eine Förderung protestantischer – und damit vermeintlich schweden-freundlicher – Augsburger sowie eine symbolische Herabsetzung der katholischen Ratsherren wie der altgläubigen Einwohner Augsburgs insgesamt.[120] Johannes Schlayß, protestantischer Geistlicher auf der schwäbischen Alb, akzentuierte in seinem Selbstzeugnis denn auch diese konfessionelle Stoßrichtung der Ratsumbesetzung:

Der papistisch Rat ist degradiert, die Stellen mit Evangelischen ersetzt, gilt kein Paptist, wie stattlich er zuvor gewesen, nichts, sein alle ihrer Aemter entsetzt. Sie hat Gott, der gerechte Richter, gerichtet und die gute evangelische Burgerschaft erfreut[121].

In den polemischen Ausführungen Schlayß' spielt die vorhergegangene Absetzung der protestantischen Ratsherren überhaupt keine Rolle, sondern er bewertet die Ereignisse in einer rein konfessionellen Lesart, bei der es offenbar allein um die Förderung der eigenen und die Schädigung der anderen Konfession ging.[122] Die Absetzung der altgläubigen Ratsherren wurde hierbei ferner noch zu einem Urteil Gottes stilisiert, durch das die eigene Konfession geradezu als ›erwählt‹ erscheint.[123]

Die konkrete Umbesetzung des Rats wurde nach dem Treffen mit Gustav Adolf über mehrere Tage hinweg durchgeführt. Die eigentliche Wiedereinsetzung erfolgte am 22. April 1632, also einen Tag später, und zwar in Form eines königlichen Patents:

Donnerstag, den 22. April, ist ein kgl. Patent und Befehl öffentlich auf allen Plätzen der Stadt publiziert und verrufen worden, dass I. Kgl. M. alle abgesetzten Ratsverwandten und Herrn wieder öffentlich in ihre Ratsstellen und Offizien solenniter wieder eingesetzt und restituiert hat[124].

Das Ritual der Einsetzung bestand in diesem Fall allerdings in der Bekanntmachung des Befehls Gustav Adolfs, so dass es lohnenswert erscheint, diese

---

120 Vgl. zur Förderung der Protestanten: Roeck, Stadt, Bd. 2, S. 715. Vgl. grundlegend zum Stellenwert von Ehre in frühneuzeitlichen Stadtgesellschaften: Füssel/ Weller, Ordnung; Carl/ Schmidt, Stadtgemeinde.

121 Dieterich, Leben, S. 93.

122 Vgl. zu dieser Thematik eher makrogeschichtlich argumentierend: Burkhardt, Dreißigjährige Krieg, S. 128–143; Burkhardt, Friedlosigkeit, S. 548–555; Gotthard, Bedrohungsszenarien, S. 228 Vgl. eher mikrogeschichtlich argumentierend etwa: Thiessen, Identitäten, S. 116–121.

123 Vgl. allgemein etwa: Schmidt, Leu, S. 336f; Pohlig, Gewalt, S. 130.

124 Roos, Chronik, S. 10. Vgl. Stetten, Geschichte, S. 173.

Performanz näher zu betrachten. Mit *trompeten geblasen, und auß gerueffen*[125] forderte man, dass

alle, und jede, dieser Stadt, burger, Innwohner, sich heut Nachmittags, umb 2.
Uhren ain jeder an der jenigen Stätt da sie sonsten, den jährlichen bürgerlichen ajd
zue leisten pflegen ohnfehlbahrlich sich finden lassen, u. dieselbige anhören daran
beschicht höchst gnädige königliche Maÿ: gnädigster will und befelch[126].

Eine Öffentlichkeit wurde also erst einmal geschaffen und um dies zu tun, nutzte man wie andernorts typischerweise auch akustische Signale (Trompete).[127] Zugleich wurde hierdurch die Bekanntmachung auch vom Alltagsgeschehen abgegrenzt und erhielt damit eine Rahmung, durch die sie als Ritual erkennbar wurde.[128] Die eigentliche Verlesung beschreibt der Augsburger Kunstagent Hainhofer folgendermaßen:

Beÿ auff bestimmte stund bescheener gehorsamber versamlung, ist erstlich auff
der herren stube, volgendts an den 3 anderen, gewohnlichen orthen [...] vor verle-
sung des königlichen Patents vor gewesten herrn burgermeister Jeremia Jacob Steng-
lin [...] mündtlich gepreponiret worden[129].

Aufschlussreich an dieser Verlesung ist vor allem der genutzte Raum und der beteiligte Akteur: Man nutzte offenbar die vier Orte, an denen üblicherweise die Huldigung stattfanden, also in der zeitgenössischen Wahrnehmung klar mit städtischen Ritualen verbunden waren und hierdurch sicherlich dazu beitragen sollten, der Verlesung Autorität und Legitimität zu verleihen.[130] Ein ganz ähnlicher Sinn sollte sicherlich dadurch erzeugt werden, dass man die Verlesung durch einen in Folge des Restitutionsedikts abgesetzten protestantischen Bürgermeister durchführen ließ, denn Bürgermeister waren in der Reichstadt Augsburg extrem wichtige Amtsträger, die Handlungen vor Ort durchführten, also eine gewisse Autorität besaßen.[131] Doch auch, wenn bei diesem Agieren die Autorität des (ehemaligen) Augsburger Bürgermeisters genutzt wurde, so wurde doch gleichzeitig offensichtlich deutlich gemacht, dass das Patent eines

---

125 Emmendörffer, Welt, S. 482.
126 Emmendörffer, Welt, S. 482. Vgl. dazu: Stetten, Geschichte, S. 173f.
127 Vgl. zur frühneuzeitlichen ›Öffentlichkeit‹: Schwerhoff, Stadt; Krischer, Rituale, S. 129–132. Vgl. zur akustischen Bekanntmachung: Krischer, Rituale, S. 133.
128 Vgl. Stollberg-Rilinger, Kleider, S. 27–33; Krischer, Rituale, S. 132f.
129 Emmendörffer, Welt, S. 482. Vgl. dazu: Stetten, Geschichte, S. 174f.
130 Vgl. zur politischen Topographie Augsburgs: Jachmann, Kunst. Allgemeiner zum Nexus von Autorität und Raum in der Frühen Neuzeit: Weller, Ort; Diener-Staeckling, Orte.
131 Vgl. Roeck, Stadt, Bd. 1, S. 251f.

des schwedischen Königs Gustav Adolf war. Man nutzte also die Stellung des (ehemaligen) Bürgermeisters, ohne den Einfluss der schwedischen Seite zu verschleiern.

Am nächsten Tag, den 23. April, wurden die altgläubigen Räte und Amtsträger entlassen; der Augsburgische Protestant Wagner schrieb dazu:

Freitag, den 23. d. haben I. Kgl. M. [Gustav Adolf] durch den hochwohlgeborenen H. Jörg [Georg] Friedrich Graf zu Hohenlohe und Herrn zu Langenburg, Oberst, Ritter und der Stadt A.[ugsburg] kgl. Statthalter, und den H. Benedikt Oxenstiern [Bengt Bengtsson Oxenstierna], Frhe. auf Eckeberg, Holm und Söderbo, Kgl. M. und der Krone Schweden Rat und Stallmeister, auch der Stadt A.[ugsburg] Kommandant, die Stadtpfleger, Geheimen und alle katholischen Ratsverwandten in ihr Quartier zu der Lorenzen gefordert, ihnen den kgl. Befehl angezeigt und sie der Rats- und Gerichtsstellen, auch aller Offizien entsetzt und abgeschafft[132].

Der Statthalter im schwäbischen Kreis Georg Friedrich Graf zu Hohenlohe und der Stadtkommandant Augsburgs Bengt Bengtsson Oxenstierna waren es also, die die katholische Elite aus ihren Ämtern entließ – durch diese Handelnden wurde die schwedische Superiorität, auch und gerade gegenüber der protestantischen Elite Augsburgs, evident gemacht. Und auch die Raumwahl im Quartier der beiden schwedischen Funktionsträger, und nicht etwa einem entsprechend codierten Raum von Rat oder Amtleuten Augsburgs, verdeutlichte dies.

Das Verhältnis zwischen dem wiedereingesetzten Augsburger Rat und dem schwedischen König Gustav Adolf wurde auch in einer Interaktion am 24. April deutlich gemacht, die die Augsburger Hainhofer und Wagner praktisch wortgleich schilderten.[133] Direkt nach der Huldigung besuchten die protestantischen Ratsherren auf ausdrücklichen königlichen Wunsch Gustav Adolf, der *dieselben umständlich und ernstlich ermahnt[e]*[134], für Sicherheit zu sorgen. Dieses Agieren Gustav Adolfs war durchaus geeignet, Superiorität gegenüber dem neuen Rat Augsburgs zu inszenieren, denn der schwedische König ließ den Rat nicht nur in seinen Raum kommen, sondern ermahnte diesen auch noch – während ersteres zwar ein Zeichen von überlegenem Rang war,

132 Roos, Chronik, S. 11. Vgl. auch Emmendörffer, Welt, S. 483f.
133 Vgl. Roos, Chronik, S. 12; Emmendörffer, Welt, S. 487.
134 Roos, Chronik, S. 12; wortgleich: Emmendörffer, Welt, S. 487. Vgl. auch: Stetten, Geschichte, S. 179.

war letzteres auch noch eine Inszenierung von Befehlsgewalt.[135] Und nach der Schilderung Hainhofers und Wagners scheinen die Ratsherren die Rolle der Befehlsempfänger sogar angenommen zu haben, denn der Bürgermeister Jeremias Jakob Stenglin habe sich *im Namen eines h. Rates unterthänigst erboten, dass hiesiger Stadtmagistrat des Seinige treulich thun [...] werde*[136].

Laut eines zwei Jahr später veröffentlichten Flugblatts hat Gustav Adolf dem neuen protestantischen Rat sogar bei dieser Gelegenheit die zuvor von der katholischen Stadtobrigkeit eingezogenen Schlüssel übergeben.[137] Falls dies stimmen sollte, wäre die Stellung Gustav Adolfs als Stadtherr eindeutig in Szene gesetzt worden; allerdings erschien dieses dezidiert pro-schwedische Flugblatt in einer für die Schweden äußerst schwierigen Phase nach der Niederlage in der Schlacht von Nördlingen und diente offenbar dezidiert dazu, die Augsburger zur Treue zu ermahnen (siehe auch das vorherige Kapitel). Ob es also tatsächlich zu einer solchen Schlüsselübergabe kam, ist fraglich, zumal es auch keine anderen Quellen gibt, die dies berichten.

Einen Tag später am 25. April kam es offenbar wieder zu einer Interaktion einiger Angehöriger der katholischen Elite, darunter die beiden abgesetzten Stadtpfleger Hieronymus Imhoff und Bernhard Rehlinger, mit der schwedischen Seite; zusammen mit Konstantin Imhoff und David Welser kamen die beiden auf königlichen Befehl zu einer Audienz bei Gustav Adolf, wie Hainhofer und Wagner berichten.[138] Dieser begann offenbar ein Wechselspiel aus Provokationen und Gnadenerweisen – zwar zog der König seinen Hut und gab den vier Altgläubigen die Hand, was ein Ehrerweis und ein Zeichen des Entgegenkommens war, doch zugleich klagte er katholische Geistliche und die ehemalige altgläubige Obrigkeit an, illegitimer Weise die Protestanten bedrängt zu haben.[139] Und nachdem die anwesenden Katholiken dem schwedischen König, laut den Berichten, ihre Loyalität versprochen hatten, sicherte Gustav Adolf ihnen zwar Glaubensfreiheit und Schutz zu, aber gleichzeitig verwies er

135 Vgl. zur Codierung des Raums: Holenstein, Huldigung und Herrschaftszeremoniell, S. 26. Vgl. zum Ermahnen: Landwehr, Rhetorik, S. 275–284.
136 Roos, Chronik, S. 12; wortgleich: Emmendörffer, Welt, S. 487.
137 Vgl. O. A., Patriae Liberatori A Deo Misso Augustani Juramentum Fidelitatis in amplissimo fore vinario praestant.
138 Vgl. Roos, Chronik, S. 13f; Emmendörffer, Welt, S. 491f. Vgl. auch: Stetten, Geschichte, S. 182.
139 Vgl. Roos, Chronik, S. 13; Emmendörffer, Welt, S. 491f. Vgl. zum Hutziehen: Stollberg-Rilinger, Kleider, S. 160.

auf Stimmen, die mehr Härte forderten, und ermahnte die Altgläubigen zur Treue.[140] Diese Kombination mag auf den ersten Blick paradox wirken, doch letztlich handelte es sich wohl vor allem um eine Forderung nach Loyalität, bei der gleichzeitig Gunst und Gnade als auch Härte inszeniert wurden, um so den Aufwartenden beide möglichen Folgen ihrer zu treffenden Loyalitätsentscheidung aufzuzeigen: Gustav Adolf forderte Loyalität ein und drohte implizit mit Konsequenzen bei mangelnder Loyalität. Die vier Katholiken wiederum nutzten die Gelegenheit, um Gunst, d.h. Patronage, und Versicherungen – und damit möglicherweise Sicherheit vor Gewalt, Güterwegnahme und religiösen Repressionen – zu erhalten.[141] Für beide Seiten, also für Gustav Adolf als auch für die vier Altgläubigen, so lässt sich aus dieser Interaktion schließen, waren religiöses Bekenntnis und politische Loyalität nicht notwendigerweise miteinander verbunden.[142]

Erst als die beiden abgesetzten, altgläubigen Stadtpfleger ihre Amtssiegel übergaben, taten sie dies bei den wiedereingesetzten, protestantischen Bürgermeistern, wie Hainhofer schrieb:

Adi 26 Apprillis sein durch Herren Bürgermaister [Jeremias Jacob] Stenglin Herren Jeremiam [Jeremias] Buroner und Herren Ludwig Rehmen [Rehm/Rem] von den gewesten 2 Herren Stadt Pflegeren die 3 Stadtsigel abgefordert worden[143].

Die Abgabe der Siegel war dann der letzte symbolische Akt, mit dem die katholischen Amtsträger abgesetzt wurden. Er erfolgte – wie andere vormoderne Absetzungsrituale häufig auch – in Gestalt eines Inversionsrituals, d.h. die Stadtpfleger mussten die Insignien ihres Amtes abgeben beziehungsweise diese wurden ihnen abgenommen, wodurch eines der zentralen Elemente des Einsetzungsrituals umgekehrt wurde.[144] Doch mit der Absetzung der katholischen Ratsherren und Amtsträger sowie der Restitution der zuvor abgesetzten protestantischen war die Umgestaltung der Augsburgischen Ratsherrschaft noch nicht beendet.

---

140 Vgl. Roos, Chronik, S. 13f; Emmendörffer, Welt, S. 491f.
141 Vgl. allgemein zur Patronage: Emich, Staatsbildung; Emich/ Reinhardt/ Thiessen/ Wieland, Stand; Asch/ Emich/ Engels, Integration; Droste, Patronage; Emich/ Reinhardt/ Thiessen/ Wieland, Stand; Schilling, Patronage. Vgl. zum Wechsel von Patronen in Patronagebeziehungen: Emich, Staatsbildung.
142 Dies konnte in der Frühen Neuzeit auch gänzlich anders sein: Vgl. dazu Mißfelder, Funktion.
143 Emmendörffer, Welt, S. 493.
144 Vgl. grundlegend: Rexroth, Tyrannen, S. 44f.

Am 28. beziehungsweise 29. April 1632 wurden von den etablierten Patriziern einige Familien ins Patriziat erhoben – nicht zuletzt, um alle Ämter besetzten zu können – und ein neuer, ausschließlich protestantischer Rat gewählt.[145] Hainhofer berichtet ausschließlich von der Beteiligung von Augsburgern bei diesen Handlungen.[146] Wagner jedoch betont den Einfluss des schwedischen Königs auf die Erhebungen ins Patriziat unmissverständlich: *Mittwoch, den 28. April, haben die altern Herrengeschlechter auf des Königs Befehl nachstehende Herrn aus der Mehreren-Gesellschaft zu sich gezogen und zu Geschlechtern kreiert*[147]. Und zur Wahl des Rats merkte er an:

Donnerstag, den 29. April, ist auf kgl. Befehl eine ordentliche Wahl gehalten worden und der grosse und kleine Rat wie auch das Gericht mit lauter Evangelischen, wie es I. M. mandiert hat, besetzt worden[148].

Zumindest in dem Beschreibungsmuster des Augsburgers Wagner war der Einfluss Gustav Adolfs prägend, und man kann sicherlich absolut berechtigterweise wie Bernd Roeck annehmen, dass der schwedische König informell großen Einfluss auf diese beiden Handlungen genommen hat.[149] Auf der symbolischen Ebene jedoch wurde das Bild von autonomen, rein städtischen Handlungen erzeugt – und angesichts der zuvor erfolgten ostentativen Einflussnahmen war dies ein deutliches Zeichen, zumindest die Fiktion von Autonomie zuzulassen.[150]

Während also in Augsburg die Zusammensetzung des Rats radikal verändert wurde, gab es in Frankfurt am Main, Nürnberg, Erfurt, Würzburg und auch München keine personellen Umgestaltungen des Rats:[151] Ratsumbeset-

---

145 Vgl. zur Erhebung ins Patriziat: Stetten, Geschichte, S. 183; Roeck, Stadt, Bd. 2, S. 715–720; Wagenseil, Geschichte, S. 184. Vgl. zur Ratswahl: Stetten, Geschichte, S. 186ff.
146 Vgl. Emmendörffer, Welt, S. 493f.
147 Roos, Chronik, S. 15.
148 Ebd.
149 Vgl. Roeck, Stadt, Bd. 2, S. 693f. und 715.
150 Vgl. allgemein zu den Praktiken der Ratswahl etwa: Poeck, Rituale der Ratswahl; Rüther, Herrscher; Schwerhoff, Wahlen, S. 95–105.
151 Vgl. zu Frankfurt: Traut, Gustav Adolf, S. 25–28; Gotthold, Schweden, Bd. 2, S. 32; Rieck, Frankfurt am Main unter schwedischer Besatzung, S. 64–69. Vgl. zu Nürnberg: Endres, Endzeit. Vgl. zu Erfurt: Beyer/ Biereye, Geschichte, S. 533–536; Schauerte, Gustav Adolf, S. 6–17; Press, Kurmainz, S. 393ff; Stievermann, Erfurt, S. 44–49. Vgl. Würzburg: Sicken, Dreißigjähriger Krieg, S. 108; Bergerhausen, Würzburg, S. 14f; Weber, Würzburg, S. 69f. Vgl. München: Heimers, Krieg, S. 26–40; Stahleder, Chronik, S. 451–456.

zungen waren also eine relativ seltene Praxis. Versucht man nun dieses eigentümliche Muster der Veränderungen und Nicht-Veränderungen zu erklären, so scheint die Konfession der Städte eine nicht unwichtige Rolle gespielt zu haben, da sämtliche Städte, in denen es zu keinen Veränderungen kam, monokonfessionell waren – mit Ausnahme des bikonfessionellen Erfurts, das aber von einem protestantischen Rat beherrscht wurde.[152] Veränderungen eines rein protestantischen Rats waren aber offenbar aus schwedischer Perspektive nicht notwendig, während Ratsumbesetzungen in rein katholischen Städten für die Schweden kaum möglich gewesen sein dürfte, da sie wahrscheinlich kein geeignetes Personal vor Ort gefunden hätten und das Risiko eines Aufruhrs besonders virulent geworden wäre. In Augsburg und anderen bikonfessionellen Städten, wie Dinkelsbühl, Biberach und Ravensburg, führte man Ratsumbesetzungen durch, da man hier offenbar auf geeignete Stadtbewohner zurückgreifen konnte und das Widerstandsrisiko wohl als geringer wahrgenommen wurde.[153] Zudem erhielt die Ratsumbesetzung in diesen Städten nicht selten den Charakter einer Revanche, d.h. zuvor erfolgte Ratsumbesetzungen zugunsten von Katholiken wurden demonstrativ rückgängig gemacht und auf gleiche Weise vergolten, indem nun die Protestanten bevorzugt wurden.[154]

Zusammenfassend kann man sagen, dass Ratsumbesetzungen wohl nur in ganz besonderen Kontexten erfolgten, d.h. es war keine Maßnahme, die in jeder eroberten Stadt routinemäßig erfolgte. Tatsächlich scheint sie ausschließlich in bikonfessionellen Städten mit gemischtkonfessioneller oder rein katholischer Obrigkeit erfolgt zu sein. Ziel war es, einen rein protestantischen Rat zu installieren und gegebenenfalls Revanche für zuvor durchgeführte Ratsumbesetzungen zugunsten von Altgläubigen zu nehmen.

Betrachtet man die Veränderungen des Rats in Augsburg, so ergibt sich das Bild eines Komplexes von Handlungen – Beratung beziehungsweise Bekanntgabe der Ratsumbesetzung in Bezug auf die protestantische Elite Augsburgs, öffentliche Bekanntgabe der Wiedereinsetzung der zuvor abgesetzten protestantischen Ratsherren, Absetzung der katholischen Obrigkeit, Kreierung neuer Patrizier, Wahl eines neuen Rats –, die von ganz unterschiedlichen Akteuren

152 Vgl. zu Erfurt: Press, Kurmainz, S. 393ff; Stievermann, Erfurt, S. 44f.
153 Vgl. zu den Ratsumbesetzungen vor allem: Warmbrunn, Konfessionen, S. 166–172. Vgl. zu Dinkelsbühl auch: Wüst, Reichsstädte, S. 302.
154 Vgl. Warmbrunn, Konfessionen, S. 163f; Medick, Dreißigjährige Krieg, S. 71–75; Roeck, Stadt, 664ff.

und Akteursgruppen durchgeführt wurden. Letzteres ist von besonderem Interesse, da durch die Personen in immer wieder wechselnder Hinsicht Autorität, Einfluss und Autonomie inszeniert wurde, was ein Schlaglicht auf die komplexe Beziehung der schwedischen Seite zur Stadt Augsburg und ihrer – altgläubigen wie protestantischen – Bewohner wirft.

5. 3. Die eroberte Stadt als Sitz der Verwaltung: Der Umgang mit den Amtleuten

In einigen Städten kam es auch zwischen der schwedischen Seite sowie (erz-) bischöflichen Räten und Amtleuten zu Interaktionen, die sowohl die Verwaltung von ländlichen Gebieten, die etwa von Mainz und Würzburg aus erfolgte, wie auch die eroberte Städte selbst tangiert haben dürften: Erfurt war vor der Einnahme durch die schwedischen Truppen faktisch eine Landstadt des Kurfürst-Erzbischofs von Mainz, der vor allem durch seinen Provisor Adam Schwind in der Stadt seinen Einfluss geltend machte.[155] In Mainz und Würzburg war die Position der Stadtgemeinde gegenüber ihrem Stadtherrn jeweils besonders schwach – dort griffen die geistlichen Fürsten vor der Eroberung oftmals direkt mit ihren Räten und Amtleuten in die Belange ihrer Residenzstädte ein.[156]

Die eroberten Städte Erfurt, Mainz und Würzburg waren daher von dem Umgang der schwedischen Seite gegenüber den Amtleuten der ehemaligen Stadtherren direkt betroffen, wobei dieses Vorgehen deutliche Varianzen aufwies. In Erfurt, das in den Jahren und Jahrzehnten vor 1631 immer stärker unter den Einfluss des Kurfürst-Erzbischofs von Mainz geraten war, ging die schwedische Seite wohl mit einiger Härte gegen die erzbischöflichen Amtleute vor.[157] Caspar Heinrich Marx, Kanoniker des Erfurter Marienstifts, schrieb dazu:

Under dessen wahrt Herr [Johann] Weinreich in den Maintzischen hoef gesetzt, welcher wunderbare acta begieng undt denen darin noch begriffenen Maintzischen Beambten, alß Vicedomb Johann Christoph von Harstall dem küchenmeister Johan

---

155 Vgl. Press, Kurmainz, S. 393f.
156 Vgl. zu Würzburg: Drüppel, Ratsverfassung, insbesondere S. 240–247. Vgl. zu Mainz: Dobras, Mainz um 1500.
157 Vgl. zur Entwicklung vor 1631: Press, Kurmainz, S. 393f; Stievermann, Erfurt, S. 44f.

Demern, wie auch auch anderen dienern ziemblige bedrangnuß zuefuegte; bis end-
lich alle Maintzischen diener aus den hoef ausweichen, auch der Vicedomb 1000.
daler erlegen muste, welcher sich hernacher von hinnen nacher Isenach [Eisenach]
undt auf seine Gueter begeben, der küchenmeister aber ist noch eine Zeit darin ver-
blieben, hernacher aber auch ausweichen müssen, undt in welcher in seines Sohns
Canonicen haus zur Marienburg gezogen. Es wardt auch endlichen Herrn Licentiat
Adamo Schwinten [Adam Schwindt / Schwind] ziemblich hart zuegesetzt, welcher
an gelt und golt, auch silbergeschmeid, an die 2000. daler geben müssen[158].

Nach den Angaben von Marx bedrängten die Schweden die mainzischen
Amtleute in Erfurt stark (*ziemblige bedrangnuß zuefuegte*; *ziemblich hart zuege-*
setzt), doch was genau sie taten, bleibt in seiner Schilderung im Dunkeln. Deutlich wird nur, dass einige hochrangige Amtleute offenbar Geldzahlungen leisten
mussten und die meisten Amtleute des Mainzer Erzbischofs die Stadt verließen,
ohne jedoch formal ausgewiesen zu werden.[159] Vor dem Hintergrund dieser
Schilderung ist es nicht unwahrscheinlich, dass die Schweden versuchten, die
fremden Amtleute mit Mitteln wie Forderungen nach Salva-Guardia-Zahlun-
gen, Einquartierungen, aber auch Bedrohungen zum Wegzug zu bewegen.

Bei diesem Vorgehen der schwedischen Seite gegen die Amtleute erscheinen in der praktischen Ausgestaltung – soweit sie rekonstruierbar ist – vor allem
zwei Dinge interessant: Erstens wurden die Amtleute offenbar gerade nicht formal ausgewiesen – auf diesen symbolischen Akt gegen den Mainzer Erzbischof
verzichteten die Schweden offenbar, möglicherweise um die Beziehung zu dem
wichtigen Kurfürsten weniger konfrontativ zu gestalten. Zweitens verband die
schwedische Seite ihr Vorgehen gegen die fremden Amtleute mit der Generie-
rung von ökonomischen Gewinnen, indem sie Geldforderungen erhob.

Doch auch, wenn die schwedische Seite sicherlich versuchte, die mainzischen Amtleute zum Wegzug zu bewegen, so sollte man jedoch nicht das Narrativ, das Marx in dieser Schilderung nutzte, ausblenden: Indem er Bedrängnisse
andeutete (der Jurist in schwedischen Diensten, der *wunderbare acta begieng*
und mainzischen Amtleuten *ziemblige bedrangnuß zuefuegte*, sowie der erzbischöfliche Provisor Adam Schwindt, dem *ziemblich hart zuegesetzt* wurde) und
Zwänge akzentuierte (*1000. daler erlegen muste*; *2000. daler geben müssen*; *aus-*

---

158 LHASA, MD, A 37b I, II IX Nr. 15, fol. 11ᵛ.
159 Anders hingegen bei Franz Schauerte, der jedoch offenbar die gleiche Quelle nutzte
(vgl. Schauerte, Gustav Adolf, S. 12). Vgl. ebenfalls: Hartung, Die Häuser-Chronik,
S. 139 und 185.

weichen müssen) stellte er die Schweden als ›Tyrannen‹ dar und die mainzischen Amtleute als loyale Kreaturen ihres erzbischöflichen Herrn, für den sie ein Martyrium durchleiden mussten. Es ist also ein Narrativ, das illegitime Grenzüberschreitungen auf der Seite der Schweden verortet und absolute Treue auf Seiten der Amtleute.

Gleichzeitig mit dem Vorgehen gegen die Amtleute des Kurfürsten von Mainz erklärten die Schweden auch alle Rechte und Besitzungen des Erzbischofs in Erfurt für erledigt. Diese erhielt nach der Absetzung des schwedische Statthalters Wilhelm von Sachsen-Weimar 1632 die Stadt Erfurt selbst.[160] Die Schweden beendeten also die Stadtherrschaft des Mainzer Kurfürst-Erzbischofs faktisch und Erfurt bekam ab 1632 zahlreiche Rechte: Zumindest in symbolischer und formaler Hinsicht erhielt die Stadt damit in den Jahren 1632 bis 1635 eine gesteigerte Autonomie, auch wenn faktisch die schwedische Krone deutlichen Einfluss ausübte und mit Soldaten, Höflingen und Amtleuten zumindest zeitweise vor Ort war.[161]

Im historiographischen Werk von Matthaeus Lungwitz wurde der Einzug der Rechte und Besitzungen des Mainzer Erzbischofs mit einer aufschlussreichen Begründung versehen:

Es solte aber [nach Gustav Adolfs Intention in Erfurt] hiermit alles Interesse des Churfürsten von Mayntz / als eines Gliedes der Catholischen Ligæ, so durch ihre Generaln Tylli vnd Pappenheim / die Evangelische Fürsten vnd Lande verderbet / cassirt, vnnd für nichts gehalten werden[162].

Als Rechtfertigung diente also zum einen die ›Aggression‹ des Erzbischofs, d.h. man nutzte hier ein allgemein anerkanntes Argument, das in der Frühen Neuzeit ein Vorgehen gegen einen ›Aggressor‹ rechtfertigte und die Schuld bei diesem und seinen Handlungen verortete.[163] Zum anderen jedoch erhält diese sich auf ein Notwehrrecht berufende Argumentation noch einen konfessi-

---

160 Vgl. Weiß, Revolution, S. 139; Stievermann, Erfurt, S. 54; Press, Kurmainz, S. 394. Diese Schenkungen dienten vor allem der Umgestaltung der Universität (vgl. Medick, Religionskrieg; Richter, Universitäten, S. 52f).

161 Vgl. zur gesteigerten (formalen) Autonomie: Stievermann, Erfurt, S. 54; Press, Kurmainz, S. 393f. Vgl. zu den Eingriffsmöglichkeiten der schwedischen Seite exemplarisch: Medick, Orte; Medick, Dreißigjährige Krieg, S. 62–70.

162 Lungwitz, Josua Et Hiskias, S. 450.

163 Vgl. Kampmann, Westfälische System, S. 204f und 211–217; Kampmann, Interventionsproblematik, S. 78; Meumann, Herrschaft oder Tyrannis, S. 185ff; Tischer, Grenzen, S. 52f; Pröve, Legitimationen, S. 265f.

onellen Stoßrichtung, indem der Kurfürst als Mitglied der *Catholischen Ligæ* und seine ›Opfer‹ als *Evangelische Fürsten vnd Lande* charakterisiert werden. Der Kampf für den Protestantismus amalgamierte in diesem Narrativ mit dem Kampf gegen einen ›Aggressor‹: Diese Konstellation war im 16. und 17. Jahrhundert gerade auf dem Gebiet des Reichs weit verbreitet und zeigt nicht zuletzt auch die Bedeutung und Wirkmacht eines politisch-juristischen Diskurses, in dem die Deklaration eines Kriegs als Kampf um den Glauben praktisch nicht mehr opportun war, wie auch das Bestreben, Kriege zu führen, die eine konfessionspolitische Komponente besaßen, und diese Komponente zumindest unterschwellig auch zu artikulieren.[164] Resultat der gleichzeitigen Nutzung des (völker-) rechtlichen Diskurses und des – von ersterem auf gelehrter Ebene strikt getrennt gehaltenen – theologischen Diskurses war ein Wechselspiel von Simulation und Dissimulation. Aus kulturgeschichtlicher Perspektive wäre es jedoch fatal, wenn man dieses Amalgamieren der bellizitären Faktoren aufzulösen versuchte, denn das Juristische und das Theologische gehörten gleichermaßen und in ihrem Wechselspiel zur vormodernen Bellizität.[165]

Während also in Erfurt die Rechte und Besitzungen des Kurfürst-Erzbischofs von Mainz kassiert und mittelfristig der Stadt Erfurt übergeben sowie die erzbischöflichen Amtleute mit Geldforderung konfrontiert und zum Wegzug gedrängt wurden, ging man andernorts anders mit den Beamte der erzbischöflichen Verwaltung um. In nicht wenigen Fällen übernahm die schwedische Seite die lokalen Amtleute des Erzbischofs von Mainz in ihre Dienste, wie sie auch die Verwaltungsstrukturen insgesamt übernahm, um damit für Effektivität und Legitimität zu sorgen, wie Hermann-Dieter Müller gezeigt hat.[166] Vor allem bedeutete dies aber zweifellos, dass nun die schwedische Krone die Rechte und Kompetenzen des Mainzer Kurfürsten in vielen eroberten Orten übernahm und diese nicht, wie in Erfurt, an lokale Unterobrigkeiten übergab. Die in diese übernommenen Verwaltungsstrukturen eingesetzten Statthalter, Räte und höheren Beamten jedoch

164 Vgl. zur Seltenheit, einer religiös begründeten Kriegserklärung: Tischer, Kriegsbegründungen, S. 167–171. Vgl. zu konfessionspolitischen Kriegsaktionen: Haug-Moritz, Schmalkaldische Krieg; Brendle/ Schindling, Religionskriege, S. 35–39; Brendle/ Schindling, Religious War, S. 166–173 und 178f.
165 Vgl. grundlegend: Burkhardt, Friedlosigkeit; Kunisch, Guerre.
166 Vgl. Müller, Staat, S. 90–97; Müller, Schweden [2009], S. 97; Müller, Schweden [2016], S. 203f.
167 Vgl. Müller, Staat, S. 97–115; Müller, Schweden [2009], S. 96f; Müller, Schweden [2016], S. 200–204.

waren praktisch allesamt Schweden oder protestantische Deutsche.[167] Die wichtigen Ämter in der Zentrale wurden (fast) ausschließlich mit Akteuren besetzt, die wohl auf Grund ihrer Landsmannschaft beziehungsweise ihrer Konfession als loyal angesehen wurden.[168]

In Würzburg sah dies ganz ähnlich aus, denn die meisten bischöflichen Beamten wurden – abgesehen von den Inhabern der höchsten Ämter – von der schwedischen Seite übernommen.[169] Der (ehemalige) bischöfliche Rat Ganzhorn schrieb:

So hat auch Idem herr Commisarius Donnerstag den 16ten eiusdem die hoch-anwesente Fürst. Würtzburg[ische] Räthe, samt anderen Cantzley officianten vnd verwanten in die König. Pflicht vnd dienst auff- vnd angenommen, mit diesem versprechen, Sie bey Ihren vorigen bestallungen, gegen verrichtung Ihrer bishero bedienten officien vnd Expeditionen auch gelassen. Insonderheit aber Ihrer Religion vnd deren freye ongewerthem ohngespartem Exercitio erhalten vnd geschützt werden sollen[170].

Folgt man der Darstellung des (ehemaligen) bischöflichen Rats Ganzhorn, so glich die Übernahme der Amtleute einem Gabentausch, bei dem der schwedische König den lokalen Verwaltungsexperten Ausübung des katholischen Bekenntnisses und die Beibehaltung ihrer bisherigen Stellungen zusicherte und diese ihm im Gegenzug Loyalität und ihre Expertise versprachen, wodurch ein Patronageverhältnis konstituiert war. Zusammen mit den Befunden über die übernommenen niederen Amtsträger des Mainzer Erzbischofs ist dies ein wichtiger Hinweis auf die Bedeutung, die den Kenntnissen und Fähigkeiten der Amtleute zukam, und diese zu fast unverzichtbaren Helfern machte, auch wenn sie altgläubig waren.[171]

In mehrfacher Hinsicht aufschlussreich ist auch Ganzhorns Beschreibung des Übernahmeritus. Dabei haben die Amtleute

den gewöhnlichen Rath vnd Cantzley Aydt, mutatis tantum mutandis [nachdem nur so viel verändert worden war, wie verändert werden musste] Præstirt vnd geleistet, vnd sich Ihrer König. May. unterthenigst anbefohlen[172].

---

168 Vgl. zum Nexus zwischen Landsmannschaft und angenommener Loyalität: Wieland, Florentiner; Emich, Normen, S. 85ff. Vgl. zum Nexus zwischen Konfession und angenommener Loyalität: Kaiser, Angstgetriebene Politik, S. 126.
169 Vgl. Weber, Würzburg, S. 59–63.
170 Leo, Würzburg, S. 312f. Eckige Klammer in der Edition.
171 Vgl. zur Bedeutung der Amtleute eroberter Städte: Carl, Protektion, S. 301; Wilson, War Finance, S. 236f.
172 Leo, Würzburg, S. 313.

Die Aufnahme in schwedische Dienste erfolgte somit mit einem Ritual, bei dem ein nach frühneuzeitlichen Vorstellungen rechtlich wie metaphysisch stark bindender Eid geleistet wurde. Interessant ist, dass man (auch hier) möglichst wenig in bestehende Strukturen und Traditionen eingriff, indem man den etablierten Eid offenbar so weit wie möglich beibehielt – wahrscheinlich um auf diese Weise Legitimität zu erzeugen.[173] Der Zweck dieses Eides lag dann vor allem darin, die Amtleute zur Loyalität gegenüber Gustav Adolf zu verpflichten, und diese haben dem schwedischen König durch das Schwören ebendiese Loyalität zugesichert: Hierdurch wurden sie – zumindest symbolisch – auch in das Klientensystem des schwedischen Königs aufgenommen, d.h. Gustav Adolf wurde ihr Patron. Wie zentral der Faktor der Loyalität war, kann man auch an einer weiteren, fast drei Wochen später erfolgenden Handlung erkennen, die Ganzhorn schildert:

Den 3ten Novembris hat der Graff à Solms […] auff der Cantzley nachmittag zwischen 3 vndt 4 vhren In nahmen Ihrer König. May. den anwesenden, vndt sich damals Præsentirenten Räthen, Officianten, vndt Cantzley verwanten, zum Königl. Statthaltern den herrn Obristen Truchsessen von Weitzhausen vndt Weitzenbach, sambt Adam Hermann von Rottenhan zue Rentweinsdorff etc., vndt dan zum Cantzlern den herrn Doctorem Fabricium Schmidt genannt, Præsentirt, vndt fürgestellt, mit doesem befehl, das dieselbe Sie darfür vndt Præsentirter massen, agnosciren, erkennen, vndt Ehren, auch denen allen gebührenten gehorsamb, den Ihro May. von Ihnen erfordern thue, vndt haben wollen, leisten sollen[174].

Die neu in schwedische Dienste aufgenommenen Amtleute in Würzburg wurden laut Ganzhorn von Heinrich Wilhelm von Solms aufgefordert, Johann Friedrich Schmidt, Adam Hermann von Rotenhan zu Rotenhan und Wolf Dieter Truchseß von Wetzhausen in deren Stellungen als Kanzler beziehungsweise Statthalter anzuerkennen.[175] Zwar war dies offenbar ein ritualisierter Einführungsakt dieser drei Soldaten beziehungsweise Amtleute und die Aufforderung ebenfalls Teil dieses Rituals, doch nichtsdestotrotz ist auch – und gerade – die Ermahnung zur Treue bei einem Zeremoniell ein starkes Indiz für die herausragende Bedeutung von Loyalität und Treue.

---

173 Vgl. zur Vortäuschung von Ancienität grundlegend: Neu, Heuchelei.
174 Leo, Würzburg, S. 346f.
175 Vgl. zu Heinrich Wilhelm von Solms: Leo, Würzburg, S. 429f. Vgl. zu Johann Friedrich Schmidt: Ebd., S. 427f. Vgl. zu Adam Hermann von Rotenhan zu Rotenhan: Ebd., S. 424f. Vgl. zu Wolf Dieter Truchseß von Wetzhausen: Ebd., S. 433.

Die Bedeutung von Loyalität und Treue kann man auch für die andere Seite aufzeigen: Zwei Amtleute des geflüchteten Würzburger Elekten Franz von Hatzfeld blieben nach der Eroberung Würzburgs nicht ›nur‹ mit diesem in Briefkontakt, was allein schon eine eindeutige Geste der Loyalität war, sondern berichteten in ihren Briefen vor allem auch darüber, wie sich Untertanen und Amtleute der schwedischen Seite gegenüber verhielten.[176] Nachdem in einem Brief der bischöfliche Rat Johann Michel detailliert darüber berichtete, welche Amtleute nun in schwedischen Diensten standen, schrieb er:

Deus vectat, et disperdat inimicos suos [Gott führt und verdirbt unsere Feinde], solang ich meine händt rägen vnd ein bhar pistolen führen kann, soll mich kein Schwed zu seinen dinsten bringen, sondern will vor Eüer fürstliche G[na]d[e]n. vnd mein vatterlandt leben und sterben[177].

Michel inszenierte sich mit diesen Worten aber nicht nur als treuen Klienten des Elekten, sondern schrieb den nun in schwedischen Diensten stehenden Amtleuten implizit zu, dies nicht zu sein – die Arbeit für die schwedische Seite wurde hier zum Verrat am Elekten stilisiert.

Zusammenfassend lässt sich sagen, dass der Umgang der schwedischen Seite mit Amtleuten, die in feindlichen Diensten standen, sehr unterschiedlich ausfiel: In Erfurt versuchte man wohl, Geld von ihnen zu erpressen und sie zum Wegzug zu bewegen; gleichzeitig kassierten die Schweden sämtliche Besitzungen und Rechte, die mittelfristig auf die Stadt Erfurt übergingen, d.h. die Stellung der Stadtobrigkeit wurde gestärkt. In großen Teilen des übrigen eroberten Territoriums des Mainzer Fürstbischofs hingegen übernahmen die Schweden die Rechte und lokalen Amtleute des Erzbischofs einfach – sogar zahlreiche altgläubige Stelleninhaber in der Mainzer Zentrale wurden übernommen, während die höheren Ämter mit Schweden oder protestantischen Deutschen besetzt wurden. Die schwedische Krone eignete sich also die Rechte des Erzbischofs direkt an und nutzte teilweise die Expertise der vormals kurfürstlichen Amtleute. In Würzburg wurden offenbar mindestens ähnlich viele der bischöflichen Amtleute in schwedische Dienste übernommen; explizit wurde diesen Katholiken dabei die Ausübung ihres Glaubens zugesichert: Auf die Kenntnisse und Fähigkeiten der lokalen Amtsträger wollte die schwedische Seite offenbar nicht verzichten und beließ darum auch

---

176 Vgl. zu den Berichten: Leo, Würzburg, S. 446–451, insbesondere S. 447 und 450f. Vgl. zum Briefkontakt als Loyalitätsbeweis: Emich, Staatsbildung, S. 43f.
177 Leo, Würzburg, S. 451.

Katholiken, nachdem sie einen Eid geleistet und zur Treue ermahnt worden waren, auf ihren bisherigen Posten.

5. 4. Festivitäten und Geschenke

Im Zuge der Anwesenheit Gustav Adolfs in den eroberten Städten kam es aber auch zu Audienzen beziehungsweise Besuchen, bei denen nicht selten auch Geschenke gemacht und Bankette abgehalten wurden.[178] Diese Festivitäten wurden allerdings bisher kaum in den Blick der historischen Forschung genommen.

Sinn und Lokalisierung von Festen in eroberten Städten

Caspar Kitsch schrieb zu solch einem Bankett etwa, durch den Rat von Frankfurt am Main sei der schwedische König – einige Tage nach dem Durchzug durch die Mainstadt[179] – in *das groß Braunfelß [Wirtshaus in Frankfurt] geleitet worden, [wo] ihm [Gustav Adolf] allen respect und freundschaft erwiesen worden*[180]. Derartige Bewirtungen waren in der Frühen Neuzeit eben auch immer ein Mittel, um einem hochrangigen Mitglied der Ständegesellschaft Ehre zu erweisen und gleichzeitig durch die Nähe zu ihm Ehre zu erwerben.[181] Hierbei war der ehrgenerierende Effekt für die (hoch-) adligen Gäste von Städten sogar relativ gering im Vergleich zu dem Gewinn an symbolischen Kapital, den die Städte damit potenziell erhielten (oder erhalten wollten).[182] Doch in diesem speziellen Fall ging es für beide Seiten nicht nur um Ehre: Der schwedische König wie der Rat der Reichsstadt signalisierten Kooperationsbereitschaft und Anerkennung für die Stellung des anderen – Gustav Adolfs Stellung als Herr

---

178 Vgl. zu Nürnberg: Donaubauer, Nürnberg, S. 201f; Priem, Geschichte der Stadt Nuernberg, S. 208f; Hammerbacher, Historische Beschreibung der Stadt Nuernberg, S. 452; Berner, Gustav Adolf, S. 426; Droysen, Gustav Adolf, S. 532f; Soden, Gustav Adolph, S. 220f. Vgl. zu Augsburg: Mundt, Pommersche Kunstschrank, S. 21; Bispinck, Hainhofer-Kunstschrank; Stetten, Geschichte, S. 179f; Wagenseil, Geschichte, S. 184; Droysen, Gustav Adolf, S. 546; Soden, Gustav Adolph, S. 239. Vgl. zu Erfurt rudimentär: Beyer/ Biereye, Geschichte, S. 535; Schauerte, Gustav Adolf, S. 12.
179 Vgl. Becker, Chronik, S. 66; Traut, Gustav Adolf, S. 21; Gotthold, Schweden, Bd. 2, S. 3f.
180 Gustav Adolf König von Schweden in Frankfurt am Main 1631 und 1632, S. 165.
181 Vgl. etwa: Rosseaux, Vogelschießen; Weller, Ort, 302f.
182 Vgl. Krischer, Zeremonialschreiben; Krischer, Diplomatische Zeremoniell; Krischer, Reichsstädtische Außenbeziehungen.

der Stadt wurde inszeniert, während der Rat gleichzeitig in seiner Stellung als Obrigkeit der Stadt in Szene gesetzt wurde.[183] Auf diese Weise trugen Festivitäten zur Anerkennung und Perpetuierung der neuen Stellungen bei, was angesichts der sich in Folge der Stadteinnahme gewandelten Verhältnisse von einiger Bedeutung gewesen sein dürfte.

Dabei waren Feste nicht zuletzt auch für die Räte der eroberten Städte ein Mittel, um ihr Entgegenkommen zu demonstrieren; man könnte die Ausrichtung eines Banketts für Gustav Adolf durch den Rat einer Stadt durchaus als eine Gabe interpretieren, die geradezu eine Gegengabe herausfordert.[184] Hierbei ging es aber allerdings wohl weniger um konkrete Gegengeschenke, sondern um die Gunst des als Eroberer gekommenen Königs: Festivitäten waren also wahrscheinlich vor allem Investitionen in die zukünftigen Beziehungen zwischen Rat beziehungsweise Stadt einerseits und dem schwedischen König andererseits.[185]

Aufschlussreich ist, wo Feste stattfanden, nämlich in Frankfurt am Main, Augsburg und Nürnberg, also stets in Städten mit einem protestantischen Rat. Katholische Städte wie Würzburg, München und wahrscheinlich auch Mainz scheinen keine Kooperationsbereitschaft oder gar Loyalität mit Feierlichkeiten demonstriert zu haben. Dort war die Absenz solcher Akte – gerade im Hinblick auf deren Durchführung andernorts – vielmehr ein Zeichen der Reserviertheit gegenüber Gustav Adolf oder sogar der Loyalität gegenüber ihren ehemaligen Stadtherren.

Einen speziellen Fall stellt auch Erfurt dar, denn dort lud möglicherweise sogar Gustav Adolf den Rat und ausgewählte Teile der Bürgerschaft ein, wie es jedenfalls eine vom Rat Erfurts später in Auftrag gegebene Flugschrift berichtet:

haben dieselbe [Gustav Adolf] sie [Rat und Teile der Bürgerschaft] zu sich in das Königliche quartier fordern / vnd in obgedachter grossen stuben in dero Königlichen Person / in gegenwart vieler hohen standspersonen / dero Räthe / Officirer vn anderer fürnehmen Leute / ihnen mit einer recht Majestätischen sehr zierlichen vnd denckwürdigsten rede / so sich vber eine halbe stunde erstreckt / zugesprochen[186].

---

183 Vgl. allgemein dazu: Rudolph, Adventus, S. 33f; Weller, Ort, 302f.
184 Vgl. dazu theoretisch: Mauss, Gabe.
185 Vgl. allgemein: Stollberg-Rilinger, Ökonomie, S. 191–197; Schilling, Patronage, S. 56. Vgl. zur zeitgenössischen Reflexion über die Unsicherheit der Patron-Klient-Beziehung: Reinhardt, Betrachtungen.
186 O. A., Warhafftiger wolgegründeter Bericht. Welcher gestalt […] Gustavi Adolphi […] am 22. Septembris deß Jahrs 1631. zum erstenmahl in der Stadt Erffurdt angelanget, S. 43.

Dort war die festliche Interaktion offenbar ein Mittel, um dezidiert Entgegenkommen und Milde zu demonstrieren, und damit eine Integration der städtischen Elite in das schwedische Bündnis- und Günstlingssystem zu initiieren.

Die Praktiken des Fests: Orationen, beteiligte Akteure und die Dinge des Banketts

Aufschlussreich an der Beschreibung der Interaktion in Erfurt ist aber auch, dass zwei zentrale Elemente einer Festivität genannt werden: Die Beteiligung von ranghohen Akteuren, insbesondere auf schwedischer Seite, und Orationen.[187] In Augsburg etwa ist der schwedische König, wie Hainhofer berichtet, mit *ainer Ciceronianischen Oration (die offtgedachter, Herr Dr. Johann Miller gethan hat)*[188] begrüßt worden, während man in Nürnberg der königlichen Majestät *wegen ihrer glücklichen Ankunfft nach Nürnberg gratuliret*[189]. Bei diesen Reden ging es zweifellos um den Austausch von Höflichkeiten und damit von Zeichen sozialer Schätzung, die in der Frühen Neuzeit – nicht zuletzt durch die Existenz einer Zeremonialwissenschaft – ziemlich exakt quantifiziert werden konnte.[190] Die bei diesen Gelegenheiten gehaltenen Reden Gustav Adolfs wiederum waren offenbar für die Zeitgenossen von einiger Bedeutung und wurden in publizierter Form verbreitet. Wie exakt diese verschriftlichten Orationen den *in actu* ausgesprochenen Wortlaut wiedergaben, lässt sich nicht genau sagen, doch da insbesondere die Rede, die in Nürnberg gehalten wurde, sehr zeitnah publiziert wurde, kann man sicherlich von einer relativ großen Übereinstimmung ausgehen.[191]

Betrachtet man nun diese publizierten Reden, so fällt nicht zuletzt die Selbststilisierung Gustav Adolfs auf: Der schwedische König gab in seiner Rede in Nürnberg an, *alles [was er getan habe, sei] dem Evangelischen Wesen / vnd erhaltung der*

---

187 Vgl. Ebd., S. 43.
188 Emmendörffer, Welt, S. 487.
189 Lungwitz, Imperator Theodosius Redivivus, S. 262.
190 Vgl. Signori, »Sprachspiele«; Stollberg-Rilinger, Kleider, S. 160; Krischer, Zeremonialschreiben, S. 105–109.
191 Die Rede wurde publiziert als: O.A., Hochansehnliche Antwort vnd Errinnerung Ihr Königl. Mayt. in Schweden gegen des Raths Abgesandten zu Nürnberg. Lungwitz hat diese gedruckte Rede wörtlich in seinem Geschichtswerk übernommen (vgl. Lungwitz, Imperator Theodosius Redivivus, S. 263f).

Deutschen Freyheit zum besten[192] gewesen. Und in Erfurt sagte Gustav Adolf ganz ähnlich, er sei *wegen abgedrungener vertheidigung ihres [der Protestanten] wa[h]ren Christlichen glaubensbekentniß vnd notleidenden libertet*[193] ins Heilige Römische Reich gekommen. Mindestens die publizierten Reden – und wahrscheinlich auch die in actu gehaltenen – folgten also dem der historischen Forschung wohlbekannten Zuschreibungsmuster, nach dem Gustav Adolf für ihn ehrgenerierend als ›Retter‹ der Protestanten und der ›teutschen Libertät‹ inszeniert wurde.[194]

Neben diesen Selbststilisierungen besaßen die Reden des schwedischen Königs aber offenbar auch einen Affordanzcharakter, d.h. durch sie wurden Räte beziehungsweise Einwohner der jeweiligen Städte aufgefordert, der schwedischen Seite zu helfen. In der Rede in Nürnberg sagte Gustav Adolf angeblich:

Hat euch [den Rat] Gott zu Regenten gesetzt / vnd so viel tausendt Seelen anvertrawet / in einer so Volckreichen Stadt […] die von euch dependiret, vnd sich nach euch richtet; wil ich nicht zweifeln / ihr werdet also regieren / daß ihr dermal eins vor dem Richterstuel Gottes / vnd der gantzen Christenheit werdet verantworten können[195].

Hier wurde offenbar an die Pflicht eines jeden (protestantischen) Christen verwiesen, ›gut‹ zu handeln, und dabei auf das Urteil Gottes und der *gantzen Christenheit* rekurriert, um dieser Verpflichtung Nachdruck zu verschaffen.[196] Explizit wurde nicht artikuliert, was es bedeutet, ›gut‹ zu handeln, doch implizit dürfte klar gewesen sein, dass Gustav Adolf mit diesen Worten Unterstützung forderte und diese – durchaus mit transzendentalen Mächten drohend – zu einer Pflicht eines (protestantischen) Christen verklärte.

---

192 Lungwitz, Imperator Theodosius Redivivus, S. 264. Vgl. auch: O.A., Hochansehnliche Antwort vnd Errinnerung Ihr Königl. Mayt. in Schweden gegen des Raths Abgesandten zu Nürnberg. Vgl. zu dieser Rede auch: Donaubauer, Nürnberg, S. 201f; Priem, Geschichte der Stadt Nuernberg, S. 208f; Hammerbacher, Historische Beschreibung der Stadt Nuernberg, S. 452; Droysen, Gustav Adolf, S. 532f; Soden, Gustav Adolph, S. 220f.

193 O. A., Warhafftiger wolgegründeter Bericht. Welcher gestalt […] Gustavi Adolphi […] am 22. Septembris deß Jahrs 1631. zum erstenmahl in der Stadt Erffurdt angelanget, S. 44.

194 Vgl. zum Narrativ des Protektor der Protestanten: Schmidt, Leu, S. 333–343. Vgl. zum Diskurs der ›teutschen Libertät‹: Tischer, Grenzen, S. 48; Wilson, Dreißigjährige Krieg, S. 560.

195 Lungwitz, Imperator Theodosius Redivivus, S. 263. Vgl. O.A., Hochansehnliche Antwort vnd Errinnerung Ihr Königl. Mayt. in Schweden gegen des Raths Abgesandten zu Nürnberg.

196 Vgl. zu diesem Argumentationsmuster: Frenzel, Ordnung.

In Erfurt wiederum nutzte der schwedische König offenbar ein anderes rhetorisches Motiv, nämlich dasjenige des Schiffs in Seenot, das sich in der Frühen Neuzeit einiger Beliebtheit erfreute:[197]

Es ist jetzo mit vns Evangelischen allen / wir seyn im hohen oder niedrigen stande / also beschaffen / als wenn wir mit einander auff dem wilden meer in einem grossen schiffe füren / das von grausamen vngestümen winden vmbgetrieben würde / vnd gleichsam gar versincken wolte. Da wil sichs nun nicht schicken / daß nur etliche fleissig arbeiten / vnd den besorgten schiffbruch abzuwenden sich bemühen / die andere aber dem vngewitter znsehe [sic] / die hände in den schoß legen / in dem schiff stil sitzen vnd darbey ruhen wollen / sondern es gebührt einem jeden vnter vns / daß er das werck mit frewden angreiffe / vn an seinem ort / so viel nur in seinen kräfften vnd vermögen ist / beförderen helffe / damit das nothleidende schif gerettet vnd in den gewüntschten hafen glücklich gebracht werde[198].

Mit dem Motiv des in Seenot geratenen Schiffs verwies Gustav Adolf auch auf die ›Notwendigkeit‹ der Hilfe und forderte damit implizit Unterstützung ein.[199] Die Reden des schwedischen Königs in den eroberten Städten enthielten also offenbar stets eine Selbststilisierung Gustav Adolfs als ›Retter‹ der Protestanten und der ›teutschen Libertät‹ einerseits und einen Aufruf zur Unterstützung andererseits.

Orationen waren aber nur ein zentraler Bestandteil von Festivitäten in eroberten Städten – ein weiterer war, wie bereits angedeutet, die Beteiligung von ranghohen Mitgliedern der Ständegesellschaft. Explizit in der im Auftrag des Erfurter Rats publizierten Flugschrift genannt und zweifellos von einiger Bedeutung für das Fest in Erfurt war schließlich auch die Anwesenheit *vieler hohen standspersonen / dero Räthe / Officirer vn anderer fürnehmen Leute*[200]. Auf Seite der Schweden waren also offenbar viele wichtige Mitglieder des Hofs, der Verwaltung und des Militärs anwesend, was ein solches Fest für die städtische Seite besonders ehrgenerierend machte und zu entsprechenden Erwähnungen

---

197 Vgl. zu diesem Motiv etwa: Maissen, Fuchs, S. 263.
198 O. A., Warhafftiger wolgegründeter Bericht. Welcher gestalt […] Gustavi Adolphi […] am 22. Septembris deß Jahrs 1631. zum erstenmahl in der Stadt Erffurdt angelanget, S. 45.
199 Vgl. zur Rhetorik der Notwendigkeit: Petris, Vernunft, S. 226–232.
200 O. A., Warhafftiger wolgegründeter Bericht. Welcher gestalt […] Gustavi Adolphi […] am 22. Septembris deß Jahrs 1631. zum erstenmahl in der Stadt Erffurdt angelanget, S. 43.

in den Beschreibungen führte. Wagner beschrieb für das Fest in Augsburg dann sogar die Sitzordnung der zahlreich beteiligten Hochadligen:

Auf solches sind I. Kgl. M. zur Tafel gegangen; daran sind gesessen: Erstlich Kgl. M. in Schweden, 2.) Pfalzgraf Friedrich, König in Böhmen, 3.) Pfalzgraf August von Neuburg, 4.) Herzog Wilhelm von Sachsen [-Weimar], 5.) Herzog Hans von Holstein [Johann Friedrich von Holstein-Gottorf, Bischof von Lübeck], 6.) Markgraf Christoph von Baden [-Durlach], 7.) General Banér, 8.) Graf Friedrich von Hohenlohe, Statthalter; und ist im Zimmer, da Tafel gehalten, von Herrn und Frauen, Gesellen und Jungfrauen so voll gewesen, dass man kaum gehen konnte, und hat gewährt bis um 5 Uhr[201].

Seine Bemerkung zur hohen Beteiligung von StadtbewohnerInnen kann man dabei als ein Indiz dafür auffassen, dass die Anwesenheit für diese offenbar äußerst attraktiv war, was angesichts der vielen am Bankett teilnehmenden Hochadligen aber auch kaum verwundert.[202]

Gleichzeitig scheint aber eine von städtischer Seite ausgerichtete Tafel auch eine gewisse Attraktivität für die schwedische Seite gehabt zu haben, da Speise und Trank wohl mitunter eine nicht geringe Qualität aufwiesen.[203] Hainhofer jedenfalls bemerkte zum Fest in Augsburg: *Uber der Mahlzeit haben sich Ihre Mäyt: gar frölich erzeigt. Die gute Tractation sehr gelobet*[204]. Bei dieser angeblichen Aussage Gustav Adolfs kann es sich auch um eine Fiktion des Augsburgers Hainhofer handeln, doch auch eine solche Zuschreibung deutet klar darauf hin, dass es in der zeitgenössischen Deutung offenbar ein Ideal war, von städtischer Seite mit der Tafel zu beeindrucken.

Hainhofer schrieb dann auch, man habe Wein, da er in *dieser Zeit, da die Päss Kriegs wesens, halben gesperret sein, schwerlich zu bekommen gewest, und mann auß der Pfaffen Keller, beÿ unßer frauen, entlehnen müssen*[205]. Diese Beschreibung weist auf dreierlei hin: Zum ersten ist auch dies ein Indiz dafür, dass die Stadt eine möglichst reichhaltige und gerade auch durch die aufgetragenen Getränke (und Speisen) beeindruckende Tafel bieten wollte, die ehrgenerierend

201 Roos, Chronik, S. 13.
202 Vgl. zur Bedeutung der teilnehmenden Akteure an Zeremonien: Weller, Ort, 302f; Krischer, Zeremonialschreiben, S. 99f; Krischer, Diplomatische Zeremoniell, S. 25ff; Krischer, Reichsstädtische Außenbeziehungen, S. 408–413.
203 Vgl. allgemein zur Kochkultur des frühen 17. Jahrhunderts: Matzerath, Kulinarisches.
204 Emmendörffer, Welt, S. 487.
205 Emmendörffer, Welt, S. 487.

328   Die eroberte Stadt als Gemeinwesen

wirkte.[206] Zum zweiten wird hierdurch die materielle Dimension einer solchen Festivität deutlich, bei der man – gerade in Kriegszeiten – seltene und kostbare Dinge benötigte.[207] Und zum dritten deutet Hainhofers Äußerung darauf hin, dass die neue, protestantische Obrigkeit offenbar auf die Weinvorräte von katholischen Geistlichen – möglicherweise dem unter einem Marienpatrozinium stehenden Augsburger Domstift – zurückgriff. Dies kann man sicherlich dahingehend interpretieren, dass sich der neue Rat durch diese Aktion einerseits als Obrigkeit mit weitreichenden Rechten in Szene setzte und zugleich andererseits die altgläubige Geistlichkeit schmähte, indem ihr nicht ›nur‹ Güter genommen, sondern diese sogar noch für die Verköstigung der schwedischen Eroberer genutzt wurden.

Geschenke an den schwedischen König

Bei diesen Banketten wurden in Augsburg und Nürnberg durch die Städte Gaben an den schwedischen König überreicht. Dies war eine Handlung, durch die es zu einer weiteren Interaktion zwischen dem Rat der jeweiligen Städte und Gustav Adolf kam, die in der zeitgenössischen Historiographie eindeutig konnotiert wurde: Der Nürnberger Rat habe Gustav Adolf *alle mügliche Ehre erwiesen vnd bezeiget*[208] und die Geschenke *vnterthänigst præsentiert*[209], wie auch der Augsburger Rat Gaben *vnterthänigst [hat] vberreichen lassen*[210]. Spätestens in der historiographischen Deutung Lungwitz' wurden aus den Geschenkgaben Akte, die eindeutig den Untertanenstatus inszenierten. Das Überreichen, oder besser die Art des Überreichens, der Gaben trug also in den Zuschreibungen des pro-schwedischen Historiographen dazu bei, aus Gustav Adolf den Stadtherrn und aus den Einwohnern seine Untertanen zu machen.[211] Welche Gesten oder Redewendungen aber nach Lungwitz Meinung konkret dazu beitrugen aus einem – in der Frühen Neuzeit ständeübergreifend geradezu allgegenwär-

---

206 Vgl. allgemein zu dieser Dimension: Stenzig, Repräsentation, S. 83 und 90f.
207 Vgl. Matzerath, Kulinarisches, S 483f. Vgl. allgemeiner zur Bedeutung der Dinge: Füssel, Relationale Gesellschaft, S. 130–133.
208 Lungwitz, Imperator Theodosius Redivivus, S. 262. Vgl. zu den Nürnberger Geschenken auch: Donaubauer, Nürnberg, S. 201; Priem, Geschichte der Stadt Nuernberg, S. 208f; Droysen, Gustav Adolf, S. 532; Soden, Gustav Adolph, S. 220.
209 Lungwitz, Imperator Theodosius Redivivus, S. 262.
210 Lungwitz, Judas Maccabaeus, S. 50.
211 Vgl. zu dieser Praktik auch: Holenstein, Huldigung und Herrschaftszeremoniell; Weller, Ort, S. 298–306.

tigen – Überreichen eines Geschenks das ›untertänige‹ Übereichen eines Geschenks zu machen, muss hier aber leider offen bleiben.[212]

Sehr viel wichtiger als die Performanz des Überreichens des Geschenks scheint zudem auch das Präsent selbst zu sein. Der Offizier Robert Monro berichtete folgendes von den Gaben, die man Gustav Adolf in Augsburg machte: *Der neu eingesetzt protestantische Rat schickte S. M. [Gustav Adolf] ein Geschenk von Korn, Wein und Fischen*[213]. Der Augsburger Wagner schrieb konkreter:

Und sind I. Kgl. M. [Gustav Adolf] von hiesiger Stadt verehrt worden: Ein schöner, wohleingerichteter Schreibtisch von Ebenholz, so vom H. Philipp Hainhofer gekauft worden um 6500 Thl., dann ein Wagen Wein von 6 Fässern, zwei Wagen Haber [Hafer] von 24 Schaff, 2 Lägeln Rheinfall und 6 Züberlein mit Fischen, Forellen[214].

Hier sind zwar auch die Mengenangaben der Naturalien von einem gewissen Interesse, doch sehr viel wichtiger ist eine nur auf den ersten Blick scheinbar marginale Verschiebung: Während der schottische Offizier noch relativ unpräzise von geschenktem *Korn* sprach, heißt es bei Wagner ausdrücklich, dass es sich dabei um *Haber* (Hafer) handelte. Hafer, Wein und Fisch aber erwähnte nicht nur Lungwitz ebenfalls als Geschenke in Augsburg und Nürnberg, sondern sie waren – zumindest auf dem Gebiet des Heiligen Römischen Reichs – in der Frühen Neuzeit symbolisch stark aufgeladene Gaben, die offenbar nur besonders hochrangigen Besuchern zukamen.[215] Das Schenken der Kombination dieser drei Naturalien zeichnete damit den Beschenkten als ranghoch und wichtig aus und war somit eine prestigegenerierende Geste der Ehrerweisung.

Neben diesen Naturalien schenkte der Augsburger Rat dem schwedischen König Gustav Adolf auch noch einen kunstvollen Schreibtisch aus dem Besitz des Augsburger Kunstagenten Philipp Hainhofer.[216] Diese im Auftrag

212 Vgl. zur Ubiquität des Schenkens in der Frühen Neuzeit: Davis, Schenkende Gesellschaft.
213 Mahr, Robert Monro, S. 169.
214 Roos, Chronik, S. 13.
215 Vgl. zu Augsburg: Lungwitz, Judas Maccabaeus, S. 50. Vgl. zu Nürnberg: Lungwitz, Imperator Theodosius Redivivus, S. 262. Vgl. zur Bedeutung des Schenkens dieser drei Naturalien: Rudolph, Gaben, S. 93.
216 Vgl. Mundt, Pommersche Kunstschrank, S. 21; Bispinck, Hainhofer-Kunstschrank; Stetten, Geschichte, S. 179f; Grundberg, Malin: Gustav II. Adolf, S. 276f; Jürjens, Philipp Hainhofer, S. 361ff; Winzeler, Kunst und Diplomatie, S. 452.

Hainhofers angefertigten Kunstschränke waren äußerst exklusive Waren und galten zeitgenössisch geradezu als Wunderwerke.[217] Sein Möbel glorifizierend akzentuierte Hainhofer selbst diesen Status, indem er schrieb, *etliche [haben den Kunstschrank] pro octavo miraculo mundi [für das achte Weltwunder] [...] gehalten*[218]; dessen Spezifikationen habe er, Hainhofer, dann dem König und den anderen Zuschauern der Geschenkübergabe *accurate beschriben*[219]. Diese Beschreibung liefert nicht nur ein weiteres Indiz für die Öffentlichkeit der Geschenkübergabe, sondern auch Hinweise auf Praktiken im Umgang mit dem Kunstschrank und damit dessen Sinn: Der kunstvolle und detailreiche Schreibtisch wurde unkundigen Betrachtern offenbar erklärt und ausgedeutet, wobei der Besitzer seine Kenntnisse zur Schau stellen konnte, wie es offenbar Hainhofer tat und es in ähnlichen Fällen andere Kunstbesitzer auch taten.[220] Distinktiv war also nicht nur der Besitz eines solchen Kunstmöbels, sondern gerade auch das ›Erklären‹ desselben, durch das man sich als Experte in Sachen Kunst inszenieren konnte.[221] Das Schenken eines solch exklusiven Möbels war zweifellos ein Ehrerweis an Gustav Adolf, nicht nur wegen des monetären Werts, sondern vor allem, weil es ein rares Stück war, dessen distinktive, artifizielle Machart fast notwendiger Weise auf den hochadligen Status des Beschenkten verwies.[222]

In Nürnberg wiederum erhielt Gustav Adolf – neben Hafer, Wein und Fisch – gänzlich andere Geschenke als in Augsburg. Lungwitz schrieb übereinstimmend mit dem Bericht Monros:

Der Rath daselbst hat Ihre Königl. Majest. alle mügliche Ehre erwiesen vnd bezeiget / vnd dieselbe verehret mit Wein / Habern [Hafer] / Fisch vnd andern ansehnlichen Præsenten / darunter vier halbe Carthaunen / sampt aller zugehörigen Muninen; Item dabey sind gewesen zweene grosse silberne Globi / als ein Cœlestis vnd Terrestris; daraus man zugleich ein Trinckgeschirr machen / vnd daraus trincken können / sie sind inwendig vergüldet vnd auswendig schwartz eingelassen gewesen[223].

---

217 Vgl. Mundt, Pommersche Kunstschrank, S. 21; Emmendörffer, Wunderwelt, S. 37f.
218 Emmendörffer, Welt, S. 487.
219 Ebd.
220 Vgl. zu Hainhofer: ebd., S. 487 und 490f. Vgl. allgemein: Tauber, Nutzung.
221 Vgl. Klein/ Spary, Materials and expertise. Vgl. allgemein zum Typus des Experten: Rexroth, Systemvertrauen.
222 Vgl. Mundt, Pommersche Kunstschrank, S. 21; Emmendörffer, Wunderwelt, S. 37f.
223 Lungwitz, Imperator Theodosius Redivivus, S. 262. Vgl. auch: Mahr, Robert Monro, S. 164.

Der schwedische König erhielt neben den Naturalien also vier Kanonen und zwei Silberschmiedearbeiten.[224] Die Geschütze samt dem Zubehör sollte man in erster Linie als Akt der symbolischen Unterstützung der schwedischen Kriegsaktivitäten werten und damit als Geste der Loyalität, durch die sich die Stadt Nürnberg demonstrativ auf die Seite Gustav Adolfs stellte. Das zweite Geschenk jedoch war komplexer, auch in seiner Bedeutung: Es bestand aus einer Herkulesfigur, die einen Erdglobus trägt, sowie einer Atlasfigur, die einen Himmelsglobus trägt; die obere Kalotte der beiden Globen war jeweils abnehmbar, so dass man die Figuren als Trinkpokale nutzen konnte.[225]

Trinkgeschirr war insgesamt in der Frühen Neuzeit eine symbolisch aufgeladene Gabe, da über sie auf die für diese Zeit typischen Trinkrituale und damit deren gemeinschaftsbildende Dimension verwiesen wurde.[226] Derartig kunstvoll ausgestaltete Trinkpokale waren zudem zweifellos bei (höfischen) Festivitäten von großer Bedeutung und daher ein Geschenk, durch das die Reichsstadt Nürnberg auf Rang und Stand des Beschenkten verwies.[227] Doch durch die Motive erhielten sie zusätzliche Dimensionen: Zum einen konnte über die konkrete Ausgestaltung der Globen die Partizipation am aktuellen Wissenstand der Geographie beziehungsweise Astronomie inszeniert werden.[228] Zudem verwiesen die beiden Figuren von Herkules und Atlas auch auf die mythologischen Kenntnisse der Beteiligten. Noch zentraler an diesen Motiven war jedoch, dass der schwedische König vom Nürnberger Rat mit dem Heldentum Herkules' und der Stärke Atlas' in Beziehung gesetzt wurde und die Silberschmiedearbeiten somit für eine ehrengenerierende Heroisierung Gustav Adolfs sorgten.[229]

Alle Gaben waren also auf ihre Weise stark symbolisch aufgeladen und verorteten Schenkende und Beschenkte ständisch zueinander.[230] Diese für Gustav Adolf äußerst ehrengenerierende Praxis dürfte aus städtischer Perspektive wohl dazu gedient haben, eine Art Gabentausch zu initiieren, bei dem es aber wohl

224 Vgl. Donaubauer, Nürnberg, S. 201; Priem, Geschichte der Stadt Nuernberg, S. 208f; Berner, Gustav Adolf, S. 426. Der Eintrag ins Schenkbuch der Stadt Nürnberg mit Angaben zu den Kosten der Gaben ist abgedruckt in: S., Nürnberger Pokale, S. 246f.
225 Vgl. Pechstein, Herkules; Berger, Christoph Jamnitzer; S., Nürnberger Pokale; Winzeler, Kunst und Diplomatie, S. 451f; Jürjens, Gustav II. Adolf, S. 105.
226 Vgl. Schmidt-Funke, Hybride Objekte, S. 78.
227 Vgl. zu Pokalen als Geschenk auch: Rudolph, Gaben, S. 85ff.
228 Vgl. dazu zu einem ganz ähnlichen Objekt: Koller, Objektwelten, S. 517.
229 Vgl. allgemein zur Heroisierung Gustav Adolfs: Schmidt, Leu; Aurnhammer, Held.
230 Vgl. allgemein: Rudolph, Gaben; Stollberg-Rilinger, Ökonomie, S. 187.

eher nicht um ähnliche Gegengaben ging, sondern darum, sich die königliche Gunst für zukünftige Gelegenheiten zu sichern.

In Würzburg gab es (wie bereits erwähnt) keine Festivitäten Gustav Adolfs mit dem Rat oder Teilen der Einwohnerschaft; stattdessen schrieb der Würzburger Ganzhorn folgendes zur Verpflegung des schwedischen Königs:

Vnterdessen Ihre König. May. [Gustav Adolf] allhier [...] hoff gehalten, hat dero Königliche Kuchenmeister von Einem Ehrbaren Rath, alles was in die königliche kuchel [Küche] vndt Taffel, an Essenden Speisen, fleisch, Butter, schmaltz, Saltz, würtz, Confect etc. gehörig, vndt Insonderheit 2 feiste ochsen wochentlich vndt zwar mit grosser importunitet [Unverschämtheit] herausser geprest, deme auch ein Ehrbarer Rath der zeit volens nolens, wiewohl nit ohne grosse vnsteten, willfahren müssen[231].

Ganzhorns Ausführungen sind zweifellos auch als Hinweis auf die Bestandteile einer königlichen Tafel ›im Feld‹ interessant.[232] Viel aufschlussreicher ist jedoch das verwendete Narrativ: Die ›Belieferung‹ der königlichen Tafel wurde von Ganzhorn ausschließlich als eine Belastung gedeutet, die zudem auch noch erzwungen wurde (*herausser geprest*). Nach Ganzhorns Angaben sorgte der Würzburger Rat mit einem erfolgreichen Bittgesuch bei der schwedischen Seite für die Beendigung dieser Praxis.[233] Die Belieferung der königlichen Tafel war in der Deutung der Würzburger also offenbar vor allem eine Belastung, die man reduzieren musste, und nichts, von dem man irgendwie profitierte.

Zusammenfassend kann man feststellen, dass sich die Interaktionen der eingenommenen Städte mit dem schwedischen König stark unterschieden: In katholischen Städten kam es zu keinen Schenken von Gaben oder gemeinsamen Festen, stattdessen war die Hofhaltung Gustav Adolfs in den Augen der Würzburger wohl vor allem eine Zumutung und Belastung. Gerade im Kontrast zu (mehrheitlich) protestantischen Städten kann man dies als demonstrative Verweigerung von Loyalität interpretieren – in Nürnberg, Augsburg, Frankfurt am Main und Erfurt kam es nämlich zu gemeinsamen Banketten und teilweise auch zu Schenkakten. Dies kann man als Inszenierung von Treue und Anerkennung der Position des jeweils anderen deuten: Gustav Adolf erschien als Stadtherr und der Rat der Stadt als Stadtobrigkeit. Durch Reden konnte sich

---

231 Leo, Würzburg, S. 340.
232 Vgl. dazu: Matzerath, Kulinarisches.
233 Vgl. Leo, Würzburg, S. 340.

der schwedische König ferner als Retter des Protestantismus und der ›teutschen Libertät‹ inszenieren, während die Städte durch symbolisch hoch aufgeladene Gaben eine Art Gabentausch initiieren konnten, bei dem es wohl vor allem um die Gunst Gustav Adolfs ging.

5. 5. Kontributionen und andere Zahlungen

Die schwedische Seite erhielt jedoch nicht nur ›freiwillige‹ Geschenke, sondern sie forderte bekanntermaßen auch von den eingenommenen Städten Kontributionen beziehungsweise Brandschatzung in teilweise enormer Höhe, die eine nicht geringe Bedeutung für die Kriegsführung und -finanzierung im Dreißigjährigen Krieg besaßen.[234]

Spezifika und Differenzen vereinbarter Geldzahlungen

Die Trennung von ›freiwilligen‹ Gaben und ›erzwungenen‹ Kontributionen und Brandschatzungen ist allerdings nicht immer eindeutig. Zu Mainz hieß es bei Lungwitz:

Nach der Eröberung hat der Rath vnd Bürgerschafft ihnen leichtlich die Rechnung machen können / daß / weil sie so Widerwertig sicher erzeiget / vnd auch vor diesem bey der Päbstischen Liga / mit Monatlicher Contribution ein grosses gethan / ihnen solches nicht also vngenossen hingehen werde. Haben demnach etliche Personen zu Königlicher Majestet aus Schweden abgeordnet / deroselben wegen Eröberung der Stadt gratuliert / wegen der Stadt Plünderung eine Vorbitte einlegen / vnd sich anerbieten lassen / sie wolten Ihrer Königlichen Majestet zu bezeigung ihrer devotion 30000. Reichsthalern offeriren. Aber es ist Königliche Majest. damit nicht zufireden gewesen / sondern hat begehret / daß sie zu abwendung der Plünderung achtzig tausendt Reichsthaler / vnd dem Schwedischen Volck / vom Vntersten biß zum Obristen / einen Monat Sold geben solten[235].

Diese laut Lungwitz von den Mainzern von sich aus angebotenen 30.000 Reichstaler wären allerdings kaum als eine Gabe zu interpretieren, sondern als

---

234 Vgl. Wilson, War Finance, S. 234–239; Wilson, Dreißigjährige Krieg, S. 581; Krüger, Kriegsfinanzierung, S. 286f; Haas, Normativität, insbesondere: S. 47–57; Goetze, Last. Vgl. zur Genese von Kontributionen um 1600 ferner: Bobak/ Carl, Söldner, S. 173f.
235 Lungwitz, Imperator Theodosius Redivivus, S. 90.

Summe, durch die die Brandschatzung abgegolten werden sollte. Der heuristisch wichtige Unterschied besteht darin, dass eine Gabe zwar in der Regel sozial zu einer Gegengabe verpflichtet, doch was das Gegengeschenk sein wird, wann es geleistet wird und ob es überhaupt zu einer Gabe der anderen Seite kommen wird, ist bei einer Gabe völlig offen.[236] Die von den Mainzern angeblich offerierten 30.000 Reichstaler waren jedoch nach Lungwitz Angaben eindeutig als Abgeltung für die zu erwartende Brandschatzungsforderung gedacht, d.h. sie waren Teil eines klaren Geschäfts, bei dem es keine für einen Gabentausch typische Friktion gab.[237] Dabei hätte die Stadt Mainz mit diesem Angebot sowie der Gratulation zur Eroberung der Stadt aber zweifellos auch Entgegenkommen signalisierte, wobei man dies als Versuch werten sollte, die schwedische Seite zur Annahme der 30.000 Reichstaler Brandschatzung zu bewegen.

Die schwedische Seite lehnte allerdings das Angebot ab und forderte stattdessen 80.000 Reichstaler Brandschatzung, die sie auch durchsetzte.[238] Interessant ist auch die Lungwitzsche Polemik, die mit diesen Verhandlungen verbunden wurden: Die Mainzer hätten sich *Widerwertig [...] erzeiget* und die *Päbstischen [!] Liga* unterstützt – allein um einer Vergeltung hierfür zu entgehen, seien sie Gustav Adolf entgegengekommen. Dies war vor allem ein rhetorisches Mittel, um die Mainzer und ihr Agieren in ein möglichst schlechtes Licht zu rücken und sie als feindlich und heuchlerisch zu diffamieren.

Dieser Modus der Forderung von Brandschatzung beziehungsweise Kontribution in Mainz war im Vergleich zu anderen Städten zumindest in einer Hinsicht typisch: Man konfrontierte die Städte in der Regel gerade nicht vor, sondern nach der Übergabe mit derartigen Forderungen. Am Deutlichsten wird dies am Beispiel Würzburgs, wo Ganzhorn schrieb, die schwedische Seite habe:[239]

---

236 Vgl. theoretisch: Bourdieu, Sozialer Sinn, S. 180–185. Zweifellos gibt es Grenzfälle in Gestalt verabredeter oder erzwungener Gaben, doch dann wurde – wenn die Fiktion der Gabe aufrechterhalten werden sollte – bei der Übergabe explizit Freiwilligkeit inszeniert (vgl. Althoff/ Stollberg-Rilinger, Sprache, S. 13f; Buschel, Sultan).

237 Vgl. zu diesem ›merkantilen‹ Verhandlungstyp: Waquet, Verhandeln, S. 126f.

238 Vgl. Müller, Staat, S. 132; Brück, Mainz, S. 48; Dobras, Stadt, S. 259; Schaab, Geschichte der Bundesfestung Mainz, S. 162. Die Summe wurde im Folgenden offenbar nicht einmal ansatzweise aufgebracht (vgl. Müller, Staat, S. 132). Daraus resultierte allerdings keine Plünderung der Stadt, wie S. Jaeger und D. L. Feitsch behaupten (vgl. Jaeger/ Feitsch, Ius et bellum, S. 465).

239 Vgl. zu Würzburg: Sicken, Dreißigjähriger Krieg, S. 108; Bergerhausen, Würzburg, S. 15.

Contribution von 100000 Reichstahlern vndt darüber Ihme [dem König] in
Continenti zu erlegen, abfordern lassen, Welches Einem Rath hochbefrembdlich vor-
kommen, als die gehofft Crafft getroffenen accords vndt beschehener guthwilliger
übergab der Statt von allen dergleichen undt anderen beschwerthen vndt unerträg-
lichen Exactionibus gesichert und allerdings frey gelassen zu werden[240].

Dieses Agieren hatte für die schwedische Seite den Vorteil, dass man über
Geldzahlungen erst nach der Übergabe der jeweiligen Stadt verhandelte, also
zu einem Zeitpunkt, an dem sich die Städte schon faktisch in der Gewalt der
schwedischen Truppen befanden und kaum eine andere Wahl hatten, als der
Forderung zuzustimmen. Neben Würzburg wandte man dieses Vorgehen auch
in Frankfurt am Main an, wo man ebenfalls erst nach der Übergabe Geldforderungen erhob.[241] Im Fall von München hingegen ist nicht ganz klar, wann
die Höhe der Brandschatzung ausgehandelt wurde, allerdings wurde diese auch
dort erst nach der Ankunft Gustav Adolfs und seiner Armee in der Stadt schriftlich fixiert.[242] Am Beispiel Münchens kann man zudem eine weitere Besonderheit beim Fordern von Geld gegenüber katholischen Städten aufzeigen. In
Merians ›Theatrum Europaeum‹ hieß es nämlich:

Hingegen waren sie [die Münchner] froh / daß sie bey Ihrer Kön. May. so grosse
Gnad / deren sie sich nimmermehr versehen / verspüreten / begehrten alles zuthun /
allein weil der König bey ihren Abgeordneten 400000 Reichstaler Brandschatzung
gefordert / bathen sie ihne solches zu moderiren / vnd erbotten sich darbey auch aller
Müglichkeit zu contibuiren[243].

In München erhob die schwedische Seite zuerst eine Forderung von 400.000
Reichstalern Brandschatzung, die dann auf die immer noch sehr hohe Summe
von 300.000 Reichstaler reduziert wurde.[244] Von der Stadt Würzburg wiederum

240 Leo, Würzburg, S. 309. Hans-Wolfgang Bergerhausen hingegen spricht von 150.000
    Reichstalern (vgl. Bergerhausen, Würzburg, S. 15).
241 Vgl. Rieck, Frankfurt am Main unter schwedischer Besatzung, S. 64f.
242 Vgl. den Brandbrief: [Arentin], O.A., Sp. 53f. Vgl. ferner: Abelinus/ Merian, Thea-
    tri Europaei, S. 645f; Lungwitz, Judas Maccabaeus, S. 90; Khevenhüller, Annales Fer-
    dinandei, Bd. 12, Sp. 143; O.A., Gewiser Bericht vnd Vrkhundt deß entstandnen Vbels
    vnd Vnruhe in Minchen im Jar 1632, S. 313.
243 Abelinus/ Merian, Theatri Europaei, S. 645. Vgl. auch: Lungwitz, Judas Maccabaeus,
    S. 90; Khevenhüller, Annales Ferdinandei, Bd. 12, Sp. 143.
244 Vgl. Heimers, Krieg, S. 33; Rystad, Schweden, S. 424f. Die Summe konnte jedoch bin-
    nen kurzer Frist nicht mal zur Hälfte aufgebracht werden (vgl. Heimers, Krieg, S. 36;
    Stahleder, Chronik, S. 454; Rystad, Schweden, S. 425, letzterer mit leicht abweichenden
    Zahlen).

forderte man anfangs 150.000 Reichstaler – beziehungsweise, nach anderen
Angaben, 100.000 Reichstaler – und gab sich später mit 80.000 Reichstalern
zufrieden.[245] Der soziale Sinn dieser Reduktionen war sicherlich ein mehrfacher: Erstens konnte das Agieren der schwedischen Seite auf diese Weise, wie
im ›Theatrum Europaeum‹ geschehen, als *grosse Gnad* verklärt werden, wodurch
der schwedische König als ›guter‹ Herrscher in Szene gesetzt wurde. Zweitens
wurde auf diese Weise die städtische Seite dazu gebracht, um ebendiese ›Gnade‹
zu bitten; Ganzhorn nannte dieses Agieren in Würzburg dann auch bezeichnender Weise *Bitten, flehen, vndt unterthänigstes anhalten*[246]. Durch derartiges
Bitten aber wurde Hierarchie erzeugt und der schwedische König als Stadtherr
anerkannt – die schwedische Seite brachte also mit den hohen Forderungen
etwa den Würzburger Rat dazu, für Gustav Adolf »unbezahlte symbolische
Arbeit«[247] zu leisten. Dies hatte drittens auch noch den Effekt, dass man, wie
etwa im ›Theatrum Europaeum‹, die (Selbst-) Demütigung der altgläubigen
Münchner in Szene setzen konnte.

In (mehrheitlich) protestantischen Städten hingegen sahen die Geldforderungen der Schweden anders aus: Die relativ spät eingenommenen Reichsstädte Augsburg und Nürnberg verpflichteten sich zu monatlichen Zahlungen, wobei insbesondere Augsburgs Verpflichtung mit 20.000 Reichstaler pro
Monat überaus hoch ausfiel.[248] Die deutlich früher eingenommenen Städte
Erfurt und Frankfurt am Main hingegen hatten formal überhaupt keine Zahlungen zu leisten, wurden jedoch auch ziemlich zeitnah mit schwedischen
Forderungen konfrontiert:[249] Von Erfurt forderte man offenbar eine Art Gabe
in Form von 20.000 Reichstalern, während man von Frankfurt am Main
ein Darlehn in Höhe von 100.000 Florin (etwa 65.000 Reichstaler) ver-

---

245 Vgl. zur Forderung nach 150.000 Reichstalern: Bergerhausen, Würzburg, S. 15; Wil-
    son, Dreißigjährige Krieg, S. 581. Vgl. zur Forderung nach 100.000 Reichstalern: Leo,
    Würzburg, S. 309f. Vgl. zur vereinbarten Summe: Sicken, Dreißigjähriger Krieg, S. 108;
    Bergerhausen, Würzburg, S. 15; Wagner, Würzburg, S. 126.
246 Leo, Würzburg, S. 310.
247 Luhmann, Legitimation durch Verfahren, S. 114. Vgl. dazu auch: Krischer, Rituale,
    S. 136–139.
248 Vgl. zu Nürnberg: Rydberg/ Hallendorff, Sverges traktater, S. 748. Vgl. zu Augsburg:
    Rydberg/ Hallendorff, Sverges traktater, S. 750. Peter H. Wilsons Angabe, Augsburg
    habe 240.000 Reichstaler zahlen müsse, ist nicht richtig (vgl. Wilson, Dreißigjährige
    Krieg, S. 581).
249 Vgl. zur Übereinkunft mit Erfurt: Rydberg/ Hallendorff, Sverges traktater, S. 532ff.
    Vgl. zur Übereinkunft mit Frankfurt: Rydberg/ Hallendorff, Sverges traktater, S. 584f.

langte.[250] Der Umgang mit (mehrheitlich) protestantischen Städten veränderte sich also offenbar, denn 1631 verdeckte die schwedische Seite offenbar – zumindest in einigen Fällen – Kontributionszahlungen, indem man Geld in Form von Gaben und Darlehn verlangte, 1632 aber forderte man, explizit und vertraglich fixiert, monatliche Geldzahlungen.

Die Forderung in Frankfurt nach einem Darlehn hatte aber nicht nur eine dissimulierende Wirkung, sondern auch einen weiteren sozialen Effekt: Statt der geforderten 100.000 Florin, also etwa 65.000 Reichstaler, gewährte der Frankfurter Rat einen Kredit in Höhe von 100.000 Reichstalern. Doch dabei scheint es sich gerade nicht um einen Fehler gehandelt zu haben, da andere städtische Stellen den Rat explizit darauf hinwiesen.[251] Vielmehr scheint der Rat dies intendiert getan zu haben, denn auf diese Weise demonstrierte man dem schwedischen König einerseits seine Loyalität, andererseits aber auch die Hoheit über die eigenen Finanzen.[252]

Doch selbst wenn die schwedische Seite auf Dissimulationen verzichtete und von Augsburg 20.000 Reichstaler pro Monat verlangte, unterschied sich diese Form immer noch von den Praktiken, die man gegenüber katholischen Städten anwandte. Zwar mussten auch die Augsburger eine enorme Summe aufbringen, doch die Reichsstadt war nicht nur um einiges größer und wohlhabender als andere Städte, sondern die Summe war vor allem in kleinere, monatlich zu zahlende Beträge zerteilt worden. Die Augsburger verpflichteten sich zwar hierdurch, kontinuierlich Zahlungen zu leisten, doch mussten sie nicht auf einmal eine enorm hohe Summe aufbringen.

Kontributionen als soziale Praxis: Praktiken und Folgen

Am Beispiel Münchens kann man gut aufzeigen, was für Auswirkungen es hatte, wenn eine Stadt extrem hohe Kontribution auf einen Schlag bezahlen musste. Eine Münchner Chronik vermerkte dazu:

[Am 19. Mai 1632 sind] die burger aber an den Anger erfordert worden, da ihnen angezaigt, daß ihr khiniglihe Maystett [Gustav Adolf] fir Mordt, Prandt,

250 Vgl. zu Erfurt: Schauerte, Gustav Adolf, S. 14. Vgl. zu Frankfurt: Rieck, Frankfurt am Main unter schwedischer Besatzung, S. 72.
251 Vgl. zu dieser Episode (allerdings mit deutlich anderer Deutung): Rieck, Frankfurt am Main unter schwedischer Besatzung, S. 72.
252 Vgl. zu einer prekären Lage eines städtischen Rats im Krieg und seiner Demonstration von Autorität: Groß, Prozessführung, S. 208–218.

vnd blinderung 3 mal hundert dauset Reichsdaler begere, wolihes auch bewiliget worden. Die arm burgerschaff ist entzwischen sehr sorgfeltig in bedenkhen, daß sie nit also vermöglich were, doch hat ieder seinem vermögen nach geben, hat maniher seinen lang zusamengesamleten schaz herfirgesucht, es seind auch von denen kirchen ötlich khölch, von denen burgern silberne weibergürtl, silbere, wol guldene becher vnd Pocal neben gelt in das burgermaisters hauß zugetragen worden, ist nichts destoweniger die burgerschaff nach diesem geben noh offt ermant, vnd der statt starkh getrohet worden, wo nit die begere suma erlögt werde, daß ebenmößig diser Statt wie Magdenburg ergehen solle, hat derohalben off ain burger 3 oder 4 mal noh gelt zugetragen, also das ihn offentlich an dem Anger von ihrer Obrigkheit ist angezaigt worden, daß sie also vil auf die burgerschafft nit vertrauet heten, so haben auch nach langen bitten so gar die arme Wittiben, kneht vnd hauß Megd Geltt gebracht, damit man nur des feindts los wurde[253].

Nicht nur die Bürgerschaft, sondern auch der Klerus und einfache Einwohner ohne Bürgerrecht brachten also diverse Wertgegenstände zu Bürgermeister Friedrich Ligsalz, um die Brandschatzung zu bezahlen – zum Aufbringen der geforderten Summe wurde also tatsächlich die gesamte Stadt mobilisiert.[254] Eine einmalige, aber dafür hohe Forderung stellte eine Stadt vor enorme Probleme, zu deren Lösung eine Steuererhebung offenbar gerade nicht ausreichte, stattdessen ließ der Münchner Rat buchstäblich vorhandene Wertgegenstände zusammentragen.[255] Hierbei wurde der Rat allem Anschein nach geradezu zu einem Bittsteller gegenüber den eigenen Einwohnern (*nach langen bitten*), was der Ehre dieses Gremiums wenig förderlich gewesen sein dürfte.

Aus schwedischer Perspektive war aber das Agieren des Rats sicherlich zweckmäßig oder vielleicht sogar notwendig, denn auf diese Weise konnte man die vorhandenen Verwaltungsstrukturen zur Eintreibung der Kontribution nutzen und so wahrscheinlich mehr Geld generieren, als wenn man auf die Beteiligung des Münchner Rats verzichtet hätte.[256] Insbesondere, da Bitten dabei scheinbar eine nicht geringe Rolle spielten, dürfte das Agieren von einheimischen Katholiken sogar deutlich effektiver gewesen sein, weil so Konfes-

---

253 O.A., Gewiser Bericht vnd Vrkhundt deß entstandnen Vbels vnd Vnruehe in Minchen im Jar 1632, S. 313f. Vgl. auch: Leuchtmann, Aufzeichnungen, S. 208.
254 Vgl. Heimers, Krieg, S. 33f; Mayer, Münchener Stadtbuch, S. 363.
255 Vgl. zur desolaten finanziellen Lage Münchens in dieser Zeit: Destouches, München, S. 10–16.
256 Vgl. Carl, Protektion, S. 300ff; Wilson, War Finance, S. 236f.

sion und Landsmannschaft zu impliziten Affordanzen wurden.[257] Um aber den intendierten Effekt zu erzielen, drohte die schwedische Seite den Münchnern offenbar massiv, wobei die Aufzeichnung der Drohung (*daß ebenmößig diser Statt wie Magdenburg ergehen solle*) in der Chronik zweifellos auch den Sinn erzeugte, die Stadt als Opfer von ›tyrannischen‹ Schweden darzustellen und damit das Leid der Münchner zu akzentuieren.[258] Ob die schwedische Seite wirklich derart hyperbolisch drohte, muss offen bleiben – nichtsdestotrotz sollte man durchaus von Drohungen ausgehen, um die Münchner zu höheren Zahlungen zu bewegen. Ungewöhnlich jedenfalls scheint eine solche Drohung nicht gewesen zu sein, denn Ganzhorn berichtet etwa über ein ganz ähnliches Vorgehen in Würzburg, und nach zeitgenössischem Kriegsrecht und -brauch war sie durchaus legitim.[259]

Während die Chronik vor allem einen Antagonismus zwischen den Münchnern und der schwedischen Seite postulierte, beschrieb Hellgemayr auch das Verhältnis zwischen den Münchnern als problematisch.[260] Zwar erwähnte er auch, dass *ieder Mahn [Mann] groß gelt vnd guet zu hern Friderich Ligsalzen [Bürgermeister Friedrich Ligsalz]*[261] gebracht habe, doch hätten sich *die schlechte vnd Arme [der Zünfte] pesser allß die reichen mit her geben gehalden*[262]. Hellgemayr kritisierte in seinem Selbstzeugnis also ziemlich offen die – seiner Meinung nach – zu geringen Beiträge der reichen Münchner. Dies kann man einerseits sicherlich als Indiz für eine geringere Bereitschaft der reicheren Münchner werten, Geld und Wertgegenstände für die Brandschatzung beizusteuern. Vor allem sollte man dies jedoch andererseits als eine städtische Deutung werten, durch die Konflikte innerhalb der Stadtgesellschaft offen wurden, bei denen es um einen ›angemessenen‹ Anteil an den zu leistenden Zahlungen ging. Von

---

257 Vgl. zur Bedeutung der Landsmannschaft etwa: Emich, Normen, S. 85ff. Vgl. zur Konfession: Kaiser, Angstgetriebene Politik, S. 126.

258 Vgl. zur Wahrnehmung und Deutung von ›Tyrannei‹: Kampmann, Westfälische System, S. 204f und 211–217; Kampmann, Interventionsproblematik, S. 78; Meumann, Herrschaft oder Tyrannis, S. 185ff; Tischer, Grenzen, S. 52f; Pröve, Legitimationen, S. 265f.

259 Vgl. zur (angeblichen) Drohung in Würzburg: Leo, Würzburg, S. 387–390. Vgl. zum Kriegsbrauch: Haas, Normativität, S. 49 und 57; Kaiser, Kriegsgreuel, S. 176–180; Medick, Dreißigjährige Krieg, S. 198; Carl, Protektion, S. 301ff. Vgl. zur Bedeutung frühneuzeitlicher Kriegsbräuche: Möbius, Kriegsbrauch.

260 Vgl. theoretisch zum Antagonismus: Laclau/ Mouffe, Hegemonie, S. 161–167.

261 Leuchtmann, Aufzeichnungen, S. 208.

262 Ebd.

einigen Münchnern scheint der Beitrag der ›Reichen‹ als zu gering eingestuft worden zu sein, d.h. es kam in Folge der schwedischen Geldforderungen in der Deutung von einigen Stadtbewohnern zu einer Spaltung der Stadtgesellschaft und damit zu einem innerstädtischen Antagonismus.

In Würzburg hingegen sah die Lage völlig anders aus; auch dort hatte man zwar Schwierigkeiten die hohe Summe innerhalb der kurzen Frist aufzubringen, doch Erhard von Lichtenstein, Würzburger Domscholaster und Propst der dortigen Kollegiatstifte Neumünster und St. Burkhard, spendete der Stadt 10.000 Reichstaler.[263] Geradezu panegyrisch vermerkte der dem Würzburger Klerus nahestehende Ganzhorn dazu:

Durch welche hohe erzeigte gnad sich sein herrn von Lichtensteins Gn. umb das gemeine Weesen, ohnangesehen es deroselben, wie gehört, zum besten gereicht, hoch verdient, auch Ihro die gantze Statt undt Posteritet nit wenig zue Immerwehrentem gute gedenckhen vndt Ewigem Ruhm vndt lob obligat gemacht, cuius Beneficij Singularis memoria erit, in omne æternum [dessen Wohltaten ein außerordentliches Andenken in aller Ewigkeit haben werden]. Undt ist nunmehr ein Ewiger Jahrtag In unser lieben frawen Capellen uff dem Marckh gestifftet, vndt uff St. Erhardifest all zeit solle gehalten werdten, so auch Præsentibus HH. Burgermeister vndt völligem Raths annoch gehalten würdt[264].

Ganzhorn lobte also ausdrücklich Lichtensteins Gabe als Verdienst um das Gemeinwesen, d.h. das Geldgeschenk hat dem Domscholaster zweifellos in actu Ehre generiert. In Folge der Gabe ist Lichtenstein vom Rat sogar noch ein Jahrtag gestiftet worden, bei dem künftig beide Bürgermeister und der ganze Würzburger Stadtrat anwesend sein sollten; auch das war eine außergewöhnliche Ehrung, die durch die Präsenz der städtischen Würdenträger ein distinktives Potenzial entfaltete und dadurch Lichtenstein als von dem Gemeinwesen Geehrten auswies sowie damit auf seine Gabe verwies.

Geradezu paradox mutet es denn an, wenn man bedenkt, dass in Folge der schwedischen Brandschatzung der Tag des Heiligen Erhards, also der Gedenktag eines katholischen Heiligen, in besonderer Weise zu Ehren eines altgläubigen Geistlichen begangen wurde. Die schwedische Geldforderung förderte in Würzburg also geradezu die Konfessionalisierung, indem sie indi-

---

263 Vgl. Amrhein, Reihenfolge, S. 141, Anm. 2; Bergerhausen, Würzburg, S. 15f. Vgl. zu Erhard von Lichtenstein: Wendehorst, Stift Neumünster, S. 320; Leo, Würzburg, S. 416f.
264 Leo, Würzburg, S. 311. Hier nach Variante C.

rekt für einen weiteren altgläubig konnotierten, festlich begangenen Feiertag
sorgte.

In anderer Weise attestierte auch schon der protestantische Schotte in
schwedischen Diensten Robert Monro den Kontributionen einen konfessionellen Aspekt, indem er vermerkte, sie würden den Altgläubigen Furcht einflößen,
*weil die Schweden überall große Beute machten und, wohin sie kamen, die
Papisten beim Geldbeutel nahmen und nicht zögerten, sie so hart zu behandeln, wie
sie selbst die Protestanten in Pommern und in der Mark Brandenburg behandelt
hatten, wo sie ihnen Geld herausgepreßt hatten, das sie nun lege talionis [gemäß dem
Recht der Wiedergutmachung erlittenen Schadens] wieder zurückzahlen mußten*[265].
Monro schrieb den Schweden also zu, durch die verlangten Kontributionen die Katholiken besonders hart zu behandeln; als Grund hierfür nannte
er das Agieren der kaiserlich-ligistischen Seite in Nordostdeutschland in den
Jahren zuvor: In Monros Zuschreibung verbanden sich Anti-Katholizismus
und Revanchebestrebungen, denn einerseits ist die polemisch-konfessionelle
Stoßrichtung gegen die *Papisten* evident, andererseits führte Monro eigens das
lex talionis, also das Recht der Wiedergutmachung erlittenen Schadens, auf
– konfessionelle Antagonismen und Revanchestreben für (angebliche) Grenzüberschreitungen der Gegenseite verbanden sich bei Monro untrennbar.

Doch diese von Monro attestierte anti-katholische Stoßrichtung der schwedischen Kontributionsforderungen war, wie gezeigt, keineswegs eine reine Zuschreibung des schottischen Adligen, sondern manifestierte sich tatsächlich in
konkreten Handlungen. Zwar mussten – zumindest im späteren Verlauf der
Kampagnen Gustav Adolfs – (mehrheitlich) protestantische Städte Zahlungen
leisten, doch die von altgläubigen Städten verlangten Forderungen waren extrem hoch, so dass sie diese Gemeinwesen in actu vor nicht geringe Probleme
stellten. Die Maxime hierbei lautete offenbar, innerhalb kürzester Zeit einen
größtmöglichen ökonomischen Vorteil zu generieren. Am deutlichsten wird
dies in München, Landshut und Freising, denn von diesen Städten forderte
die schwedische Seite Geiseln als Sicherheit, als man die Forderungen nicht
aufbringen konnte.[266] Hellgemayr schrieb dementsprechend über die Zustände
in München:

---

265 Mahr, Robert Monro, S. 168.
266 Vgl. Stahleder, Chronik, S. 454ff. Nur zu München: Riezler, Geschichte, S. 417; Hei-
     mers, Krieg, S. 36f. Vgl. auch das Selbstzeugnis einer der Geiseln: Franz Sigl's, Franzis-
     kaners in München, Geschichte der Münchner Geiseln.

[Das Zusammentragen von Wertgegenständen] hat doch nichts erkhlekghen wellen vnd alle Zeit noch ahn dieser [von den Schweden geforderten] Suma gemanglet, allso das von hiesiger Stadt ahn anderer Stet 42 herrn vnd Purg[er], Geistlich vnd weltliche, vir [für, gemeint ist: als] Gaisl hiniber auf Augspurg gefiert worden[267]. Das Stellen der Geiseln diente der schwedischen Seite als Sicherheit, damit die Münchner die restliche Summe aufbrachten. Dieses Vorgehen ist vor allem auch ein Indiz dafür, dass die Schweden offenbar nicht davon ausgingen, München – oder Landshut und Freising – für längere Zeit halten zu können, da ansonsten eine Geiselnahme praktisch überflüssig gewesen wäre. Gerade in eroberten bayrischen Städten hingen die von der schwedischen Seite durchgeführten Handlungen also offenbar auch mit der als begrenzt wahrgenommenen Verfügungsgewalt über die jeweiligen Städte zusammen, d.h. es waren gewissermaßen finale Praktiken (siehe auch Kapitel 2. 3.). Hierzu gehörte zum einen, möglichst hohe Forderungen zu stellen, und zum anderen, die Forderungen gegebenenfalls auch für den Fall eines Verlusts der Stadt zu sichern, indem man die Geiseln in sicherere Städte verbrachte.[268] Die Münchner Geiseln etwa wurden nach Augsburg gebracht, wo Hainhofer schrieb: *Adi 8 Juni haben 2 Companiae Schweedische Reuter 8 guetschen voll Münch, Jesuiten, und Raths Persohnen von München und landtshuet [Landshut] alß Gaÿsel, hieher gebracht*[269]. Aufschlussreich ist in diesem Zusammenhang auch, wen die Schweden als Geisel nahmen:[270] Sie nahmen nämlich 22 Kleriker, darunter Zisterzienser, Jesuiten, Augustinereremiten, Franziskaner und Kapuziner, und 20 Weltliche aus diversen Zünften als Geiseln.[271] Durch diese Auswahl verpflichtete die schwedische Seite die jeweiligen Orden und Münchner Zünfte in besonderem Maße zur Zahlung des Gelds, d.h. Bindungen und Loyalitäten wurden gezielt (aus-) genutzt, um Zahlungen abzusichern.

---

267 Leuchtmann, Aufzeichnungen, S. 208. Eckige Klammer bei »Purg[er]« in der Edition.
268 Vgl. zu den Geiselnahmen: Stahleder, Chronik, S. 454ff. Nur zur Münchner Geiselnahme: Heimers, Krieg, S. 36f. Die Praktik der Geiselnahme wurde auch in anderen Städten im Dreißigjährigen Krieg (vgl. Plath, Alltag, S. 111f) und in anderen Kriegen des 17. Jahrhunderts angewandt (vgl. Fritz, Kriegsführung, S. 174).
269 Emmendörffer, Welt, S. 506. Vgl. zur Ankunft in Augsburg auch: Franz Sigl's, Franziskaners in München, Geschichte der Münchner Geiseln, S. 8.
270 Die konkrete Auswahl der Geiseln blieb den jeweiligen Gemeinschaften überlassen, doch wurden eben die Orden und Korporationen offenbar gezielt verpflichtet (vgl. Heimers, Krieg, S. 36).
271 Vgl. Stahleder, Chronik, S. 454f. Eigentlich sollten 44 Geiseln genommen werden, aber zwei blieben krankheitsbedingt zurück (vgl. Stahleder, Chronik, S. 454; Heimers, Krieg, S. 36f).

Abbildung 16: Flugblatt nach dem Votivbild der zurückgekehrten Geiseln, Lucas Kilian, 1635

Aufschlussreich ist auch die Deutung, die die Geiselhaft ex post erfuhr: Auf einem Flugblatt aus dem Jahr 1635 (siehe Abbildung 16) wurden die wieder in Freiheit gelangten, überlebenden 40 Geiseln – links die Geistlichen in ihren Ordenstrachten, rechts die Weltlichen – vor dem Hintergrund Münchens, nebst einem Lager vor der Stadt, dargestellt. Über dieser Szenerie ist Maria als Himmelskönigin dargestellt, flankiert von Engeln, die Listen mit den Namen der Überlebenden halten. Das bildliche Narrativ dieses Flugblatts ist klar: Durch den besonderen himmlischen Beistand, insbesondere Marias, wären die Geiseln gerettet worden. Vor allem durch die Akzentuierung Marias war dies zweifellos ein eindeutig konfessionelles Deutungsmuster, das in einem engen Nexus zum gerade in

Bayern forcierten Marienkult stand.[272] Maria wurde dabei zur Retterin der Geiseln stilisiert sowie die ›Wirksamkeit‹ des Marienkults durch diese Zuschreibung
demonstriert. Der dazugehörige Text ließ auch nichts an Eindeutigkeit fehlen:

*Sihe an [Maria] o Mutter der Barmherzigkhait, der welt Hoffnung, Beschüt-
zerin der Vnschuldigen, aller Betrüebten Nothhelfferin, deine verpflichtete Diener
vnd Pfleg Khinder. 40 Geiisel fallen dir zu fueßen, die auß Erbarmnuß deß Lei-
idigen Vndergangs, so der Cur fr. [kurfürstlichen] Hauptstatt München Gustauus
Adolphus der Schweden König A°. [Anno] 1632 angethroet, sich für das Vatterland
aufgeopfert, die Liebe Freijheit in die Schantz geschlagen in das Ellend hinaußget-
zogen, vnd dreÿ gantzer Jahr, weniger 2 Monat als arme gefangne darinn gantz
mürbselig verseßen. haben zu Augspurg, Donawerth, vnnd Nördlingen gleich als in
Nothstall eingesprengt vntzahlbare Trangsalen ausgestanden, der dreÿfachen Rhueten Gottes, als Pest, Khriegs vnd Hungers Noth stätts vnderworffen; seindt dannoch
vnder deinem [Marias] Mantel vnd Schutz hindurch khommen. Du [Maria] hast
sie in gefänckhnus vnnd eÿsenen Banden gestärksit [sic], im hunger gespeÿst, in
eusterster Gefahr ihr Hoffnung, in verschmachtug ihr Beständigkheit auffgemunt-
tert; in Verweÿsung Menschlicher hilff ihnen dein Hand gebotten, vnd die Schoß
deiner Barmhertzigkheit für ain Freijung eingeben. Schreibe es also dir [Maria]
nach Gott ainig vnd allein zue, das sie dem Todt entrunnen, vnd auß dem gantzen
Hauffen nur 4 verlohren das sie leben und athmen, und deß Vatterlands widerumb
ansichtig worden, ist ain purlautere Gnad von dir*[273].

Neben der in diesem Text omnipräsenten Zuschreibung, Maria habe enormen Anteil an der Errettung der Geiseln, wurde die Geiselhaft aber auch als
eine Tat für das ›Vaterland‹ gedeutet (*sich für das Vatterland aufgeopfert*), die
Züge eines Martyriums trug (*der dreÿfachen Rhueten Gottes, als Pest, Khriegs vnd
Hungers Noth stätts vnderworffen*).[274] Deutungen von patria und natio einerseits
und konfessionelle Deutungen andererseits wurden hier untrennbar miteinander verknüpft.[275]

---

272 Vgl. allgemein zum Marienkult: Schreiner, Maria; Holzem, Maria, S. 213. Vgl. zum
     Marienkult in Bayern: Hartinger, Konfessionalisierung, S. 146f; Schreiner, Maria,
     S. 400–413; Tricoire, Gott, S. 171–179.
273 Kilian, O. A. Das Flugblatt nennt 44 Geiseln, da eigentlich auch 44 gestellt werden
     sollten, aber tatsächlich nur 42 Geiseln aus München genommen wurden, da zwei er-
     krankten und in München zurückblieben (vgl. Stahleder, Chronik, S. 454).
274 Vgl. grundlegend zum Martyrium: Burschel, Sterben.
275 Vgl. zur natio in der Frühen Neuzeit: Hirschi, Vergangenheiten. Vgl. zur Verknüpfung
     von patria und natio auch: Krems, Inszenierung, S. 284–290.

Vorlage für dieses Flugblatt war ein ikonographisch fast identisches Votivbild, das die überlebenden Geiseln nach ihrer Befreiung 1635 in Auftrag gaben.[276] Aufgestellt wurde es im selben Jahr in der Wallfahrtskirche St. Maria in Ramersdorf bei München, wohin die ehemaligen Geiseln eine Wallfahrt unternahmen.[277] Wallfahrt und Votivbild fungierten hierbei im zeitgenössischen Vorstellung als Opfer und Dank für die Hilfe Marias, d.h. diese Handlungen folgten mehr oder minder einer do-ut-des-Logik.[278] Durch derartige Votivbilder und Dankwallfahrten wurde somit die Wirksamkeit des eigenen Kultes inszeniert, wobei gerade Votivbilder – neben Verschriftlichungspraktiken – zu dauerhaften ›Belegen‹ für erfolgte Hilfe der Heiligen wurden.[279] Auch auf der Ebene der lokalen Frömmigkeitspraxis hatte die Eroberung Münchens durch die Schweden im Jahr 1632 also eine Wirkung, insofern die Stadteinnahme indirekt diese konfessionell aufgeladenen Handlungen bedingte.

Zusammenfassend kann man sagen, dass Kontributionen mit diversen, sich stark unterscheidenden Praktiken verbunden waren: Die Kontributionsforderungen und -verhandlungen erfolgten in der Regel erst nach Übergabe der Stadt, wodurch die Städte in einer geradezu alternativlosen Situation waren. Gleichzeitig unterschieden sich die Forderungen der schwedischen Seite recht stark: Gegenüber (mehrheitlich) protestantischen Städten verschleierten die Schweden anfangs noch ihre Forderungen, indem sie, wie in Erfurt und Frankfurt am Main, um Geldgeschenke und Kredite ›baten‹, doch später forderten sie etwa von Augsburg und Nürnberg monatliche Zahlungen. Katholische Städte hingegen wurden mit in der Regel äußerst hohen, auf einmal zu leistenden Geldforderungen konfrontiert: Die geforderten Zahlungen wurden von den Schweden zwar als inszenierte Gnade reduziert, doch erst nach (selbst-) demütigenden Bitten der städtischen Seite, die die Überlegenheit der schwedischen Seite evident machten. Und auch die reduzierten Forderungen stellten die städtische Seite vor enorme Probleme, die man etwa in München durch Hilfe durch die Einwohnerschaft reduzieren wollte – was in Würzburg durch die Spende des dortigen Domscholasters gelang.

---

276 Das Votivbild enthält keinen Text und die Maria flankierenden Engel halten nicht – wie beim Flugblatt – Listen mit den Namen der ehemaligen Geiseln. Eine Abbildung des Votivbilds ist abgedruckt bei Manfred Peter Heimers (vgl. Heimers, Krieg, S. 39).
277 Vgl. Heimers, Krieg, S. 38; Albrecht, Maximilian I., S. 831.
278 Vgl. Freitag, Berühren; Davis, Schenkende Gesellschaft, S. 151–157; Stollberg-Rilinger, Maria Theresia, 583.
279 Vgl. Freitag, Berühren, S. 218; Brugger, Szenen, S. 171–175.

In München gelang dies jedoch nicht, was zur Geiselnahme führte; die schwedische Seite versuchte also durch Geiseln, die Münchner weiterhin zur Aufbringung der geforderten Brandschatzung zu bewegen: Geiselnahme war also eine spezielle Form der Absicherung von Zahlungen. Dabei sollte man die Geiselnahme in München als finale Praktik interpretieren: Da München kaum von den schwedischen Truppen verteidigt werden konnte, versuchten die Schweden möglichst viel Geld zu fordern und diese Forderung auf diese Weise abzusichern.

Die jeweiligen spezifischen Situationen vor Ort führten auch zu stark divergierenden Deutungen und Reaktionen seitens der Stadtbewohner: In Würzburg stiftete man zu Ehren des Domscholasters, der der Stadt 10.000 Reichstaler gespendet hatte, einen Jahrtag, während in München Kritik an der (angeblich) mangelnden Hilfsbereitschaft der wohlhabenderen Einwohner aufkam.

5. 6. Eroberte Städte und Güterwegnahmen

Kontributionen waren aber nicht die einzige Belastung, mit der ›gütlich‹ übergebene Städte konfrontiert wurden; die schwedische Seite versuchte vielerorts überdies, sogenannte Caduca zu beschlagnahmen.[280] Zu diesen Feindesgütern zählten auch und gerade die Habseligkeiten von geflohenen Einwohnern und von Personen, die aus Perspektive der Schweden Kaiser oder Liga loyal waren.

Caducanahme: Sinn und Zweck

Doch auch hier gab es erhebliche Unterschiede: In Nürnberg gelang es dem Rat, das Recht zur Beschlagnahmung zu behalten, d.h. die Schweden konnten dort keine Feindesgüter einziehen.[281] In Frankfurt am Main hingegen gelang es dem Rat erst später, dieses Recht gegen Erlassung nicht unerheblicher Forderungen gegenüber der schwedischen Seite – von wohl über 100.000 Reichstalern – zurückzuerhalten.[282] Aus Sicht der städtischen Räte war das Recht zur Konfiskation von Feindesgütern also durchaus bedeutsam, wozu wohl vor

---

280 Vgl. etwa: Rieck, Krisenjahre, S. 143ff; Rieck, Frankfurt am Main unter schwedischer Besatzung, S. 252–256; Müller, Staat, S. 134–140; Rystad, Schweden, S. 425. Vgl. zum Begriff Güterwegnahme: Rohmann, Piraterie.
281 Vgl. Rieck, Krisenjahre, S. 143.
282 Vgl. ebd., S. 143ff; Rieck, Frankfurt am Main unter schwedischer Besatzung, S. 252–256.

allem drei Faktoren beitrugen: Erstens griffen schwedische Konfiskationen in die städtische Autonomie ein und gefährdeten so die Autorität des Rats.[283] Zweitens bedeuteten Beschlagnahmungen eine zusätzliche Belastung für Einwohner der jeweiligen Städte sowie damit indirekt eine Minderung der städtischen Finanzkraft. Drittens mussten die Städte damit rechnen, dass Konfiskationen gerade gegenüber Katholiken etwaige altgläubige Protektoren – wie etwa den Kaiser oder andere katholische Fürsten – auf den Plan rufen würden, die ihrerseits gegen die Stadt vorgehen könnten: Genau dies war in Frankfurt am Main passiert – ein kaiserliches Schreiben drohte der Mainstadt Anfang des Jahres 1632 damit, Wiedergutmachungen für Konfiskationen leisten zu müssen.[284]

Insbesondere am Beispiel Frankfurts am Main wird auch der mitunter deutlich anti-katholische Stoßrichtung der schwedischen Caduca-Praxis deutlich, denn praktisch ausschließlich Immobilien von Katholiken waren dort von den Beschlagnahmungen betroffen.[285] Die Konfiskation von Feindesgütern war also nicht nur eine fiskalische Praktik, mit der die schwedische Seite ökonomische Gewinne erzielte, sondern nicht zuletzt auch eine konfessionelle, die ziemlich gezielt Angehörigen der ›anderen‹ Konfession Schaden zufügte.

Während die Caduca-Nahmen in Frankfurt am Main also einen nicht zuletzt anti-katholischen Impetus besaßen, scheinen ähnliche Handlungen in Erfurt eine andere Stoßrichtung gehabt zu haben. Der altgläubige Kleriker Caspar Heinrich Marx schrieb nämlich:

Wardt berichtet, wie offentliche mandata affigiret [Bekanntmachungen angebracht] undt die ienige, welche etwaß von guetern, so keyserl.[ichen] officiren oder Soldaten zue stunde, solches zu ediren [anzuzeigen] scharf angemahnet[286].

In Erfurt versuchte die schwedische Seite also dezidiert gegen kaiserliche Soldaten vorzugehen, indem deren Güter eingezogen werden sollten. Caduca-Nahmen ließen sich somit gegen verschiedene Akteursgruppen gezielt einsetzen und offenbar definierten die Schweden ihr Vorgehen situativ um.

Das Erfurter Beispiel liefert im Übrigen ein wichtiges Indiz zur konkreten Durchführung von Beschlagnahmungen und (damit) zu deren Grenzen: Beteiligt am Prozess der Beschlagnahmung waren einerseits die schwedischen

---

283 Vgl. zur prekären Stellung des Rats im Krieg: Groß, Prozessführung, S. 208–218.
284 Vgl. Rieck, Krisenjahre, S. 141.
285 Vgl. ebd., S. 141f.
286 Vgl. LHASA, MD, A 37b I, II IX Nr. 15, fol. 11ᵛ-12ʳ.

Dienstleute und die jeweiligen städtischen Räten vor Ort sowie die Eigentümer und gegebenenfalls deren Protektoren. Andererseits war aber auch noch eine weitere Gruppe involviert: Einwohner, die entsprechende Güter anzeigten oder dies unterließen. Bedeutende Immobilien konnten zwar sicherlich auch ohne Hilfe von städtischen Einwohnern zugeordnet werden, doch einige Immobilien und erst recht mobile Güter bedurften zur Identifizierung mit Sicherheit der Expertise von Stadtbewohnern.

In katholischen Städten wie Mainz, Würzburg und München sah die Lage allerdings noch etwas anders aus.[287] Hellgemayr schrieb über die Lage in München:

Die [schwedischen] officier vnd herrn alle in Quartier khumen, iber alle der herrn heiser [Herrenhäuser] ein genomben, sonderlich derer, welche hinwegkh geflohen, darin auch gar grossen schaden gethan mit Plindern, rauben, dir [Tür] vnd khasten aufgeschlagn vnd alles hinwegkh, alls khasten vnd kheller sauber ausgeraumbt[288].

Diese Ausführung Hellgemayrs liefert einen wichtigen Hinweis darauf, dass es insbesondere in leerstehende (Herren-) Häuser in München offenbar relativ systematisch Güterwegnahmen gab. In München benötigten die schwedischen Truppen somit scheinbar überhaupt keine Informationen über die Hausbesitzer, sondern beschlagnahmten in Häusern von geflohenen Einwohnern offenbar prinzipiell Güter.[289] Dabei sollte man jedoch in mehrfacher Hinsicht den kulturell bedingten Zuschreibungscharakter von Hellgemayrs Beschreibung bedenken: Erstens ging es Hellgemayr bei dieser Darstellung nicht zuletzt darum, die Münchner als Opfer von plündernden schwedischen Truppen zu inszenieren – es ist somit mit einer gewissen Hyperbolik zu rechnen. Gerade vor dem Hintergrund, dass selbst der katholische Mönch Maurus Friesenegger den Schutz der Güter der Münchner Einwohner durch die schwedischen Truppen lobte, wirken Hellgemayrs Ausführungen über umfangreiche und vor allem willkürliche Plünderungen etwas dubios.[290] Zweitens scheint es einen Deutungskonflikt zwischen Militär und Stadtbevölkerung darüber gegeben zu

---

287 Vgl. zu Mainz: Müller, Staat, S. 134–140. Vgl. zu Würzburg: Leo, Würzburg, S. 324 und 352. Vgl. zu München: Rystad, Schweden, S. 425; Riezler, Geschichte, S. 418.

288 Leuchtmann, Aufzeichnungen, S. 208. Vgl. auch: [Aretin], O. A., Sp. 53.

289 Vgl. Rystad, Schweden, S. 425.

290 Auch Rystad und Heimers gehen nicht von Gewalt und willkürlichen Güterwegnahmen aus (vgl. Rystad, Schweden, S. 425; Heimers, Krieg, S. 29–32). Vgl. zum Urteil Frieseneggers: Friesenegger, Tagebuch, S. 17.

haben, was illegitimes Plündern und legitimes Einziehen von Feindesgütern sei.[291] In Würzburg schrieb nämlich Ganzhorn:

Andere [auf den Marienberg geflohene Würzburger] haben neben Ihrer Ran-zion alle Immittels Ihre mobilia domesticalia [häuslichen Güter], ahn Paarschafft, Silbergeschmeid, hausrath, Leingwandt, welche die einquartirte hohe Officier, Die-ner undt Soldaten einweil vnter dem schein als wan Ihrem kriegsgebrauch nach alles das Ihrige, in Ihrer abwesenheit, Ihnen verfallen gewesen, zue sich genommen[292].

Ganzhorn verurteilte die Güterwegnahme aus den Häusern der auf den Ma-rienberg geflüchteten Würzburger, wobei auch ein Deutungskonflikt angedeutet wird: *vnter dem schein als wan Ihrem kriegsgebrauch nach alles das Ihrige*, hätten die schwedischen Soldaten gehandelt. Die Soldaten deklarierten also die Gü-terwegnahme wahrscheinlich als dem Kriegsbrauch – und damit Kriegsrecht – gemäß, während der bischöfliche Rat Ganzhorn diese Deutung ablehnte und als bloßen *schein* bezeichnete, wodurch er diese Handlung als illegitime Plün-derung zu deklarieren versuchte.

Vor diesem Hintergrund kann man berechtigter Weise annehmen, dass die schwedischen Soldaten in Würzburg und München wie auch in Mainz die beweglichen Güter von geflohenen Einwohnern als Feindesgüter betrachteten und es zu entsprechenden Wegnahmen kam. Dies war einerseits ein gezieltes Vorgehen gegen die Geflüchteten, denen man möglicherweise vorwarf, sich trotz der jeweils geschlossenen Akkorde der schwedischen Herrschaft zu ent-ziehen. Andererseits wäre es aber wahrscheinlich auch kaum möglich gewesen, Güter in leerstehenden Häusern vor etwaigen Plünderungen zu schützen.

Praktiken und Deutungen des Verkaufs von weggenommenen Gütern

Zu den Gütern, die in München von der schwedischen Armee eingezogen wurden, zählte auch Salz, das unter anderen aus den Beständen des bayri-schen Herzogs genommen wurde.[293] Dies ist besonders interessant, da eben-diese Salzscheiben von den Schweden umgehend vor Ort verkauft wurden.[294]

291 Vgl. zu dieser Differenz: Meumann, Herrschaft oder Tyrannis, S. 184; Carl/ Bömel-burg, Einleitung, S. 12f.
292 Leo, Würzburg, S. 324. Ganz ähnlich schrieb Ganzhorn dies auch an anderer Stelle (vgl. ebd., S. 352).
293 Vgl. Heimers, Krieg, S. 32; Schäden in der Münchner Residenz, S. 1046f.
294 Vgl. Leuchtmann, Aufzeichnungen, S. 209; O.A., Gewiser Bericht vnd Vrkhundt deß entstandenen Vbels vnd Vnruehe in Minchen im Jar 1632, S. 317; Schäden in der Münchner Residenz, S. 1047.

Die Einwohner Münchens kauften also von den Schweden in München weggenommene Dinge und profitierten in dieser Situation von den schwedischen Truppen, da sie durch deren Vorgehen relativ günstig Salz einkaufen konnten.[295] Und auch für die Schweden war dies sicherlich profitabel, weil sie so die Salzscheiben einfach in transportableres Geld umwandelten. Wie wichtige dieser Faktor war, kann man vor allem daran erkennen, dass die schwedische Seite nach Angaben der bayrischen Hofkammer von den circa 29.000 Salzscheiben aus dem Besitz Maximilians I. fast 20.000 Scheiben zurückließ. Auch um Güter wegzunehmen, benötigte man eben Logistik, und die Schweden hatten offenbar zu wenige Leute und Karren beziehungsweise zu wenig Interesse an Salzscheiben, um derart umfangreiche Salzvorräte abzutransportieren.[296] (Ein Jahr später führte der Ankauf von diesem Salz durch Münchner Einwohner noch zu einem Konflikte mit Maximilian I., denn der bayrische Herzog verlangte vom Rat der Stadt München Kompensation für seinen Verlust an Salzscheiben.[297])

Neben diesem Salz wurden aber noch andere durch Güterwegnahme ›erworbene‹ Dinge von den Schweden in Süddeutschland – und insbesondere in München – verkauft.[298] Schlaß berichtet etwa aus Schwaben: *Us Bayern wird allenthalben viel Vieh weggetrieben und kaufen unsere Leut tapfer ein*[299]. Hellgemayr berichtete zudem von einem Mann *wellcher allem raub mit allem fleiß selbst nach gezogen vnd ganze ia etliche wagen beladen herein [nach München] gefiert, wol iber hundert allerlei vich, alls roß, ogkhsen, schwein, khie [Kühe], vil der schaff vnd gaiß [Ziegen] in dises hauß herein getribn, dhtails verkhaufft, geschlachtet, vnd verhandiert*[300].

In Folge der zahlreichen angebotenen Güter fielen in München zudem die Preise für Vieh, wie Hellgemayr schreibt:

so hat Mahn auch ein roß, wie auch khue, per 10 kh: Piß auf ein gulden vnd j. Dallar gar wol vnd Statlich khaufen khinden, wan einer Nur hat fuetter khinden haben vnd wan sys einem Nicht widervmben heten abgenomben[301].

---

295 Vgl. Leuchtmann, Aufzeichnungen, S. 209.
296 Vgl. allgemein zum Stellenwert der Logistik: Martines, Zeitalter, S. 165–171.
297 Vgl. Leuchtmann, Aufzeichnungen, S. 209, Anm. 315.
298 Vgl. zu München: Rystad, Schweden, S. 425; Schaedel, Gustav Adolf, 126; Heimers, Krieg, S. 32f.
299 Dieterich, Leben, S. 93.
300 Leuchtmann, Aufzeichnungen, S. 209.
301 Ebd.

All dies lässt sich aber nur erklären, wenn man die Praktiken der Beutenahme, des Beutetransports und des Beuteverkaufs konsequent aufeinander
bezieht.[302] Gerade da Vieh ein äußerst empfindliches Beutegut war, dessen
Transport und Pflege einigen Aufwand erforderte, war ein schleuniger Verkauf
aus der Perspektive der Soldaten notwendig.[303] Erst durch die Existenz von entsprechend großen Märkten für Vieh war dieses Beutegut in größeren Mengen
überhaupt profitabel. Wenn dies aber gegeben war, war auch das Erbeuten von
Vieh in großen Mengen für die Soldaten lukrativ, selbst, wenn sie nur geringe
Summen für die Tiere erhielten.

Aus dieser Perspektive betrachtet sind Hellgemayrs Ausführungen über die
Beuteverkäufe in München äußerst aufschlussreich, denn hierdurch kann man
eine weitere Bedeutung der Einnahme Münchens aufzeigen. Durch die Eroberung Münchens erhielten die schwedischen Soldaten Zugang zu einem Viehmarkt mit offenbar vielen zahlungskräftigen Käufern, wodurch Wegnahmen
von größeren Mengen Viehs im Umland erst ökonomisch rentabel wurden. Die
Einnahme Münchens trug somit dazu bei, dass die umfangreichen Wegnahmen
von Gütern im bayrischen Gebiet in höherem Maße auch ökonomisches Kapital
einbrachten.[304]

Für die wohlhabenderen, in der Stadt verbliebenen Einwohner Münchens bot die Anwesenheit der schwedischen Soldaten folglich auch eine
Möglichkeit, relativ günstig bestimmte Güter zu erwerben.[305] Hellgemayr
schrieb dazu:

ist diser Zeith grosses rauben vnd Plindern geschehen, Sonderlich auf dem
landt, vndt allerlei sachen herein [nach München] gebracht. Da hat es ahn khauf-
fern nicht gemannglet, vnd wan die schwedischen zu Morgens etliche wagen bela-
den herein gebracht, in weinig Stundten ist alles auf khaufft worden. allß dan sein
sy wider vmb andre Peit [Beute] hinaus gezogen[306].

Diese Ausführungen liefern nicht nur Hinweise dafür, dass Teile der Einwohner Münchens durch die Käufe von weggenommenen Dingen zu Profi-

---

302 Vgl. dazu etwa: Bobak/ Carl, Söldner, S. 175f.
303 Vgl. zum Aufwand von Pflege und Transport von Tieren: Fenske, Marktkultur, S. 187;
     Bayreuther, Pferde, S. 231ff.
304 Vgl. zu den Plünderungen im Münchner Umland: Kaiser, Maximilian, S. 95; Wilson,
     Dreißigjährige Krieg, S. 600.
305 Vgl. Rystad, Schweden, S. 425; Riezler, Geschichte, S. 418f; Heimers, Krieg, S. 32f.
306 Leuchtmann, Aufzeichnungen, S. 209. Vgl. auch: O.A., Gewiser Bericht vnd Vrkhundt
     deß entstandnen Vbels vnd Vnruehe in Minchen im Jar 1632, S. 316.

teuren des Kriegs geworden sind, sondern auch, dass es durchaus eine Reflexivität darüber gab. Man wusste in München durchaus um den Zusammenhang zwischen den Plünderungen im Umland und dem Angebot von Waren durch schwedische Soldaten in der Stadt.

Ganzhorn thematisierte in seinem Bericht ebenfalls den Verkauf von Caduca, die in diesem Fall von den schwedischen Truppen in Würzburg gemacht wurden. Als Käufer dieser Dinge – unter anderem *getreit, wein, goldt, Silber, Cleinodien, Silbergeschmeidt, Paarschafft, Büchern, Beth, leinwatt, hausrath*[307] – hob er besonders Nürnberger Kaufleute hervor:

Dabey sich die Nürnbergische wohl bekannte wirth, vnndt Crämer tapffer gebraucht, vnndt von selbigen sachen gar viell vnndt wohlfeil gekaufft, vnndt nach Nürnberg geführt, auch sich dabey mit anderer leüth höchsten schaden nit wenig bereich[er]t haben[308].

Interessant an den Ausführungen des Würzburgers Ganzhorn ist zum einen das Indiz, dass insbesondere Nürnberger Händler (und Wirte) von den Geschäften mit Caduca aus Würzburg profitierten und offenbar entsprechende Praktiken des Caduca- und Beutevertriebs im Dreißigjährigen Krieg nicht unüblich waren. Noch viel aufschlussreicher ist jedoch zum anderen, dass es zu einer expliziten, moralisch aufgeladenen Verurteilung dieser Praxis durch Ganzhorn kam. Geschäfte mit Caduca und Beutegut konnten also dezidiert als verwerflich und stigmatisierend gedeutet werden, wie das Beispiel aus Würzburg zeigt – mussten es aber nicht zwangsläufig, wie das Münchner Beispiel belegt, in dem es zu keiner expliziten Verurteilung des Kaufes von weggenommenen Gütern kam.

Zusammenfassend kann man festhalten, dass das Einziehen von Caduca zwar zweifellos immer auch ökonomischen Interessen diente, doch besaß dies stets auch noch einen anderen Effekt: In der protestantischen Reichsstadt Frankfurt am Main versuchte die schwedische Seite gezielt gegen Altgläubige vorzugehen; in Erfurt hingegen zielten die Beschlagnahmungen von Feindesgütern auf kaiserlich-ligistische Soldaten, während man in Mainz, München und Würzburg die beweglichen Güter von geflohenen Einwohnern einzog. Die städtischen Räte versuchten nicht selten, dieses Agieren zu verhindern, da sie wohl einen Autoritätsverlust und die Revanche von katholischen ›Protektoren‹

---

307 Leo, Würzburg, S. 352.
308 Ebd.

fürchteten, und insbesondere für altgläubige Einwohner stellte das Einziehen von Caduca eine illegitime Form der Güterwegnahme dar.

Gleichzeitig wurden jedoch auch Teile der städtischen Einwohnerschaft auch zu Profiteuren von Beschlagnahmungen und Plünderungen seitens der schwedischen Truppen, wie es sich gut in München zeigen lässt. Durch den Zugang zu einem Markt mit vielen zahlungskräftigen Käufern in der eroberten Stadt konnten überhaupt erst Wegnahmen von Gütern in größerem Umfang mit ökonomischem Profit betrieben werden – eine Stadteroberung hatte also potenziell auch Auswirkungen auf die Kriegspraktiken im umliegenden ländlichen Raum.

6. Die eroberte Stadt als Ort der Residenz

* * *

6. 1. Der Palast als Quartier des schwedischen Königs

In der modernen Historiographie fanden die Quartiere des schwedischen Königs Gustav Adolf in eroberten Städten in der Regel einige Aufmerksamkeit; dabei unterschieden sich diese Quartiere doch stark voneinander. In einigen Städten logierte der König in bekannten Gasthäusern, so in Erfurt in der ›Hohen Lilie‹.[1] Diese Praxis dürfte sich kaum von derjenigen anderer (Hoch-) Adliger unterschieden haben, die sich auf Reisen in – fremden – Städten aufhielten.[2] In anderen Städten wie München, Mainz, Würzburg aber auch Augsburg hingegen residierte Gustav Adolf in Palästen und Anwesen bekannter geflohener Fürsten, Bischöfe und Adliger, die politisch Kaiser und Liga nahestanden.[3]

Die Quartiernahme als Fehdepraktik

In München nahm der schwedische König im Palast Maximilians I. Quartier, an dem es ab etwa 1600 starke Bautätigkeiten gab, die um das Jahr 1618 abgeschlossen wurden und an denen der Baumeister Heinrich Schön d. Ä., der Bildhauer Hans Krumper und der Maler Peter Candid maßgeblich beteiligt waren.[4] Die umgebaute Residenz bildete eine geschlossene Anlage, besaß äußerlich – intendierte – Ähnlichkeit mit einem Konvent und wurde zeitgenössisch zu den prächtigsten Palästen des Reichs gezählt.[5] In Mainz residierte Gustav

1 Vgl. zu Erfurt: Schauerte, Gustav Adolf, S. 9; Beyer/ Biereye, Geschichte, S. 534f; Hartung, Die Häuser-Chronik, S. 53; Cassel, Erfurter Bilder, S. 69, Anm. 236. Vgl. zur politischen Bedeutung von Wirtshäusern allgemein etwa: Kümin, Soziabilität; Kümin, Wirtshaus.

2 Vgl. etwa: Kümin, Soziabilität, S. 66f; Paravicini, Gruppe und Person, S. 329; Stollberg-Rilinger, Kleider, S. 29.

3 Vgl. zu Mainz: Brendle, Erzkanzler, S. 314; Dobras, Stadt, S. 48; Müller, Schweden [2009], S. 95; Müller, Schweden [2016], S. 199. Vgl. zu München: Heimers, Krieg, S. 29; Stahleder, Chronik, S. 452; Junkelmann, Gustav Adolf, S. 425. Vgl. zu Würzburg: Leo, Würzburg, S. 301 und 330; Freeden, Marienberg, S. 155. Vgl. zu Augsburg: Weber, Augsburg, S. 271 und 273.

4 Vgl. zur Baugeschichte: Heym, Kunst, S. 31–35.

5 Vgl. zum Klostercharakter: Krems, Inszenierung, S. 289f. Vgl. zur zeitgenössischen Wahrnehmung: Erichsen, Sphäre, S. 45; Janowitz, Residenz, S. 51.

Adolf im erzbischöflichen Schloss, einer 1477 gebauten und kurz nach 1555 ausgebesserten spätmittelalterlichen Burg, die 1628 um ein achtachsiges Gebäude mit drei Geschossen zu Wohn- und Zeremonialzwecken erweitert worden war.[6] Die kontinuierliche Nutzung der älteren Gebäudeanlage durch die Erzbischöfe postulierte Anciennität, allerdings scheinen die erzbischöflichen Stadtherren in ihrer Kathedralstadt eher andere Bauprojekte forciert zu haben.[7] In Würzburg hielt sich Gustav Adolf anfangs wohl nur kurze Zeit auf dem erstürmten Marienberg auf und logierte stattdessen in der Domherrenkurie des verstorbenen Bischofs Philipp Adolf von Ehrenberg auf dem Domplatz.[8] Später jedoch verbrachte der schwedische König offenbar längere Zeit in der bischöflichen Residenz.[9] Die dortigen zentralen Palastanlagen hatte Bischof Julius Echter von Mespelbrunn – nach Bränden 1572 und 1600 – zwischen 1575 und 1607 durch die Architekten Georg Robijn und Jakob Wolff d. Ä. neu anlegen lassen, wodurch ein Renaissanceschloss mit vier Gebäudeflügeln und einem zentralen Hof entstand.[10]

Für den Sinn dieser Quartiernahmen war der Faktor Raum konstitutiv:[11] Vor den Stadteinnahmen konstituierten das zeremonielles Handeln, die bauliche Ausgestaltung und die Einrichtung mit Möbeln und Kunstgegenständen die Residenzen als höfische Räume mit spezifischen Eigenlogiken.[12] Hierdurch erhielten die entsprechenden Orte eine zentral Bedeutung für die fürstliche Repräsentation, selbst wenn die Palasträume – durch Flucht der fürstlichen Familie und Gefolgschaft, Evakuierung von Gegenständen oder Zerstörungen bei der Eroberung – beim Eintreffen Gustav Adolfs anders beschaffen waren als zuvor.[13]

Durch diese Bedeutungsaufladung ähnelt das Vorgehen des schwedischen Königs stark Fehdepraktiken, bei denen man ostentativ an Orte ›des Ande-

6   Vgl. Müller, Burg, S. 107–110.

7   Vgl. zum Sinn der Nutzung der alten Burganlage: Müller, Burg. Vgl. zu den Bauprojekten der Erzbischöfe: Katschmanowski, Stadt, insbesondere: S. 102f.

8   Vgl. Leo, Würzburg, S. 301 und 330. Vgl. zur näheren Lokalisation der Kurie: Leo, Würzburg, S. 301, Anm. 9

9   Vgl. Freeden, Marienberg, S. 155.

10 Vgl. Kummer, Umformung, S. 173ff; Freeden, Marienberg, S. 92–142.

11 Vgl. allgemein: Löw, Raumsoziologie. Im Folgenden wird auf Löws Unterscheidung von Raum und Ort zurückgegriffen: Raum wird in actu durch Handeln – etwa Platzierung von Dingen – konstituiert, während Orte durch Handlungen und Platzierungen markiert werden, aber auch später noch wahrnehmbar bleiben (können) (vgl. ebd., S. 198–203).

12 Vgl. etwa: Hirschbiegel/ Paravicini, Residenzstadt; Satzinger/ Jumpers, Zeremoniell.

13 Vgl. zu einem ähnlichen Fall: Burkhardt, Wahrnehmungen, S. 119f.

ren‹ vordrang und diesem so seine – nicht zuletzt militärische – Unterlegenheit vor Augen führte.[14] Die physische Präsenz Gustav Adolfs in den Gemächern seiner Gegner wurde dabei zum Ausdruck seiner militärischen Überlegenheit. Vor diesem Hintergrund kann man annehmen, dass die Quartiernahmen in den Residenzen in Würzburg, Mainz und München dazu diente, die Ehre des Würzburger Elekten Franz von Hatzfeld, des Mainzer Erzbischofs Anselm Casimir Wambolt von Umstadt und des bayrischen Herzogs Maximilian I. gezielt zu verletzen.[15] Bedenkt man zudem die Bedeutung des Raums für die Konstituierung ständischer Ordnung in der frühneuzeitlichen Gesellschaft, implizierte der Aufenthalt Gustav Adolfs in den Residenzen seiner fürstlichen Gegner sicherlich auch eine symbolische Okkupation von deren Status und Rang.[16]

In diesem Zusammenhang in doppelter Hinsicht aufschlussreich sind auch die zahlreichen Thematisierungen von Gustav Adolfs Quartiernahmen in Mainz und München in zeitgenössischen Flugblättern und historiographischen Werken.[17] Zum einen deutet die Ubiquität der Erwähnungen darauf hin, dass diese – von den Zeitgenossen offenbar als überaus bedeutsam angesehene – Handlung in hohem Maße mit Hilfe von Druckmedien bekannt gemacht wurde, es also zu einer medialen Inszenierung des Rituals kam. Zum anderen waren die Berichte auffallend lakonisch: Gustav Adolf hat in München *Quartir in [sic] Schloß / die Neu Vestung genannt genommen*[18]. *Der König [Gustav Adolf] neben beyden Pfaltzgraffen / Friderico vnd Augusto [Friedrich von der Pfalz und August*

---

14 Vgl. mit einem Blick auf das Spätmittelalter etwa: Reinle/ Hesse, Logik, S. 143 f.
15 Vgl. allgemein zu Angriffen auf die Ehre in der Vormoderne: Schreiner/ Schwerhoff, Verletzte Ehre. Vgl. allgemeiner auch: Schwerhoff, Invektivität; Frevert, Politik der Demütigung. Vgl. zu Würzburg: Freeden, Marienberg, S. 155. Vgl. zu Mainz: Brendle, Erzkanzler, S. 314; Dobras, Stadt, S. 48; Müller, Schweden [2009], S. 95; Müller, Schweden [2016], S. 199. Vgl. zu München: Heimers, Krieg, S. 29; Stahleder, Chronik, S. 452; Junkelmann, Gustav Adolf, S. 425.
16 Vgl. zur Bedeutung des Raums in der Frühen Neuzeit grundlegend: Dartmann/ Füssel/ Rüther, Raum; Hochmuth/ Rau, Machträume; Rau/ Schwerhoff, Räume.
17 Vgl. zu Mainz: Lungwitz, Imperator Theodosius Redivivus, S. 90; Khevenhüller, Annales, Bd. 11, Sp. 1906; Abelinus/ Merian, Theatri Europaei, S. 493. In einigen Flugblättern hieß es wortgleich, der König habe sich des Schlosses bemächtigt (vgl. Paas, German political broadsheet, Bd. 5, S. 307–309, Nr. 1530–1532). Vgl. zu München: Lungwitz, Judas Maccabaeus, S. 90; Khevenhüller, Annales, Bd. 12, Sp. 141; Abelinus/ Merian, Theatri Europaei, S. 645; O. A., Kurtzer vnd Eygentlicher Abriß / Der schönen Fürstlichen Haupt Stadt München / im Land zu Bayern.
18 O. A., Kurtzer vnd Eygentlicher Abriß / Der schönen Fürstlichen Haupt Stadt München / im Land zu Bayern.

bei Rhein zu Sulzbach], zogen in das [Münchner] Schloß [...] ein[19]. *Ihre königl. Majest. [Gustav Adolf] nahmen dero Quartir [in Mainz] auff dem Schloß*[20]. Diese Kürze der Aussage kann man sicherlich dahingehend interpretieren, dass es bei diesem Agieren vor allem darum ging, die Kontrolle über den gegnerischen Raum in Szene zu setzen – was man konkret in den eroberten Residenzen tat, war auf der Ebene des Diskurses offenbar nebensächlich.

Im Fall von München war offenbar zudem die in zeitgenössischen Druckwerken stets angemerkte Anwesenheit Friedrichs V. von der Pfalz in der Residenz Maximilians I. von Bedeutung – erklärbar wird dies durch ihre besondere Beziehung: Der katholischen Bayernherzog hatte nach dem Scheitern Friedrichs in seinem Bemühen um die böhmische Krone dessen Kurstimme und Teile von dessen Territorien erhalten und fortan versucht, diesen zu marginalisieren.[21] Durch Friedrichs Anwesenheit in Maximilians Schloss aber wurde die Ansprüche des Pfälzers auf Status und Restitution implizit zum Ausdruck gebracht. Ebenso wurde unterschwellig artikuliert, dass Friedrich in Gustav Adolf einen Patron und Protektor besaß, der ihm helfen könnte, diese Forderungen nicht zuletzt auch gegenüber Maximilian I. durchzusetzen.[22] Unter diesen Umständen war die Anwesenheit Friedrichs eine implizite Drohung gegen den bayrischen Wittelsbacher und eine symbolische Herabsetzung Maximilians.

In der Wahrnehmung der Zeitgenossen evozierte die Präsenz von Eroberern in Residenzen jedoch auch die Möglichkeit, dass sich diese auch in materieller Hinsicht in die Paläste ›einschrieben‹. Im Geschichtswerk Khevenhüllers hieß es nämlich zu München:

Der Pfaltz-Graf Friedrich [V. von der Pfalz], vnd der Hertzog von [Sachsen-] Weimar haben den Pallast untergraben lassen, und in die Lufft sprengen wollen, wie es der König [Gustav Adolf] erfahren, hat er sich sehr erzürnet, und beyde mit spötlichen Worten, daß sie ein so herrliches Gebäu ruiniren und die Rache daran erzeigen wollen, zugeredet, und bey Hencken verbothen, daß man auch in dem wenigsten nicht Schaden thun solle[23].

---

19 Lungwitz, Judas Maccabaeus, S. 90.
20 Lungwitz, Imperator Theodosius Redivivus, S. 90.
21 Vgl. Kaiser, Pfalzpolitik.
22 Vgl. zum Konzept der ›Protektion‹: Haug/ Weber/ Windler, Protegierte.
23 Khevenhüller, Annales, Bd. 12, Sp. 142.

Ganz ähnlich lautende Passagen gibt es auch bei Johannes Hellgemayr, Hofmusiker Maximilians I., und in einer Münchner Chronik.[24] Ob diese Beschreibungen zutreffen oder ob es sich dabei um schweden-feindliche Fiktionen handelt, ist, was die zeitgenössische Deutung betrifft, letztlich kaum erheblich, denn in beiden Fällen werden zwei Dinge deutlich:[25] Offenbar galt es (erstens) zeitgenössisch als Option, einen gegnerischen Palast zu zerstören, um damit in symbolischer Hinsicht seinen Besitzer zu attackieren.[26] Der Palast wäre dabei gewissermaßen zum Repräsentanten seines abwesenden Besitzers geworden.[27] Doch dieses Vorgehen wurde (zweitens) von den Zeitgenossen offenbar als mindestens grenzwertig betrachtet, im schlimmsten Fall jedoch als Teil einer ›barbarischen‹ Kriegsführung.[28] Genau in diesem Zusammenhang sollte man auch die Ausführungen Khevenhüllers in erster Linie deuten, denn sie dienten vor allem der Dämonisierung Friedrichs V. von der Pfalz und Wilhelms von Sachsen-Weimar (samt seiner Brüder) und der Glorifizierung Gustav Adolfs.

Wie weit verbreitet und handlungsleitend das zeitgenössische Imaginarium über die Zerstörung von gegnerischen Palästen war, lässt sich auch daran erkennen, dass Maximilian I. von Bayern nach dem Abzug der schwedischen Truppen von den Angehörigen seiner Hofkammer detaillierte Auskünfte über den Zustand seiner Residenz in München verlangte und dabei auch an zentraler Stelle über mögliche Schäden am Gebäude aufgeklärt werden wollte.[29] Im Antwortschreiben hieß es dann:

Vnd souil Anfangs den erste, andern vnd driten puncten, weegen dero Residenz betreffend, Jst Gottlob weder an dem gebey noch sonst hieran ainiger schaden nit beschehen, alain das sowohl in Tails Zimern alls in den höfen durch die gemaine Soldaten vnd Troß was vnsauber gemacht vnd gehalten worden, welches jedoch dero

---

24 Vgl. Leuchtmann, Aufzeichnungen, S. 210; O.A., Gewiser Bericht vnd Vrkhundt deß entstandnen Vbels vnd Vnruehe in Minchen im Jar 1632, S. 318.
25 Göran Rystad erwähnt eine (offenbar unsichere) Nachricht über eine solche Planung (vgl. Rystad, Schweden, S. 425).
26 Vgl. zu anderen frühneuzeitlichen Beispielen: Fischbacher, Residenz im Krieg; Bothe, Heidelbergs Zerstörung, insbesondere: S. 12f und 22ff.
27 Vgl. allgemein zu Repräsentationen von Personen in der Frühen Neuzeit: Zitzlsperger, Distanz und Präsenz.
28 Vgl. Fischbacher, Residenz im Krieg, S. 199 und 207; Bothe, Heidelbergs Zerstörung. Vgl. allgemeiner: Pröve, Legitimationen, S. 267.
29 Der Text ist abgedruckt in: Rudhart, Gustav Adolph, S. 94–97.

*gnedigiste beuelch nach, souil sein khinden, beraith widerumben restituirt vnd auf-
gepuzt wordten*[30].

Die Beschädigungen und Veränderungen sollten also offenbar schnellst-
möglich repariert und rückgängig gemacht werden und die Residenz somit in
den Zustand vor der Eroberung gebracht werden. Dies kann man durchaus als
eine Handlung werten, mit der der Raum – gerade in symbolischer Hinsicht
– wieder unter die eigene Kontrolle gebracht werden sollte, was den Schluss
nahelegt, dass Besetzungen von Residenzen als diese verunreinigend wahrgenommen wurden.[31]

Wenn man all diese Effekte, die Quartiernahmen des schwedischen Königs
in Palästen gegnerischer Fürsten zeitigten, berücksichtigt, so wirkt die Situation
in der Reichsstadt Augsburg auf den ersten Blick paradox. Dort ließ die zu
diesem Zeitpunkt noch katholische Stadtobrigkeit ein Palais der Familie Fugger
als Quartier für Gustav Adolf herrichten.[32] Da die Fugger wichtige Förderer des
Katholizismus in Augsburg waren und nicht wenige Mitglieder der Familie im
Dreißigjährigen Krieg in den Armeen von Kaiser und Liga dienten, dürfte die
Einquartierung des schwedischen Königs Gustav Adolf in ihrem Palais – zumindest von Augsburgern – auch als ein symbolischer Angriff wahrgenommen
worden sein, der aber scheinbar von der altgläubigen Stadtobrigkeit nicht nur
gebilligt, sondern geradezu initiiert wurde.[33] (Gustav Adolf wiederum schien
nur rudimentäre Kenntnisse darüber gehabt zu haben, wer die Fugger waren
und was sie taten[34]).

Betrachtet man nun das Verhältnis zwischen den Einwohnern der Reichsstadt Augsburg und den Fuggern, so wird dieses Vorgehen erklärbar: Beim protestantischen Teil der Augsburger Bevölkerung waren die Fugger aufgrund ihrer
Förderung des Katholizismus wenig beliebt. Und auch ihr Verhältnis zur katholischen Elite der Reichsstadt war aus mehreren Gründen angespannt: Die Fugger
waren erstens gesellschaftliche Aufsteiger, was nicht nur problematisch war, da

---

30 Die Schäden in der Münchner Residenz, S. 1046. Der Text ist auch abgedruckt in:
    Rudhart, Gustav Adolph, S. 98–103.
31 Vgl. grundlegend zu ›Reinheit‹ und ›Unreinheit‹: Burschel, Erfindung.
32 Vgl. Stetten, Geschichte, S. 171f; Emmendörffer, Welt, S. 480.
33 Vgl. zu den Fuggern als Förderer des Katholizismus: Häberlein, Fugger, S. 180–185.
    Vgl. zu den Fuggern als Offiziere: Haberer, Fugger als Offiziere, S. 236–239. Wolfgang
    E. J. Weber deutet jedenfalls die Quartiernahme als symbolischen Akt (vgl. Weber,
    Augsburg, S. 273).
34 Vgl. Emmendörffer, Welt, S. 489.

dabei die – aus frühneuzeitlicher Perspektive gottgewollte – Ordnung der Stan-
desgrenzen verändert wurde, sondern vor allem, weil dies in einer Weise geschah,
die man nicht mehr durch Dissimulation kaschieren konnte.[35] Zweitens übten
die Fugger in einem Maße Einfluss in Augsburg aus, das sie in ein angespanntes
Verhältnis zum Augsburger Rat treten ließ, und drittens befanden sich 1632
einige Fugger in den Diensten des bayrischen Herzogs, dessen Verhältnis zur
Reichsstadt Augsburg ebenfalls als angespannt gelten kann.[36] Vor diesem Hintergrund kann man durchaus annehmen, dass eine symbolische Herabsetzung
der Fugger durchaus in der Intention der altgläubigen Stadtobrigkeit lag.[37] Die
katholische Obrigkeit der Reichsstadt nutzte die Quartiernahme des schwedischen Königs wahrscheinlich, um einen innerstädtischen Konflikt auszutragen.

Die distinktive Materialität des königlichen Quartiers

Doch die Wahl des Fuggerpalais als Quartier durch die katholische Stadtobrigkeit – beraten durch Philipp Hainhofer – folgte auch noch einer weiteren
Logik. Der Kunstagent Hainhofer schrieb nämlich in seinem Selbstzeugnis:

Da wir dann nach langer wahl des Herren Grafen Marquart Fuggers Hauß,
auff dem Weinmarckht, weil inn demselben und im Herren Hans Fuggers darne-
ben, allwegen Kaÿser, Erzherzogen Chur u. Fürsten, einlosiert, u. eingeführt wor-
den, für das bequemste gefonden[38].

Laut Hainhofer war das Palais also durch zuvor dort logierende Gäste das
prestigeträchtigste Quartier in der ganzen Stadt. Dies war eine Einschätzung,
die durchaus zutreffend gewesen sein dürfte und die zeigt, dass es bei der Quar-
tierwahl offenbar auch darum ging, eine möglichst ehrenerierende Residenz
für den schwedischen König zu finden und Gustav Adolf auf diese Weise symbolisch entgegen zu kommen.[39] (In nicht wenigen zeitgenössischen Werken

---

35 Vgl. Rohmann, Fugger. Vgl. zur Bedeutung der Ständeordnung: Füssel/ Weller, Einlei-
    tung, S. 9f.
36 Vgl. zur Einflussnahme der Fugger in Augsburg: Jachmann, Öffentlichkeit, S. 201f.
    Vgl. zu den Fuggern als bayrische Klienten: Haberer, Fugger als Offiziere, S. 236–239.
37 Dieser Konflikt wurde 1635, nach der Eroberung durch ein kaiserlich-ligistisches Heer,
    fortgesetzt: Zwischen dem Statthalter Ott Heinrich Fugger und dem nun wieder katho-
    lischen Rat gab es heftige Streitigkeiten und letztlich setzte die altgläubige Elite Augs-
    burgs die Absetzung Ott Heinrich Fuggers durch (vgl. Haberer, Ott Heinrich Fugger,
    S. 127; Roeck, Stadt, Bd. 2, S. 871f).
38 Emmendörffer, Welt, S. 480.
39 Vgl. zur Bedeutung der Fugger-Palais: Jachmann, Öffentlichkeit, S. 199; Weber, Augs-
    burg, S. 271.

wurde dann das Quartier im Palais der Fugger jedenfalls zumindest beiläufig erwähnt.[40])

Indizien, welche Handlungen mit einer Quartiernahme in (gegnerischen) Residenzen aber konkret verbunden waren, liefert Robert Monro, schottischer Adliger im Dienst der schwedischen Armee, in seiner Schilderung des Aufenthalts in München:

Der König von Schweden [Gustav Adolf] und der König von Böhmen [Friedrich V. von der Pfalz] nahmen ihre Quartiere in der Residenz, wobei ich den Befehl erhielt, mit unserem Regiment und dem Regiment meines Lords Spence, das Oberstleutnant Musten führte, Tag und Nacht im großen Hof der Residenz unter Waffen zu liegen, die beiden Könige zu bewachen und alle Wachen im Palast zu stellen[41].

Zwei Regimenter der schwedischen Armee wurden also eingesetzt, um für die Sicherheit Gustav Adolfs und Friedrichs V. von der Pfalz zu sorgen. Dies war ein enormer Aufwand, denn für gewöhnlich sorgten nur einige Dutzend Wachen für die Sicherheit eines Königs oder Fürsten.[42] Man nahm die Situation in München von schwedischer Seite also möglicherweise als besonders bedrohlich wahr. Zudem war diese starke Wache auf symbolischer Ebene auch eine Drohung an die Münchner, denen man das militärische Potenzial der schwedischen Truppen direkt vor Augen führte.

Die Diener im Palast waren jedoch diejenigen des bayrischen Herzogs Maximilian, wie Monro berichtet: *Im Palast waren auch alle Diener der herzoglichen Hofhaltung geblieben, die ihren Dienst weiter versahen[43].* Besonders aufschlussreich ist dies, da der pro-katholische Historiograph Franz Christoph Khevenhüller in seinen ›Annales Ferdinandei‹ einem solchen besondere Beachtung angedeihen ließ:

Als nun ihre Königliche Würden [Gustav Adolf] den gedachten Zimmerwärter, Wer der Baumeister und Angeber eines so schönen Gebäudes wäre, gefragt, und er: kein anderer, als der Churfürst [Maximilian] selbst, geantwortet, hat er vermeldet:

40 Vgl. Lungwitz, Judas Maccabaeus, S. 49; Abelinus/ Merian, Theatri Europaei, S. 638; Mannasser, Gründliche vnd Außführliche Beschreibung welcher Gestalt die königl. May. zu Schweden […] gegen die Statt Augspurg geruckt / dieselbe mit Accord erobert; O. A., Deß Durchleuchtigsten / Großmächtigsten Fürsten vnd Herrn […]: Auch wie Ihre Königl: Majest: die herrliche vnd weitberhümbte Statt Augspurg / mit Accord erobert.
41 Mahr, Robert Monro, S. 174.
42 Vgl. Rudolph, Heer, S. 56.
43 Mahr, Robert Monro, S. 175.

Könt ich diesen Baumeister haben, ich wolt ihn in Schweden schicken; Da antwortete der Zimmerwärter: Ihr. Majestät, der Baumeister wird sich gar wohl dafür zu hüten wissen; Das hat dem Könige, daß der Zimmerwärter also für seinen Herrn tapffer geantwortet, wohlgefallen[44].

Diese Schilderung Khevenhüllers sollte man zweifellos als Fiktion werten. Gleichzeitig ist sie jedoch als solche auch überaus aufschlussreich, denn hier wurde ziemlich explizit über ein grundlegendes Problem von Besatzungsherrschaft verhandelt: Die Loyalität, insbesondere der Fürstendiener.[45] Khevenhüller stellt den Zimmerwärter, auch wenn er Gustav Adolf bediente, als demonstrativ loyal Maximilian gegenüber dar; dem schwedischen König habe dies sogar *wohlgefallen*. Loyalität gegenüber dem bisherigen Herrn wurde auf diese Weise ebenso gerühmt wie Gustav Adolfs Akzeptanz ebendieser. Diese Ausführungen sollte man jedoch nicht als Indiz für die weitestgehende Akzeptanz entsprechender Loyalitätsbeziehungen und -inszenierungen werten, sondern vielmehr als ein glorifizierendes Exempel, wie dies aus Khevenhüllers Perspektive eigentlich hätte sein sollen. Tatsächlich wurden in besetzten Städten zurückgebliebene Bewohner allerdings häufig – von Seiten der Besatzer und von Seiten ihres (ehemaligen) Herrn – mit Misstrauen und Verratsvorwürfen konfrontiert.

In Augsburg wiederum sorgte Phillipp Hainhofer im Auftrag der altgläubigen Stadtobrigkeit sogar noch dafür, dass im Fugger-Palais Diener für den schwedischen König bereitstanden: *die würth auff bäyden Stuben, zuem anordtnen, die Köch zum Kochen u. einkauffen, Kellermaister, silber wartner und tisch diener, bestelt*[46]. Dies zeigt nicht nur, wie viel Dienstpersonal selbst in Kriegszeiten bereitstand – und zeitgenössisch offenbar als notwendig angesehen wurde –, sondern kann auch als Indiz dafür gelten, dass die Augsburger Stadtobrigkeit Gustav Adolf symbolisch entgegenkommen wollte. Dafür spricht auch, dass man noch diverse (Luxus-) Möbel in das Palais bringen ließ, so etwa *Baldachin[,] töppich[,] Küssenne samettine sessel*[47], *fast die beste, und schönste sachen, von tapezereien, bettzeug, v. leinnwat*[48], *vergulte lideren Sessel*[49] und *silber ge-*

---

44   Khevenhüller, Annales, Bd. 12, Sp. 141f.
45   Vgl. dazu auch: Carl, Protektion, S. 299f.
46   Emmendörffer, Welt, S. 480.
47   Ebd.
48   Ebd.
49   Ebd.

schirr[50]; zudem hat man *eine kuchin [Küche] inn Hoff lassen aufschlagen*[51]. Dies kann man sicherlich als Versuch werten, eine Art Gabentausch zu initiieren und damit die Gunst des Königs zu erlangen.[52]

Die Räumlichkeit eines Palais, verbunden mit dem Vorhandensein all dieser Möbel, machte Residenzen sicherlich auch aus rein praktischen Gründen zu attraktiven Quartieren. Wenn aber Robert Monro, Offizier in schwedischen Diensten, über die Ausstattung der Münchner Residenz berichtet, schwingt in Wirklichkeit noch etwas anderes mit:

Die Residenz selbst war neu eingerichtet mit herrlichen Möbeln, Betten, Schränken und Gobelins, die prächtig und kostbar waren, wie es dem Palast eines Königs Ehre gemacht hätte. Dazu gab es hier schöne Gärten, Fischteiche, Wasserspiele und alles, was in herrlichster Großartigkeit, die man sich überhaupt vorstellen kann, Vergnügen bereitete. Auch ein schöner Hof zum Ballspielen für die Erholung war vorhanden, auf dem sich die beiden Könige [Gustav Adolf und Friedrich von der Pfalz] manchmal vergnügten[53].

Zweifellos rühmt der schottische Adlige die prächtige Ausstattung des Schlosses Maximilians, doch dabei ging es sicherlich noch um etwas anderes als darum, die Residenz als ›gutes‹ Quartier zu charakterisieren. Über die Charakterisierung der im Palast vorhandenen Dinge, *die prächtig und kostbar waren, wie es dem Palast eines Königs Ehre gemacht hätte*, wurde die Stellung der Residenzstadt München als bedeutende Stadt und damit auch als bedeutende Eroberung Gustav Adolfs betont. Ferner wurde durch diese Auflistung indirekt die Stellung des bayrischen Herzogs als sehr bedeutender Fürst akzentuiert, wodurch suggeriert wurde, dass die Einnahme der Residenzstadt München ein militärischer ›Erfolg‹ gegen einen überaus starken und gefährlichen Gegner gewesen sei.

Dieser doppelte Sinn der Dinge wurde aber nicht nur in Monros Beschreibung zu München erzeugt, sondern auch im Text eines Flugblatts, das über die Eroberung des Würzburger Marienbergs berichtete, evoziert: *In Summa / was ein König zu seiner königl. Hofhaltung vonnöthen / ist auff diesem Schloß angetrof-*

---

50 Ebd.
51 Ebd.
52 Vgl. zum Gabentausch theoretisch: Mauss, Gabe. Zu Form und Funktion Praktiken des Gabentauschs in der Frühen Neuzeit: Davis, Schenkende Gesellschaft. Vgl. zur Gunst und Gunstgewinnung: Stollberg-Rilinger, Ökonomie, S. 191–197; Schilling, Patronage, S. 56.
53 Mahr, Robert Monro, S. 175.

fen vnd erobert worden[54]. Hier wurde sogar die Charakterisierung des Marienbergs als ›gutes‹ Quartier durch die Wortwahl (*erobert*) noch deutlicher mit der
Zuschreibung eines militärischen ›Erfolgs‹ verbunden; zugleich wurde durch
diesen Terminus aber auch noch angedeutet, dass das im Schloss vorgefundene
Mobiliar eben nicht nur vor Ort genutzt, sondern letztlich auch weggenommen
wurde.

Zusammenfassend kann man sagen, dass sich die Quartiernahmen Gustav
Adolfs in den Palästen seiner Gegner in erster Linie als Raumpraktik interpretieren lassen, bei der der schwedische König möglichst demonstrativ in einen
Raum eindrang, der eindeutig als Raum eines feindlichen Fürsten gekennzeichnet war, und seinem Gegner auf diese Weise ehrverletzend seine Unterlegenheit
vor Augen führte. In der zeitgenössischen Wahrnehmung war dieses Agieren sogar noch steigerbar, indem man die gegnerische Residenz beschädigte oder gar
zerstörte, wie dies offenbar Maximilian von Bayern befürchtete. Eine derartige
Eskalation unterließen die Schweden; allerdings wurden die Quartiernahmen
in den Fällen von Mainz und München medial stark verbreitet, wobei nur der
konkrete Ort des Quartiers besonders hervorgehoben wurde, d.h. es ging offenbar – analog zur Praxis vor Ort – vor allem darum, die Kontrolle über den
feindlichen Raum zu inszenieren.

Falls allerdings ausnahmsweise einmal die prächtige Ausstattung des eroberten Schlosses Erwähnung fand, so ging es dabei nicht nur darum, das
Quartier als ›gut‹ zu klassifizieren, sondern die Bedeutung der Eroberung der
Residenzstadt zu akzentuieren. Gleichzeitig ist in diesem Zusammenhang auch
von einer besonderen Attraktivität von Residenzen als Quartieren wegen ihrer
komfortablen Räumlichkeiten auszugehen.

Einen besonderen Fall stellt Augsburg dar: Hier versuchte die damals noch
katholische Stadtobrigkeit einerseits Gustav Adolf ihre Ergebenheit zu demonstrieren, indem sie ein besonders prächtiges Quartier zu Verfügung stellte, das
sogar noch durch zusätzliche Möbel und Diener aufgewertet wurde. Andererseits scheint ebendiese altgläubige Stadtobrigkeit die Quartiernahme des schwedischen Königs genutzt zu haben, um in einem innerstädtischen Konflikt die
Ehre der Fugger indirekt anzugreifen.

54　O. A., Eygentlicher Abriß vnd Beschreibung / Der geschwinden Eroberung der Statt
　　Würtzburg.

6. 2. Gegnerische Residenzen und Beutenahme

Die Paläste der gegnerischen Fürsten wurden von der schwedischen Seite nicht ausschließlich als Quartier für den König und sein Gefolge genutzt, sondern es kam bekanntermaßen auch zu Beutenahmen.[55]

Deutungen und Praktiken der Güterwegnahme

Quellenmäßig am besten lässt sich diese Beutenahme in Würzburg und München belegen, wobei beide Beispiele deutlich unterschiedlich gelagert sind. Da der Würzburger Marienberg, die Residenz des Fürstbischofs, erstürmt wurde, war eine Beutenahme ein nach zeitgenössischem Kriegsbrauch und -recht als legitim angesehenes Vorgehen.[56] Selbst der bischöfliche Rat Ganzhorn, der in seinem Bericht eine lange Schadensliste erstellte und implizit über die verlorenen Dinge klagte, verurteilte die Güterwegnahme dabei nicht als illegitim.[57]

Anders sah es im Fall des Münchner Palastes des bayrischen Herzogs aus: Maximilian selbst schrieb der spanischen Infantin Isabella, Statthalterin der spanischen Niederlande, *unsere in diesen beiden Stätten [München und Landshut] gehabte residentzen undt anderes so man [die Schweden] gefunden [haben, wurde] spoliiert [geplündert] undt hinweckh gefürth*[58]. Der bayrische Herzog inszenierte sich hier als Opfer der schwedischen Kriegspraktiken. In einem weiteren Brief des bayrischen Herzogs, diesmal an den Kommandanten von Ingolstadt, hieß es denn explizit, die Beutenahme sei erfolgt, *ohngesechen eß der allda*

55 Vgl. zu Würzburg: Freeden, Marienberg, S. 154; Sicken, Dreißigjähriger Krieg, S. 109; Deinert, Epoche, S. 57; Bergerhausen, Würzburg, S. 8–13; Öhman, Bedeutung der Kriegsbeute, S. 134ff. Zu München vgl.: Heimers, Krieg, S. 32; Rystad, Schweden, S. 425; Rudhart, Gustav Adolph; Mayer, Münchener Stadtbuch, S. 365f und 368f; Sutner, München, S. 29; Schaedel, Gustav Adolf, 125f; Wolf, Wittelsbach, S. 372; Öhman, Bedeutung der Kriegsbeute, S. 136f; Albrecht, Maximilian I., S. 832f; Riezler, Geschichte, S. 417; Nemravová, Kunst, S. 96. Vgl. allgemeiner auch: Tauss, Kunstschätze; Schilling, Symbolische Kommunikation, S. 195–198; Schilling, Kriegsbeute; Schilling, War Booty; Nestor, Kunst- und Kulturgüter; Kreslins, War Booty; Jaeger/ Feitsch, Ius et bellum; Wenzel, Objektbiographien; Öhman, Bedeutung der Kriegsbeute; Rebitsch/ Öhman/ Kilián, 1648, S. 295–320. Vgl. mit Blick auf das Spätmittelalter: Jucker, Raub; Jucker, Söldnerlandschaft, S. 93–99.
56 Vgl. Martines, Zeitalter, S. 69–94; Pepper, Siege law, S. 577; Kaiser, Kriegsgreuel, S. 160; Asch, Kriegsrecht, S. 110f.
57 Vgl. Leo, Würzburg, S. 326–330. Vgl. terminologisch zu Güterwegnahme: Rohmann, Piraterie.
58 Kriegsgreuel der Schweden in Bayern.

aufgerichten Capitulation ganz zuwider[59]. Hier wurden die Güterwegnahmen in München explizit als illegitim klassifiziert, ein Urteil, dem sich auch moderne Betrachter anschließen.[60] Tatsächlich sah das Brandschatzungsprotokoll einen Schutz auch des herzoglichen Eigentums vor, doch die im Gegenzug von den Münchnern zugesicherte Summe wurde den Schweden wohl nicht einmal zur Hälfte gezahlt.[61] Möglich wäre es also durchaus, dass sich die schwedische Seite daher nur noch bedingt zur Einhaltung des Vertrags verpflichtet sah, wobei eine solche Reaktion durchaus typisch gewesen wäre.[62] Die Beutepraktiken in der herzoglichen Residenz könnten daher ein Akt der Revanche für die nur unvollständig geleisteten Zahlungen gewesen sein; ebenso könnte es ein intendierter Effekt der extrem hohen Kontributionsforderungen gewesen sein, einen Vertragsbruch der Münchner herbeizuführen, um eine Rechtfertigung für die Wegnahme von Gütern zu erhalten.[63]

Im Geschichtswerk des Matthaeus Lungwitz wurden dieses Agieren in Maximilians Residenz jedoch unter gänzlich anderen Vorzeichen thematisiert:

Der Bayerfürst hatte etliche Jahr nach einander die Lutherischen bekriegen helffen / jetzo kömpt nun Pœna talionis [die vergeltende Strafe]; in dem all das geraubte Gut wiederumb dem Principal der Catholischen Ligen entzogen wird. [...]. Derwegen alle solche Sachen am Geschütz vnd andern / vnd was in der Kunstkammer gefunden wurde / das ward nach Augspurg vnd an andere Evangelische örter geführt. Wie nun die Papisten vnd Spanier vor dieser Zeit in der Pfaltz hausgehalten vnd procediret, also ward auch mit ihnen in Bayern wieder verfahren[64].

59   Um die Rückgabe der Kunstschätze, S. 1048.

60   Vgl. Albrecht, Maximilian I., S. 832f. Ähnlich schon: Rudhart, Gustav Adolph, S. 81ff.

61   Vgl. zum Schutz des herzoglichen Eigentums im Brandschatzungsprotokoll: [Aretin], O. A., Sp. 53f. Vgl. zur gezahlten Summe: Heimers, Krieg, S. 36; Stahleder, Chronik, S. 454; Rystad, Schweden, S. 425 (letzterer mit leicht abweichenden Zahlen). Die Argumentation Ludwig Schaedels, eine Güterwegnahme sei in Kriegszeiten üblich und damit legitim gewesen (vgl. Schaedel, Gustav Adolf, 125f), lässt wiederum unzulässiger Weise das Brandschatzungsprotokoll völlig außer Acht.

62   Vgl. Kaiser, Kriegsgreuel, S. 176–180; Medick, Dreißigjährige Krieg, S. 198; Carl, Protektion, S. 301ff; Haas, Normativität, S. 49 und 57.

63   Angebliche gab es später eine Kontroverse um die Rückgabe der Beute zwischen Maximilian I. und der schwedischen Seite: Der von Lars Ljungström wiedergegebene Argumentationsgang berücksichtigte das Brandschatzungsprotokoll nicht, wirkt unstimmig und wird nicht belegt (vgl. Ljungström, Schweden, S. 190f). Aus diesen Gründen erscheint diese Schilderung dubios.

64   Lungwitz, Judas Maccabaeus, S. 91f.

Lungwitz deutete die Beutenahme in der Residenz Maximilians explizit als Vergeltung, insbesondere für die Güterwegnahmen in der Pfalz, d.h. im Heidelberger Palast Friedrichs V.[65] Dieses Agieren bei der Beutenahme in den 1620er Jahren erschienen bei Lungwitz als zu vergeltende Handlungen; ihnen wurde also nicht ›nur‹ Legitimität abgesprochen, sondern sie wurden zu Gründen, die eine spiegelbildliche Vergeltung rechtfertigten.[66] Dabei amalgamierten im Übrigen die Rhetorik der Vergeltung und der anti-katholische Diskurs: Die Geschädigten der Kriegsjahre zuvor wurden bei Lungwitz über die Konfession subsummiert (*die Lutherischen*), wie auch die ›Aggressoren‹ vor allem konfessionell identifiziert wurden (*die Papisten*). Die ›Vergeltung‹ wurde also konfessionell aufgeladen beziehungsweise im konfessionellen Konflikt wurden diese ›Exempel‹ der gegnerischen ›Aggression‹ in polemischer Absicht nutzbar.

Betrachtet man nun die Handlungen der Güterwegnahme in der Münchner Residenz und auf dem Würzburger Marienberg genauer, so wird deutlich, dass diese sich grundlegend voneinander unterschieden: Im Palast Maximilians wurden sämtliche erbeuteten Güter für Gustav Adolf beziehungsweise sein Gefolge weggenommen. Monro, schottischer Adliger in schwedischen Diensten, etwa schrieb: *In der Residenz gab es Raritäten, die sehr viel Geld wert waren und die die beiden Könige [Gustav Adolf und Friedrich von der Pfalz] wegschaffen ließen*[67]. Und im Geschichtswerk Khevenhüllers heißt es: *[Gustav Adolf] ließ auch alle solche Sachen an Geschütz und andern, was in der Kunst-Cammer gefunden wurde, ales weg nach Augspurg und anders wohin führen*[68]. Die Beutenahmen in der Münchner Residenz war also keine allgemeine Wegnahme von Gütern, bei der alle schwedischen Soldaten für sich selbst in einem räumlich und zeitlich definierten Bereich Beute nahmen.[69] Vielmehr wurden sämtliche Beutegüter von Gustav Adolf oder anderen Hochadligen mit seiner Billigung ausgewählt und waren für ebendiese bestimmt.[70] Ganz ähnlich sah die Situation wohl auch

---

65 Vgl. dazu auch: Tauss, Kunstschätze, 283f. Deutlich zurückhaltender: Öhman, Bedeutung der Kriegsbeute, S. 136f.

66 Vgl. zu solch spiegelbildlichen Vorgehen: Foucault, Überwachen, S. 59ff.

67 Mahr, Robert Monro, S. 175.

68 Khevenhüller, Annales, Bd. 12, Sp. 142.

69 Vgl. zu dieser Art der Beutenahme: Carl/ Bömelburg, Einleitung, S. 13.

70 Vgl. Tauss, Kunstschätze, 284; Rystad, Schweden, S. 425; Junkelmann, Gustav Adolf, S. 425. Georg von Sutner attestierte den Fürsten und Offizieren, ohne Gustav Adolfs Billigung gehandelt zu haben (vgl. Sutner, München, S. 29). Vgl. zu den weggenommenen Dingen ausführlich und mit Quellenbeilagen: Rudhart, Gustav Adolph. Vgl. dazu auch mit Abbildungen und Schilderungen: Glaser, Glaube und Reich, S. 424–427.

in Mainz aus, wo Gustav Adolf bemüht war, dortige Bibliotheken vollständig zu erbeuten und als Konvolut der Universität Uppsala zu schenken.[71]

Auf dem Marienberg hingegen sah die Situation völlig anders aus, denn in Folge des Sturmangriffs war es aus zeitgenössischer Perspektive legitim sowie üblich, dass alle Soldaten in einem bestimmten zeitlichen und räumlichen Rahmen für sich selbst Beute nehmen durften. In zeitgenössischen Quellen hießt es dementsprechend: *Das Kriegesvolck hat in der Plünderung des Schlosses vberaus stattliche Beute bekomen*[72] sowie *der gemeine Soldat [hat] überauß stattliche Beuten überkomen*[73]. Die Wegnahme von Gütern auf dem Marienberg brachten also auch den einfachen Soldaten einen ökonomischen Vorteil und dürften darum für die Truppen Gustav Adolfs attraktiv gewesen sein.[74] Aus dem gleichen Grund dürfte es auch für den Kriegs- und Feldherrn Gustav Adolf eine gewisse Attraktivität besessen haben, denn den eigenen Soldaten zu Beutegut zu verhelfen, war durchaus prestigegenerierend.[75] Gleichwohl gab es bei der Beutenahme Unterschiede, denn der Offizier Monro etwa schrieb: *Diejenigen, die zuerst eindrangen, machten bei geringster Anstrengung die größte Beute*[76]. Dies ist ein guter Hinweis darauf, dass bei einem solchen Vorgehen die Soldaten die Beute erhielten, derer sie sich bemächtigen konnten – es herrschte also offenbar zwischen den Soldaten in schwedischen Diensten ein gewisser Konkurrenzkampf um Beute, bei dem diejenigen, die früh ins Schloss gelangten, einen Vorteil besaßen.[77] Allerdings war dieser Konkurrenzkampf wohl zugleich auch beschränkt, wie der Bericht des Würzburgers Ganzhorn nahelegt:

Fürnemblich hat sich das Plündern in allen gemächern undt Insonderheit der Silber Cammer [...] angefangen, allda es dan überaus stattliche vndt Reiche Beüthe, nit allein für die gemeine Soldaten, auch hohe undt niedere Officiern, sondern auch so gar für den König selbst geben, welcher, was Ihme an gold, Silber, Edelgesteinen, schönen Perlein undt anderen Costbaren sachen gefallen, hinweggenommen, das andere alles miteinanter seiner Soldatesca in prædam [zur Beute] gelassen[78].

---

71 Vgl. Tauss, Kunstschätze, 284; Nemravová, Kunst, S. 93 und 96; Mallon, Bücher, S. 471; Nestor, Kunst- und Kulturgüter, S. 491; Müller, Staat, S. 138ff; Schreiner, Bibliotheksverluste, S. 128f. Vgl. hingegen aber auch: Falk, Dombibliothek, S. 29 und 61ff.
72 Lungwitz, Josua Et Hiskias, S. 457.
73 O. A., Eroberung der Stadt Würtzburg in Francken / vnd Vesten Schlosses daselbsten.
74 Vgl. Jucker, Söldnerlandschaft; Jucker, Kredite; Burschel, Söldner, S. 207ff.
75 Vgl. Meumann, Herrschaft oder Tyrannis, S. 184.
76 Mahr, Robert Monro, S. 149.
77 Vgl. zur Praxis des Beutemachens: Xenakis, Plündern; Burschel, Söldner, S. 207ff.
78 Leo, Würzburg, S. 326.

Der schwedische König Gustav Adolf selbst scheint also eine Art Vornahmerecht in Bezug auf die Beutenahme für sich in Anspruch genommen zu haben, das bewirkte, dass einfache Soldaten eben nicht die besten und kostbarsten Dinge für sich in Anspruch nehmen konnten, nur weil sie sich dieser als erste bemächtigen konnten.[79] Vielmehr wurden offenbar auch bei Güterwegnahmen ständische Grenzen innerhalb der beutenehmenden Armee gewahrt und dadurch dafür gesorgt, dass ständisch niedrig stehende Soldaten mittels Beutegut nicht allzu sehr aufstiegen – die mögliche soziale Mobilität wurde also ein Stück weit reduziert.

Gleichzeitig sollte man aber auch nicht die polemische Stoßrichtung der Ausführungen Ganzhorns übersehen: Für den nicht-soldatischen Teil der frühneuzeitlichen Gesellschaft waren Beutenahmen im Krieg eine dubiose und mindestens grenzwertige Handlung, mit der Ganzhorn hier nicht nur die schwedischen Offiziere, sondern dezidiert sogar König Gustav Adolf in Verbindung bringt. Indem aber Gustav Adolf als Mann inszeniert wurde, der sich in extremer Weise an fremden Gütern bereichert, dürfte er den Angehörigen der Stadtgesellschaft in äußerst zweifelhaftem Licht erschienen sein.[80]

Die weggenommenen Dinge und ihre Semantiken

Dieses unterschiedliche Vorgehen bei der Wegnahme von Gütern bewirkten hinsichtlich der erbeuteten Dinge, dass in der Residenz in München – und in Mainz[81] – wohl in der Regel ganze Konvolute weggenommen wurden, während auf dem Marienberg wahrscheinlich häufiger zusammengehörende Objekte beim Beutemachen getrennt wurden. Doch auch hinsichtlich der Art der weggenommenen Dinge bestand ein Unterschied: Auf dem Marienberg erbeuteten die schwedischen Truppen zahlreiche, in der Regel überaus wertvolle liturgische Geräte, wie der der Würzburger Geistlichkeit nahestehende Ganzhorn ausführlich schilderte:[82]

Über das alles seyndt in der HoffCapellen vndt dem Reliquiario schöne güldene mit cöstlichen steinen vndt Perlein versetzte Crucifix, stattlich eingefaste Heylighumb, Silbere übergülte kelch, Silbere leichter, Rauchfässer, Weyhkessel vndt

79 Vgl. zu solchen Mechanismen auch: Xenakis, Plündern, S. 161ff; Burschel, Söldner, S. 207ff.
80 Vgl. zur zivilen Perspektive auf Beutepraktiken: Huntebrinker, Söldner, S. 157–168.
81 Vgl. Tauss, Kunstschätze, S. 284; Nemravová, Kunst, S. 93 und 96.
82 Vgl. zu einem besonders wertvollen Stück: Öhman, Bedeutung der Kriegsbeute, S. 136.

mit Perlein gestickte, von gülden, Silber, Sammet und anderen schönen Zeigen ver-
fertigte ornat, Item von getriebener arbeit gemachte grosse Silbere Platten, zum
altar vermeint, vorhanden gewesen, So gleichergestalt vnder Viel Tausent gulden nit
erzeüget gleichwohl ein lange zeit alda zur Ehr undt dienst Gottes fleisig verwahrt,
vndt zue seiner zeit gebraucht worden[83].

In der Wahrnehmung der Würzburger war dies zweifellos eine grenzüberschreitende Handlung, insbesondere, da Kirchen eigentlich besonderen Schutz
genießen sollten, auch wenn dies in der Praxis oft nicht der Fall war.[84] Ganzhorn jedenfalls schrieb, dass die lokalen Händler diese erbeuteten Dinge nicht
kaufen wollten, in *bedenckhen sich dieselbige[n] als Res Sacræ et Deo dicatæ [hei-*
lige und Gott geweihte Dinge], solcher gestalt bonâ conscientiâ [guten Gewissens]
fuegsamlich nit kauffen lassen[85]:

Ob nun wohl die Schweden von solchen Geistlichen vndt Kirchensachen etwas
hin undt wider vmb ein geringschätziges gelt, verschiedenen Personen ahngebotten:
so hat sich doch mehrertheils kein Kauffmann dazue finden lassen wollen. […].
Dannenhero Ihrer viell solche gehabte kirchen ornat fürnemblich was von Silber ge-
wesen, vndt sich in Ihre hendel nit schicken noch richten wollen, Zerschlagen, Zer-
schmeltzt, Vergrümmt theils gantz zerlassen, Hernacher nacher Franckfurt, Leypzig,
Nürnberg, vndt anderstwohin entweder geschickt, oder selbsten mit Ihnen hinweg
geführt haben[86].

Auch wenn dieses Vorgehen bei der Güterwegnahme also offenbar keine
dezidiert anti-katholische, ikonoklastische Stoßrichtung besaß und in erster
Linie dem Erwerb von ökonomischen Kapital diente, so war die Beutenahme
dieser sakralen Dinge in den Augen der Würzburger doch scheinbar etwas besonders Grenzüberschreitendes, mit dem sie nichts zu tun haben wollten. Gerade dies führte paradoxer Weise zur Zerstörung dieser Sakralobjekte, um so das
Edelmetall als transportables Gut mit hohem Tauschwert andernorts verkaufen
zu können.[87]

In der Münchner Residenz, wo die Wegnahme von Gütern wahrscheinlich
so gut wie ausschließlich auf Befehl oder mit Billigung Gustav Adolfs stattfand,
sah der Umgang mit liturgischem Gerät bezeichnender Weise wohl noch etwas

---

83 Leo, Würzburg, S. 327f.
84 Vgl. Pepper, Siege law, S. 577; Kaiser, Kriegsgreuel, S. 159f.
85 Leo, Würzburg, S. 328.
86 Ebd.
87 Vgl. zu solch einem Vorgehen auch: Wenzel, Objektbiographie, S. 203ff.

anders aus. Dies legt der kurz nach Abzug der schwedischen Truppen angefertigte Bericht an den bayrischen Herzog Maximilian nah:

Der vmbgangs Claider vnd Figuren [Prozessionskleider und -figuren] halben [...] haben wir auch noch khainen bericht; [...] halten gleichwol genzlich darfir, es werde dabei wenig oder gar khain schadt geschechen sein[88].

Offenbar wurde es von schwedischer Seite vermieden, die Prozessionskleider und -figuren zu erbeuten oder zu beschädigen; man versuchte in München also scheinbar dezidiert, eine Konfessionalisierung der Güterwegnahme zu vermeiden.[89]

Gleichzeitig lässt jedoch der Bericht der Amtleute Maximilians keinen Zweifel aufkommen, dass man in anderen Bereichen die Beutenahme mit enormer Konsequenz betrieben hatte, wie man diese offenbar auch auf dem Würzburger Marienberg getan hatte.[90] Insbesondere die Artefakte der bischöflich-würzburgischen Silberkammer und diejenigen nicht zuvor evakuierten Dinge der herzoglich-bayrischen Kunstkammer wurden zu großen Teilen Beute der Schweden.[91] In München sorgten die Schweden offenbar sogar dafür, dass die weniger guten Dinge, die sie nicht mitnahmen, beschädigt oder zerstört wurden, wie der Bericht an Maximilian I. nahelegt:

Mit der Kunst Camer, ist mann wol vbel genueg vmbganngen, vnd vasst durchgeendt alles, ausser etlich wenigen [...] schlechter sachen, was nit abwekh gebracht werden khinden, verrissen, erworffen vnd erschlagen worden[92].

Mit ziemlicher Konsequenz wurden also in Würzburg und München die Kunst- und Wertgegenstände sowie Raritäten, allesamt Prestigeobjekte, die für die fürstliche Selbstdarstellung in der Frühen Neuzeit von enormer Bedeutung waren, weggenommen oder zerstört:[93] Dies sollte man als symbolischen Angriff auf Rang und Status ihrer Besitzer verstehen, denen auf diese Art – in geradezu fehdeähnlicher Weise – ihre ›Unfähigkeit‹, ihren eigenen Besitz zu

---

88 Die Schäden in der Münchner Residenz, S. 1047f.
89 Vgl. ex negativo zur Konfessionalisierung von Gewalt: Greyerz/ Siebenhüner, Religion.
90 Vgl. zu München: Schäden in der Münchner Residenz; Albrecht, Maximilian, S. 832f. Vgl. zu Würzburg: Leo, Würzburg, S. 326–330.
91 Vgl. zum Marienberg: Leo, Würzburg, S. 326f. Vgl. zu München: Die Schäden in der Münchner Residenz, S. 1047; Albrecht, Maximilian, S. 832; Rystad, Schweden, S. 425; Heimers, Krieg, S. 32; Junkelmann, Gustav Adolf, S. 425.
92 Die Schäden in der Münchner Residenz, S. 1047.
93 Vgl. zur Bedeutung fürstlicher Prestigeobjekte: Asch, Adel, S. 142; Tauber, Nutzung; Collet, Kunstkammer, S. 341ff.

schützen, demonstriert wurde.[94] Zudem verloren sie Dinge, die für den fürstlichen Status grundlegend waren. Dass diese erbeuteten Prestigeobjekte für die schwedische Seite gleichzeitig einen enormen ökonomischen und (nicht zuletzt als Trophäen) symbolischen Gewinn darstellte, muss sicherlich nicht eigens erwähnt werden.[95] Gleiches gilt, neben den Dingen der Kunst- und Raritätenkammern, auch für das Bettzeug und die Tapisserien auf dem Marienberg, von deren Wegnahme der bischöfliche Rat Ganzhorn berichtet, sowie die Tiere und Artefakte im bischöflich-würzburgischen und herzoglich-bayrischen Marstall.[96] Auch der Umgang mit den Bibliotheken auf dem Marienberg und in der Residenz in München folgte dem gleichen Muster: In München wurden zwar nur relativ wenige Bücher weggenommen, doch im entsprechenden Band der ›Topographia Germaniae‹ hieß es, *weilen es aber an Fuhren gemangelt; so hat man die meisten Bücher allda verbleiben lassen müssen*[97]. Möglicherweise behinderte also ein Mangel an logistischen Mitteln eine umfangreiche Wegnahme von Gütern.[98]

Zudem scheint es, als hätten die Schweden auch hier noch beim Zurücklassen Schaden verursacht: Es ist *alles vnder einander zerstreit vnd auß jren ordenlichen stellen khomen*[99], heißt es in dem bereits erwähnten Bericht an den bayrischen Herzog. Die sich auf dem Marienberg befindliche bischöflich-würzburgische Bibliothek wiederum wurde größtenteils nach Uppsala gebracht, was einen Transfer von Wissen in diese eher periphere Region implizierte.[100]

Sowohl in München als auch auf dem Marienberg wurden auch Dinge aus dem herzoglichen beziehungsweise fürstbischöflichen Zeughaus weggenom-

94   Vgl. Reinle/ Hesse, Logik, S. 143f.
95   Vgl. Tauss, Kunstschätze; Schilling, Symbolische Kommunikation, S. 195–198; Schilling, Kriegsbeute; Schilling, War Booty.
96   Vgl. zum Marienberg: Leo, Würzburg, S. 328f. Zu München: Die Schäden in der Münchner Residenz, S. 1048. Vgl. zu Tapisserien: Brassat, Kunstwerke, S. 307–311. Vgl. zu Wert und Bedeutung von Pferden: Bayreuther, Pferde, S. 229–234.
97   Zeiller/ Merian, Topographia Bavariae, S. 34. Vgl. zum Bücherraub in München: Lübbers, Hofbibliothek, S. 185–191; Kaltwasser, München, S. 27; Rystad, Schweden, S. 425; Albrecht, Maximilian, S. 832; Mallon, Bücher, S. 470.
98   Vgl. zur Bedeutung der Logistik: Martines, Zeitalter, S. 165–171.
99   Die Schäden in der Münchner Residenz, S. 1047.
100 Vgl. Tauss, Kunstschätze, S. 284; Munkhammar, Literary War Booty, S. 68; Nestor, Kunst- und Kulturgüter, S. 491; Öhman, Bedeutung der Kriegsbeute, S. 134f. Vgl. ausführlich zum Verbleib der Bücher aus Würzburg: Walde, Bücherraub; Leitschuh, Geschichte. Vgl. allgemein zum Wissenstransfer: Burke, Papier und Marktgeschrei, S. 61ff und 69f.

men.[101] Auch diese (schweren) Waffen waren für die fürstliche Selbstdarstellung von enormer Bedeutung und ihre Erbeutung dementsprechend eine Verletzung der Ehre ihre ehemaligen Besitzer und ein Prestigegewinn für die Eroberer.[102] Besonders deutlich wurde bei der Wegnahme dieser Dinge aber – auch für die Zeitgenossen – ein funktionaler Aspekt, neben dem symbolischen. Der Würzburger Ganzhorn etwa schrieb:

So Ist auch das Zeüghaus ahn Artiglieria, als schönen grossen von Erz undt Metall gegossenen Stückhen gantzen undt halben Carthaunen etc. auch etlich 1000 Musqueten Krauth vndt loth, ein solcher Vorrath gefunden worden, das mann der Schweden viel vndt andere Örther mehr damit versehen hat[103].

Durch die Beutenahme der Kanonen – die in München wie auf dem Marienberg dem Kriegsherrn, also Gustav Adolf, zugutekam[104] – konnten die schwedischen Truppen mit diesen Waffen ausgerüstet werden, wodurch sich deren Kampfkraft sicherlich erhöht hat.

Welch enorme symbolische Komponente die Wegnahme von Geschützen haben konnte, zeigt sich überdeutlich am Beispiel Münchens:[105] Dort waren auf Befehl des bayrischen Herzogs sämtliche nicht abtransportierten Kanonen im Zeughaus vergraben worden, *die Thielen aber vnd Breter waren alle fein ordentlich wieder darauff gelegt*[106] worden. Doch da die hölzernen Lafetten – wohl um sie vor etwaigen Beschädigungen zu schützen – offenbar nicht vergraben wurden, sondern sich noch im Zeughaus befanden, begannen die Schweden Nachforschungen über den Verbleib der Kanonen anzustellen.[107] Der schwedischen Seite war das Auffinden etwaiger Kanonen also offenbar sehr wichtig

---

101 Vgl. zu München: Heimers, Krieg, S. 32; Junkelmann, Gustav Adolf, S. 425; Sutner, München, S. 29; Mayer, Münchener Stadtbuch, 368f; Wolf, Wittelsbach, S. 372; Droysen, Gustav Adolf, 557f; Berner, Gustav Adolf, S. 434. Vgl. zum Marienberg: Leo, Würzburg, S. 329.

102 Vgl. zur Bedeutung von Zeughausbeständen für die fürstliche Repräsentation: Klatte, Rüstkammern; Lass, Zeughaus; Unbehaun, Zeughaus; Scheutz, Zeughäuser, S. 176–182.

103 Leo, Würzburg, S. 329.

104 Vgl. zum Verteilungsmodus von Beute: Xenakis, Plündern, S. 162f.

105 Vgl. zur Bedeutung von erbeuteten Geschützen: Petersen, Belagerte Stadt, S. 386f.

106 Lungwitz, Judas Maccabaeus, S. 91. Vgl. auch Abelinus/ Merian, Theatri Europaei, S. 645.

107 Vgl. Lungwitz, Judas Maccabaeus, S. 91; Abelinus/ Merian, Theatri Europaei, S. 645; Khevenhüller, Annales, Bd. 12, Sp. 142; O. A., Kurtzer vnd Eygentlicher Abriß / Der schönen Fürstlichen Haupt Stadt München / im Land zu Bayern.

und es ist bezeichnend, dass ein Flugblatt sogar dem König selbst zuschrieb, in dieser Angelegenheit tätig geworden zu sein:

Mehrhöchstbesagt Ihre Kön. M. [Gustav Adolf] haben das Zeughauß selber besichtiget / aber wenig Stück darinnen gefunden / dahero dem Zeugwart zu red gesetzt / wie es beschaffen / daß so gar keine Stück vorhanden wären?[108]

Auf diese Weise wurde Gustav Adolfs Rolle bei der Auffindung der Geschütze akzentuiert, was man aber nicht nur als Ehrzuschreibung interpretieren sollte, sondern auch als Indiz für den Stellenwert des Findens der Kanonen. Angeblich wurde das Versteck dann von einem Bauern verraten.[109] Darauf grub man die Geschütze wieder aus, wobei in mehreren Geschichtswerken auch wieder die Rolle Gustav Adolfs akzentuiert wurde:

Die Bawren / so zum ausgraben bestellet / waren zu solcher Arbeit sehr willig; bevoraus / weil ihre Königl. Mait. zu Schweden [Gustav Adolf] ihnen eine Hand voll Ducaten verehrete; vnd sich selbst zu ihnen auff die Blöck niedersetzte / ihnen auch Form / Art vnd Weise zeigete vnd weisete / wie vnd welcher Gestalt sie die grossen Geschutz heraus zieben [sic] solten[110].

Offenbar wurde die Beutenahme der Kanonen zeitgenössisch als derart bedeutend wahrgenommen, dass man die Rolle des schwedischen Königs hierbei eigens akzentuierte. Dies war insofern ungewöhnlich, als dass handwerkliche Tätigkeiten in der Frühen Neuzeit eigentlich als niedrig und tendenziell ehrmindernd angesehen wurden.[111]

Die Beteiligung Gustav Adolfs am Ausgraben der Geschütze möglichst zu betonen war aber aus pro-schwedischer Perspektive äußerst attraktiv, denn angeblich nutzten die bayrischen Bauern zur Beschreibung dieses Ausgrabens eine Metapher: *Da fieng man nun an / die Todten auffzuwecken*[112]. Ob die Bauern nun wirklich diese Metapher benutzten, ist kaum zu klären und letztlich auch sekundär; viel entscheidender war, dass durch diese Zuschreibung das Agieren

108 O. A., Kurtzer vnd Eygentlicher Abriß / Der schönen Fürstlichen Haupt Stadt München / im Land zu Bayern.
109 Vgl. Lungwitz, Judas Maccabaeus, S. 91; Abelinus/ Merian, Theatri Europaei, S. 645; O. A., Kurtzer vnd Eygentlicher Abriß / Der schönen Fürstlichen Haupt Stadt München / im Land zu Bayern.
110 Lungwitz, Judas Maccabaeus, S. 91. Vgl. auch, fast wörtlich identisch, Abelinus/ Merian, Theatri Europaei, S. 645.
111 Vgl. Schmidt, Konstituierung, 112ff.
112 Lungwitz, Judas Maccabaeus, S. 91 Vgl. auch, fast wörtlich identisch: Abelinus/ Merian, Theatri Europaei, S. 645.

der Schweden, und insbesondere ihres Königs, eine geradezu christusgleiche Qualität erhielt. Das eigentlich profane Ausgraben der Geschütze wurde so sakralisiert. Letztlich war diese Aussage tendenziell sogar blasphemisch, doch da sie angeblich von bayrischen Bauern stammte, wurde diesen – nicht mehr zu ermittelnden – Dritten die Verantwortung hierfür zugeschrieben.[113] Möglicherweise war dies letztlich nichts weiter als eine (Zu-) Schreibpraktik, durch die die pro-protestantischen Historiographen die Grenzen des Schreibbaren verschieben konnten, ohne als Gotteslästerer zu erscheinen. Khevenhüller hingegen schrieb, Gustav Adolf selbst hätte zu den Kanonen gewandt gesagt, *Surgite a mortuis [steht auf von den Toten]*[114]: Damit attestierte der pro-katholische Historiograph dem schwedischen König eine Handlung, die man kaum anderes denn als Blasphemie werten konnte.

Eine weitere Sinndimension erhielt die Beutenahme der Geschütze in München aber noch durch die Geschütze selbst:

Der groben Geschütz so gefunden worden / waren 140; vnter denen waren in 50. doppelte / gantze vnd halbe Carthaunen / die XII. Aposteln / vnd ein sehr gros Stück die Saw [Sau] genant. Dieser [sic] Stück waren auch etliche theils aus der Pfaltz geführt / theils in der Prager schlacht eröbert / theils Hertzog Christian von Braunschweig / theils dem Könige in Dennemarck (darunter etliche / so Ihrer Königl. Majestet. zu Schweden Anherrn seligen gehörig gewesen) abgenommen worden[115].

Bedeutend an den erbeuteten Kanonen war also nicht nur deren Quantität und waffentechnische Qualität, sondern auch deren Historizität und damit Individualität. Diese wurde wahrscheinlich noch vor Ort durch einen Blick auf die den Geschützen eingeprägten Wappen festgestellt – in einem Flugblatt hieß es denn auch ganz explizit, auf den Kanonen habe das *Deñemärckische / Braunschweigische / Durlachische vnd Pfaltzgrävische Wappen gestanden*[116]. Offenbar waren also die Wappen, und damit die Vorbesitzer, von einiger Bedeutung:

---

113 Vgl. zum blasphemischen Charakter: Loetz, Gotteslästerung, S. 307. Vgl. grundlegend zur Blasphemie in der Vormoderne: Schwerhoff, Zungen.

114 Khevenhüller, Annales, Bd. 12, Sp. 142.

115 Lungwitz, Judas Maccabaeus, S. 91 Vgl. auch Abelinus/ Merian, Theatri Europaei, S. 645; Khevenhüller, Annales, Bd. 12, Sp. 142; Khevenhüller, Annales, Bd. 12, Sp. 142; O. A., Kurtzer vnd Eygentlicher Abriß / Der schönen Fürstlichen Haupt Stadt München / im Land zu Bayern. Vgl. auch: Mahr, Robert Monro, S. 175.

116 O. A., Kurtzer vnd Eygentlicher Abriß / Der schönen Fürstlichen Haupt Stadt München / im Land zu Bayern.

Durch die Wappen und etwaige Verzierungen waren bestimmte Geschütze sicherlich noch lange identifizierbar und konnten so mit den Stadteroberungen und Schlachten in Verbindung gebracht werden, bei denen sie erbeutet wurden. Geschütze waren dementsprechend Erinnerungsstücke und materielle Belege, mit denen militärischer ›Erfolg‹ erinnert und evident gemacht werden konnte.

Dass in den historiographischen Quellen keine bayrischen Wappen explizit genannt wurden, obwohl gerade Geschütze mit diesem Wappen zum Argument des schwedischen ›Erfolgs‹ hätten werden können, liegt wahrscheinlich schlichtweg daran, dass zeitgenössisch völlig klar war, dass in München auch solche Kanonen erbeutet wurden. Viel interessanter waren für die Zeitgenossen – zumindest im Medium Text – diejenigen Wappen, die die nun von den schwedischen Truppen erbeuteten Kanonen als Geschütze auswiesen, die zuvor ebenfalls durch Beutenahme in den Besitz von Maximilian von Bayern geraten waren. Eine solche Zuschreibung, dass Beutestücke selbst zuvor erbeutet worden waren, evozierte gleich mehrere Sinndimensionen: Erstens wurde auf diese Weise der bayrische Herzog Maximilian implizit als militärisch starker und damit gefährlicher Gegner gekennzeichnet, wodurch der militärische ›Erfolg‹ gegen ihn als besonders bedeutsam herausgestellt wurde. Zweitens konnte man die (Zurück-) Eroberung dieser Geschütze sicherlich auch als Revanche an Maximilian deuten, dessen Truppen den unterschiedlichen gegen sie kämpfenden protestantischen Fürsten wiederholt Niederlagen zugefügt hatten. Drittens war die Auflistung der sich auf den Kanonen befindlichen Wappen aber auch als Beanspruchung von Superiorität gegenüber diesen protestantischen Fürsten zu verstehen.[117] Während sie Niederlagen erlitten, so die unterschwellige Botschaft, hatte Gustav Adolf gesiegt – ein Umstand, der geeignet war, Vorrang zu postulieren und zu erhalten.[118]

Um die Bedeutung zu eruieren, die diese Güterwegnahme für die Zeitgenossen besaß, ist es auch sinnvoll, zwei Werke zu konsultieren, die nicht historiographisch waren: Matthaeus Merians topographisches Standardwerk ›Topographia Germaniae‹ aus dem 17. Jahrhundert und Johann Heinrich Zedlers ›Universal-Lexicon‹, das bedeutendste deutschsprachige Lexikon des 18. Jahrhunderts. Im Artikel über München im entsprechenden Band der ›Topographia Germaniae‹[119] hieß es dann über die Beutenahme der Kanonen:

---

117 Unter anderen Vorzeichen verwies bereits Johannes Burkhardt auf diesen Zusammenhang (vgl. Burkhardt, Dreißigjährige Krieg, S. 147ff).
118 Vgl. Stollberg-Rilinger, Wissenschaft, S. 137.
119 Vgl. Zeiller/ Merian, Topographia Bavariae, S. 30–35.

Den 8. Maii ist er [Gustav Adolf] in die Zeughäuser gangen / vnnd hat die schönste herzlichste [sic] Stück / vnnd darunter mit sonderbahren Wappen / so vergraben gewesen / durch Verrätherey etlicher Bawren / wie man berichtet hat / in grosser Anzahl gefunden / so er auffladen lassen[120].

In dem 1644 erschienenen topographischen Werk wurde der Erbeutung der bayrisch-herzoglichen Kanonen in München durch die Truppen Gustav Adolfs also viel Platz eingeräumt, d.h. diese war für die Zeitgenossen offenbar ziemlich bedeutsam. Doch sogar im Artikel über München im 1739 erschienen Band des zedlerschen Lexikons wurde noch darauf verwiesen: In München, so der Zedler, hat *der König Gustav Adolph aus dem Zeug-Hause 12 grosse Carthaunen, die 12 Apostel genannt, mit weggeführt*[121]. Hier wurde sprachlich die Beutenahme – und faktisch sogar die gesamten Aktivitäten des schwedischen Königs in München – auf die Wegnahme der zwölf, die ›zwölf Aposteln‹ genannten, Kanonen reduziert. Dies ist in doppelter Hinsicht bemerkenswert: Zum einen war die kurze Besatzungsphase Münchens, inklusive der Beutenahme der Geschütze, durch die Schweden auch im 18. Jahrhundert so bedeutsam, dass sie im Artikel über München erwähnt wurde, d.h. man erinnerte die Eroberung der Residenzstadt auch später noch. Zum anderen, und dies ist noch viel bemerkenswerter, wurde die Wegnahme der ›zwölf Aposteln‹ im Zedler geradezu zur Essenz der Eroberung Münchens im Jahr 1632.

Die Beutenahme der Geschütze aus herzoglichem Besitz in München war also nicht zuletzt deshalb so bedeutungsvoll, weil es, ausgehend von diesen Handlungen der Güterwegnahme, zu umfangreichen – und lang andauernden – Schreibpraktiken kam. In symbolischer Hinsicht war das Schreiben über die Beutenahme der Münchner Kanonen sicherlich deutlich wirkmächtiger als die Beutepraktik in actu.

Zu ebendieser Beutenahme gehörte aber gerade in diesem Fall nicht nur die Wegnahme, sondern auch der weitere Verbleib der Geschütze, denn die Kanonen wurde ausgerechnet nach Augsburg geschafft.[122] Am 26. Mai 1632, kurz vor Abreise Gustav Adolfs aus München, erhielt Philipp Hainhofer in Augsburg aus dem Gefolge des Königs die Nachricht, dass Gustav Adolf *140 grosse und kleine vergrabne und versteckhte stueckh so auß kundschafftet worden, erheben hie-*

---

120 Zeiller/ Merian, Topographia Bavariae, S. 32.
121 Zedler, Universal-Lexicon, Bd. 22, Sp. 303.
122 Vgl. Heimers, Krieg, S. 32; Junkelmann, Gustav Adolf, S. 425.

her inn die Zeugheuser füren und verwahren lassen[123]. In symbolischer Hinsicht war dies sicherlich auch als eine Spitze gegen Maximilian von Bayern zu verstehen, der in der Vergangenheit wiederholt versuchte, Einfluss auf die Reichsstadt zu nehmen beziehungsweise sie seinem Territorium einzuverleiben, und dessen Geschütze nun zur Verteidigung Augsburgs eingesetzt werden konnten.[124] Eine erhöhte Verteidigungsfähigkeit der eroberten Stadt Augsburg war aber zweifellos auch eine funktionaler Effekt, der durch die Einlagerung der Kanonen im örtlichen Zeughaus erzielt wurde.

Doch in funktionaler Hinsicht dürften die logistischen Möglichkeiten der schwedischen Truppen noch entscheidender für die Aufbewahrung der Geschütze in Augsburg gewesen sein, denn die Stadt war relativ leicht zu erreichen (und galt als sicher). Allerdings war der Transport so zahlreicher Artillerie auf Grund des enormen Bedarfs an Trossknechten, Pferden und Karren selbst ins nahe Augsburg sehr aufwendig.[125] Damit aber kam dieses Unternehmen durchaus einer Inszenierung der (logistischen) Fähigkeiten der schwedischen Armee gleich.[126]

Beim Ausgraben der Geschütze in München sollen zudem 30.000 Münzen gefunden worden sein; mehrere zeitgenössische Geschichtswerke und auch Robert Monro, der mit der schwedischen Armee selbst in München war, berichten darüber.[127] Philipp Hainhofer erwähnte diesen Fund in seinem Selbstzeugnis deutlich zurückhaltender: *So auch inn ainem grossen stuckh Ihre Mt. [Gustav Adolf] 30 tausent L. [Livre ?] sollen gefonden haben*[128]. Der Augsburger Kunstagent scheint die Meldung wohl eher als dubioses Gerücht wahrgenommen zu haben. In Merians ›Theatrum Europaeum‹ und einem Flugblatt über die Einnahme Münchens wurde der Fund im Gegensatz zum Bergen der Geschütze nicht beschrieben.[129] Ähnlich verfahren auch moderne geschichtswissenschaft-

---

123 Vgl. Emmendörffer, Welt, S. 500. Vgl. auch: Roos, Chronik, S. 19.

124 Vgl. zu Maximilians Bemühungen: Roeck, Welt, S. 169–172; Medick, Dreißigjähriger Krieg, S. 200; Landwehr, Geburt, S. 268f.

125 Vgl. Felberbauer, Waffentechnik und Waffenentwicklung, S. 91. Vgl. allgemeiner auch: Martines, Zeitalter, S. 165–171; Carl, Logistik, S. 41f.

126 Vgl. in dieser Hinsicht auch: Siebenhüner, Things that matter, S. 374–377.

127 Vgl. Lungwitz, Judas Maccabaeus, S. 91; Khevenhüller, Annales, Bd. 12, Sp. 142; Mahr, Robert Monro, S. 175.

128 Emmendörffer, Welt, S. 500.

129 Vgl. Abelinus/ Merian, Theatri Europaei, S. 645; O. A., Kurtzer vnd Eygentlicher Abriß / Der schönen Fürstlichen Haupt Stadt München / im Land zu Bayern.

liche Darstellungen.[130] Tatsächlich erscheint der Fund von 30.000 Münzen eher zweifelhaft, da eine Evakuierung von Gütern wie Musketen und Instrumenten für die Artillerie aus dem entsprechenden Zeughaus gut belegt ist.[131] Wahrscheinlich handelte es sich bei dem angeblichen Geldfund um eine reine Fiktion, die dazu diente, das Auffinden der Kanonen noch weiter aufzuwerten, indem der Fund als noch wertvoller geschildert wurde. Hierdurch erhielten die Begebenheiten zudem noch mehr Ähnlichkeiten mit den zeitgenössisch weit verbreiteten Narrativen über das Schatzsuchen und -finden.[132]

In München gab es zudem noch ein weiteres sehr spezifisches (und reales) Beutegut: Wild. Im nach dem Abzug der schwedischen Truppen aus München angefertigten Bericht an Herzog Maximilian I. hieß es,

das der hirschen auf dem Plachueldt oder hirschanger vor deß feindts anhonfft ordinarie in 75 alda gewest, welche biß etwan an 15, darunter 12 jagbar hirsch seindt, so noch täglich gesehen wordten, alle abweckh khomen[133].

Nach diesem Bericht hatte die schwedische Seite also von etwa 75 Hirschen ungefähr 60 erlegt. Diese Beute mag auf den ersten Blick befremdlich oder auch lächerlich erscheinen, doch war die Jagd, und insbesondere die Jagd auf Hirsche, eine zentrale Praktik der fürstlichen Selbstdarstellung, durch die auf die fürstliche Fähigkeit der Naturbeherrschung ebenso verwiesen wurde wie auf die reiterliche und kriegerische Kompetenz des Fürsten.[134] Zudem war das Recht, auf die Jagd zu gehen, in der Frühen Neuzeit insgesamt streng reglementiert, wobei dies für den Zugang zu Jagdgebieten von Hochadligen in besonderem Maße galt, da durch fürstliche (oder königliche) Jagden die Beherrschung des Raums performativ in Szene gesetzt wurde.[135] Durch den Abschuss so vieler Hirsche durch die schwedische Seite wurde Maximilians Möglichkeit zur Jagd und damit zur Selbstdarstellung jedoch deutlich gemindert und symbolisch sein Anspruch auf die Kontrolle eines für die Repräsentation seiner Landesherrschaft zentralen Raums negiert.[136]

Wie stark die Umgebung der Residenz des bayrischen Herzogs insgesamt von der schwedischen Seite als Jagdgebiet wahrgenommen wurde, verdeutli-

---

130 Vgl. Heimers, Krieg, S. 32; Junkelmann, Gustav Adolf, S. 425.
131 Vgl. [Aretin], O. A., Sp. 51.
132 Vgl. zur Schatzgräberei: Adam, Schatzgräberei; Engels/ Thiessen, Glaube, S. 339–343.
133 Die Schäden in der Münchner Residenz, S. 1046.
134 Vgl. allgemein: Weber, Bestiarium, S. 38–42. Vgl. zur Hirschjagd: Weber, Wild, S. 94f.
135 Vgl. Weber, Bestiarium, S. 38; Weber, Wild, S. 95; Maegraith, Fleisch, S. 129.
136 Vgl. zum Aufwand, jagdbare Hirsche zu haben: Weber, Wild, S. 94ff.

chen die Auslassungen des Robert Monro, adliger, schottischer Offizier in schwedischen Diensten, der schrieb:

> *Darüber hinaus war die Residenz so überaus günstig gelegen, daß sich drei Meilen weit ein schönes Gelände für die Hasenjagd erstreckte. Wir sahen dort manchmal, wie ganze Scharen von Hasen in Gruppen von über 20 Stück beisammen waren. Zum Vergnügen des Fürsten konnte man auch beim Palast Rudel von Rehwild zusammentreiben, manchmal 500 Tiere auf einmal, ja sogar bis zu 1000 Stück Wild*[137].

Monro schilderte die Münchner Residenz, beziehungsweise das nah bei dieser gelegene Areal, als überaus reiches Jagdgebiet, in dem es vor allem Hasen und Rehe gab (wobei sein Mengenangaben einer Hyperbolik sicherlich nicht entbehren[138]). In diesem Zusammenhang kann man durchaus annehmen, dass die Schweden sehr umfangreich ihre Möglichkeit zur Jagd dort nutzten und auch die eigens erwähnten Hasen und Rehe jagten. Dafür spricht nicht nur die umfängliche, wahrscheinlich auf eigenen Kenntnissen gründende Beschreibung des Gebiets durch den schottischen Offizier, sondern auch der Umstand, dass innerhalb weniger Tage von den circa 75 vorhandenen Hirschen etwa 60 Tiere getötet wurden, was für eine sehr intensive Bejagung spricht.

Zusammenfassend kann man sagen, dass die Wegnahme von Gütern eine zentrale Praktik im Umgang mit Residenzen gegnerischer Fürsten war. Im Fall der Münchner Residenz wurde die Legitimität der umfangreichen Beutenahme von Maximilian I. bestritten, wie auch der bayrische Herzog in anderem Zusammenhang die Güterwegnahme beklagte; in beiden Fällen inszenierte sich Maximilian als ›Opfer‹ der angeblich grenzüberschreitenden Praxis seiner Gegner. Auch in Würzburg wurde die Wegnahme von Gütern auf dem Marienberg beklagt, doch waren Ganzhorns Ausführungen nicht derart offensiv-verurteilend wie die des Bayernherzogs. Im pro-schwedischen und pro-protestantischen Geschichtswerk des Matthaeus Lungwitz hingegen wurde die Beutenahme in der Münchner Residenz als Revanche für die zuvor insbesondere in Heidelberg erfolgten bayrischen Plünderungen gedeutet – eine Grenzüberschreitung, so die Logik, wurden durch eine spiegelbildliche Grenzüberschreitung vergolten.

---

137 Mahr, Robert Monro, S. 175.
138 Angesichts der andernorts gejagten Quantität an Tieren ist Monros Angabe aber möglicherweise gar nicht so hyperbolisch (vgl. Weber, Bestiarium, S. 38–42, insbesondere S. 41; Weber, Wild).

Betrachtet man jedoch das Vorgehen bei der Beutenahmen in den Residenzen in München und auf dem Marienberg genauer, so wird ein grundlegender Unterschied deutlich: Die Güterwegnahme auf dem Marienberg erfolgte nach einem Sturmangriff als zeitlich und räumlich begrenzte Beutenahme durch alle beteiligten Soldaten der schwedischen Armee, während sämtliche Wegnahmen von Gütern in der Münchner Residenz auf Befehl und zugunsten des schwedischen Königs beziehungsweise seines Gefolges durchgeführt wurden. In München erfolgte die Beutenahme daher auch eher konvolutsweise; auf dem Marienberg hingegen machten die einzelnen Soldaten für sich selbst und in Konkurrenz zueinander Beute, wobei Gustav Adolf offenbar bestimmte Vorgriffsrechte durchsetzte.

Die Beutegüter hingegen waren in den Residenzen in München und auf dem Marienberg weitestgehend identisch: Es waren vor allem solche Dinge, die der fürstlichen Repräsentation dienten und deren Wegnahme der Selbstinszenierung des bayrischen Herzogs beziehungsweise Würzburger Bischofs besonders abträglich war. Die Wegnahme von Gütern in den Residenzen hatte also dezidiert einen Effekt auf den Rang – beziehungsweise die Rangrepräsentation – der gegnerischen Fürsten und sollte dies wohl auch haben.

6. 3. Die Kapelle der gegnerischen Residenz

In den eroberten Residenzen kam es auch unmittelbar nach den jeweiligen Stadteroberungen noch zu einer weiteren, äußerst spezifischen Handlung, denn die schwedische Seite ließ in den Palästen in München und Mainz sowie (vielleicht etwas später) auch auf dem Würzburger Marienberg protestantische Gottesdienste abhalten.[139] Dieses Agieren war sicherlich geeignet, der Eroberung eine konfessionelle Stoßrichtung zu verleihen.[140] Zwar war das Abhalten von Gottesdiensten in der Frühen Neuzeit eine durchaus alltägliche Praxis.[141] In diesen Fällen jedoch war der Palast, in dem dies geschah, die Residenz eines

---

139 Vgl. zu München: Heimers, Krieg, S. 33; Stahleder, Chronik, S. 453; Droysen, Gustav Adolf, 558; Berner, Gustav Adolf, S. 434. Vgl. zu Mainz: Brendle, Erzkanzler, S. 314; Frohnhäuser, Gustav Adolf, S. 102; Schaab, Geschichte der Bundesfestung Mainz, S. 163. Vgl. zum Marienberg: Freeden, Marienberg, S. 156.
140 Vgl. allgemein Greyerz/ Siebenhüner, Religion.
141 Vgl. überaus anschaulich: Stollberg-Rilinger, Maria Theresia, S. 576f.

katholischen Fürsten beziehungsweise (Erz-) Bischofs und daher war die protestantische Predigt dort durchaus eine Okkupation des Raums des ›anderen‹.
Am deutlichsten wird dies am Beispiel des Münchener Palasts, denn hierüber
hieß es zeitgenössisch:

> *Am 10. Maii, als auff das Fest der Himmelfarth Christi / haben ihre Majestet
> die erste Evangelische Predigt in dem schönesten Gemach des Schlosses halten las-
> sen / welche dann neben den Christlichen Gesängen vnd Gebeten mit sonderbaren
> Christlichen Eiver vnd Andacht verrichtet worden*[142].

Für die zeitgenössische Bewertung dieser Praxis ist hier der Raum konstitutiv, insofern als dass man dort das erste Mal auf protestantische Weise einen
Gottesdienst beging. Kurzum: Es ging hier um das ›Ausgreifen‹ einer protestantischen Praktik auf einen bisher stets katholischen Raum. Dies war zeitgenössisch offenbar so bedeutsam, dass noch einige Jahre später in der ›Topographia
Germaniae‹, einem topographischen Werk, darüber berichtet wurde: *Am Auf-
fahrts Tag war die erste Lutherische Predigt im Schloß / die newe Veste genandt /
gehalten; darbey der König mit gesungen: Nun freud euch liebe Christen gemein*[143].

Die schwedische Präsenz in der Münchner Residenz implizierte aber nicht
nur eine räumliche Verbreitung protestantischer Ritualhandlungen, sondern
offenbar gleichzeitig auch ein Zurückdrängen Katholischer. Am deutlichsten wird dies an der Beschreibung des Johannes Hellgemayr, Hofmusiker im
Dienste Maximilians von Bayern:

> *Dises 32. Jahr haben mir vnsern Gottesdienst in vnser gewohnlichen Chur fhr:
> hoff Cappellen wider ahn gefangen nach des khinigs auß schwedens ahn kunfft. der
> Allmechtige Gott er halte vns alle in fridt vnd ruhe darbei, Amen*[144].

Hellgemayr erwähnt also eigens den Wiederbeginn der katholischen Gottesdienste in der Hofkapelle, was nicht nur ein starkes Indiz für die zeitweise
Einstellung derselben ist, sondern auch ein Beleg für die immense Bedeutung
derartiger Einschränkungen für die Zeitgenossen.

Auffallend am Fall von München aber ist, dass in der Residenz Maximilians I. zwar ein protestantischer Gottesdienst zelebriert wurde, dies aber nicht

---

142 Lungwitz, Judas Maccabaeus, S. 93. Vgl. auch, fast wörtlich identisch: Abelinus/ Me-
     rian, Theatri Europaei, S. 646; Khevenhüller, Annales, Bd. 12, Sp. 143; O. A., Kurtzer
     vnd Eygentlicher Abriß / Der schönen Fürstlichen Haupt Stadt München / im Land zu
     Bayern.
143 Zeiller/ Merian, Topographia Bavariae, S. 32.
144 Leuchtmann, Aufzeichnungen, S. 214.

in der Residenzkapelle, sondern in einem eigentlich profanen Raum geschah. (Im Luthertum mussten Predigt und Gottesdienst nicht wie im Katholizismus in einem durch Weihe und etwaige Reliquien sakralisierten Raum stattfinden.[145]) Möglicherweise war dies ein Mittel der Deeskalation gegenüber dem bayrischen Herzog, dessen Residenzkapelle auf diese Weise nicht durch den protestantischen Gottesdienst ›verunreinigt‹ wurde. In Mainz hingegen nutzte die schwedische Seite die Residenzkapelle für eine Dankpredigt, d.h. dort ging man offenbar noch einmal aggressiver vor.[146]

Für die Deutung dieses Dankgottesdienstes durch die katholische Seite sind die Ausführungen des Franz Christoph Khevenhüller in seinem Geschichtswerk ›Annales Ferdinandei‹ überaus aufschlussreich:

[Gustav Adolf] ließ in der Schloß-Kirchen für die Eroberung eine Dancksagungs-Predigt halten, und darbey diese Lob-Gesänge (Erhalt uns HErr bey deinem Wort etc. und auch dieses: Nun lob mein Seel den Herren etc.) öffentlich und überlaut singen[147].

Besonders aufschlussreich an dieser Passage ist die Wendung *öffentlich und überlaut*: Die klangliche Entgrenzung des Gottesdienstes über die Schlosskapelle hinaus erschien in Khevenhüllers Perspektive offenbar als aggressiver Akt. Eine derartige Wahrnehmung war aber durchaus typisch für die Frühe Neuzeit und zeigt, dass die Hörbarkeit des protestantischen Gottesdienstes in der altgläubigen Stadt als Provokation gedeutet wurde.[148] Zu einer solchen Wahrnehmung beigetragen hat in diesem Fall wahrscheinlich noch die Nutzung konfessionell eindeutig zuordnenbarer und konfrontativer Lieder.[149] Eine solche Provokation durch Klang scheint die schwedische Seite dabei durchaus intendiert zu haben, denn Khevenhüllers Beschreibung des Singens als *öffentlich* deutet durchaus darauf hin, dass Gottesdienst und Gesang gezielt auch außerhalb der Schlosskirche wahrgenommen werden sollten. Eine solche Entgrenzung – etwa durch geöffnete Türen – wäre definitiv ein Vorgehen gewesen, das eine gezielte Provokation darstellte.[150] Doch selbst wenn die schwedische Seite eine solche Eskalation durch Klang nicht intendierte, ist nach Khevenhüllers Ausführungen klar,

---

145 Vgl. Isaiasz, Feier, S. 129f.
146 Vgl. Brendle, Erzkanzler, S. 314; Frohnhäuser, Gustav Adolf, S. 102.
147 Khevenhüller, Annales, Bd. 11, Sp. 1906.
148 Vgl. Hatje, Repräsentation, S. 165; Missfelder, Akustische Reformation.
149 Vgl. Scheitler, Kirchengesang, S. 336f.
150 Vgl. in diesem Zusammenhang: Legutke, Gesandtschaftskapelle, S. 248f und 252f.

dass der Stadtraum in Mainz zumindest in der altgläubigen Deutung durch Klang in konfessioneller Hinsicht besetzt wurde und dass dies als aggressiver Akt gedeutet wurde.[151]

Bedeutsam war die Umwandlung der Mainzer Schlosskapelle aber nicht nur durch ihre Performanz und den damit verbundenen Deutungen, sondern weil die Schlosskapelle bis 1633 der einzige Sakralraum in Mainz war, in dem protestantische Gottesdienste zelebriert wurden.[152] Auf diese Weise konnten die Mainzer jahrelang an protestantischen Messfeiern teilnehmen, ohne das es eine protestantische Kirche in der Stadtgemeinde gab.

Betrachtet man abschließend die Praxis einen protestantischen Gottesdienst in einer katholischen Residenz zu zelebrieren, so fallen vor allem drei Dinge auf: Erstens war für diese Praktik konstitutiv, dass der Raum des ›anderen‹ konfessionell eingenommen wurde. Zweitens wurden durch die schwedische Präsenz altgläubige Ritualhandlungen verhindert und die ›andere‹ Konfession damit zurückgedrängt. Drittens hatten protestantische Gottesdienste in Palästen auch das Potenzial, klanglich auf die – katholische – Stadt überzugreifen und diese mittels der Geräuschkulisse zu besetzen.

---

151 Vgl. zur Bedeutung des Klangs in der Frühen Neuzeit auch: Missfelder, Period Ear, S. 39–46; Schnettger, Sichtbare Grenzen, S. 85.
152 Vgl. Müller, Schweden [2009], S. 103ff; Müller, Schweden [2016], S. 212–215.

7. Die eroberte Stadt und ihre Sakrallandschaft

* * *

7. 1. Kirchen ›einnehmen‹

Eine der die städtische Sakrallandschaft am stärksten tangierenden Handlungen nach einer Stadteroberung war zweifellos die Umwandlungen von katholischen Kirchen in Protestantische oder vice versa.[1] Allerdings wurde dieses Vorgehen – zumindest unmittelbar[2] – nach Stadteinnahmen durch die schwedische Armee unter Gustav Adolf im Bereich der städtischen Sakrallandschaft eher selten durchgeführt.[3] Wichtige und jeweils ziemlich bezeichnende Ausnahmen sind Würzburg und Mainz sowie Bamberg und Augsburg.[4]

Konfessionelle Umwandlungen von Kirchen: Orte und Kontexte

In Würzburg wurden 1631 offenbar einige wenige altgläubige Kirchen, die – auf Grund des Kriegsgeschehens – von ihren Pfarrern verlassen worden waren, profaniert oder in protestantische Kirchen umgewandelt, so dass es in der Jesu-

---

1   Vgl. etwa: Medick, Dreißigjährige Krieg, S. 56–76 (passim); Medick, Orte, insbesondere: S. 374ff; Roeck, Stadt, Bd. 2, S. 667; Törpsch, Krieg; Plath, Konfessionskampf, S. 236–239, 276ff und 289f. Vgl. zur altgläubigen Performanz von Kirchumwandlungen grundlegend: Groß, Prozessführung, S. 209f.

2   In Würzburg wurde 1632, wahrscheinlich im Zuge von Fortifikationsarbeiten, die Kirche des Kollegiatstifts St. Burkhard profaniert (vgl. Wendehorst, St. Burkhard, S. 58). Nach Gustav Adolfs Tod wurde der Würzburger Dom erst Simultaneum, dann unter sachsen-weimarischer Verwaltung eine rein protestantische Kirche (vgl. Bergerhausen, Würzburg, S. 20; Wendehorst, Stadt und Kirche, S. 321f; Wendehorst, Stift Neumünster, S. 70f). In Mainz wurde 1633 die Jesuitenkirche in eine protestantische umgewandelt, 1634 die Kirche St. Quintin (vgl. Müller, Schweden [2009], S. 104f; Müller, Schweden [2016], S. 214f).

3   Zu Umwandlungen von Kirchen zugunsten der Protestanten kam es praktisch nur, wenn es zuvor Rekatholisierungsmaßnahmen gegeben hatte, durch die die Protestanten Kirchen verloren hatten; so etwa in den Regionen um Magdeburg und Halberstadt (vgl. Meumann, Schwedische Herrschaft, S. 252).

4   Vgl. zu Würzburg: Wendehorst, Stadt und Kirche, S. 321; Bergerhausen, Würzburg, S. 20. Vgl. zu Mainz: Müller, Schweden [2009], S. 105f und 113; Müller, Schweden [2016], S. 215f und 220; Dobras, Stadt, S. 261. Vgl. zu Bamberg: Hasselbeck, Dreißigjährige Krieg, S. 102; Looshorn, Geschichte, S. 222; Deinlein, Geschichte, S. 27. Vgl. zu Augsburg: Kießling, Eckpunkte, S. 40; Kießling, St. Anna im Dreißigjährigen Krieg, S. 245f; Blaufuß, Verhältnis, S. 41; Roeck, Stadt, Bd. 2, S. 667f.

itenkirche und der Bürgerspitalkirche protestantische Gottesdienste gab.[5] Die Schweden betrachteten offenbar die etwaigen Ansprüche der katholischen Seite auf diese verlassenen Kirchen in Würzburg als gegenstandslos. Dies entsprach einem typisch frühneuzeitlichen Deutungsmuster, nach dem Rechte ununterbrochen ausgeübt werden mussten, um nicht zu verfallen.[6] Die übrigen altgläubigen Kirchen, Klöster und Stifte in der Stadt und in den Vorstädten auf beiden Seiten des Mains blieben jedoch katholisch.[7] Gleichwohl waren die Vorstädte auf beiden Mainseiten nach Kriegsrecht eingenommen worden und Umwandlungen – sowie Profanisierungen – hätten durchaus als legitim gelten können.[8] Diesem Muster weitgehend folgend verhielten sich die Schweden auch in Mainz, wo die verlassene Jesuitenkirche für protestantische Gottesdienste genutzt wurde, während der dortige Dom trotz der Flucht des Dompfarrers eine katholische Kirche blieb.[9] In Würzburg und Mainz nutzte die schwedische Seite also nicht jede Gelegenheit, um altgläubige Kirchen zu beseitigen: Die durchgeführten Umwandlungen zielten allerdings darauf ab, die Zahl derselben zu reduzieren und der katholischen Seite symbolisch und funktionell zu schaden, wobei dies nur geringe Auswirkungen auf die Sakrallandschaften in Würzburg und Mainz entfaltete.

Im Fall von Bamberg wiederum hatte die Umwandlung des Doms ganz sicherlich eine Verbindung zur Art der Eroberung der Stadt durch einen Sturmangriff (siehe auch Kapitel 4. 5.): Diese Art der Einnahme verlieh gemäß frühneuzeitlichem Recht dem Eroberer so gut wie unbegrenzte Rechte über die Stadt und ihre Bewohner.[10] Hierzu gehörte auch die Umwandlung von Kirchen und indem die Schweden in Bamberg von ihm Gebrauch machten, setzten sie damit gleichzeitig ihr neues Recht in Szene und inszenierten sich als Stadtherren mit umfassenden Rechten.[11] Die protestantischen Predigt im Bamberger

---

5   Vgl. Wendehorst, Stadt und Kirche, S. 321; Bergerhausen, Würzburg, S. 20.
6   Vgl. etwa: Birr, Zeit; Stollberg-Rilinger, Rang, insbesondere S. 396.
7   Vgl. Wendehorst, Stadt und Kirche, S. 321.
8   Vgl. Carl, Protektion, S. 300; Steiger, Occupatio bellica, S. 217–237; Bergerhausen, Grunddokument, S. 330f. Vgl. zur zeitgenössischen Deutung vgl. auch: Grotius, Bücher, S. 459ff.
9   Vgl. zur Jesuitenkirche: Müller, Schweden [2009], S. 105f; Müller, Schweden [2016], S. 215f; Dobras, Stadt, S. 261. Vgl. zum Dom: Müller, Schweden [2009], S. 113; Müller, Schweden [2016], S. 220.
10   Vgl. Carl, Protektion, S. 300; Steiger, Occupatio bellica, S. 217–237; Bergerhausen, Grunddokument, S. 330f.
11   Vgl. zur rechtskonstituierenden Bedeutung der Durchführung von Rechten in der Frühen Neuzeit: Birr, Zeit.

Dom war somit besonders bedeutungsvoll, weil die Bischofsstadt zwar mit einem Sturmangriff eingenommen worden war, ein Massaker jedoch ausblieb,
und daher Zweifel an der Art der Stadteinnahme hätten aufkommen können
(siehe auch Kapitel 4. 3.).[12] Beim Beispiel von Bamberg ging es ferner aber
sicherlich auch darum, durch die protestantische Predigt im katholischen Dom
Vergeltung an den Bambergern für die zähe Verteidigung der Stadt und vor
allem den gebrochenen Akkord zu üben.[13] Man verband hier die Revanche
mit einer anti-katholischen Handlung; dies war sicherlich ein kommunikativer
Akt, der sich auch an andere altgläubige Städte richtete und ihnen implizit eine
derartige konfessionelle Rücksichtslosigkeit als Revanche für etwaige ›Wider-
setzlichkeiten‹ androhte.[14]

In Augsburg folgte die Innbesitznahme katholischer Sakralräume ebenfalls einer Logik der Vergeltung: Hier übte die schwedische Seite Revanche für
die weitreichenden Eingriffe in die protestantische Sakrallandschaft nach dem
Restitutionsedikt 1629, bei denen auch sämtliche protestantischen Kirchen geschlossen worden waren, indem sie unter anderem nun alle altgläubigen Kirchen – bis auf die Klosterkirche der Benediktinerabtei St. Ulrich und Afra – an
die Protestanten übergaben.[15] Hierbei wirkte die Vergeltung wie eine Spiegelung der zu vergeltenden Handlung und verwies damit auf diese.[16]

Deutungen der konfessionellen Umwandlung von Kirchen

Der Augsburger Jakob Wagner deutete die protestantische Nutzung der Kirchen der Augustinerchorherrenstifte Heilig Kreuz und St. Georg dann auch
explizit auf diese Weise:

*Sonntag, den 30. d. [April 1632], ist uns Evangelischen von I. Kgl. M. [Gus-
tav Adolf] die Klosterkirche zum Kreuz und zu St. Georg, weil sie unsere beiden*

---

12 Vgl. zur protestantischen Predigt im Dom: Lungwitz, Imperator Theodosius Redivivus,
S. 240; Looshorn, Geschichte, S. 222; Deinlein, Geschichte, S. 27; Hasselbeck, Dreißigjährige Krieg, 102.
13 Vgl. allgemein: Kaiser, Kriegsgreuel, S. 160; Pröve, Violentia, S. 39f.
14 Vgl. allgemein: Kaiser, Kriegsgreuel, S. 177f.
15 Vgl. zu den Auswirkungen des Restitutionsedikts: Roeck, Stadt, Bd. 2, S. 664–668;
Kießling, Eckpunkte, S. 40; Kießling, St. Anna im Dreißigjährigen Krieg, S. 242–245;
Medick, Dreißigjährige Krieg, S. 70–75. Eine unzutreffende Darstellung liefert Lauro Martines (vgl. Martines, Zeitalter, S. 142). Vgl. zur schwedischen Reaktion: Roeck,
Stadt, Bd. 2, S. 725f; Kießling, Eckpunkte, S. 40; Kießling, St. Anna im Dreißigjährigen Krieg, S. 245f; Blaufuß, Verhältnis, S. 41.
16 Vgl. allgemein: Foucault, Überwachen, S. 59ff.

Predigthäuser allda bis auf den Boden abgebrochen, unsern Gottesdienst darin zu verrichten, übergeben worden, und hat H. Albrecht, Pfarrer beim Kreuz, mit Predigen und (Ab)haltung der Kommunion den Anfang gemacht. Gott gebe weiter seine Gnade![17].

Die Nutzung der beiden Stiftskirchen durch die Protestanten erschien in dieser Deutung als Vergeltung für den Abriss der lutherischen Predigerhäuser, der auf Veranlassung dieser beiden Stifte im Zuge des Restitutionsedikts durchgeführt worden war.[18]

In der Deutung zweier zusammengehöriger Flugblätter wurde die Auseinandersetzung um die Kirchen in Augsburg sogar zu einem apokalyptischem Kampf stilisiert.[19] Durch diese im frühneuzeitlichen Luthertum nicht unübliche Deutung wurden die Geschehnisse in Augsburg mit der Apokalypse parallelisiert und ihnen damit ein klar verständlicher Sinn verliehen, wobei das Agieren der Katholiken als illegitim, aggressiv und verderblich erscheint.[20]

Ins Bild gesetzt wurde die *betrangte Stadt Augspurg*[21] dabei auf dem ersten Flugblatt bezeichnender Weise, indem die beiden Tiere aus der Johannesoffenbarung – eines mit sieben gekrönten Löwenköpfen, das andere mit Widderhörnern und Jesuitenhut[22] – Mönche und insbesondere Jesuiten über Augsburg ausspeien (siehe Abbildung 17). Über diese Religiosen hieß es dann im Text:

Dannenhero diese / so bald sie in der Stadt auff die Füsse kommen / sich der Kirchen vnd Schulen der Evangelischen angemasset [...] vnnd allgemach der reinen Religion zugethane Burger grossen theils biß zum Exilio [...] gepresst[23].

Ein solcher Wegzug von weltlich gekleideten Personen aus Augsburg war dann auch ins Bild gesetzt. Die Folgen des Restitutionsedikts und insbesondere die Schließung der protestantischen Kirchen wurde als apokalyptischer Zustand imaginiert, wobei die altgläubigen Religiosen in polemischer Weise als Ausscheidungen der beiden monströsen Tiere erschienen.[24]

17 Roos, Chronik, S. 19f. Vgl. auch: Emmendörffer, Welt, S. 502.
18 Vgl. zum Abriss der lutherischen Predigerhäuser: Kießling, Eckpunkte, S. 40; Kießling, St. Anna im Dreißigjährigen Krieg, S. 242f. Vgl. zur Nutzung der beiden Stiftskirchen durch die Protestanten: Kießling, Eckpunkte, S. 40; Roeck, Stadt, Bd. 2, S. 725; Blaufuß, Verhältnis, S. 41.
19 Vgl. zu diesen Drucken vor allem auch: Roeck, Stadt, Bd. 2, S. 698–701.
20 Vgl. allgemein: Pohlig, Deutungsmuster, S. 296–304; Pohlig, Gewalt, S. 130.
21 O. A., Die betrangte Stadt Augspurg.
22 Vgl. insbesondere zu dieser anti-jesuitischen Polemik: Schmidt, Kommentar, S. 235.
23 O. A., Die betrangte Stadt Augspurg.
24 Vgl. Schmidt, Kommentar, S. 235.

Auf dem anderen Flugblatt, das die *durch Gottes Gnad erledigte [gerettete] Stadt Augspurg*[25] zeigt, wird im Zentrum des Bildes Augsburg dargestellt, während im linken Vordergrund die beiden mit Wunden gezeichneten getöteten Tiere zu sehen sind und rechts neben ihnen Gustav Adolf mit zum Schlag gezücktem Degen gezeigt wird (siehe Abbildung 18). Der Schweif des toten siebenköpfigen Tiers erstreckt sich auf der linken Seite in dieser Darstellung über die beschrifteten Abbildungen Freisings und Münchens; ebenfalls in der linken Bildhälfte wird gezeigt, wie altgläubige Religiose Augsburg verlassen. Auf der rechten Seite hingegen sieht man weltlich gekleidete Menschen in die Stadt hineingehen sowie die – ebenfalls beschrifteten – Abbildungen von Würzburg und Mainz im Hintergrund.

Durch diese Darstellung wurde Gustav Adolf als Überwinder der beiden apokalyptischen Tiere glorifiziert und heroisiert.[26] Und auch durch die Platzierung im Bild erfolgte eine eindeutige Zuordnung: Auf der linken, und damit traditionell schlechten, Seite werden die beiden Tiere, die katholischen Religiosen sowie München und Freising gezeigt, d.h. die altgläubigen Ordensleute und Bayern – symbolisiert durch die herzogliche Residenzstadt München und die Bischofsstadt Freising – werden den Mächten der Apokalypse zugeordnet. In der rechten Hälfte sind Gustav Adolf, die in die Stadt zurückkehrenden Protestanten sowie die bereits von der schwedischen Armee eroberten Städte Würzburg und Mainz zu sehen – sie erscheinen damit ex negativo als wahrhaft ›christlich‹ und ihr Handeln als gerecht und ›gottgefällig‹.

Zudem spielt auch Reinheit eine nicht unbeträchtliche Rolle auf diesem Bild: Die Darstellung des (weitgehend fiktiven[27]) Wegzugs der altgläubigen Religiosen – die im anderen Flugblatt noch als Exkremente der beiden Tiere erschienen – sollte man durchaus als dem frühneuzeitlichen Reinheits-Imaginarium zugehörig interpretieren, zu dem wesentlich auch die Exklusion und Expulsation von fremdkonfessionellen Akteuren aus der eigenen Gemeinschaft gehörte.[28]

All diese Symbolik thematisierte aber letztlich die Auseinandersetzung um die Kirchen in Augsburg – ein Umstand, den man auch angesichts der reichen

---

25 O. A., Die durch Gottes Gnad erledigte Stadt Augspurg.
26 Vgl. Pohlig, Deutungsmuster, S. 302ff. Vgl. allgemeiner zur Heroisierung Gustav Adolfs: Schmidt, Leu; Aurnhammer, Held.
27 Vgl. Wallenta, Konfessionalisierung, S. 144–147.
28 Vgl. grundlegend zur Reinheit: Burschel, Erfindung. Vgl. zur Expulsation fremdkonfessioneller Akteure: Hochmuth/ Rau, Stadt, S. 30f; Groebner, Reinheit, 32.

Abbildung 17: Metaphorische Darstellung der Zustände in Augsburg
nach dem Restitutionsedikt, anonymes Flugblatt, 1632

Abbildung 18: Metaphorische Darstellung des Eingreifens Gustav Adolfs in Augsburg, anonymes Flugblatt, 1632

Metaphorik nicht vergessen sollte:[29] Metaphorisch überhöht und glorifiziert wurde Gustav Adolf, da durch ihn den Protestanten das *öffentliche exercitium Religionis [Ausüben der Religion] wi[e]der eingeraumt worden*[30] war, und in gleicher Weise inkriminiert wurden die Altgläubigen (und insbesondere die Ordensleute), weil diese *sich der Kirchen vnd Schulen der Evangelischen angemasset*[31] hatten.

Das Vorgehen gegen die Katholiken wurde also legitimierend als Akt der Verteidigung dargestellt und die Umwandlungen der Kirchen in Augsburg als Wiederherstellung (*wi[e]der eingeraumt*) einer von den Altgläubigen zuvor pervertierten ›guten‹ Ordnung.[32]

Dass aber die Auseinandersetzungen über die Augsburger Kirchen überhaupt eine derart außergewöhnliche publizistische Resonanz erfahren hat, dürfte mit mehreren Faktoren im Zusammenhang stehen: Erstens war Augsburg einer der wichtigsten Orte für die Produktion von Druckerzeugnissen im Heiligen Römischen Reich um 1600 und daher wurden Themen, die Augsburg betrafen, publizistisch besonders stark behandelt. Zweitens war die Vorgeschichte, also das rigorose Vorgehen der altgläubigen Seite nach dem Restitutionsedikt in Augsburg, ziemlich singulär und bot einen geeigneten Ausgangspunkt für antikatholische Polemiken.[33] Drittens war Augsburg eine der wichtigsten Städte im Reich und daher per se bedeutsam. Und viertens war Augsburg der Ort des Luthertums in ›Teutschland‹ schlechthin; eben diese Bedeutung führte dann wohl auch zu einer bemerkenswerten Deutung in Lungwitz‹ Geschichtswerk:

Ihre K. M. [Gustav Adolf] sind alsobald ohne absteigen / der Kirchen zu S. Anna zugeritten / sich hinein begeben / vnd allda neben dem Lutherischen Gottesdienst die vngeändete Augspurgische Confession, wie sie Anno 1530. vnd also damals für 102. Jahren Keyser Carolo V. auff dem grossen Reichstage zu Augspurg vbergeben [...] durch GOttes starcken Arm / Krafft / Allmacht / Göttliche Gnade vnd Barmhertzigkeit wieder eingeführet[34].

---

29 In den Ausführungen Heinrich R. Schmidts etwa wird auf eine solche Kontextualisierung weitgehend verzichtet (vgl. Schmidt, Kommentar, S. 233ff).

30 O. A., Die durch Gottes Gnad erledigte Stadt Augspurg.

31 O. A., Die betrangte Stadt Augspurg.

32 Vgl. zur Deutung des eigenen Handels als Akt der Verteidigung: Pohlig, Gewalt, S. 130. Vgl. zu der Bedeutung der Anciennität: Landwehr, Geburt, S. 91–145; Neu, Heuchelei.

33 Vgl. grundlegend zu den Folgen des Restitutionsedikts: Roeck, Stadt, Bd. 2, S. 664–668.

34 Lungwitz, Judas Maccabaeus, S. 47f.

In St. Anna, der wichtigsten protestantischen Kirche Augsburgs, wurde am 24. April 1632 in dieser Darstellung von Gustav Adolf also nicht nur der lutherische Gottesdienst wieder eingeführt, sondern *die vngeänderte Augspurgische Confession*, also die Confessio Augustana, d.h. das (›deutsche‹) Luthertum, selbst.[35] Der Predigt in St. Anna wurde hier eine reichsweite Wirkmächtigkeit zugeschrieben und der schwedische König wurde als ›Beschützer‹ und ›Wiederhersteller‹ des (›deutschen‹) Luthertums glorifiziert. Dass dies eine extreme Sakralisierung des Agierens Gustav Adolfs war, die eine enorme Ehrzuschreibung implizierte, muss sicherlich nicht eigens betont werden.

Praktiken der Kirchumwandlung

Versucht man nun die konkreten Performanzen der Kirchenumwandlungen in Bamberg und Augsburg zu eruieren, so scheinen diese auf den ersten Blick relativ unspektakulär gewesen zu sein.[36] Über die Bischofsstadt Bamberg hieß es bei Lungwitz mit einer gewissen Lakonie: *Darauff ward im Thumb Evangelisch gepredigt / vnd stattlich dabey Musiciret*[37]. In Augsburg waren Predigt und Musik ebenfalls die Hauptbestandteile der Handlung – doch auch, wenn dies relativ schlicht und kaum symbolisch relevant oder gar konfrontativ wirkt, so ist der erste Eindruck trügerisch: Schon die Wendung *stattlich [...] Musiciret* bei Lungwitz liefert ein erstes Indiz dafür, dass das Musizieren eine durchaus bedeutungsvolle Praktik war. Dass es zweifellos das Potenzial zu einem aggressiven, konfessionell aufgeladenen Vorgehen besaß, ist in der Forschung hinreichend belegt.[38] Über den Gottesdienst in der Augsburger Kirche St. Anna wird in den Quellen denn auch das Singen von Psalmen erwähnt, was eine Handlung war, durch die sich die Protestanten klar von den Katholiken abgrenzten, da bei letzteren nur die Geistlichen Psalmen singen durfte.[39] Zudem wurde in

---

35 Vgl. zur Bedeutung von St. Anna pointiert: Roeck, Stadt, Bd. 1, S. 87. Vgl. zur Stellung dieser Kirche auch exemplarisch die einschlägigen Aufsätze im Sammelband von Rolf Kießling: Kießling, St. Anna in Augsburg.

36 Vgl. zu Augsburg: Roeck, Stadt, Bd. 2, S. 688; Roeck, Welt, S. 248; Weber, Augsburg, S. 273; Kießling, »Doppelgemeinde«, S. 165; Kießling, St. Anna im Dreißigjährigen Krieg, S. 245; Link, Tafel- und Leinwandgemälde, S. 415f.

37 Lungwitz, Imperator Theodosius Redivivus, S. 240. Vgl. auch: Looshorn, Geschichte, S. 222.

38 Vgl. Missfelder, Akustische Reformation; Scheitler, Kirchengesang, S. 336f.

39 Vgl. zum Psalmengesang in St. Anna: Lungwitz, Judas Maccabaeus, S. 48. Vgl. zur Bedeutung des Psalmengesangs: Scheitler, Kirchengesang, S. 336f.

Augsburg auch das ›Te Deum laudamus‹ gesungen, das zwar nicht per se der konfessionellen Abgrenzung diente und in erster Linie ein Siegeslied war, mit dem man Schlachten-›Erfolge‹ inszenierte.[40] Hierdurch aber erhielt auch das Singen dieses Liedes einen aggressiven Impetus, da man damit den eigenen ›Erfolg‹, nämlich die Eroberung Augsburgs, akustisch in Szene setzte.

Auch die Predigt in der Kirche St. Anna in Augsburg war keineswegs ein Akt ohne größere Bedeutung; schon allein die Anwesenheit bei einer solchen Predigt war aufgeladen mit sozialem Sinn. Lungwitz etwa vermerkte, dass die Predigt bei *hohen vnd niedriges Standes Personen / eine solche Frewde vnd frolocken verursachet / daß auch vor Frewden viel Thränen darüber vergossen worden*[41]. Die Anwesenheit bei der Predigt konnte also offenbar die Beteiligten emotional stark tangieren, wobei die Erwähnung derartiger Gefühlsregungen im Werk Lungwitz' geradezu zu einem Beleg für die Güte der Predigt stilisiert wurde.[42] Dies sollte man allerdings nicht nur als eine narrative Logik betrachten, sondern auch als ein Indiz auf eine Logik der sozialen Interaktion deuten: Auch in Kriegszeiten waren die KirchbesucherInnen keineswegs nur ZuschauerInnen (und ZuhörerInnen), sondern auch Akteure, die miteinander interagierten und einander wahrnahmen.[43] Am eindrücklichsten wird diese Rolle des Zuschauers als Beobachteter am Beispiel des schwedischen Königs Gustav Adolf deutlich; der Augsburger Kunstagent Hainhofer schrieb über ihn:

[In der Kirche St. Anna hat] ihre Maÿ: [Gustav Adolf] von dem fürstlichen Pommerischen Hoff Prediger Doctore Jacobo Fabricio [Jakob Fabricius] [...] ob der steinenin entpor Kirchen an welcher von alters hero der pabst in der Hölle abgemalt ware die Predigt aus dem 12. Psalmen Davidis Versie: Weil dann die elende verstöret werden und die Armen: seuffzen will Ich auff spricht der Herr Ich will aine Hilfe schaffen das man getrost lehren soll: etc: sambt den König In Bohem und anderen Fürsten, Grafen, und Herren, mit großer Devotion angehört und beÿ einer lieblichen Music das Te Deum Laudamus mit gesungen haben[44].

---

40 Vgl. zum Singen des ›Te Deum laudamus‹ in Augsburg: Emmendörffer, Welt, S. 486; Lungwitz, Judas Maccabaeus, S. 48. Vgl. grundlegend zur Bedeutung dieses Lieds: Füssel, Schlachtenlärm, S. 161f; Füssel, Undarstellbare, S. 333ff.
41 Lungwitz, Judas Maccabaeus, S. 48.
42 Vgl. zur Bedeutung des Weinens (im 18. Jahrhundert): Frevert, Gefühlspolitik, S. 53 und 107f.
43 Vgl. exemplarisch zu ›Friedenszeiten‹: Weller, Kirchstuhlstreitigkeiten; Luebke, Passageriten; Signori, Platz; Dürr, Ohrenbeichte, S. 400–410; Thiessen, Identitäten, S. 117f.
44 Emmendörffer, Welt, S. 485f.

In dieser Beschreibung ist der Fokus mit ziemlicher Konsequenz auf das Agieren des schwedischen Königs gerichtet; sein Handeln war offenbar geeignet, es mit einer moralischen Konnotation zu versehen (*mit großer Devotion angehört*) und Gustav Adolf dementsprechend als einen ›guten‹ Christen wahrzunehmen. Ein derartiges Deutungsschema war allerdings kein Spezifikum Hainhofers, sondern wurde auch im bereits erwähnten Flugblatt ›Die durch Gottes Gnad erledigte Stadt Augspurg‹ genutzt: Dort hieß es, Gustav Adolf habe *dem heiligen Gottesdienst selbst mit inbrünstiger Andacht beygewohnt*[45], wodurch der schwedische König zu einem ›wahrhaft christlichen‹ Herrscher stilisiert wurde, was ihm zweifellos Ehre zuschrieb.[46]

Eine weitere soziale Dimension des Zuschauens von Gustav Adolf in der Kirche St. Anna in Augsburg wird in der Beschreibung des damals anwesenden Offiziers Robert Monro deutlich:

Am 14. April ritt S.M. in die Stadt ein, begab sich zuerst in die Kirche St. Anna und hörte dort in Anwesenheit des Königs von Böhmen [Friedrich V.], des Pfalzgrafen August [bei Rhein zu Sulzbach], des Herzogs Wilhelm von [Sachsen-] Weimar, des Herzogs Hannes von Holstein [Johann Friedrich von Holstein-Gottorf, Bischof von Lübeck], des Markgrafen Christoph von Baden-Durlach und anderer hochgestellter Persönlichkeiten und Gesandten eine Predigt. Sie dankten Gott für den Sieg, den sie über ihre Feinde davongetragen hatten. Der Text wurde aus dem 12. Psalm Vers 6 genommen und lautete: Weil denn die Elenden verstört werden und die Armen seufzen, will ich aufstehen, spricht der HERR. Ich will Abhilfe schaffen, damit man getrost lehren soll[47].

Die Anwesenheit bei der Predigt bot auch die Möglichkeit, das demonstriert die Liste der anwesenden Hochadligen überdeutlich, zur Inszenierung der Einheit und ›Rechtgläubigkeit‹ der verbündeten protestantischen Fürsten. Auch wird in der Beschreibung Monros deutlich, dass der Gottesdienst oder zumindest Teile von diesem als eine Inszenierung des Sieges, den die schwedischen Truppen durch die Eroberung Augsburgs errungen hatte, wahrgenommen werden konnte.

Doch nicht nur das Agieren der ZuschauerInnen (und ZuhörerInnen) bei der Predigt ist hier von Interesse, sondern auch die von Jakob Fabricius gehaltene

45 O. A., Die durch Gottes Gnad erledigte Stadt Augspurg.
46 Vgl. allgemein: Asch, Herbst (passim); Asch, Adel, S. 166–186 (passim); Asch, Heros.
47 Mahr, Robert Monro, S. 169.

Predigt selbst. Der Predigttext ist offenbar kurz nach der Predigt als Flugschrift publiziert worden und wurde auch bei Lungwitz in nahezu identischer Form im entsprechenden Band seines Geschichtswerks über den Dreißigjährigen Krieg abgedruckt.[48] Für die Zeitgenossen war diese Predigt also wahrscheinlich sehr bedeutungsvoll. Da die Flugschrift sehr zeitnah zur in actu gehaltenen Predigt publiziert wurde und Jakob Fabricius offenbar selbst ihr Autor war, kann man bei diesem Text von einer hohen Übereinstimmung mit der in der Augsburger St. Annenkirche gehaltenen Predigt ausgehen.

In seiner Predigt parallelisiert Fabricius die Situation in Augsburg mit dem 12. Psalm Vers 6[49] sowie diversen anderen alttestamentarischen Episoden, vor allem mit David, in denen das Leiden und die Bedrängungen der Gottesfürchtigen thematisiert werden.[50] Hierdurch wurde ein in der Frühen Neuzeit etabliertes und verständliches Deutungsmuster genutzt, durch das Augsburg völlig als unschuldiges und bedrängtes Opfer der Altgläubigen erschien. Dabei ging Fabricius aber durchaus konkret auf die ›Bedrückungen‹ in Augsburg ein und nutzte die Gelegenheit zu anti-katholischen Polemiken.[51] Auf diese Weise wurde die vorherige Situation der Augsburger Protestanten und das Agieren der Altgläubigen als Unrecht charakterisiert; Gustav Adolf hingegen erscheint als – David-gleicher[52] und von Gott gesandter – Retter.[53] Dadurch wurde er mit einer geradezu heilsgeschichtlichen Bedeutung aufgeladen und glorifiziert.

Doch in Augsburg wurde am 24. April 1632 nicht nur in der Kirche St. Anna eine protestantische Messe gefeiert, sondern auch in diversen anderen, zuvor altgläubigen Kirchen.[54] Bei dem Augsburger Bürger Wagner hieß es sogar:

---

48 Vgl. Fabricius, Danck- vnd Trost-Predigt; Lungwitz, Judas Maccabaeus, S. 50–72.

49 Psalm 12, 6: »*Weil die Elenden Gewalt leiden und die Armen seufzen, will ich jetzt aufstehen*«, spricht der Herr, »*ich will Hilfe schaffen dem, der sich danach sehnt*«.

50 Vgl. Fabricius, Danck- vnd Trost-Predigt, S. 6–23. Vgl. auch: Lungwitz, Judas Maccabaeus, S. 53–63.

51 Vgl. zu Verweisen auf die Situation in Augsburg: Fabricius, Danck- vnd Trost-Predigt, S. 15f und 28f. Vgl. auch: Lungwitz, Judas Maccabaeus, S. 59f und 66. Vgl. zu anti-katholischen Polemiken: Fabricius, Danck- vnd Trost-Predigt, S. 33ff. Vgl. auch: Lungwitz, Judas Maccabaeus, S. 69f.

52 Vgl. zu diesem Deutungsmuster, bei dem zeitgenössische ›Helden‹ als Nachfolger vergangener ›Heroen‹ erscheinen: Pohlig, Individuum; Pohlig, Gewalt, S. 130.

53 Vgl. Fabricius, Danck- vnd Trost-Predigt, S. 23 und 37. Vgl. auch: Lungwitz, Judas Maccabaeus, S. 63 und 71.

54 Vgl. Lungwitz, Judas Maccabaeus, S. 48f.

[A]lsbald (ist) man [Gustav Adolf mit seinem Gefolge in Begleitung des Rats von Augsburg] zur Jakoberkirche gekommen, wo man geläutet hat. Da ist alsbald ein Feldprediger vorhanden gewesen, so eine Predigt gethan. Also ist es in der Kirche bei den Barfüssern und in allen [ehemals] evangelischen Kirchen gehalten worden[55].

Durch dieses Agieren wäre, wenn die Beschreibung Wagners korrekt ist, der Marsch Gustav Adolfs durch die Stadt beim Adventus sakralisiert worden, wie dies bei vormodernen – insbesondere spätmittelalterlichen – Einzügen häufig vorkam.[56] Doch in diesem Fall hätte es nicht ›nur‹ Gottesdienste auf dem Weg des Einziehenden gegeben, sondern mit Ankunft Gustav Adolfs bei den jeweiligen Kirchen wären erstmals (beziehungsweise erstmals nach vielen Jahren) in diesen protestantische Messen gefeiert worden – durch diese Performanz wäre der schwedische König als Wiedereinführer des Protestantismus erschienen, durch dessen Ankunft der Raum Augsburgs (wieder) sakralisiert worden wäre.

Dass die Umwandlungen von katholischen Kirchen in Protestantische der Förderung der Protestanten sowie dem Zurückdrängen und Marginalisieren der Altgläubigen diente, muss sicherlich nicht eigens erwähnt werden.[57] Dass dies gleichzeitig auf funktionaler und symbolischer Ebene geschah, ist sicherlich evident, doch wie eng beides auch mittels alltäglichen Praktiken verbunden war, zeigt sich am besten an einer Bemerkung Hainhofers:[58] Der protestantische Pfarrer Bernhard Albrecht habe Ende Mai 1632 *inn seiner newen Kirchen [die zuvor zum Augustinerchorherrenstift Heilig Kreuz gehörte] auch das erste Kündt getaufft*[59]. Für Hainhofer war die Taufe des ersten Kindes in Heilig Kreuz offenbar so bedeutsam, dass er sie eigens erwähnte; dies dürfte damit zu tun haben, dass nach der Taufe beide von den Lutheranern anerkannte Sakramente in Heilig Kreuz gespendet worden waren.[60] Durch die erste Taufe in Heilig Kreuz wurde also zum einen symbolisch bekräftigt, dass diese Kirche nun protestantisch sei, und zum anderen war sie Resultat der Förderung des Protestantismus in Augsburg.

---

55 Roos, Chronik, S. 11.
56 Vgl. allgemein: Lampen, Stadttor, S. 2; Schweers, Bedeutung, S. 38 und 43; Rudolph, Adventus, S. 33–37; Stollberg-Rilinger, Kleider, S. 106f.
57 Vgl. Medick, Dreißigjährige Krieg, S. 62–70; Plath, Konfessionskampf, S. 276–290.
58 Vgl. theoretisch: Stollberg-Rilinger/ Neu, Einleitung, S. 22–25; Stollberg-Rilinger, Kommunikation, S. 497f.
59 Emmendörffer, Welt, S. 503.
60 Vgl. zu dieser Dimension der Taufe: Isaiasz, Feier, S. 132.

Zusammenfassend kann man sagen, dass die Umwandlung von katholischen Kirchen in Protestantische in Folge einer Stadteroberung durch die schwedischen Truppen 1630 bis 1632 prinzipiell mit einer besonderen Situation vor Ort verbunden war. In Würzburg und Mainz wurden ausschließlich altgläubige Kirchen in protestantische umgewandelt oder profaniert, die von ihren Pfarrern verlassen worden waren; nach zeitgenössischen Maßstäben konnte dieses Vorgehen durchaus als legitim gelten, wobei allerdings der anti-katholische Impetus unverkennbar ist. In Bamberg war die konfessionelle Inbesitznahme des Doms durch die protestantischen Truppen wahrscheinlich in erster Linie eine Inszenierung der qua Sturmangriff erworbenen Rechte der Eroberer sowie eine Vergeltung gegen die Bamberger, die einen Akkord gebrochen hatten, und eine Drohung gegen alle zukünftig belagerten Städte. In Augsburg hingegen war die Umwandlung der altgläubigen Kirchen vor allem ein Akt der Vergeltung für die rigorose Umsetzung des Restitutionsedikts.[61] Dies lässt sich nicht nur an Hand der Beschreibungen in Selbstzeugnissen belegen, sondern war dezidiert auch ein Thema in zeitgenössischen Flugschriften und Geschichtswerken, die mit einer sehr weitgehenden Metaphorik Gustav Adolf preisen und die Altgläubigen verdammen.

Zu der konkreten Praktik dieser protestantischen Gottesdienste, das lässt sich am Beispiel Augsburgs gut belegen, gehörte offenbar konfessionell-konfrontative Musik sowie eine Gustav Adolf als Retter verherrlichende Predigt. Im Fall von Augsburg wird aber auch deutlich, dass ein solcher Gottesdienst auch als Siegesfeier sowie zur Inszenierung der Einheit und ›Rechtgläubigkeit‹ der Beteiligten protestantischen Fürsten diente. Klar ist zweifellos, dass derartige Kirchumwandlungen der Förderung des Protestantismus und der Zurückdrängung und Marginalisierung des Katholizismus dienten.

---

61   So etwa auch in den Regionen um Magdeburg und Halberstadt (vgl. Meumann, schwedische Herrschaft, S. 252) und kurz nach 1632 in den Städten Hildesheim (Plath, Konfessionskampf, S. 274–278) und Osnabrück (Schmidt-Voges, Osnabrück, S. 253).

7. 2. Königliche Besuche in altgläubigen Kirchen und Klöstern

Besuche von Stiften, Klöstern und insbesondere Kirchen waren auch für Hochadlige in der Frühen Neuzeit eine völlig übliche Praxis.[62] Doch im Dreißigjährigen Krieg kam es zu einigen Besuchen von Gustav Adolf in katholischen Institutionen, die recht außergewöhnlich waren und zum Teil auch Erwähnung in der Forschung fanden.[63]

Frankfurt am Main: Eine stadtfreundliche Fiktion

Begonnen werden soll hier nicht mit einem der bekannten Beispiele aus München oder Erfurt, sondern einem Fall aus Frankfurt am Main, der in mehrfacher Hinsicht ein Grenzfall ist. Der Frankfurter Caspar Kitsch erwähnt Folgendes: *Eines ist noch zu melten, auf den Mütwochen den tag zuvor ehe Ihr Kö: May: [Gustav Adolf] mit seiner Arme hier durch ist gemarschirt, ist er mit zwen seiner Mußquettirer hie gewesen sich gantz verkleidet gehat, und durch die Statt ihn vielen Gassen gangen, auch ihm Dohm zum Sanct Bartholmi gewesen, desgleichen man nicht viel von solchen hohen Potentaten hat gehört, noch gesehen*[64]. Gustav Adolf hätte demnach also am 16. November 1631 die Mainstadt und auch die dortige katholische Kirche des Kollegiatstifts St. Bartholomäus besucht; zwar geht Anja Rieck offenbar davon aus, dass dieses Ereignis stattgefunden hat, doch es sind erhebliche Zweifel angebracht:[65] Ein Besuch Gustav Adolfs in einer Stadt, die sich ihm gegenüber wenig entgegenkommend gezeigt hatte und die er erst mit Drohungen auf seine Seite ziehen konnte, mit nur zwei Musketieren als Leibwache erscheint doch recht unwahrscheinlich. Noch fragwürdiger wird diese Episode, wenn man bedenkt, dass sich der schwedische König bei seinem Durchzug durch die Mainstadt am 17. November, also einen Tag nach dem angeblichen Kirchenbesuch, offenbar distanziert bis abweisend insbesondere dem städtischen Rat gegenüber zeigte (siehe Kapitel 4. 2.).

---

62 Vgl. allgemein: Asch, Adel, S. 166f. Vgl. auch das folgende, hervorragend ausgeführte Beispiel: Stollberg-Rilinger, Maria Theresia, S. 580–583.
63 Vgl. zu München: Heimers, Krieg, S. 33; Stahleder, Chronik, S. 453; Schaedel, Gustav Adolf, 122f; Junkelmann, Gustav Adolf, S. 425; Albrecht, Maximilian I., S. 830; Berner, Gustav Adolf, S. 434f. Vgl. zu Erfurt: Beyer/ Biereye, Geschichte, S. 534; Schauerte, Gustav Adolf, S. 9ff. Vgl. zu Frankfurt am Main: Rieck, Frankfurt am Main unter schwedischer Besatzung, S. 106.
64 Gustav Adolf König von Schweden in Frankfurt am Main 1631 und 1632, S. 166f.
65 Vgl. Rieck, Frankfurt am Main unter schwedischer Besatzung, S. 106.

Es spricht also einiges dafür, dass es sich bei der Schilderung Kitsch' nicht um die Beschreibung eines realen Ereignisses, sondern um eine Fiktion handelt. Dieser Eindruck wird sogar noch verstärkt, wenn man den durch diese Schilderung geschaffenen sozialen Sinn betrachtet: Durch diese (fiktive) Erzählung wurde nämlich das Bild eines Frankfurt vertrauendem und geradezu leutseligen schwedischen Königs mit großem Interesse für die Reichsstadt erzeugt.[66] Ein solches Narrativ kann man geradezu als Surrogat für die Anfangs praktisch inexistenten Inszenierungen königlicher ›Gunst‹ gegenüber der Mainstadt werten.

Während also Gustav Adolfs Besuch der zum Kollegiatstifts St. Bartholomäus gehörenden Krönungskirche in Frankfurt am Main wahrscheinlich eine reine Fiktion ist, bei der dieser Kirche letztlich nur die Funktion einer zugänglichen Sehenswürdigkeit zukommt, so sieht die Situation in München und Erfurt gänzlich anders aus.

München: Ambivalenzen einer Praktik

In München besuchte Gustav Adolf bekanntermaßen die Kirche des Kollegiatstifts St. Maria sowie die Michaelskirche, die zu den von der herzoglichen Familie besonders geförderten Jesuiten gehörte.[67] In Erfurt wiederum traf der schwedische König im Benediktinerkloster St. Peter diverse Prälaten der lokalen Religiosen.[68] Derartige Besuche von schwedischen Offizieren in katholischen Klöstern sind der historischen Forschung zwar durchaus bekannt, doch Sinn und Funktion derselben wurden bisher nicht näher untersucht.[69] Bei Gustav Adolfs Besuchen dürfte es sich jedoch weniger um Inszenierungen von einer den Katholizismus respektierenden Toleranz handeln – wie dies zum Teil in der Forschung unterstellt wird[70] –, sondern eher um eine Zurschaustellung von (militärischer) Kontrolle über die Stadträume von München und Erfurt,

---

66   Vgl. zu derart ›leutseligen‹ Praktiken auch: Frevert, Gefühlspolitik, S. 64–73.
67   Vgl. Heimers, Krieg, S. 33; Stahleder, Chronik, S. 453; Schaedel, Gustav Adolf, 122f; Junkelmann, Gustav Adolf, S. 425; Riezler, Geschichte, S. 419; Albrecht, Maximilian I., S. 830; Mayer, Münchener Stadtbuch, S. 369ff; Mayer, Domkirche, S. 153f; Berner, Gustav Adolf, S. 434f.
68   Vgl. Beyer/ Biereye, Geschichte, S. 534; Schauerte, Gustav Adolf, S. 9ff; Berg, Occupation, S. 56 und 62.
69   Vgl. Medick, Dreißigjährige Krieg; 149; Medick, Orte, S. 368f.
70   Vgl. zu Gustav Adolfs Besuchen in München: Heimers, Krieg, S. 33; Junkelmann, Gustav Adolf, S. 425. Vgl. allgemeiner: Medick, Orte, S. 368f.

inklusive der Sakralräume. Zumindest unterschwellig dürfte es sich somit bei der Präsenz des schwedischen Königs in den altgläubigen Sakralräumen auch um Drohungen gehandelt haben. Implizit wird insbesondere diese Inszenierung der militärischen Kontrolle in einer Münchner Chronik deutlich, die den Besuch thematisierte:

An dem heiligen Auffarhtag den 20 May nach Mittag ist der Khinig [Gustav Adolf] sambt beeden Pfaltzgraffen [Friedrich von der Pfalz und August bei Rhein zu Sulzbach], beeden herzog WeinMarkht vnd holstain [Wilhelm von Sachsen-Weimar und Bischof Johann Friedrich von Holstein-Gottorf], neben der hohansehlihen Comitat zwischen 1 vnd 2 Vhr in Vnser lieben frauen-Pfarkhirhen [Stiftskirche Unser Lieb Frauen] zur Auffahrt Christi gerithen, vnd derselben zwischen dem Setter sancti Benonis Altar beygewohnet, dorten mit dem heren Solla Dehanten [Jakob Golla, Dechant des Stifts] ein wönig conversiert: vnd gerdt, nach volender himelfarth besichtigt er auch die Curfirstliche begrebnus auf dem Chor, wölche ihm wolgefelig, da er umb 3 Vhr wider auß der khirchen gangen[71].

Der schwedische König besuchte also die Frauenkirche nicht allein, sondern in Begleitung zahlreicher anderer protestantischer Fürsten, d.h. bei diesem Besuch handelte es sich definitiv um eine zeremonielle Handlung. Diese war wohl auch ein gegen Maximilian I. gerichteter Akt, denn in dieser Stiftskirche befand sich das auf dessen Betreiben hin prächtig ausgestaltete Monument für Ludwig den Bayern, durch das an das für die Wittelsbacher ehrenhafte Kaisertum dieses Ahnen erinnert werden sollte.[72] Gustav Adolfs Präsenz dort demonstrierte die ›Unfähigkeit‹ des bayrischen Herzogs, einen zentralen Erinnerungsort seiner Dynastie zu schützen, und konterkarierte damit das durch das Denkmal inszenierte Selbstverständnis der bayrischen Wittelsbacher.

Ferner kann man sicherlich auch von einer Demonstration der (Sakral-) Raumbeherrschung ausgehen, bei der den Altgläubigen die ostentative Präsenz von zahlreichen eindeutig als protestantisch und kaiserfeindlich verortbaren Fürsten aufgenötigt wurde. Die Schilderung des Besuchs in der Münchner Frauenkirche im pro-protestantischen Geschichtswerk des Matthaeus Lungwitz jedenfalls deutet noch eindeutiger in diese Richtung:

---

71 O.A.: Gewiser Bericht vnd Vrkhundt deß entstandnen Vbels vnd Vnruehe in Minchen im Jar 1632, S. 314.
72 Vgl. Krems, Inszenierung, S. 286; Glaser/ Werner, Maria, S. 149; Glaser, Glaube und Reich, S. 221–225.

Hernachmals haben sie [Gustav Adolf] sich in die Kirche zu vnserer Frawen [Stiftskirche Unser Lieb Frauen] begeben / allda die Päbstische Ceremonien bey der Auffart gesehen / in der Kirchen herumb spatziret[73].

Insbesondere durch die Wendung *in der Kirchen herumb spatziret* wurde eindeutig das Bild eines Königs erzeugt, der keinen Respekt vor katholischen Sakralräumen hatte und sich diese nach Belieben aneignete; im pro-protestantischen Diskurs wurde also die Präsenz Gustav Adolfs in der Münchner Frauenkirche eindeutig als anti-katholischer Gestus der Raumbeherrschung gedeutet.

Mit der Inszenierung der Raumbeherrschung ging zugleich ein Gestus von Duldung des katholischen Gottesdienstes einher: Gustav Adolf machte keine Anstalten, den katholischen Ritus zu unterbinden, obgleich er dazu in der Lage gewesen wäre und dies implizit auch demonstrierte. Hierdurch setzte er einerseits in Szene, dass er den Akkord achtete und präsentierte sich damit als worthaltender und vertrauenswürdiger König.[74] Zum anderen inszenierte er sich (in Zeiten als Akkorde durchaus auch gebrochen wurden[75]) als ›gnädiger‹ – und damit nach frühneuzeitlichen Maßstäben ›guter‹ – Herr.[76]

Noch deutlicher wird diese Ambivalenz sogar noch bei der Interaktion in der Münchner Michaelskirche – während der altgläubigen Messe kam es dort zwischen dem schwedischen König Gustaf Adolf und dem Jesuiten Walter Mundbrod zu einer Kontroverse über das Wesen der Eucharistie.[77] Ein solches Streitgespräch über das Abendmahl in einer katholischen Kirche während des Gottesdienstes war zweifellos nicht nur die ultimative Geste der Ablehnung des altgläubigen Eucharistie-Konzepts durch Gustav Adolf, sondern auch eine unmissverständliche Geste der Raumbeherrschung, indem er die dort üblichen katholischen Diskursregeln außer Kraft setzte.[78] Die Botschaft dabei war eindeutig: Er, Gustav Adolf, war in der Lage, sich die katholische Michaelskirche quasi nach Belieben anzueignen. Doch Gustav Adolf beließ es bei einer

73   Lungwitz, Judas Maccabaeus, S. 93.
74   Vgl. ex negativo: Füssel, Preis, S. 184f; Pröve, Legitimationen, S. 265f.
75   Vgl. Wrede, Zähmung, S. 219.
76   Vgl. zur Bedeutung der Gnade allgemein: Eibach, Gleichheit, S. 524; Eibach, Strafjustiz, S. 203f. Speziell im Krieg: Kaiser, Kriegsgreuel, S. 178f.
77   Vgl. Lungwitz, Judas Maccabaeus, S. 92; Abelinus/ Merian, Theatri Europaei, S. 646. Wortgleich auch bei Khevenhüller: Khevenhüller, Annales, Bd. 12, Sp. 143. Vgl. hierzu: Riezler, Geschichte, S. 419.
78   Vgl. zur Bedeutung der Eucharistie für den frühneuzeitlichen Katholizismus: Wassilowsky, Kultur, S. 226–231. Vgl. theoretisch zu Diskursregeln: Foucault, Ordnung des Diskurses.

Inszenierung seiner Abneigung des Katholizismus, während der altgläubige Ritus gleichzeitig weiterhin durchgeführt wurde. Mit dieser von Ambivalenz geprägten Performanz aber inszenierte sich Gustav Adolf gleich in dreifacher Hinsicht: Erstens setzte der schwedische König sich als Protestant in Szene, der die altgläubige Eucharistie ablehnte. Zweitens inszenierte er sich als Herr des Münchner Stadtraums, inklusive der dortigen katholischen Kirchen. Drittens demonstrierte er durch die Duldung des altgläubigen Ritus, dass er auch gegenüber den Katholiken ein ›gnädiger‹ Herr sei. Die Ambivalenz der Performanz diente also dazu, einen Normenkonflikt zu vermeiden, indem alle Normen zumindest teilweise bedient wurden.[79]

Aufschlussreich an dieser Interaktion in der Münchner Michaelskirche ist aber nicht ›nur‹ das Agieren in actu, sondern auch die zeitgenössischen historiographischen Zuschreibungen. So schrieb etwa der eindeutig pro-schwedische und pro-protestantische Lungwitz:

[D]rinnen in der Stadt ließ der König seine hohe Qualiteten im disputiren sehen. Denn der König spatzirete in transitu ohn gefehr in die Jesuwüter Kirche [Jesuitenkirche St. Michael] / dieselbe zu besehen; vnd weil er eben per accidens zur Päbstischen Messe kommen / damit die Jesuiten sehen möchten / daß ihre Mait. an dero Menschen[s]tand keinen gefallen hette / disputirete ihre Mait. mit der Jesuiten Patre Rectore [Walter Mundbrod], Lateinisch von dem Sacrament des H. Abendmals / daß in dem selben keine transubstantiatio geschehe; daß dasselbe auch kein Opffer sey für die Lebendigen vnd für die Todten; und das die Papisten vnrecht theten / daß sie das H. Abendmal zerstümmelten / vnd wieder die Einsetzung Christi den Layen / den Kelch entzogen. Ihre Königl. M. beruheten auff den Worten Christi; aber dawider kundte der Jesuwüte[r] nichts bestendigs auffbringen[80].

Lungwitz akzentuierte unmissverständlich, dass das Gespräch zwischen Gustav Adolf und dem Jesuiten Walter Mundbrod in der Michaelskirche dezidiert konfrontativ verlaufen sei. Dabei rühmte Lungwitz in seinem Geschichtswerk den schwedischen König als guten Rhetoriker und eifrigen, überlegenen Verteidiger des Luthertums. Zudem nutzte der Historiograph diesen Anlass ganz offensichtlich, um die konfessionellen Differenzen zu akzentuieren, das Luthertum als ›wahre‹ Religion zu preisen und die Jesuiten (unter anderem als *Jesuwüte[r]*) zu diskreditieren.[81] In Merians ›Theatrum Europaeum‹ und in den

79 Vgl. auch theoretisch: Karsten/ Thiessen, Normenkonkurrenz.
80 Lungwitz, Judas Maccabaeus, S. 92.
81 Vgl. zu den anti-jesuitischen Polemiken: Kaufmann, Konfessionsantagonismus.

an dieser Stelle wortgleichen pro-katholischen ›Annales Ferdinandei‹ des Franz Christoph Khevenhüller hingegen werden diese konfrontativ-konfessionellen Aspekte weniger akzentuiert:

> *[Gustav Adolf hat] die berühmbte Jesuiter Kirch [tatsächlich: Kirche St. Michael] besichtiget / vnd daselbst weil er zur Meß kommen / mit dem Patre Rectorn ein gute weil von dem Sacrament deß H. Abendmals Lateinisch disputiret*[82].

Auch hier wird also über das Gespräch zwischen Gustav Adolf und dem Jesuiten Walter Mundbrod berichtet und implizit war (und ist) sicherlich evident, dass eine solche ›Disputation‹ über das Abendmahl kontrovers gewesen sein dürfte.[83] Doch derart explizit wie bei Lungwitz wurde dies nicht gemacht und noch viel weniger kam es zu einer Glorifizierung des Königs als ›Verteidiger‹ des Protestantismus oder zu Polemiken gegen die Jesuiten. Im ›Theatrum Europaeum‹ und in den ›Annales Ferdinandei‹ wurde also weitgehend jegliche Akzentuierung des konfessionellen Aspekts vermieden – der konfessionelle Faktor (den diese Handlung zweifellos in actu besaß) wurde hier fast dissimuliert.[84]

Wieder anders wurde das Gespräch Gustav Adolfs in der Jesuitenkirche St. Michael offenbar von Walter Mundbrod selbst geschildert, der wohl selbst in einem Bericht vermerkte, der schwedische König habe sich lobend über die Jesuiten geäußert.[85] Diese Beschreibung des Jesuiten sollte man vor allem als Mittel der Ehrzuschreibung zu Gunsten der eigenen Ordensgemeinschaft interpretieren; hierbei fungierte das angebliche Lob als Bestätigung der jesuitischen ›Leistungsfähigkeit‹, gerade da es von einem konfessionellen Gegner stammte, der – so die unterschwellige Argumentationsweise des Berichts – nur durch das Agieren der Jesuiten zu diesem ›genötigt‹ wurde.

Es soll nicht unerwähnt bleiben, dass Gustav Adolfs Besuch in der Michaelskirche offenbar – wie der Besuch in der Frauenkirche – auch ein Vorgehen gegen die bayrischen Wittelsbacher implizierte: Die Fassadengestaltung

---

82 Abelinus/ Merian, Theatri Europaei, S. 646. Wortgleich auch bei Khevenhüller: Khevenhüller, Annales, Bd. 12, Sp. 143.

83 Darauf weist schon die Bezeichnung der Gesprächs als ›Disputation‹ hin (vgl. vor allem: Füssel, Praxis der Disputation. Vgl. auch: Gindhart/ Marti/ Seidel, Disputationen).

84 Vgl. explizit zur Dissimulation: Brendle/ Schindling, Religionskriege, S. 35–39; Brendle/ Schindling, Religious War, S. 166–173 und 178f. Vgl. auch: Tischer, Kriegsbegründungen, S. 167–171.

85 Vgl. Riezler, Geschichte, S. 419. Als Anekdote ohne Angabe des Verfassers findet sich ein angebliches Bonmot Gustav Adolfs aus diesem Kontext auch bei Rystadt und Junkelmann (vgl. Rystad, Schweden, S. 425; Junkelmann, Gustav Adolf, S. 425).

der Kirche glorifizierte die herzogliche Familie, indem es diverse Angehörige der Dynastie als Förderer und Verteidiger der katholischen Kirche inszenierte, unter anderem auch den Stifter des Bauwerks, Maximilians Vater Wilhelm V.[86] Die Anwesenheit des schwedischen Königs dort machte nun geradezu evident, dass der bayrische Herzog nicht in der Lage war, diese Kirche vor dem Zugriff eines Protestanten zu schützen, und ließ so die Aussage des Skulpturenprogramms der Fassade obsolet erscheinen.

Auffallend an den Besuchen Gustav Adolfs in den beiden Münchner Kirchen ist zweifellos, dass diese jeweils eine enge Verbindung zur herzoglichen Familie besaßen. Bemerkenswert ist dies vor allem, da ein derartiges Aufsuchen von Sakralräumen ein relativ selten durchgeführtes Handlungsmuster war, das etwa in Würzburg und Mainz – wo es überaus reiche Sakrallandschaften gab – nicht vorkam. Aus diesem Grund scheint es wahrscheinlich, dass das Agieren des schwedischen Königs in den Münchner Kirchen stets auch ein Vorgehen gegen die bayrischen Wittelsbacher war.

Erfurt: Ambivalenzen der Deutung

Doch nicht nur in München, sondern auch in Erfurt betrat Gustav Adolf katholische Sakralräume; doch während der schwedische König in der bayrischen Stadt Kirchen während des altgläubigen Ritus aufsuchte, kam er in das Benediktinerkloster St. Peter, um dort mit Vertretern der Erfurter Religiosen zu verhandeln.[87] Dies war ebenfalls eine Geste der (Sakral-) Raumbeherrschung, durch die der schwedische König seine Zugriffsmöglichkeiten auf die Erfurter Sakrallandschaft demonstrierte und damit die Verhandlungen mit den Erfurter Religiosen über deren Treuezusagen präfiguriert haben dürfte.[88]

Welche Gesten und Redewendungen dabei im Einzelnen genutzt wurden, kann man kaum mehr ermitteln, denn in einer 1634 im Auftrag des Rats der Stadt Erfurt veröffentlichten Flugschrift wurden verschiedene Versionen, die größtenteils zuvor wohl in anderen Druckwerken veröffentlicht worden waren, wiedergegeben. Doch auch, wenn die konkreten Handlungen nicht mehr sicher rekonstruiert werden können, ermöglichen doch diese verschiedenen Zuschrei-

---

86 Vgl. Sauermoser, Rolle, S. 169; Weiß, Konfessions- und Kulturpolitik, S. 67f; Krems, Inszenierung, S. 285f.
87 Vgl. Beyer/ Biereye, Geschichte, S. 534; Schauerte, Gustav Adolf, S. 9ff.
88 Vgl. zu der Bedeutung von Verhandlungsorten: Füssel, Preis, S. 455f.

bungen die Bedeutung aufzuzeigen, die diesem Treffen medial attestiert wurde. In einer Version wurden relativ viele Gesten beschrieben, die bei diesem Treffen genutzt worden sein sollen:

I. Königl: Mayt: [Gustav Adolf] [sind] dem Bischoffshoff [Benediktinerkloster St. Peter] / sonst die Petersburg genant / zugangen / allda die Clerisey I. Königl: Mayt: ebenmessig allervnterthänigst zu salutiren auffgewart vnd auff dero ankunfft / zu fussen nieder auff die Knie gefallen / welches aber I. Königl: Mayt: nicht zulassen / auch solcher gestalt einiges wort vorzubringen nicht gestatten wollen / sondern ihnen auffzustehen befohlen / vnd also ihre oration, selbsten stehend / den hut in der Hand haltendt angehöret / vnd darauff nachfolgender weiß geantwortet: Es ist vns nicht vnwissent / welcher massen wir von vnsern wiederwertigen bey männigleichen außgeschryen werden / alß ob vnser vorhaben allein dahin gienge / die Catholische religion in dem gantzen Teutschland zuvertilgen vnd außzurotten / aber wir wollen solches falsches außgeben mit Gottes hülff / durch vnsere ritterliche waffen vnd auffrichtige vngeschewte thaten nicht allein zu nichte machen: sondern auch die Catholische selbsten defendiren vnd wieder allen vnbillichen gewalt beschützen[89].

Demzufolge hätten die anwesenden Kleriker einen Fußfall vor Gustav Adolf getan, was eine extrem starke Geste der Selbstdemütigung gewesen wäre und in der Vormoderne als Unterwerfungsgeste galt, die das Gegenüber schon fast zur ›Gnade‹ verpflichtete.[90] Das Aufstehen-lassen durch den schwedischen König wiederum wäre eine Geste gewesen, mit der Knienden in solch einer Situation ›Gnade‹ gewährt wurde, d.h. sie besaß eine performative Dimension, durch die aus den um Gnade Flehenden ein – mehr oder weniger – in die Gesellschaft des Gnade Gewährenden integrierter Akteur wurde. Zudem hätte der König eine soziale Schätzung gegenüber den Klerikern zum Ausdruck gebracht, denn stehend und mit gezogenem Hut die Rede des Gegenübers zu hören, wie Gustav Adolf dies dort angeblich tat, waren entsprechende etablierte Zeichen.[91]

Durch diese Beschreibung der beim Treffen im Benediktinerkloster St. Peter angeblich zum Einsatz gekommenen rituellen Handlungen und der angeblichen Rede Gustav Adolfs wurde das Bild eines ›gnädigen‹ (und damit ›guten‹)

---

89 O. A., Warhafftiger wolgegründeter Bericht. Welcher gestalt […] Gustavi Adolphi […] am 22. Septembris deß Jahrs 1631. zum erstenmahl in der Stadt Erffurdt angelanget, S. 14.

90 Vgl. grundlegend zu frühneuzeitlichen Kniefällen: Stollberg-Rilinger, Knie. Vgl. zu Kniefällen auch (aus mediävistischer Sicht): Althoff, Bilder, S. 33f.

91 Vgl. zur Bedeutung des Stehens und des Hutziehens: Stollberg-Rilinger, Kleider, S. 160.

Königs evoziert, der die altgläubigen Kleriker respekt- und ehrenvoll behandelt habe. Eine andere Version, nämlich die im Auftrag des Erfurter Rats publizierte, ging sogar noch weiter:

Bald nach verrichteter vnterthänigesten exception haben I. Königl: Mayt: sich in das Closter Petri begeben / mit dem Abt daselbst / wie auch mit zweyen Jesuitern / darunter der Pater Rector D. Johann Bettingen gewesen / in der Person geredt / der hernacher I. Königl: Mayt: heroische tugenden mehrmals gerühmt vnd gesagt haben soll / er möge wüntschen / daß zu Rom vnd an allen anderen Catholischen örteren / die von I. Königl: Mayt: gegen ihm geführte hochvernünfftige Christliche rede vnd erinnerung recht solte vorbracht vnd erwogen werden / dieweil es gewiß nicht ohne frucht abgehen würde[92].

Dieser Version nach sei Gustav Adolf sogar von einem katholischen Kleriker gerühmt worden – deutlicher hätte man das Bild eines Königs, der auch für Katholiken akzeptabel sei, nicht evozieren können. Dass diese Version diejenige war, die der Rat der Stadt Erfurt 1634 als ›wahr‹ deklarierte, dürfte wohl vor allem damit zusammenhängen, dass ein offenbar derart ›milde‹ mit den Katholiken umgehender und von diesen akzeptierter schwedischer König wenig Notwendigkeit zur Rechtfertigung gegenüber der altgläubigen Seite und insbesondere dem Erzbischof von Mainz schuf. (1634 hatten sich die militärischen Kräfteverhältnisse stark verschoben und es stand zu erwarten, dass der Erzbischof von Mainz wieder zum Herrn der Stadt werden könnte.[93]) Andere Versionen von Gustav Adolfs Agieren in Erfurt, die in der Vorrede der Flugschrift wortreich als ›unwahr‹ gebrandmarkt wurden, berichten aber – wie gesagt – von einem gänzlich anderen Vorgehen in der Benediktinerabtei St. Peter.[94] In der wohl anti-katholischsten Version hieß es:

Die Jesuiter seyndt I. Königl: Mayt: zu fuß gefallen Sie hat aber dieselbe wiederumb auffstehen heissen / vnd zu ihnen gesagt: sie würden Gott schwere rechenschafft geben müssen wegen der erwckten vielfältigen vnruh vnd grossen blutvergiessens; sie wüsten mehr von ihnen zeitungen / alß sie selbst meyneten / ihr vorsatz were böse / ihre handlungen schlim / vnd ihre anordnungen schädlich; sie würden wol thun

---

92 O. A., Warhafftiger wolgegründeter Bericht. Welcher gestalt […] Gustavi Adolphi […] am 22. Septembris deß Jahrs 1631. zum erstenmahl in der Stadt Erffurdt angelanget, S. 42f.
93 Vgl. Press, Kurmainz, S. 394; Stievermann, Erfurt, S. 56f.
94 Vgl. zur Vorrede: O. A., Warhafftiger wolgegründeter Bericht. Welcher gestalt […] Gustavi Adolphi […] am 22. Septembris deß Jahrs 1631. zum erstenmahl in der Stadt Erffurdt angelanget, S. 3ff.

/ wenn sie deß gebets vnd der kirchen abwarteten / in der bescheidenheit andern geistlichen folgeten / sich in weltliche händel nicht mengeten noch dahin trachteten wie die Leute auff die fleischbanck geopffert vnd blut vergossen werden möge[95].

Auch diese Version berichtet also von einem Fußfall – in diesem Fall ausschließlich der Jesuiten – und Aufstehen-lassen derselben durch Gustav Adolf, doch eine wirklich versöhnliche Geste gab es zwischen den Beteiligten, laut dieser Version, nicht, denn der König habe die Jesuiten dann verbal massiv attackiert. Die in dieser Version wiedergegebene angebliche Rede Gustav Adolfs war geradezu ein Musterbeispiel anti-jesuitischer Polemik – durch sie wurde das Bild eines gegen die Jesuiten vorgehenden Königs geschaffen, das bei Protestanten sicherlich eine gewisse positive Wirkung entfalten konnte.[96]

Eine von dieser vom Erfurter Rat initiierten Flugschrift unabhängige Version wurde durch den zu dieser Zeit in Erfurt lebenden katholischen Kleriker Caspar Heinrich Marx überliefert. Marx, Kanoniker des Erfurter Kollegiatstifts St. Maria, hat das Treffen im Benediktinerkloster so geschildert:

Seind Ihre königliche Maiestät ins Closter Sancti Petri geritten, mit den Herrn Prælaten Admirabile Reverendo Domino Joannae Henningio [Johann Henning, Abt des Benediktinerkloster St. Petri] geredet, ihme anbefohlen, solte Ihrer Churfürstlichen Gnaden zue Maintz zueschreiben, darmit sie Ihre Churfürstliche Gnaden sich der feindlicheit gegen Ihre Maiestät enthalten wolle. Auch nach dem Rectore Collegii Societatis Jesu geschickt Reverendo Domino Johanne Bettingen [Johann Bettingen, SJ] Sanctæ Theologiæ Doctore geschickt, welcher beneben Reverendo Domino Wilhelmo Federle [Wilhelm Federle, SJ] auf den Petersberg gangen, mit welchem Ihre Maiestät auch geredet, König in Schweden hatt den Abbt Sancti Petri, und die Patres Societatis Jesu in Schutz genohmen undt endligen den Herrn Prælaten Sancti Petri, beneben den Patribus Societatis (: nach deme Sie Ihre Maiestät sambt dero Confœderirten Gedreu, holdt und gewertig zue sein versprochen, auch daß sie solches schriftlichen von sich stellen wollen zuegesagt :) in Schutz genohmen, mit Versprechen, daß wofern sie etwaß zue suchen oder zue klagen, solches sie bei den Herrn Ambassadore, Herrn Jacob von Steinberg, welchen Ihre Maiestät hier lassen wollen, thuen sollen. Hierauf haben Patres Societatis omnes et singuli wie auch Religiosi

---

95   O. A., Warhafftiger wolgegründeter Bericht. Welcher gestalt [...] Gustavi Adolphi [...] am 22. Septembris deß Jahrs 1631. zum erstenmahl in der Stadt Erffurdt angelanget, S. 23.

96   Vgl. zur Bedeutung anti-jesuitischer Polemik etwa: Kaufmann, Konfessionsantagonismus.

Ordinis Sancti Benedicti zumb ersten Reversales Fidelitatis subscribiret undt dem
von Steinberg zuegeschickt, und da einer ex Patribus Societatis Jesu nahmens Pater
Gerhardus Willickius [Gerhard Willickius, Jesuit] Alters undt Schwacheit halben
nicht schreiben konnen, hat seinetwegen Herr Balthasar Bien, Parochus Widder-
densis [Pfarrer von Witterda], so sich damals apud patres aufgehalten, subscribiren
müssen[97].

Marx beschrieb das Treffen an funktionalen ›Ergebnissen‹ orientiert; die
Durchführung der Verhandlungen thematisierte er nur minimal und richtete
stattdessen den Fokus seiner Darstellung auf die Vereinbarungen: Diese bestanden darin, dass die katholischen Kleriker in Erfurt bleiben durften, aber im Gegenzug eine Loyalitätszusage leisten mussten (siehe auch das folgende Kapitel).
Marx' Schilderung ist also vor allem ein Bericht über die (rechtlichen) Folgen
der Verhandlung und hat damit den Charakter eines auf das allernötigste be-
schränkten Rechenschaftsberichts gegenüber dem Mainzer Erzbischof.

Angesichts der Diversität der unterschiedlichen Schilderungen und Zuschreibungen kann man das Treffen Gustav Adolfs mit den Erfurter Religiosen
in der Benediktinerabtei St. Peter geradezu als »leeren Signifikanten«[98] interpretieren, der völlig verschiedenartige Sinnzuschreibungen ermöglichte. Hierbei
gab es entweder dezidiert anti-katholische Darstellungen oder solche, die den
schwedischen König als ›gnädigen‹, ›guten‹ Herrscher glorifizieren, der sich gegenüber den altgläubigen Klerikern versöhnlich zeigte. Diese Zuschreibungen
rekurrierten somit stets auf eine Norm, entweder die der konfessionellen Reinheit oder die der ›politisch‹ klugen und ›guten‹ Herrschaft.[99]

Zusammenfassend kann man sagen, dass Besuche Gustav Adolfs in altgläubigen Kirchen oder Klöstern vor allem der Inszenierung der schwedischen
Zugriffsmöglichkeiten auf die jeweiligen Sakralräume darstellten; damit waren
sie implizit auch stets Drohungen gegenüber den katholischen Klerikern (und
ihrer Gemeinde). In Erfurt war der Besuch im Peterskloster im Zuge der Verhandlungen – um Bleiberecht der Geistlichen und Treuezusagen gegenüber
dem schwedischen König – damit ein Mittel der Präfiguration. Gleichzeitig
waren die Kirchenbesuche in München aber auch Gesten der Duldung, da der
gleichzeitig stattfindende katholische Ritus nicht unterbunden wurde; hier-

---

97 LHASA, MD, A 37b I, II IX Nr. 15, fol. 10^r.
98 Landwehr, Diskursanalyse, S. 89. Vgl. auch: Laclau/ Mouffe, Hegemonie, S. 147–152.
99 Vgl. zu dieser Dichotomie auch: Behringer, »Politiker«.

durch inszenierte sich Gustav Adolf auch den Katholiken gegenüber als ›gnädiger‹ Herr.

Gerade beim Beispiel von München werden jedoch auch die Differenzen bei der Durchführung dieser Handlung deutlich, denn der Besuch der Kirche St. Michael war durch das Streitgespräch mit dem Jesuiten über das Abendmahl sicherlich deutlich konfrontativer als der Besuch der Frauenkirche. Zudem scheinen die Performanzen in actu allerdings deutlich ambivalenter gewesen zu sein als der über die Beschreibungen evozierte Sinn; in den Darstellungen wird entweder das Bild eines konfessionell konfrontativen Königs evoziert oder Gustav Adolf als den Katholiken gegenüber ›gnädiger‹ Herrscher inszeniert, während in den Gesten in actu stets beide Dimensionen mitgeschwungen sein dürften. Insgesamt kann man feststellen, dass die Besuche des schwedischen Königs in altgläubigen Sakralräumen in zeitgenössischen Druckwerken ziemlich ausgiebig thematisiert wurden, denn dieses Agieren bot offenbar Anlass zur Produktion von Deutungen.

7. 3. Die katholische Geistlichkeit in eroberten Städten

In zahlreichen von der schwedischen Armee im Dreißigjährigen Krieg eroberten Städten gab es katholische Kirchen, Klöster und Stifte und es hielten sich dementsprechend auch altgläubige Geistliche dort auf. Wie sich die Stadteroberungen durch protestantische Truppen auf deren Agieren vor Ort auswirkte, ist bisher kaum erforscht.[100]

Eide, Versprechen und Ausweisungen: Komplementäre Praktiken

Zu Ausweisungen von Klerikern oder Schließungen von katholischen Einrichtungen kam es zumindest bis 1632 kaum.[101] Allerdings leisteten die Geistlichen in Erfurt, Würzburg und möglicherweise auch in Mainz Treuezusagen.[102] In Würzburg geschah dies in Form eines – in der Deutung der Zeitgenossen

---

100 Vgl. als eines der wenigen Beispiele: Plath, Konfessionskampf, S. 274–294.
101 Eine Ausnahme bilden vor allem die im Laufe des Krieges rekatholisierten Landstriche und Städte in Mitteldeutschland (vgl. Meumann, Schwedische Herrschaft, S. 252).
102 Vgl. zu Erfurt: Beyer/ Biereye, Geschichte, S. 534; Schauerte, Gustav Adolf, S. 11f. Vgl. zu Würzburg: Wendehorst, Stadt und Kirche, S. 321. Vgl. zu Mainz: Müller, Schweden [2009], S. 95; Müller, Schweden [2016], S. 199.

auch metaphysisch stark bindenden[103] – Eides, während in Erfurt sämtliche Stifte, Klöster und Kollegien schriftliche Treueerklärungen abgaben, die von sämtlichen anwesenden Religiosen der jeweiligen Institution unterzeichnet wurden.[104] Hiermit erkannten die katholischen Geistlichen Gustav Adolf als (weltlichen) Herrscher an und sicherten ihm explizit ihre Loyalität zu. Aufschlussreich ist allerdings eine Wendung in den Erklärungen der Erfurter Kleriker, in der es ausdrücklich heißt, dass die Religiosen *wieder Ihre Königl. May:tt vndt die Chron Schweden auch dehro allierte vndt glaubens verwandte, vnss wedher mit wortten, ahnschlägen Practicken oder wercken, heimlich odher öffentlich, wie es erdacht, vndt Menschen List erfinden möchten, handelen, vnss vergreiffen, oder einigerley gestalt Feindtsehlig halten vndt bezeigen*[105].

Dezidiert mussten die altgläubigen Geistlichen also zusagen, nicht gegen Gustav Adolf, seine Verbündeten und andere Protestanten zu agieren; zudem mussten sie ferner noch zusichern, sich weder vom Papst noch von einer anderen Stelle von diesen Zusagen entbinden zu lassen.[106] Diese Wendungen dienten zweifellos der Absicherung der von den Religiosen gemachten Zusicherungen, wobei ein enormes Misstrauen der schwedischen Seite gegenüber den altgläubigen Klerikern deutlich wird.[107]

In Augsburg hingegen weigerten sich die katholischen Religiosen – bis auf die Benediktiner von St. Ulrich und Afra – einen Treueeid zu leisten, denn sie wollten Gustav Adolf offenbar nicht anstatt des Bischofs Heinrich V. von Knöringen als Herrscher anerkennen.[108] Dies deutet darauf hin, dass politische Loyalität und konfessionelles Bekenntnis für einige Zeitgenossen nicht trennbar war.[109] Wie zentral aber eine performative Anerkennung von Herrschaft in Form eines Rituals in der Frühen Neuzeit war, zeigt nicht nur diese Weigerung, sondern auch die schwedische Reaktion:[110] Nachdem sich die katholischen Geistlichen nach der Aufforderung im Mai 1632 auch nach einer zweiten Auf-

---

103 Vgl. grundlegend zum Eid: Holenstein, Seelenheil.
104 Vgl. zu Würzburg: Wendehorst, Stadt und Kirche, S. 321. Vgl. zu Erfurt: Rydberg/ Hallendorff, Sverges traktater, S. 552–556.
105 Rydberg/ Hallendorff, Sverges traktater, S. 552.
106 Vgl. Rydberg/ Hallendorff, Sverges traktater, S. 552–556.
107 Vgl. zu dieser Thematik auch: Gotthard, Notwendige Krieg, S. 475–484.
108 Vgl. Liebhart, Benediktinerkloster St. Ulrich und Afra, S. 52; Wallenta, Konfessionalisierung, S. 145f.
109 Vgl. dazu auch: Mißfelder, Funktion.
110 Vgl. zum Stellenwert frühneuzeitlicher Rituale: Stollberg-Rilinger, Rituale, S. 90–114.

forderung im Februar 1633 weigerten, den Eid zu schwören, wurden sie am 19. Mai 1633 aus der Stadt Augsburg ausgewiesen.[111] Diese Ausweisung ist aber in mehrfacher Hinsicht überaus aufschlussreich: Erstens war diese Ausweisung von Religiosen aus Augsburg (1633) neben derjenigen aus Mainz (1633) eine der ganz wenigen Ausweisungen von altgläubigen Geistlichen, die die schwedische Seite in den frühen 1630er Jahren durchführte.[112] Die Schweden hielten sich in dieser Hinsicht also an die Bestimmungen des Vertrags von Bärwalde, die den Schutz des altgläubigen Bekenntnisses vorsahen.[113] Zweitens scheint es recht bezeichnend zu sein, dass sowohl die Ausweisung aus Augsburg wie auch diejenige aus Mainz aus der Weigerung der Geistlichkeit resultierte, einen Treueeid zu leisten; für die schwedische Seite war diese rituelle Anerkennung ihrer Herrschaft also offenbar überaus zentral. Drittens ist es ebenso bezeichnend, dass die Schweden fast ein Jahr lang verhandelten (und zögerten), ehe sie die Religiosen aus Augsburg auswiesen – eine Expulsation war scheinbar eine Ultima Ratio und kein Handlungsmuster, das die schwedische Seite herbeizuführen versuchte.

In einem zeitgenössischen Flugblatt wurde die Ausweisung der katholischen Geistlichen aus Augsburg ins Bild gesetzt und mit Spottversen kommentiert.[114] Im Zentrum des Bildes wurden in einer langen Kolone Religiose diverser Gemeinschaften dargestellt, die die in der linken Bildhälfte liegende Stadt Augsburg verlassen (siehe Abbildung 19). Auffallend ist dabei vor allem die ins Bild gesetzte Materialität der Kleriker: Nicht nur den Kleidungsstücken und insbesondere den Kopfbedeckungen kam hierbei offenbar die Rolle von differenzherstellenden Dingen zu, sondern auch den bei Prozessionen zum Einsatz kommenden Fahnen und Kruzifixen sowie den Heiligenfiguren, die auf diesem Bild von den ausgewiesenen Religiosen mitgeführt wurden. Im Text hieß es dann auch, die Kleriker seien mit *sack vnd pack, Götzen vnd Güm-*

---

111 In der Stadt blieben nur die Benediktiner von St. Ulrich und Afra sowie die Konventualinnen der Frauenklöster. Vgl. zu diesen Vorgängen: Wallenta, Konfessionalisierung, S. 146; Liebhart, Benediktinerkloster St. Ulrich und Afra, S. 52 und 57; Kießling, St. Anna im Dreißigjährigen Krieg, S. 246; Roeck, Stadt, Bd. 2, S. 725.

112 Die Mainzer Kleriker hatten sich nach Gustav Adolfs Tod geweigert, einen Treueeid auf Königin Christina zu leisten (vgl. Brück, Mainz, S. 51; Herrmann, Schwedenzeit, S. 71f).

113 Vgl. zum Vertrag von Bärwalde: Wilson, Dreißigjährige Krieg, S. 561.

114 Vgl. O. A., Collyrium Augustanum.

Abbildung 19: Spottbild zur Ausweisung der katholischen Geistlichen aus Augsburg, anonymes Flugblatt, 1633

pelwerck[115] ausgezogen.[116] Ebenfalls der konfessionellen Abgrenzung und der Polemik diente der zentrale Spottvers: *Rechtschaffene Augensalb für den verletzten Augapfel Probirt vnd applicirt zu Augspurg*[117]. Hier wurde, typisch frühneuzeitliche Körper- und Krankheitsanalogien nutzend, die Expulsation zu einem ›Heilmittel‹ stilisiert, wobei wenig unterschwellig auf den visuellen Charakter der Ausweisung angespielt wurde.[118]

Interessant am Fall von Augsburg ist jedoch nicht ›nur‹ die Weigerung zahlreicher Kleriker, einen Treueeid zu leisten (und ihre Expulsation 1633), sondern auch, dass die Benediktiner der Abtei St. Ulrich und Afra einen solchen Eid am 6. Mai 1632 schworen.[119] Wilhelm Liebhart ist durchaus zuzustimmen, wenn er dies mit den Exemtionsbestrebungen des Klosters gegenüber dem Augsburger Bischof in Zusammenhang bringt:[120] Das Leisten eines Treueeids zugunsten Gustav Adolfs war ein demonstrativer Akt gegen Bischof Heinrich V. von Knöringen, dessen postuliertes Recht er ostentativ negierte.[121] (Später

---

115 O. A., Collyrium Augustanum.
116 Vgl. allgemein zur Bedeutung der Dinge: Füssel, Relationale Gesellschaft, S. 130–133.
117 O. A., Collyrium Augustanum.
118 Vgl. zu Krankheitsmetaphern: Sawilla, Krisensemantik, S. 355–366.
119 Vgl. Liebhart, Benediktinerkloster St. Ulrich und Afra, S. 52; Wallenta, Konfessionalisierung, S. 145.
120 Vgl. Liebhart, Benediktinerkloster St. Ulrich und Afra, S. 53.
121 Vgl. dazu auch: Wüst, Hausklöster, insbesondere: S. 163; Liebhart, Benediktinerabteien, insbesondere: S. 137.

scheinen die Benediktiner von St. Ulrich und Afra bemüht gewesen zu sein, die Loyalitätsbekundung gegenüber dem schwedischen König zu relativieren, indem sie etwa behaupteten, den Unterschied zwischen einem Eid und einem Versprechen nicht gekannt zu haben.[122]

In fast allen von den schwedischen Truppen in den Jahren 1630 bis 1632 eroberten Städten blieben also katholische Geistliche, zumindest wenn sie bereit waren, eine Treuebekundung zu leisten und Kontributionen zu zahlen. Robert Monro, ein schottischer Adliger, der als Offizier in Gustav Adolfs Armee diente, schrieb zu diesem Vorgehen in der Stadt Erfurt:

Hier in Erfurt, einem der ersten Gebiete in Deutschland, das zur Katholischen Liga gehörte und dem Bischofsitz Mainz unterstand, sehen wir des Königs Milde gegenüber den Papisten, da er gegen sie keine Gewalt anwendete, mit Ausnahme des Kriegsrechts für solche Gebiete, die mit dem Schwert erobert worden waren. S.M. verlangte von ihnen Kriegskontributionen und die Bekundung ihrer Treue. Sie mußten einen Eid leisten, sich gegenüber S.M. aufrichtig zu verhalten und seiner Person und seiner Armee nicht zu schaden, indem sie mit seinen Feinden einen Briefwechsel unterhielten. Unter diesen Bedingungen geruhte S.M., sie in ihrer religiösen Überzeugung unbeeinträchtigt zu lassen. Und jene, die Bedenken hatten, den Eid zu leisten, durften in Frieden wegziehen, während jene, die bereit waren, ihn zu leisten, nicht behaupten können, sie seien beeinträchtigt worden[123].

Rein faktisch sind diese Ausführungen Monros zweifellos korrekt, doch sollte man auch den panegyrischen Unterton zum Gegenstand der Analyse machen: Gustav Adolfs Verhalten gegenüber den Altgläubigen wurde hier zu einer ›Gnade‹ verklärt und der König dementsprechend glorifiziert – d.h. der ›Verzicht‹ auf Zwangsmittel und Gewalt gegenüber konfessionell ›Anderen‹ wurde schon zu einer rühmenswerten Tat stilisiert.

Zwischen funktionalen und symbolischen Effekten: Kontributionen des Klerus

In der Darstellung des in Gustav Adolfs Armee kämpfenden Robert Monro hieß es, dass die in Erfurt verbliebenen katholischen Kleriker *nicht belästigt [wurden], mit Ausnahme der Geldzahlungen*[124]. In der Deutung des altgläubigen

---

122 Vgl. Liebhart, Benediktinerkloster St. Ulrich und Afra, S. 52.
123 Mahr, Robert Monro, S. 145.
124 Ebd.

Erfurter Kanonikers Caspar Heinrich Marx waren diese finanziellen Forderungen jedoch ein enormer Übergriff auf den Katholizismus in Erfurt:

Merckte also Clerus, daß solches [die Kontributionsforderungen] von hessigen Leuten bei weimarischen Cantzlei angeben sein muste, dardurch man nur die Clerisei verkleinert, ihr ohngelegenheit machen undt wohl gar ex odio status ac Religionis [aus Hass auf Stand und Religion] abzueschaffen sich unterstunde[125].

Die Kontributionsforderungen wurden hier also als Mittel gedeutet, mit dem die katholischen Kleriker gezielt bedrängt oder sogar vertrieben werden sollten; auch diese Zuschreibung ist aber ebenfalls eine Stilisierung, durch die die altgläubigen Geistlichen in Erfurt als um ihren Glauben willen Bedrängte inszeniert und glorifiziert wurden.[126]

Doch zweifellos stellten zu leistende Kontributionen eine nicht geringe Belastung für die Klerikergemeinschaften dar; in Erfurt war die zu zahlende Summe mit 5.500 Reichstalern noch relativ moderat, doch die Kleriker in Mainz sollten den enormen Betrag von 80.000 Reichstalern aufbringen, während man von den Augsburger Religiosen etwa 19.000 Gulden (Florin), also circa 12.500 Reichstaler, forderte.[127] Gerade die von den Mainzer Ordensleuten und Weltklerikern geforderte Summe war extrem hoch – selbst wenn man bedenkt, dass es in der Kathedralstadt zahlreiche Klöster und Stifte gab – weshalb man gerade in diesem Fall von einem anti-katholischen Impetus dieser Forderungen ausgehen kann.[128] (Ferner verlangte man in Mainz von der jüdischen Gemeinde eine Kontribution in Höhe von wohl 20.000 Reichstalern – dabei eine antisemitische Stoßrichtung zu vermuten, ist durchaus naheliegend.[129])

Um aber den sozialen Sinn dieser Kontributionsforderungen noch etwas besser feststellen zu können, erscheint es zielführend, das konkrete Vorgehen etwas genauer zu betrachten. Einige Indizien über den Ablauf ebendieser liefert die Schilderung des Erfurter Klerikers Marx:

---

125 LHASA, MD, A 37b I, II IX Nr. 15, fol. 12ʳ-12ᵛ.
126 Vgl. zum Diskurs des Martyriums grundlegend: Burschel, Sterben; Burschel, Tode.
127 Vgl. zu Erfurt: Schauerte, Gustav Adolf, S. 18. Vgl. zu Mainz: Müller, Staat, S. 132; Herrmann, Schwedenzeit, S. 71. Vgl. zu Augsburg: Liebhart, Benediktinerkloster St. Ulrich und Afra, S. 53; Wallenta, Konfessionalisierung, S. 145, Anm. 518. Beide mit leicht differierenden Zahlen.
128 Vgl. zu dieser Stoßrichtung von Kontributionen auch: Medick, Dreißigjährige Krieg, S. 60. Vgl. allgemein zu konfessionell bedingten Vorgehen: Greyerz/ Siebenhüner, Religion.
129 Vgl. zu Mainz: Müller, Staat, S. 60 und 132. Vgl. allgemeiner auch: Medick, Dreißigjährige Krieg, S. 60 und 77f.

Wardt der Churfürstliche Maintzische Herr Siegler Herr Magister Urbanus
Heun, auf die Weimarische Cantzlei berufen, ihme angezeuget, daß, wofern die
Clerisei wolte under koniglichem Schutz sein, solten sie monatlichen 7000 daler
Contribution erlegen, hingegen bei ihrer Religion, Standt, Immunität etc., einkunf-
ten, wie Sie Ihro Maiestät funden, geschutzet werden[130].

Dies war zweifellos ein Angebot von königlicher ›Protektion‹, doch ebenso zweifellos war es auch eine massive Drohung:[131] In Zeiten der Besatzungsherrschaft waren die (schwedischen) Besetzer gleichzeitig Sicherheits- wie Unsicherheitsfaktor, d.h. die schwedisch-weimarische Seite offerierte Schutz vor
Agieren, das von ebendieser Seite ausgehen würde beziehungsweise ausgehen
könnte.[132] Doch hierbei ging es sicherlich nicht nur um monetäre Aspekte:
Wenn der Geistliche Caspar Heinrich Marx schrieb, über *diese proposition ist die*
gantze Clerisei hochlich bestürtzet worden[133], denn war dies sicherlich durchaus
auch eine von der schwedisch-weimarischen Seite intendierte Reaktion. Die
katholischen Kleriker von Erfurt in Schrecken zu versetzten, könnte ein be-
absichtigter Effekt dieser Drohung gewesen sein – zudem war die Erzeugung
von Furcht in Zeiten des Krieges ganz zweifellos ein Mittel, um Hierarchie
und Herrschaftsverhältnisse (zumindest temporär) zu konstituieren.[134] Doch
anhand des Berichts von Marx scheint es, als habe es eine Art Dialektik von
Furchterzeugung und ›Gnade‹ gegeben:

Haben die Gestrige, der Clerisei wegen Abgefertigte referiret, wie sie mit den
weimarischen Deputatis gehandlet, hatten es gnauer undt geringer nicht bringen
können alß auf 5500 Daler, welche Contribution Summa in dreien Terminen
(: nemblichen alle zehen dage :) zue erlegen[135].

Die schwedisch-weimarische Seite senkte also die Forderungen von 7000
Reichstaler auf 5500, was man letztlich als eine Inszenierung von ›Gnade‹ deuten kann, durch die sie sich als ›gute‹ Herren in Szene zu setzen versuchten.

---

130 LHASA, MD, A 37b I, II IX Nr. 15, fol. 12ʳ.
131 Vgl. zum Konzept der ›Protektion‹: Haug/ Weber/ Windler, Protegierte. Vgl. zum
    Drohcharakter: Carl, Protektion, S. 301ff.
132 Vgl. grundlegend zu dieser Ambivalenz: Carl, Einleitung; Carl, Protektion. Im Auftrag
    des schwedischen Königs agierte Wilhelm von Sachsen-Weimar in Erfurt als Statthal-
    ter (vgl. Weiß, Revolution, S. 139; Stievermann, Erfurt, S. 49–54; Press, Kurmainz,
    S. 394).
133 LHASA, MD, A 37b I, II IX Nr. 15, fol. 12ʳ.
134 Vgl. dazu auch: Kaiser, Kriegsgreuel, S. 178f; Kaiser, Söldner, S. 93–100.
135 LHASA, MD, A 37b I, II IX Nr. 15, fol. 12ᵛ.

Ähnlich kann man übrigens auch das Agieren der schwedische Seite in Augsburg interpretieren, wo sie die vom Benediktinerkloster St. Ulrich und Afra aufzubringende Summe von 4500 auf 3000 Gulden (Florin) senkte.[136]

Die Forderung von Kontributionszahlungen von altgläubigen Klerikergemeinschaften hatte somit nicht geringe symbolische Effekte. Die funktionalen Effekte dieser Geldforderungen waren hingegen zweifellos geringer als es die geforderten Summen suggerieren: Von den 80.000 Reichstalern, die von den Mainzer Geistlichen gefordert wurden, wurde wohl nur ein geringer Teil wirklich gezahlt.[137] Die Mainzer Jesuiten etwa sollen laut Hermann-Dieter Müller von den von ihnen geforderten 40.000 Reichstalern nur zwischen 1400 und 4000 Reichstalern gezahlt haben.[138] Die enorme, geradezu hyperbolische Forderung gegenüber den Klerikern der Stadt Mainz ließ sich nicht realisieren, was möglicherweise der Grund dafür war, dass derart hohe Forderungen später offenbar nicht mehr gestellt wurden, denn ein allzu großer Hiatus zwischen Forderungen und eingegangenen Zahlungen dürfte für die schwedische Seite peinlich gewesen sein und ihrer Glaubwürdigkeit geschadet haben. Allerdings konnte es offenbar passieren, dass schon kurz nach der ersten Forderung im Zuge der Stadteinnahme weitere Zahlungen gefordert wurden, wie es etwa in Erfurt geschah.[139]

Eine konfessionell aufgeladene Praktik: Güterwegnahmen in Sakralräumen

Doch die katholischen Religiosen wurden nicht nur mit Geldforderungen konfrontiert, sondern in einigen Städten wie vor allem Erfurt und Würzburg auch mit Güterwegnahmen aus den bei vielen Zeitgenossen als sakrosankt geltenden Sakralräumen.[140] Dabei kam diese Praxis in frühneuzeitlichen Kriegen allerdings nicht selten vor und im Fall der Klöster und Stifte, die in der mit einem Sturmangriff eingenommenen Würzburger Vorstadt lagen, war sie nach allgemeinem Kriegsbrauch sogar üblich.[141] Der Kleriker Caspar Heinrich Marx

---

136 Vgl. Liebhart, Benediktinerkloster St. Ulrich und Afra, S. 55.
137 Vgl. Müller, Staat, S. 133f.
138 Vgl. ebd.
139 Vgl. Schauerte, Gustav Adolf, S. 18f.
140 Vgl. zu diesem Deutungsmuster: Pepper, Siege law, S. 577. Hugo Grotius hingegen rechtfertigte Güterwegnahmen aus Sakralräumen (vgl. Grotius, Bücher, S. 459ff). Vgl. zum Begriff der Güterwegnahme: Rohmann, Piraterie.
141 Vgl. allgemein dazu etwa: Kaiser, Kriegsgreuel, S. 160; Meumann, Herrschaft oder Tyrannis, S. 184; Bobak/ Carl, Söldner, S. 167; Becker, Alltag des Krieges, S. 136; Pepper, Siege law, S. 577; Asch, Kriegsrecht, S. 110f. Zu den Güterwegnahmen in den Würzburger Vorstadtteilen siehe auch Kapitel 3. 3.

schrieb etwa zu der Situation in Erfurt: *Unter dessen hat man im Stift Beatæ Mariæ Virginis [Kollegiatstift St. Maria] alle Türe, gemach undt fast alle Schräncke den Schwedischen deputirten erofnen müssen*[142] und die schwedischen Truppen haben *die Severs Schule [Schule des Kollegiatstifts St. Severi] undt Capitulstueben [dieses Stifts] erbrochen*[143]. Noch ausführlicher schrieb der der Würzburger Geistlichkeit nahestehende Ganzhorn über die dortige Lage.[144] Dort sei etwa das Zisterzienserinnenkloster Himmelspforten *von denselben [den schwedischen Truppen] also, undt dermassen übel tractirt worden, das es demselben über die 50000 gulden geschadet*[145] und es habe *diesem Closter [dem Benediktinerinnenkloster St. Afra] vndt Closter Jungfrauen ahn abnahmb des Ihrigen, vndt verwüst- auch verderbung [...] nit [...] gefehlet*[146]. All diese Ausführungen dienten zweifellos einerseits der Inszenierung der katholischen Religiosen als geradezu märtyrerhafte Opfer der schwedischen Truppen und andererseits der Inkriminierung des schwedischen Agierens als illegitime Grenzüberschreitung.[147]

Doch auch wenn die Katholiken Marx und Ganzhorn in ihren Berichten sicherlich akzentuierten und zuspitzten, so sollte man doch nicht von reinen Fiktionen ausgehen; entsprechende Wegnahmen von Gütern, die sich mehr oder weniger gezielt gegen altgläubige Geistliche richteten, hat es etwa in Erfurt, Würzburg und auch Bamberg definitiv gegeben.[148] Und man kann durchaus von einer anti-katholischen Stoßrichtung dieser Handlungen ausgehen, insbesondere da die von Ganzhorn beschriebene Praxis der schwedischen Truppen dezidiert darauf hindeutet, dass ein konfessionell-konfrontativer Impetus intendiert gewesen sein könnte:[149]

142 LHASA, MD, A 37b I, II IX Nr. 15, fol. 11ʳ.
143 Ebd.
144 Vgl. Leo, Würzburg, S. 352–359.
145 Ebd., S. 359.
146 Ebd., S. 358.
147 Vgl. zum Diskurs des Martyriums grundlegend: Burschel, Sterben. Vgl. zur Wahrnehmung und Deutung von Güterwegnahmen im Krieg: Huntebrinker, Söldner, S. 157–168.
148 Vgl. zu Erfurt: Schauerte, Gustav Adolf, S. 8f. Vgl. zu Würzburg: Wendehorst, Stift Neumünster, S. 70; Wendehorst, St. Burkhard, S. 58; Sicken, Dreißigjähriger Krieg, S. 113; Bergerhausen, Würzburg, S. 12f. Vgl. zu Bamberg: Looshorn, Geschichte, S. 219f. Zu Bamberg siehe auch Kapitel 4. 5. Auf dem Gebiet der Bistümer Magdeburg und Halberstadt kam es 1631 ebenfalls zu Güterwegnahmen in altgläubigen Klöstern (vgl. Meumann, schwedische Herrschaft, S. 252).
149 Vgl. allgemein: Greyerz/ Siebenhüner, Religion.

Es seynd Ihre [des Würzburger Domstifts] Silbere übergulte Bilder als St. Kili-
ani, Colomanni, Totnani, S. Anreæ, Welches weylandt herr Bischoff Gottfrid [von
Aschhausen] noch erst vor wenig Jahren machen lassen, vndt dahin verehrt, Item
ein schönes Silberes Creütz, welches mann Publicè in processionibus [öffentlich bei
Prozessionen] herum zu tragen gepfleget, darin ein zimbliches stuckh vom Heiligen
Creütz gewesen, neben viellen Silberen übergülten kelchen, costbaren monstrantzen,
auch silberen grossen leüchtern, Weyhkesseln, vndt theils Ihres vndt der dombpfarr
stattlichen kirchen ornats [weggenommen worden][150].

Die Güterwegnahme der schwedischen Armee beim Domstift in Würzburg umfasste also auch Sakralobjekte, was deutlich auf eine konfessionelle
Stoßrichtung dieses Vorgehens deutet.[151] Doch Ganzhorn berichtet nicht nur
über die Wegnahme sakraler Dinge beim Domkapitel, sondern auch bei den
Kollegiatstiften Neumünster und Haug, beim Benediktinerkloster St. Stephan,
beim Dominikanerinnenkloster St. Markus sowie beim Jesuitenkolleg.[152] Diese Handlungen besaßen wahrscheinlich für die sie durchführenden Protestanten eine konfessionelle, anti-katholische Dimension.[153] (Zugleich sollte jedoch
auch klar sein, dass die meisten der weggenommenen Sakralobjekte auch einen
nicht geringen monetären Wert besaßen und die Wegnahmen somit auch eine
ökonomische Dimension hatte.)

In der katholischen Wahrnehmung jedenfalls, darauf deutet dieser ausführliche Bericht Ganzhorns zweifellos hin, waren diese Wegnahmen von Gütern
überaus bedeutungsvoll und wurden als große Verluste gedeutet. Über die weggenommenen Dinge des Kollegiatstifts Haug hieß es explizit:

Was sonsten in beeder kirchen [des Stifts Haug] Sacristeyen, ornat Cammern,
Capitulhaus, vndt gewölben, in kisten vndt kasten, ahn schönen messgewandten,
stattlichen ChorCappen, silbereng rossen leüchter, übergülten kelchen, Monstrant-
zen, In Summa, zue der Ehr vndt dem dienst Gottes von Andächtigen Gottliebenten
leüthen, von viellen 100 Jahren hero nit ohne grossen vncosten dahin geschafft, von
den Bauren- auch Marggräfischen Krieg vndt Grumbachischen einfall bishero ge-

---

150 Leo, Würzburg, S. 352f. Zweite Klammer (»[von Aschhausen]«) aus der Edition.
151 Vgl. allgemein: Greyerz/ Siebenhüner, Religion.
152 Vgl. zum Kollegiatstiften Neumünster: Leo, Würzburg, S. 353. Vgl. zum Kollegiatstift
     Haug: Leo, Würzburg, S. 354f. Vgl. zum Benediktinerkloster St. Stephan: Leo, Würz-
     burg, S. 356. Vgl. zum Dominikanerinnenkloster St. Markus: Leo, Würzburg, S. 358.
     Vgl. zum Jesuitenkolleg: Leo, Würzburg, S. 357.
153 Vgl. allgemein: Greyerz/ Siebenhüner, Religion.

freyt, auch übrig, vndt der Kirchen verplieben, Das ist alles in momento für dismal dahin gangen[154].

In der Deutung des Würzburger Katholiken Ganzhorn bedeuteten diese Güterwegnahmen also Verlust, und zwar einen *grosse vnerschwinglichen verlust*[155], was sicherlich auch damit zu tun gehabt haben dürfte, dass sakrale Performanzen und die dafür notwendigen Dinge in der altgläubigen Kirche eine herausragende Rolle spielten.[156] Eine besondere Rolle spielten diese Dinge jedoch offenbar auch als Zeugnisse einer Jahrhunderte währenden altgläubigen Anciennität (*von viellen 100 Jahren*), die für den frühneuzeitlichen Katholizismus eine identitätsstiftende Bedeutung besaß.[157] Über ein verlorenes Messgewand schrieb Ganzhorn dezidiert, es habe den Kanonikern des Stifts Haug als *sonderbahres legatum et Testimonium Catholicæ antiquitatis et Religionis [Vermächtnis und Zeugnis des hohen Alters des Katholizismus und der katholischen Religion]*[158] gegolten. Zudem erklärte Ganzhorn die Wegnahme von Gütern in den Stiftskirchen zu einem Indikator dafür, dass die Lage des Jahres 1631 nicht mit vorherigen (Kriegs-) Situationen vergleichbar und damit exzeptionell und außergewöhnlich bedrohlich war.[159]

Dass es gerade für Würzburg und Erfurt derartig viele Indizien für Güterwegnahmen gegenüber Religiosen gibt, hängt einerseits mit der Überlieferungslage zusammen, die von den Berichten der beiden altgläubigen Kleriker profitiert, aber auch geprägt ist, und andererseits mit der Einquartierungssituation, bei der in beiden Städte zahlreiche schwedische Soldaten in Stiften und Klöstern einquartiert wurden.[160] Diese räumliche Nähe hat Wegnahmen von Gütern sicherlich begünstigt, zumal gerade in Würzburg kurz nach Eroberung der Stadt offenbar auch kaum dagegen eingeschritten wurde und das Beutemachen in den Sakralräumen, die in der per Sturmangriff eingenommenen

154 Leo, Würzburg, S. 354.
155 Ebd.
156 Vgl. etwa: Wassilowsky, Kultur, S. 226–231.
157 Vgl. Holzem, Devianzproduktion, S. 88–101.
158 Leo, Würzburg, S. 355.
159 Die Tragweite dieser Aussage wird erst evident, wenn man bedenkt, dass im 17. Jahrhundert Geschehnisse oftmals als Wiederholungen früherer Ereignisse imaginiert wurden (vgl. Landwehr, Geburt, S. 101–104).
160 Vgl. zu Einquartierungen in Erfurt: LHASA, MD, A 37b I, II IX Nr. 15, fol. 9ᵛ, 10ᵛ-11ʳ und 12ʳ; Lungwitz, Josua Et Hiskias, S. 450. Vgl. zu Einquartierungen in Würzburg: Leo, Würzburg, S. 353–359; Bergerhausen, Würzburg, S. 13.

Würzburger Vorstadt lagen, in der soldatischen Deutung sogar als legitim galt (siehe dazu auch Kapitel 3. 3.).[161]

Vielerlei Belastungen: Quartiernahme in Sakralräumen

Eine besondere Situation stellten Einquartierungen in altgläubigen Kirchen, Klöstern und Stiften dar; diese waren für die betroffenen altgläubigen Einrichtungen oft ökonomisch besonders belastend, insbesondere da der Unterschied zwischen Güterwegnahmen und ›normaler‹ Verpflegung mitunter fließend war.[162] Ganzhorn beispielsweise schrieb:

In der Carthausen zum Engelgarten genannt Ist der H. Obrist Hebron [John Hepburn] ein Schottländischer Millort mit seinem gantzen Regiment 4 gantzer wochen lang gelegen, Welche alles darinn auffgezehrt vndt über die 60 alda gelegene fuder weins ausgezecht, Das übrig was mitgehen können, vndt sich führen lassen, haben Sie bey Ihrem auszug mitgenommen, vndt die blosse lehre, auch zimblich übel zugerichte Carthausen den wenigen Patribus [Patern] gelassen[163].

Joachim Ganzhorn klagte hier ja nicht nur über die Wegnahme von Gütern beim Wegzug aus dem Kloster, sondern auch über einen seiner Meinung nach übermäßigen Verbrauch während der Einquartierung. Dabei attestierte er den Soldaten, sich bei zeitgenössischen Söldnerstereotypen bedienend, einen übermäßigen Alkoholkonsum und diffamierte sie – mindestens implizit – dementsprechend als ›Trunkenbolde‹.[164] Doch darüber, was ein ›übermäßiger‹ beziehungsweise ›angemessener‹ Verbrauch von Lebensmitteln, Brennholz etc. während der Einquartierung war, gab es zwischen Militär und Zivilbevölkerung in der gesamten Frühen Neuzeit einen Deutungskonflikt, denn die Soldaten betrachteten in der Regel deutlich mehr Ressourcen als ihnen legitim zustehend, als es ihre Wirte taten.[165] Konfliktverschärfend trat oftmals noch hinzu,

---

161 Zu den Sakralräumen in der Vorstadt zählen das Kollegiatstift Haug, das Kartäuserkloster Engelgarten, das Benediktinerinnenkloster St. Afra und das Dominikanerinnenkloster St. Markus; das Domstift und das Kollegiatstift Neumünster, die ebenfalls von Güterwegnahmen betroffen waren, lagen jedoch in der per Akkord übergebenen Stadt. Vgl. zur soldatischen Deutung des Beutemachens: Kaiser, Kriegsgreuel, S. 160; Meumann, Herrschaft oder Tyrannis, S. 184; Bobak/ Carl, Söldner, S. 167; Becker, Alltag des Krieges, S. 136; Pepper, Siege law, S. 577.
162 Vgl. grundlegend: Medick, Krieg im Haus. Vgl. ebenfalls: Plassmann, Landbevölkerung, S. 225ff; Schennach, Verhältnis, S. 61f.
163 Leo, Würzburg, S. 357.
164 Vgl. zu diesem Stereotyp: Huntebrinker, Söldner, S. 133–138.
165 Vgl. theoretisch zu Deutungskonflikten: Stollberg-Rilinger/ Weller, Wertekonflikte.

dass die Soldaten in Quartieren, in denen es viele Lebensmittel – oder andere wertvolle oder nützliche Dinge – gab, auch möglichst Vieles an sich zu bringen versuchten. Einerseits taten sie dies, um Mangel zu kompensieren, andererseits aber auch, um einen herausgehobenen Status gegenüber der Zivilbevölkerung zu postulieren.[166] Den Kommandeuren waren die negativen Folgen für die Quartiergeber – inklusive drohender Gewalt[167] – durchaus bekannt und sie versuchten, Einquartierungen bei der ›eigenen‹ Bevölkerung möglichst zu vermeiden.[168] Vor diesem Hintergrund liegt es nah, die Einquartierungen von schwedischen Truppen in altgläubigen Stiften, Klöster oder Kirchen zumindest in der Tendenz als konfrontative Akte gegen die katholischen Religiosen und Kleriker in den jeweiligen Städten zu interpretieren. Dies dürfte insbesondere für die Städte Erfurt und Würzburg zutreffend gewesen sein, wo besonders viele Einquartierungen in sakralen Räumen vorgenommen wurden.

Doch nicht nur die Einquartierung von einfachen Soldaten konnte für die Quartiergebenden problematisch werden, sondern auch (und gerade) die Einquartierung von ständisch höherstehenden Personen, denn diese verlangten mehr und höherwertige Ressourcen zu ihrer Verpflegung sowie der Verpflegung ihrer Begleiter und ihrer Tiere.[169] Ein Indiz, dass diese Praxis auch in Würzburg vorkam, liefert Ganzhorn, indem er zum Benediktinerkloster St. Stephan anmerkte:

Vndt haben noch darzue des Königs [Gustav Adolfs] etlich vndt 50 kutschen- undt leibpferdt, mit futeraschy die gantze zeit der allhier gewerthen Königlichen Residentz de Suo halten, auch hernacher etliche grosse herrn sambt Ihrem frawen- zimmer vndt gantzen hoffgesindt in Quartier allda haben müssen[170].

Doch die Einquartierungen von schwedischen Truppen in Würzburger Klöstern und Stiften brachte nicht nur Konflikte um Ressourcen mit sich, sondern hatte laut Ganzhorn auch Auswirkungen auf die Gebäude selbst:

Der HH.ⁿ Patrum Capucinorum [Herren Kapuziner] Closter, vnndt Kirchen hat auch ein gantzes Schwedisch Regiment innen gehabt, In der kirche haben Sie

---

166 Vgl. zur Kompensation von Mangel: Sikora, Söldner, S. 224; Peters, Nachwort, S. 206f; Huntebrinker, Kriminalitätsgeschichte, S. 218f. Vgl. zum Postulieren von Status: Kaiser, Söldner, S. 94f; Huntebrinker, Kriminalitätsgeschichte, S. 216f.

167 Vgl. Pröve, Soldat; Lorenz, Rad, S. 167–184; Medick, Dreißigjähriger Krieg, S. 105–110; Asch, Violence, S. 294; Kaiser, Bevölkerung, S. 283–289; Kaiser, Söldner, S. 94f.

168 Vgl. Kaiser, Bevölkerung, S. 283–289.

169 Vgl. Plassmann, Landbevölkerung, S. 226f.

170 Leo, Würzburg, S. 356.

ihre Pferdt gestellt, Darinnen Ihr herbey gebrachtes viehe geschlachtet [...], Das
man nach ihrem abzueg gnugsamb zu bessern vndt zue seübern gehabt[171].

Dass die intensive Nutzung von Gebäuden für Einquartierungen Schäden
an der Bausubstanz hinterlassen konnten, ist durchaus bekannt und scheint
auch beim Würzburger Kapuzinerkloster der Fall gewesen zu sein.[172] Doch
letztlich könnte es bei diesen Einquartierungen in den jeweiligen altgläubigen
Stiften, Klöstern und Kirchen auch um eine Demonstration der Kontrolle über
den Sakralraum und sogar um Entweihungen von ebendiesen gegangen sein.[173]
Ganzhorn schrieb nämlich ferner:

Beede Stiffts- vndt Pfarrkirchen zu Haug seyndt voller Schweden gelegen, die
darinnen ihr Quartier gehabt, vndt dermassen übel darinnen haus gehalten, das
beede kein kirchen mehr, sondern Rechten Cloacis vndt Salvo honore, den latrinis
gleichgesehen, wie man dan auch fast nirgents sine nauseâ et Singulari fastidio
atque foetore [ohne Übelkeit und absonderlichen Ekel sowie Gestank] gehen können,
Ja so weit ist es damit kommen, Das Sie auch der altär mit ihrer Vnflätterey nit
verschont[174].

Doch damit nicht genug:

[Die Kirche des Kollegiatstifts St. Burkhard ist] allenthalben von denen, darin-
nen gelegenen Schwedischen Soldaten, also undt dermassen stinckhendt zugerichtet
wordten, Das mann dessen Sine magnâ nauseâ in Scribendo [ohne große Übelkeit
beim Schreiben] nit gedenckhen können, auch in repurgando à tot et tantis Sordibus
[beim Reinigen von so viel Schmutz] nit wenig mühe, arbeit vndt gelt gekost hat[175].

Ganzhorn thematisierte also den Schmutz und die beschmutzenden Handlungen der Schweden geradezu exzessiv – wie auch der bayrische Mönch Maurus Friesenegger[176] – und die Stoßrichtung dieser Beschreibungen lag offenbar
darin, die schwedischen Truppen als ›unrein‹ und als katholische Sakralräume ›verunreinigend‹ zu diffamieren.[177] Das Schreiben über den ›Schmutz‹ der
schwedischen Truppen ist dabei ganz klar als Teil eines polemischen, anti-pro-

---

171 Ebd., S. 358.
172 Vgl. allgemein dazu etwa: Tober, Wismar, S. 77–84; Langer, Formen, S. 77.
173 Vgl. zu Praktiken der Entweihung: Medick, Dreißigjährige Krieg, S. 82. Diese Praxis
    eher relativierend: Wilson, Dynasty, S. 491.
174 Leo, Würzburg, S. 353f.
175 Ebd., S. 356.
176 Vgl. Friesenegger, Tagebuch, S. 17f. Vgl. dazu auch: Medick, Dreißigjährige Krieg,
    S. 82f. Dort gibt es auch einen Abdruck der entsprechenden Passage.
177 Vgl. grundlegend zum Reinheitsdiskurs: Burschel, Erfindung.

testantischen Diskurses einzuordnen.[178] Vor diesem Hintergrund sind Ganz-horns (und Frieseneggers) Berichte über dementsprechende Handlungen auch nur mit größter Vorsicht zu nutzen – auch wenn aus anderen frühneuzeitlichen Beispielen durchaus protestantische Entweihungspraktiken zum Teil auch mit Exkrementen bekannt sind.[179]

Gewalt und Schutz vor Gewalt: Ambivalente Praxisgefüge

Der Bericht des Caspar Heinrich Marx, der zu dieser Zeit Kanoniker im Ma-rienstift in Erfurt war, thematisierte zudem auch die Gewalt der schwedischen Soldaten gegen katholische Geistliche beziehungsweise die Furcht von altgläu-bigen Klerikern vor ebendieser Gewalt.[180] Bei solchen Berichten sollte man durchaus von einer Akzentuierung der Gewalt beziehungsweise der Gewalter-wartung ausgehen, die dazu diente, das Agieren der altgläubigen Geistlichen als märtyrerähnlich darzustellen und die Kleriker damit zu glorifizieren. Gleich-zeitig kann man jedoch definitiv auch von Gewalt gegen katholische Geistliche von Seiten der schwedischen Truppen ausgehen und von einem konfessionellen Impetus derselben. An Hand der Ausführungen Marx' werden zudem Effekte der Furcht vor Gewalt deutlich:

Sontag 16. / 6. 9bris. Habe ich die divina [den Gottesdienst] in Allerheiligen Pfar[kirche] wiederumb angefangen, welche wegen grosser menge der auf dem korn-marck einquartirten Soldaten nicht sicher zue halten gewesen[181].

Die Furcht vor der Gewalt der schwedischen Soldaten führte also dazu, dass katholische Gottesdienste seltener durchgeführt wurden, was sich mit Be-funden aus Würzburg deckt.[182] Doch die Situation war mitunter noch etwas komplexer, denn Marx schrieb:

Seind interim alle Catholische kirchen wegen forcht undt grosser insolentz der Soldaten [...] zuegehalten, in keiner die divina verrichtet alß in der Schotten oder Sancti Jacobi kirchen, welche offen, dieweil der Herr Schotten Abt einen brueder under der Armee so Capitain, bei ihme logiret undt Catholisch gewesen[183].

---

178 Vgl. zu diesem Diskurs: Isaiasz, Feier, S. 129 f.
179 Vgl. zu diesen Entweihungspraktiken: Scheutz, Offizielle, S. 416.
180 Vgl. LHASA, MD, A 37b I, II IX Nr. 15, fol. 10ᵛ-11ʳ, 13ᵛ.
181 LHASA, MD, A 37b I, II IX Nr. 15, fol. 13ᵛ.
182 Vgl. zu Würzburg: Wendehorst, St. Burkhard, S. 59.
183 LHASA, MD, A 37b I, II IX Nr. 15, fol. 10ᵛ-11ʳ.

Schwedische Soldaten (beziehungsweise Offiziere) konnten also auch für Schutz vor anderen schwedischen Soldaten sorgen, d.h. die schwedischen Truppen waren gleichzeitig Sicherheits- und Unsicherheitsfaktoren.[184] Dabei war es in diesem Fall eine persönliche Beziehung zwischen dem Abt des Benediktinerklosters St. Jakob und dem Offizier in schwedischen Diensten, die konstitutiv für diesen Schutz war. Auch in Bamberg waren es offenbar die in der Frühen Neuzeit äußerst wichtigen Freundschafts- und Verwandtschaftsbeziehungen, durch die das dortige Dominikanerinnenkloster eine ›Salva Guardia‹ erhielt, wie aus dem Bericht der dortigen Nonne Maria Anna Junius deutlich wird.[185] Doch auch institutionell konnte für einen derartigen Schutz gesorgt werden:

In den closter wie auch haus Capellen Patrum Societatis [der Jesuiten] ist auch Meß gehalten, weil selbige albereit in Schutz genommen undt Reversales Fidelitatis [Treueerklärungen] von sich geben. Es ist seindt auch in Herrn Licentiat Adami [Adam] Schwindts haus Capellen, Sanctæ Mariæ et Mariæ Magdalenæ genant, die divina [der Gottesdienst] verrichtet worden, weil an selbigem ohrt eine lebendige Salva Guardia [d.h. zum Schutz abgestellte Soldaten] gewesen[186].

Die schwedischen Truppen sorgten in Erfurt also auch für Schutz von altgläubigen Klerikern und ermöglichten so katholische Gottesdienste: Doch eine – wie auch immer geartete – ›Salva Guardia‹ musste eben auch von der schwedischen Armee erbeten werden, was eine Anerkennung der Schweden als Stadtherren gleichkam.[187] Zudem konnte die Stellung einer ›Salva Guardia‹ von der schwedischen Armee implizit oder explizit mit Bedingungen verbunden werden, wie dies bei den Erfurter Jesuiten getan wurde, die eine Wache offenbar nur gegen Treueerklärungen erhielten.[188] Auf diese Weise profitierte die schwedische Seite indirekt von der Gewalt, die ihre Soldaten gegen Zivilisten verübten, denn diese Gewalt trug enorm dazu bei, über ›Salva Guardia‹ einen symbolischen Profit zu erzielen.[189]

Zudem gilt es auch eine weitere symbolische Dimension der ›Salva Guardia‹ in die Analyse dieser Handlung miteinzubeziehen: Robert Monro, schot-

---

184 Vgl. allgemein zu dieser Ambivalenz: Carl, Einleitung; Carl, Protektion.
185 Vgl. Hümmer, Bamberg, S. 34f. Vgl. dazu auch: Medick, Dreißigjährige Krieg, S. 101f und 149.
186 LHASA, MD, A 37b I, II IX Nr. 15, fol. 11ʳ.
187 Vgl. zur ›Salva Guardia‹: Carl, Protektion, S. 304ff. Vgl. allgemein zur Anerkennung von Herrschaft im Krieg: Kaiser, Kriegsgreuel, S. 178f.
188 Vgl. Schauerte, Gustav Adolf, S. 11.
189 Vgl. dazu auch: Carl, Protektion.

tischer Adliger in schwedischen Diensten, schrieb über die Zustände in Erfurt, *jene [katholischen Kleriker], denen es [in Erfurt] zu bleiben gefiel, wurden nicht belästigt*[190]. Und ganz ähnlich hieß es über die Situation in Bamberg in Lungwitz‹ Geschichtswerk:

> *Die Jesuwüter [Jesuiten] / Thumbherren vnd Pfaffen hatten sich alle schon zuvor aus dem Staube gemacht / allein die Carmeliten vnnd Barfüsser sind [in Bamberg] geblieben / denen ist kein Leid gethan worden*[191].

Das Aufschlussreiche an diesen beiden Beschreibungen ist nicht, dass sie nur sehr bedingt zutreffen, sondern dass sie den ›Verzicht‹ auf Gewalt gegen katholische Geistliche geradezu zu einer ›Gnade‹ verklären und damit die Schweden als ›gute‹ Herren glorifizieren. Ob diese (Selbst-) Glorifizierung jedoch tatsächlich mit einem entschiedenen Handeln gegen sämtliche Übergriffe auf altgläubige Kleriker, Kirchen, Klöster und Stifte einherging, ist gerade vor dem Hintergrund der viele Einquartierungen in katholischen Institutionen in Erfurt und Würzburg äußerst fraglich. Vielmehr kann man davon ausgehen, dass viele anti-katholische Übergriffe in diesen Städten implizit von den schwedischen Offizieren gebilligt oder durch die Einquartierungen sogar gefördert wurden: Anti-katholische Übergriffe wären so letztlich dissimuliert worden, indem sie wie ›Devianz‹ einzelner Soldaten erschienen, obwohl sie durch das Agieren der Offiziere letztlich – maßgeblich – gefördert wurden.

Altgläubige Gottesdienste in Zeiten der protestantischen Besatzung

Welche Auswirkungen aber die Besatzungssituation und die in der Wahrnehmung der Katholiken stets mögliche Gewalt gegen sie auf den altgläubigen Gottesdienst besaß, kann man mindestens indizienmäßig mit Hilfe der Aufzeichnungen des zu dieser Zeit in Erfurt lebenden katholischen Geistlichen Caspar Heinrich Marx rekonstruieren. Die extremste Form der Reaktion auf diese Situation war dabei der Ausfall der Messe, wenn man die Lage als zu gefährlich einschätzte:

> *[D]ie kirch Omnium Sanctorum [Allerheiligenkirche] noch nicht sicher hat konne, wegen vielen darumb quartirten krieges Volckes, eroffnet worden, auch man noch nicht imb königlichen Schutz gewesen, waß Stifts personen belanget*[192].

---

190 Mahr, Robert Monro, S. 145.
191 Lungwitz, Imperator Theodosius Redivivus, S. 240.
192 LHASA, MD, A 37b I, II IX Nr. 15, fol. 11ᵛ.

Doch laut den Schilderungen Marx' gab es noch einige andere Handlungen, bei denen der genutzte Raum eine große Bedeutung besaß: Beispielsweise hat der *Lizentiat [...] in Seiner haus Capellen lasen Meß halten*[193]. Hier wurde die Messe also durchgeführt, allerdings nicht in der Kirche und möglicherweise im Geheimen; es kam also temporär zu einer Verdrängung der Altgläubigen aus ihren Kirchenräumen in einen nicht-öffentlichen Raum.

Zu einem anderen Gottesdienst hieß es: *Diesen Tag wiederumb in Sancti Laurentii kirchen [Kirche St. Lorenz] privatim angefangen zue celebriren*[194]. In einer Kirche eine Messe *privatim* (also wörtlich übersetzt privat) durchzuführen wirkt auf moderne LeserInnen sicherlich eigentümlich: Gemeint ist damit sicherlich nicht, dass der Gottesdienst im modernen Sinne privat gewesen wäre oder im Geheimen ohne Kenntnis der Protestanten durchgeführt wurden, denn dies dürfte in einer Kirche – einem der zugänglichsten Räume der frühneuzeitlichen Stadt[195] – doch schwierig gewesen sein.[196] Vielmehr sollte man davon ausgehen, dass in der eigentlich öffentlichen Kirche die altgläubige Messe nicht-öffentlich begangen wurde; es gab also offenbar Arrangements durch die man in einem normalerweise öffentlichen Raum nicht-öffentlich agieren konnte.

Aufschlussreich ist dabei eine weitere Beschreibung Marx', die sich auch mit in Würzburg durchgeführten Praktiken der Messfeier deckt:[197] *Habe ich [Caspar Heinrich Marx] zue Sanctum Lorentzen [Kirche St. Lorenz], iedoch bei verschlossenen Thueren, Herrn Conrado Weindorf eine Dochter getauft*[198]. Durch die geschlossenen Türen wurde der Gottesdienst zu einer nicht-öffentlichen Handlung und die Kirche temporär zu einem nicht-öffentlichen Raum, was ein bedeutungsvolles Raumarrangement war, das in der Frühen Neuzeit häufiger genutzt wurde.[199] Doch durch die Öffnung beziehungsweise Schließung von Türen wurde mitunter vielleicht sogar eine Nuancierung erreicht: *Hat man*

---

193 LHASA, MD, A 37b I, II IX Nr. 15, fol. 11ʳ.
194 LHASA, MD, A 37b I, II IX Nr. 15, fol. 11ᵛ.
195 Vgl. die einschlägigen Beitrage in: Rau/ Schwerhoff, Räume.
196 Die dichotome Unterscheidung von öffentlich und privat ist für die Frühe Neuzeit insgesamt problematisch (vgl. Eibach, Haus, S. 646) und insbesondere für religiöse Praktiken sollte man davon ausgehen, dass sie in einem weiten Spektrum von öffentlich über nicht-öffentlich aber bekannt (vgl. etwa: Legutke, Gesandtschaftskapelle) bis hin zu geheim rangieren konnten (vgl. etwa: Scheutz, Offizielle, S. 412–415).
197 Vgl. zu Würzburg: Wendehorst, Stift Neumünster, S. 70.
198 LHASA, MD, A 37b I, II IX Nr. 15, fol. 12ʳ.
199 Vgl. speziell zu Sakralräumen: Hatje, Repräsentation, S. 165. Vgl. allgemeiner: Eibach, Haus, S. 646f.

imb Stift Sancti Severi [Kollegiatstift St. Severi] wiederumb angefangen, die Heilige Messe zue lesen, ist aber nur die kleine kirchenthuer aufgemacht worden[200]. Eventuell könnte man dies sogar als eine Inszenierung eines halb-öffentlichen Status der Messe interpretieren. Von großer Bedeutung bei diesen Erwähnungen von geschlossenen oder geöffneten Kirchentüren bei Caspar Heinrich Marx ist der dabei zugrundeliegende Deutungsrahmen: Für den Kanoniker des Erfurter Marienstifts – und wohl auch für andere frühneuzeitliche Zeitgenossen – war es von nicht unerheblicher Bedeutung, ob altgläubige Messen öffentlich wahrnehmbar waren und die katholischen Ritualhandlungen somit auch in den Stadtraum hineinwirken konnten.[201]

Eine gänzlich andere Situation bestand in Augsburg bei den Augustinerchorherrenstiften Heilig Kreuz und St. Georg, deren Kirchen nach der Einnahme der Stadt durch Gustav Adolfs Truppen den Protestanten übergeben worden waren (siehe Kapitel 7. 1.). Dort mussten die Konventualen ihre Messen und Gebete nun stets anderweitig durchführen, wie der protestantische Chronist Jakob Wagner in despektierlichen Ton vermerkte: *Die Mönche [die Chorherren] verrichten ihr Wesen in dem Kloster [Augustinerchorherrenstift Heilig Kreuz] in einem Saale*[202]. Dass dies zu beengteren Verhältnissen und einem Verlust an Prestige für die Regularkanoniker geführt haben dürfte, ist sicherlich klar.

Ein vergleichend historisierender Blick auf Praxisgefüge

Gleichzeitig gab es in Augsburg wie auch in München nach den Eroberungen dieser Städte im Jahr 1632 keine nennenswerten Einquartierungen in katholischen Stiften oder Klöstern und auch Güterwegnahmen aus katholischen Sakralräumen, Gewalt gegen Religiose sowie Störungen der altgläubigen Messe durch schwedische Soldaten waren in diesen Städten offenbar eher selten.[203] In

---

200 LHASA, MD, A 37b I, II IX Nr. 15, fol. 13ᵛ.
201 Vgl. Schnettger, Sichtbare Grenzen, S. 81–87; Hatje, Repräsentation, S. 165; Legutke, Gesandtschaftskapelle, S. 248f und 252f.
202 Roos, Chronik, S. 20.
203 Vgl. zur Lage in Augsburg: Wallenta, Konfessionalisierung, S. 144–148; Blaufuß, Verhältnis, S. 41; Roeck, Stadt, Bd. 2, S. 725f. Deutlich kritischer: Groll, Dreißigjährige Krieg, S. 38; Weber, Augsburg, S. 277ff. Es heißt, auf dem Gelände des Benediktinerklosters St. Ulrich und Afra sei ein Magazin der schwedischen Armee angelegt worden (vgl. Stetten, Geschichte, S. 173; Birlinger, Schweden, S. 633); allerdings kam es nicht zur Wegnahme des dort von den Mönchen in großen Mengen gelagerten Getreides (Liebhart, Benediktinerkloster St. Ulrich und Afra, S. 55). Vgl. zur Lage in München: Heimers, Krieg, S. 29–36; Stahleder, Chronik, S. 452–456; Rystad, Schweden, S. 424f.

dem im Dezember 1631 eingenommenen Mainz wiederum gab es zwar Einquartierungen und in begrenzten Umfang auch Wegnahmen von Gütern, die altgläubige Sakralräume tangierten, doch Gewalt gegen Religiose sowie Störungen von Gottesdiensten waren scheinbar ebenfalls sehr selten.[204] Angesichts dieser Befunde könnte man die von einem deutlich aggressiven Agieren der schwedischen Truppen gegen katholische Kleriker geprägten Situationen in Erfurt und Würzburg – die zu den ersten größeren katholischen beziehungsweise bikonfessonellen Städten zahlten, die von der schwedischen Armee erobert worden waren – geradezu als Versuche der schwedischen Seite interpretieren, geeignete Handlungsmuster im Umgang mit Altgläubigen zu finden. Allerdings scheinen die dort erprobten Routinen als nicht praktikabel erachtet worden zu sein, denn schon in Mainz, spätestens aber in Augsburg und München veränderte sich die Praxis deutlich.

Zusammenfassend lässt sich also feststellen, dass es im Umgang von schwedischen Truppen mit altgläubigen Religiosen und Klerikern zahlreiche verschiedene Praktiken gab: Die Geistlichen mussten dem schwedischen König gegenüber Treue geloben in Form einer Erklärung oder eines Eides, wobei eine Weigerung sogar eine Expulsation der jeweiligen Kleriker nach sich ziehen konnte; auf diese Weise kam es performativ zu einer Anerkennung der schwedischen Herrschaft.

Zudem kam es in unterschiedlicher Form auch zu Ressourcentransfers in Gestalt von Kontributionen, Güterwegnahmen und Einquartierungen: Diese Handlungen differierten zwar in ihrer Form (und ihrer rechtlichen Akzeptanz bei den frühneuzeitlichen Zeitgenossen), doch war ihnen gemein, dass es zu einer ökonomischen Verschiebung zugunsten der schwedischen Seite und zuungunsten der Religiosen kam; in einigen Fällen – etwa den Kontributionsforderungen in Mainz oder den Einquartierungen und Wegnahmen von Gütern in Würzburg und Erfurt – nahmen dieses Vorgehen Ausmaße an, die einen anti-katholischen Impetus mehr als nahelegen. Interessant ist dabei, dass die Anwendung dieser Handlungsmuster extrem variierte: In Würzburg und Erfurt gab es offenbar ein deutliches Mehr an Einquartierungen und Güterwegnah-

---

204 Vgl. zu den Einquartierungen: Frohnhäuser, Gustav Adolf, S. 101f; Müller, Schweden [2009], S. 113; Müller, Schweden [2016], S. 220. Vgl. zu den Güterwegnahmen: Müller, Schweden [2009], S. 107 und 112; Müller, Schweden [2016], S. 216 und 220.Vgl. zur Gewalt: Müller, Schweden [2009], S. 113; Müller, Schweden [2016], S. 220. Vgl. zur Lage der Geistlichen auch: Herrmann, Schwedenzeit, S. 70f.

men als andernorts, während es in Mainz zu exzeptionellen Kontributionsforderungen kam: Möglicherweise wurden gerade diese Städte – die zu den ersten
größeren katholischen beziehungsweise bikonfessionellen Städten zählten, die
von der schwedischen Armee erobert worden waren – zu Experimentierfeldern
für den Umgang der schwedischen Armee mit altgläubigen Städten.

Sehr aufschlussreiche Belege gibt es am Beispiel Erfurts für ein eigentüm-
liches, trianguläres Verhältnis zwischen Gewalt gegen katholische Geistliche
(beziehungsweise deren Furcht vor Gewalt), schwedischen ›Salva Guardia‹ und
altgläubigen Gottesdiensten: Von Seiten der schwedischen Soldaten ging nach
der Einnahme Erfurts wiederholt Gewalt gegen katholische Geistliche aus, die
daraufhin aus Furcht Messen ausfallen ließen. Gleichzeitig schützte die schwedische Seite die Kleriker auch mit ›Salva Guardia‹ gegen die eigenen Soldaten
und ermöglichten so katholische Gottesdienste. Dabei sollte man jedoch die
Auswirkungen dieser Schutzpraktik übersehen: Durch die Nutzung der Wache
erkannten die Religiosen die Schweden quasi als Herren über die Stadt an und
zudem wurde die Bereitstellung von ›Salva Guardia‹ geradezu zu einer ›Gnade‹
verklärt.

8. Die eroberte Stadt als militärischer Raum

* * *

8. 1. Die städtische Bevölkerung als militärischer Faktor

In Folge der Stadteinnahmen begegneten sich in den jeweiligen Städten auch Soldaten in schwedischen Diensten und Stadtbewohner als militärisch potenziell potente Akteure, was nicht übermäßig verwundert, denn die Einwohner einer frühneuzeitlichen Stadt waren häufig gut bewaffnet und in Form des städtischen Aufgebots ein nicht zu unterschätzender Faktor zur Verteidigung der Stadt.[1]

Bewaffnung und Entwaffnung: Divergierende Handlungsmuster
gegenüber der Bevölkerung

In Augsburg, dessen protestantischen Einwohner vor der Ankunft der schwedischen Truppen entwaffnet worden waren (siehe Kapitel 2. 2.), bedeutete dies, dass die Protestanten der Stadt wiederbewaffnet wurden. Der protestantische Augsburger Hainhofer schrieb dazu: *hat mann der Evangelischen Burgerschafft ihre abgenommenen Armaturn alß vil deren noch vorhanden gewesen, wider zuegestellt*[2]. Durch diese Handlung, die schon wenige Tage nach der Einnahme der Stadt Augsburg erfolgte, erhielten die männlichen Protestanten ihre Waffen zurück und damit Artefakte, die zur Konstitution der eigenen Ehre und Männlichkeit enorm beitrugen.[3] Die schwedische Seite setzte durch dieses Agieren ihr Vertrauen in die Augsburger Protestanten in Szene, indem sie die Bildung einer zahlenmäßig großen Gruppe Bewaffneter ermöglichte. Diese Augsburger stellten einen militärisch relevanten Faktor dar, von dem durchaus ein Gefahrenpotenzial für die schwedische Garnison hätte ausgehen können, doch hoffte die schwedische Seite wohl vielmehr, dass ihnen die bewaffneten Augsburger

---

1   Vgl. zur Bewaffnung: Tlusty, Martial ethic; Schmidt-Funke, Stadt, S. 30–33. Vgl. zum städtischen Aufgebot: Eibach, Institutionalisierte Gewalt, S. 199ff.
2   Emmendörffer, Welt, S. 497.
3   Vgl. zur Wiederbewaffnung der Augsburger: Stetten, Geschichte, S. 188f; Wagenseil, Geschichte, S. 184. Vgl. zur Bedeutung der Waffen in der Frühen Neuzeit: Evert, Überlegungen; Tlusty, Martial ethic; Freitag/ Scheutz, Pulverfass; Schmidt-Funke, Stadt, S. 30–33; Krug-Richter, Konflikte; Eibach, Institutionalisierte Gewalt, S. 192f.

Protestanten eine Hilfe sein könnten.[4] Das schwedische Vorgehen könnte man vielleicht sogar als Versuch interpretieren, eine Art Gabentausch zu initiieren, bei dem die Augsburger Protestanten eine Geste des Vertrauens und ihre Waffen erhielten und dafür zur Loyalität verpflichtet werden sollten.[5]

Doch in Augsburg wurden die Protestanten nach der Stadteinnahme durch die schwedischen Truppen nicht ›nur‹ bewaffnet, sondern sie stellten fortan auch das für die Verteidigung der Stadt nach innen und außen nicht unwichtige städtische Aufgebot.[6] Wagner berichtet dazu:

Dienstag, den 18. Mai, hat man angefangen, die evangelische Bürgerschaft zu armieren aus dem Zeughaus, und sind 20 Fahnen von Bürgern aufgerichtet worden, 2 Fahnen von Handwerksgesellen und die ordinari Stadtfahne[7].

Auch wenn dieses etwa einen Monat nach dem Einzug Gustav Adolfs in Augsburg aufgestellte städtische Aufgebot zweifellos nicht der militärischen Schlagkraft der schwedischen Garnison in der Stadt gleichkam, so war es doch ein Symbol der Autonomie der Stadt (und ihrer Einwohner), ein solches Aufgebot aufzustellen.[8] Als solches fungierten die protestantischen Einwohner der Stadt auch gegenüber den schwedischen Kommandeuren als bewaffnete und organisierte Gemeinschaft, die, wie in der Frühen Neuzeit häufiger geschehen, auch eigene Interessen vertreten konnte.[9] (Gleichzeitig wurde über die Gestaltung der Fahnen des Aufgebots, wie Bernd Roeck anmerkte, eine eindeutig pro-schwedische und pro-protestantische Haltung in Szene gesetzt.[10])

Während in Augsburg also ein städtisches Aufgebot aus protestantischen Einwohnern aufgestellt wurde, wurde dasjenige von Frankfurt am Main kurz nach der Einnahme der Stadt auf den schwedischen König vereidigt und die Stadt Nürnberg verpflichtete sich in dem Versicherungsbrief, der die Modi der Übereinkunft mit der schwedischen Seite regelte, die von der Stadt geworbenen Söldner auf Gustav Adolf zu vereidigen.[11] Durch diese – in der Deutung der

---

4   Vgl. zum militärischen Stellenwert der städtischen Bevölkerung: Eibach, Institutionalisierte Gewalt, S. 199ff; Hohrath, Eroberer, S. 76f.
5   Vgl. theoretisch zum Gabentausch: Mauss, Gabe.
6   Vgl. allgemein zum städtischen Aufgebot: Eibach, Institutionalisierte Gewalt, S. 199ff.
7   Roos, Chronik, S. 19.
8   Vgl. zum Augsburger Aufgebot: Stetten, Geschichte, S. 196; Roeck, Welt, S. 256f.
9   Vgl. zum Eigensinn städtischer Aufgebote: Eibach, Institutionalisierte Gewalt, S. 199ff.
10   Vgl. Roeck, Welt, S. 254ff.
11   Vgl. zu Frankfurt: Rieck, Frankfurt am Main unter schwedischer Besatzung, S. 67ff. Vgl. zur Nürnberger Zusage: Rydberg/ Hallendorff, Sverges traktater, S. 747f. Vgl. zu den Nürnberger Geworbenen auch: Willax, Verteidigungswesen, S. 212ff.

Zeitgenossen rechtlich und metaphysisch bindende[12] – Eide wurde die Loyalität zu Gustav Adolf in Szene gesetzt und der schwedischen Seite potenziell Zugriff auf die städtischen Truppen gewährt. Damit waren die Bewaffneten nun doppelt verpflichtet, was allerdings nicht unüblich war, gerade auch im frühneuzeitlichen Militär.[13]

Nach den Eroberungen kam es in Erfurt, Würzburg und Frankfurt am Main zudem zu Anwerbungen von Soldaten für die schwedische Armee in diesen Städten und den an sie grenzenden Landstrichen.[14] Diese Praxis ermöglichte es, neue Gebiete für die Anwerbung von Soldaten zu nutzen und damit den Raum, in dem es zur Werbung kam, zu vergrößern.[15] Zudem konnte so näher am eigentlichen Kriegsgeschehen geworben werden und der Raum, in dem die gegnerische Seite Anwerbungen vornahm, verkleinert werden, d.h. es ging dabei auch um einen Wettbewerb um die ›Ressource‹ der Söldner.[16]

Die lokale Bevölkerung wurde von der schwedischen Seite aber auch als Sicherheitsrisiko wahrgenommen. In Bamberg, München und Würzburg musste die städtische Bevölkerung ihre Waffen abgeben und in Augsburg entwaffnete man die Katholiken und dankte die aus Altgläubigen bestehende Stadtgarde ab.[17] Ganz offenbar nahmen die Schweden Altgläubige als Gefahr wahr und versuchten, dieses – vor allem imaginierte – Gefahrenpotenzial durch Entwaff-

---

12 Vgl. grundlegend zum Eid: Holenstein, Seelenheil.
13 Vgl. zu Doppelverpflichtungen in Städten: Langer, Formen, S. 74. Vgl. allgemein zu Doppelverpflichtungen im frühneuzeitlichen Militär: Rowlands, Patronage; Höbelt, Götterdämmerung; Asch, Adel, S. 205–210; Querengässer, Dreißigjährige Krieg, S. 17ff.
14 Vgl. zu Erfurt: Mahr, Robert Monro, S. 145; Khevenhüller, Annales, Bd. 11, Sp. 1881; Chemnitz, Kriegs, S. 228. Vgl. zu Würzburg: Leo, Würzburg, S. 451; Lungwitz, Josua Et Hiskias, S. 459. Vgl. zu Frankfurt: Mahr, Robert Monro, S. 153; Gustav Adolf König von Schweden in Frankfurt am Main 1631 und 1632, S. 172.
15 Vgl. grundlegend zur Praxis der Anwerbung: Füssel, Söldner-Heere; Pröve, Verhältnis. Vgl. zur Ausweitung des Rekrutierungsraums im Dreißigjährigen Krieg: Wilson, Dreißigjährige Krieg, S. 581ff.
16 Vgl. allgemein dazu: Füssel, Söldner-Heere, S. 264f.
17 Vgl. zu Bamberg: Hasselbeck, Dreißigjährige Krieg, S. 102. Vgl. zu Würzburg: Deinert, Epoche, S. 56; Bergerhausen, Würzburg, S. 15; Scharold, Geschichte, S. 25. Vgl. zu München: O.A., Gewiser Bericht vnd Vrkhundt deß entstandnen Vbels vnd Vnruhe in Minchen im Jar 1632, S. 313. Vgl. zur Entwaffnung der Augsburger Katholiken: Stetten, Geschichte, S. 188; Wagenseil, Geschichte, S. 184; Martines, Zeitalter, S. 142. Vgl. zur Abdankung der Augsburger Stadtgarde: Roeck, Stadt, Bd. 2, S. 687.

nung zu minimieren.[18] Über das Vorgehen in München hieß es etwa in einer städtischen Chronik:

Die beworte burgerschaft, so vorher streng gewacht, haben ihre thorwöhren [Torwehren] vnd schizenröthel [Schusswaffen] auf das Rathauß, auf befelch des Khinigs [Gustav Adolfs], antworten [abgeben] mießen[19].

Eine bewaffnete Bürgerschaft war eben auch für ihre Obrigkeit ein latentes Gefahrenpotenzial, das die schwedischen Truppen durch eine Entwaffnung zu minimieren suchten.[20] Bezeichnend ist dabei, dass es praktisch allein die Katholiken waren, die als Gefahr wahrgenommen und entwaffnet wurden – d.h. die altgläubige Konfession wurde von den schwedischen Truppen als Indikator für Illoyalität und Gefährlichkeit gedeutet. Die Faktoren Konfession und Sicherheit vor Gewalt waren in dieser Wahrnehmung also verschränkt, insofern die Herstellung von Sicherheit vermeintlicher Weise ein Vorgehen gegen Katholiken erforderlich machte.

Zugleich sollte man neben den funktionalen Effekten der Entwaffnung auch die symbolischen in die Analyse mit einbeziehen. Aufschlussreich ist etwa eine Anmerkung des Johannes Hellgemayr, Hofmusiker in München, der schrieb: *Mondag gleich darauf sein hiesige Burger disarmiert worden, ein khlaglich Armseeliges an sehen gewest*[21]. Diese Deutung der entwaffneten Bürgerschaft dürfte damit zusammenhängen, dass in der frühneuzeitlichen Gesellschaft Waffen als Zeichen von Ehre und Männlichkeit galten und eine Entwaffnung dementsprechend ehrverletzend wirkte. Zudem waren die Waffen auch ein mindestens implizites Symbol der Autonomie der Bürgerschaft, das durch die Entwaffnung buchstäblich kassiert wurde.[22]

Ganzhorns Beschreibung des Vorgehens in Würzburg liefert sogar ein Indiz dafür, dass die ehrverletzende Wirkung der Entwaffnung von der schwedischen Seite gezielt forciert wurde:

[Der Bürgerschaft ist] bey hohen Straffen vfferlegt undt austrücklich anbefohlen, alle Ihre ober- vndt seithen wehr dahin [ins Rathaus] in Continenti [sofort] zu

---

18 Vgl. grundlegend zu dieser Wahrnehmung: Krischer, ›Papisten‹ als Verräter. Vgl. allgemeiner: Gotthard, Notwendige Krieg, S. 475–484.
19 O.A., Gewiser Bericht vnd Vrkhundt deß entstandnen Vbels vnd Vnruehe in Minchen im Jar 1632, S. 313.
20 Vgl. zur Gefahr des Aufruhrs: Sawilla/ Behnstedt-Renn, Latenz, S. 18ff.
21 Leuchtmann, Aufzeichnungen, S. 207.
22 Vgl. zu Waffen als Zeichen städtischer Autonomie: Tlusty, Martial ethic; Eibach, Institutionalisierte Gewalt, S. 192f.

tragen, zu bringen, vndt in Continenti [sofort] abzulegen, Welches Sie auch alsobalden gethan, ist also nit allein die gantze Burgerschafft in privato [nicht-öffentlich], sondern auch der Rath in publico [öffentlich] disarmirt, vndt der gantzen statt alle Ihre Rüstung, sambt Kraut undt Loth, auff einmahl abgenommen[23].

Während die Bürgerschaft der Stadt Würzburg also nicht-öffentlich (*in privato*) entwaffnet wurde, geschah die Entwaffnung des Rates nach Ganzhorns Angaben öffentlich (*in publico*); hierdurch hätten die Schweden den Rat gezielt invektiert und in die Rolle des offensichtlich Unterlegenen gedrängt, wodurch eine klare Hierarchie konstituiert worden wäre.[24] Die Beschreibung des (ehemaligen) bischöflichen Rats Ganzhorn deutet somit klar darauf hin, dass die schwedische Seite die Performanz der Entwaffnung gezielt in ihrer Symbolik variieren und forcieren konnten, die symbolische Wirkung somit intendiert einsetzte und diese Handlung nutzte, um sich selbst als überlegen zu inszenieren.

Bei der Entwaffnung der Augsburger Katholiken wiederum ist eine Deutung des protestantischen Augsburgers Hainhofer besonders interessant, denn dieser schrieb, man habe

durch darzue Deputierte Rahts Verwandte mit ainer guardi [Wache] und bestelten wagen, auff die Mannier wie sies zuvor [mit] unß gemacht, und procediert haben, die Papisten zue dissarmieren angefangen[25].

Aufschlussreich an der Darstellung ist weniger, dass in Augsburg die Waffen nicht wie in Würzburg und München von den Stadtbewohnern im Rathaus abgegeben, sondern offenbar von der Obrigkeit aus den Haushalten abgeholt wurden, wie dies bei der Entwaffnung der Protestanten vor Ankunft der schwedischen Truppen geschehen war.[26] Viel interessanter ist, dass Hainhofer explizit eine Verbindung zwischen diesen beiden Entwaffnungen herstellt, wodurch er die Entwaffnung der Altgläubigen implizit zu einer Revanche für die Entwaffnung der Protestanten stilisierte.

---

23   Leo, Würzburg, S. 305.
24   Vgl. zum Stellenwert von Ehre in frühneuzeitlichen Stadtgesellschaften: Füssel/ Weller, Ordnung; Carl/ Schmidt, Stadtgemeinde. Vgl. zu Angriffen auf die Ehre: Schreiner/ Schwerhoff, Verletzte Ehre. Vgl. allgemeiner auch: Schwerhoff, Invektivität; Frevert, Politik der Demütigung. Vgl. allgemein zur Konstitution von Hierarchie in Kriegszeiten: Kaiser, Kriegsgreuel, S. 178f.
25   Emmendörffer, Welt, S. 497. Vgl. auch: Roos, Chronik, S. 18.
26   Vgl. Roeck, Stadt, Bd. 2, S. 682.

Die ›gefährlichen‹ Einwohner: Katholiken als vermeintliche Gefahr

Gerade in Augsburg blieb es jedoch nicht bei der Entwaffnung der altgläbigen Einwohner, sondern es ergaben sich noch gänzlich andere Praxisgefüge hinsichtlich der Sicherung des städtischen Raums vor der – imaginierten – Gewalt der altgläubigen Stadtbewohner. Phillip Hainhofer, Angehöriger der protestantischen Stadtelite Augsburgs schrieb:

> [A]lß ich den König schon inn Herrn Marquart Fuggers Hauß einquartiert und die Zimmer, best ich gekündt zugerichtet hatte, kombt mann klagend zue mir, warumb Ihre Maÿ: ich alda einquartiert habe? Mann habe die ganze nacht in der nachbarschafft klopfen hören, und werde mann gewiß das Hauß zuem minieren und graben haben, so habe man auch beÿ St: Anna die Jesuiten sehen pulver fessken, inn die Kirchen füeren, so sie auch werden zuem, Sprengen vergraben, worauff ich gleich zuem Obristen Bord Zuer guldinen Cron gangen, Ihme was ich gehört erzält und das ers wollte suchen lassen, gebeten, darauf er zuer wacht auf den weinmarckht geschickht, und ein baar rotten inn des Königs quartier und inn die benachbarte Heuser von Augustin schreiber an, biß an das Apoteckher Gäßlin Commandiert alle Heuser duerch suechen, und mit lanzen bestechen lassen, 2 andere rotten inn St: Anna Kirchen geschickht, inn der selben und inn der Jesuiten Wohnung auch alle winckhel Visitieren lassen, man hat aber nichts verdächtigs gefunden, und ist es allain vanus rumor [ein grundloses Gerücht] gewesen[27].

Es hatte also offenbar einen Meldung bei Hainhofer gegeben, die besagte, die Jesuiten würden einen Sprengstoffanschlag auf das Quartier des schwedischen Königs planen; darauf informierte Hainhofer den schwedischen Kommandanten, der eine umfangreiche Durchsuchung initiierte, die aber ergebnislos war. Auch hier taucht also wieder das Bild des ›gefährlichen Katholiken‹ auf, durch das die schwedischen Truppen zu umfangreichen Durchsuchungen veranlasst wurden: Diese Reaktion kann man eindeutig als Beleg für eine Furcht der schwedischen Truppen vor einem von Katholiken begangenen Anschlag (auf Gustav Adolf) werten. Hierbei war diese Angst angesichts eines dezidiert von altgläubigen Klerikern geführten Diskurs über den ›Tyrannenmord‹ an ›häretischen‹ Königen und nicht wenigen tatsächlich von Katholiken an protestantischen Königen verübten Anschlägen auch nicht gänzlich unbegründet.[28]

---

27 Emmendörffer, Welt, S. 499.
28 Vgl. Dillinger, Attentate, S. 241–249; Asch, Herbst, S. 27f; Krischer, ›Papisten‹ als Verräter, S. 186.

Doch nicht nur die schwedischen Truppen imaginierten Katholiken als gefährlich, sondern auch die protestantische Augsburger Bevölkerung tat es, wobei die den Altgläubigen in Augsburg unterstellte Handlung erstaunliche Parallelen zu der von Katholiken initiierten Pulverfassverschwörung (›gunpowder plot‹) aufwies, die sich 1605 in England ereignet hatte und auch ein publizistisches Echo nach sich zog.[29] Dies ist ein Indiz dafür, dass es sich hierbei um einen Diskurs handelte, der von Ereignissen, die in ganz Europa geschehen waren, beeinflusst war und in bestimmten, protestantischen Gegenden breit rezipiert wurde. Mehr noch: Erst durch die Anzeige der Augsburger Einwohner kam es zu den von den schwedischen Truppen durchgeführten Durchsuchungen, d.h. das schwedische Vorgehen wurde letztlich ›von unten‹ initiiert.[30]

Für ein solches Agieren gibt es noch weitere Beispiele aus der Phase kurz nach der Stadteroberung.[31] Am 4. Mai 1632 etwa führten der Kunstagent Philipp Hainhofer und der überaus wohlhabende Viktualienhändler Balthasar Lorenz[32] als Vertreter des kleinen Rates im städtischen Gefängnis eine Befragung des *Hanß Seipold stadt knechten, sonsten Messer Fresser genanndt*[33] durch, *welcher alß die Sweedischen Regimenter herein kommen, gesagt haben soll, es werde bald ain andreß und in 24 stunden, die Stadt mit pulver anzindet werden*[34]. Daraufhin wurde er laut Hainhofers Schilderung sofort von den schwedischen Truppen festgenommen und dem Augsburger Rat überstellt. *[E]r hat aber inn Examine [bei der Befragung] nichts gestanden, und ist kain rechts zeugnuß wider ihne da gewest, desswegen er aufwiderstellen u. auf starkes fürbitten S. weibs und kinder […] der gefengnuß ist erlassen*[35]. Der Stadtknecht wurde also allein auf Grund einer Denunziation verhaftet, d.h. auch das schwedische Vorgehen gegen ihn wurde ›von unten‹ initiiert. Die Verfolgung vermeintlich gefährlicher – und zumeist katholischer – Stadtbewohner, die in Augsburg während der gesamten schwedischen Besatzungszeit anhielt, resultierte aus der Bereitschaft der Obrigkeit, ziemlich rigoros allen Hinweisen auf von Katholiken geplanten oder begangenen Gewaltaktionen nachzugehen, und einer offenbar enormen Fülle an Gerüchten und Denunziationen, die von der einfachen Bevölkerung aus-

---

29   Vgl. Krischer, ›Papisten‹ als Verräter, S. 186ff.
30   Vgl. grundlegend zur Justiznutzung von ›unten‹: Dinges, Justiznutzung.
31   Vgl. Roeck, Stadt, S. 725ff; Weber, Augsburg, S. 278f.
32   Vgl. zu diesem: Roeck, Stadt, S. 717f.
33   Emmendörffer, Welt, S. 498.
34   Ebd.
35   Ebd.

gingen. Die Initiative, derartige Sicherheitspraktiken durchzuführen, wurde in Augsburg somit gleichzeitig ›von oben‹ wie ›von unten‹ betrieben. Hierdurch entfaltete die Verfolgung von vermeintlich gefährlichen, zumeist altgläbigen Augsburgern eine Dynamik, die es in anderen von den Truppen Gustav Adolfs eroberten Städten so nicht gab. Zwar gab es während der schwedischen Besatzungszeit etwa auch in Nürnberg und Würzburg ein Vorgehen gegen diejenigen, die als Verräter galten, doch nahm dieses Agieren niemals eine solche Dimension wie in Augsburg an.[36]

Zu diesem Sonderfall Augsburgs trugen sicherlich mehrere Faktoren bei: Erstens förderte ganz zweifellos die Bikonfessionalität der Stadt diese Eskalation, denn es gab (im Gegensatz zu monokonfessionellen Städten) sowohl viele Protestanten, die den Diskurs des ›gefährlichen Katholiken‹ nutzten, als auch viele Altgläubige, die von ihm betroffen sein konnten. Zweitens verschärfte die räumliche Nähe zum Herzogtum Bayern zweifellos das Gefühl der Bedrohung. Drittens dürfte gerade das Vorgehen ›von unten‹ in Augsburg in vielen Fällen der Verfolgung ganz eigener Interessen gedient haben: Oftmals wird dieses Vorgehen eine anti-katholische Stoßrichtung gehabt haben, wie aber gleichzeitig auch der Versuch erkennbar wird, wirtschaftlichen oder gesellschaftlichen Konkurrenten oder anderen missliebigen Stadtbewohnern auf diese Weise zu schaden.[37]

Welche Auswirkungen eine offenbar selbst grundlose Denunziation in Augsburg entfalten konnte, wird am Beispiel des von Hainhofer erwähnten Stadtknechts deutlich, denn über diesen hieß es: *Ihme der Dienst genommen und der Hanß Baur, alß welcher inn der Reformation allein unter Ihnen Stadt knechten beständig bleiben an sein stell, zue einem Stadtknecht, wider angenommen*[38]. Trotzdem ihm keine Schuld nachgewiesen werden konnte – da es weder ein Geständnis noch Aussagen glaubwürdiger Zeugen gab[39] – und er aus dem Gefängnis freikam, wurde der Stadtknecht entlassen und statt seiner ein anderer in den Dienst genommen, der in der Zeit des Restitutionsedikts protestantisch geblieben war: Die protestantische Konfession (und ihre Ausübung in Zeiten

---

36   Vgl. zu Nürnberg: Willax, Antischwedischer Widerstand. Vgl. zu Würzburg: Weber, Würzburg, S. 69–73.
37   Vgl. Weber, Augsburg, S. 279.
38   Emmendörffer, Welt, S. 498.
39   Vgl. ebd. Vgl. zur entscheidenden Bedeutung von Geständnis und Zeugenaussagen: Eibach, Strafjustiz, S. 197ff; Eibach, Gleichheit, S. 521f.

des Restitutionsedikts) wurde in diesem Fall offenbar zu einem wichtigen Argument für die Einstellung. Ob dies allein ein Indiz für Patronage der Augsburger Obrigkeit gegenüber Protestanten ist oder diese sich hingegen von einem Protestanten zudem stärkere Loyalität versprach, muss hier offen bleiben.[40]

Zusammenfassend kann man sagen, dass die (männlichen) Einwohner in vielfacher Hinsicht ein Faktor von Sicherheit und Unsicherheit waren. Durch die Vereidigung der städtischen Wachen auf Gustav Adolf in protestantischen Städten wurde die pro-schwedische Loyalität inszeniert und der schwedischen Armee – zumindest Nominativ – Zugriff auf diese Truppen gewährt. Indem aber die städtischen Aufgebote bestehen blieben oder sogar neu aufgestellt wurden, fungierten sie als Faktor oder zumindest Symbol der städtischen Autonomie. Die Erlaubnis zur Wiederbewaffnung der Protestanten in Augsburg war für diese gerade auch in symbolischer Hinsicht bedeutsam, denn Waffen waren in der frühneuzeitlichen Gesellschaft ein ehrgenerierendes Zeichen von Männlichkeit. Doch bezeichnender Weise wurde so nur gegenüber Protestanten verfahren; die katholischen Einwohner Augsburgs sowie die Bewohner altgläubiger Städte wie Bamberg, Würzburg und München wurden entwaffnet. Die Entwaffnung diente einerseits sicherlich der Schmähung der Altgläubigen, andererseits sollte so aber auch Aufständen und Angriffen vorgebeugt werden. Gerade an Hand der Beschreibung von Hainhofer kann man recht gut Rückschlüsse darauf ziehen, wie gefährlich Katholiken in der Deutung der protestantischen Zeitgenossen waren, denn die protestantischen Augsburger und die Schweden fürchteten sich offenbar massiv vor Anschlägen, die von Katholiken begangen wurden. In Augsburg führte dies scheinbar schon kurz nach der Eroberung der Stadt zu nicht wenigen Denunziationen, denen die schwedischen Truppen nachgingen.

---

40 Vgl. zur Konfession als ›Loyalitätsindiz‹: Kaiser, Angstgetriebene Politik, S. 126.

8. 2. Die schwedischen Soldaten als militärischer Faktor

Die zentralen bewaffneten Akteure in den eingenommenen Städten waren aber zweifellos die Soldaten der schwedischen Armee; in sämtlichen eroberten Städten befanden sich nach der Einnahme zahlreiche Soldaten, die die Kontrolle über den Stadtraum übernahmen und für Sicherheit sorgen sollten (siehe auch das vorherige Kapitel).[41]

Den Stadtraum kontrollieren: Praktiken der Sicherheitsproduktion und Raumkontrolle

Die schwedischen Soldaten besetzten etwa den Markt, wie Robert Monro, Offizier in schwedischen Diensten, dies für München berichtet.[42] Häufiger jedoch wurde die Kontrolle der Tore erwähnt, so etwa für die Städte Erfurt und München.[43] Dabei wird in der Beschreibung des Münchner Hofmusikers Hellgemayr auch eine Ambivalenz dieses Agierens deutlich:

sein auch alle wachter Alhie, Erstlich bei Cur Frh. residenz Stat dhor vnd Plaz ab vnd hinwekh geschafft worden vnd schwedische wachter iber all vnd ahn allen orden besezt worden, allso das der Platz mit schwedischen iber vnd iber, mit etlich 100 Soldaten iber leget worden[44].

Hellgemayr verknüpfte also in seinem Selbstzeugnis die Aufstellung der schwedischen Wachen in München mit der ›Abschaffung‹ der üblichen städtischen Wachmannschaften. Damit entsteht das Bild einer Dominanz der den Stadtraum kontrollierenden schwedischen Truppen über die Einwohner Münchens, die die Kontrolle über ebendiesen Stadtraum verloren hatten: Diese städtische Perspektive war sicherlich auch mit Furcht vor den schwedischen Soldaten verbunden, die für die Einwohner nicht nur ein Sicherheits-, sondern vor allem auch ein Unsicherheitsfaktor waren.[45] Zudem akzentuierte der Hofmusiker die große Anzahl der schwedischen Soldaten, durch die Plätze *iber*

---

41 Vgl. Carl, Einleitung; Carl, Protektion.
42 Vgl. Mahr, Robert Monro, S. 174.
43 Vgl. zu Erfurt: LHASA, MD, A 37b I, II IX Nr. 15, fol. 9v; Pufendorf, Kriegs-Geschichte, S. 72. Vgl. zu München: Mahr, Robert Monro, S. 174; Leuchtmann, Aufzeichnungen, S. 207f; O.A., Gewiser Bericht vnd Vrkhundt deß entstandnen Vbels vnd Vnruehe in Minchen im Jar 1632, S. 312f; Stahleder, Chronik, S. 452; Mayer, Münchener Stadtbuch, S. 362; Hefner, Original-Bilder, S. 86.
44 Leuchtmann, Aufzeichnungen, S. 207f.
45 Vgl. zu dieser Ambivalenz: Carl, Einleitung.

vnd iber, mit etlich 100 Soldaten[46] gefüllt worden seien: Diese Beschreibung diente sicherlich auch der Betonung der schwedischen Überlegenheit – und der eigenen Unterlegenheit – ist aber zugleich auch ein guter Beleg für die schwedischen Bemühungen, den Stadtraum unter Kontrolle zu bringen.[47]

Die Stadttore scheinen denn auch von den schwedischen Truppen auch besonders stark bewacht worden zu sein. In einer zeitgenössischen Münchner Chronik heißt es: *die statthor gleich mit Suedischen soldaten besözt, vnd also starkhe wacht gehalten, daß niemand ohne Suedische Paßzötl auß oder ein ist gelassen worden*[48]. Derartige Wachpraktiken an Toren waren in der Frühen Neuzeit nicht ungewöhnlich, denn die Sicherung von Toren kam bei der Stadtverteidigung eine wichtige Rolle zu.[49] Bezeichnend – und ebenso typisch – ist ebenfalls, dass es scheinbar zu einem Arrangement kam und wie dieses aussah: *haben die burger alsbald Paßzerl erlangt, vnd mit der Suedischen confoy, doch mit bezahlung vnd ehrlichem trinkhgelt, hereingefiert*[50], so die Chronik weiter. Die schwedische Seite stellte den Münchnern also Passierscheine aus – doch die Einwohner mussten die schwedischen Soldaten für das Passieren-lassen offenbar bezahlen.[51] Die Torwächter scheinen somit aus ihrer Stellung einen monetären Gewinn generiert zu haben.

In Würzburg wiederum scheinen die Wächter an den Toren in nicht geringem Maß vor allem die Arbeiterinnen und Arbeiter, die zum Weinlesen hinausgehen wollten, misshandelt zu haben, wie der dort lebende Ganzhorn berichtet: *Sintemahlen Sie [die Wächter] die leüth vnter den thoren, da Sie die Wacht gehalten, auch vnterweegs, vndt in den Weinbergen geplündert, ausgezogen, veriagt, vertrieben, übel tractirt, also das sich niemandt mehr kecklich hinauswagen gedörfft*[52].

Zudem hätten die Soldaten die *butten mit den beeren theils vmbgestossen, die gute gab Gottes schändtlich verderbt, theils die butten durchlöchert, vndt den*

---

46 Leuchtmann, Aufzeichnungen, S. 208.
47 Vgl. allgemein dazu: Carl, Protektion, S. 301ff; Landwehr/ Pröve, Räume, S. 674f.
48 O.A.: Gewiser Bericht vnd Vrkhundt deß entstandnen Vbels vnd Vnruehe in Minchen im Jar 1632, S. 312f.
49 Vgl. Vgl. Landwehr/ Pröve, Räume, S. 674f; Hohrath, Bürger, S. 306 und 310; Schütte, Sicherheitsarchitekturen, S. 98.
50 O.A.: Gewiser Bericht vnd Vrkhundt deß entstandnen Vbels vnd Vnruehe in Minchen im Jar 1632, S. 313.
51 Vgl. zu dieser Praktik auch: Pröve, Soldat, S. 210f.
52 Leo, Würzburg, S. 344.

most [...] in die Erden lauffen lassen[53]. Diese gewaltsamen Aktionen gegen die Weinleserinnen und Weinleser lässt sich wohl am ehesten mit der geradezu habituellen Abneigung vieler Soldaten gegen alles Bäuerliche erklären, die in vielen ähnlichen Fällen zu Gewalt gegen die ländliche Bevölkerung und zur Zerstörung landwirtschaftlichen Geräts führte. Der Sinn dieses Agierens lag offenbar darin, die ›Überlegenheit‹ der Soldaten gegenüber bäuerlich lebenden Menschen durch deren gezielte Demütigung zu ›demonstrieren‹.[54] Aus nicht-soldatischer Perspektive erschienen diese Übergriffe jedoch vor allem als deviante Akte.[55] Mehr noch: Das erzwungene Verderben-lassen der in der Frühen Neuzeit knappen Nahrungsmittel bezeichnete der Würzburger Geistliche Ganzhorn explizit als *schändtlich*.[56] Zudem deutete der Katholik durch die Bezeichnung der Weintrauben als *gute gab Gottes* an, das Verfaulen der Früchte könnte die Ökonomie der Gaben und Gegengaben zwischen Gott und den Menschen aus dem Gleichgewicht bringen.[57] Die Übergriffe der schwedischen Soldaten an den Toren erhielten hier – durch ihre Folgen – etwas geradezu Frevelhaftes.

Singulär scheint eine Aktion gewesen zu sein, die die schwedischen Truppen in München durchführten und von der zahlreiche zeitgenössische Geschichtswerke berichten:[58]

[Am 19. Mai 1632] ward General Randevous vor München gehalten. [...]. Drauß auff dem Feld hat er [Gustav Adolf] vnderschiedliche Schlachtordnungen gemacht / welches mit Lust / noch mehrers aber mit grosser Verwunderung anzusehen gewesen / daß Ih. Mayestät sich so sehr bemühet / von dem Pferd abgestiegen ein Mußqueten auff die Achsel genommen / vnd den Soldaten gewiesen / wie sie knyend oder sitzend / gebuckt oder stehend / hinder einander zugleich schiessen sollen / auch sonsten ihnen / als seinen Spießgesellen vberauß freundlich zugesprochen[59].

53 Ebd.
54 Vgl. Kaiser, Söldner, S. 93–100; Kaiser, Kriegsgreuel, S. 168–173; Medick, Dreißigjähriger Krieg, S. 95–98.
55 Vgl. Huntebrinker, Söldner, S. 157–168.
56 Vgl. zur Knappheit der Nahrung: Behringer, »Kleine Eiszeit«, S. 440f.
57 Vgl. zur menschlich-göttlichen Gabenökonomie: Davis, Schenkende Gesellschaft, S. 146–157.
58 Vgl. hierzu auch: Heimers, Krieg, S. 33; Junkelmann, Gustav Adolf, S. 425; Rystad, Schweden, S. 425.
59 Abelinus/ Merian, Theatri Europaei, S. 646. Fast wortgleich: Lungwitz, Judas Maccabaeus, S. 92; Khevenhüller, Annales, Bd. 12, Sp. 143. Vgl. ebenfalls: O. A., Kurtzer vnd Eygentlicher Abriß / Der schönen Fürstlichen Haupt Stadt München / im Land zu Bayern.

Ein Manöver mit Beteiligung des königlichen oder fürstlichen Kriegsherrn war in der Frühen Neuzeit nicht außergewöhnlich und diente vor allem
der Inszenierung der militärischen Kompetenz und Potenz des Königs (oder
Fürsten).[60] Auch bei dem Manöver vor München ging es wahrscheinlich nur
sekundär darum, militärische Abläufe einzuüben, sondern vor allem um eine
Inszenierung von militärischen Fähigkeiten.[61] Dass Gustav Adolf dabei in den
zeitgenössischen Geschichtswerken von Lungwitz, Merian und Khevenhüller
geradezu wie ein Drillmeister erscheint, dürfte ein intendierter Effekt des Ma-
növers gewesen sein, denn hierdurch wurde dem König ehrgenerierend militärische Kompetenz zugeschrieben.[62] Die geschilderte Nähe des Königs zu seinen
Soldaten deutet wiederum auf tatsächlich in actu durchgeführte Handlungen
Gustav Adolfs hin, mit denen dieser möglicherweise eine besondere emotionale
Bindung zu seinen Truppen herzustellen versuchte.[63]
    Doch das Manöver vor München dürfte vor allem auch der Drohung und
Einschüchterung der Einwohner gedient haben, die auf diese Weise mit dem
ostentativ zur Schau gestellten Gewaltpotenzial der schwedischen Truppen
konfrontiert wurden. Bezeichnender Weise schrieb Khevenhüller, dass dieses Manöver mit *grosser Verwunderung*[64] anzusehen gewesen sei, während es
bei Merian *mit Lust / noch mehrers aber mit grosser Verwunderung anzusehen
gewesen*[65] und bei Lungwitz sogar *von den Catholischen Layen mit Lust vnd
Frewde angesehen würde; vilmehr aber sahen sie dieses mit grosser Verwunderung
an*[66]. Die drei Historiographen attestierten dem Manöver also, unterschiedliche Emotionen hervorzurufen: Der dezidiert pro-schwedische Lungwitz
und der unterschwellig nicht selten ebenfalls schwedenfreundliche Merian
unterstellten, dass das Manöver teilweise Freude (und Lust) ausgelöst habe,
laut dem pro-katholische Khevenhüller habe es jedoch nur Verwunderung
hervorgerufen – dies kann man durchaus als Politik der Zuschreibungen von
Emotionen werten. Ziemlich deutlich wird durch diese Beschreibungen aber

60 Vgl. zu solchen Praktiken: Bothe, Inszenierung; Rudolph, Heer, S. 63–67; Wrede,
    Rock, S. 384f.
61 Vgl. zu diesen beiden Polen des frühneuzeitlichen Exerzierens: Dinges, Soldatenkörper,
    S. 84–88.
62 Vgl. allgemein: Wrede, Inszenierung.
63 Vgl. zu dieser Praxis unter Friedrich II.: Frevert, Gefühlspolitik, S. 57f.
64 Khevenhüller, Annales, Bd. 12, Sp. 143.
65 Abelinus/ Merian, Theatri Europaei, S. 646.
66 Lungwitz, Judas Maccabaeus, S. 92.

in jedem Fall, dass das Manöver vor allem auch eine Handlung war, die visuell Wirkung entfaltete.[67]

Zwischen Sicherheit und Unsicherheit: Einquartierungen

Verbunden mit der Präsenz von Soldaten in der Stadt waren auch Einquartierungen.[68] In Augsburg scheinen die Einquartierungen – zumindest unmittelbar nach der Stadteinnahme – relativ friedlich und geordnet abgelaufen zu sein: Das Austeilen von Speise und Trank von Augsburgern an die ankommenden Soldaten (siehe auch Kapitel 4. 2.), von dem viele Quellen berichten, kann man durchaus als Geste der Loyalität und Sympathie interpretieren.[69] Gleichzeitig kann man es jedoch auch als Versuch werten, eine Art Gabentausch zu initiieren, um damit die Soldaten zu verpflichten und gewogen zu stimmen.[70] Dass selbst protestantische Augsburger einer möglichen Einquartierung von schwedischen Soldaten skeptisch gegenüberstanden, wird an einer Bemerkung des Kunstagenten Philipp Hainhofer deutlich, der zur Bitte um Quartier seines Bekannten und späteren Schwiegersohns Johann Martin Hirt vermerkte, *ich [Hainhofer] wölle gleich so mehr ihne [Hirt] alß unbekandte inn Hauß haben*[71].

In Frankfurt an der Oder – das nach der Eroberung durch die schwedischen Truppen zu beträchtlichen Teilen durch Feuer zerstört war[72] – war die Situation in Bezug auf die Einquartierungen hingegen offenbar besonders prekär, denn in zeitgenössischen historiographischen Werken hieß es, es habe *da dann mancher Bürger bey 20. in 30. Soldaten ins Hauß bekommen*[73]. Dass dies für die Einwohner eine enorme Belastung bedeutete, muss sicherlich nicht eigens gesagt werden.

Ganz so extrem gestaltete sich die Einquartierungssituation in Erfurt, Würzburg und Mainz nicht, doch auch in diesen Städten wurde die gesamte

---

67   Vgl. zur visuellen Ästhetisierung des Militärischen: Rudolph, Heer; Füssel, Theatrum Belli, S. 220–225.

68   Vgl. dazu: Pröve, Soldat; Lorenz, Rad, S. 167–184; Medick, Krieg im Haus; Medick, Dreißigjähriger Krieg, S. 105–110; Plassmann, Landbevölkerung, S. 225ff; Schennach, Verhältnis, S. 61f; Asch, Violence, S. 294; Kaiser, Bevölkerung, S. 283–289; Kaiser, Söldner, S. 94f.

69   Vgl. Emmendörffer, Welt, S. 478; Roos, Chronik, S. 9; Roeck, Stadt, S. 686.

70   Vgl. theoretisch zum Gabentausch: Mauss, Gabe.

71   Emmendörffer, Welt, S. 478. Vgl. dazu: Weber, Augsburg, S. 270.

72   Vgl. Griesa, Glaubens- und Religionskonflikte, S. 95; Eickhoff/ Grothe/ Jungklaus, Schlacht, S. 36f.

73   Abelinus/ Merian, Theatri Europaei, S. 350. Fast wortgleich: Lungwitz, Josua Redivivus, S. 382.

schwedische Armee einquartiert, was zweifellos auch zu großen Belastungen führte.[74] In München hingegen wurde im Wesentlichen nur das Gefolge des schwedischen Königs, die höheren Offiziere und die Soldaten, die als Wachen fungierten, einquartiert, während der Großteil der Armee vor der Stadt lagerte.[75] Hierdurch gestalteten sich die Einquartierungen für die Einwohner weniger dramatisch. Zudem trug in München sicherlich auch der Umstand, dass der in schwedischen Diensten stehende katholische Oberst James Hepburn das Kommando über die schwedischen Wachen innehatte, zur Deeskalation bei.[76]

Dass Einquartierungen potenziell mit Furcht der Quartiergebenden vor der Gewalt der einquartierten Soldaten, Konflikte um Ressourcen und sogar gewaltsamen Konflikten verbunden sein konnten, ist sicherlich klar und man kann zweifellos davon ausgehen, dass es sich bei den schwedischen Einquartierungen in den eroberten Städten ganz ähnlich verhielt. Joachim Ganzhorn thematisierte explizit die in Würzburg entstandenen Ressourcenkonflikte:

Sobalden nun die Königliche hohe- undt andere Officiern sambt den Soldaten in die Statt kommen, da ist es an ein Einquartiren gangen, allda niemand gros oder klein hannß verschonet. [...]. wie schwehr undt sauer aber dieses einquartiren vnordentliches leben mit futter undt mahl tractiren, der Officiern vnd gemeinen Soldaten, der ohne das durch das böse gelt vndt etliche nacheinander gefolgte misswachs Jahren verderbten, undt mehrertheil ausgesogerten armen Burgerschafft vorkommen, was Sie auch dabey sonsten Eingebüst vndt verlohren, das ist leichtlichen zue glauben, als zue schreiben, eher zu memoriren [erinnern], als zu designiren [anzugeben][77].

Der (ehemalige) bischöfliche Rat Ganzhorn deutete die schwedischen Einquartierungen in Würzburg als eine Belastung der Ressourcen der Einwohner, die durch die Inflation (*böse gelt*) und Missernten sowieso schon belastet worden seien.[78] Faktisch ist dies zweifellos richtig, doch aus kulturgeschichtlicher

74 Vgl. zu Erfurt: Beyer/ Biereye, Geschichte, S. 534; Schauerte, Gustav Adolf, S. 9. Vgl. zu Würzburg: Deinert, Epoche, S. 56; Bergerhausen, Würzburg, S. 16. Vgl. zu Mainz: Frohnhäuser, Gustav Adolf, S. 101f.

75 Vgl. Mahr, Robert Monro, S. 174; Stahleder, Chronik, S. 452; Heimers, Krieg, S. 29; Schaedel, Gustav Adolf, S. 122; Junkelmann, Gustav Adolf, S. 425.

76 Vgl. Rystad, Schweden, S. 425; Sutner, München, S. 28. Das Kommando Hepburns wird auch von Robert Monro erwähnt (vgl. Mahr, Robert Monro, S. 174). Dagegen Schreckensbilder evozierend: Mayer, Münchener Stadtbuch, S. 365–369. Vgl. zu James Hepburn: Wilson, Dynasty, S. 491.

77 Leo, Würzburg, S. 302.

78 Vgl. zur Wahrnehmung der Inflation: Nipperdey, Katastrophe. Vgl. zu den Missernten: Behringer, »Kleine Eiszeit«, S. 440f.

Perspektive lohnt es sich auch, das von Ganzhorn genutzte Narrativ genauer zu betrachten: Ganz dezidiert akzentuierte dieser das Leid und die materielle Not der Würzburger, wobei er auch den Unsagbarkeits-Topos nutzte – hierdurch erhielten die Würzburger etwas beinahe märtyrerhaftes.[79]

Während aus der Perspektive der Quartiergeber und -geberinnen die Soldaten wohl vor allem eine Belastung – insbesondere für die eigenen Ressourcen – waren, so bot sich aus Sicht der Soldaten wohl vor allem die Möglichkeit, eine warme Unterkunft zu beziehen sowie Essen und Trinken und gegebenenfalls noch andere Dinge zu erhalten.[80] In München, so berichtet Hellgemayr, seien *weder wein, Meth noch bier Mehr verhanden*[81]. Hierbei schwang zweifellos eine Polemik mit, die sich des klassischen Stereotyps des trinkenden Söldners bediente, doch sollte man die Ausführung des Münchner Hofmusikers auch als Indiz auf Bemühungen der Soldaten deuten, alkoholische Getränke an sich zu bringen.[82] Ein solches Agieren sollte man jedoch nicht ausschließlich als Mittel interpretieren, mit dem ein Surplus generiert wurde, sondern auch als eine Handlung, die das Überleben sicherte. Sehr deutlich wird dies am Bericht des schottischen Adligen in schwedischen Diensten Robert Monro zur Lage in Mainz kurz nach der Einnahme der Stadt, die am 23. Dezember 1631 erfolgt war:

[Man] bestimmte [...] in der Stadt Quartiere für das ganze Fußvolk, in die wir drei [sic] Tage vor Weihnachten einrückten. Hier blieben wir in der strengsten Kälte zusammen mit dem Hofstaat bis zum 5. März 1632[83].

Einquartierungen waren im Winter ein kaum verzichtbares Mittel, um die eigenen Soldaten und den Tross vor der Witterung zu schützen, und dies tat die schwedische Seite im Winter 1631/1632 in Mainz.[84]

---

79 Vgl. grundlegend zum Deutungsmuster des Martyriums: Burschel, Sterben; Burschel, Tode.
80 Vgl. allgemein dazu: Peters, Nachwort, S. 206f; Medick, Krieg im Haus, S. 298–302; Plassmann, Landbevölkerung, S. 225ff; Schennach, Verhältnis, S. 61f; Huntebrinker, Kriminalitätsgeschichte, S. 218ff.
81 Leuchtmann, Aufzeichnungen, S. 209.
82 Vgl. zu zum Stereotyp des betrunkenen Soldaten: Huntebrinker, Söldner, S. 133–138.
83 Mahr, Robert Monro, S. 159.
84 Vgl. zum Quartier als Schutz vor der Witterung: Dinges, Soldatenkörper, S. 76ff.

Schutz durch schwedische Soldaten – Schutz vor schwedischen Soldaten:
Hinrichtungen

Doch auch kurz nach unblutigen Stadtübergaben kam es zu Gewalttätigkeiten und – auch von der schwedischen Seite nicht (mehr) tolerierten – Güterwegnahmen von schwedischen Soldaten zuungunsten der städtischen Einwohnerinnen und Einwohner. Die schwedische Militärjustiz verfolgte dies zumindest teilweise und veranlasste einige Hinrichtungen und körperliche ›Züchtigungen‹.[85] In Erfurt kam es am 6. Oktober 1631, also fünf Tage nach Einnahme der Stadt am 1. Oktober, zu einer Hinrichtung.[86] In Augsburg kam es laut Hainhofers Bericht am 5. und 6. Mai 1632, also etwa zwei Wochen nach der Übergabe der Stadt am 20. April, zur Durchführung einer Hinrichtung und einer ›Züchtigung‹.[87] Und in München kam es während der Präsenz des schwedischen Königs in der Stadt, also innerhalb von höchstens 11 Tagen nach der Stadteroberung, zu drei Hinrichtungen.[88] Dies ist ein interessanter Befund, denn in vielen anderen Fällen arbeitete die Militärjustiz anders: Die Prozesse waren in der Regel langwierig und endeten oft mit geringen Strafen oder Freisprüchen, wenn sie nicht vorher eingestellt wurden.[89] In den von der schwedischen Armee in den Jahren 1631 und 1632 neu eingenommenen Städten verliefen jedoch zumindest einige Prozesse der schwedischen Militärjustiz offenbar deutlich schneller und endeten nicht selten mit signifikant härteren

---

85 Vgl. speziell zur schwedischen Militärjustiz: Lorenz, Rad, S. 103–128; Berg, Administering Justice. Vgl. allgemein zur frühneuzeitlichen Militärjustiz: Nowosadtko/ Klippel/ Lohsträter, Militär und Recht. Vgl. speziell zu den Strafen im schwedischen Militär: Lorenz, Rad, S. 134–147.

86 Vgl. Beyer/ Biereye, Geschichte, S. 536f; O. A., Warhafftiger wolgegründeter Bericht. Welcher gestalt […] Gustavi Adolphi […] am 22. Septembris deß Jahrs 1631. zum erstenmahl in der Stadt Erffurdt angelanget, S. 61; LHASA, MD, A 37b I, II IX Nr. 15, fol. 11ʳ. In Erfurt kam es gleichzeitig zu zahlreichen Güterwegnahmen und Übergriffen vor allem gegenüber katholischen Geistlichen, die größtenteils geduldet wurden (siehe Kapitel 7. 3.). Weshalb vor diesem Hintergrund gerade dieser Soldat exekutiert wurde, lässt sich nicht mit Bestimmtheit sagen; hängt aber möglicherweise mit dem höheren Stand der Geschädigten und dem Ausmaß der begangenen Güterwegnahmen zusammen (vgl. LHASA, MD, A 37b I, II IX Nr. 15, fol. 11ʳ).

87 Vgl. Emmendörffer, Welt, S. 499.

88 Vgl. Heimers, Krieg, S. 32; Schaedel, Gustav Adolf, S. 125; Stahleder, Chronik, S. 452; Mayer, Münchener Stadtbuch, S. 364f; Hefner, Original-Bilder, S. 88; Leuchtmann, Aufzeichnungen, S. 208f.

89 Vgl. Lorenz, Rad, insbesondere S. 298ff und 307–311; Berg, Administering Justice, S. 237–244; Meumann, Institutionen, S. 129–144.

Strafen. Man könnte dies dahingegen interpretieren, dass diese Prozesse gezielt forciert wurden, um Gustav Adolf als ›guten‹ und ›gerechten‹ Herrscher in Szene zu setzen, der für Schutz und ›Gerechtigkeit‹ sorgte.[90]

Auch die Performanzen der Hinrichtungen waren so gestaltet, dass mit ihnen ›Schutz‹ und ›Gerechtigkeit‹ der neuen schwedischen Herren in Szene gesetzt wurden.[91] Hainhofer schrieb zu einer Hinrichtung in Augsburg:

[Man hat] ainen soldaten namens Johann Plattinger von Custrin an newen galgen in Jacober Vorstadt gehenckht, um willen er dem Tobiae Schlaider Kellermaister allhir sein weib wider ihren willen noht gezwungen [vergewaltigt], auch diebstal und andere bueben stueckh begangen hat, wie das täfelin an seiner brust außgewißen[92].

Diese Passage in Hainhofers Tagebuch ist ein gutes Indiz dafür, dass die Schweden bemüht waren, ihr Vorgehen gegen Delinquenten aus den eigenen Reihen dezidiert – in diesem Fall durch eine beschriebene Tafel, die man dem Hingerichteten anheftete – kenntlich zu machen, und hierdurch den Augsburgerinnen und Augsburgern den ›Schutz‹ zu demonstrieren, der ihnen durch die schwedischen Truppen und die schwedische Militärjustiz zu Teil wurde.

Und zweifellos waren die schwedischen Truppen ein Faktor, der in den eroberten Städten für Sicherheit sorgte – was eine in der frühneuzeitlichen Deutung so zentrale Herrschaftsleistung war, dass sogar Maurus Friesenegger, der spätere Abt des Klosters in Andechs, über die Zustände in München anerkennend schrieb: *[A]lles Leben, Eigentum, und Ehre war unter ihm [Gustav Adolf] sicherer als selbst unter der churfürstlichen Garnison*[93]. Doch gleichzeitig sorgten die schwedischen Truppen durch deviantes Verhalten auch für Unsicherheit, indem sie vergewaltigten, misshandelten oder plünderten.[94]

---

90 Interventionen zugunsten von angeklagten Soldaten (vgl. Lorenz, Rad, insbesondere S. 298ff und 307–311) zeige, dass Eingriffe in die Militärjustiz durchaus möglich waren (vgl. Lorenz, Rad, S. 136). Vgl. allgemein zur Schutzfunkton von Besatzern: Carl, Einleitung; Carl, Protektion; Meumann, Herrschaft oder Tyrannis, S. 185; Meumann, Institutionen, S. 116–128.

91 Vgl. grundlegend zu den Performanzen von Hinrichtungen: Dülmen, Theater des Schreckens. Vgl. ebenfalls exemplarisch: Schuster, Wandel; Krischer, Traditionsverlust.

92 Emmendörffer, Welt, S. 499.

93 Friesenegger, Tagebuch, S. 17.

94 Vgl. zu der Vergewaltigung in Augsburg: Emmendörffer, Welt, S. 499. Vgl. zu sexualisierter Gewalt in frühneuzeitlichen Kriegen: Lorenz, Rad, S. 207–218; Jansson, Soldaten. Vgl. allgemein zu sexualisierter Gewalt in der Frühen Neuzeit: Loetz, Gewalt. Vgl. zur Misshandlung in Augsburg: Emmendörffer, Welt, S. 499. Vgl. zu Misshand-

In Erfurt gestaltete sich die Hinrichtung anders als in Augsburg; Marx, Kanoniker im dortigen Kollegiatstift St. Maria, schrieb dazu:

Seind Ihre Maiestät [Gustav Adolf] Vormittage von hier weg nach dem Landt zue Francken zuegezogen, zueforderst aber eine Reutter, welcher aus Juncker Wolf von der Weser, etlich gelt gepresset, auch Herrn Philipp Möllern an die 1600 daler gestolen undt geblündert, auff offenen marck aufhencken lassen[95].

Die Hinrichtung wurde also zeitlich mit dem Wegzug Gustav Adolfs verknüpft, so dass die Exekution als abschließender Akt des königlichen Aufenthalts in Erfurt erschien, mit dem Gustav Adolf bilanzierend und diese Zeitspanne abdeckend für ›Gerechtigkeit‹ sorgte. Ganz ähnlich wie von Marx wurde dieses Ereignis auch in der 1634 im Auftrag des Erfurter Rats veröffentlichten Flugschrift beschrieben:

Montags den 26. des morgens zwischen 8. vnd 9. seynd I. Königl. Maytt. von hinnen wiederumb auffgebrochen / haben ihren weg nach Arnstadt genommen / vnd eben beym auffbruch einen Soldaten / der sich in eines Catholischen bürgers hausse / derer mit höchstem ernst von deroselben verbottenen Plünderung vnterstanden / öffentlich auff dem Marckte aufhencken lassen[96].

Interessant ist hier, dass eigens erwähnt wurde, dass der Soldat für die Güterwegnahme aus *eines Catholischen bürgers hausse* bestraft wurde und die begangene deviante Handlung zuvor *mit höchstem ernst von deroselben [Gustav Adolf] verbottenen* worden sei. Offenbar versuchte der Rat 1634 so einen Beleg anzuführen, dass die Schweden während der Besatzungszeit für Sicherheit gesorgt

---

lungen durch Soldaten: Pröve, Soldat; Lorenz, Rad, S. 167–184; Medick, Dreißigjähriger Krieg, S. 105–110; Asch, Violence, S. 294; Huntebrinker, Kriminalitätsgeschichte, S. 216f; Kaiser, Bevölkerung, S. 283–289; Kaiser, Söldner, S. 94f. Vgl. zur Plünderung in Erfurt: LHASA, MD, A 37b I, II IX Nr. 15, fol. 11ʳ; O. A., Warhafftiger wolgegründeter Bericht. Welcher gestalt […] Gustavi Adolphi […] am 22. Septembris deß Jahrs 1631. zum erstenmahl in der Stadt Erffurdt angelanget, S. 61) und in München (vgl. Leuchtmann, Aufzeichnungen, S. 208f). Vgl. zu Güterwegnahmen allgemein: Pröve, Soldat; Lorenz, Rad, S. 167–184; Medick, Krieg im Haus; Plassmann, Landbevölkerung, S. 225ff; Schennach, Verhältnis, S. 61f; Asch, Violence, S. 294; Huntebrinker, Kriminalitätsgeschichte, S. 216f; Kaiser, Bevölkerung, S. 283–289; Kaiser, Söldner, S. 94f.

95   LHASA, MD, A 37b I, II IX Nr. 15, fol. 11ʳ.
96   O. A., Warhafftiger wolgegründeter Bericht. Welcher gestalt […] Gustavi Adolphi […] am 22. Septembris deß Jahrs 1631. zum erstenmahl in der Stadt Erffurdt angelanget, S. 61.

und davon auch die Altgläubigen profitiert hätten. Auf diese Weise beabsichtigte er wohl, die kaiserlich-ligistische Seite, und insbesondere den Erzbischof von Mainz, zu beschwichtigen, denn nach der Niederlage der schwedischen Truppen in der Schlacht von Nördlingen drohte die Stadt wieder unter deren Kontrolle zu geraten.[97]

Doch eine solche rigorose Bestrafungspolitik war durchaus ambivalent, was durch die Beschreibung des Hofmusikers Johannes Hellgemayr über drei Hinrichtungen in München deutlich wird:

sein auch der Zeith, so der khinig [Gustav Adolf] alhie gewest, auf dem Markht 3. berschonen, allß Soldaten, gehenkht worden umb schlechte verbrechen, allein das sy ein wenig vnd schlechtes geplindert[98].

Hellgemayr rühmte hier keineswegs das Vorgehen des schwedischen Königs gegen die schwedischen Soldaten, sondern er inkriminierte es als unverhältnismäßig und geradezu ›tyrannisch‹.[99] (Mit *schlechte verbrechen* waren hier ganz offenbar nicht die schlechtesten sondern die geringsten Verbrechen gemeint).

Zusammenfassend kann man sagen, dass die schwedische Seite nach der Einnahme der unterschiedlichen Städte bemüht war, sie unter ihre Kontrolle zu bringen, indem vor allem die Tore und andere wichtige Räume, wie der Marktplatz, mit schwedischen Soldaten besetzt wurden. Gerade in altgläubigen Städten dürfte dies von den Bewohnern nicht selten als Bedrohung wahrgenommen worden sein, wobei in München sogar ein Manöver unmittelbar vor der Stadt durchgeführt wurde, was zweifellos der Inszenierung der militärischen Schlagkraft der schwedischen Armee diente, wie auch der Einschüchterung der Münchner Bevölkerung.

Mit der schwedischen Präsenz in den Städten waren auch Einquartierungen verbunden, die aus der Perspektive der Eroberer notwendig waren, um die Versorgung der Truppen zu gewährleisten; aus Sicht der Einwohner hingegen waren sie eine Belastung und potenziell auch eine Bedrohung.

Kurz nach den Stadteinnahmen kam es in der Einquartierungssituation auch zu Übergriffen schwedischer Soldaten – belegt sind Güterwegnahmen, Misshandlungen und Vergewaltigungen. Für Sicherheit gegen diese devianten

---

97 Vgl. zur Lage Erfurts 1634: Press, Kurmainz, S. 394; Stievermann, Erfurt, S. 56f.
98 Leuchtmann, Aufzeichnungen, S. 208f.
99 Vgl. zur Deutung der ›Tyrannei‹: Kampmann, Westfälische System, S. 204f und 211–217; Kampmann, Interventionsproblematik, S. 78; Meumann, Herrschaft oder Tyrannis, S. 185ff; Tischer, Grenzen, S. 52f; Pröve, Legitimationen, S. 265f.

schwedischen Soldaten sorgten ebenfalls schwedische Soldaten, d.h. die schwedischen Truppen stellten Sicherheits- und Unsicherheitsfaktor zugleich dar. Die schwedische Militärjustiz verfolgte diese Übergriffe zumindest teilweise überaus schnell und hart, was nahelegt, dass diese Prozesse forciert wurden und die folgenden Bestrafungen dazu dienten, die schwedische Obrigkeit als schutzgewährend und gerecht in Szene zu setzen.

8. 3. Die Bauwerke der Stadt als militärischer Faktor

Kurz nach den Einnahmen der Städte kam es in und an militärischen Anlagen wie Mauern und Zeughäusern zu einigen bemerkenswerten Handlungen. In Augsburg und Erfurt etwa besichtigte Gustav Adolf die städtischen Zeughäuser.[100] Dies war zum einen sicherlich eine Geste des Eroberers, durch die diejenigen Waffen, mit denen zuvor die eroberten Städte hätten verteidigt werden können, als erobert ausgewiesen wurden; hierdurch wurde die Eroberung der Stadt evident gemacht und die ›überwundene‹ Kampfkraft – d.h. ›Größe‹ des Sieges – demonstrativ taxiert. Zugleich war es jedoch auch eine Praktik des neuen Stadtherrn, der sich in den Zeughäusern über die zur Verfügung stehenden Mittel zur Verteidigung ›seiner‹ gerade eingenommenen Städte informierte. Dies war nicht zuletzt auch eine stark symbolisch aufgeladene Handlung, mit der Gustav Adolf ›Fürsorge‹ für die Stadt und militärische Kompetenz demonstrierte.

Der selben doppelten Logik folgte auch die Besichtigung der städtischen Befestigungsanlagen, die etwa in Frankfurt am Main, Nürnberg und Erfurt erfolgten und immer wieder fast wortgleich beschrieben wurden.[101] Caspar Kitsch schrieb zu diesem Agieren in Frankfurt am Main: *[Gustav Adolf ist] von seiner Kutschen abgestiegen, sich auf sein Pferdt gesezt und ist mit zween seiner*

---

100 Vgl. zu Augsburg: Lungwitz, Judas Maccabaeus, S. 50; Emmendörffer, Welt, S. 492. Vgl. zu Erfurt: O.A., Kurtze Erzehlung Welcher Massen Ihr Königliche Mayest. in Schweden sich dess Hertzogthumbs Francken sambt dem darinn gelegenen Stifft, Stadt unnd Schloss Würtzburgk mit Kriegs Gewalt bemechtiget, ohne Seitenzahl. Zum Besuch des schwedischen Königs im herzoglichen Zeughaus in München siehe Kapitel 6. 2.
101 Vgl. zur Bedeutung der Festungswerke in der Frühen Neuzeit: Schütte, Sicherheitsarchitekturen; Schütte, Bauliche Repräsentation; Hilliges, Sicherheitsversprechen; Externbrink, Richelieu.

Diener erst umb die Statt geritten, und die newen Wercker besichtiget[102]. In einem
Flugblatt hieß es über dieses Vorgehen in Nürnberg: [*Vor einem Tor von Nürnberg ist Gustav Adolf] abgestiegen / vnd fast vmb die gantze Statt herumb zu fuß
gegangen / die neue angefangene Werck vnd anders gar wol besichtiget*[103]. Und zu
dieser Handlung in Erfurt hieß es in einer Flugschrift:

*Denselben tag seynd auch I. Königl: Mayt: [Gustav Adolf] vmb die Stadt ge-
ritten / vnd haben vnserm [der Stadt Erfurt] Bawmeister selbst anbefohlen / wohin
vnd welcher gestalt zu besserer verwahrung der Stadt die newe wercke solten auffge-
führt werden*[104].

Gerade bei den Besichtigungen der Mauern wurde allerdings nicht nur
Wissen um deren Güte generiert, sondern auch das Bild eines militärisch kom-
petenten Königs evoziert, denn zur Begutachtung von Verteidigungswerken
waren (idealerweise) entsprechende Kenntnisse notwendig – möglicherweise
wurde aus diesem Grund die Besichtigung der Stadtwälle so ausführlich beschrieben.[105]

Doch die Mauern wurden nicht ›nur‹ besichtigt, sondern auf dem Würz-
burger Marienberg begannen schon wenige Tage nach der Erstürmung der
Festung Reparaturarbeiten und zudem bemühte sich die schwedische Seite in
Würzburg, Mainz, Nürnberg, Augsburg und Erfurt darum, die bestehenden
Fortifikationsanlagen auszubauen.[106] In einigen Fällen – wie Würzburg und

---

102 Gustav Adolf König von Schweden in Frankfurt am Main 1631 und 1632, S. 166.
103 O. A.: Andeutliche kurtze Beschreibung vnd Figurliche entwerffung / Welcher gestalt
    […] Gustavus Adolphus […] zu Nürnberg […] Eingeritten. Vgl. dazu auch: Weigel,
    Franken, S. 35f; Berner, Gustav Adolf, S. 427; Soden, Gustav Adolph, S. 223; Droysen,
    Gustav Adolf, S. 533.
104 O. A., Warhafftiger wolgegründeter Bericht. Welcher gestalt […] Gustavi Adolphi […]
    am 22. Septembris deß Jahrs 1631. zum erstenmahl in der Stadt Erffurdt angelanget,
    S. 43. Wortgleich auch bei: Chemnitz, Kriegs, S. 222.
105 Vgl. zu Sinn und Funktion eines martialischen Herrscherbilds: Wrede, Inszenierung.
106 Vgl. zu den Reparaturarbeiten am Marienberg: Leo, Würzburg, S. 451; Mahr, Robert
    Monro, S. 150. Vgl. zur Befestigung Würzburgs: Sicken, Dreißigjähriger Krieg, S. 109–
    113; Wendehorst, St. Burkhard, S. 59; Freeden, Marienberg, S. 157f; Seberich, Stadt-
    befestigung, S. 263f; Arnold, Kriegswesen, S. 116. Vgl. zur Befestigung von Mainz:
    Brück, Mainz, S. 50f; Dobras, Stadt, S. 261f; Müller, Schweden [2009], S. 97; Müller,
    Schweden [2016], S. 209f. Vgl. zur Befestigung Nürnbergs: Willax, Befestigungsanla-
    gen; Willax, Verteidigungswesen, S. 198–201; Wüst, Städte, S. 76f. Vgl. zur Befestigung
    Augsburgs: Roeck, Stadt, S. 257; Martines, Zeitalter, S. 142; Weber, Augsburg, S. 276f.
    Vgl. zur Befestigung Erfurts: Weiß, Revolution, S. 139; Berg, Occupation, S. 57. Vgl.
    allgemein und überblicksmäßig zu den schwedischen Befestigungsmaßnahmen: Schüt-
    te, Sicherheitsarchitekturen, S. 99–103.

Augsburg – wurden diese Pläne kaum ansatzweise umgesetzt, da etwa in Augsburg Arbeitskräfte, aber vor allem Ressourcen und Zeit fehlten.[107] Zugleich wird aber auch deutlich, dass die schwedische Seite um eine stärkere Befestigung bemüht war, d.h. die bestehenden Mauern wurde als unzureichend wahrgenommen und eine fortifikatorische Verbesserung als möglich erachtet.[108]

Zusammenfassend lässt sich feststellen, dass es in vielen eroberten Städten zu ostentativen Besuchen des schwedischen Königs Gustav Adolf von Zeughäusern und Mauern kam; dabei wurde Gustav Adolf einerseits als ›Überwinder‹ einer großen Kampfkraft inszeniert, andererseits aber auch als neuer Stadtherr, der sich über die Verteidigungsfähigkeit ›seiner‹ Stadt informiert. In fast allen untersuchten Städten kam es auf schwedische Initiative hin zu Planungen, wie die Fortifikation verbessert werden könnte und zum Teil begann man auch relativ schnell mit entsprechenden Arbeiten; in der Deutung der Zeitgenossen waren die Befestigungen also unzureichend, aber eine Verbesserung wurde offenbar als möglich erachtet.

---

107 Vgl. zu Würzburg: Sicken, Dreißigjähriger Krieg, S. 109–113; Wendehorst, St. Burkhard, S. 59; Freeden, Marienberg, S. 157f; Seberich, Stadtbefestigung, S. 263f. Vgl. zu Augsburg: Roeck, Stadt, S. 257; Martines, Zeitalter, S. 142; Weber, Augsburg, S. 276f.
108 Vgl. Schütte, Sicherheitsarchitekturen, insbesondere: S. 99–103. Vgl. zum florierenden Diskurs über Befestigungsanlagen während des Dreißigjährigen Krieges: Bürger, Festungsbaukunst, S. 262ff.

9. Schluss

* * *

Es mag paradox klingen, aber in vielen modernen geschichtswissenschaftlichen Arbeiten zum Dreißigjährigen Krieg bilden militärische Aktivitäten eher einen Randbereich.[1] Dabei wies das Agieren der Heere eine große Bandbreite auf – es gab wichtige Schlachten (Schlacht am Weißen Berg, Breitenfeld, Nördlingen[2]), verheerende Aktionen des ›kleinen Krieges‹ (etwa die sogenannten ›Kroatenjahre‹[3]) oder bekannte Stadteinnahmen (Heidelberg, Mantua, Magdeburg[4]). Wie prägend bestimmte Kriegsformen während eines bestimmten Zeitabschnitts werden konnten, zeigt sich etwa an Gustav Adolfs Kriegsaktivitäten im Heiligen Römischen Reich. Diese bilden nur eine vergleichsweise kurze Phase des Dreißigjährigen Kriegs, doch zwischen den Jahren 1630 bis 1632 eroberten schwedische Truppen zahlreiche, teils große und bedeutende Städte; ein auf Stadteinnahmen ausgerichteter Belagerungskrieg wurde in dieser Zeitspanne ubiquitär. Die vielen daraus resultierenden Stadteroberungen könnte man durchaus als Signum dieser Kriegsphase auffassen, nicht zuletzt, da es in den eingenommenen Städten zu etlichen Handlungsmustern kam, die äußerst bedeutsam waren und nur in urbanen Zentren durchgeführt werden konnten. Versucht man von diesem Befund ausgehend festzustellen, wie es der schwedischen Armee unter Gustav Adolf gelang, so viele Städte einzunehmen, so würde sich der Fokus der Untersuchung für Gewöhnlich auf die funktionale Dimension der Belagerungsroutinen richten. Und tatsächlich findet man auf diese Weise einige Spezifika, die sich deutlich von der Belagerungspraxis des 18. Jahrhunderts und den im 17. Jahrhundert etwa in den Niederlanden an-

---

1 Vgl. Kaiser, 1618, S. 771.
2 Vgl. Wilson, Dreißigjährige Krieg, S. 387–391 (Weißer Berg), 570–574 (Breitenfeld), 647–651 (Nördlingen).
3 Vgl. Carl, Exotische Gewaltgemeinschaften, S. 174f; Weise, Kroaten, S. 113ff.
4 Die bekannteste Stadteroberung dieses Kriegs ist zweifellos Magdeburg (vgl. exemplarisch: Kaiser, Excidium Magdeburgense; Emich, Bilder). Die Eroberung Mantuas, die in der deutschsprachigen Forschung lange Zeit wenig Beachtung gefunden hatte, erfährt – als wichtige militärische Aktion außerhalb der etablierten Kriegsschauplätze – mittlerweile einige Aufmerksamkeit (vgl. Externbrink, Rezeption; Schnettger, Sacco di Mantova; Wenzel, Objektbiographien). Die Einnahme Heidelbergs ist vor allem durch die Wegnahme der Bibliothek, der Palatina, bekannt (vgl. mit zahlreichen Literaturangaben: Lübbers, Hofbibliothek, S. 175–183).

gewandten Handlungsmustern unterscheiden. So wurden die zeitintensiven Erdarbeiten deutlich reduziert und auch auf das langwierige Brescheschießen wurde verzichtet; auf diese Art gelang es offenbar, die Belagerungen der zumeist bestenfalls mittelmäßig gut befestigten Städte deutlich zu beschleunigen und schon nach wenigen Tagen finale Sturmangriffe auf Frankfurt an der Oder und den Würzburger Marienberg durchführen zu können.

Allerdings wurden nur wenige der von Gustav Adolfs Truppen eroberten Städte mit einem Sturmangriff eingenommen. Mainz etwa wurde zwar belagert, ergab sich aber und wurde mit einem Akkord übergeben. In diesem Fall hatten die zügig durchgeführten Erdarbeiten der Angreifer wohl nicht zuletzt auch symbolische Effekte: Die Verteidiger von Städten wie Mainz konnten mit großer Sicherheit an Hand des schnell befestigten gegnerischen Lagers und der rasch vorangetriebenen Laufgräben wahrnehmen, dass eine Verteidigung kaum Aussicht auf Erfolg hatte. Bestimmte Belagerungshandlungen besaßen folglich sowohl eine funktionale wie auch eine symbolische Dimension; andere hatten offenbar kaum noch funktionalen Charakter, sondern erzeugten letztlich ›nur‹ Sinn. Der geordnete Aufmarsch mit wehenden Fahnen und unter Trommelschlag oder bestimmte Formen des Artilleriebeschusses dienten letztlich vor allem dazu, die Verteidiger in Angst zu versetzen.

Belagerungen waren dementsprechend implizit in der Regel auch Akte der Kommunikation, bei denen die Angreifer versuchten, die Verteidiger zur Übergabe der Stadt zu bewegen. Und tatsächlich waren gewaltsame Einnahmen von Städten oder Stadtfestungen wie Frankfurt an der Oder oder des Würzburger Marienbergs eher die Ausnahme. Sturmangriffe oder auch nur umfangreichere Belagerungen scheinen während Gustav Adolfs Kriegszügen sogar in ihrer Häufigkeit abgenommen zu haben; in Bayern ergaben sich 1632 zahlreiche Städten den schwedischen Truppen, ehe diese überhaupt vor Ort ankamen, aber auch zuvor ergaben sich Städte wie Frankfurt am Main und Nürnberg aus mehr oder weniger großer Distanz.

Offenbar gab es nach dem Ausbruch der schwedischen Truppen aus der Einkesselung in Nordostdeutschland 1631 in etlichen Städten die Erwartungshaltung, dass Städte Gustav Adolf mit seinen Truppen kaum ›erfolgreich‹ Widerstand leisten könnten. Konstitutiv für diese verbreitete Deutung war offenbar zum Teil detailliertes Wissen um bereits erfolgte Stadteroberungen der schwedischen Armee, das sich bei vielen Verfassern von Selbstzeugnissen nachweisen lässt. Diese scheinen ihre Informationen von Flüchtenden aus den jeweiligen Regionen oder aber aus Flugblättern und -schriften, die in großer Zahl

kursierten, bezogen zu haben. Die Verbreitung des Wissens über Stadteroberungen durch die schwedische Armee trug somit zu weiteren Stadteinnahmen
Gustav Adolfs bei.

Ein Indiz für die gesunkene Bereitschaft, aber auch Fähigkeit, Städte zu
verteidigen, sind die Vorbereitungen, die getroffen wurden, um Städte verteidigungsfähig zu machen: Während in Frankfurt an der Oder im Frühjahr
1631 zahlreiche kaiserlich-ligistische Truppenverbände zusammengezogen
wurden und die Stadt ad hoc mit zusätzlichen Befestigungsanlagen versehen
wurde, geschah ähnliches später bestenfalls in sehr eingeschränkten Maßen.
Offenbar wurden die eigenen Mittel, Städte zu verteidigen, zunehmend als
zu gering eingeschätzt. Darauf deutet auch der Umstand, dass Stadtherren,
wie der Mainzer Erzbischof oder der bayrische Herzog, Instruktionen erstell-
ten, die Stadtübergaben anmahnten, während sie selbst vor den schwedischen
Truppen flohen.

Überhaupt kam es ab der Mitte des Jahres 1631, als Gustav Adolf nach
Mitteldeutschland vorrückte, in potenziell gefährdeten Städten zu Fluchtbewegungen. Die ärmere Bevölkerung scheint eher in die nähere Umgebung geflüchtet zu sein, um nach einer möglichen Belagerung wieder in die Städte
zurückzukehren; vor allem die altgläubige Funktionselite begab sich aber in
weiter entfernte Regionen, im Anfang vor allem ins Rheinland und nach Bayern, später in die Habsburgischen Erblande, wodurch sich geistliche und weltliche Fürsten sowie zahlreiche Räte und Domherren dem Zugriff der Schweden
entziehen konnten.

Auch zahlreiche Artefakte wurden aus bedrohten Städten geschafft; Herzog Maximilian I. ließ aus seiner Residenzstadt München etwa Geld, Waffen,
Kunstwerke und Reliquien abtransportieren, wodurch den ankommenden
schwedischen Truppen zahlreiche Möglichkeiten zur Güterwegnahme genommen wurden. Auf diese Weise schützte der bayrische Herzog vor allem Dinge,
die zu seiner Statusrepräsentation und der katholischen Kultusausübung konstitutiv waren.

Beim ersten Zusammentreffen der schwedischen Seite und Akteuren der
jeweiligen Städte erfolgten Akte der (symbolischen) Kommunikation. Dies
konnte so aussehen, dass den Boten der schwedischen Armee Speise und Trank
sowie kleinere Geschenke gegeben wurde, um so Verhandlungsbereitschaft zu
signalisieren. Es konnte aber auch passieren, dass die städtischen Wachen das
Feuer eröffneten oder die Verteidiger die Schweden verhöhnten, um ihre Verteidigungsbereitschaft in Szene zu setzen. Da dieses Vorgehen zeitgenössisch

durch den möglichen Beschuss als gefährlich eingeschätzt wurde, waren es häufig einfache Boten, die die Städte zur Übergabe aufforderten.

Die Aufforderungsschreiben der schwedischen Armee, die bei dieser Gelegenheit in der Regel übergeben wurden, oszillierten zwischen hyperbolisch Gewalt androhender Rhetorik und deutlichen, aber eher unterschwelligen Drohungen; insbesondere katholische Städte wurden in dezidiert martialischer Weise aufgefordert, während protestantischen tendenziell subtiler gedroht wurde.

Solche Aufforderungen lösten in den jeweiligen Städten in der Regel Beratungen über eine eventuelle Stadtübergabe per Akkord aus; die Modi des Beratens unterschieden sich jedoch von Stadt zu Stadt stark voneinander. Im Fall von München wurde quasi über Briefe und Instruktionen des bayrischen Herzogs über die Übergabe entschieden, wobei die Akteure vor Ort den Anweisungen Maximilians I. folgten; es gab somit ein Wechselspiel aus dem Agieren aus der Distanz und in München sowie dezidiertem Entscheiden und dem Entscheiden, getroffene Entscheidungen zu befolgen. In Frankfurt am Main verlängerte der Rat immer wieder die Beratungen und gab Rechtsgutachten zu einer möglichen Übergabe in Auftrag – eine Entscheidung versuchte man auf diese Weise möglichst hinauszuzögern. In Nürnberg wiederum bezog der vom Patriziat dominierte Kleine Rat größere Teile der Bürgerschaft über den Großen Rat ein und verpflichtete diese damit. In Augsburg traten Konflikte zwischen der katholischen Stadtobrigkeit, den bayrischen Besatzungstruppen und den protestantischen Einwohnern bei den Beratungen offen zutage; insbesondere die Praktiken des Beratens, bei denen die katholischen Akteure und die Protestanten getrennt miteinander interagierten, dürften zu diesem Ausgang beigetragen haben, da soziale beziehungsweise obrigkeitliche Kontrollmechanismen wegfielen. In Würzburg hingegen entschieden sich städtische Elite und militärische Kommandeure offenbar konsensual für die Übergabe der Stadt; gleichwohl wird gerade auch im Fall von Würzburg ein Narrativ im Bericht über das Beraten deutlich, durch das die Entscheidung geradezu als abgeleitet erscheint und offenbar zur Legitimation derselben diente.

In den meisten Städten entschied man sich jedoch nach der gewaltsamen Eroberung Frankfurts an der Oder im Jahr 1631 zu einer ›gütlichen‹ Einigung, einem Akkord; die Aushandlung eines solchen unterschied sich wiederum stark. Wurde unmittelbar vor der belagerten Stadt verhandelt, so waren Sicherheit und Ehre wichtige Faktoren für die Ausgestaltung der Verhandlungen. Oftmals wurde zwischen der Stadt und dem Lager der schwedischen Armee verhandelt, da dies den Verhandelnden beider Seiten Sicherheit versprach und Gleichrangigkeit symbolisierte. Es konnte aber auch im schwedischen Lager oder in der belagerten Stadt verhandelt werden, wodurch dezidiert Entgegenkommen demonstriert wurde. Wer jeweils als verhandlungsfähig gelten konnte, war noch kaum normiert, und daher versuchte die jeweils andere Seite mitunter Autonomie und Stärke inszenierend andere Unterhändler zu verlangen; hierbei ging es darum, die eigene Ehre in Szene zu setzen und die gegnerische Seite zu demütigen.

Es kam aber auch vor, dass schon über eine Stadtübergabe verhandelt wurde, ehe die schwedischen Truppen die Stadt erreichten. Dies hatte für die städtische Seite den Vorteil, dass keinerlei Schäden durch eine Belagerung zu befürchten waren, während die schwedische Seite hierdurch zügig Städte einnehmen konnte und symbolisch vom ›Entgegenkommen‹ der Städte profitierte. Diese Verhandlungen fanden im schwedischen Lager und – um es mit den Termini Goffmans zu sagen – auf der Vorderbühne statt: In Gegenwart zahlreicher und teils ranghoher Akteure verhandelte Gustav Adolf mit den Gesandten der Städte, wobei er sich gegenüber (mehrheitlich) protestantischen Städten als ›Retter des Protestantismus‹ in Szene setzte und offene Drohungen vermied, während er den Unterhändlern katholischer Städte teils massiv drohte.

Zu umfangreichen Beratungen in den jeweiligen Städten über den Akkord ist es nach den Verhandlungen offenbar kaum noch gekommen. Ausschließlich in Würzburg kam es zwischen dem militärischen Kommandanten und großen Teilen der städtischen Elite zu einem Konflikt über die Frage, ob die Stadt übergeben werden solle. Letztere setzte eine Übergabe der Stadt – nicht jedoch der stark befestigten bischöflichen Residenz – durch und waren sogar bereit, ein Schreiben für den Kommandanten anzufertigen, das ihn von dieser Entscheidung ›entlastete‹. Gleichzeitig nutzten auch die Würzburger Mittel, um ihre Entscheidung zu rechtfertigen: Zum einen banden sie offenbar das letzte sich vor Ort befindende Mitglied des einflussreichen Würzburger Domkapitels in die Entscheidung ein, zum anderen wurde im zentralen Bericht für den (gewählten) Bischof ein Narrativ geschaffen, durch das die Übergabe als geradezu notwendig erscheinen musste. Solche Anfertigungen von Rechtfertigungserzählungen an den ehemaligen Stadtherrn lassen sich auch für Erfurt nachweisen, wo erzbischöfliche Amtleute und städtischer Rat jeweils bemüht waren, den Kurfürst-Erzbischof von Mainz von der ›Richtigkeit‹ ihres Agierens zu überzeugen.

Nachdem die Übergabe der Stadt mündlich vereinbart worden war, vermied es die schwedische Seite jedoch oft, einen schriftlichen Vertrag über die genauen Akkordvereinbarungen abzuschließen. Auf diese Weise wurde symbolisch die Autonomie und Superiorität des schwedischen Königs in Szene gesetzt, der keinerlei Zugeständnisse machen musste; zudem ermöglichte dieses Vorgehen, ›Nachverhandlungen‹ anzustellen und so von der dann militärisch wehrlosen Stadtgemeinschaft zusätzliche Zugeständnisse zu erhalten. Um die Übergabe der Stadt aber abzusichern, kam es – wohl vor allem am Anfang der schwedischen Kriegszüge im Reich – zum Austausch von Geiseln, doch scheint dieses Handlungsmuster, mit dem Unsicherheit und fehlendes Vertrauen kompensiert wurde, eher selten gewesen zu sein. Schlüsselübergaben, mit denen Städte symbolisch übergeben wurden, lassen sich konkret nur schwer nachweisen, da man in entsprechenden Schilderungen vielfach nicht zwischen der Beschreibung einer konkreten Handlung und metaphorischer Siegesrhetorik unterscheiden kann. Den Bildern und Narrativen nach zu urteilen, waren Schlüsselübergaben eine extrem demütigende Praxis: Dementsprechend kann die mediale Inszenierung von Schlüsselübergaben als Angriff auf die Ehre der unterlegenen Seite verstanden werden.

Bei einer Stadtübergabe wurde zumindest in einigen Fällen der Abzug der Garnison beziehungsweise das Öffnen des Stadttors präzise terminiert. Dies diente dazu, ein Hinauszögern der Übergabe zu verhindern; in Würzburg kam ein solches Hinauszögern der Stadtübergabe vor, das von den Zeitgenossen als dubios und potenziell gewaltauslösend gedeutet wurde. Der Abzug der Garnison kann als Ritual gelten, durch das den abziehenden Soldaten Ehre beziehungsweise Schande attestiert wurde, was vor allem über die mitgeführten Dinge geschah: Infanteriebewaffnung, Fahnen, Kanonen und brennenden Lunten kam so differenzmarkierende Bedeutung zu. Mitunter blieb der Sinn dieser Handlung jedoch nicht unwidersprochen, denn in einem zeitgenössischen Militärtraktat wurde die ›Tapferkeit‹ der Verteidiger einiger im Dreißigjährigen Krieg eroberter Städte und damit die ›Angemessenheit‹ ihrer Abzugsperformanz beurteilt.

Der Einzug Gustav Adolfs in eine übergebene Stadt war vielfach mit Sinn aufgeladen. In (mehrheitlich) protestantischen Städten, wie Nürnberg und Augsburg, folgte der Einzug des schwedischen Königs den Konventionen eines Adventus: Gustav Adolf wurde von Mitgliedern der Stadtgemeinschaft mit einer Cavalcata eingeholt beziehungsweise am Stadttor von Vertretern des Rats empfangen. Durch dieses Vorgehen kam es zu einer Anerkennung des schwedischen Königs als Stadtherr und zu einer Bestätigung der Stellung des Rats als Stadtobrigkeit sowie zu einer Demonstration königlicher Gunst und städtischer Loyalität. Dies wird vor allem auch im Kontrast zu katholischen Städten wie München und Würzburg deutlich: In München kam es zu keinerlei Interaktion zwischen Gustav Adolf und dem Stadtrat beim Einzug; stattdessen zog der schwedische König in der Pose des militärischen Siegers in die Residenzstadt Maximilians I. ein. Um den Einzug in Würzburg gab es sogar einen zeitgenössischen Deutungskonflikt: Während in einem pro-protestantischen, schweden-freundlichen Geschichtswerk ein für die Würzburger demütigender Einzug mit einer Schlüsselübergabe geschildert wird, hieß es in einem Bericht eines bischöflichen Rats, Gustav Adolf sei mit minimalem Entgegenkommen in die Stadt geleitet wurden. Dies ist ein aufschlussreiches Indiz dafür, welche Bedeutung dem Mitwirken der Stadtgemeinde bei einem Adventus zukam, und damit ein Hinweis, weshalb es etwa in München nicht zur Nutzung einer Adventus-Symbolik kam.

Den medialen Inszenierungen der Einzüge kommt eine nicht zu unterschätzende Bedeutung zu: Dem in actu wohl nicht solenn gehaltenen Durchzug durch Frankfurt am Main wurde ex post eine Adventus-Qualität zugeschrieben und Gustav Adolf damit glorifiziert. Der Adventus des schwedischen Königs in Nürnberg wurde in polemischer Absicht mit Ritualen Kaiser Karls V. ›verglichen‹, wodurch ein anti-katholischer Impetus entstand. Altgläubige Chronisten beschrieben wiederum Gustav Adolfs Einzüge in Würzburg und Augsburg in einer Weise, durch die der schwedische König als unfähiger Reiter und damit unfähiger Herrscher erscheinen musste.

Derartige Stadtübergaben mit vergleichsweise wenigen Kriegstoten waren bei den Kriegszügen Gustav Adolfs im Dreißigjährigen Krieg zwar die Regel, doch kam es auch zu zeitgenössisch vielbeachteten Stadteinnahmen durch Sturmangriffe. Frankfurt an der Oder und die Festung und Residenz des Bischofs von Würzburg, der Marienberg, wurden beide 1631 auf diese Art von schwedischen Truppen erobert. In diesen Fällen gelang es den Angreifern, die äußeren Befestigungsanlagen mit Leitern zu überwinden; in der Stadt beziehungsweise Festung kam es daraufhin noch zu heftigeren Infanteriegefechten, während denen es den schwedischen Soldaten gelang, durch für die für sich zurückziehenden Truppen geöffnete Tore weitere Befestigungslinien zu durchbrechen. Letztendlich gingen die Angreifer siegreich aus diesen Gefechten hervor.

In Frankfurt wie auf dem Marienberg gingen die Kämpfe in Massaker mit Güterwegnahmen über; diese gewalttätigen Handlungen waren zeitgenössisch überaus bedeutungsvoll: Gerade in Frankfurt an der Oder versuchten die schwedischen Soldaten mit dem Massaker, (vermeintliche) Grenzüberschreitungen der Gegenseite zu vergelten. Zudem dienten Massaker und Beutenahmen in beiden Orten dazu, eine Differenz zwischen Sieger und Besiegten zu schaffen. Dies implizierte auch, dass die Stadt als Gemeinwesen und ihre BewohnerInnen all ihre Rechte verloren: Der Sturmangriff war ein Ritual der Rechtlosigkeit, das den neuen Status performativ schuf.

Diese performative Dimension des Sturmangriffs wird vor allem auch mit Hilfe zweier Grenzfälle deutlich: In Bamberg kam es 1632, nachdem kurz zuvor die Stadtübergabe vereinbart worden war, zu einem Gefecht zwischen Einwohnern und schwedischen Truppen, das letztere für sich entscheiden konnten. Erfurt wiederum wurde 1631 durch einen Handstreich eingenommen. Beiden Fällen gemeinsam ist, dass es zu keinem Massaker kam, was vor allem in pro-schwedischen Quellen zu einer Glorifizierung der ›Gnade‹ der schwedischen Truppen führte: Ein Massaker nach einer gewaltsamen Stadteinnahme unterblieb also teilweise. Im Fall von Erfurt ermöglichte dies, dass in einer vom Erfurter Rat initiierten Flugschrift aus dem Jahr 1634 die gewaltsame Eroberung der Stadt zu einem Akkord umgedeutet wurde; offenbar versuchte man so, Vorwürfe, die Verrat oder militärische Inkompetenz unterstellen könnten, zu antizipieren und zu entkräftigen. Ex negativo gibt diese Umdeutung einen aufschlussreichen Hinweis darauf, dass Güterwegnahmen und vor allem Massaker Handlungsmuster waren, durch die Sturmangriffe kaum mehr umgedeutet werden konnten und diese dementsprechend als rechtstransformierende Rituale dienten. In Bamberg kam es bezeichnender Weise nicht zu solchen Umdeutungen, denn dort kam es durch die schwedischen Soldaten zu Beutenahmen, was eine differenzmarkierende Handlung nach einem Sturmangriff war.

Geriet eine Stadt unter schwedische Kontrolle – sei es durch einen Akkord oder sei es unmittelbar durch eine militärische Aktion – so wurden daraufhin zahlreiche (teils rituelle) Praktiken durchgeführt, die die Stadt als Gemeinwesen, die städtische Sakrallandschaft und die Stadt als militärischen Raum sowie gegebenenfalls die Residenz in der Stadt tangierten. Auf funktionaler, vor allem aber auf symbolischer Ebene wurden neue Stati der Stadt manifest; dies bedeutete politische, konfessionelle, fiskalische und militärisch-sicherheitspolitische Veränderungen, die verdeutlichen, welche Folgen Stadteroberungen zeitigten und weshalb es im Dreißigjährigen Krieg zu zahlreichen Stadteinnahmen kam.

Durch Eide und öffentliche Versprechen wurde zwischen Gustav Adolf und den Bewohnern der eroberten Städte ein Herren-Untertanen-Verhältnis konstituiert. Huldigungen gab es etwa in Würzburg, Frankfurt am Main, Mainz und Augsburg, während in Erfurt offenbar ein weniger verbindliches Versprechen geleistet wurde. Von diesem Befund ausgehend scheint es, als habe die schwedische Seite Eide vor allem in strategisch wichtigen und potenziell wenig verlässlichen Städten eingesetzt (Würzburg, Frankfurt und Mainz) sowie in symbolisch bedeutsamen Orten (Augsburg). In Städten, die als einigermaßen loyal gelten konnten, verzichtete sie hingegen darauf (Erfurt und Nürnberg), wie auch in Städten, die als nicht-dauerhafte Eroberung gelten mussten (München). Die konkreten Performanzen der Huldigungen unterschieden sich stark voneinander: In Frankfurt am Main leistet der Rat ein distinktives Handgelübde vor Gustav Adolf, während die Bürgerschaft ihren Eid vor Vertretern ihres Rats und des schwedischen Königs leistete. Die Augsburger huldigten geschlossen vor Gustav Adolf. Die Einwohner Würzburgs wiederum scheinen nur durch List und Zwang zu einer Eidesleistung genötigt worden zu sein, wobei man jedoch den rechtfertigenden Impetus dieser Schilderung einkalkulieren muss.

Auch mittels Versicherungsschreiben, Salva-Guardia-Briefen und Brandschatzungsprotokollen wurde Gustav Adolf als Herr über die eroberten Städte in Szene gesetzt. Die Versicherungsschreiben zwischen der schwedischen Seite und (mehrheitlich) protestantischen Städten unterschieden sich jedoch stark von den Salva-Guardia-Briefen und Brandschatzungsprotokollen mit katholischen Städten, da erstere eine für die Städte ehrenvolle Rhetorik der Wechselseitigkeit pflegten.

Während praktisch alle durch einen Akkord übergebenen Städte durch Eide, Versprechen beziehungsweise Verträge zur Treue gegenüber Gustav Adolf verpflichtet wurden, gab es gleichzeitig kaum Bemühungen, die Mitglieder der städtischen Räte oder die fürstlichen Amtleute in den Zentralen personell auszuwechseln.

Beim Umgang mit den Amtleuten des Bischofs von Würzburg und des Erzbischofs von Mainz in den Residenzstädten gab es relativ wenige personelle Veränderungen; zwar wurden die höheren Ämter mit adligen Protestanten aus Schweden und den jeweiligen Regionen besetzt, doch die meisten Amtleute blieben in ihren Ämtern und dienten Gustav Adolf, da ihre Expertise offenbar als kaum verzichtbar galt. Nur in Erfurt wurden die Rechte und Besitzungen des Mainzer Kurfürst-Erzbischofs kassiert und der Stadt übertragen, während die schwedischen Soldaten den sich in der Stadt befindlichen erzbischöflichen Amtleuten Geld abpressten und versuchten, sie zum Weggang zu bewegen.

Ausschließlich in Augsburg – und einigen gemischtkonfessionellen Reichsstädten – kam es zu Ratsumbesetzungen, die zumeist auch der Revanche dienten, da die kaiserlich-ligistische Seite zuvor ebenfalls in die Ratsherrschaft dieser Städte eingegriffen hatte. Ziel war, neben der Vergeltung dieser Aktionen, die Installation eines rein protestantischen Rats. Die Umbesetzung des Rats von Augsburg erfolgte in einem Gefüge aus diversen Handlungen, durch das die beteiligten schwedischen und städtischen Akteure in unterschiedlichen Maße Einfluss und Autonomie inszenierten; hierdurch wurde das komplexe Verhältnis zwischen schwedischer Krone und der schwäbischen Stadt symbolisch austariert und in Szene gesetzt.

Vielmehr gab es in den meisten (mehrheitlich) protestantischen Städten Festivitäten, an denen Gustav Adolf und die städtische Elite teilnahmen. Durch derartige Feste wurde implizit die Stellung des schwedischen Königs als Stadtherr und die des Rates als Stadtobrigkeit gegenseitig anerkannt. Indem die städtische Seite Gustav Adolf teilweise symbolisch aufgeladene Geschenke machte inszenierte sie demonstrativ Loyalität – wahrscheinlich, um damit die Gunst des Königs zu erlangen. Auffällig bei diesen Fest- und Schenkakten ist, dass sie gerade auch in Städten vorkamen, die einen Adventus für den schwedischen König ausrichteten: Damit entsprach Gustav Adolfs Besuch den Semantiken eines frühneuzeitlichen Herrscherbesuchs. Für solch ein Vorgehen war aber die Mitwirkung der Stadtgesellschaft notwendig, was besonders evident wird, wenn dies ausblieb: In altgläubigen Städten wie Würzburg, Mainz und München kam es zu keinen derartigen Festivitäten, was man geradezu als demonstrative Verweigerung von Loyalitätsgesten interpretieren kann; in Würzburg scheint man sogar noch einen Schritt weiter gegangen zu sein, denn dort hat der Rat angeblich gegen eine Belieferung der königlichen Tafel interveniert.

Eine gänzlich andere Form des Gütertransfers stellten Kontributionen dar; entsprechende Geldforderungen wurden von der schwedischen Seite in der Regel erst kurz nach der Stadtübergabe gestellt, so dass die städtische Seite in einer deutlich geschwächten Situation war. Die Forderungen unterschieden sich dabei stark voneinander: Von protestantischen Städten verlangte die schwedische Seite anfangs den Charakter der Zahlungen dissimulierend Geschenke und Kredite, wie in den Fällen von Erfurt und Frankfurt am Main. Später ließen sich die Schweden jedoch monatliche Zahlungen von Nürnberg und Augsburg in den die Stadtübergabe näher regelnden Versicherungsschreiben schriftlich fixieren. Von katholischen Städten forderte die schwedische Seite jedoch stets auf einmal zu leistende, extrem hohe Beträge. Nach selbstdemütigenden, die Autorität Gustav Adolfs anerkennenden Bitten der städtischen Seite wurden diese Forderungen zwar aus ›Gnade‹ reduziert, aber selbst die Leistung dieser reduzierten Beträge stellte die Stadtgemeinschaften vor enorme Probleme.

Neben der Leistung von Kontributionen wurden die Stadtgemeinschaften aber auch durch das Einziehen der sogenannten Feindesgüter (Caduca) belastet. In Nürnberg und letztlich auch in Frankfurt am Main gelang es, diese Praxis abzuwenden beziehungsweise gegen einen Schuldenerlass zu beenden; hierdurch gelang es den jeweiligen Räten der jeweiligen Städte, ihre Autorität zu bewahren, ihre von Gütereinziehungen bedrohten Einwohner zu schützen sowie potenzielle Konflikte mit Akteuren der kaiserlich-ligistischen Seite zu vermeiden. In Erfurt, Mainz, Würzburg und München kam es jedoch zu Caduca-Nahmen, die sich gegen kaiserlich-ligistische Soldaten (Erfurt) sowie geflohene altgläubige Einwohner richteten (Mainz, Würzburg und München). Insbesondere die Mitglieder der katholischen Stadtgemeinschaften deuteten diese Güterwegnahmen als illegitimes Vorgehen. Gleichzeitig konnten StadtbewohnerInnen auch zu Profiteuren von Güterwegnahmen durch schwedische Truppen werden, wenn entsprechende Gegenstände in eroberten Städten verkauft wurden. Der Zugang zu großen städtischen Märkten machte bestimmte Handlungsroutinen der Güterwegnahme – vor allem im ländlichen Raum – für die schwedischen Truppen überhaupt erst ökonomisch profitabel.

Da eroberte Städte in manchen Fällen auch Orte der fürstlichen Residenz waren, gab es einige Handlungsmuster des Umgangs mit dem Palast und seinen Gütern, die man vor allem auch als Mittel der symbolischen Kommunikation zwischen Gustav Adolf und den gegnerischen Fürsten interpretieren kann.

Zwar waren eroberte Residenzen zweifellos auf Grund ihrer materiellen Ausstattung attraktive Quartiere, doch scheinen die tatsächlich erfolgten Quartiernahmen doch weitgehend einer anderen Logik gefolgt zu sein: Indem Gustav Adolf in den Palästen seiner Feinde residierte, inszenierte er seine Kontrolle über deren (persönlichen) Raum und demütigte sie auf diese Weise; diese Praxis wurde zeitgenössisch durch Flugblätter und Geschichtswerke medial verbreitet. Eine dauerhafte ›Einschreibung‹ in die gegnerischen Residenzen in Form von Zerstörungen und Beschädigungen unterließ die schwedische Seite auf dem Würzburger Marienberg sowie in Mainz und München 1631 und 1632 – allerdings wurde diese Handlungen im zeitgenössischen Imaginarium als möglich erachtet. In Bezug auf die beweglichen Güter sah die Lage in den Residenzen in Würzburg und München hingegen anders aus: Zahlreiche Dinge, die der fürstlichen Repräsentation dienten, wurden weggenommen und im Palast Maximilians I. teilweise sogar gezielt zerstört. Der gegnerischen Rangrepräsentation war dieses Vorgehen somit in hohem Maße abträglich – und sollte es wohl auch sein. In einem pro-protestantischen und pro-schwedischen Geschichts-werk wurden die Güterwegnahmen in der Münchner Residenz dezidiert als Revanche für die Jahre zuvor in Heidelberg erfolgte Beutenahme gedeutet. Gleichzeitig unterschieden sich die Handlungsmuster der Güterwegnahme auf dem Marienberg und in München auch deutlich voneinander: Da der Ma-rienberg mit einem Sturmangriff erobert wurde, machten hier – gemäß des zeitgenössischen Kriegsbrauchs – sämtliche Soldaten der schwedischen Armee für sich Beute, wobei sich Gustav Adolf offenbar ein Vorgriffsrecht sicherte. In der Münchner Residenz hingegen erfolgte – offenbar wie im Mainzer Palast – die Güterwegnahme konvolutsweise und auf ausdrücklichen Befehl Gustav Adolfs.

Eine besonderes Vorgehen, das in den eroberten Residenzen katholischer Fürsten und (Erz-) Bischöfe erfolgte, stellte das Feiern protestantischer Got-tesdienste dar: Hiermit wurden die Paläste auch in konfessioneller Hinsicht eingenommen sowie die altgläubige Ritusausübung zurückgedrängt. Zudem konnten protestantische Gottesdienste in der Palastkapelle auch Effekte auf die Stadt haben – in Mainz, wo es lange Zeit keine protestantische Kirche gab, wur-de die Palastkapelle von StadtbewohnerInnen besucht, um an protestantischen Gottesdiensten teilzunehmen. Zudem war der protestantische Kirchengesang auch in der Stadt hörbar, was als aggressiver Akt gedeutet wurde.

Die Umwandlung von altgläubigen Kirchen in protestantische kam im städtischen Raum zwischen 1630 und 1632 nur in Ausnahmefällen vor. In Würzburg und Mainz kam eine solche Umwandlung oder Profanisierung nur vor, wenn zuvor der katholische Pfarrer geflohen war und die Kirche als verlassen gedeutet werden konnte. In Bamberg hing die Umwandlung der Kathedrale in eine protestantische Kirche mit der Art der Stadteinnah-me zusammen: Da die Stadt mit einem Sturmangriff erobert worden war, galten sämtliche bisher bestehenden Rechte als erledigt. Die konfessionelle Umwandlung des Doms diente den Schweden in gewisser Weise sogar zur In-szenierung dieses Rechts der Eroberer. Zudem war dieses Agieren wohl auch ein Akt der Revanche gegenüber den Bambergern, die einen Akkord gebro-chen und versucht hatten, ihre Stadt zu verteidigen. Besonders virulent war die Logik der Vergeltung jedoch in Augsburg, wo zuvor im Zuge des Restituti-onsedikts zahlreiche protestantische Kirchen geschlossen oder umgewandelt worden waren. Vor diesem Hintergrund wurde Gustav Adolf zeitgenössisch als ›Retter‹ der Augsburger Protestanten, und sogar des Protestantismus ins-gesamt, glorifiziert.

Ein völliges Herausdrängen des Katholizismus aus den eingenommenen
Städten war jedoch kein Ziel der schwedischen Eroberer. Altgläubige Geistliche
durften in den Städten bleiben, sofern sie Gustav Adolf ihre Treue zusicherten –
taten sie dies nicht, wurden sie allerdings ausgewiesen. Gerade am Beispiel von
Erfurt lässt sich auch zeigen, dass schwedische Soldaten als ›Salva Guardia‹ für
Schutz von katholischen Gottesdiensten sorgten. Durch die Inanspruchnahme
der ›Salva Guardia‹ erkannten die jeweiligen Geistlichen die Schweden faktisch
als Herren der Stadt an, wobei diese für ihren ›Schutz‹ der Altgläubigen glorifiziert werden konnten; in symbolischer Hinsicht war eine ›Salva Guardia‹ also
für die schwedischen Truppen äußerst profitabel. Dabei waren es vor allem Soldaten der schwedischen Armee, von denen Gewalt gegen katholische Geistliche
ausging, d.h. die schwedischen Truppen waren gleichzeitig Sicherheits- und
Unsicherheitsfaktoren.

Im Agieren zwischen katholischer Geistlichkeit und schwedischen Truppen
lassen sich diverse Praktiken der Güterabschöpfung konstatieren: Die schwedische Armee verlangte von den Religiosen Kontributionen, es kam zu Einquartierungen von schwedischen Truppen in altgläubigen Klöstern und Stiften
sowie zu Gütewegnahmen durch Soldaten. Insbesondere in Erfurt und Würzburg nahmen Einquartierungen und Güterwegnahmen Ausmaße an, die einen dezidiert anti-katholischen Impetus dieses Vorgehens nahelegen. In Mainz
wiederum waren die sich gegen den Klerus richtenden Kontributionsforderungen außergewöhnlich hoch. Es scheint, als seien diese frühen Eroberungen
gemischtkonfessioneller oder altgläubiger Städte zu Experimentierfeldern im
Umgang mit Katholiken geworden. In München wiederum kam es nicht zu
gesonderten Kontributionsforderungen an den Klerus (der dort zusammen
mit der Stadtgemeinschaft Kontributionen zu entrichten hatte) und praktisch
auch nicht zu Einquartierungen oder Güterwegnahmen: Stattdessen besuchte
Gustav Adolf zusammen mit anderen protestantischen Fürsten Münchner Kirchen; dies war eine Geste der Sakralraumbeherrschung, die mit einer Duldung
des katholischen Ritus einherging und mit ihrer ambivalenten Performanz
kaum vereinbarende Sinndimensionen evozierte. Gerade die Handlungsmuster
im Umgang mit altgläubigen Akteuren und Räumen waren somit höchst mo-
difizierbar.

Insgesamt wurde die katholische Bevölkerung vor allem als Unsicherheitsfaktor wahrgenommen. Besonders virulent war dies in Augsburg, wo schwedische Truppen und protestantische Einwohner von Katholiken begangene Anschläge fürchteten; es kam zu zahlreichen Denunziationen durch Protestanten,

denen die schwedische Seite nachging. Die altgläubigen Einwohner Augsburgs sowie die Einwohner Würzburgs, Bambergs und Münchens wurden – offenbar aus entsprechenden Überlegungen – entwaffnet. Die protestantischen Augsburger, die zuvor von der katholischen Stadtobrigkeit entwaffnet worden waren, bekamen hingegen ihre Waffen zurück und in protestantischen Städten wie Frankfurt am Main und Nürnberg wurden die städtischen Aufgebote auch auf Gustav Adolf vereidigt. Die schwedische Seite versprach sich somit militärische Hilfe von den eingenommenen Städten und gewährte gleichzeitig einen Faktor und ein Symbol städtischer Autonomie.

Zugleich war die schwedische Seite bemüht, die eroberten Städte unter ihre militärische Kontrolle zu bringen, indem Tore und bedeutende Räume wie Marktplätze, mit eigenen Soldaten besetzt wurden. Die schwedischen Soldaten wurden – in unterschiedlichen Maßen – zeitweise in den Städten einquartiert, wodurch es durchaus zu Konflikten um bewohnbaren Raum und Ressourcen, wie Nahrung und Brennholz, kam. Teile der anwesenden schwedischen Soldaten begingen auch Übergriffe auf die Stadtbevölkerung, die von der schwedischen Militärjustiz zum Teil überaus schnell und hart bestraft wurden; offenbar versuchte die schwedische Seite, sich hierdurch als schutzgewährend und gerecht zu inszenieren.

Die vorhandenen Befestigungsanlagen und Zeughäuser vieler eroberter Städte wurden von der schwedischen Armee, teilweise von Gustav Adolf persönlich, inspiziert; zudem kam es schon kurz nach den Eroberungen zu Bemühungen, die Städte besser zu befestigen. Die Städte wurde also in ihrer Vielzahl als militärische Faktoren wahrgenommen.

Von diesen Befunden ausgehend war die Logik der schwedischen Städteeroberungskriegsführung von zwei Faktoren geprägt: Erstens basierten die zahlreichen in der Regel auf längere Dauer ausgelegten Stadteroberungen auf der Machbarkeit dieser Praxis. Da die schwedischen Truppen in der Lage waren, Belagerungshandlungen ›erfolgreich‹ durchzuführen, eroberte die schwedische Seite Städte, wobei diese Form der Kriegsführung sogar noch verstärkt wurde, weil Akteure, die über Stadtübergaben zu entscheiden hatten, angesichts des schwedischen ›Erfolgs‹ auf diesem Gebiet vermehrt dazu übergingen, Städte zu übergeben. Diese städtische Reaktion auf die mediale Inszenierung Gustav Adolfs als Städteeroberer und das Surplus an Ehre, das sich hiermit generieren ließ, machten Stadteinnahmen per se zu einem Gewinn – zumal die schwedische Seite ab 1632 bei Stadteroberungen auch kaum mehr Menschen, Dinge und Zeit verlor.

Die Logik der schwedischen Stadteroberungskriegsführung war zweitens aber auch davon geprägt, dass bestimmte Kriegsziele in den eingenommenen Städten sofort umgesetzt werden konnten: Indem Huldigungen durchgeführt, Verträge aufgesetzt, Räte der Stadt ausgewechselt und Amtleute verpflichtet wurden, machte die schwedische Seite erste Schritte, die eroberten Städte in ihren Herrschaftsraum zu integrieren. Indem katholische Kirchen zu protestantischen wurden, altgläubige Klöster und Stifte durch Güterwegnahmen und Kontributionen belastet und katholische Geistliche in Angst versetzt wurden, erhielt die Stadteinnahme einen konfessionellen Impetus. Indem Gustav Adolf sein Quartier in Palästen seiner Gegner nahm und dort Güterwegnahmen durchführen ließ, wurde der Dreißigjährige Krieg zum Konflikt um Rang und Ehre. Indem Kontributionen in mitunter enormer Höhe eingefordert wurden, ließ sich ein ökonomischer Gewinn (oder besser: Ausgleich) erzielen. Und indem in Städten Rekrutierungen vorgenommen wurden sowie Städte besetzt und befestigt wurden, wurden sie zu militärischen Faktoren.

Bestimmte Kriegsziele zeitigten somit spezifische Handlungsroutinen; die von der ›klassischen‹ Politikgeschichte konstatierten Faktoren hatten also Auswirkungen auf das Agieren im Kriegstheater. Gleichzeitig waren die Praktiken vor Ort deutlich weniger eindeutig, durchschlagend und zielgerichtet als dies die politikgeschichtlichen Ausführungen mitunter vermuten lassen: Nicht nur das bellizitäre Faktoren in der Praxis amalgamierten, vielmehr kam es zwischen der Logik, eroberte Gebiete ins eigene Herrschaftsgebiet zu integrieren, und konfessionellen Bemühungen zu Divergenzen, wie man sie an Hand des Umgangs mit den Amtleuten in Würzburg und Mainz, den Interaktionen mit der ehemaligen Stadtobrigkeit von Augsburg oder den Kirchbesuchen in München beobachten kann. Zudem war die Durchführung von bestimmten Handlungen auch vom Agieren der StadtbewohnerInnen abhängig, wie es sich bei den Einzügen in Augsburg, Nürnberg, Würzburg und München zeigt. Die Logiken des Dreißigjährigen Krieges fanden vor Ort nicht einfach ihren Niederschlag, sondern wurde stets aufs Neue modifiziert.

Anhang

Anhang

* * *

i. Quellen und Literatur

i. i. Archivalische Quellen

Landeshauptarchiv Sachsen-Anhalt, Abteilung Magdeburg, Standort Wernigerode: LHASA, MD, A 37b I, II IX Nr. 15

i. ii. Gedruckte und digitalisierte Quellen

Abelinus, Johann Philipp und Merian, Matthäus: Theatri Europaei, Das ist: Historischer Chronick/ Oder Warhaffter Beschreibung aller fürnehmen und denckwürdigen Geschichten/ so sich hin und wider in der Welt/ meisten theils aber in Europa/ von Anno Christi 1629. biß auff das Jahr 1633. zugetragen. [3. Auflage des 2. Bandes der Reihe ›Theatrum Europaeum‹]. Frankfurt am Main 1646.

Becker, Karl Christian (Bearb.): Peter Müllers, hiesigen Bürgers und Mahlers, handschriftliche Chronik aus den Jahren 1573 bis Juny 1633, in: Archiv für Frankfurts Geschichte und Kunst. 10 (1862). S. 1–70.

Chemnitz, Bogislaus Philipp von: Königlichen Schwedischen Jn Teutschland geführten Kriegs. Alten Stettin 1648.

Crowne, William: Blutiger Sommer – Eine Deutschlandreise im Dreißigjährigen Krieg. [Hrsg. v. Alexander Ritter und Rüdiger Keil]. Darmstadt ²2012.

Die Schäden in der Münchner Residenz, in: Dokumente zur Geschichte von Staat und Gesellschaft in Bayern. Abt. 1: Altbayern vom Frühmittelalter bis 1800. Bd. 3, Teil 2: Altbayern von 1550–1651. [Bearb. v. Walter Ziegler]. München 1992. Nr. 289, S. 1046–1048.

Dieterich, H[ermann] A[ugust]: Leben und Leiden einer Albgemeinde im Dreißigjährigem Krieg, in: Blätter für württembergische Kirchengeschichte. 1 (1886). S. 77–80, 82–88, 92–95.

Du Bellay, Guillaume: Kriegs Regiment wie ein tapfer Volk zum Krieg auffzubringen, ins Feld auszurüsten und anzuführen seye. Mümpelgart 1594.

Emmendörffer, Christoph (Bearb.): Wunde Welt. Hainhofers Diarium der schwedischen Besatzung Augsburgs, in: ebd. und Trepesch, C. (Hg.): Wunderwelt. der Pommersche Kunstschrank. [Katalog zur Ausstellung im Maximilianmuseum Augsburg, 28. März-29. Juni 2014]. Berlin (u.a.) 2014. S. 466–539.

Fabricius, Jacob: Christliche Danck- vnd Trost-Predigt / Nach glücklicher Eroberung der Statt Augspurg [...] gehalten. Augsburg 1632.

Franz Sigl's, Franziskaners in München, Geschichte der Münchner Geiseln in schwedischer Gefangenschaft vom 7. Juni 1632 bis 3. April 1635. Aus einer gleichzeitigen Handschrift herausgegeben, und mit erläuternden Anmerkungen und Zusätzen, größtentheils aus archivalischen Nachrichten, begleitet von Maximilian Joseph Stöger. München 1836.

Friesenegger, Maurus: Tagebuch aus dem 30jährigen Krieg. Nach einer Handschrift im Kloster Andechs. [Hrsg. v. Willibald Mathäser]. München 2007.

Fronsberger, Leonhardt: Kriegßbuch. Erster Theil: Von Keyserlichen Kriegs Rechten, Malefitz und Schuldthändtlen, Ordnung und Regiment [...]. Frankfurt 1596.

Gräf, H. T. (Hg.): Söldnerleben am Vorabend des Dreißigjährigen Krieges. Lebenslauf und Kriegstagebuch 1617 des hessischen Obristen Caspar von Widmarckter. Marburg a. d. Lahn 2000.

Grotius, Hugo: De jure belli ac pacis libri tres. Drei Bücher vom Recht des Krieges und des Friedens. Paris 1625. Nebst einer Vorrede von Christian Thomasius zur ersten deutschen Ausgabe des Grotius vom Jahre 1707. Tübingen 1950.

Gustav Adolf König von Schweden in Frankfurt am Main 1631 und 1632, in: Frankfurtisches Archiv für ältere deutsche Litteratur und Geschichte. 1 (1811). S. 163–176.

Halbmayer, Simon: Kurtze Beschreibung [...] der fürnemsten Städt [...] welche die Königliche Majestät zu Schweden [...] erobert vnd eingenommen hat, in: Paas, J. R. (Hg.): The German political broadsheet 1600–1700. Bd. 6: 1632. Wiesbaden 1998. S. 34, Nr. 1554.

Herz, Josef (Bearb.): Das Tagebuch des Augsburger Arztes und Stadtphysicus Dr. Philipp Hoechstetter, 1579–1635, in: Zeitschrift des Historischen Vereins für Schwaben. 69 (1975). S. 180–224.

Heubel, Johannes: Die Thüringer Heubel. Groitzsch 1938.

Heubel, Michael: Anmerkungen einiger in den gräfl. Schwarzburg-Rudolstädtischen und umliegenden Landen von 1620 an sich ereigneten Begebenheiten. Digitale Edition in der Forschungsplattform »Mitteldeutsche Selbstzeugnisse der Zeit des Dreißigjährigen Krieges« (MDSZ), hrsg. v. Hans Medick und Norbert Winnige, unter Mitarbeit von Andreas Bähr, Thomas Rokahr, Bernd Warlich und Jörg Schmidt. Zugriff unter: http://www.mdsz.thulb.uni-jena.de/sz/search_sz.php?szid=20&personid=alle&placeid=alle&commid=alle [Letzter Zugriff: 10.05.2023].

Hümmer, Friedrich Karl: Bamberg im Schweden-Kriege, in: Bericht des Historischen Vereins für die Pflege der Geschichte des Ehemaligen Fürstbistums Bamberg. [Bericht über Bestand und Wirken des Historischen Vereins zu Bamberg]. 52 (1890). S. 1–168.

Khevenhüller, Franz Christoph: Annales Ferdinandei Oder Warhaffte Beschreibung Kaeysers Ferdinandi Des Andern. [Teil 11]. Leipzig 1726.

Khevenhüller, Franz Christoph: Annales Ferdinandei Oder Warhaffte Beschreibung Kaeysers Ferdinandi Des Andern. [Teil 12]. Leipzig 1726.

Kilian, Lucas: O. A., in: Paas, J. R. (Hg.): The German political broadsheet 1600–1700. Bd. 7: 1633–1648. Wiesbaden 2002. S. 133, Nr. 1995.

[Kircher, Athanasius]: Vita Admodum Reverendi P. Athanasii Kircheri, in: Fasciculus epistolarum Athanasii Kircheri. [Hrsg. v. Hieronymus Ambrosius Langenmantel]. Augustae Vindelicorum 1684.

Kirchner, Anton: Erinnerungen an den dreißigjährigen Krieg aus handschriftlichen Quellen. Der Schwedenkönig und sein Kanzler in Frankfurt am Main, in: Rheinisches Taschenbuch auf das Jahr 1822. N.F. 1 (1822). S. 279–308.

Krämer, Wilhelm (Bearb.): M. Johann Mincks Chronik über den 30jährigen Krieg, in: Beiträge zur hessischen Kirchengeschichte. 2 (1905). S. 1–38.

Kriegsgreuel der Schweden in Bayern, in: Dokumente zur Geschichte von Staat und Gesellschaft in Bayern. Abt. 1: Altbayern vom Frühmittelalter bis 1800. Bd. 3, Teil 2: Altbayern von 1550–1651. [Bearb. v. Walter Ziegler]. München 1992. Nr. 288, S. 1045.

Lavater, Hans Conrad: Kriegsbüchlein: Das ist/ Grundtliche Anleitung zum Kriegswesen. Zürich 1659.

Leo, Christian: Würzburg unter schwedischer Herrschaft. Die »Summarische Beschreibung« des Joachim Ganzhorn. Mit einem Beitrag von Winfried Romberg. Würzburg 2017.

Leuchtmann, Horst (Bearb.): Zeitgeschichtliche Aufzeichnungen des Bayrischen Hofkapellaltisten Johannes Hellgemayr aus den Jahren 1595–1633, in: Oberbayerisches Archiv. 100 (1975). S. 142–229.

Lisa, Martina (Bearb.): Die Chronik des Václav Nosidlo von Geblice. Aufzeichnungen aus der böhmischen Exulantengemeinde in Pirna zur Zeit des Dreißigjährigen Krieges. Stuttgart 2014.

Lungwitz, Matthaeus: Imperator Theodosius Redivivus. Das ist: Dreyfachen Schwedischen LorBeer-Krantzes Und Triumphirender SiegsKrone Ander Buch des Dritten Theils. Leipzig 1634.

Lungwitz, Matthaeus: Josua Et Hiskias Confoederati, Das ist: Dreyfachen Schwedischen LorBeer-Krantzes Und Triumphirender SiegsKrone Dritter Theil. Leipzig 1633.

Lungwitz, Matthaeus: Josua Redivivus, Das ist: Dreyfachen Schwedischen Lorbeer-Krantzes Und Triumphirender SiegsCrone Ander Theil. Leipzig 1633.

Lungwitz, Matthaeus: Judas Maccabaeus. Das ist: Dreyfachen Schwedischen Lorbeer-Krantzes Und Triumphirender Siegs-Crone Dritte Buch des III. Theils. Leipzig 1634.

Mahr, Helmut (Bearb.): Oberst Robert Monro. Kriegserlebnisse eines schottischen Söldnerführers in Deutschland 1623–1633. Neustadt an der Aisch 1995.

Mannasser, Daniel: Gründliche vnd Außführliche Beschreibung welcher Gestalt die Königl. May. zu Schweden […] gegen die Statt Augspurg geruckt, in: Paas, J. R. (Hg.): The German political broadsheet 1600–1700. Bd. 6: 1632. Wiesbaden 1998. S. 205, Nr. 1728.

Marx, Caspar Heinrich: Diarium Actorum a tempore cæsi Exercitus Cæsariani 17./7. Septembris Ao 1631. Digitale Edition in der Forschungsplattform »Mitteldeutsche Selbstzeugnisse der Zeit des Dreißigjährigen Krieges« (MDSZ), hrsg. v. Hans Medick und Norbert Winnige, unter Mitarbeit von Andreas Bähr, Thomas Rokahr, Bernd Warlich und Jörg Schmidt. Zugriff unter: http://www.mdsz.thulb.uni-jena.de/sz/search_sz.php?szid=40&personid=alle&placeid=alle&commid=alle [Letzter Zugriff: 10.05.2023].

Meyer, Christian (Bearb.): Die Hauschronik der Familie Holl (1487–1646) insbesondere die Lebensaufzeichnungen des Elias Holl, Baumeisters der Stadt Augsburg. München 1910.

O. A.: Abriß vnd Beschreibung Der Churfürstl. Residentz-Statt Maeintz, in: Paas, J. R. (Hg.): The German political broadsheet 1600–1700. Bd. 5: 1630 and 1631. Wiesbaden 1996. S. 309, Nr. 1532.

O. A.: Andeutliche kurtze Beschreibung vnd Figurliche entwerffung / Welcher gestalt […] Gustavus Adolphus […] zu Nürnberg […] Eingeritten, in: Paas, J. R. (Hg.): The German political broadsheet 1600–1700. Bd. 6: 1632. Wiesbaden 1998. S. 122, Nr. 1643.

O.A.: Armorum Suecicorum continuatio: das ist: Fernerer historischer Verfolg der Siegreichen Expeditionen deß Königl. Schwedischen Kriegs in Teutschland. O.A. 1633.

O. A.: Augenscheinliche abbildung der vornemsten örter, Statt, vnd flecken so in Jahrs frist auß der gefäncknus vnd Trangsal durch Gottes vnd der Gothen macht, erlediget worden, in: Paas, J. R. (Hg.): The German political broadsheet 1600–1700. Bd. 6: 1632. Wiesbaden 1998. S. 40, Nr. 1560.

O. A.: Collyrium Augustanum, in: Paas, J. R. (Hg.): The German political broadsheet 1600–1700. Bd. 7: 1633–1648. Wiesbaden 2002. S. 61, Nr. 1919.

O. A.: Der Kön. May. zu Schweden / vnd Churf. Durchl. zu Sachsen / etc. wolbestalte Apotheck / wider den fressenden Wurm, in: Paas, J. R. (Hg.): The German political broadsheet 1600–1700. Bd. 6: 1632. Wiesbaden 1998. S. 62, Nr. 1582.

O. A.: Deß Durchleuchtigsten / Großmächtigsten Fürsten vnd Herrn […]: Auch wie Ihre Königl: Majest: die herrliche vnd weitberhümbte Statt Augspurg / mit Accord erobert, in: Paas, J. R. (Hg.): The German political broadsheet 1600–1700. Bd. 6: 1632. Wiesbaden 1998. S. 204, Nr. 1727.

O. A.: Die betrangte Stadt Augspurg, in: Paas, J. R. (Hg.): The German political broadsheet 1600–1700. Bd. 6: 1632. Wiesbaden 1998. S. 213, Nr. 1736.

O. A.: Die durch Gottes Gnad erledigte Stadt Augspurg, in: Paas, J. R. (Hg.): The German political broadsheet 1600–1700. Bd. 6: 1632. Wiesbaden 1998. S. 214, Nr. 1737.

O. A.: Eigentliche Abbildung / welcher gestaldt Ihre Königl: Mayt: in Schweden / den 3. Apprilis Anno 1631 die Stadt Franckfort an der Oder berandt vnd Eingenommen hatt, in: Paas, J. R. (Hg.): The German political broadsheet 1600–1700. Bd. 5: 1630 and 1631. Wiesbaden 1996. S. 117, Nr. 1331.

O. A.: EinZug Königl. Maÿ zu Schweden & nacher Nürnberg, in: Paas, J. R. (Hg.): The German political broadsheet 1600–1700. Bd. 6: 1632. Wiesbaden 1998. S. 123, Nr. 1644.

O. A.: Eroberung der Stadt Würtzburg in Francken / vnd Vesten Schlosses daselbsten, in: Paas, J. R. (Hg.): The German political broadsheet 1600–1700. Bd. 5: 1630 and 1631. Wiesbaden 1996. S. 281, Nr. 1504.

O. A.: Eygentlicher Abriß vnd Beschreibung / Der geschwinden Eroberung der Statt Würtzburg, in: Paas, J. R. (Hg.): The German political broadsheet 1600–1700. Bd. 5: 1630 and 1631. Wiesbaden 1996. S. 280, Nr. 1503.

O.A.: Gewiser Bericht vnd Vrkhundt deß entstandnen Vbels vnd Vnruehe in Minchen im Jar 1632, in: Beyträge zur vaterländischen Historie. 7 (1803). S. 307–319.

O. A.: Gründliche vnd Außführliche Beschreibung welcher Gestalt die königl. May. zu Schweden […] gegen die Statt Augspurg geruckt / dieselbe mit Accord erobert, in: Paas, J. R. (Hg.): The German political broadsheet 1600–1700. Bd. 6: 1632. Wiesbaden 1998. S. 205, Nr. 1728.

O. A.: Hertzlicher Wunsch vnd Sehnliches verlangen / Der Hochbetrangten Evangelischen Burgerschafft zu Augspurg, in: Paas, J. R. (Hg.): The German political broadsheet 1600–1700. Bd. 6: 1632. Wiesbaden 1998. S. 209, Nr. 1732.

O.A.: Hochansehnliche Antwort vnd Errinnerung Ihr Königl. Mayt. in Schweden gegen des Raths Abgesandten zu Nürnberg. O. A. 1632.

O.A.: Kurtze Erzehlung Welcher Massen Ihr Königliche Mayest. in Schweden sich dess Hertzogthumbs Francken sambt dem darinn gelegenen Stifft, Stadt vnnd Schloss Würtzburgk mit Kriegs Gewalt bemechtiget. O.A. O.A.

O. A.: Kurtzer Bericht von Eroberung der Curffürstlichen Statt München, in: Paas, J. R. (Hg.): The German political broadsheet 1600–1700. Bd. 6: 1632. Wiesbaden 1998. S. 238, Nr. 1762.

O. A.: Kurtzer vnd Eygentlicher Abriß / Der schönen Fürstlichen Haupt Stadt München / im Land zu Bayern, in: Paas, J. R. (Hg.): The German Political Broadsheet 1600–1700. Bd. 6: 1632. Wiesbaden 1998. S. 237, Nr. 1761.

O. A.: Maÿntz, in: Paas, J. R. (Hg.): The German political broadsheet 1600–1700. Bd. 5: 1630 and 1631. Wiesbaden 1996. S. 310, Nr. 1533.

O. A.: Merkwürdige Unterhandlungen des Königs Gustav Adolph von Schweden mit der Reichsstadt Frankfurt am Main, im Jahr 1631, in: Curiositäten der physisch-literarisch-artistisch-historischen Vor- und Mitwelt. Zur angenehmen Unterhaltung für gebildete Leser. Bd. 9/ St. 3 (1821/1822). S. 193–213.

O. A.: Patriae Liberatori A Deo Misso Augustani Juramentum Fidelitatis in amplissimo foro vinario praestant, in: Paas, J. R. (Hg.): The German political broadsheet 1600–1700. Bd. 7: 1633–1648. Wiesbaden 2002. S. 107, Nr. 1967.

O. A.: Versamblung vnnd Zusammenkunfft etlicher hohen Teutschen vnd Außländischen Kriegsfürsten, in: Paas, J. R. (Hg.): The German political broadsheet 1600–1700. Bd. 3: 1620 and 1621. Wiesbaden 1991. S. 263, Nr. 710.

O. A.: Wahrer Bericht / wie vnd wann Ihr Königl: May: in Schweeden mit dero Kriegs-Armada für Augspurg geruckt, in: Paas, J. R. (Hg.): The German political broadsheet 1600–1700. Bd. 6: 1632. Wiesbaden 1998. S. 203, Nr. 1726.

O. A.: Warhafftiger wolgegründeter Bericht. Welcher gestalt […] Gustavi Adolphi […] am 22. Septembris deß Jahrs 1631. zum erstenmahl in der Stadt Erffurdt angelanget. [Erfurt] 1634.

Paas, J. R. (Hg.): The German political broadsheet 1600–1700. Bd. 3: 1620 and 1621. Wiesbaden 1991.

Paas, J. R. (Hg.): The German political broadsheet 1600–1700. Bd. 4: 1622–1629. Wiesbaden 1994.

Paas, J. R. (Hg.): The German political broadsheet 1600–1700. Bd. 5: 1630 and 1631. Wiesbaden 1996.

Paas, J. R. (Hg.): The German political broadsheet 1600–1700. Bd. 6: 1632. Wiesbaden 1998.

Paas, J. R. (Hg.): The German political broadsheet 1600–1700. Bd. 7: 1633–1648. Wiesbaden 2002.

Peters, J. (Hg.): Peter Hagendorf – Tagebuch eines Söldners aus dem Dreißigjährigen Krieg. Göttingen 2012.

Pufendorf, Samuel von: Herrn Samuel von Pufendorf Sechs und Zwantzig Bücher Der Schwedisch- und Deutschen Kriegs-Geschichte Von König Gustav Adolfs Feldzuge in Deutschland an/ Biß zur Abdanckung Der Königin Christina. Frankfurt am Mayn und Leipzig 1688.

Roos, Wilhelm (Bearb.): Die Chronik des Jakob Wagner über die Zeit der schwedischen Okkupation in Augsburg vom 20. April 1632 bis 28. März 1635. Augsburg 1902.

Rydberg, O. S. und Hallendorff, C. (Hg.): Sverges traktater med främmande magter. jemte andra dit hörande handlingar. Bd. 5, 1. Stockholm 1903.

Um die Rückgabe der Kunstschätze, in: Dokumente zur Geschichte von Staat und Gesellschaft in Bayern. Abt. 1: Altbayern vom Frühmittelalter bis 1800. Bd. 3, Teil 2: Altbayern von 1550–1651. [Bearb. v. Walter Ziegler]. München 1992. Nr. 290, S. 1048–1050.

Zedler, Johann Heinrich: Grosses vollständiges Universal-Lexicon Aller Wissenschafften und Künste. Bd. 22. Leipzig und Halle 1739.

Zeiller, Martin und Merian, Matthaeus: Topographia Bavariae das ist Beschreib: und Aigentliche Abbildung der Vornembsten Stätt und Orth, in Ober und NiederBeyern, Der ObernPfaltz, Und andern, Zum Hochlöblichen Bayrischen Craiße gehörigen, Landschafften. [Frankfurt am Main] 1644.

i. iii. Literatur

Ackermann, Astrid: Die Versorgung als kriegsentscheidendes Machtmittel und die publizistische Wahrnehmung des Krieges. Der Dreißigjährige Krieg am Oberrhein, in: Rutz, A. (Hg.): Krieg und Kriegserfahrung im Westen des Reiches 1568–1714. Göttingen 2016. S. 275–298.

Ackermann, Astrid: Vom Feldherrn zum regierenden Fürsten? Optionen im Reich und in Europa für Herzog Bernhard von Weimar und die Ernestiner, in: Rohrschneider, M. und Tischer, A. (Hg.): Dynamik durch Gewalt? Der Dreißigjährige Krieg (1618–1648) als Faktor der Wandlungsprozesse des 17. Jahrhunderts. Münster 2018. S. 207–227.

Adam, Thomas: »Viel tausend gulden läget am selbigen orth«. Schatzgräberei und Geisterbeschwörung in Südwestdeutschland vom 16. bis 19. Jahrhundert, in: Historische Anthropologie. 9 (2001). S. 358–383.

Afflerbach, Holger: Die Kunst der Niederlage. Eine Geschichte der Kapitulation. München 2013.

Albrecht, Dieter: Maximilian I. von Bayern 1573–1651. München 1998.

Algazi, Gadi: »Sie würden hinten nach so gail«. Vom sozialen Gebrauch der Fehde im späten Mittelalter, in: Lindenberger, T. und Lüdtke, A. (Hg.): Physische Gewalt. Studien zur Geschichte der Neuzeit. Frankfurt am Main 1995. S. 39–77.

Althoff, Gerd und Stollberg-Rilinger, Barbara: Die Sprache der Gaben. Zu Logik und Semantik des Gabentauschs im vormodernen Europa, in: Jahrbuch für Geschichte Osteuropas. 63 (2015). S. 1–22.

Althoff, Gerd: Christliche Ethik und adliges Rangbewusstsein. Auswirkungen eines Wertekonflikts auf symbolische Handlungen, in: Stollberg-Rilinger, B. und Weller, T. (Hg.): Wertekonflikte – Deutungskonflikte. Münster 2007. S. 37–49.

Althoff, Gerd: Die Bilder der mittelalterlichen Historiographie, in: Stollberg-Rilinger, B. und Weissbirch, T. (Hg.): Die Bildlichkeit symbolischer Akte. Münster 2010. S. 23–35.

Althoff, Gerd: Tränen und Freude. Was interessiert Mittelalter-Historiker an Emotionen?, in: Frühmittelalterliche Studien. 40 (2007). S. 1–11.

Ammerer, Gerhard und Veits-Falk, Sabine: Die Visualisierung des Bettelns. Geben und Nehmen zwischen Mildtätigkeit und Sozialkritik an bildlichen Beispielen Österreichs und Süddeutschlands vom 16. bis zum 19. Jahrhundert, in: Archiv für Kulturgeschichte. 89 (2007). S. 301–328.

Amrhein, August: Reihenfolge der Mitglieder des adeligen Domstiftes zu Wirzburg, St. Kilians-Brüder genannt, von seiner Gründung bis zur Säkularisation 742–1803. Zweite Abtheilung, in: Archiv des Historischen Vereins für Unterfranken und Aschaffenburg. 33 (1890). S. 1–380.

Andermann, Kurt: Zur Praxis der Aufschwörung in südwestdeutschen Domstiften der Frühneuzeit, in: Harding, E. und Hecht, M. (Hg.): Die Ahnenprobe in der Vormoderne. Selektion – Initiation – Repräsentation. Münster 2011. S. 191–207.

Angenendt, Arnold: Heilige und Reliquien. Die Geschichte ihres Kultes vom frühen Christentum bis zur Gegenwart. Hamburg ²2007.

[Aretin, Carl Maria von]: O. A., in: Gelehrte Anzeigen. 36 (1853). Sp. 49–56.

Arnold, Friedrich: Das Kriegswesen des Hochstifts Würzburg zur Zeit des Dreißigjährigen Krieges. Würzburg 1934.

Asch, R. G. und Freist, D. (Hg.): Staatsbildung als kultureller Prozess. Strukturwandel und Legitimation von Herrschaft in der Frühen Neuzeit. Köln (u.a.) 2005.

Asch, R. G.; Emich, B. und Engels, J. I. (Hg.): Integration – Legitimation – Korruption. Politische Patronage in Früher Neuzeit und Moderne. Frankfurt am Main 2011.

Asch, Roland G.: »Honour in All Parts of Europe Will be Ever Like Itself.« Ehre, adlige Standeskultur und Staatsbildung in England und Frankreich im späten 16. und 17 Jahrhundert: Disziplinierung oder Aushandeln von Statusansprüchen?, in: ebd. und Freist, D. (Hg.): Staatsbildung als kultureller Prozess. Strukturwandel und Legitimation von Herrschaft in der Frühen Neuzeit. Köln (u.a.) 2005. S. 353–380.

Asch, Ronald G.: »Wo der soldat hinkömbt, da ist alles sein«: Military Violence and Atrotities in the Thirty Years War Re-exanined, in: German history. 18 (2000). S. 291–309.

Asch, Ronald G.: Europäischer Adel in der Frühen Neuzeit. Eine Einführung. Köln (u.a.) 2008.

Asch, Ronald G.: Herbst des Helden. Modelle des Heroischen und heroische Lebensentwürfe in England und Frankreich von den Religionskriegen bis zum Zeitalter der Aufklärung. Ein Essay. Würzburg 2016.

Asch, Ronald G.: Heros, Friedensstifter oder Märtyrer? Optionen und Grenzen heroischen Herrschertums in England, ca. 1603–1660, in: Wrede, M. (Hg.): Die Inszenierung der heroischen Monarchie. Frühneuzeitliches Königtum zwischen ritterlichem Erbe und militärischer Herausforderung. München 2014. S. 198–215.

Asch, Ronald G.: Kriegsrecht und Kriegswirklichkeit im Zeitalter des Dreißigjährigen Krieges, in: Osnabrücker Jahrbuch Frieden und Wissenschaft. 5 (1998). S. 107–122.

Asche, Matthias: Der Dreißigjährige Krieg und die Universitäten im Heiligen Römischen Reich. Ein Fazit und viele offene Fragen, in: Militär und Gesellschaft in der Frühen Neuzeit. 15 (2011). S. 147–182.

Auer, Leopold: Instruktion und Proposition der kaiserlichen Gesandten bei den Nijmegener Friedensverhandlungen, in: Dingel, I. (u.a.) (Hg.): Theatrum Belli – Theatrum Pacis. Konflikte und Konfliktregelungen im frühneuzeitlichen Europa. Festschrift für Heinz Duchhardt zu seinem 75. Geburtstag. Göttingen 2018. S. 149–162.

Aurnhammer, Achim: Der intermediale Held. Heroisierungsstrategien in den Epicedien auf König Gustav II. Adolf von Paul Fleming, Johann Rist und Georg Rodolf Weckherlin, in: ebd. und Pfister, M: (Hg.): Heroen und Heroisierungen in der Renaissance. Wiesbaden 2013. 303–332.

Bachmann-Medick, Doris: Iconic Turn, in: ebd. (Hg.): Cultural Turns. Neuorientierung in den Kulturwissenschaften. Hamburg ⁴2010. S. 329–380.

Bachmann-Medick, Doris: Performative Turn, in: ebd. (Hg.): Cultural Turns. Neuorientierung in den Kulturwissenschaften. Hamburg ⁴2010. S. 104–143.

Bachtler, Monika: Goldschmiedearbeiten im Auftrag Herzog Maximilians I. von Bayern, in: Glaser, H. (Hg.): Um Glaube und Reich. Kurfürst Maximilian I. Beiträge zur Bayerischen Geschichte und Kunst: 1573–1657. München 1980. S. 323–329.

Bähr, Andreas: Der grausame Komet. Himmelszeichen und Weltgeschehen im Dreißigjährigen Krieg. Reinbek bei Hamburg 2017.

Bähr, Andreas: Die Waffen des Athanasius Kircher SJ (1602–1680). Prolegomena zu einer biographischen Enzyklopädie, in: Saeculum. 65 (2015). S. 135–176.

Bähr, Andreas: Furcht und Furchtlosigkeit. Göttliche Gewalt und Selbstkonstitution im 17. Jahrhundert. Göttingen 2013.

Bähr, Andreas: Furcht, divinatorischer Traum und autobiographisches Schreiben in der Frühen Neuzeit, in: ZHF. 34 (2007). S. 1–32.

Bähr, Andreas: Gewalt, Furcht und retrospektive Prophetie. Petrus Lotichius‹ ›Elegie von der Belagerung Magdeburgs‹‹, in: Burschel, P. und Marx, C. (Hg.): Gewalterfahrung und Prophetie. Wien 2013. S. 353–380.

Bähr, Matthias: »A Wall of Separation«. Die Vernichtung religiöser Ambiguität in Irland (ca. 1600–1640), in: ZHF. 41 (2014). S. 89–123.

Barudio, Günter: Gustav Adolf, der Grosse. Eine politische Biographie. Frankfurt am Main ²1982.

Batelka, Philipp; Weise, Michael; Xenakis, Stefan und Carl, Horst: Berufsmäßige Gewalttäter. Wie Söldnergewalt in der Frühen Neuzeit entfesselt und begrenzt wurde, in: Speitkamp, W. (Hg.): Gewaltgemeinschaften in der Geschichte. Entstehung, Kohäsionskraft und Zerfall. Göttingen 2017. S. 83–100.

Bauer, Volker: Strukturwandel der höfischen Öffentlichkeit. Zur Medialisierung des Hoflebens vom 16. bis 18. Jahrhundert, in: ZHF. 38 (2011). S. 585–620.

Baumann, Reinhard: »So schlägt man mir den Pummerleinpumm« – Sterben und Tod bei Kriegsleuten des 16. Jahrhunderts, in: Clauss, M.; Reiß, A. und Rüther, S. (Hg.): Vom Umgang mit den Toten. Sterben im Krieg von der Antike bis zur Gegenwart. Paderborn 2019. S. 103–128.

Bayreuther, Magdalena: Pferde in der Diplomatie der frühen Neuzeit, in: Häberlein, M. und Jeggle, Chr. (Hg.): Materille Grundlagen der Diplomatie. Schenken, Sammeln und Verhandeln in Spätmittelalter und Früher Neuzeit. Konstanz und München 2013. S. 227–256.

Beck, Rainer: Ordnung und Anomie um Andechs. Konfligierende und interagierende ›Viele‹ im Dreißigjährigen Krieg, in: Sawilla, J. M. und Schlögl, R. (Hg.): Jenseits der Ordnung? Zur Mächtigkeit der Vielen in der Frühen Neuzeit. Berlin 2019. S. 117–158.

Becker, Thomas P.: Der Alltag des Krieges. Das Rheinland im Kölner Krieg, in: Rutz, A. (Hg.): Krieg und Kriegserfahrung im Westen des Reiches 1568–1714. Göttingen 2016. S. 121–139.

Behringer, Wolfgang: »Kleine Eiszeit« und Frühe Neuzeit, in: ebd.; Lehmann, H. und Pfister, C. (Hg.): Kulturelle Konsequenzen der »Kleinen Eiszeit«. Göttingen 2005. S. 415–508.

Behringer, Wolfgang: »Politiker« und »Zelanten«. Zur Typologie innenpolitischer Konflikte in der Frühen Neuzeit, in: ZHF. 22 (1995). S. 455–494.

Bellinger, A. und Krieger, D. J. (Hg.): ANThology. Ein einführendes Handbuch zur Akteur-Netzwerk-Theorie. Bielefeld 2006.

Bély, Lucien: La Société des Princes. XVIᵉ–XVIIIᵉ Siècle. Paris 1999.

Berg, Holger: Administering Justice and Bending the Legal Code. The Contested Implementation of the Swedish Articles of War, 1621–1650, in: Nowosadtko, J.; Klippel, D. und Lohsträter, K. (Hg.): Militär und Recht vom 16. bis 19. Jahrhundert. Gelehrter Diskurs – Praxis – Transformationen. Göttingen 2016. S. 227–249.

Berg, Holger: Das »Diarium Actorum« des Caspar Heinrich Marx. Zugriff unter: http://www.mdsz.thulb.uni-jena.de/marx/erlaeuterungen.php [Letzter Zugriff: 10.05.2023].

Berg, Holger: Military occupation under the eyes of the Lord. Studies in Erfurt during the Thirty Years War. Göttingen 2010.

Berger, Eva: Christoph Jamnitzer, Jeremias Ritter (Gravuren von Johan Hauer): Herkules, den Erdglobus tragend, 1618 und später (vor 1632), in: Bußmann, K. und Schilling, H. (Hg.): 1648: Krieg und Frieden in Europa. Ausstellungskatalog. Münster 1998. S. 367.

Bergerhausen, Hans-Wolfgang: Die »Verneuerte Landesordnung« in Böhmen 1627: ein Grunddokument des habsburgischen Absolutismus, in: HZ. 272 (2001). S. 327–351.

Bergerhausen, Hans-Wolfgang: Würzburg unter schwedischer Besatzung 1631–1634. Würzburg 2013.

Berner, Felix: Gustav Adolf. Der Löwe aus Mitternacht. Stuttgart ²1982.

Berns, Jürg Jochen: Herrscherliche Klangkunst und höfische Hallräume. Zur zeremoniellen Funktion akustischer Zeichen, in: Zeichen und Raum. Ausstattung und höfisches Zeremoniell in den deutschen Schlössern der Frühen Neuzeit. [Hrsg. v. Rudolstädter Arbeitskreis zur Residenzkultur. Bearb. v. Hahn, P. M. und Schütte, U.]. Berlin und München 2006. S. 49–64.

Beyer, Carl und Biereye, Johannes: Geschichte der Stadt Erfurt von der ältesten bis auf die neuste Zeit. Erfurt 1900–1931.

Bieder, Hermann und Gurnik, Adolf: Bilder aus der Geschichte der Stadt Frankfurt a. Oder. 2., veränderte Auflage. Frankfurt an der Oder 1899.

Birlinger, Anton: Die Schweden in Augsburg, in: Zeitschrift für deutsche Kulturgeschichte. NF 2 (1873). S. 631–646, 709–729.

Birr, Christiane: Verschwiegen und verjährt. Verflossene Zeit als Argument vor Gericht, in: Brendecke, A.; Fuchs, R.-P. und Koller, E. (Hg.): Die Autorität der Zeit in der Frühen Neuzeit. Berlin 2007. S. 307–331.

Bispinck, Henrik: Der Hainhofer-Kunstschrank, in: Bußmann, K. und Schilling, H. (Hg.): 1648: Krieg und Frieden in Europa. Ausstellungskatalog. Münster 1998. S. 367–368.

Blaufuß, Dietrich: Das Verhältnis der Konfessionen in Augsburg 1555 bis 1648. Versuch eines Überblicks, in: Jahrbuch / Verein für Augsburger Bistumsgeschichte. 10 (1976). S. 27–56.

Blom, Hans W.: Booty around 1600. Christian Princes, Merchant Republics und terra incognita, in: Biblis. kvartalstidskrift för bokvänner. 38 (2007). S. 25–30.

Bobak, Patricia und Carl, Horst: Außer Rand und Band? Frühneuzeitliche Söldner als Gewaltgemeinschaften im niederländisch-spanischen Krieg, in: Speitkamp, W. (Hg.): Gewaltgemeinschaften. Von der Spätantike bis ins 20. Jahrhundert. Göttingen 2013. S. 163–183.

Bodmann, Franz Joseph: Die Schweden zu Mainz. Ein Beitrag zur Geschichte dieser Stadt, aus gedrukten und ungedrukten Quellen. Mainz 1812.

Boehm, Gottfried: Wie Bilder Sinn erzeugen. Die Macht des Zeigens. Berlin ⁴2015.

Böning, Holger: Dreißigjähriger Krieg und Öffentlichkeit. Zeitungsberichterstattung als Rohfassung der Geschichtsschreibung. Bremen 2018.

Boos, Heinrich: Geschichte der rheinischen Städtekultur von ihren Anfängen bis zur Gegenwart mit besonderer Berücksichtigung der Stadt Worms. Bd. 4. [2. Ausgabe]. Berlin 1901.

Bothe, Jan Philipp: »Martialische Lustbarkeiten«. Die Inszenierung des Zeithainer Lagers (1730) zwischen Hof und Militär, in: Archiv für Kulturgeschichte. 101 (2019). S. 29–60.

Bothe, Jan Philipp: Die Natur des Krieges. Militärisches Wissen und Umwelt im 17. und 18. Jahrhundert. Frankfurt am Main 2021.

Bothe, Jan Philipp: Von Mordbrennern und Feuer-Hunden. Heidelbergs Zerstörung im Neunjährigen Krieg als frühneuzeitliches Medienereignis, in: Militär und Gesellschaft in der Frühen Neuzeit. 18 (2014). S. 11–47.

Bourdieu, Pierre: Meditationen. Zur Kritik der scholastischen Vernunft. Frankfurt am Main 2001.

Bourdieu, Pierre: Ökonomisches Kapital, kulturelles Kapital, soziales Kapital, in: ebd.: Die verborgenen Mechanismen der Macht. Hamburg 1992. 49–79.

Bourdieu, Pierre: Praktische Vernunft. Zur Theorie des Handelns. Frankfurt am Main 1998.

Bourdieu, Pierre: Sozialer Sinn. Kritik der theoretischen Vernunft. Frankfurt am Main 1993.

Bourdieu, Pierre: Was heisst sprechen? Zur Ökonomie des sprachlichen Tausches. [2., erweiterte und überarbeitete Auflage].Wien 2005.

Brademann, Jan: Mit den Toten und für die Toten. Zur Konfessionalisierung der Sepulkralkultur im Münsterland (16. bis 18. Jahrhundert). Münster 2013.

Brassat, Wolfgang: Kunstwerke als Dekor und Medien symbolischer Handlungen, in: Stollberg-Rilinger, B.; Neu, T. und Brauner; C. (Hg.): Alles nur symbolisch? Bilanz und Perspektiven der Erforschung symbolischer Kommunikation. Köln 2013. S. 303–317.

Brauner, Christina: *Wie die Papisten bei ihrer Meß.* Wahrnehmung religiöser Rituale und konfessionelle Polemik im europäischen Diskurs über Westafrika, in: Meier, C. und Linnemann, D. (Hg.): Intertheatralität. Die Bühne als Institution und Paradigma der frühneuzeitlichen Gesellschaft. Münster 2017. S. 207–229.

Bremer, K. und Spoerhase, C. (Hg.): Gelehrte Polemik. Intellektuelle Konfliktverschärfung um 1700. Frankfurt am Main 2011.

Brendle, Franz und Schindling, Anton: Religionskriege in der Frühen Neuzeit. Begriff, Wahrnehmung, Wirkmächtigkeit, in: Brendle, F. und Schindling, A. (Hg.): Religionskriege im Alten Reich und in Alteuropa. Münster ²2010. S. 15–52.

Brendle, Franz und Schindling, Anton: Religious War and Religious Peace in the Age of Reformation, in: Evans, R. J. W.; Schaich, M. und Wilson, P. H. (Hg.): The Holy Roman Empire, 1495–1806. Oxford 2010. S. 165–181.

Brendle, Franz: Der Erzkanzler im Religionskrieg. Kurfürst Anselm Casimir von Mainz, die geistlichen Fürsten und das Reich 1629 bis 1647. Münster 2011.

Bretschneider, Falk und Duhamelle, Christophe: Fraktalität. Raumgeschichte und soziales Handeln im Alten Reich, in: ZHF. 43 (2016). S. 703–746.

Brockmann, Thomas: Dynastie, Kaiseramt und Konfession. Politik und Ordnungsvorstellungen Ferdinands II. im Dreißigjährigen Krieg. Paderborn 2011.

Brockmann, Thomas: Konfessioneller Fundamentalismus und Konfessionalisierung der Außenpolitik? Überlegungen zur Politik Ferdinands II. 1618–1630, in: ebd. und Weiß, D. J. (Hg.): Das Konfessionalisierungsparadigma. Leistungen, Probleme, Grenzen. Münster 2013. S. 235–263.

Broekmann, Theo: Formen und Funktionen spätmittelalterlicher Unterwerfungsrituale. Tiengen 1499 und das Beispiel der Schweizer Eidgenossen, in: Rüther, S. (Hg.): Integration und Konkurrenz. Symbolische Kommunikation in der spätmittelalterlichen Stadt. Münster 2009. S. 61–79.

Brück, Anton Philipp: Mainz vom Verlust der Stadtfreiheit bis zum Ende des Dreißigjährigen Krieges 1462 bis 1648. Düsseldorf 1972.

Brugger, Eva: Szenen der Subjektivierung. Zu den Schriftpraktiken der Wallfahrt im 18. Jahrhundert, in: Freist, D. (Hg.): Diskurse – Körper – Artefakte. Historische Praxeologie in der Frühneuzeitforschung. Bielefeld 2015. S. 161–183.

Bücheler, Heinrich: Von Pappenheim zu Piccolomini. Sechs Gestalten aus Wallensteins Lager. Sigmaringen 1994.

Bürger, Stefan: Architectura militaris. Festungsbautraktate des 17. Jahrhunderts von Specklin bis Sturm. Berlin 2013.

Bürger, Stefan: Die Würzburger Festung Marienberg als fortifikatorische Anlage um 1600, in: Weiß, W. (Hg.): Landesherrschaft und Konfession. Fürstbischof Julius Echter von Mespelbrunn (reg. 1573–1617) und seine Zeit. Würzburg 2018. S. 187–213.

Bürger, Stefan: Festungsbaukunst im 17. Jahrhundert. Ein Entwicklungsüberblick anhand der zeitgenössischen fortifikatorischen Literatur, in: Rohrschneider, M. und Tischer, A. (Hg.): Dynamik durch Gewalt? Der Dreißigjährige Krieg (1618–1648) als Faktor der Wandlungsprozesse des 17. Jahrhunderts. Münster 2018. S. 251–270.

Burkhardt, Johannes: Auf der Suche nach dem Dissens. Eine Bemerkung zu einer kritischen Auseinandersetzung mit meinem »Dreißigjährigen Krieg«, in: Historisches Jahrbuch. 123 (2003). S. 357–363.

Burkhardt, Johannes: Der Dreißigjährige Krieg. Frankfurt am Main 1992.

Burkhardt, Johannes: Die Friedlosigkeit der Frühen Neuzeit. Grundlegung einer Theorie der Bellizität Europas, in: ZHF. 24 (1997). S. 509–574.

Burkhardt, Johannes: Die These vom Staatsbildungskrieg im Widerstreit der Forschung, in: Rohrschneider, M. und Tischer, A. (Hg.): Dynamik durch Gewalt? Der Dreißigjährige Krieg (1618–1648) als Faktor der Wandlungsprozesse des 17. Jahrhunderts. Münster 2018. S. 71–92.

Burkhardt, Johannes: Konfessionsbildung und Staatsbildung. Konkurrierende Begründungen für die Bellizität Europas?, in: Holzem, A. (Hg.): Krieg und Christentum. Religiöse Gewalttheorien in der Kriegserfahrung des Westens. Paderborn 2009. S. 527–552.

Burkhardt, Johannes: Warum hat Gustav Adolf in den Dreißigjährigen Krieg eingegriffen? Der Schwedische Krieg 1630–1635, in: Hartmann, P. C. und Schuller, F. (Hg.): Der Dreißigjährige Krieg. Facetten einer folgenreichen Epoche. Regensburg 2010. S. 95–107.

Burkhardt, Johannes: Warum ist das Reich nicht untergegangen? Der Krieg der Kriege und die Resilienz der politischen Institutionen, in: Dingel, I. (u.a.) (Hg.): Theatrum Belli – Theatrum Pacis. Konflikte und Konfliktregelungen im frühneuzeitlichen Europa. Festschrift für Heinz Duchhardt zu seinem 75. Geburtstag. Göttingen 2018. S. 111–124.

Burkhardt, Julia: Von *Buda Regia* zum *Caput Regni*. Wahrnehmungen, Deutungsmuster und Repräsentationen Budas als Residenzstadt im Spätmittelalter, in: Fouquet, G. (u.a.) (Hg.): Geschichtsbilder in Residenzstädten des späten Mittelalters und der frühen Neuzeit. Präsentationen – Räume – Argumente – Praktiken. Köln 2021. S. 105–120.

Burkart, Lucas: Die Entgrenzung sakraler Akkumulation. Interessenkonflikt, symbolische Kommunikation und die Medien des Heils, in: Rüther, S. (Hg.): Integration und Konkurrenz. Symbolische Kommunikation in der spätmittelalterlichen Stadt. Münster 2009. S. 131–151.

Burke, Peter: Papier und Marktgeschrei. Die Geburt der Wissensgesellschaft. Berlin 2014.

Burschel, Peter: »…es muss ja ein Unterschied sein…« Das Massaker von Frankenhausen, in: Ulbrich, C; Jarzebowski, C. und Hohkamp, M. (Hg.): Gewalt in der Frühen Neuzeit. Berlin 2005. S. 21–31.

Burschel, Peter: Das Heilige und die Gewalt. Zur frühneuzeitlichen Deutung von Massakern, in: Archiv für Kulturgeschichte. 86 (2004). S. 341–369.

Burschel, Peter: Der Sultan und das Hündchen: Zur politischen Ökonomie des Schenkens in interkultureller Perspektive, in: Historische Anthropologie, 15 (2007). S. 408–421.
Burschel, Peter: Die Erfindung der Reinheit. Eine andere Geschichte der frühen Neuzeit. Göttingen 2014.
Burschel, Peter: Himmelreich und Hölle. Ein Söldner, sein Tagebuch und die Ordnungen des Krieges, in: Krusenstjern, B. v. und Medick, H. (Hg.): Zwischen Alltag und Katastrophe. Der Dreißigjährige Krieg aus der Nähe. Göttingen 1999. S. 181–194.
Burschel, Peter: Männliche Tode – weibliche Tode. Zur Anthropologie des Martyriums in der frühen Neuzeit, in: Saeculum. Jahrbuch für Universalgeschichte. 50 (1999). S. 75–97.
Burschel, Peter: Söldner im Nordwestdeutschland des 16. und 17. Jahrhunderts. Göttingen 1994.
Burschel, Peter: Sterben und Unsterblichkeit. Zur Kultur des Martyriums in der frühen Neuzeit. München 2004.
Burschel, Peter: Verlorene Söhne. Bilder osmanischer Gefangenschaft in der frühen Neuzeit, in: Emich, B. und Signori, G. (Hg.): Kriegs / Bilder in Mittelalter und Früher Neuzeit. Berlin 2009. S. 157–182.
Carl, H. und Bömelburg, H.-J. (Hg.): Lohn der Gewalt. Beutepraktiken von der Antike bis zur Neuzeit. Paderborn 2011.
Carl, H. und Schmidt, P. (Hg.): Stadtgemeinde und Ständegesellschaft. Formen der Integration und Distinktion in der frühneuzeitlichen Stadt. Berlin 2007.
Carl, Horst und Bömelburg, Hans-Jürgen: Einleitung. Beutepraktiken – Historische und systematische Dimensionen des Themas »Beute«, in: ebd. (Hg.): Lohn der Gewalt. Beutepraktiken von der Antike bis zur Neuzeit. Paderborn 2011. S. 11–30.
Carl, Horst: »Pavillon de Hanovre« – Korruption im Militär im 18. Jahrhundert, in: Asch, R. G.; Emich, B. und Engels, J. I. (Hg.): Integration – Legitimation – Korruption. Politische Patronage in Früher Neuzeit und Moderne. Frankfurt am Main 2011. S. 233–246.
Carl, Horst: Einleitung in die Sektion: Sicherheit vor Gewalt – Sicherheit durch Gewalt, in: Kampmann, C. und Niggemann, U. (Hg.): Sicherheit in der Frühen Neuzeit. Norm – Praxis – Repräsentation. Köln (u.a.) 2013. S. 265–272.
Carl, Horst: Exotische Gewaltgemeinschaften – Krieger von der europäischen Peripherie im 17. Jahrhundert, in: Rogger, P. und Hitz, B. (Hg.): Söldnerlandschaften. Frühneuzeitliche Gewaltmärkte im Vergleich. Berlin 2014. S. 157–180.
Carl, Horst: Logistik in Zeiten des Krieges: Der Kriegsunternehmer Wallenstein und das Geschäft der Heeresversorgung, in: Emich, B. (u.a.) (Hg.): Wallenstein. Mensch – Mythos – Memoria. Berlin 2018. S. 31–47.
Carl, Horst: Protektion und Okkupation. Zur Gewährleistung von Sicherheit in einer prekären Situation, in: Haug, T.; Weber, N. und Windler, Chr. (Hg.): Protegierte und Protektoren. Asymmetrische politische Beziehungen zwischen Partnerschaft und Dominanz (16. bis frühes 20. Jahrhundert). Köln 2016. S. 295–310.
Cassan, Michel: Die Krone und die Städte unter Karl IX. und Ludwig XIII., in: Asch, R. G. und Freist, D. (Hg.): Staatsbildung als kultureller Prozess. Strukturwandel und Legitimation von Herrschaft in der Frühen Neuzeit. Köln 2005. S. 135–150.
Cassel, Paulus: Erfurter Bilder und Bräuche. Ein akademisches Programm. Erfurt 1859.
Certeau, Michel de: Kunst des Handelns. Berlin 1988.
Clauss, Martin: Die Schlacht als narratives Konstrukt. 841: Zweimal Fontenoy, in: Füssel, M. und Sikora, M. (Hg.): Kulturgeschichte der Schlacht. Paderborn 2014. S. 53–78.
Collet, Dominik: (Aus-)Handlungsraum Kunstkammer. Fürstliche Sammlungen zwischen Distinktion und Kanon, in: Paravicini, W. und Wettlaufer, J. (Hg.): Vorbild – Austausch – Konkurrenz. Höfe und Residenzen in der gegenseitigen Wahrnehmung. Ostfildern 2010. S. 331–343.

Crouzet, Denis: Königliche und religiöse Gewalt im Massaker der Bartholomäusnacht oder der »Wille« Karls IX., in: Ulbrich, C; Jarzebowski, C. und Hohkamp, M. (Hg.): Gewalt in der Frühen Neuzeit. Berlin 2005. S. 33–58.

Daniel, Ute: Kompendium Kulturgeschichte. Theorien, Praxis, Schlüsselwörter. Frankfurt am Main [6]2014.

Dartmann, C.; Füssel, M. und Rüther, S. (Hg.): Raum und Konflikt. Zur symbolischen Konstituierung gesellschaftlicher Ordnung in Mittelalter und Frühen Neuzeit. Münster 2004.

Daston, Lorraine: Wunder und Beweis im frühneuzeitlichen Europa, in: ebd.: Wunder, Beweise und Tatsachen. Zur Geschichte der Rationalität. Frankfurt am Main [3]2014. S. 29–76.

Davis, Natalie Zemon: Die Riten der Gewalt, in: ebd.: Humanismus, Narrenherrschaft und die Riten der Gewalt. Frankfurt am Main 1987. S. 171–209.

Davis, Natalie Zemon: Die schenkende Gesellschaft. Zur Kultur der französischen Renaissance. München 2002.

Deinert, Christa: Die schwedische Epoche in Franken von 1631–1635. Würzburg 1966.

Deinlein, Michael von: Zur Geschichte des Fürstbischofs Johann Georg II, in: Bericht über Bestand und Wirken des historischen Vereins für Oberfranken zu Bamberg. 40 (1877/1878). S. 1–41.

Demura, Shin: Flucht der Landbevölkerung in die Stadt im Dreißigjährigen Krieg am Beispiel der Reichsstadt Ulm und ihrem Territorium, in: Asche, L. (u.a.) (Hg.): Krieg, Militär und Migration in der Frühen Neuzeit. Berlin 2008. S. 187–202.

Dengler-Schreiber, Karin: »Ist alles oed vnd wüst…«. Zerstörung und Wiederaufbau in der Stadt Bamberg im Zeitalter des Dreißigjährigen Kriegs, in: Jahrbuch für fränkische Landesforschung. 57 (1997). S. 145–161.

Dengler-Schreiber, Karin: Kleine Bamberger Stadtgeschichte. Regensburg [2]2010.

Denzel, Markus A.: Das System des bargeldlosen Zahlungsverkehrs europäischer Prägung vom Mittelalter bis 1914. Stuttgart 2008.

Denzler, Alexander: Kriegstote in Selbstzeugnissen des Dreißigjährigen Krieges, in: Clauss, M.; Reiß, A. und Rüther, S. (Hg.): Vom Umgang mit den Toten. Sterben im Krieg von der Antike bis zur Gegenwart. Paderborn 2019. S. 83–102.

Destouches, Ernst von: München zur Zeit der schwedischen Invasion im Jahre 1632, in: ebd.: Urkundliche Beiträge zur Geschichte Münchens. Zweite Folge. München 1871. S. 3–17.

Dickhaut, K.; Steigerwald, J. und Wagner, B. (Hg.): Soziale und ästhetische Praxis der höfischen Fest-Kultur im 16. und 17. Jahrhundert. Wiesbaden 2009.

Diener-Staeckling, Antje: Orte der Ratswahl – Orte der Macht. Die Räume der Ratswahl in der frühneuzeitlichen Stadt, in: Hochmuth, Chr. und Rau, S. (Hg.): Machträume der frühneuzeitlichen Stadt. Konstanz 2006. S. 155–169.

Dillinger, Johannes: Attentate und Aufstände. Zur religiösen Bedeutung politischer Kriminalität in der Frühen Neuzeit, in: Piltz, E. und Schwerhoff, G. (Hg.): Gottlosigkeit und Eigensinn. Religiöse Devianz im konfessionellen Zeitalter. Berlin 2015. S. 237–258.

Dinges, Martin: Justiznutzung als soziale Kontrolle in der Frühen Neuzeit, in: Blauert, A. und Schwerhoff, G. (Hg.): Kriminalitätsgeschichte. Beiträge zur Sozial- und Kulturgeschichte der Vormoderne. Konstanz 2000. S. 503–544.

Dinges, Martin: Soldatenkörper in der Frühen Neuzeit. Erfahrungen mit einem unzureichend geschützten, formierten und verletzten Körper in Selbstzeugnissen, in: Dülmen, R. v. (Hg.): Körper-Geschichten. Frankfurt am Main 1996. S. 71–98.

Dobras, Wolfgang: Die kurfürstliche Stadt bis zum Ende des Dreißigjährigen Krieges

(1462–1648), in: Dumont, F. (u.a.) (Hg.): Mainz. Die Geschichte der Stadt Mainz. 1998. S. 227–268.

Dobras, Wolfgang: Mainz um 1500 – Der Wandel von der Freien zur Residenz- und Universitätsstadt, in: Rogge, J. (Hg.): Tradieren, Vermitteln, Anwenden. Zum Umgang mit Wissensbeständen in spätmittelalterlichen und frühneuzeitlichen Städten. Berlin 2008. S. 21–40.

Donaubauer, Stephan: Nürnberg in der Mitte des dreissigjährigen Krieges, in: Mitteilungen des Vereins für Geschichte der Stadt Nürnberg. 10 (1893). S. 69–240.

Dosquet, Emilie: Die Verwüstung der Pfalz als (Medien-) Ereignis. Von der rheinischen Kriegshandlung zum europäischen Skandal, in: Rutz, A. (Hg.): Krieg und Kriegserfahrung im Westen des Reiches 1568–1714. Göttingen 2016. S. 333–369.

Dross, Fritz: Wallensteins Zipperlein, in: Emich, B. (u.a.) (Hg.): Wallenstein. Mensch – Mythos – Memoria. Berlin 2018. S. 253–269.

Droste, Heiko: Briefe als Medium symbolischer Kommunikation, in: Füssel, M. und Weller, T. (Hg.): Ordnung und Distinktion. Praktiken sozialer Repräsentation in der ständischen Gesellschaft. Münster 2005. S. 239–256.

Droste, Heiko: Die missglückte Aufwartung. Zu den Barrieren höfischer Kommunikation im Brief, in: Hengerer, M. (Hg.): Abwesenheit beobachten. Zu Kommunikation auf Distanz in der Frühen Neuzeit. Berlin 2013. S. 79–93.

Droste, Heiko: Patronage in der Frühen Neuzeit – Institution und Kulturform, in: ZHF. 30 (2003). S. 555–590.

Droysen, Gustav: Gustav Adolf. Bd. 2. Leipzig 1870.

Drüppel, Hubert: Ratsverfassung und städtisches Gerichtswesen, in: Wagner, U. (Hg.): Geschichte der Stadt Würzburg. Bd. 2: Vom Bauernkrieg 1525 bis zum Übergang an das Königreich Bayern 1814. Stuttgart 2004. S. 232–253.

Duchhardt, Heinz: Kugeln im Mund. Ein Beitrag zur Ritualgeschichte des vormodernen Militärs, in: Archiv für Kulturgeschichte. 102 (2020). S. 133–142.

Duffy, Christopher: Siege Warfare. The fortress in the early modern world, 1494–1660. London 1979.

Dülmen, Richard van: Theater des Schreckens. Gerichtspraxis und Strafrituale in der frühen Neuzeit. München 1985.

Dürr, Renate: Private Ohrenbeichte im öffentlichen Kirchenraum, in: Rau, S. und Schwerhoff, G. (Hg.): Zwischen Gotteshaus und Taverne. Öffentliche Räume in Spätmittelalter und Früher Neuzeit. Köln ²2008. S. 383–411.

Dürr, Renate: Prophetie und Wunderglaube – zu den kulturellen Folgen der Reformation, in: HZ. 281 (2005). S. 3–32.

Dwyer, P. G. und Ryan, L. (Hg.): Theatres of Violence. Massacre, Mass Killing and Atrocity throughout History. New York und Oxford 2012.

Ehrenpreis, Stefan: Der Dreißigjährige Krieg als Krise der Landesherrschaft: Das Beispiel Wolfgang Wilhelm von Pfalz-Neuburg, in: ebd. (Hg.): Der Dreißigjährige Krieg im Herzogtum Berg und in seinen Nachbarregionen. Neustadt an der Aisch 2002. S. 66–101.

Eibach, Joachim: Das offene Haus. Kommunikative Praxis im sozialen Nahraum der europäischen Frühen Neuzeit, in: ZHF. 38 (2011). S. 621–664.

Eibach, Joachim: Institutionalisierte Gewalt im urbanen Raum. ›Stadtfrieden‹ in Deutschland und der Schweiz zwischen bürgerlicher und obrigkeitlicher Regelung, 15.–18. Jahrhundert, in: Ulbrich, C; Jarzebowski, C. und Hohkamp, M. (Hg.): Gewalt in der Frühen Neuzeit. Berlin 2005. S. 189–208.

Eibach, Joachim: Städtisch Strafjustiz als konsensuale Praxis: Frankfurt a. M. im 17. und 18. Jahrhundert, in: Schlögl, R. (Hg.): Interaktion und Herrschaft. Die Politik der frühneuzeitlichen Stadt. Konstanz 2004. 181–214.

Eibach, Joachim: Versprochene Gleichheit – verhandelte Ungleichheit. Zum sozialen Aspekt in der Strafjustiz der Frühen Neuzeit, in: Geschichte und Gesellschaft. 35(2009). 488–533.

Eickhoff, Sabine; Grothe, Anja und Jungklaus, Bettina: 1636 – ihre letzte Schlacht. Leben im Dreißigjährigen Krieg. [Hrsg. v. Eickhoff, S. und Schopper, F.]. Stuttgart 2012.

Emich, Birgit: Besitz ergreifen von der Kirche. Normen und Normkonflikte beim Zeremoniell des päpstlichen Possesso, in: Wassilowsky, G. und Wolf, H. (Hg.): Werte und Symbole im frühneuzeitlichen Rom. Münster 2005. S. 83–99.

Emich, Birgit: Bilder einer Hochzeit. Die Zerstörung Magdeburgs 1631 zwischen Konstruktion, (Inter-) Medialität und Performanz, in: ebd. und Signori, G. (Hg.): Kriegs / Bilder in Mittelalter und Früher Neuzeit. Berlin 2009. S. 197–236.

Emich, Birgit: Bildlichkeit und Intermedialität in der Frühen Neuzeit. Eine interdisziplinäre Spurensuche, in: ZHF. 35 (2008). S. 31–56.

Emich, Birgit; Reinhardt, Nicole; Thiessen, Hillard von und Wieland, Christian: Stand und Perspektiven der Patronageforschung. Zugleich eine Antwort auf Heiko Droste, in: ZHF. 32 (2005). S. 233–265.

Emich, Birgt: Staatsbildung und Klientel – Politische Integration und Patronage in der Frühen Neuzeit, in: Asch, R. G.; ebd. und Engels, J. I. (Hg.): Integration – Legitimation – Korruption. Politische Patronage in Früher Neuzeit und Moderne. Frankfurt am Main 2011. S. 33–48.

Emmendörffer, Christoph: Wunderwelt. Der Pommersche Kunstschrank und sein »Hainhofer-Code«, in: ebd. und Trepesch, C. (Hg.): Wunderwelt. der Pommersche Kunstschrank. [Katalog zur Ausstellung im Maximilianmuseum Augsburg, 28. März-29. Juni 2014]. Berlin (u.a.) 2014. S. 33–57.

Endres, Rudolf: Endzeit des Dreißigjährigen Krieges, in: Pfeiffer, G. (Hg.): Nürnberg – Geschichte einer europäischen Stadt. München 1971. S. 273–279.

Engels, Jens Ivo und Thiessen, Hillard von: Glauben. Begriffliche Annäherung anhand von Beispielen aus der Frühen Neuzeit, in: ZHF. 28 (2001). S. 333–357.

Engerisser, Peter: Von Kronach nach Nördlingen. Der Dreißigjährige Krieg in Franken, Schwaben und der Oberpfalz 1631–1635. Bd. 1. Weißenstadt 2004.

Englund, Peter: Die Verwüstung Deutschlands. Eine Geschichte des Dreißigjährigen Krieges. Stuttgart 1998.

Erben, Dietrich: Die Fiktion der Politik und die Schönheit der Bürokratie. Baupolitik unter Cosimo I de' Medici in Florenz, in: ebd. und Tauber, C. (Hg.): Politikstile und die Sichtbarkeit des Politischen in der Frühen Neuzeit. Passau 2016. S. 71–92.

Erichsen, Johannes: Öffentliche und private Sphäre – Die Räume Maximilians I. und seiner Gemahlinnen in der Münchener Residenz, in: Langer, B. (Hg.): Pracht und Zeremoniell. Die Möbel der Residenz München. München 2002. S. 44–49.

Erler, Adalbert: Art. »Schlüssel (als Symbol)«, in: ebd. und Kaufmann, E. (Hg.): Handwörterbuch zur deutschen Rechtsgeschichte. Bd. IV. Berlin 1990. Sp. 1443–1446.

Evert, Urte: »Gute Sach stärkt den Mann.« Sachkundliche Überlegungen zu symbolischen Funktionen der frühneuzeitlichen Militärwaffen, in: Militär und Gesellschaft in der Frühen Neuzeit. 13(2009). S. 50–74.

Externbrink, Sven: Die Rezeption des ›Sacco di Mantova‹ im 17. Jahrhundert. Zur Wahrnehmung, Darstellung und Bewertung eines Kriegsereignisses, in: Meumann, M. und Niefanger, D. (Hg.): Ein Schauplatz herber Angst. Wahrnehmung und Darstellung von Gewalt im 17. Jahrhundert. Göttingen 1997. S. 205–222.

Externbrink, Sven: Von Richelieu zu Vauban. Sicherheit, Festungen, Grenzen und Strategie im Zeitalter Ludwigs XIV., in: Carl, H.; Babel, R. und Kampmann, C. (Hg.): Sicherheitsprobleme im 16. und 17. Jahrhundert. Bedrohungen, Konzepte, Amivalenzen. Baden-Baden 2019. S. 213–239.

Falk, Franz: Die ehemalige Dombibliothek zu Mainz. Ihre Entstehung, Verschleppung und Vernichtung nach gedruckten und ungedruckten Quellen. Leipzig 1897.

Felberbauer, Franz: Waffentechnik und Waffenentwicklung im Dreißigjährigen Krieg anhand der Bestände der Burg Forchtenstein, in: Rebitsch, R.; Höbelt, L. und Schmidl, E. A. (Hg.): Vor 400 Jahren. Der Dreißigjährige Krieg. Innsbruck 2019. S. 85–106.

Fenske, Michaela: Marktkultur in der Frühen Neuzeit. Wirtschaft, Macht und Unterhaltung auf einem städtischen Jahr- und Viehmarkt. Köln (u.a.) 2006.

Findeisen, Jörg-Peter: Gustav II. Adolf von Schweden. Der Eroberer aus dem Norden. Graz 1996.

Findlen, P. (Hg.): Athanasius Kircher. The last man who knew everything. New York 2004.

Fischbacher, Thomas: Die Residenz im Krieg. Graf Heinrich von Brühl, Friedrich II. von Preußen und König August III. von Polen und die symbolische Zerstörung von Schlössern im Siebenjährigen Krieg in Sachsen und Brandenburg, in: Müller, M. und Hahn, P.-M. (Hg.): Zeichen und Medien des Militärischen am Fürstenhof in Europa. Berlin 2017. S. 189–209.

Fischer-Kattner, Anke: Introduction, in: ebd. und Ostwald, J. (Hg.): The World of the Siege. Representations of Early Modern Positional Warfare. Leiden und Boston 2019. S. 1–18.

Fischer-Kattner, Anke: Violent Encounters at Ostende, 1601–1604: Spatiality, Location, and Identity in Early Modern Siege Warfare, in: comparative. Zeitschrift für Globalgeschichte und vergleichende Gesellschaftsforschung. 28 (2018). S. 22–41.

Fischer-Kattner, Anke: Zeit-Not/ Not-Zeit. Temporale Perspektiven auf den Belagerungskrieg im 17. Jahrhundert, in: Militär und Gesellschaft in der Frühen Neuzeit. 21 (2017). S. 57–96.

Foucault, Michel. Überwachen und Strafen. Die Geburt des Gefängnisses. Frankfurt am Main 1994.

Foucault, Michel: Archäologie des Wissens. Frankfurt am Main [16]2013.

Foucault, Michel: Die Ordnung des Diskurses. Frankfurt am Main [12]2012.

Freeden, Max H.: Festung Marienberg. Würzburg 1952.

Freist, Dagmar: Diskurse – Körper – Artefakte. Historische Praxeologie in der Frühneuzeitforschung – eine Annäherung, in: ebd. (Hg.): Diskurse – Körper – Artefakte. Historische Praxeologie in der Frühneuzeitforschung. Bielefeld 2015. S. 9–30.

Freist, Dagmar: Historische Praxeologie als Mikro-Historie, in: Brendecke, A. (Hg.): Praktiken der Frühen Neuzeit. Akteure – Handlungen – Artefakte. Köln 2015. S. 62–77.

Freitag, W. und Scheutz, M. (Hg.): Ein bürgerliches Pulverfass? Waffenbesitz und Waffenkontrolle in der alteuropäischen Stadt. Köln 2021.

Freitag, Werner: Berühren, Bekleiden, Niederknien. »Wunderthätige Gnadenbilder« im Zeitalter der Konfessionalisierung, in: Stollberg-Rilinger, B. und Weißbrich, T. (Hg.): Die Bildlichkeit symbolischer Akte. Münster 2010. S. 199–221.

Frenzel, Claudius Sebastian: Die Ordnung des Zorns. Der Zorn Gottes in den Polizeygesetzen der Reichsstadt Ulm (Gotteslästerung, Zutrinken und Unzucht, 1492–1630), in: Kästner, A. und Schwerhoff, G. (Hg.): Göttlicher Zorn und menschliches Maß. Religiöse Abweichung in frühneuzeitlichen Stadtgemeinschaften. Konstanz und München 2013. S. 45–71.

Frevert, Ute: Die Politik der Demütigung. Schauplätze von Macht und Ohnmacht. Frankfurt am Main 2017.

Frevert, Ute: Emotions in history. Lost and found. Budapest 2011.

Frevert, Ute: Gefühlspolitik. Friedrich II. als Herr über die Herzen? Göttingen 2012.

Frevert, Ute: Vergängliche Gefühle. Göttingen 2013.

Fritz, Gerhard: Kriegsführung – Kriegskriminalität – Kriegsflüchtlinge. Überlegungen zur Zeit zwischen dem Ende des Dreißigjährigen Krieges und dem Pfälzischen und Spanischen Erbfolgekrieg in Südwestdeutschland, in: Rutz, A. (Hg.): Krieg und Kriegserfahrung im Westen des Reiches 1568–1714. Göttingen 2016. S. 159–181.

Frohnhäuser, Ludwig: Gustav Adolf und die Schweden in Mainz und am Rhein. Darmstadt 1894.

Fuchs, Ralf-Peter: Gegen die Apokalypse? Zukunftsdiskurse im Dreißigjährigen Krieg, in: Landwehr, A. (Hg.): Frühe Neue Zeiten. Zeitwissen zwischen Reformation und Revolution. Bielefeld 2012. S. 237–259.

Füssel, M. und Weller, T. (Hg.): Ordnung und Distinktion. Praktiken sozialer Repräsentation in der ständischen Gesellschaft. Münster 2005.

Füssel, Marian und Neu, Tim: »Doing Discourse«. Diskursiver Wandel aus praxeologischer Perspektive, in: Landwehr, A. (Hg.): Diskursiver Wandel. Wiesbaden 2010. S. 213–237.

Füssel, Marian und Petersen, Sven: Ananas und Kanonen. Zur materiellen Kultur globaler Kriege im 18. Jahrhundert, in: Historische Anthropologie. 23 (2015). S. 366–390.

Füssel, Marian und Weller, Thomas: Einleitung, in: ebd. (Hg.): Ordnung und Distinktion. Praktiken sozialer Repräsentation in der ständischen Gesellschaft. Münster 2005. S. 9–22.

Füssel, Marian: Das Undarstellbare darstellen. Das Bild der Schlacht im 18. Jahrhundert am Beispiel von Zorndorf (1758), in: Emich, B. und Signori, G. (Hg.): Kriegs / Bilder im Mittelalter und Früher Neuzeit. Berlin 2009. S. 317–349.

Füssel, Marian: Der »roi connétable« und die Öffentlichkeit, in: Sösemann, B. und Vogt-Spira, G. (Hg.): Friedrich der Große in Europa. Geschichte einer wechselvollen Beziehung. Bd. 2. Stuttgart 2012. S. 199–215.

Füssel, Marian: Der inszenierte Tod. Militärische Sterbe- und Beerdigungsrituale im Siebenjährigen Krieg, in: Pröve, R. und Winkel, C. (Hg.): Übergänge schaffen. Ritual und Performanz in der frühneuzeitlichen Militärgesellschaft. Göttingen 2012. S. 127–152.

Füssel, Marian: Der Preis des Ruhms. Eine Weltgeschichte des Siebenjährigen Krieges. München 2019.

Füssel, Marian: Die Kunst der Schwachen. Zum Begriff der ›Aneignung‹ in der Geschichtswissenschaft, in: Sozial.Geschichte. 21 (2006). S. 7–28.

Füssel, Marian: Die Praxis der Disputation. Heuristische Zugänge und theoretische Deutungsangebote, in: Gindhart, M.; Marti, H. und Seidel, R. (Hg.): Frühneuzeitliche Disputationen. Polyvalente Produktionsapparate gelehrten Wissens. Köln (u.a.) 2016. S. 27–48.

Füssel, Marian: Die relationale Gesellschaft. Zur Konstitution ständischer Ordnung in der Frühen Neuzeit aus praxeologischer Perspektive, in: Freist, D. (Hg.): Diskurse – Körper – Artefakte. Historische Praxeologie in der Frühneuzeitforschung. Bielefeld 2015. S. 115–137.

Füssel, Marian: Die symbolischen Grenzen der Gelehrtenrepublik. Gelehrte Habitus und moralische Ökonomie des Wissens im 18. Jahrhundert, in: Mulsow, M. und Rexroth, F. (Hg.): Was als wissenschaftliche gelten darf. Praktiken der Grenzziehung in Gelehrtenmilieus der Vormoderne. Frankfurt am Main 2014. S. 413–437.

Füssel, Marian: Ein »Jammer- und Todestal«. Die Toten auf den Schlachtfeldern des 18. Jahrhunderts, in: Clauss, M.; Reiß, A. und Rüther, S. (Hg.): Vom Umgang mit den Toten. Sterben im Krieg von der Antike bis zur Gegenwart. Paderborn 2019. S. 221–239.

Füssel, Marian: Kriegstheater. Formen militärischer Gewalt in der Frühen Neuzeit, in: Schönauer, T. und Hohrath, D. (Hg.): Formen des Krieges. 1600–1815. Neustadt an der Aisch 2019. S. 15–26.

Füssel, Marian: Panduren, Kosaken und Sepoys. Ethnische Gewaltakteure im 18. Jahrhundert zwischen Sicherheit und Stigma, in: Rogger, P. und Hitz, B. (Hg.): Söldnerlandschaften. Frühneuzeitliche Gewaltmärkte im Vergleich. Berlin 2014. S. 181–199.

Füssel, Marian: Praktiken historisieren. Geschichtswissenschaft und Praxistheorie im Dialog, in: Daniel, A.; Hillebrandt, F. und Schäfer, F. (Hg.): Methoden einer Soziologie der Praxis. Bielefeld 2015. S. 267–287.

Füssel, Marian: Praxeologische Perspektiven in der Frühneuzeitforschung, in: Brendecke, A. (Hg.): Praktiken der Frühen Neuzeit. Akteure – Handlungen – Artefakte. Köln 2015. S. 21–33.

Füssel, Marian: Stehende Söldner-Heere? Europäische Rekrutierungspraktiken im Vergleich (1648–1789), in: Greyerz, K. v.; Holenstein, A. und Würgler, A. (Hg.): Soldgeschäfte, Klientelismus, Korruption in der Frühen Neuzeit. Zum Soldunternehmertum der Familie Zurlauben im schweizerischen und europäischen Kontext. Göttingen 2018. S. 259–278.

Füssel, Marian: *Theatrum Belli*. Der Krieg als Inszenierung und Wissensschauplatz im 17. und 18. Jahrhundert, in: Schock, F.; Bauer, O. und Koller, A. (Hg.): Dimensionen der Theatrum-Metapher in der Frühen Neuzeit. Ordnung und Repräsentation von Wissen. Hannover 2008. S. 209–234.

Füssel, Marian: Ungesehenes Leiden? Tod und Verwundung auf den Schlachtfeldern des 18. Jahrhunderts, in: Historische Anthropologie. 23 (2015). S. 30–53.

Füssel, Marian: Zwischen Schauspiel, Information und Strafgericht. Visualisierung und Deutung von brennenden Städten im Siebenjährigen Krieg, in: Koppenleitner, V. F.; Rößler, H. und Thimann, M. (Hg.): Urbs incensa. Ästhetische Transformationen der brennenden Stadt in der Frühen Neuzeit. Berlin 2011. S. 301–319.

Füssel, Marian: Zwischen Schlachtenlärm und Siegesklang. Zur akustischen Repräsentation von militärischer Gewalt im Siebenjährigen Krieg (1756–1763), in: Stockhorst, S. (Hg.): Krieg und Frieden im 18. Jahrhundert. Kulturgeschichtliche Studien. Hannover 2015. S. 149–166.

Gantet, Claire: Kein Religionskrieg. Der Dreißigjährige Krieg, ein Konflikte mit europäischen Dimensionen, in: HZ. 309 (2019). S. 668–679.

Geertz, Clifford: »Deep play«. Bemerkungen zum balinesischen Hahnenkampf, in: ebd.: Dichte Beschreibung. Beiträge zum Verstehen kultureller Systeme. Frankfurt am Main 1987. S. 202–260.

Gilly, Carlos: Der »Löwe von Mitternacht«, der »Adler« und der »Endchrist«. Die politische, religiöse und chiliastische Publizistik in den Flugschriften, illustrierten Flugblättern und Volksliedern des Dreissigjährigen Krieges, in: Rosenkreuz als europäisches Phänomen im 17. Jahrhundert. [Hrsg. v. d. Bibliotheca Philosophica Hermetica]. Amsterdam 2002. S. 234–268.

Gindhart, M.; Marti, H. und Seidel, R. (Hg.): Frühneuzeitliche Disputationen. Polyvalente Produktionsapparate gelehrten Wissens. Köln (u.a.) 2016.

Glassie, John: Der letzte Mann, der alles wusste. Das Leben des exzentrischen Genies Athanasius Kircher. Berlin 2014.

Glaser, H. (Hg.): Um Glaube und Reich. Kurfürst Maximilian I. Katalog der Ausstellung in der Residenz in München, 12. Juni-5. Oktober 1980. München und Zürich 1980.

Glaser, Hubert und Werner, Elke Anna: Die Siegreiche Maria. Religiöse Stiftungen Maximilians I. von Bayern, in: Bußmann, K. und Schilling, H. (Hg.): 1648: Krieg und Frieden in Europa. Ausstellungskatalog. Münster 1998. S. 141–151.

Gleixner, Ulrike: Die lesende Fürstin. Büchersammeln als lebenslange Bildungspraxis, in: Jacobi, J.; Le Cam, J.-L. und Musolff, H.-U. (Hg.): Vormoderne Bildungsgänge. Selbst- und Fremdbeschreibungen in der Frühen Neuzeit. Köln 2010. S. 207–224.

Godwin, Joscelyn: Athanasius Kircher‹s Theatre of the World. The life and work of the last man to search for universal knowledge. Rochester 2009.

Goetze, Dorothée: Die Last der Besatzung. *Occupatio* als fiskalpolitisches Druckmittel. Zur Funktion der festen Plätze in der schwedischen Kriegsstrategie im Reich, in: Schmidt-Voges, I. und Jörn, N. (Hg.): Mit Schweden verbündet – von Schweden besetzt. Akteure, Praktiken und Wahrnehmungen schwedischer Herrschaft im Alten Reich während des Dreißigjährigen Krieges. Hamburg 2016. S. 11–32.

Goffman, Erving: Wir alle spielen Theater. Die Selbstdarstellung im Alltag. München ¹²2013.

Goldberg, Gisela: Dürer-Renaissance am Münchner Hof, in: Glaser, H. (Hg.): Um Glaube und Reich. Kurfürst Maximilian I. Beiträge zur Bayerischen Geschichte und Kunst: 1573–1657. München 1980. S. 318–322.

Gotthard, Axel: »Eine feste Burg ist unser unnd der Böhmen Gott«. Der Böhmische Aufstand 1618/19 in der Wahrnehmung des evangelischen Deutschland, in: Brendle, F. und Schindling, A. (Hg.): Religionskriege im Alten Reich und in Alteuropa. Münster ²2010. S. 135–162.

Gotthard, Axel: »Sey ein durchgeend werkh wider die Evangelische«. Bedrohungsszenarien in lutherischen Ratsstuben, in: Schilling, H. (Hg.): Konfessioneller Fundamentalismus. Religion als politischer Faktor im europäischen Mächtesystem um 1600. München 2007. S. 209–234.

Gotthard, Axel: »Wer sich salviren könd, solts thun«. Warum der deutsche Protestantismus in der Zeit der konfessionellen Polarisierung zu keiner gemeinsamen Politik fand, in: Historisches Jahrbuch. 121 (2001). S. 64–96.

Gotthard, Axel: 1618, 2018: Die Kriegsgründe – alte und neue Einsichten, in: Zeitschrift des Historischen Vereins für Schwaben. 111 (2019). S. 3–32.

Gotthard, Axel: Der deutsche Konfessionskrieg seit 1619. Ein Resultat gestörter politischer Kommunikation, in: Historisches Jahrbuch. 122 (2002). S. 141–172.

Gotthard, Axel: Der Dreißigjährige Krieg. Eine Einführung. Köln 2016.

Gotthard, Axel: Der gerechte und der notwendige Krieg. Kennzeichnet das Konfessionelle Zeitalter eine Resakralisierung des Kriegsbegriffs?, in: Holzem, A. (Hg.): Krieg und Christentum. Religiöse Gewalttheorien in der Kriegserfahrung des Westens. Paderborn 2009. S. 470–504.

Gotthard, Axel: Die Ursachen des Dreißigjährigen Krieges, in: Rebitsch, R. (Hg.): 1618. Der Beginn des Dreißigjährigen Krieges. Köln 2017. S. 47–76.

Gotthard, Axel: Maximilian und das Reich, in: Zeitschrift für bayerische Landesgeschichte. 65 (2002). S. 35–68.

Gotthold, Christian: Die Schweden in Frankfurt am Main. Bd. 1–4. Frankfurt am Main 1885–1894.

Greyerz, K. v. und Siebenhüner, K. (Hg.): Religion und Gewalt. Konflikte, Rituale, Deutungen (1500–1800). Göttingen 2006.

Griesa, Siegfried: Glaubens- und Religionskonflikte und ihre Auswirkungen im 16./17. Jahrhundert in Frankfurt (Oder), in: Knefelkamp, U. und ebd. (Hg.): Frankfurt an der Oder 1253–2003. Berlin 2003. S. 79–100.

Groebner, Valentin: Gefährliche Geschenke. Ritual, Politik und die Sprache der Korruption in der Eidgenossenschaft im späten Mittelalter und am Beginn der Neuzeit. Konstanz 2000.

Groebner, Valentin: Wer redet von der Reinheit? Eine kleine Begriffsgeschichte. Wien 2019.

Groenveld, Simon: Könige ohne Staat: Friedrich V. und Elisabeth als Exilierte in Den Haag 1621–1632–1661, in: Der Winterkönig. Friedrich von der Pfalz. Bayern und Europa im Zeitalter des Dreißigjährigen Krieges. [Hrsg. v. Haus der Bayerischen Geschichte]. Stuttgart 2003. S. 162–186.

Groll, Thomas: Der Dreißigjährige Krieg im Bistum Augsburg, in: Zeitschrift des Historischen Vereins für Schwaben. 111 (2019). S. 33–48.

Groß, Barbara: Prozessführung als symbolische Praxis. Zur Hexenverfolgung in der Stadt
Minden während des Dreißigjährigen Krieges, in: Westfälische Zeitschrift. 161 (2011).
S. 195–218.

Grundberg, Malin: Gustav II. Adolf von Schweden. »Zum ewigen Gedächtnis«, in: Brink,
C.; Jaeger, S. und Winzeler, M. (Hg.): Bellum et Artes. Mitteleuropa im Dreißigjährigen Krieg. Dresden 2021. S. 275–279.

Haas, Hagen: »Denn die Bombe, wenn sie fällt...«. Zum Schicksal von Einwohnern bela-
gerter Städte im absolutistischen Zeitalter, in: Militär und Gesellschaft in der Frühen
Neuzeit. 7 (2003). S. 41–59.

Haas, Hagen: Belagerungskrieg: Absolutistische Festungsstädte im Ausnahmezustand, in:
Kolnberger, T. und Steffelbauer, I. (Hg.): Krieg in der europäischen Neuzeit. Wien
2010. S. 289–319.

Haas, Philip: Mehr als Normativität. Funktionsweisen und Bedeutungsaspekte von obrig-
keitlichen und militärischen Verordnungen während der zweiten Hälfte des Dreißigjährigen Krieges, in: ZHF. 48 (2021). S. 41–85.

Haasis, Lucas und Rieske, Constantin: Historische Praxeologie. Zur Einführung, in: Haasis,
L. und Rieske, C. (Hg.): Historische Praxeologie. Dimensionen vergangenen Handelns.
Paderborn 2015. S. 7–54.

Haasis, Lucas und Rieske, Constantin: Was ist und was kann die Historische Praxeologie?
Ein Runder Tisch. [Interview mit Nikolaus Buschmann, Dagmar Freist, Marian Füssel,
Frank Hillebrandt und Achim Landwehr], in: Haasis, L. und Rieske, C. (Hg.): Histo-
rische Praxeologie. Dimensionen vergangenen Handelns. Paderborn 2015. S. 199–236.

Haberer, Stephanie: Fugger als Offiziere – im Dienst von Kaiser und Reich?, in: Burkhardt,
J. (Hg.): Die Fugger und das Reich. Eine neue Forschungsperspektive zum 500jäh-
rigen Jubiläum der ersten Fuggerherrschaft Kirchberg-Weißenhorn. Augsburg 2008.
S. 229–242.

Haberer, Stephanie: Ott Heinrich Fugger (1592–1644). Ein Fugger im Dreißigjährigen
Krieg, in: Burkhardt, J. und Karg, F. (Hg.): Die Welt des Hans Fugger (1531–1598).
Augsburg 2007. S. 117–128.

Häberlein, Mark: Die Fugger. Geschichte einer Augsburger Familie (1367–1650). Stuttgart
2006.

Hacker, Rupert: Die Münchner Hofbibliothek unter Maximilian I., in: Glaser, H. (Hg.):
Um Glaube und Reich. Kurfürst Maximilian I. Beiträge zur Bayerischen Geschichte
und Kunst: 1573–1657. München 1980. S. 353–363.

Hammerbacher, Y. A.: Historische Beschreibung der Stadt Nuernberg von ihrem Anfang bis
auf unsere Zeit aus den besten Quellen. Bd. 2. Nürnberg 1867.

Harms, W. und Messerli, A. (Hg.): Wahrnehmungsgeschichte und Wissensdiskurs im illustrierten Flugblatt der Frühen Neuzeit (1450–1700). Basel 2002.

Harms, Wolfgang und Schilling, Michael: Das illustrierte Flugblatt der frühen Neuzeit. Traditionen, Wirkungen, Kontexte. Stuttgart 2008.

Hartinger, Walter: Konfessionalisierung des Alltags in Bayern unter Maximilian I., in: Zeitschrift für bayerische Landesgeschichte. 65 (2002). S. 123–156.

Hartmann, Elke und Jancke, Gabriele: Roupens Erinnerungen eines armenischen Revolu-
tionärs (1921/1951) im transepochalen Dialog. Konzepte und Kategorien der Selbst-
zeugnis-Forschung zwischen Universalität und Partikularität, in: Ulbrich, C.; Medick,
H. und Schaser, A. (Hg.): Selbstzeugnis und Person. Transkulturelle Perspektiven. Köln
2012. S. 31–71.

Hartung, Bernhard: Die Häuser-Chronik der Stadt Erfurt. Erfurt 1861.

Hasselbeck, Johannes: *dan der krig ist ein wüdtentes tihr.* Der Dreißigjährige Krieg und die Bewältigung seiner Folgen in Bamberg 1632–1693. Baden-Baden 2021.

Hatje, Frank: Zwischen Repräsentation und Konfession. Konflikte um Bedeutung, Nutzung und Archetektur eines hamburgischen Stadtpalais im 18. Jahrhundert, in: Rau, S. und Schwerhoff, G. (Hg.): Zwischen Gotteshaus und Taverne. Öffentliche Räume in Spätmittelalter und Früher Neuzeit. Köln ²2008. S. 155–181.

Haude, Sigrun: The World of the Siege in New Perspective: the Populace during the Thirty Years' War (1618–1648), in: Fischer-Kattner, A. und Ostwald, J. (Hg.): The World of the Siege. Representations of Early Modern Positional Warfare. Leiden und Boston 2019. S. 21–43.

Haug, T.; Weber, N. und Windler, C. (Hg.): Protegierte und Protektoren. Asymmetrische politische Beziehungen zwischen Partnerschaft und Dominanz (16. bis frühes 20. Jahrhundert). Köln 2016.

Haug-Moritz, Gabriele: Der Schmalkaldische Krieg (1546/47) – ein kaiserlicher Religionskrieg?, in: Brendle, F. und Schindling, A. (Hg.): Religionskriege im Alten Reich und in Alteuropa. Münster ²2010. S. 93–105.

Haug-Moritz, Gabriele: Verraten und verraten werden. Herzog Moritz von Sachsen (1521–1553) und François de Lorraine, duc de Guise (1520–1563), in: Krischer, A. (Hg.): Verräter. Geschichte eines Deutungsmusters. Köln 2019. S. 93–113.

Hefner, Otto Titan von: Original-Bilder aus der Vorzeit Münchens. München 1852.

Heimers, Manfred Peter: Krieg, Hunger, Pest und Glaubenszwist. München im Dreißigjährigen Krieg. [Eine Veröffentlichung des Stadtarchivs München]. München 1998.

Heilmann, Johann: Kriegsgeschichte von Bayern, Franken, Pfalz und Schwaben. Bd. 2: Von 1506 bis 1651. Abt. 2: Kriegsgeschichte von 1634–1651 und Kriegswesen von 1598–1651. München 1868.

Helas, Philine: Der Triumpf von Alfonso d'Aragona 1443 in Neapel. Zu den Darstellungen herrscherlicher Einzüge zwischen Mittelalter und Renaissance, in: Johanek, P. und Lampen, A. (Hg.): Adventus. Studien zum herrscherlichen Einzug in die Stadt. Köln (u.a.) 2009. S. 133–228.

Hempel, Annette: »Eigentlicher Bericht / So wol auch Abcontrafeytung«. Eine Untersuchung der nicht-allegorischen Nachrichtenblätter zu den Schlachten und Belagerungen der schwedischen Armee unter Gustav II Adolf (1628/30–1632). Frankfurt am Main 2000.

Hengerer, M. (Hg.): Abwesenheit beobachten. Zu Kommunikation auf Distanz in der Frühen Neuzeit. Berlin 2013.

Hennes, Johann Heinrich: Die Erzbischöfe von Mainz. Nebst der politischen und militärischen Geschichte der Stadt Mainz. Mainz 1879.

Heyde, Astrid: Kunstpolitik und Propaganda im Dienste des Großmachtstrebens. Die Auswirkungen der gustav-adolfinischen »repraesentatio maiestatis« auf Schweden und Deutschland bis zum Ende des Nordischen Krieges (1660), in: Bußmann, K. und Schilling, H. (Hg.): 1648: Krieg und Frieden in Europa. Bd. 2: Kunst und Kultur. Münster 1998. S. 105–111.

Heydenreuter, Reinhard: Der Magistrat als Befehlsempfänger – die Disziplinierung der Stadtobrigkeit, 1579 bis 1651, in: Bauer, R. (Hg.): Geschichte der Stadt München. München 1992. 189–210.

Heym, Sabine: Kunst und Repräsentation – Zur Entwicklungsgeschichte der Residenz der Wittelsbacher, in: Langer, B. (Hg.): Pracht und Zeremoniell. Die Möbel der Residenz München. München 2002. S. 28–43.

Herrmann, Fritz: Aus der Mainzer Schwedenzeit 1631–1636, in: Bertram, D. Georg (Hg.): Stromata. Festgabe des Akademisch-Theologischen Vereins zu Giessen im Schmalkaldener Kartell anläßlich seines 50. Stiftungstages. Leipzig 1930. S. 69–83.

Hillebrandt, Frank: Vergangene Praktiken. Wege zu ihrer Identifikation in: Brendecke, A. (Hg.): Praktiken der Frühen Neuzeit. Akteure – Handlungen – Artefakte. Köln 2015. S. 34–45.

Hilliges, Marion: Sicherheitsversprechen und herrscherliche Bildpolitik: Der Festungsstern im Bildmedium, in: Kampmann, C. und Niggemann, U. (Hg.): Sicherheit in der Frühen Neuzeit. Norm – Praxis – Repräsentation. Köln (u.a.) 2013. S. 737–757.

Hipfinger, A. (u.a.) (Hg.): Ordnung durch Tinte und Feder? Genese und Wirkung von Instruktionen im zeitlichen Längsschnitt vom Mittelalter bis zum 20. Jahrhundert. Wien (u.a.) 2012.

Hirschbiegel, J. und Paravicini, W. (Hg.): In der Residenzstadt. Funktionen, Medien, Formen bürgerlicher und höfischer Repräsentation. Ostfildern 2014.

Hirschel, Johann Josef: Geschichte der Stadt und des Bistums Mainz. Mainz 1855.

Hirschi, Caspar: Vorwärts in neue Vergangenheiten. Funktionen des humanistischen Nationalismus in Deutschland, in: Maissen, T. und Walter, G. (Hg.): Funktionen des Humanismus. Studien zum Nutzen des Neuen in der humanistischen Kultur. Göttingen 2006. S. 362–395.

Höbelt, Lothar: Götterdämmerung der Condottieri. Der Dreißigjährige Krieg, in: Förster, S.; Jansen, C. und Kronenbitter, G. (Hg.): Rückkehr der Condottieri? Krieg und Militär zwischen staatlichem Monopol und Privatisierung. Von der Antike bis zur Gegenwart. Paderborn 2010. 127–139.

Höbelt, Lothar: Surrender in the Thirty Years War, in: Afflerbach, H. und Strachan, H. (Hg.): How Fighting Ends: A History of Surrender. Oxford 2012. S. 141–151.

Hochmuth, C. und Rau, S. (Hg.): Machträume der frühneuzeitlichen Stadt. Konstanz 2006.

Hochmuth, Christian und Rau, Susanne: Stadt – Macht – Räume. Eine Einführung, in: ebd. (Hg.): Machträume der frühneuzeilichen Stadt. Konstanz 2006. S. 13–40.

Hoffmann[-Rehnitz], Philip: Soziale Differenzierung und politische Integration. Zum Strukturwandel der politischen Ordnung in Lübeck (15.-17. Jahrhundert), in: Schmidt, P. und Carl, H. (Hg.): Stadtgemeinde und Ständegesellschaft. Formen der Integration und Distinktion in der frühneuzeitlichen Stadt. Berlin 2007. S. 166–197.

Hoffmann-Rehnitz, Philip; Krischer, André und Pohlig, Matthias: Entscheiden als Problem der Geschichtswissenschaft, in: ZHF. 45 (2018). S. 217–281.

Hohkamp, Michaela: Grausamkeit blutet, Gerechtigkeit zwackt. Überlegungen zu Grenzziehungen zwischen legitimer und nicht-legitimer Gewalt, in: Erikson, M. und Krug-Richter, B. (Hg.): Streitkulturen. Gewalt, Konflikt und Kommunikation in der ländlichen Gesellschaft (16.-19. Jahrhundert). Köln 2003. S. 59–79.

Hohrath, Daniel: Bastionen statt Schlachtfelder? Die schlesischen Festungen und ihre Belagerungen im Siebenjährigen Krieg, in: Füssel, M. (Hg.): Der Siebenjährige Krieg 1756–1763. Mikro- und Makroperspektiven. Berlin und Boston 2021. S. 95–127.

Hohrath, Daniel: Der Bürger im Krieg der Fürsten. Stadtbewohner und Soldaten in belagerten Städten um die Mitte des 18. Jahrhunderts, in: Kroener, B. R. und Pröve, R. (Hg.): Krieg und Frieden. Militär und Gesellschaft in der Frühen Neuzeit. Paderborn 1996. S. 305–329.

Hohrath, Daniel: Eroberer, Besatzer, Verteidiger. Festungsstädte unter »fremder« Herrschaft im Krieg des 18. Jahrhunderts, in: Kronenbitter, G.; Pöhlmann, M. und Walter, D. (Hg.): Besatzung. Funktion und Gestalt militärischer Fremdherrschaft von der Antike bis zum 20. Jahrhundert. S. 67–79.

Holenstein, André: Die Huldigung der Untertanen. Rechtskultur und Herrschaftsordnung (800–1800). Stuttgart 1991.

Holenstein, André: Huldigung und Herrschaftszeremoniell im Zeitalter des Absolutismus und der Aufklärung, in: Aufklärung. 6 (1991). S. 21–46.

Holenstein, André: Seelenheil und Untertanenpflicht. Zur gesellschaftlichen Funktion und theoretischen Begründung des Eides in der ständischen Gesellschaft, in: Blickle, P. (Hg.): Der Fluch und der Eid. Die metaphysische Begründung gesellschaftlichen Zusammenlebens und politischer Ordnung in der ständischen Gesellschaft. Berlin 1993. S. 11–63.

Holzem, Andreas: *…zum seufzen und wainen also bewegt worden*. Maria im Krieg – das Beispiel Rottweil 1618–1648, in: Brendle, F. und Schindling, A. (Hg.): Religionskriege im Alten Reich und in Alteuropa. Münster ²2010. S. 191–216.

Holzem, Andreas: Gott und Gewalt. Kriegslehren des Christentums und die Typologie des »Religionskrieges«, in: Beyrau, D.; Hochgeschwender, M. und Langewiesche, D. (Hg.): Formen des Krieges. Von der Antike bis zur Gegenwart. Paderborn 2007. S. 371–413.

Holzem, Andreas: Wie *falsch Luthers vnnd seines anhangs meynung sei…* Devianzproduktion in der katholischen Predigt über Martin Luther, in: Piltz, E. und Schwerhoff, G. (Hg.): Gottlosigkeit und Eigensinn. Religiöse Devianz im konfessionellen Zeitalter. Berlin 2015. S. 83–119.

Hörger, Hermann: Die Kriegsjahre 1632 bis 1634 im Tagebuch des P. Maurus Friesenegger, nachmaligen Abtes von Andechs (1640–1655), in: Zeitschrift für Bayrische Landesgeschichte. 34 (1971). S. 866–876.

Horling, Thomas: Julius Echter und das Würzburger Domkapitel – Anmerkungen zum Verhältnis zwischen Landesherr und Mitregent, in: Weiß, W. (Hg.): Fürstbischof Julius Echter (†1617) – verehrt, verflucht, verkannt. Aspekte seines Lebens und Wirkens anlässlich des 400. Todestages. Würzburg 2017. S. 287–305.

Horn, Wilhelm von: Zur Charakterisirung der Stadt Erfurt. Ein medicinisch-statistischer Beitrag. Erfurt 1843.

Horowski, Leonhard: Hof und Absolutismus. Was bleibt von Norbert Elias' Theorie?, in: Schilling, L. (Hg.): Absolutismus, ein unersetzliches Forschungskonzept? Eine deutsch-französische Bilanz. München 2008. S. 143–171.

Houston, Amy: The Faithful City Defended and Delivered: Cultural Narratives of Siege Warfare in France, 1553–1591, in: Archiv für Reformationsgeschichte. 107 (2016). S. 83–106.

Huntebrinker, Jan Willem: »Fromme Knechte« und »Garteteufel«. Söldner als soziale Gruppe im 16. und 17. Jahrhundert. Konstanz 2010.

Huntebrinker, Jan Willem: Geordneter Sozialverband oder Gegenordnung? Zwei Perspektiven auf das Militär im 16. und 17. Jahrhundert, in: Militär und Gesellschaft in der Frühen Neuzeit. 10 (2006). 181–199.

Huntebrinker, Jan Willem: Kriminalitätsgeschichte des frühneuzeitlichen Militärs am Beispiel eines Regimentsgerichtsbuchs 1625/1626, in: Nowosadtko, J.; Klippel, D. und Lohsträter, K. (Hg.): Militär und Recht vom 16. bis 19. Jahrhundert. Gelehrter Diskurs – Praxis – Transformationen. Göttingen 2016. S. 209–225.

Isaiasz, Vera: »Architectonica Sacra«: Feier und Semantik städtischer Kirchweihen im Luthertum des 16. und 17. Jahrhunderts, in: ebd.; Lotz-Heumann, U.; Mommertz, M. und Pohlig, M. (Hg.): Stadt und Religion in der frühen Neuzeit. Soziale Ordnung und ihre Repräsentationen. Frankfurt am Main 2007. S. 125–146.

Jachmann, Julian: Die Kunst des Augsburger Rates 1588–1631. Kommunale Räume als Medium von Herrschaft und Erinnerung. München 2008.

Jachmann, Julian: Öffentlichkeit und Raum in der Reichsstadt. Das frühneuzeitliche Augsburg zwischen Rat, Patriziat und Fürsten, in: Albrecht S. (Hg.): Stadtgestalt und Öffentlichkeit. Die Entstehung politischer Räume in der Stadt der Vormoderne. Köln (u.a.) 2010. S. 191–209.

Jaeger, Susanne und Feitsch, Diana Lucia: Ius et bellum. Recht und Beute im Dreißigjährigen Krieg, in: Brink, C.; Jaeger, S. und Winzeler, M. (Hg.): Bellum et Artes. Mitteleuropa im Dreißigjährigen Krieg. Dresden 2021. 461–467.

Jancke, Gabriele: Autobiographie als soziale Praxis. Beziehungskonzepte in Selbstzeugnissen des 15. und 16. Jahrhunderts im deutschsprachigen Raum. Köln (u.a.) 2002.

Jancke, Gabriele: Autobiographische Texte – Handlungen in einem Beziehungsnetzwerk. Überlegungen zu Gattungsfragen und Machtaspekten im deutschen Sprachraum von 1400 bis 1620, in: Winfried Schulze (Hg.): Ego-Dokumente. Annäherung an den Menschen in der Geschichte. Berlin 1996. S. 73–106.

Janowitz, Esther: »Imperiale più ducale« – Die Residenz Maximilian I. und die Kaiserbesuche in München: Langer, B. (Hg.): Pracht und Zeremoniell. Die Möbel der Residenz München. München 2002. S. 50–65.

Jansson, Karin: Soldaten und Vergewaltigung im Schweden des 17. Jahrhunderts, in: Krusenstjern, B. v. und Medick, H. (Hg.): Zwischen Alltag und Katastrophe. Der Dreißigjährige Krieg aus der Nähe. Göttingen 1999. S. 195–228.

Jarzebowski, C. und Kwaschik, A. (Hg.): Performing Emotions. Interdisziplinäre Perspektiven auf das Verhältnis von Politik und Emotion in der Frühen Neuzeit und in der Moderne. Göttingen 2013.

Jarzebowski, Claudia: *Tangendo*. Überlegungen zur frühneuzeitlichen Sinnes- und Emotionsgeschichte, in: Brendecke, A. (Hg.): Praktiken der Frühen Neuzeit. Akteure – Handlungen – Artefakte. Köln 2015. S. 391–404.

Johanek, P. und Lampen, A. (Hg.): Adventus. Studien zum herrscherlichen Einzug in die Stadt. Köln (u.a.) 2009.

Jucker, Michael: Erfolgreiche Söldnerlandschaft Eidgenossenschaft? Die Innenperspektive um 1476, in: Rogger, P. und Hitz, B. (Hg.): Söldnerlandschaften. Frühneuzeitliche Gewaltmärkte im Vergleich. Berlin 2014. S. 85–105.

Jucker, Michael: Kredite und Beutemaschinerie. Überlegungen zu prekären Wirtschaftsformen im Krieg des späten Mittelalters, in: Signori, G. (Hg.): Prekäre Ökonomien. Schulden in Spätmittelalter und Früher Neuzeit. Konstanz 2014. S. 159–180.

Jucker, Michael: Raub, Geschenke und diplomatische Irritationen. Die ökonomische Zirkulation und Distribution von Beutestücken und Luxusgegenständen (13.-16. Jahrhundert), in: Häberlein, M. und Jeggle, C. (Hg.): Materille Grundlagen der Diplomatie. Schenken, Sammeln und Verhandeln in Spätmittelalter und Früher Neuzeit. Konstanz und München 2013. S. 59–77.

Junkelmann, Marcus: Gustav Adolf (1594–1632). Schwedens Aufstieg zur Großmacht. Regensburg 1993.

Jürjens, Theda: Gustav II. Adolf und Christina von Schweden, in: ebd. und Syndram, D. (Hg.): Bellum et Artes. Sachsen und Mitteleuropa im Dreißigjährigen Krieg. Dresden 2021. S. 105–111.

Jürjens, Theda: Philipp Hainhofer (1578–1647), in: Brink, C.; Jaeger, S. und Winzeler, M. (Hg.): Bellum et Artes. Mitteleuropa im Dreißigjährigen Krieg. Dresden 2021. S. 359–363.

Kaiser, Michael: »Ärger als der Türck«. Kriegsgreuel und ihre Funktionalisierung in der Zeit des Dreißigjährigen Kriegs, in: Neitzel, S. (Hg.): Kriegsgreuel. Die Entgrenzung der Gewalt in kriegerischen Konflikten vom Mittelalter bis ins 20. Jahrhundert. Paderborn 2008. 155–183.

Kaiser, Michael: »Excidium Magdeburgense«. Beobachtungen zur Wahrnehmung und Darstellung von Gewalt im Dreißigjährigen Krieg, in: Meumann, M. und Niefanger, D. (Hg.): Ein Schauplatz herber Angst. Wahrnehmung und Darstellung von Gewalt im 17. Jahrhundert. Göttingen 1997. S. 43–64.

Kaiser, Michael: Angstgetriebene Politik. Maximilian von Bayern und die Katholische Liga, in: Rebitsch, R. (Hg.): 1618. Der Beginn des Dreißigjährigen Krieges. Köln 2017. S. 101–128.

Kaiser, Michael: Auf dem Weg zur Selbstregierung. Die Landstände von Kleve und Mark in der Zeit des Dreißigjährigen Kriegs, in: Rohrschneider, M. und Tischer, A. (Hg.): Dynamik durch Gewalt? Der Dreißigjährige Krieg (1618–1648) als Faktor der Wandlungsprozesse des 17. Jahrhunderts. Münster 2018. S. 175–203.

Kaiser, Michael: Die Söldner und die Bevölkerung. Überlegungen zu Konstituierung und Überwindung eines lebensweltlichen Antagonismus, in: Kroll, S. und Krüger, K. (Hg.): Militär und ländliche Gesellschaft in der frühen Neuzeit. Münster 2000. S. 79–120.

Kaiser, Michael: Die vereinbarte Okkupation. Generalstaatische Besatzung in brandenburgischen Festungen am Niederrhein, in: Meumann, M. und Rogge, J. (Hg.): Die besetzte res publica. Zum Verhältnis von ziviler Obrigkeit und militärischer Herrschaft in besetzten Gebieten vom Spätmittelalter bis zum 18. Jahrhundert. Berlin 2006. S. 271–314.

Kaiser, Michael: Gegen den »proscribierten Pfalzgrafen«. Die negative Pfalzpolitik Maximilians I. von Bayern im Dreißigjährigen Krieg, in: Der Winterkönig. Friedrich von der Pfalz. Bayern und Europa im Zeitalter des Dreißigjährigen Krieges. [Hrsg. v. Haus der Bayerischen Geschichte]. Stuttgart 2003. S. 122–130.

Kaiser, Michael: Generalstaatliche Söldner und der Dreißigjährige Krieg. Eine übersehende Kriegspartei im Licht rheinischer Befunde, in: Rutz, A. (Hg.): Krieg und Kriegserfahrung im Westen des Reiches 1568–1714. Göttingen 2016. S. 65–100.

Kaiser, Michael: Inmitten des Kriegstheaters. Die Bevölkerung als militärischer Faktor und Kriegsteilnehmer im Dreißigjährigen Krieg, in: Kroener, B. R. und Pröve, R. (Hg.): Krieg und Frieden. Militär und Gesellschaft in der Frühen Neuzeit. Paderborn 1996. S. 281–303.

Kaiser, Michael: Kriegsgefangene in der Frühen Neuzeit – Ergänzungen und Perspektiven, in: Arbeitskreis Militärgeschichte e. V. Newsletter. Nr. 17. April 2002. S. 11–14.

Kaiser, Michael: Maximilian I. von Bayern und der Krieg. Zu einem wichtigen Aspekt seines fürstlichen Selbstverständnisses, in: Zeitschrift für bayerische Landesgeschichte. 65 (2002). S. 69–99.

Kaiser, Michael: Politik und Kriegsführung. Maximilian von Bayern, Tilly und die Katholische Liga im Dreißigjährigen Krieg. Münster 1999.

Kaiser, Michael: Zwischen »ars moriendi« und »ars mortem evitandi«. Der Soldat und der Tod in der Frühen Neuzeit, in: ebd. und Kroll, S. (Hg.): Militär und Religiosität in der Frühen Neuzeit. Münster 2004. S. 323–343.

Kalff, Sabine: Eine zu elitäre Wissenschaft. Astrologische Verfahren als Ausweis medizinischer Gelehrsamkeit von Thomas Bodier bis Giovanni Antonio Magini, in: Mulsow, M. und Rexroth, F. (Hg.): Was als wissenschaftliche gelten darf. Praktiken der Grenzziehung in Gelehrtenmilieus der Vormoderne. Frankfurt am Main 2014. S. 139–160.

Kaltwasser, Franz Georg: Von München nach Burghausen. Die Flüchtung der Münchener Hofbibliothek, in: Literatur in Bayern. Vierteljahresschrift für Literatur, Literaturkritik und Literaturwissenschaft. 63 (2001). S. 14–30.

Kampmann, C. und Niggemann, U. (Hg.): Sicherheit in der Frühen Neuzeit. Norm – Praxis – Repräsentation. Köln (u.a.) 2013.

Kampmann, Christoph: »Der Leib des Römischen Reichs ist der Stände Eigentum und nicht des Kaisers«. Zur Entstehung der Konkurrenz zwischen Kaiserhof und Reichstag beim Achtverfahren, in: Sellert, W. (Hg.): Reichshofrat und Reichskammergericht. Ein Konkurrenzverhältnis. Köln 1999. S. 169–198.

Kampmann, Christoph: Das »Westfälische System«, die Glorreich Revolution und die Interventionsproblematik, in: Historisches Jahrbuch. 131(2011). S. 65–92.

Kampmann, Christoph: Europa und das Reich im Dreißigjährigen Krieg. Geschichte eines europäischen Konflikts. Stuttgart ²2013.

Kampmann, Christoph: Kein Schutz fremder Untertanen nach 1648? Zur Akzeptanz einer responsibility to protect in der Frühen Neuzeit, in: Haug, T.; Weber, N. und Windler, Chr. (Hg.): Protegierte und Protektoren. Asymmetrische politische Beziehungen zwischen Partnerschaft und Dominanz (16. bis frühes 20. Jahrhundert). Köln 2016. S. 201–215.

Kampmann, Christoph: Politischer Wandel im Krieg – politischer Wandel durch Krieg? Militärische Gewalt und politische Innovation in der Epoche des Dreißigjährigen Kriegs, in: Rohrschneider, M. und Tischer, A. (Hg.): Dynamik durch Gewalt? Der Dreißigjährige Krieg (1618–1648) als Faktor der Wandlungsprozesse des 17. Jahrhunderts. Münster 2018. S. 41–67.

Kampmann, Christoph: Reichsrebellion und kaiserliche Acht. Politische Strafjustiz im Dreißigjährigen Krieg und das Verfahren gegen Wallenstein 1634. Münster 1992.

Kampmann, Christoph: The Emperor, in: Asbach, O. und Schröder, P. (Hg.): The Ashgate Research Companion to the Thirty Years' War. Farnham (u.a.) 2014. S. 39–52.

Karner, Herbert: Raum und Zeremoniell in der Wiener Hofburg des 17. Jahrhunderts, in: Kauz, R.; Rota, G und Niederkorn, J. P. (Hg.): Diplomatisches Zeremoniell in Europa und im Mittleren Osten in der Frühen Neuzeit. Wien 2009. S. 55–78.

Karsten, A. und Thiessen, H. v. (Hg.): Normenkonkurrenz in historischer Perspektive. Berlin 2015.

Kästner, Alexander und Schwerhoff, Gerd: Religiöse Devianz in alteuropäischen Stadtgesellschaften. Eine Einführung in systematischer Absicht, in: ebd. (Hg.): Göttlicher Zorn und menschliches Maß. Religiöse Abweichung in frühneuzeitlichen Stadtgemeinschaften. Konstanz und München 2013. S. 9–43.

Katschmanowski, Christian: Die Stadt als fürstliche Projektionsfläche? Die Organisation des bürgerlichen und höfischen Bauwesens im frühneuzeitlichen Mainz, in: Hirschbiegel, J. und Paravicini, W. (Hg.): In der Residenzstadt. Funktionen, Medien, Formen bürgerlicher und höfischer Repräsentation. Ostfildern 2014. S. 95–110.

Kaufmann, Thomas: Protestantischer Konfessionsantagonismus im Kampf gegen die Jesuiten, in: Schilling, H. (Hg.): Konfessioneller Fundamentalismus. Religion als politischer Faktor im europäischen Mächtesystem um 1600. München 2007. S. 101–114.

Kießling, R. (Hg.): St. Anna in Augsburg – eine Kirche und ihre Gemeinde. Augsburg ²2013.

Kießling, Rolf: Eckpunkte der Augsburger Reformationsgeschichte, ebd. (u.a.) (Hg.): Im Ringen um die Reformation. Kirchen und Prädikanten, Rat und Gemeinden in Augsburg. Epfendorf am Neckar 2011. S. 29–42.

Kießling, Rolf: Eine »Doppelgemeinde«: St. Moritz und St. Anna, in: ebd. (u.a.) (Hg.): Im Ringen um die Reformation. Kirchen und Prädikanten, Rat und Gemeinden in Augsburg. Epfendorf am Neckar 2011. S. 105–171.

Kießling, Rolf: St. Anna im Dreißigjährigen Krieg: die Geburt eines Traumas, in: ebd. (Hg.): St. Anna in Augsburg – eine Kirche und ihre Gemeinde. Augsburg ²2013. S. 239–269.

Klatte, Gernot: Höfische Rüstkammern – Waffensammlung, Magazin der Hofausstattung, Museum. Eine Institution des Hofes der frühen Neuzeit am Beispiel Dresden und Berlin, in: Müller, M. und Hahn, P.-M. (Hg.): Zeichen und Medien des Militärischen am Fürstenhof in Europa. Berlin 2017. S. 87–116.

Klein, U. und Spary, E. C. (Hg.): Materials and expertise in early modern Europe. Between market and laboratory. Chicago 2010.

Köhler, Matthias: Höflichkeit, Strategie und Kommunikation. Friedensverhandlungen an der Wende vom 17. zum 18. Jahrhundert, in: Zeitsprünge. Forschungen zur Frühen Neuzeit. 13 (2009). S. 379–401.

Köhler, Matthias: Verhandlungen, Verfahren und Verstrickung auf dem Kongress von Nimwegen 1676–1679, in: Stollberg-Rilinger, B. und Krischer, A. (Hg.): Herstellung und Darstellung von Entscheidungen. Verfahren, Verwalten und Verhandeln in der Vormoderne. Berlin 2010. S. 411–440.

Koller, Ariane: Objektwelten in Bewegung. Die Repräsentation der Macht am Hof des Kurfürsten Georg I. von Sachsen, in: Geschichte in Wissenschaft und Unterricht. 69 (2018). S. 513–529.

Kossert, Thomas: Zwischen Schweden, Mainz und Sachsen. Erfurt als kulturelles Zentrum im Dreißigjährigen Krieg (Dissertationsprojekt), in: Militär und Gesellschaft in der Frühen Neuzeit. 13 (2009). S. 263–267.

Krems, Eva-Bettina: Zur Vielfalt ästhetischer Inszenierung von Politik: Die Wittelsbacher in München im frühen 18. Jahrhundert, in: Erben, D. und Tauber, C. (Hg.): Politikstile und die Sichtbarkeit des Politischen in der Frühen Neuzeit. Passau 2016. S. 281–297.

Kreslins, Janis: War Booty and Early Modern Culture, in: Biblis. kvartalstidskrift för bokvänner. 38 (2007). S. 21–23.

Krischer, A. (Hg.): Verräter. Geschichte eines Deutungsmusters. Köln 2019.

Krischer, André: ›Papisten‹ als Verräter. Gewaltimaginationen und Antikatholizismus im frühneuzeitlichen England, in: ebd. (Hg.): Verräter. Geschichte eines Deutungsmusters. Köln 2019. S. 175–194.

Krischer, André: Das diplomatische Zeremoniell der Reichsstädte, oder: Was heißt Stadtfreiheit in der Fürstengesellschaft?, in: Historische Zeitschrift. 284 (2007). S. 1–30.

Krischer, André: Das Gesandtschaftswesen und das vormoderne Völkerrecht, in: Jucker, M.; Kintzinger, M. und Schwings, R. Chr. (Hg.): Rechtsformen internationaler Politik. Theorie, Norm, Praxis vom 12. bis 18. Jahrhundert. Berlin 2011. S. 197–239.

Krischer, André: Das Problem des Entscheidens in systematischer und historischer Perspektive, in: Stollberg-Rilinger, B. und ebd. (Hg.): Herstellung und Darstellung von Entscheidungen. Verfahren, Verwalten und Verhandeln in der Vormoderne. Berlin 2010. S. 35–64.

Krischer, André: Politische Repräsentation und Rhetorik der Reichsstädte auf dem Reichstag nach 1648, in: Feuchter, J. und Helmrath, J. (Hg.): Politische Redekultur in der Vormoderne. Die Oratorik europäischer Parlamente in Spätmittelalter und Früher Neuzeit. Frankfurt am Main 2008. S. 135–148.

Krischer, André: Reichsstädtische Außenbeziehungen in der Frühen Neuzeit. Patronage, Zeremoniell, Korrespondenz, in: Schmidt-Funke, J. und Schnettger, M. (Hg.): Neue Stadtgeschichte(n). Die Reichsstadt Frankfurt im Vergleich. Bielefeld 2018. S. 399–426.

Krischer, André: Rituale und politische Öffentlichkeit in der Alten Stadt, in: Schwerhoff, G. (Hg.): Stadt und Öffentlichkeit in der Frühen Neuzeit. Köln 2011. S. 125–157.

Krischer, André: Traditionsverlust: Die Krise der Todesstrafe in England 1750–1868, in: Schulze, R. (u.a.) (Hg.): Strafzweck und Strafform zwischen religiöser und weltlicher Wertevermittlung. Münster 2008. S. 233–263.

Krischer, André: Von Judas bis zum Unwort des Jahres 2016: Verrat als Deutungsmuster und seine Deutungsrahmen im Wandel, in: ebd. (Hg.): Verräter. Geschichte eines Deutungsmusters. Köln 2019. S. 7–44.

Krischer, André: Zeremonialschreiben in den reichsstädtischen Außenbeziehungen, in: Hengerer, M. (Hg.): Abwesenheit beobachten. Zu Kommunikation auf Distanz in der Frühen Neuzeit. Berlin 2013. S. 95–110.

Kroener, Bernhard R.: Der Soldat als Ware. Kriegsgefangenenschicksale im 16. und 17. Jahrhundert, in: Duchhardt, H. und Veit, P. (Hg.): Krieg und Frieden im Übergang vom Mittelalter zur Neuzeit. Theorie – Praxis – Bilder. Mainz 2000. S. 271–295.

Kroll, Stefan: Frühneuzeitliche Festungsräume als sicheres Terrain? Die kursächsischen Festungen Königstein und Sonnenstein im Spiegel der Veduten Bernardo Bellottos, in:

Kampmann, C. und Niggemann, U. (Hg.): Sicherheit in der Frühen Neuzeit. Norm – Praxis – Repräsentation. Köln (u.a.) 2013. S. 683– 700.

Krüger, Kersten: Dänische und schwedische Kriegsfinanzierung im Dreißigjährigen Krieg bis 1635, in: Repgen, K. (Hg.): Krieg und Politik 1618–1648. Europäische Probleme und Perspektiven. München 1988. S. 275–298.

Krug-Richter, Barbara: »Manns genug!« Konflikte um Männlichkeit in der frühneuzeitlichen Stadt, in: Stollberg-Rilinger, B. und Weller, T. (Hg.): Wertekonflikte – Deutungskonflikte. Münster 2007. S. 251–270.

Krusenstjern, Benigna von: Selbstzeugnisse der Zeit des Dreißigjährigen Krieges. Berlin 1997.

Krusenstjern, Benigna von: Seliges Sterben und böser Tod. Tod und Sterben in der Zeit des Dreißigjährigen Krieges, in: ebd. und Medick, H. (Hg.): Zwischen Alltag und Katastrophe. Der Dreißigjährige Krieg aus der Nähe. Göttingen 1999. S. 469–496.

Krusenstjern, Benigna von: Was sind Selbstzeugnisse? Begriffskritische und quellenkundliche Überlegungen anhand von Beispielen aus dem 17. Jahrhundert, in: Historische Anthropologie. 2 (1994). S. 462–471.

Kümin, Beat: *In vino res publica?* Politische Soziabilität im Wirtshaus der Frühen Neuzeit, in: Schwerhoff, G. (Hg.): Stadt und Öffentlichkeit in der Frühen Neuzeit. Köln 2011. S. 65– 79.

Kümin, Beat: Wirtshaus und Gemeinde. Politisches Profil einer kommunalen Grundinstitution im alten Europa, in: Rau, S. und Schwerhoff, G. (Hg.): Zwischen Gotteshaus und Taverne. Öffentliche Räume in Spätmittelalter und Früher Neuzeit. Köln (u.a.) ²2008. S. 75–97.

Kummer, Stefan: Die Umformung der mittelalterlichen Burg Marienberg in der Renaissance und dem Barock, in: Flachenecker, H.; Götschmann, D. und ebd. (Hg.): Burg, Schloss, Festung. Der Marienberg im Wandel. Würzburg 2009. S. 165–182.

Kumpera, Jan: Die Stadt Pilsen im Dreissigjährigen Krieg, in: Zeitschrift für bayerische Landesgeschichte. 65 (2002). S. 253–263.

Kunisch, Johannes: La guerre – c'est moi! Zum Problem des Staatenkonflikts im Zeitalter des Absolutismus, in: ebd.: Fürst – Gesellschaft – Krieg. Studien zur bellizistischen Disposition des absoluten Fürstenstaates. Köln (u.a.) 1992. S. S. 1–41.

Küppers-Braun, Ute: »Allermassen der teutsche Adel allezeit auf das mütterliche Geschlecht fürnehmlich [...] gesehen.« Ahnenproben des hohen Adels in Dom- und kaiserlichfreiweltlichen Damenstiften, in: Harding, E. und Hecht, M. (Hg.): Die Ahnenprobe in der Vormoderne. Selektion – Initiation – Repräsentation. Münster 2011. S. 175–189.

Laclau, Ernesto und Mouffe, Chantal: Hegemonie und radikale Demokratie. Zur Dekonstruktion des Marxismus. Wien ⁴2012.

Lampen, Angelika: Das Stadttor als Bühne. Architektur und Zeremoniell, in: Johanek, P. und ebd. (Hg.): Adventus. Studien zum herrscherlichen Einzug in die Stadt. Köln (u.a.) 2009. S. 1–36.

Landolt, Oliver: Eidgenössisches *Heldenzeitalter* zwischen Morgarten 1315 und Marignano 1515? Militärische Erinnerungskultur in der Alten Eidgenossenschaft, in: Carl, H. und Planert, U. (Hg.): Militärische Erinnerungskulturen vom 14. bis zum 19. Jahrhundert. Träger – Medien – Deutungskonkurrenzen. Göttingen 2012. S. 69–97.

Landolt, Oliver: Fahnenflüchtige Eidgenossen? Zur Bedeutung von Feigheit, Ehre und militärischer Disziplin in der spätmittelalterlichen Eidgenossenschaft, in: Ludwig, U.; Pöhlmann, M. und Zimmermann, J. (Hg.): Ehre und Pflichterfüllung als Codes militärischer Tugenden. Paderborn 2014. S. 47–58.

Landwehr, Achim und Pröve, Ralf: Sichere und unsichere militärische Räume, in: Kampmann, C. und Niggemann, U. (Hg.): Sicherheit in der Frühen Neuzeit. Norm – Praxis – Repräsentation. Köln (u.a.) 2013. S. 674–682.

Landwehr, Achim: Absolutismus oder »gute Policey«. Anmerkungen zu einem Epochenkonzept, in: Schilling, L. (Hg.): Absolutismus, ein unersetzliches Forschungskonzept? Eine deutsch-französische Bilanz. München 2008. S. 205–228.

Landwehr, Achim: Alte Zeiten, Neue Zeiten. Aussichten auf die Zeit-Geschichte, in: ebd. (Hg.): Frühe Neue Zeiten. Zeitwissen zwischen Reformation und Revolution. Bielefeld 2012. S. 9–40.

Landwehr, Achim: Die Rhetorik der »Guten Policey«, in: ZHF. 30 (2003). S. 251–288.

Landwehr, Achim: Geburt der Gegenwart. Eine Geschichte der Zeit im 17. Jahrhundert. Frankfurt am Main 2014.

Landwehr, Achim: Historische Diskursanalyse. Frankfurt am Main ²2009.

Landwehr, Achim: Jenseits von Diskursen und Praktiken: Perspektiven kriminalitätshistorischer Forschung, in: Habermas. R. und Schwerhoff, G. (Hg.): Verbrechen im Blick. Perspektiven der neuzeitlichen Kriminalitätsgeschichte. Frankfurt am Main 2009. S. 42–67.

Landwehr, Achim: Zeit und Militär in der Frühen Neuzeit. Unsystematische Beobachtungen, in: Militär und Gesellschaft in der Frühen Neuzeit. 21 (2017). S. 7–30.

Langer, Brigitte: Pracht und Zeremoniell – Die Möbel der Residenz München, in: ebd. (Hg.): Pracht und Zeremoniell. Die Möbel der Residenz München. München 2002. S. 10–27.

Langer, Herbert: Formen der Begegnung schwedisch-finnischer »Nationalvölker« und Geworbener mit den Einwohnern Schwedisch-Pommerns, in: Asche, M. (u.a.) (Hg.): Krieg, Militär und Migration in der Frühen Neuzeit. Münster 2008. S. 73–90.

Lass, Heiko: Das Zeughaus als Ort dynastischer Memoria, in: Müller, M. und Hahn, P.-M. (Hg.): Zeichen und Medien des Militärischen am Fürstenhof in Europa. Berlin 2017. S. 117–135.

Latour, Bruno: Eine neue Soziologie für eine neue Gesellschaft. Einführung in die Akteur-Netzwerk-Theorie. Frankfurt am Main ³2014.

Legutke, Daniel: Die kaiserliche Gesandtschaftskapelle in Den Haag 1658–1718: Konfession und Säkularisierung in mikrohistorischer Sichte, in: Isaiasz, V.; Lotz-Heumann, U.; Mommertz, M. und Pohlig, M. (Hg.): Stadt und Religion in der frühen Neuzeit. Soziale Ordnung und ihre Repräsentationen. Frankfurt am Main 2007. S. 245–274.

Leitschuh, Friedrich: Zur Geschichte des Bücherraubes der Schweden in Würzburg, in: Zentralblatt für Bibliothekswesen. 13 (1896). S. 104–113.

Liebhart, Wilhelm: *der Cron Schweden [...] getrew vnd hold seyn*. Das Benediktinerkloster St. Ulrich und Afra zu Augsburg im Dreißigjährigen Krieg, in: Zeitschrift des Historischen Vereins für Schwaben. 111 (2019). S. 49–61.

Liebhart, Wilhelm: Die Benediktinerabteien St. Ulrich und Afra (Augsburg) und Irsee im Ringen um Landeshoheit und Reichsunmittelbarkeit, in: ebd. und Faust, U. (Hg.): Suevia Sacra. Zur Geschichte der ostschwäbischen Reichsstifte im Spätmittelalter und in der Frühen Neuzeit. Stuttgart 2001. S. 133–142.

Link, Andreas: Tafel- und Leinwandgemälde – Entwicklungen, Akteure, Hintergründe der Bildausstattung, in: Kießling, R. (Hg.): St. Anna in Augsburg – eine Kirche und ihre Gemeinde. Augsburg ²2013. S. 411–450.

Linnemann, Dorothee: Inszenierung der Inszenierung. Bildpolitik der europäischen Diplomatie im 17. und 18. Jahrhundert. Münster 2021.

Ljungström, Lars: Schweden – Kunst und Identität in Zeiten des Krieges, in: Brink, C.; Jaeger, S. und Winzeler, M. (Hg.): Bellum et Artes. Mitteleuropa im Dreißigjährigen Krieg. Dresden 2021. 189–195.

Loetz, Francisca: Gotteslästerung und Gewalt: ein historisches Problem, in: Greyerz, K. v. und Siebenhüner, K. (Hg.): Religion und Gewalt. Konflikte, Rituale, Deutungen (1500–1800). Göttingen 2006. S. 305–319.

Loetz, Francisca: Sexualisierte Gewalt 1500–1850. Plädoyer für eine historische Gewaltforschung. Frankfurt am Main 2012.

Looshorn, Johann: Die Geschichte des Bisthums Bamberg. Bd. 6: Das Bisthum Bamberg von 1623–1729. Bamberg 1906.

Lorenz, Maren: Das Rad der Gewalt. Militär und Zivilbevölkerung in Norddeutschland nach dem Dreißigjährigen Krieg. Köln 2007.

Löw, Martina: Raumsoziologie. Frankfurt am Main [7]2012.

Ludwig, Ulrike: Hellsichtige Entscheidungen. Kurfürst August von Sachsen (1526–1586) und die Geomantie als Strategie im politischen Alltagsgeschäft, in: Archiv für Kulturgeschichte. 97 (2015). S. 109–127.

Luebke, David M.: Passageriten und Identität. Taufe und Eheschließung in westfälischen Kleinstädten (1550–1650), in: Brademann, J. und Thies, C. (Hg.): Liturgisches Handeln als soziale Praxis. Kirchliche Rituale in der Frühen Neuzeit. Münster 2014. S. 237–252.

Luh, Jürgen: Kriegskunst in Europa. 1650–1800. Köln (u.a.) 2004.

Luhmann, Niklas: Legitimation durch Verfahren. Frankfurt am Main [9]2013.

Lübbers, Bernhard: Die Münchener Hofbibliothek während des Dreißigjährigen Krieges, in: Schmid, A. (Hg.): Die Hofbibliothek zu München unter den Herzögen Wilhelm V. und Maximilian I. München 2015. S. 169–198.

Lüttenberg, Thomas: Zuviel der Ehre. Zeremonieller Rang und gesellschaftliche Stellung königlicher Amtsträger im Frankreich des 16. und 17. Jahrhunderts, in: Füssel, M. und Weller, T. (Hg.): Ordnung und Distinktion. Praktiken sozialer Repräsentation in der ständischen Gesellschaft. Münster 2005. S. 23–47.

Lutter, Christina: Überwachen und Inszenieren. Gesandtschaftsempfänge in Venedig um 1500, in: Johanek, P. und Lampen, A. (Hg.): Adventus. Studien zum herrscherlichen Einzug in die Stadt. Köln (u.a.) 2009. S. 113–131.

Lynn, John A.: Introduction. Honourable Surrender in Early Modern European History, 1500–1789, in: Afflerbach, H. und Strachan, H. (Hg.): How Fighting Ends: A History of Surrender. Oxford 2012. S. 99–110.

Maegraith, Janine: Begehrt, knapp und im Wandel: Fleisch, in: Schmidt-Funke, J. A. (Hg.): Materielle Kultur und Konsum in der Frühen Neuzeit. Köln 2019. S. 107–134.

Mahlerwein, Gunther: Die Reichsstadt Worms im 17. und 18. Jahrhundert, in: Bönnen, G. (Hg.): Geschichte der Stadt Worms. Darmstadt [2]2015. S. 291–352.

Maissen, Thomas: Wie aus dem heimtückischen ein weiser Fuchs wurde. Die Erfindung der eidgenössischen Neutralitätstradition als Anpassung an das entstehende Völkerrecht des 17. Jahrhunderts, in: Jucker, M.; Kintzinger, M. und Schwings, R. Chr. (Hg.): Rechtsformen internationaler Politik. Theorie, Norm, Praxis vom 12. bis 18. Jahrhundert. Berlin 2011. S. 241–272.

Mallon, Marcel: Bücher und Kulturtransfer, in: Brink, C.; Jaeger, S. und Winzeler, M. (Hg.): Bellum et Artes. Mitteleuropa im Dreißigjährigen Krieg. Dresden 2021. 469–475.

Marchal, Guy P.: Was tut das Basler Domkapitel in Freiburg? Ein Beitrag zum Selbstverständnis der Domkapitel, in: Rottenburger Jahrbuch für Kirchengeschichte. 33 (2014). S. 67–80.

Martines, Lauro: Blutiges Zeitalter. Krieg in Europa 1450–1700. Darmstadt 2015.

Martschukat, Jürgen und Patzold, Steffen: Geschichtswissenschaft und »performative turn«: Eine Einführung in Fragestellungen, Konzepte und Literatur, in: ebd. (Hg.): Geschichtswissenschaft und »performative turn«. Ritual, Inszenierung und Performanz vom Mittelalter bis zur Neuzeit. Köln 2003. S. 1–31.

Matzerath, Josef: Kulinarisches aus dem Krieg. Zur Ästhetik der exquisiten Kochkunst des frühen 17. Jahrhunderts, in: Emich, B. (u.a.) (Hg.): Wallenstein. Mensch – Mythos – Memoria. Berlin 2018. S. 481–493.

Mauss, Marcel: Die Gabe. Form und Funktion des Austauschs in archaischen Gesellschaften. Frankfurt am Main [10]2013.

May, Anne Christina: Schwörtage in der Frühen Neuzeit. Ursprünge, Erscheinungsformen und Interpretationen eines Rituals. Ostfildern 2019.

Mayer, Anton: Die Domkirche zu U. L. Frau in München. Geschichte und Beschreibung derselben, ihrer Altäre, Monumente und Stiftungen, sammt der Geschichte des Stiftes, der Pfarrei und des Domcapitels. München 1868.

Mayer, Joseph Maria: Münchener Stadtbuch. Geschichtliche Bilder aus dem alten München. München 1868.

Mazzetti di Pietralata, Cecilia: Federico Savelli, tugendhafter Adliger, Militär und Diplomat, in: Brevaglieri, S. und Schnettger, M. (Hg.): Transferprozesse zwischen dem Alten Reich und Italien im 17. Jahrhundert. Wissenskonfigurationen – Akteure – Netzwerke. Bielefeld 2018. S. 161–205.

Medick, Hans: »Missionare im Ruderboot«? Ethnologische Erkenntnisweisen als Herausforderung an die Sozialgeschichte, in: Geschichte und Gesellschaft. 10 (1984). S. 295–319.

Medick, Hans: Der Dreißigjährige Krieg. Zeugnisse vom Leben mit Gewalt. Göttingen 2018.

Medick, Hans: Der Krieg im Haus? Militärische Einquartierungen und Täter-Opfer-Beziehungen in Selbstzeugnissen des Dreißigjährigen Krieges, in: Batelka, P.; Weise, M. und Zehnle, S. (Hg.): Zwischen Tätern und Opfern. Gewaltbeziehungen und Gewaltgemeinschaften. Göttingen 2017. S. 289–305.

Medick, Hans: Im Druck des Ereignisses. Zeitzeugnisse zur Schlacht bei Lützen 1632 in ihrer medialen Dynamik, in: ZHF. 44 (2017). S. 409–440.

Medick, Hans: Massaker in der Frühen Neuzeit, in: Ulbrich, C; Jarzebowski, C. und Hohkamp, M. (Hg.): Gewalt in der Frühen Neuzeit. Berlin 2005. S. 15–19.

Medick, Hans: Mikro-Historie, in: Schulze, W. (Hg.): Sozialgeschichte, Alltagsgeschichte, Mikro-Historie. Eine Diskussion. Göttingen 1994. S. 40–53.

Medick, Hans: Orte und Praktiken religiöser Gewalt im Dreißigjährigen Krieg. Konfessionelle Unterschiede und ihre Wahrnehmung im Spiegel von Selbstzeugnissen, in: Greyerz, K. v. und Siebenhüner, K. (Hg.): Religion und Gewalt. Konflikte, Rituale, Deutungen (1500–1800). Göttingen 2006. S. 367–382.

Medick, Hans: Quo vadis Historische Anthropologie? Geschichtsforschung zwischen Historischer Kulturwissenschaft und Mikro-Historie, in: Historische Anthropologie. 9 (2001). S. 78–92.

Medick, Hans: Wallensteins Tod. Zeitgenössische Wahrnehmungen in Medien und Selbstzeugnissen, in: Emich, B. (u.a.) (Hg.): Wallenstein. Mensch – Mythos – Memoria. Berlin 2018. S. 131–147.

Medick, Hans: Zwischen Religionskrieg und Fakultätskonflikt. Professoren an der »Reform-Universität« Erfurt im 17. Jahrhundert, in: Lüdtke, A. und Prass, R. (Hg.): Gelehrtenleben. Wissenschaftspraxis in der Neuzeit. Köln 2008. S. 47–64.

Meier, Christel: Spiel im Spiel. Selbstthematisierung und Selbstkritik des frühneuzeitlichen Theaters, in: ebd. und Linnemann, D. (Hg.): Intertheatralität. Die Bühne als Institution und Paradigma der frühneuzeitlichen Gesellschaft. Münster 2017. S. 303–322.

Meumann, M. und Pröve, R. (Hg.): Herrschaft in der Frühen Neuzeit. Umrisse eines dynamisch-kommunikativen Prozesses. Münster 2004.

Meumann, M. und Rogge, J. (Hg.): Die besetzte *res publica*. Zum Verhältnis von ziviler Obrigkeit und militärischer Herrschaft in besetzten Gebieten vom Spätmittelalter bis zum 18. Jahrhundert. Berlin 2006.

Meumann, Markus: »j'ay dit plusieurs fois aux officiers principaux d'en faire des exemples«. Institutionen, Intentionen und Praxis der französischen Militärgerichtsbarkeit im 16.

und 17. Jahrhundert, in: Nowosadtko, J.; Klippel, D. und Lohsträter, K. (Hg.): Militär und Recht vom 16. bis 19. Jahrhundert. Gelehrter Diskurs – Praxis – Transformationen. Göttingen 2016. S. 87–144.

Meumann, Markus: Die schwedische Herrschaft in den Stiftern Magdeburg und Halberstadt während des Dreißigjährigen Krieges (1631–1635), in: ebd. und Rogge, J. (Hg.): Die besetzte *res publica*. Zum Verhältnis von ziviler Obrigkeit und militärischer Herrschaft in besetzten Gebieten vom Spätmittelalter bis zum 18. Jahrhundert. Berlin 2006. S. 241–269.

Meumann, Markus: Herrschaft oder Tyrannis? Zur Legitimität von Gewalt bei militärischer Besetzung, in: Ulbrich, C; Jarzebowski, C. und Hohkamp, M. (Hg.): Gewalt in der Frühen Neuzeit. Berlin 2005. S. 173–187.

Missfelder, Jan-Friedrich: Akustische Reformation: Lübeck 1529, in: Historische Anthropologie. 20 (2012). S. 108–121.

Missfelder, Jan-Friedrich: Der Krach von nebenan. Klangräume und akustische Praktiken in Zürich um 1800, in: Brendecke, A. (Hg.): Praktiken der Frühen Neuzeit. Akteure – Handlungen – Artefakte. Köln 2015. S. 447–457.

Missfelder, Jan-Friedrich: Period Ear. Perspektiven einer Klanggeschichte der Neuzeit, in: Geschichte und Gesellschaft. 38 (2012). S. 21–47.

Missfelder, Jan-Friedrich: Zum König konvertieren: Zur politischen Funktion von Konversionsberichten im Frankreich des frühen 17. Jahrhunderts, in: Lotz-Heumann, U.; ebd. und Pohlig, M. (Hg.): Konversion und Konfession in der Frühen Neuzeit. Heidelberg 2007. S. 147–169.

Mitchell, W. J. T.: Bildtheorie. Frankfurt am Main 2008.

Möbius, Sascha: Art. »Kriegsbrauch«, in: Enzyklopädie der Neuzeit. Bd. 7. Stuttgart 2008. Sp. 173–175.

Müller, Frank: Der Absturz vom Grat. Die Niederlage der kursächsischen Deeskalationsstrategie nach dem Ausbruch des Dreißigjährigen Krieges, in: Schulze, W. (Hg.): Friedliche Intentionen – kriegerische Effekte. War der Ausbruch des Dreißigjährigen Krieges unvermeidlich? St. Katharinen 2002. S. 52–70.

Müller, Hermann-Dieter: Der schwedische Staat in Mainz 1631–1636. Einnahme, Verwaltung, Absichten, Restitution. Mainz 1979.

Müller, Hermann-Dieter: Die Schweden unter Gustav II. Adolf und Reichskanzler Axel Oxenstierna in Mainz und am Rhein (Dezember 1631–Januar 1636), in: Schmidt-Voges, I. und Jörn, N. (Hg.): Mit Schweden verbündet – von Schweden besetzt. Akteure, Praktiken und Wahrnehmungen schwedischer Herrschaft im Alten Reich während des Dreißigjährigen Krieges. Hamburg 2016. S. 195–223.

Müller, Hermann-Dieter: Die Schweden unter König Gustav II. Adolf und Reichskanzler Axel Oxenstierna in Mainz und am Rhein (Dezember 1631–Januar 1636). Die Mainzer Schwedenzeit im Volksmund und in der Geschichtsschreibung, in: Jahrbuch für schlesische Kirchengeschichte. 87 (2009). S. 87–121.

Müller, Matthias: Von der Burg im Schloss! Das Mainzer Schloss und die Revision eines entwicklungsgeschichtlichen Denkmodells, in: Felten, F. J. (Hg.): Befestigungen und Burgen am Rhein. Stuttgart 2011. S. 91–121.

Mundt, Barbara: Der Pommersche Kunstschrank, in: Emmendörffer, C. und Trepesch, C. (Hg.): Wunderwelt. der Pommersche Kunstschrank. [Katalog zur Ausstellung im Maximilianmuseum Augsburg, 28. März-29. Juni 2014]. Berlin (u.a.) 2014. S. 21–31.

Munkhammar, Lars: Our Erstwhile Literary War Booty and Uppsala University Library, in: Biblis. kvartalstidskrift för bokvänner. 38 (2007). S. 67–70.

Münkler, Herfried: Der Dreißigjährige Krieg. Europäische Katastrophe, deutsches Trauma 1618–1648. Berlin 2017.

Nemravová, Lenka: Kunst als Beute und Künstlermigration im Dreißigjährigen Krieg, in: Jürjens, T. und Syndram, D. (Hg.): Bellum et Artes. Sachsen und Mitteleuropa im Dreißigjährigen Krieg. Dresden 2021. S. 87–101.

Nestor, Sofia: Kunst- und Kulturgüter als Kriegsbeute. Eine schwedische Perspektive, in: Brink, C.; Jaeger, S. und Winzeler, M. (Hg.): Bellum et Artes. Mitteleuropa im Dreißigjährigen Krieg. Dresden 2021. 489–495.

Neu, Tim und Pohlig, Matthias: Zur Einführung. [Einführung zur Sektion: Praktiken der Heuchelei? Funktionen und Folgen der Inkonsistenz sozialer Praxis], in: Brendecke, A. (Hg.): Praktiken der Frühen Neuzeit. Akteure – Handlungen – Artefakte. Köln 2015. S. 578–584.

Neu, Tim: »nicht in Meinung […] das etwas neuwes eingeführt werde«. Heuchelei und Verfassungswandel im frühen 17. Jahrhundert, in: Brendecke, A. (Hg.): Praktiken der Frühen Neuzeit. Akteure – Handlungen – Artefakte. Köln (u.a.) 2015. S. 619–629.

Neu, Tim: *Meutmacher, rebellen undt Landsverräther.* Warum die hessischen Ritter 1623 als Verräter galten und schon 1625 niemand mehr darüber sprach, in: Krischer, A. (Hg.): Verräter. Geschichte eines Deutungsmusters. Köln 2019. S. 115–136.

Neu, Tim: Sitzen, Sprechen und Votieren. Symbolische und instrumentelle Dimensionen landständischer Handlungssequenzen in Hessen-Kassel (17./18. Jahrhundert), in: ebd.; Sikora, M. und Weller, T. (Hg.): Zelebrieren und Verhandeln. Zur Praxis ständischer Institutionen im frühneuzeitlichen Europa. Münster 2009. S. 119–143.

Neu, Tim: Verrat! Zur performativen Wirkung antagonistischer Begriffe an einem frühneuzeitlichen Beispiel, in: Saeculum. 67 (2017). S. 103–122.

Nipperdey, Justus: Von der Katastrophe zum Niedergang. Gewöhnung an die Inflation in der deutschen Münzpublizistik des 17. Jahrhunderts, in: Schlögl, R.; Hoffmann-Rehnitz, P. und Wiebel, E. (Hg.): Die Krise in der Frühen Neuzeit. Göttingen 2016. S. 233–263.

Nolde, Dorothea: Von Peinlichkeiten und Pannen. Höflichkeit als Medium und Hindernis der Kommunikation auf höfischen Europareisen des 16. und 17. Jahrhunderts, in: Zeitsprünge. Forschungen zur Frühen Neuzeit. 13 (2009). S. 351–363.

Nowosadtko, J.; Klippel, D. und Lohsträter, K. (Hg.): Militär und Recht vom 16. bis 19. Jahrhundert. Gelehrter Diskurs – Praxis – Transformationen. Göttingen 2016.

O. A.: Frankfurt (Oder) im Dreißigjährigen Krieg. Sonderausstellung des Museums Viadrina. [Jacobsdorf 1998].

Oexle, Otto Gerhard: Memoria als Kultur, in: ebd. (Hg.): Memoria als Kultur. Göttingen 1995. S. 9–78.

Öhman, Jenny: Die Bedeutung der Kriegsbeute für Schweden im Dreißigjährigen Krieg, in: Rebitsch, R.; Höbelt, L. und Schmidl, E. A. (Hg.): Vor 400 Jahren. Der Dreißigjährige Krieg. Innsbruck 2019. S. 129–140.

Ortlieb, Eva: Rechtssicherheit für Amtsträger gegen fürstliche Willkür? Die Funktion der Reichsgerichte, in: Kampmann, C. und Niggemann, U. (Hg.): Sicherheit in der Frühen Neuzeit. Norm – Praxis – Repräsentation. Köln (u.a.) 2013. S. 622–637.

Ortner, M. Christian: Die kaiserliche Artillerie im 17. Jahrhundert, in: »Sintflut und Simplicissimus«. Österreich und Polen im 17. Jahrhundert. [Hrsg. v. Heeresgeschichtliches Museum Wien]. Wien 2013. S. 143–156.

Osborne, Toby: 1629–1635, in: Asbach, O. und Schröder, P. (Hg.): The Ashgate Research Companion to the Thirty Years' War. Farnham (u.a.) 2014. S. 139–150.

Ostwald, Jamel: More Honored in the Breach? Representations of Honor in Louisquatorzian Sieges, in: Fischer-Kattner, A. und ebd. (Hg.): The World of the Siege. Representations of Early Modern Positional Warfare. Leiden und Boston 2019. S. 85–125.

Paravicini, Werner: Gruppe und Person. Repräsentation durch Wappen im späteren Mittelalter, in: Oexle, O. G. und Hülsen-Esch, A. (Hg.): Die Repräsentation der Gruppen. Texte – Bilder – Objekte. Göttingen 1998. S. 327–390.

Parker, Geoffrey: Der Dreißigjährige Krieg. Frankfurt am Main (u.a.) 1987.

Pechstein, Klaus: Herkules als Träger des Erdglobus, in: Wenzel Jamnitzer und die Nürnberger Goldschmiedekunst 1500–1700. Goldschmiedearbeiten – Entwürfe, Modelle, Medaillen, Ornamentstiche, Schmuck, Porträts. [Hrsg. v. Germanischen Nationalmuseum]. München 1985. S. 266–267, Nr. 92.

Pelizaeus, Ludolf: Die zentraleuropäische Entwicklung der Begriffe »Ehre«, »Disziplin« und »Pflicht« im Spiegel von Militärschriftstellern und Reglements 1500–1808, in: Ludwig, U.; Pöhlmann, M. und Zimmermann, J. (Hg.): Ehre und Pflichterfüllung als Codes militärischer Tugenden. Paderborn 2014. S. 31–45.

Pepper, Simon: Siege law, siege ritual, and the symbolism of city walls in Renaissance Europe, in: Tracy, J. D. (Hg.): City walls. The urban enceinte in global perspective. New York 2000. S. 572–604.

Peters, Jan: Nachwort zur Neuauflage, in: ebd. (Hg.): Peter Hagendorf – Tagebuch eines Söldners aus dem Dreißigjährigen Krieg. Göttingen 2012. S. 185–210.

Petersen, Sven: Die belagerte Stadt. Alltag und Gewalt im Österreichischen Erbfolgekrieg (1740–1748). Frankfurt am Main 2019.

Petersen, Sven: Militärische Mimesis. Belagerungen als globalisiertes Setting im 18. Jahrhundert, in: Füssel, M. und Neu, T. (Hg.): Akteur-Netzwerk-Theorie und Geschichtswissenschaft. Paderborn 2021. S. 125–144.

Petersen, Sven: Im »Schleier der Nacht«. Dunkelheit und Unsichtbarkeit als Faktoren frühneuzeitlicher Belagerungen, in: Militär und Gesellschaft in der Frühen Neuzeit. 21 (2017). S. 147–170.

Petris, Loris: Zwischen Vernunft, Notwendigkeit und Autorität – Rhetorik und Politik in den Reden des Michel de L'Hospital (1563–1568), in: Feuchter, J. und Helmrath, J. (Hg.): Politische Redekultur in der Vormoderne. Die Oratorik europäischer Parlamente in Spätmittelalter und Früher Neuzeit. Frankfurt am Main 2008. S. 219–240.

Philippi, Eduard: Geschichte der Stadt Frankfurt an der Oder. [Mittheilungen des Historisch-Statistischen Vereins zu Frankfurt a. O. 5 (1865)]. Frankfurt an der Oder 1865.

Piirimäe, Pärtel: Just War in Theory and Practice: The Legitimation of Swedish Intervention in the Thirty Years War, in: The Historical Journal. 3 (2002). S. 499–523.

Piirimäe, Pärtel: Sweden, in: Asbach, O. und Schröder, P. (Hg.): The Ashgate Research Companion to the Thirty Years' War. Farnham (u.a.) 2014. S. 77–85.

Pilaski, Katharina: Wissen, Handel, Repräsentation – Exotica und lokale Monstrositäten in der Kunstkammer Albrechts V. von Bayern, in: Weber W. E. J. (Hg.): Wissenswelten. Perspektiven der neuzeitlichen Informationskultur. Augsburg 2003. S. 181–199.

Plage, Felix: Die Einnahme der Stadt Frankfurt an der Oder durch Gustav Adolf, König von Schweden, am 3. April 1631. Frankfurt an der Oder 1931.

Plassmann, Max: »...so hoerete man heulen, weinen und seufftzen«. Landbevölkerung, Obrigkeiten und Krieg in Südwestdeutschland (1688–1713), in: Kroll, S. und Krüger, K. (Hg.): Militär und ländliche Gesellschaft in der frühen Neuzeit. Münster 2000. S. 223–250.

Plaßmeyer, Peter: Zielübungen. Artilleristische Richtinstrumente als Resultat und Mittel strategischen Denkens im 16. Jahrhundert, in: Götschmann, D. und Reiß, A. (Hg.): Wissenschaft und Technik im Dienst von Mars und Bellona. Artillerie und Festungsbau im frühneuzeitlichen Europa. Regensburg 2013. S. 133–143.

Plath, Christian: »Fast nichts mehr als das bloße Leben übrig«: Alltag im Dreißigjährigen Krieg in Hildesheim, in: Hildesheimer Jahrbuch für Stadt und Stift Hildesheim. 77 (2005). S. 93–126.

Plath, Christian: Konfessionskampf und fremde Besatzung. Stadt und Hochstift Hildesheim im Zeitalter der Gegenreformation und des Dreißigjährigen Krieges. Münster 2005.

Poeck, Dietrich W.: Rituale der Ratswahl. Zeichen und Zeremoniell der Ratssetzung in Europa (12.–18. Jahrhundert). Köln 2003.

Pohlig, Matthias: Individuum und Sattelzeit. Oder: Napoleon und der Triumph des Willens, in: Jaser, C.; Lotz-Heumann, U. und ebd. (Hg.): Alteuropa – Vormoderne – Neue Zeit. Epochen und Dynamiken der europäischen Geschichte (1200–1800). Berlin 2012. S. 265–282.

Pohlig, Matthias: Konfessionelle Deutungsmuster internationaler Konflikte um 1600 – Kreuzzug, Antichrist, Tausendjähriges Reich, in: Archiv für Reformationsgeschichte. 93 (2002). S. 278–316.

Pohlig, Matthias: Religiöse Gewalt? Begriffliche Überlegungen an Beispielen des konfessionellen Zeitalters, in: Saeculum. 65 (2015). S. 115–134.

Pollak, Martha: Cities at war in early modern Europe. Cambridge 2010.

Pollak, Martha: Representations of the city in siege views of the seventeenth century: The war of military images and their production, in: Tracy, J. D. (Hg.): City walls. The urban enceinte in global perspective. New York 2000. S. 605–646.

Press, Volker: Zwischen Kurmainz, Kursachsen und dem Kaiser. Von städtischer Autonomie zur »Erfurter Reduktion« 1664, in: Weiß, U. (Hg.): Erfurt 742–1992. Stadtgeschichte, Universitätsgeschichte. Weimar 1992. S. 385–402.

Priem, Paul: Geschichte der Stadt Nuernberg von dem ersten urkundlichen Nachweis ihres Bestehens bis auf die neueste Zeit. Nürnberg 1875.

Prietzel, Malte: Der Tod auf dem Schlachtfeld. Töten und Sterben in der Chronistik des Hundertjährigen Krieges, in: Emich, B. und Signori, G. (Hg.): Kriegs / Bilder in Mittelalter und Früher Neuzeit. S. 61–92.

Prietzel, Malte: Krieg als Standespflicht. Die militärische Erinnerungskultur spätmittelalterlicher Fürsten und Adliger, in: Carl, H. und Planert, U. (Hg.): Militärische Erinnerungskulturen vom 14. bis zum 19. Jahrhundert. Träger – Medien – Deutungskonkurrenzen. Göttingen 2012. S. 29–46.

Prokosch, Michael und Scheutz, Martin: Bürgerschuss, Flinte und Hellebarde. Bürgerrecht und Waffenbesitz im Spiegel von Bürgerbüchern österreichischer Städte in der Frühen Neuzeit, in: Freitag, W. und Scheutz, M. (Hg.): Ein bürgerliches Pulverfass? Waffenbesitz und Waffenkontrolle in der alteuropäischen Stadt. Köln 2021. S. 33–54.

Pröve, Ralf: Der Soldat in der »guten Bürgerstube«. Das frühneuzeitliche Einquartierungssystem und die sozioökonomischen Folgen, in: Kroener, B. R. und ebd. (Hg.): Krieg und Frieden. Militär und Gesellschaft in der Frühen Neuzeit. Paderborn 1996. S. 191–217.

Pröve, Ralf: Selbstzeugnisse als Quellengruppe für die Militärgeschichte der Frühen Neuzeit. Anmerkung zum Diarium des Obristen Caspar von Widmarcker aus dem Jahre 1617, in: Gräf, H. T. (Hg.): Söldnerleben am Vorabend des Dreißigjährigen Krieges. Lebenslauf und Kriegstagebuch 1617 des hessischen Obristen Caspar von Widmarckter. Marburg an der Lahn 2000. S. 15–23.

Pröve, Ralf: Violentia und Potestas. Perzeptionsprobleme von Gewalt in Söldnertagebüchern des 17. Jahrhunderts, in: Meumann, M. und Niefanger, D. (Hg.): Ein Schauplatz herber Angst. Wahrnehmung und Darstellung von Gewalt im 17. Jahrhundert. Göttingen 1997. S. 24–42.

Pröve, Ralf: Vom *ius ad bellum* zum *ius in bello*. Legitimationen militärischer Gewalt in der Frühen Neuzeit, in: Ulbrich, C; Jarzebowski, C. und Hohkamp, M. (Hg.): Gewalt in der Frühen Neuzeit. Berlin 2005. S. 261–270.

Pröve, Ralf: Zum Verhältnis von Militär und Gesellschaft im Spiegel gewaltsamer Rekrutierungen (1648–1789), in: ebd.: Lebenswelten. Militärische Milieus in der Neuzeit.

Gesammelte Abhandlungen. [Hrsg. v. Kroener, B. R. und Strauß, A.]. Berlin 2010. S. 7–37.

Querengässer, Alexander: Der Dreißigjährige Krieg als Motor der Staatsbildung? Heeresverfassung und Herrschaftsverdichtung in Europa in der ersten Hälfte des 17. Jahrhunderts, in: HZ. 310 (2020). S. 1–22.

Querengässer, Alexander: Unnötiges Risiko oder Handlungsvorteil? Der Roi Connétable in der Frühen Neuzeit, in: Clauss, M. und Nübel, C. (Hg.): Militärisches Entscheiden. Voraussetzungen, Prozesse und Repräsentationen einer sozialen Praxis von der Antike bis zum 20. Jahrhundert. Frankfurt und New York 2020. S. 313–340.

Rau, S. und Schwerhoff, G. (Hg.): Zwischen Gotteshaus und Taverne. Öffentliche Räume in Spätmittelalter und Früher Neuzeit. Köln ²2008.

Rebitsch, Robert: Die Typologie der Kriegsführung im Dreißigjährigen Krieg, in: ebd.; Höbelt, L. und Schmidl, E. A. (Hg.): Vor 400 Jahren. Der Dreißigjährige Krieg. Innsbruck 2019. S. 27–54.

Rebitsch, Robert; Öhman, Jenny und Kilián, Jan: 1648: Kriegführung und Friedensverhandlungen. Prag und das Ende des Dreißigjährigen Krieges. Innsbruck 2018.

Reckwitz, Andreas: Grundelemente einer Theorie sozialer Praktiken. Eine sozialtheoretische Perspektive, in: Zeitschrift für Soziologie. 32 (2003). S. 282–301.

Reckwitz, Andreas: Unscharfe Grenzen. Perspektiven der Kultursoziologie. Bielefeld 2008.

Reichardt, Sven: Praxeologische Geschichtswissenschaft. Eine Diskussionsanregung, in: Sozial.Geschichte. 22 (2007). S. 43–65.

Reichel, M. und Schuberth, I. (Hg.): Gustav Adolf, König von Schweden. Die Kraft der Erinnerung, 1632–2007. Begleitband zur gleichnamigen Ausstellung im Museum Schloss Lützen vom 1. September bis 2. Dezember 2007. Dößel 2007.

Reinhardt, Nicole: Betrachtungen eines Unpolitischen? Überlegungen zur Geschichte der politischen Ideen im Kirchenstaat, in: Emich, B. und Wieland, C. (Hg.): Kulturgeschichte des Papsttums in der Frühen Neuzeit. Berlin 2013. S. 99–125.

Reinisch, Ulrich: Angst, Rationalisierung und Sublimierung. Die Konstruktion der bastionierten, regulären Festung als Abwehr von Angstzuständen, in: Marten, B.; Reinisch, U. und Korey, M. (Hg.): Festungsbau. Geometrie, Technologie, Sublimierung. Berlin 2012. S. 269–313.

Reinle, Christine und Hesse, Peter: Logik der Gewalt. Die Auseinandersetzungen der Percy und der Neville um die Mitte des 15. Jahrhunderts im Abgleich mit der kontinentalen Fehdepraxis, in: Speitkamp, W. (Hg.): Gewaltgemeinschaften. Von der Spätantike bis ins 20. Jahrhundert. Göttingen 2013. S. 103–148.

Remy, Andreas: Sempach 1386 – Darstellung einer Schlacht im Wandel der Zeit. Vom unerklärlichen Sieg zum festen Bestandteil eidgenössischer Militärtradition, in: Füssel, M. und Sikora, M. (Hg.): Kulturgeschichte der Schlacht. Paderborn 2014. S. 79–91.

Rexroth, Frank: Systemvertrauen und Expertenskepsis. Die Utopie vom maßgeschneiderten Wissen in den Kulturen des 12. bis 16. Jahrhunderts, in: Reich, B.; ebd. und Roick, M. (Hg.): Wissen, maßgeschneidert. Experten und Expertenkulturen im Europa der Vormoderne. München 2012. S. 12–44.

Rexroth, Frank: Tyrannen und Taugenichtse. Beobachtungen zur Ritualität europäischer Königsabsetzungen im späten Mittelalter, in: HZ. 278 (2004). S. 27–53.

Richier, Andréas: Fatalismus und Alltagslast. Die Bedeutung der Nahrungsfrage für die Zivilbevölkerung, in: Militär und Gesellschaft in der Frühen Neuzeit. 19 (2015). S. 71–100.

Richter, Wenke: Die vier mitteldeutschen Universitäten in Leipzig, Wittenberg, Jena und Erfurt im Dreißigjährigen Krieg. Eine Frequenzanalyse, in: Militär und Gesellschaft in der Frühen Neuzeit. 15 (2011). S. 41–56.

Rieck, Anja: 1631 bis 1635 – Krisenjahre für die Reichsstadt Frankfurt am Main: Verlust kaiserlicher Privilegien und Abschöpfung der Wirtschaftskraft durch die Schweden während der Besatzungszeit, in: Schmidt-Voges, I. und Jörn, N. (Hg.): Mit Schweden verbündet – von Schweden besetzt. Akteure, Praktiken und Wahrnehmungen schwedischer Herrschaft im Alten Reich während des Dreißigjährigen Krieges. Hamburg 2016. S. 125–148.

Rieck, Anja: Frankfurt am Main und Mainz unter schwedischer Besatzung im Dreißigjährigen Krieg. Überlegungen zur Frage nach der Hauptstadt der Schweden im Heiligen Römischen Reich deutscher Nation, in: Hartmann, P. C. und Pelizaeus, L. (Hg.): Forschungen zu Kurmainz und dem Reichserzkanzler. Frankfurt am Main 2005. S. 119–130.

Rieck, Anja: Frankfurt am Main unter schwedischer Besatzung 1631–1635. Reichsstadt – Repräsentationsort – Bündnisfestung. Frankfurt am Main 2005.

Riezler, Sigmund: Geschichte Baierns. Bd. 5: Von 1597–1651. Gotha 1903.

Ringmar, Erik: Identity, interest, and action. A cultural explanation of Sweden's intervention in the Thirty Years War. Cambridge (u.a.) 1996.

Rink, Martin: Die noch ungezähmte Bellona – der kleine Krieg und die Landbevölkerung in der Frühen Neuzeit, in: Kroll, S. und Krüger, K. (Hg.): Militär und ländliche Gesellschaft in der frühen Neuzeit. Münster 2000. S. 165–189.

Roeck, Bernd: Als wollt die Welt schier brechen. Eine Stadt im Zeitalter des Dreißigjährigen Krieges. München 1991.

Roeck, Bernd: Bayern und der Dreißigjährige Krieg. Demographische, wirtschaftliche und soziale Auswirkungen am Beispiel Münchens, in: Geschichte und Gesellschaft. 17 (1991). S. 434–458.

Roeck, Bernd: Eine Stadt in Krieg und Frieden. Studien zur Geschichte der Reichsstadt Augsburg zwischen Kalenderstreit und Parität. 2 Bd.e. Göttingen 1989.

Rogers, Clifford C.: Tactics and the face of battle, in: Tallett, F. und Trim, D. J. B. (Hg.): European Warfare, 1350–1750. Cambridge 2010. S. 203–235.

Rogge, Jörg: Kommunikation, Herrschaft und politische Kultur. Zur Praxis der öffentlichen Inszenierung und Darstellung von Ratsherrschaft in Städten des deutschen Reiches um 1500, in: Schlögl, R. (Hg.): Interaktion und Herrschaft. Die Politik der frühneuzeitlichen Stadt. Konstanz 2004. S. 381–407.

Rohmann, Gregor: »on allenn verdienst« – Wie die Fugger ihren Aufstieg im 16. Jahrhundert erklärten, in: Burkhardt, J. und Karg, F. (Hg.): Die Welt des Hans Fugger (1531–1598). Augsburg 2007. S. 73–82.

Rohmann, Gregor: Jenseits von Piraterie und Kaperfahrt. Für einen Paradigmenwechsel in der Geschichte der Gewalt im maritimen Spätmittelalter, in: HZ. 304 (2017). S. 1–49.

Rohrschneider, Michael: Ein Ensemble neuralgischer Zonen. Europäische Konfliktfelder um 1600, in: Rebitsch, R. (Hg.): 1618. Der Beginn des Dreißigjährigen Krieges. Köln 2017. S. 19–46.

Rohrschneider, Michael: Friedenskongress und Präzedenzstreit: Frankreich, Spanien und das Streben nach zeremoniellem Vorrang in Münster, Nijmegen und Rijswijk (1643/44–1697), in: Kampmann C. (u.a.) (Hg.): Bourbon – Habsburg – Oranien. Konkurrierende Modelle im dynastischen Europa um 1700. Köln 2008. S. 228–240.

Rohrschneider, Michael: Reputation als Leitfaktor der internationalen Beziehungen der Frühen Neuzeit, in: HZ. 291 (2010). S. 331–352.

Romberg, Winfried: Die Würzburger Bischöfe von 1617 bis 1684. Berlin (u.a.) 2011.

Rosseaux, Ulrich: Das Vogelschießen und die Vogelwiese in Dresden. Ständetranszendenz und gesellschaftliche Integration in einer frühneuzeitlichen Residenzstadt, in: Carl, H. und Schmidt, P. (Hg.): Stadtgemeinde und Ständegesellschaft. Formen der Integration und Distinktion in der frühneuzeitlichen Stadt. Berlin 2007. S. 56–71.

Rowlands, Guy: Patronage, Absolutism and the Integration of France under Louis XIV. – The Role of the Army, in: Asch, R. G.; Emich, B. und Engels, J. I. (Hg.): Integration

– Legitimation – Korruption. Politische Patronage in Früher Neuzeit und Moderne. Frankfurt am Main 2011. S. 61–82.

Rudolph, Harriet: »*Warhafftige Abcontrafactur*«? Die Evidenz des Verbrechens auf die Effizienz der Strafjustiz in illustrierten Einblattdrucken (1550–1650), in: Wimböck, G.; Leonhard, K. und Friedrich, M. (Hg.): Evidentia. Reichweiten visueller Wahrnehmung in der Frühen Neuzeit. Berlin 2007. S. 161–187.

Rudolph, Harriet: Adventus imperatoris. Mechanismen und Gehalt der politischen Kommunikation bei Kaisereinzügen im Reich, in: Becker, I. C. (Hg.): Die Stadt als Kommunikationsraum. Reden, Schreiben und Schauen in Großstädten des Mittelalters und der Neuzeit. Ostfildern 2011. S. 29–53.

Rudolph, Harriet: Das Reich als Ereignis. Formen und Funktionen der Herrschaftsinszenierung bei Kaisereinzügen (1558–1618). Köln (u.a.) 2010.

Rudolph, Harriet: Fürstliche Gaben? Schenkakte als Elemente der politischen Kultur im Alten Reich, in: Häberlein, M. und Jeggle, C. (Hg.): Materielle Grundlagen der Diplomatie. Schenken, Sammeln und Verhandeln in Spätmittelalter und Früher Neuzeit. Konstanz 2013. S. 79–102.

Rudolph, Harriet: Heer und Herrschaftsrepräsentation. Militärische Dimensionen der Selbstinszenierung bei Herrschereinzügen (1550–1800), in: Müller, M. und Hahn, P.-M. (Hg.): Zeichen und Medien des Militärischen am Fürstenhof in Europa. Berlin 2017. S. 53–72.

Rudhart, T.: König Gustav Adolph und Friedrich v. d. Pfalz in München i. J. 1632, in: Taschenbuch für vaterländische Geschichte. 42 (1856/1857). S. 69–143.

Rüther, Stefanie: Gewalt der Anderen. Zur rhetorischen Verortung von Söldnern in der politisch-religiösen Semantik des Mittelalters, in: Strack, G. und Knödler, J. (Hg.): Rhetorik in Mittelalter und Renaissance. Konzepte – Praxis – Diversität. München 2011. S. 191–212.

Rüther, Stefanie: Gewalt nach der Gewalt? Tote und Verwundete auf den Schlachtfeldern des langen Mittelalters, in: Clauss, M.; Reiß, A. und ebd. (Hg.): Vom Umgang mit den Toten. Sterben im Krieg von der Antike bis zur Gegenwart. Paderborn 2019. S. 175–198.

Rüther, Stefanie: Herrscher auf Zeit. Rituale der Ratswahl in der vormodernen Stadt, in: Althoff, G. (u.a.) (Hg.): Spektakel der Macht. Rituale im alten Europa. Darmstadt 2008. S. 33–37.

Rystad, Göran: Die Schweden in Bayern während des Dreißigjährigen Krieges, in: Glaser, H. (Hg.): Um Glaube und Reich. Kurfürst Maximilian I. Beiträge zur Bayerischen Geschichte und Kunst: 1573–1657. München und Zürich 1980. S. 324–435.

[S., S.]: Zwei Nürnberger Pokale im historischen Museum zu Stockholm, in: Mitteilungen des Vereins für Geschichte der Stadt Nürnberg. 19 (1911). S. 246–248.

Sandberg, Brian: »The Enterprises and Surprises That They Would Like to Perform«: Fear, Urban Identities, and Siege Culture during the French Wars of Religion, in: Fischer-Kattner, A. und Ostwald, J. (Hg.): The World of the Siege. Representations of Early Modern Positional Warfare. Leiden und Boston 2019. S. 265–287.

Saracino, Stefano: Der Pferdediskurs im England des 17. Jahrhunderts. Die horsemanship-Traktate als geschichtswissenschaftlicher Untersuchungsgegenstand, in: Historisch Zeitschrift. 300 (2015). S. 341–373.

Satzinger, G. und Jumpers, M. (Hg.): Zeremoniell und Raum im Schlossbau des 17. und 18. Jahrhunderts. Münster 2014.

Sauermoser, Hans Jürgen: Zur Rolle St. Michaels im Rahmen der wilhelminisch-maximilianischen Kunst, in: Glaser, H. (Hg.): Um Glaube und Reich. Kurfürst Maximilian I. Beiträge zur Bayerischen Geschichte und Kunst: 1573–1657. München 1980. S. 167–174.

Sawilla, Jan Marco und Behnstedt-Renn, Jan: Zwischen Latenz und Eklatanz. Zur Mächtigkeit der Vielen in der Frühen Neuzeit, in: Sawilla, J. M. und Schlögl, R. (Hg.): Jenseits der Ordnung? Zur Mächtigkeit der Vielen in der Frühen Neuzeit. Berlin 2019. S. 7–42.

Sawilla, Jan Marco: Entscheiden unter Zeitdruck? Zur Krisensemantik in der französischen Publizistik zwischen Religionskriegen, Fronde und Französischer Revolution, in: Schlögl, R.; Hoffmann-Rehnitz, P. und Wiebel, E. (Hg.): Die Krise in der Frühen Neuzeit. Göttingen 2016. S. 333–368.

Schaab, Karl Anton: Die Geschichte der Bundesfestung Mainz. Historisch und militärisch nach den Quellen bearbeitet. Mainz 1835.

Schaedel, Ludwig: Gustav Adolf von Schweden in München, in: Forschungen zur Geschichte Bayerns. 16 (1908). S. 121–126.

Scharold, Carl Gottfried: Geschichte der kön. schwedischen und herzogl. sachsen-weimarischen Zwischenregierung im eroberten Fürstbisthume Würzburg i. J. 1631–1634. Mit Urkunden und einer Abbildung. Bd. 1. Würzburg 1844.

Schauerte, Franz: Gustav Adolf und die Katholiken in Erfurt. Ein Beitrag zur Geschichte des dreißigjährigen Krieges. Köln 1887.

Scheitler, Irmgard: Kirchengesang und Konfession. Die konfessionssymbolische Bedeutung des Kirchenlieds von der Reformation bis zur Aufklärung, in: Brademann, J. und Thies, C. (Hg.): Liturgisches Handeln als soziale Praxis. Kirchliche Rituale in der Frühen Neuzeit. Münster 2014. S. 335–361.

Schennach, Martin P.: »Der Soldat sich nit mit den Baurn, auch der Baur nit mit den Soldaten betragt«. Das Verhältnis zwischen Tiroler Landbevölkerung und Militär von 1600 bis 1650, in: Kroll, S. und Krüger, K. (Hg.): Militär und ländliche Gesellschaft in der frühen Neuzeit. Münster 2000. S. 41–78.

Scheutz, Martin: Das Offizielle und das Subkutane. Konfessionelle Symbole und Rituale im Spannungsfeld von öffentlichem Katholizismus und Geheimprotestantismus in der österreichischen Erbländern um die Mitte des 18. Jahrhunderts, in: Brademann, J. und Thies, C. (Hg.): Liturgisches Handeln als soziale Praxis. Kirchliche Rituale in der Frühen Neuzeit. Münster 2014. S. 401–423.

Scheutz, Martin: Zeughäuser in österreichischen Städten. Bürgerliche Genese, Funktionswandel im Staatsbildungsprozess und Musealisierung eines frühneuzeitlichen Bautyps, in: Freitag, W. und Scheutz, M. (Hg.): Ein bürgerliches Pulverfass? Waffenbesitz und Waffenkontrolle in der alteuropäischen Stadt. Köln 2021. S. 145–184.

Schilling, H. (Hg.): Konfessioneller Fundamentalismus. Religion als politischer Faktor im europäischen Mächtesystem um 1600. München 2007.

Schilling, Heinz: Kriegsbeute im Rahmen symbolischer Repräsentation in der frühneuzeitlichen Staatenwelt – Schweden als Beispiel, in: Weber, W. E. J. und Dauser, R. (Hg.): Faszinierende Frühneuzeit. Reich, Frieden, Kultur und Kommunikation 1500–1800. Berlin 2008. S. 61–73.

Schilling, Heinz: Symbolische Kommunikation und Realpolitik der Macht. Kommentar zur Sektion »Symbolische Kommunikation und diplomatische Praxis in der Frühen Neuzeit«, in: Stollberg-Rilinger, B.; Neu, T. und Brauner; C. (Hg.): Alles nur symbolisch? Bilanz und Perspektiven der Erforschung symbolischer Kommunikation. Köln 2013. S. 187–198.

Schilling, Heinz: War Booty, Representation of Power and the Early Modern State, in: Biblis. kvartalstidskrift för bokvänner. 38 (2007). S. 31–36.

Schilling, Lothar: Patronage im frühneuzeitlichen Frankreich, in: Greyerz, K. v.; Holenstein, A. und Würgler, A. (Hg.): Soldgeschäfte, Klientelismus, Korruption in der Frühen Neuzeit. Zum Soldunternehmertum der Familie Zurlauben im schweizerischen und europäischen Kontext. Göttingen 2018. S. 51–68.

Schilling, Michael: Bildpublizistik der frühen Neuzeit. Aufgaben und Leistungen des illustrierten Flugblatts in Deutschland bis um 1700. Tübingen 1990.

Schilling, Michael: Die bildpublizistischen Kampagnen um Friedrichs V. böhmisches Königtum und ihre mediengeschichtliche Bedeutung, in: Kreutz, W.: Kühlmann, W. und Wiegand, H. (Hg.): Die Wittelsbacher und die Kurpfalz in der Neuzeit. Zwischen Reformation und Revolution. Regensburg 2013. S. 389–408.

Schilling, Michael: Medienspezifische Modellierung politischer Ereignisse auf Flugblättern des Dreißigjährigen Krieges, in: Frevert, U. und Braungart, W. (Hg.): Sprachen des Politischen. Medien und Medialität in der Geschichte. Göttingen 2004. S. 123–138.

Schilling, Ruth: Grammatiken der Repräsentation. Die Sichtbarkeit der Zünfte in venezianischen und hansestädtischen Bild- und Textquellen um 1600, in: Carl, H. und Schmidt, P. (Hg.): Stadtgemeinde und Ständegesellschaft. Formen der Integration und Distinktion in der frühneuzeitlichen Stadt. Berlin 2007. S. 72–105.

Schindling, Anton: Kriegstypen in der Frühen Neuzeit, in: Beyrau, D.; Hochgeschwender, M. und Langewiesche, D. (Hg.): Formen des Krieges. Von der Antike bis zur Gegenwart. Paderborn 2007. S. 99–119.

Schlögl, R. (Hg.): Interaktion und Herrschaft. Die Politik der frühneuzeitlichen Stadt. Konstanz 2004.

Schlögl, Rudolf: Kommunikation und Vergesellschaftung unter Anwesenden. Formen des Sozialen und ihre Transformation in der Frühen Neuzeit, in: Geschichte und Gesellschaft. 34 (2008). S. 155–224.

Schlögl, Rudolf: Medien der Macht und des Entscheidens. Schrift und Druck im politischen Raum der europäischen Vormoderne (14.-17. Jahrhundert). Eine Einleitung, in: Sawilla, J. M. und ebd. (Hg.): Medien der Macht und des Entscheidens. Schrift und Druck im politischen Raum der europäischen Vormoderne (14.-17. Jahrhundert). Hannover 2014. S. 7–32.

Schlögl, Rudolf: Vergesellschaftung unter Anwesenden. Zur kommunikativen Form des Politischen in der vormodernen Stadt, in: ebd. (Hg.): Interaktion und Herrschaft. Die Politik der frühneuzeitlichen Stadt. Konstanz 2004. S. 9–60.

Schmid, A. (Hg.): Die Hofbibliothek zu München unter den Herzögen Wilhelm V. und Maximilian I. München 2015.

Schmidt, Georg: Der »Leu aus Mitternacht«. Politische und religiöse Deutungen König Gustav II. Adolf von Schweden, in: Delgado, M. und Leppin, V. (Hg.): Gott in der Geschichte. Zum Ringen um das Verständnis von Heil und Unheil in der Geschichte des Christentums. Fribourg 2013. S. 325–349.

Schmidt, Georg: Die Reiter der Apokalypse. Geschichte des Dreißigjährigen Krieges. München 2018.

Schmidt, Heinrich R.: Kommentar: Protektion fremder Untertanen und Religion, in: Haug, T.; Weber, N. und Windler, Chr. (Hg.): Protegierte und Protektoren. Asymmetrische politische Beziehungen zwischen Partnerschaft und Dominanz (16. bis frühes 20. Jahrhundert). Köln 2016. S. 233–239.

Schmidt, Patrick: Die symbolische Konstituierung sozialer Ordnung in den Erinnerungskulturen frühneuzeitlicher Zünfte, in: Carl, H. und Schmidt, P. (Hg.): Stadtgemeinde und Ständegesellschaft. Formen der Integration und Distinktion in der frühneuzeitlichen Stadt. Berlin 2007. S. 106–139.

Schmidt, Peer: Spanische Universalmonarchie oder »teutsche Libertet«. Das spanische Imperium in der Propaganda des Dreißigjährigen Krieges. Stuttgart 2001.

Schmidt, Sebastian: Religiöse Bildprogramme als Ausdruck kollektiver Einstellungen?, in: Archiv für Kulturgeschichte. 89 (2007). S. 283–300.

Schmidt-Funke, J. A. und Schnettger, M. (Hg.): Neue Stadtgeschichte(n). Die Reichsstadt Frankfurt im Vergleich. Bielefeld 2018.

Schmidt-Funke, Julia A.: Die Stadt von den Dingen her denken. Zur Materialität des Urbanen, in: Heusinger, S. v. und Wittekind, S. (Hg.): Die materielle Kultur der Stadt in Spätmittelalter und Früher Neuzeit. Köln (u.a.) 2019. S. 19–38.

Schmidt-Funke, Julia A.: Hybride Objekte, aus-gezeichnete Dinge. Ein Fayencekrug des 17. Jahrhunderts, in: ebd. (Hg.): Materielle Kultur und Konsum in der Frühen Neuzeit. Köln 2019. S. 61–84.

Schmidt-Voges, I. und Jörn, N. (Hg.): Mit Schweden verbündet – von Schweden besetzt. Akteure, Praktiken und Wahrnehmungen schwedischer Herrschaft im Alten Reich während des Dreißigjährigen Krieges. Hamburg 2016.

Schmidt-Voges, Inken: Stadt und Fürstbistum Osnabrück unter schwedischer Besatzung. Vermessung eines unbekannten Terrains, in: ebd. und Jörn, N. (Hg.): Mit Schweden verbündet – von Schweden besetzt. Akteure, Praktiken und Wahrnehmungen schwedischer Herrschaft im Alten Reich während des Dreißigjährigen Krieges. Hamburg 2016. S. 245–265.

Schnettger, Matthias: »Sauberer Krieg« oder Katastrophe. Der Sacco di Mantova (1630) in zeitgenössischen Darstellungen, in: Rogge, J. (Hg.): Kriegserfahrungen erzählen. Geschichts- und Literaturwissenschaftliche Perspektiven. Bielefeld 2016. S. 107–133.

Schnettger, Matthias: Konfliktlösung in Krisenzeiten. Der Frankfurter Fettmilchaufstand und die kaiserliche Kommission, in: Dingel, I. (u.a.) (Hg.): Theatrum Belli – Theatrum Pacis. Konflikte und Konfliktregelungen im frühneuzeitlichen Europa. Festschrift für Heinz Duchhardt zu seinem 75. Geburtstag. Göttingen 2018. S. 91–109.

Schnettger, Matthias: Sichtbare Grenzen. Katholiken, Reformierte und Juden in der lutherischen Reichsstadt Frankfurt, in: Schmidt-Funke, J. A. und ebd. (Hg.): Neue Stadtgeschichte(n). Die Reichsstadt Frankfurt im Vergleich. Bielefeld 2018. S. 73–98.

Schönauer, Tobias: Ingolstadt in der Zeit des Dreißigjährigen Krieges. Soziale und wirtschaftliche Aspekte der Stadtgeschichte. Ingolstadt 2007.

Schreiner, K. und Schwerhoff, G. (Hg.): Verletzte Ehre. Ehrkonflikte in Gesellschaften des Mittelalters und der Frühen Neuzeit. Köln 1995.

Schreiner, Klaus: »Abwuerdigung der Feyertage« – Neuordnung der Zeit im Widerstreit religiöser Heilsorge und wirtschaftlichem Fortschritt, in: Brendecke, A.; Huchs, R.-P. und Koller, E. (Hg.): Die Autorität der Zeit in der Frühen Neuzeit. Berlin 2007. S. 257–304.

Schreiner, Klaus: »Beutegut aus Rüst- und Waffenkammern des Geistes«. Tübinger Bibliotheksverluste im Dreißigjährigen Krieg, in: Eine Stadt des Buches. Tübingen 1498–1998. Tübingen 1998. S. 77–130.

Schreiner, Klaus: Maria. Jungfrau, Mutter, Herrscherin. München 1994.

Schulze, Winfried: Ego-Dokumente: Annäherung an den Menschen in der Geschichte? Vorüberlegungen für die Tagung »Ego-Dokumente«, in: ebd. (Hg.): Ego-Dokumente. Annäherung an den Menschen in der Geschichte. Berlin 1996. S. 11–30.

Schuster, Peter: Wandel und Kontinuität von Strafformen in der Vormoderne, in: Schulze, R. (u.a.) (Hg.): Strafzweck und Strafform zwischen religiöser und weltlicher Wertevermittlung. Münster 2008. S. 19–28.

Schütte, Ulrich: Bauliche Repräsentationen von Sicherheit, in: Kampmann, C. und Niggemann, U. (Hg.): Sicherheit in der Frühen Neuzeit. Norm – Praxis – Repräsentation. Köln (u.a.) 2013. S. 728–736.

Schütte, Ulrich: Sicherheitsarchitekturen und Raumkonzepte in der Frühen Neuzeit, in: Saeculum. 68 (2018). S. 89–136.

Schütte, Ulrich: Stadttor und Hausschwelle. Zur rituellen Bedeutung architektonischer Grenzen in der Frühen Neuzeit, in: Paravicini, W. (Hg.): Zeremoniell und Raum. 4.

Symposium der Residenzen-Kommission der Akademie der Wissenschaften in Göttingen veranstaltet gemeinsam mit dem Deutschen Historischen Institut Paris und dem Historischen Institut der Universität Potsdam, Potsdam, 25. bis 27. September 1994. Sigmaringen 1997. S. 305–324.

Schweers, Regine: Die Bedeutung des Raumes für das Scheitern oder Gelingen des Adventus, in: Johanek, P. und Lampen, A. (Hg.): Adventus. Studien zum herrscherlichen Einzug in die Stadt. Köln (u.a.) 2009. S. 37–55.

Schwerhoff, Gerd: Die Policey im Wirtshaus. Obrigkeitliche und Gesellschaftliche Normen im öffentlichen Raum der Frühen Neuzeit. Das Beispiel der Reichsstadt Köln, in: Hochmuth, Chr. und Rau, S. (Hg.): Machträume der frühneuzeitlichen Stadt. Konstanz 2006. S. 355–376.

Schwerhoff, Gerd: Invektivität und Geschichtswissenschaft. Konstellationen der Herabsetzung in historischer Perspektive – ein Forschungskonzept, in: HZ. 311 (2020). S. 1–36.

Schwerhoff, Gerd: Stadt und Öffentlichkeit in der Frühen Neuzeit – Perspektiven der Forschung, in: ebd. (Hg.): Stadt und Öffentlichkeit in der Frühen Neuzeit. Köln (u.a.) 2011. S. 1–28.

Schwerhoff, Gerd: Wahlen in der vormodernen Stadt zwischen symbolischer Partizipation und Entscheidungsmacht. Das Beispiel des Kölner Ratsherrn Hermann von Weinsberg (1518–1597), in: Dartmann, C.; Wassilowsky, G. und Weller, T. (Hg.): Technik und Symbolik vormoderner Wahlverfahren. München 2010. S. 95–116.

Schwerhoff, Gerd: Zungen wie Schwerter. Blasphemie in alteuropäischen Gesellschaften 1200–1650. Konstanz 2005.

Seberich, Franz: Die Erstürmung des Schlosses Marienberg durch die Schweden 1631, in: Frankenkalender. (1940). S. 87–116.

Seberich, Franz: Die Stadtbefestigung Würzburgs. I. Teil: Die mittelalterliche Befestigung mit Mauern und Türmen. Würzburg 1962.

Seibold, Gerhard: Hainhofers »Freunde«. Das geschäftliche und private Beziehungsnetzwerk eines Augsburger Kunsthändlers und politischen Agenten in der Zeit vom Ende des 16. Jahrhunderts bis zum Ausgang des Dreißigjährigen Krieges im Spiegel seiner Stammbücher. Regensburg 2014.

Sicken, Bernhard: Dreißigjähriger Krieg (1618–1632), in: Wagner, U. (Hg.): Geschichte der Stadt Würzburg. Bd. 2: Vom Bauernkrieg 1525 bis zum Übergang an das Königreich Bayern 1814. Stuttgart 2004. S. 101–125.

Siebenhüner, Kim: Die Mobilität der Dinge. Ansätze zur Konzeptualisierung für die Frühneuzeitforschung, in: Cremer, A. C. und Mulsow, M. (Hg.): Objekte als Quellen der historischen Kulturwissenschaften. Stand und Perspektiven der Forschung. Köln 2017. S. 35–46.

Siebenhüner, Kim: Things that matter. Zur Geschichte der materiellen Kultur in der Frühneuzeitforschung, in: ZHF. 42 (2015). S. 373–409.

Signori, Gabriela: »Sprachspiele«. Anredekonflikte im Spannungsfeld von Ran und Wert, in: ZHF. 32 (2005). S. 1–15.

Signori, Gabriela: Frauen, Kinder, Greise und Tyrannen. Geschlecht und Krieg in der Bilderwelt des späten Mittelalters, in: Schreiner, K. und ebd. (Hg.): Bilder, Texte, Rituale. Wirklichkeitsbezug und Wirklichkeitskonstruktion politisch-rechtlicher Kommunikationsmedien in Stadt- und Adelsgesellschaften des späten Mittelalters. Berlin 2000. S. 139–164.

Signori, Gabriela: Links oder rechts? Zum ›Platz der Frau‹ in der mittelalterlichen Kirche, in: Rau, S. und Schwerhoff, G. (Hg.): Zwischen Gotteshaus und Taverne. Öffentliche Räume in Spätmittelalter und Früher Neuzeit. Köln ²2008. S. 339–382.

Sikora, Michael: Söldner – historische Annäherung an einen Kriegertypus, in: Geschichte und Gesellschaft. 29 (2003). S. 210–238.

Slanicka, Simona: Feindbilder. Die Darstellung des Kriegsgegners als negatives Spiegelbild, in: Emich, B. und Signori, G. (Hg.): Kriegs / Bilder in Mittelalter und Früher Neuzeit. Berlin 2009. S. 93–120.

Soden, Franz von: Gustav Adolph und sein Heer in Süddeutschland von 1631–1635. Zur Geschichte des dreißigjährigen Krieges. Bd. 1: Von Gustav Adolphs Erscheinen in Süddeutschland bis zu seinem Tod. 1631 bis 1632. Erlangen 1865.

Sofsky, Wolfgang: Traktat über die Gewalt. Frankfurt am Main 1996.

Spieker, Christian Wilhelm: Geschichte der Stadt Frankfurt an der Oder von der Gründung der Stadt bis zum Königthum der Hohenzollern. Frankfurt an der Oder 1853.

Stahleder, Helmuth: Chronik der Stadt München. Bd. 2: Belastungen und Bedrückungen: Die Jahre 1506–1705. Ebenhausen 2005.

Steiger, Heinhard: »Occupatio bellica« in der Literatur des Völkerrechts der Christenheit (Spätmittelalter bis 18. Jahrhundert), in: Meumann, M. und Rogge, J. (Hg.): Die besetzte *res publica*. Zum Verhältnis von ziviler Obrigkeit und militärischer Herrschaft in besetzten Gebieten vom Spätmittelalter bis zum 18. Jahrhundert. Berlin 2006. S. 201–240.

Stenzig, Philipp: *Pompe hispanice favente* – die Repräsentation der ›Reyes Católicos‹ an der Kurie Innocentius‹ VIII. und Alexanders VI., in: Meier, C. und Linnemann, D. (Hg.): Intertheatralität. Die Bühne als Institution und Paradigma der frühneuzeitlichen Gesellschaft. Münster 2017. S. 77–100.

Stetten, Paul von: Geschichte der Heil. Röm. Reichs Freyen Stadt Augspurg. Aus bewährten Jahr-Büchern, tüchtigen Urkunden und schrifftlichen Handlungen gezogen Und an das Licht gegeben. Bd. 2. Frankfurt und Leipzig 1758.

Stetten, Paul von: Philipp Hainhofer, in: Christoph, E. und Trepesch, C. (Hg.): Wunderwelt. der Pommersche Kunstschrank. [Katalog zur Ausstellung im Maximilianmuseum Augsburg, 28. März-29. Juni 2014]. Berlin (u.a.) 2014. S. 11–19.

Stievermann, Dieter: Erfurt in der schwedischen Deutschlandpolitik 1631–1650, in: Mitteilungen des Vereins für die Geschichte und Altertumskunde von Erfurt. NF 4 (1996). S. 35–68.

Stockhorst, Stefanie: Ars Equitandi. Eine Kulturgeschichte der Reitlehre in der Frühen Neuzeit. Hannover 2020.

Stollberg-Rilinger, B. und Krischer, A. (Hg.): Herstellung und Darstellung von Entscheidungen. Verfahren, Verwalten und Verhandeln in der Vormoderne. Berlin 2010.

Stollberg-Rilinger, B. und Weller, T. (Hg.): Wertekonflikte – Deutungskonflikte. Münster 2007.

Stollberg-Rilinger, Barbara und Neu, Tim: Einleitung, in: ebd. und Brauner, C. (Hg.): Alles nur Symbolisch? Bilanz und Perspektiven der Erforschung symbolischer Kommunikation. Köln 2013. S. 11–31.

Stollberg-Rilinger, Barbara: Des Kaisers alte Kleider. Verfassungsgeschichte und Symbolsprache des Alten Reiches. München ²2013.

Stollberg-Rilinger, Barbara: Die Wissenschaft der feinen Unterschiede. Das Präzedenzrecht und die europäischen Monarchien vom 16. bis zum 18. Jahrhundert, in: Majestas. 10 (2002). S. 125–150.

Stollberg-Rilinger, Barbara: Einleitung, in: Pietsch, A. und ebd. (Hg.): Konfessionelle Ambiguität. Uneindeutigkeit und Verstellung als religiöse Praxis in der Frühen Neuzeit. Heidelberg 2013. S. 9–26.

Stollberg-Rilinger, Barbara: Knien vor Gott – knien vor dem Kaiser. Zum Ritualwandel im Konfessionskonflikt, in: Althoff, G. (Hg.): Zeichen – Rituale – Werte. Münster 2004. S. 501–533.

Stollberg-Rilinger, Barbara: Maria Theresia. Die Kaiserin in ihrer Zeit, eine Biographie. München 2017.

Stollberg-Rilinger, Barbara: Rang vor Gericht. Zur Verrechtlichung sozialer Konflikte in der frühen Neuzeit, in ZHF. 28 (2001). S. 385–418.

Stollberg-Rilinger, Barbara: Rituale. Frankfurt am Main 2013.

Stollberg-Rilinger, Barbara: Symbol und Diskurs – Das Beispiel des Reichstags in Augsburg 1530, in: Feuchter, J. und Helmrath, J. (Hg.): Politische Redekultur in der Vormoderne. Die Oratorik europäischer Parlamente in Spätmittelalter und Früher Neuzeit. Frankfurt am Main 2008. S. 85–103.

Stollberg-Rilinger, Barbara: Symbolische Kommunikation in der Vormoderne. Begriffe – Thesen – Forschungsperspektiven, in: ZHF. 32 (2004). S. 489–527.

Stollberg-Rilinger, Barbara: Völkerrechtlicher Status und zeremonielle Praxis auf dem Westfälischen Friedenskongreß, in: Jucker, M.; Kintzinger, M. und Schwings, R. Chr. (Hg.): Rechtsformen internationaler Politik. Theorie, Norm, Praxis vom 12. bis 18. Jahrhundert. Berlin 2011. S. 147–164.

Stollberg-Rilinger, Barbara: Zur moralischen Ökonomie des Schenkens bei Hof (17.-18. Jahrhundert), in: Paravicini, W. (Hg.): Luxus und Integration. Materielle Hofkultur Westeuropas vom 12. bis zum 18. Jahrhundert. München 2010. S. 187–202.

Strieter, Claudia: Anspruch auf Stand, Rang und Partizipation. Die Privilegierung der Lippstädter Leineweber als ehrliche Zunft 1690–1711, in: Füssel, M. und Weller, T. (Hg.): Ordnung und Distinktion. Praktiken sozialer Repräsentation in der ständischen Gesellschaft. Münster 2005. S. 137–163.

Stuart, Kathy: Unehrliche Berufe. Status und Stigma in der Frühen Neuzeit am Beispiel Augsburgs. Augsburg 2008.

Süßmann, Johannes: Höflichkeit in der französischen Religionskriegen, in: Zeitsprünge. Forschungen zur Frühen Neuzeit. 13 (2009). S. 497–509.

Süßmann, Johannes: Vom Ritter gegen Tod und Teufel über den Glaubensstreiter zum Kavalier. Zum Wandel der Adelsbilder in der Frühen Neuzeit, in: Schold, P. und ebd. (Hg.): Adelsbilder von der Antike bis zur Gegenwart. München 2013. S. 85–98.

Sutner, Georg von: München während des dreyßigjährigen Krieges. München 1796.

Tauber, Christine: Die politisch-zeremonielle Nutzung der Grande Galerie in Fontainebleau durch François Ier, in: Stollberg-Rilinger, B. und Weißbrich, T. (Hg.): Die Bildlichkeit symbolischer Akte. Münster 2010. S. 253–265.

Tauss, Susanne: »... dass die Räuberei das alleradeligste Exercitium ist...«. Kunstschätze als Beute im Dreißigjährigen Krieg, in: Bußmann, K. und Schilling, H. (Hg.): 1648: Krieg und Frieden in Europa. Bd. 2: Kunst und Kultur. Münster 1998. S. 281–288.

Thiessen, Hillard von: Das Sterbebett als normative Schwelle. Der Mensch in der Frühen Neuzeit zwischen irdischer Normenkonkurrenz und göttlichem Gericht, in: HZ. 295(2012). S. 625–659.

Thiessen, Hillard von: Diplomatie vom *type ancien*: Überlegungen zu einem Idealtypus des frühneuzeitlichen Gesandtschaftswesens, in: ebd. und Windler, Chr. (Hg.): Akteure der Außenbeziehungen. Netzwerke und Interkulturalität im historischen Wandel. Köln 2010. S. 471–503.

Thiessen, Hillard von: Gestaltungsspielräume und Handlungspraktiken frühneuzeitlicher Diplomaten, in: Brendecke, A. (Hg.): Praktiken der Frühen Neuzeit. Akteure – Handlungen – Artefakte. Köln 2015. S. 199–209.

Thiessen, Hillard von: Konfessionelle Identitäten – hybride Praktiken. Katholische Konfessionalisierung im Konfliktraum des Fürstbistums Hildesheim (1650–1750), in: Eibach, J. und Carl, H. (Hg.): Europäische Wahrnehmungen 1650–1850. Interkulturelle Kommunikation und Medienereignisse. Hannover 2008. S. 101–129.

Thiessen, Hillard von: Vertrauen aus Vergangenheit. Ancienität in grenzüberschreitender Patronage am Beispiel der Beziehungen von Adelshäusern des Kirchenstaats zu spanischen Krone im 16. und 17. Jahrhundert, in: Bezner, F. und Mahlke, K. (Hg.): Zwischen Wissen und Politik. Archäologie und Genealogie frühneuzeitlicher Vergangenheitskonstruktion. Heidelberg 2011. S. 21–39.

Tippelskirch, Xenia von: »J'y souffre ce qui ne se peut comprendre ni exprimer«. Eine Mystikerin leidet unter Gottverlassenheit (1673/74), in: Historische Anthropologie. 23 (2015). S. 11–29.

Tischer, Anuschka: Grenzen der Souveränität: Beispiele zur Begründung gewaltsamer Einmischung in »innere Angelegenheiten« in der Frühen Neuzeit, in: Historisches Jahrbuch. 131 (2011). S. 41–64.

Tischer, Anuschka: Kriegstyp »Dreißigjähriger Krieg«? Ein Krieg und seine unterschiedlichen Typologisierungen von 1618 bis zur Gegenwart, in: Brunert, M.-E. und Lanzinner, M. (Hg.): Diplomatie, Medien, Rezeption. Aus der editorischen Arbeit an den »Acta Pacis Westphalicae«. Münster 2010. S. 1–20.

Tischer, Anuschka: Offizielle Kriegsbegründungen in der Frühen Neuzeit. Herrscherkommunikation in Europa zwischen Souveränität und korporativem Selbstverständnis. Berlin 2012.

Tischer, Anuschka: Sicherheit in Krieg und Frieden, in: Kampmann, C. und Niggemann, U. (Hg.): Sicherheit in der Frühen Neuzeit. Norm – Praxis – Repräsentation. Köln (u.a.) 2013. S. 76–88.

Tlusty, B. Ann: The martial ethic in early modern Germany. civic duty and the right of arms. Basingstoke (u.a.) 2011.

Tober, Philip: Wismar im Dreißigjährigen Krieg 1627–1648. Untersuchungen zur Wirtschafts-, Bau- und Sozialgeschichte. Berlin 2007.

Törpsch, Silke: Krieg und konfessionelle Koexistenz in Osnabrück 1628–1633. Rudolf von Bellinckhausens »Kurtze beschreibung so [sich] zu Oßnabrugk hat zugetragen«, in: Hüchtker, D.; Kleinmann, Y. und Thomsen, M. (Hg.): Reden und Schweigen über religiöse Differenz. Tolerieren in epochenübergreifender Perspektive. Göttingen 2013. S. 236–265.

Traut, Hermann: Gustav II. Adolf und Frankfurt a. M., in: Archiv für Frankfurts Geschichte und Kunst. 4 (1933). S. 13–48.

Tricoire, Damien: Mit Gott rechnen. Katholische Reform und politisches Kalkül in Frankreich, Bayern und Polen-Litauen. Göttingen 2014.

Trotha, Trutz von: Zur Soziologie der Gewalt, in: ebd. (Hg.): Soziologie der Gewalt. Opladen 1997. S. 9–56.

Tschopp, Silvia Serena: Albrecht von Wallenstein in der zeitgenössischen Publizistik. Zu den Rahmenbedingungen und Konjunkturen medialer Kommunikation im Kontext des Dreißigjährigen Krieges, in: Emich, B. (u.a.) (Hg.): Wallenstein. Mensch – Mythos – Memoria. Berlin 2018. S.103–129.

Tschopp, Silvia Serena: Heilsgeschichtliche Deutungsmuster in der Publizistik des Dreißigjährigen Krieges. Pro- und antischwedische Propaganda in Deutschland 1628 bis 1635. Frankfurt am Main 1991.

Ulbrich, C.; Medick, H. und Schaser, A. (Hg.): Selbstzeugnis und Person. Transkulturelle Perspektiven. Köln 2012.

Ullmann, Sabine: Schiedlichkeit und gute Nachbarschaft. Die Verfahrenspraxis der Kommissionen des Reichshofrats in den territorialen Hoheitskonflikten des 16. Jahrhunderts, in: Stollberg-Rilinger, B. und Krischer, A. (Hg.): Herstellung und Darstellung von Entscheidungen. Verfahren, Verwalten und Verhandeln in der Vormoderne. Berlin 2010. S. 129–155.

Unbehaun, Lutz: Das Zeughaus des Schlosses Schwarzburg. Symbol landesherrlicher Macht und fürstlicher Repräsentation, in: Müller, M. und Hahn, P.-M. (Hg.): Zeichen und Medien des Militärischen am Fürstenhof in Europa. Berlin 2017. S. 136–145.

Valerius, Rebecca und Carl, Horst: Geiselstellung und Rechtssicherheit. Die Friedensverträge von Madrid (1526) und Vervins (1598), in: Carl, H.; Babel, R. und Kampmann, C. (Hg.): Sicherheitsprobleme im 16. und 17. Jahrhundert. Bedrohungen, Konzepte, Amivalenzen. Baden-Baden 2019. S. 489–509.

Vogel, C. (Hg.) : Bilder des Schreckens. Die mediale Inszenierung von Massakern seit dem 16. Jahrhundert. Frankfurt am Main 2006.

Vogel, Christine: Der Marquis, das Sofa und der Großwesir. Zu Funktion und Medialität interkultureller diplomatischer Zeremonien in der Frühen Neuzeit, in: Burschel, P. und ebd. (Hg.): Die Audienz. Ritualisierter Kulturkontakt in der Frühen Neuzeit. Köln 2014. S. 221–245.

Vo-Ha, Paul: Rendre les armes. Le sort des vaincus. XVIᵉ-XVIIᵉ siècles. Ceyzérieu 2017.

Völkel, Markus: Hugo Grotius' *Grollae obsidio cum annexis* von 1629: Ein frühneuzeitlicher Historiker zwischen rhetorischer (Text) und empirischer Eviedenz (Kartographie), in: Wimböck, G.; Leonhard, K. und Friedrich, M. (Hg.): Evidentia. Reichweiten visueller Wahrnehmung in der Frühen Neuzeit. Berlin 2007. 83–110.

Wagenseil, Christian Jakob: Vollständige Geschichte der Stadt Augsburg von ihrem Ursprunge an. Augsburg 1871.

Wagner, Ulrich: Würzburg unter schwedischer Herrschaft 1631–1634, in: Wagner, U. (Hg.): Geschichte der Stadt Würzburg. Bd. 2: Vom Bauernkrieg 1525 bis zum Übergang an das Königreich Bayern 1814. Stuttgart 2004. S. 126–129.

Walde, Otto: Der Bücherraub der Schweden 1631 in Würzburg, in: Mainfränkisches Jahrbuch für Geschichte und Kunst. 56 (2004). S. 162–179.

Wallenta, Wolfgang: Katholische Konfessionalisierung in Augsburg, 1548–1648. Hamburg 2003.

Walther, Gerrit: Freiheit, Freundschaft, Fürstengunst. Kriterien der Zugehörigkeit zum Adel in der Frühen Neuzeit, in: Beck, H.; Scholz, P. und Walter, U. (Hg.): Die Macht der Wenigen. Aristokratische Herrschaftspraxis, Kommunikation und »edler« Lebensstil in Antike und Früher Neuzeit. S. 301–322.

Walther, Gerrit: Gestreifte Hosen, gewagte Fluchten und die Kunst der Entschleunigung. Gab es in der Frühen Neuzeit einen »adligen Politikstil«?, in: Erben, D. und Tauber, C. (Hg.): Politikstile und die Sichtbarkeit des Politischen in der Frühen Neuzeit. Passau 2016. S. 41–69.

Walther, Gerrit: Protest als schöne Pose, Gehorsam als *event*. Zur Formation des ludovizianischen Absolutismus aus dem Geist der Fronde, in: Schilling, L. (Hg.): Absolutismus, ein unersetzliches Forschungskonzept? Eine deutsch-französische Bilanz. München 2008. S. 173–189.

Waquet, Jean-Claude: Verhandeln in der Frühen Neuzeit: Vom Orator zum Diplomaten, in: Thiessen, H. v. und Windler, C. (Hg.): Akteure der Außenbeziehungen. Netzwerke und Interkulturalität im historischen Wandel. Köln 2010. S. 113–131.

Warmbrunn, Paul: Zwei Konfessionen in einer Stadt. Das Zusammenleben von Katholiken und Protestanten in den paritätischen Reichsstädten Augsburg, Biberach, Ravensburg und Dinkelsbühl von 1548 bis 1648. Wiesbaden 1983.

Warncke, Carsten-Peter: Bildpropaganda in der Reformationszeit, in: Stollberg-Rilinger, B. und Weißbrich, T. (Hg.): Die Bildlichkeit symbolischer Akte. Münster 2010. S. 185–197.

Wassilowsky, Günther: »Wo die Messe fellet, so ligt das Bapstum«. Zur Kultur päpstlicher Repräsentation in der Frühen Neuzeit, in: Emich, B. und Wieland, C. (Hg.): Kulturgeschichte des Papsttums in der Frühen Neuzeit. Berlin 2013. S. 219–247.

Weber, Heinrich: Bamberg im Dreißigjährigen Krieg, in: Bericht über Bestand und Wirken des Historischen Vereins zu Bamberg. 48 (1886). S. 1–132.

Weber, Nadir: Das Bestiarium des Duc de Saint-Simon. Zur »humanimalen Sozialität« am französischen Königshof um 1700, in: ZHF. 43 (2016). S. 27–59.

Weber, Nadir: Zahmes Wild? Zu den organisatorischen Hintergründen der spektakulären Jagderfolge frühneuzeitlicher Fürsten, in: Tierstudien. 8 (2015). S. 93–103.

Weber, Reinhard: Würzburg und Bamberg im Dreißigjährigen Krieg. Die Regierungszeit des Bischofs Franz von Hatzfeldt 1631–1642. Würzburg 1979.

Weber, Wolfgang E. J.: Augsburg 1632–1636: Das schwedische Abenteuer einer Reichsstadt, in: Schmidt-Voges, I. und Jörn, N. (Hg.): Mit Schweden verbündet – von Schweden besetzt. Akteure, Praktiken und Wahrnehmungen schwedischer Herrschaft im Alten Reich während des Dreißigjährigen Krieges. Hamburg 2016. S. 267–287.

Weigel, Helmut: Franken im Dreißigjährigen Krieg. Versuch einer Überschau von Nürnberg aus, in: Zeitschrift für Bayrische Landesgeschichte. 5 (1932). S. 1–50.

Weise, Michael: Die kaiserlichen Kroaten im Dreißigjährigen Krieg, in: Rebitsch, R.; Höbelt, L. und Schmidl, E. A. (Hg.): Vor 400 Jahren. Der Dreißigjährige Krieg. Innsbruck 2019. S. 107–115.

Weiß, Dieter J.: Die Konfessions- und Kulturpolitik Herzog Wilhelms V. (1579–1598), in: Schmid, A. (Hg.): Die Hofbibliothek zu München unter den Herzögen Wilhelm V. und Maximilian I. München 2015. S. 60–78.

Weiß, Ulman: Von der Frühbürgerlichen Revolution bis zur völligen Unterwerfung durch Kurmainz vom Ende des 15. Jahrhunderts bis 1664, in: Gutsche, W. (Hg.): Geschichte der Stadt Erfurt. Weimar 1986. S. 103–144.

Weißbrich, Thomas und Carl, Horst: Präsenz und Information: Frühneuzeitliche Konzeptionen von Medienereignissen, in: Eibach, J. und Carl, H. (Hg.): Europäische Wahrnehmungen 1650–1850. Interkulturelle Kommunikation und Medienereignisse. Hannover 2008. S. 75–98.

Weißbrich, Thomas: Die Schlacht bei Höchstädt/ Blenheim 1704 als Medienereignis. Kriegsberichterstattung und Gelegenheitsdichtung im Spanischen Erbfolgekrieg, in: Füssel, M. und Sikora, M. (Hg.): Kulturgeschichte der Schlacht. Paderborn 2014. S. 155–181.

Weller, Thomas: Das Begräbnis des Bürgermeisters. Städtische Begräbniskultur, Trauerzeremoniell und soziale Repräsentation im frühneuzeitlichen Leipzig, in: Füssel, M. und ebd. (Hg.): Ordnung und Distinktion. Praktiken sozialer Repräsentation in der ständischen Gesellschaft. Münster 2005. S. 75–101.

Weller, Thomas: Der Ort der Macht und die Praktiken der Machtvisualisierung. Das Leipziger Rathaus in der Frühen Neuzeit als zeremonieller Raum, in: Hochmuth, Chr. und Rau, S. (Hg.): Machträume der frühneuzeitlichen Stadt. Konstanz 2006. S. 285–307.

Weller, Thomas: *Ius subselliorum templorum*. Kirchstuhlstreitigkeiten in der frühneuzeitlichen Stadt zwischen symbolischer Praxis und Recht, in: Dartmann, C.; Füssel, M. und Rüther, S. (Hg.): Raum und Konflikt. Zur symbolischen Konstituierung gesellschaftlicher Ordnung in Mittelalter und Frühen Neuzeit. Münster 2004. S. 199–224.

Weller, Thomas: Städte und Territorialstaat im frühneuzeitlichen Spanien. Zum Verhältnis von Schriftlichkeit und politischer Kommunikation im Umfeld der kastilischen *Cortes*, in: Sawilla, J. M. und Schlögl, R. (Hg.): Medien der Macht und des Entscheidens. Schrift und Druck im politischen Raum der europäischen Vormoderne (14.-17. Jahrhundert). Hannover 2014. S. 145–168.

Wendehorst, Alfred: Das Stift Neumünster in Würzburg. Berlin 1989.

Wendehorst, Alfred: Die Benediktinerabtei und das Adlige Säkularkanonikerstift St. Burkhard in Würzburg. Berlin (u.a.) 2001.

Wendehorst, Alfred: Stadt und Kirche, in: Wagner, U. (Hg.): Geschichte der Stadt Würzburg. Bd. 2: Vom Bauernkrieg 1525 bis zum Übergang an das Königreich Bayern 1814. Stuttgart 2004. S. 308–326.

Wendland, Andreas: Gewalt in Glaubensdingen. Der Veltiner Mord (1620), in: Meumann, M. und Niefanger, D. (Hg.): Ein Schauplatz herber Angst. Wahrnehmung und Darstellung von Gewalt im 17. Jahrhundert. Göttingen 1997. 223–239.

Wenzel, Michael: Akteur zwischen Hof und Stadt: Philipp Hainhofers vielgestaltige Karrieren. Eine Einführung, in: Wolfenbütteler Barock-Nachrichten. 41 (2014). S. 1–14.

Wenzel, Michael: Objektbiographien. Die Mobilität der (Kunst-)Dinge als Beute, Gabe und Ware, in: Schmidt-Funke, J. A. (Hg.): Materielle Kultur und Konsum in der Frühen Neuzeit. Köln 2019. S. 195–221.

Wieland, Christian: Die bayerische Adelsverschwörung von 1563. Ereignis und Selbstdeutungen, in: Zeitenblicke. 4/2 (2005). Zugriff unter: https://www.zeitenblicke.de/2005/2/Wieland [Letzter Zugriff: 10.05.2023].

Wieland, Christian: Florentiner in Rom. Vom Wandel von »Loyalität« und »Vertrauen« im Italien des 16. und 17. Jahrhunderts, in: Emich, B. und ebd. (Hg.): Kulturgeschichte des Papsttums in der Frühen Neuzeit. Berlin 2013. S. 147–188.

Willax, Franz: »Gefährliche Patrioten und schädliche Leuth«. Antischwedischer Widerstand in Nürnberg 1631–1635, in: Mitteilungen des Vereins für Geschichte der Stadt Nürnberg. 78 (1991). S. 123–173.

Willax, Franz: Das Verteidigungswesen Nürnbergs im 17. und 18. Jahrhundert, in: Mitteilungen des Vereins für Geschichte der Stadt Nürnberg. 66 (1979). S. 192–247.

Willax, Franz: Die Befestigungsanlagen Gustav Adolfs von Schweden um Nürnberg 1632, in: Mitteilungen des Vereins für Geschichte der Stadt Nürnberg. 82 (1995). S. 185–235.

Wilson, Peter H.: Der Dreißigjährige Krieg. Eine europäische Tragödie. Darmstadt 2017.

Wilson, Peter H.: Dynasty, Constitution, and Confession: The Role of Religion in the Thirty Years War, in: International history review. 30 (2008). S. 473–514.

Wilson, Peter H.: Lützen. Oxford 2018.

Wilson, Peter H.: Summary: Under Siege? Defining Siege Warfare in World History, in: Fischer-Kattner, A. und Ostwald, J. (Hg.): The World of the Siege. Representations of Early Modern Positional Warfare. Leiden und Boston 2019. S. 288–306.

Wilson, Peter H.: The Causes of the Thirty Years War 1618–48, in: English historical review. 123 (2008). S. 554–586.

Wilson, Peter H.: The Thirty Years War as the Empire's Constitutional Crisis, in: Evans, R. J. W.; Schaich, M. und ebd. (Hg.): The Holy Roman Empire, 1495–1806. Oxford 2010. S. 95–114.

Wilson, Peter H.: War Finance, Policy and Strategy in the Thirty Years War, in: Rohrschneider, M. und Tischer, A. (Hg.): Dynamik durch Gewalt? Der Dreißigjährige Krieg (1618–1648) als Faktor der Wandlungsprozesse des 17. Jahrhunderts. Münster 2018. S. 229–250.

Winzeler, Marius: Kunst und Diplomatie. Geschenke im Dreißigjährigen Krieg, in: Brink, C.; Jaeger, S. und ebd. (Hg.): Bellum et Artes. Mitteleuropa im Dreißigjährigen Krieg. Dresden 2021. S. 445–459.

Wolf, Joseph Heinrich: Das Haus Wittelsbach. Bayerns Geschichte aus Quellen bearb. Nürnberg 1847.

Wrede, M. (Hg.): Die Inszenierung der heroischen Monarchie. Frühneuzeitliches Königtum zwischen ritterlichem Erbe und militärischer Herausforderung. München 2014.

Wrede, Martin: »Zähmung der Bellona« oder Ökonomie der Gewalt? Überlegungen zur Kultur des Krieges im Ancien Regime, in: Dingel, I. (u.a.) (Hg.): Theatrum Belli – Theatrum Pacis. Konflikte und Konfliktregelungen im frühneuzeitlichen Europa. Festschrift für Heinz Duchhardt zu seinem 75. Geburtstag. Göttingen 2018. S. 207–237.

Wrede, Martin: Des Königs Rock und der Rock des Königs. Monarch, Hof und Militär in Frankreich von Ludwig XIV. zu Ludwig XVI., in: ebd. (Hg.): Die Inszenierung der heroischen Monarchie. Frühneuzeitliches Königtum zwischen ritterlichem Erbe und militärischer Herausforderung. München 2014. S. 382–408.

Wrede, Martin: Einleitung: Die Inszenierung der mehr oder weniger heroischen Monarchie. Zu Rittern und Feldherren, Kriegsherren und Schauspielern, in: ebd. (Hg.): Die Inszenierung der heroischen Monarchie. Frühneuzeitliches Königtum zwischen ritterlichem Erbe und militärischer Herausforderung. München 2014. S. 8–39.

Würgler, Andreas: ›Reden‹ und ›mehren‹. Politische Funktionen und symbolische Bedeutungen der eidgenössischen Tagsatzung (15.-18. Jh.), in: Neu, T.; Sikora, M. und Weller, T. (Hg.): Zelebrieren und Verhandeln. Zur Praxis ständischer Institutionen im frühneuzeitlichen Europa. Münster 2009.

Wüst, Wolfgang: Die Reichsstädte Nürnberg, Nördlingen und Dinkelsbühl im Schwedenkrieg 1630–1635, in: Schmidt-Voges, I. und Jörn, N. (Hg.): Mit Schweden verbündet – von Schweden besetzt. Akteure, Praktiken und Wahrnehmungen schwedischer Herrschaft im Alten Reich während des Dreißigjährigen Krieges. Hamburg 2016. S. 289–305.

Wüst, Wolfgang: *Impetrantische* Hausklöster: Zwischen bischöflich-augsburgischer Suprematie und Reichsstandschaft, in: Liebhart, W. und Faust, U. (Hg.): Suevia Sacra. Zur Geschichte der ostschwäbischen Reichsstifte im Spätmittelalter und in der Frühen Neuzeit. Stuttgart 2001. S. 155–169.

Wüst, Wolfgang: Süddeutsche Städte unter schwedischer Besatzung, in: Zeitschrift des Historischen Vereins für Schwaben. 111 (2019). S. 63–80.

Xenakis, Stefan: Plündern, teilen, herrschen. Beutemachen, Beuteansprüche und Beuteverteilung in Süddeutschland an der Wende zur Neuzeit, in: Carl, H. und Bömelburg, H.-J. (Hg.): Lohn der Gewalt. Beutepraktiken von der Antike bis zur Neuzeit. Paderborn 2011. S. 149–166.

Ziegler, Hannes: Emotionen und die Geschichte des Politischen. Perspektiven in der Mittelalter- und Frühneuzeitforschung, in: ZHF. 44 (2017). S. 661–691.

Ziep, Franziska: Erzählen ohne Ende. Lebensgeschichten im 16. Jahrhundert am Beispiel der autobiographischen Texte von Ludwig von Diesbach (1488/1518) und Thomas Platter (1572), in: Ulbrich, C.; Medick, H. und Schaser, A. (Hg.): Selbstzeugnis und Person. Transkulturelle Perspektiven. Köln 2012. S 105–122.

Zirr, Alexander: Die Schweden in Leipzig. Die Besetzung der Stadt im Dreißigjährigen Krieg (1642–1650). Leipzig 2017.

Zitzlsperger, Philipp: Distanz und Präsenz. Das Porträt in der Frühneuzeit zwischen Repräsentation und Realpräsenz, in: Hengerer, M. (Hg.): Abwesenheit beobachten. Zu Kommunikation auf Distanz in der Frühen Neuzeit. Berlin 2013. S. 41–78.

Zwierlein, Cornel: The Thirty Years' War – A Religious War? Religion and Machiavellism at the Turning Point of 1635, in: Asbach, O. und Schröder, P. (Hg.): The Ashgate Research Companion to the Thirty Years' War. Farnham (u.a.) 2014. S. 231–244.

ii. Chroniken

ii. i. Allgemeine Chronik

6. Juli 1630: Gustav Adolf landet mit seinem Heer auf Usedom

14. Februar 1631: Eroberung von Neubrandenburg durch schwedische Truppen

25. Februar 1631: Einnahme von Demmin durch schwedische Truppen

19. März 1631: Erstürmung Neubrandenburgs durch kaiserlich-ligistische Truppen

12. April 1631: Ankunft der schwedischen Armee vor Frankfurt an der Oder, Verspottung durch die aufgehängte Gans

13. April 1631: Sturmangriff auf Frankfurt an der Oder

28. April 1631: Einnahme von Landsberg an der Warthe durch schwedische Truppen

20. Mai 1631: Erstürmung Magdeburgs durch kaiserlich-ligistische Truppen

17. September 1631: Schlacht bei Breitenfeld

29. September 1631: Erfurt wird zur Übergabe aufgefordert

30. September 1631: Verhandlungen der Gesandten des Erfurter Rats mit Gustav Adolf

1. Oktober 1631: Wilhelm von Sachsen-Weimar dringt mit Reitern in Erfurt ein

2. Oktober 1631: Ankunft Gustav Adolfs in Erfurt, Besuch im Peterskloster, Abgabe der schriftliche Treueerklärungen durch den Klerus

2./3. Oktober 1631: Ausstellung der Versicherungsschreiben Erfurts

4. Oktober 1631: Öffentliches Treueversprechen in Erfurt

6. Oktober 1631: Aufbruch des schwedischen Königs in Erfurt, erste Aufforderung Nürnbergs zur Übergabe

11. Oktober 1631: Gustav Adolf droht Nürnberg in einem Schreiben massiv

12. Oktober 1631: Flucht des Würzburger Elekten

14. Oktober 1631: Befragung des Großen Rats in Nürnberg

14. Oktober 1631, morgens: Würzburg wird zur Übergabe aufgefordert

14. Oktober 1631, vormittags: Ankunft der schwedischen Armee vor Würzburg, Einnahme der Vorstadtteile rechts des Mains, erste Beratung über die Übergabe der Stadt, Verhandlung mit der schwedischen Seite

14. Oktober 1631, abends: Einigung auf Übergabe der Stadt Würzburg, Austausch der Geiseln

15. Oktober 1631: Öffnung der Stadttore Würzburgs, Entwaffnung und Vereidigung der Bürgerschaft

16. Oktober 1631: Überquerung des Mains in Würzburg, Eroberung des Mainviertels links des Mains, Kontributionsforderung, Vereidigung der Amtleute

18. Oktober 1631: Erstürmung des Marienbergs

21. Oktober 1631: Ausstellung des Salva-Guardia-Schreibens für Würzburg

23. Oktober 1631: Erste Aufforderung von Frankfurt am Main zur Übergabe

25. und 26. Oktober 1631: Befragung des Großen Rats in Nürnberg

16. November 1631: Verhandlung der Gesandten Frankfurts mit Gustav Adolf in Offenbach

17. November 1631: Durchzug durch Frankfurt und Überquerung des Mains

20. November 1631: (Feierlicher) Einzug Gustav Adolfs in Frankfurt am Main

1. Dezember 1631: Ausstellung der Versicherungsschreiben Frankfurts

2. Dezember 1631: Vereidigung der Frankfurter Bürgerschaft

3. Dezember 1631: Vereidigung der Frankfurter Garnison

18. Dezember 1631: Flucht des Kurfürst-Erzbischofs von Mainz

19. Dezember 1631: Ankunft der schwedischen Armee vor Mainz

20. Dezember 1631: Erste Aufforderung der Stadt Mainz zur Übergabe, Beginn der Kämpfe

22. Dezember 1631: Kapitulation der Stadt Mainz

23. Dezember 1631: Abzug der Verteidiger von Mainz, Einzug der schwedischen Armee

24. Dezember 1631: Einzug Gustav Adolfs in Mainz

11. Februar 1632, mittags: Aufforderung Bambergs zur Übergabe, Abschluss des Akkords, Beginn der Kämpfe

11. Februar 1632, nachts: Eroberung der Stadt Bamberg

31. März 1632: Einzug Gustav Adolfs in Nürnberg, Bankett mit Rede und Geschenken, Aufbruch des schwedischen Königs

30. März (oder 9. April) 1632: Ausstellung des Versicherungsschreibens für Nürnberg durch Gustav Adolf

14. April 1632: Schlacht bei Rain am Lech

14. (oder 24.) April 1632: Ausstellung des Versicherungsschreibens durch den Rat der Stadt Nürnberg

25. März 1632: Bayrische Infanteristen rücken in Augsburg ein

3. April 1632: Entwaffnung der protestantischen Augsburger

5. April 1632: Evakuierungsarbeiten in der Residenz Maximilians I. und in der Stadt München

7. April 1632: Bayrische Reiter werden nach Augsburg verlegt, ihr Obrist Rudolf von Bredow erhält das militärische Kommando über die Stadt

10.–15. April: Konflikt und Konfliktbeilegung zwischen Philipp Hainhofer und den bayrischen Soldaten in Augsburg

16. April 1632: Evakuierungsarbeiten im herzoglichen Zeughaus in München

17. April 1632, abends: Gustav Adolfs Armee schlägt in Lechhausen ihr Lager auf

17. April 1632, nachts: Die bayrische Kavallerie zieht aus Augsburg ab, Obristleutnant de Treberey erhält das Kommando in der Stadt

18. April 1632, mittags: Philipp Hainhofer berät mit den Augsburger Protestanten

18. April 1632, abends: ›Zusammenrottung‹ der ärmeren Augsburger Protestanten

19. April 1632: Augsburg wird zur Übergabe aufgefordert

20. April 1632, vormittags: Beginn der Verhandlungen mit Stadt und Kommandant

20. April 1632, nachmittags: Abzug der bayrischen Truppen aus Augsburg, Einzug von schwedischen Truppen

21. April 1632: Beratung Gustav Adolfs mit protestantischen Augsburgern über die politischen Veränderungen der Stadt

22. April 1632: Wiedereinsetzung der protestantischen Ratsherren in Augsburg

23. April 1632: Katholische Ratsherren und Amtsträger werden in Augsburg entlassen

24. April 1632, morgens: Einzug des schwedischen Königs in Augsburg

24. April 1632, vormittags: Gustav Adolf besucht die Augsburger Kirche St. Anna

24. April 1632, nachmittags: Huldigung in Augsburg, anschließend Bankett

28. April 1632: Erhebung von Augsburger Familien ins Patriziat

29. April 1632: Beginn der Belagerung Ingolstadts, Ratswahl in Augsburg, Ausstellung der Versicherungsschreiben

3. Mai 1632: Abzug der schwedischen Truppen von der Belagerung Ingolstadts, Entwaffnung der Katholiken in Augsburg, Wiederbewaffnung der Protestanten

6. Mai 1632: Aufforderung des Augsburger Klerus zur Eidesleistung, Eid der Benediktiner von St. Ulrich und Afra

14. Mai 1632: München wird wahrscheinlich zur Übergabe aufgefordert

15. Mai 1632: Der französische Gesandte St. Etienne, Maximilians Rat Johann Küttner, Bürgermeister Friedrich Ligsalz und andere Vertreter der Stadt München brechen zur Verhandlung mit Gustav Adolf nach Freising auf (möglicherweise waren St. Etienne und Küttner schon am Tag zuvor aufgebrochen), eine Prozession wird in München durchgeführt

16. Mai 1632: Ankunft von schwedischen Truppen in München, Entwaffnung der Einwohner

17. Mai 1632: Einzug Gustav Adolfs in München

18. Mai 1632: Aufstellung des städtischen Aufgebots Augsburgs

19. Mai 1632: Gustav Adolf besucht die Münchner Kirche St. Michael, die dortigen Bürger werden über die schwedischen Kontributionsforderungen informiert

20. Mai 1632, Christi Himmelfahrt: Protestantischer Gottesdienst in der Residenz in München, Besuch der zum Marienstift gehörenden Frauenkirche

21. Mai 1632: Das Brandschatzungsprotokoll für München wird aufgesetzt

26. Mai 1632: Die aus dem herzoglichen Zeughaus in München weggenommenen Kanonen kommen in Augsburg an

27. Mai 1632: Gustav Adolf verlässt wohl an diesem Tag München

5. Juni 1632: Gustav Adolf kehrt wohl an diesem Tag nach München zurück

7. Juni 1632: Die Münchner Geiseln werden aus München weggeführt, Abreise des Königs

8. Juni 1632: Ankunft der Münchner Geiseln in Augsburg

August 1632: Erster katholischer Gottesdienst in der Residenz Maximilians I. nach dem Abzug der schwedischen Armee

19. Mai 1633: Ausweisung der meisten katholischen Geistlichen aus Augsburg

ii. ii. Chroniken zu den einzelnen Städten

Frankfurt an der Oder

12. April 1631: Ankunft der schwedischen Armee vor Frankfurt, Verspottung durch die aufgehängte Gans

13. April 1631: Sturmangriff auf Frankfurt an der Oder

Erfurt

29. September 1631: Erfurt wird zur Übergabe aufgefordert

30. September 1631: Verhandlungen der Gesandten des Erfurter Rats mit Gustav Adolf

1. Oktober 1631: Wilhelm von Sachsen-Weimar dringt mit Reitern in die Stadt ein

2. Oktober 1631: Ankunft Gustav Adolfs in Erfurt, Besuch im Peterskloster, Abgabe der schriftliche Treueerklärungen durch den Klerus

2./3. Oktober 1631: Ausstellung der Versicherungsschreiben

4. Oktober 1631: Öffentliches Treueversprechen

6. Oktober 1631: Aufbruch des schwedischen Königs

Würzburg

12. Oktober 1631: Flucht des Elekten

14. Oktober 1631, morgens: Würzburg wird zur Übergabe aufgefordert

14. Oktober 1631, vormittags: Ankunft der schwedischen Armee, Einnahme der Vorstadtteile rechts des Mains, erste Beratung über die Übergabe der Stadt, Verhandlung mit der schwedischen Seite

14. Oktober 1631, abends: Einigung auf Übergabe der Stadt, Austausch der Geiseln

15. Oktober 1631: Öffnung der Stadttore, Entwaffnung und Vereidigung der Bürgerschaft

16. Oktober 1631: Überquerung des Mains, Eroberung des Mainviertels links des Mains, Kontributionsforderung, Vereidigung der Amtleute

18. Oktober 1631: Erstürmung des Marienbergs

21. Oktober 1631: Ausstellung des Salva-Guardia-Schreibens

Frankfurt am Main

23. Oktober 1631: Erste Aufforderung der Reichsstadt zur Übergabe

16. November 1631: Letzte Verhandlung der städtischen Gesandten mit Gustav Adolf in Offenbach

17. November 1631: Durchzug durch Frankfurt und Überquerung des Mains

20. November 1631: (Feierlicher) Einzug Gustav Adolfs

1. Dezember 1631: Ausstellung der Versicherungsschreiben

2. Dezember 1631: Vereidigung der Bürgerschaft

3. Dezember 1631: Vereidigung der Frankfurter Garnison

Mainz

18. Dezember 1631: Flucht des Kurfürst-Erzbischofs

19. Dezember 1631: Ankunft der schwedischen Armee

20. Dezember 1631: Erste Aufforderung der Stadt zur Übergabe, Beginn der Kämpfe

22. Dezember 1631: Kapitulation der Stadt

23. Dezember 1631: Abzug der Verteidiger, Einzug der schwedischen Armee

24. Dezember 1631: Einzug Gustav Adolfs

Bamberg

11. Februar 1632, mittags: Aufforderung Bambergs zur Übergabe, Abschluss des Akkords, Beginn der Kämpfe

11. Februar 1632, nachts: Eroberung der Stadt

Nürnberg

6. Oktober 1631: Erste Aufforderung Nürnbergs zur Übergabe

11. Oktober 1631: Gustav Adolf droht der Reichsstadt in einem Schreiben massiv

14., 25. und 26. Oktober 1631: Befragung des Großen Rats

31. März 1632: Einzug Gustav Adolfs, Bankett mit Rede und Geschenken, Aufbruch des schwedischen Königs

30. März (oder 9. April) 1632: Ausstellung des Versicherungsschreibens durch Gustav Adolf

14. (oder 24.) April 1632: Ausstellung des Versicherungsschreibens durch den Rat der Stadt

Augsburg

1629: Entlassung aller protestantischen Ratsherren und Amtsträger, Verbot protestantischer Gottesdienste

25. März 1632: Bayrische Infanteristen rücken in Augsburg ein

3. April 1632: Entwaffnung der protestantischen Augsburger

7. April 1632: Bayrische Reiter werden in die Reichsstadt verlegt, ihr Obrist Rudolf von Bredow erhält das militärische Kommando über die Stadt

10.–15. April: Konflikt und Konfliktbeilegung zwischen Philipp Hainhofer und den bayrischen Soldaten

17. April 1632, abends: Gustav Adolfs Armee schlägt in Lechhausen ihr Lager auf

17. April 1632, nachts: Die bayrische Kavallerie zieht aus Augsburg ab, Obristleutnant de Treberey erhält das Kommando in der Stadt

18. April 1632, mittags: Philipp Hainhofer berät mit den Augsburger Protestanten

18. April 1632, abends: ›Zusammenrottung‹ der ärmeren Protestanten

19. April 1632: Augsburg wird zur Übergabe aufgefordert

20. April 1632, vormittags: Beginn der Verhandlungen mit Stadt und Kommandant

20. April 1632, nachmittags: Abzug der bayrischen Truppen, Einzug von schwedischen Truppen

21. April 1632: Beratung Gustav Adolfs mit protestantischen Augsburgern über die politischen Veränderungen der Stadt

22. April 1632: Wiedereinsetzung der protestantischen Ratsherren

23. April 1632: Katholische Ratsherren und Amtsträger werden entlassen

24. April 1632, morgens: Einzug des schwedischen Königs

24. April 1632, vormittags: Gustav Adolf besucht die Kirche St. Anna

24. April 1632, nachmittags: Huldigung, anschließend Bankett

28. April 1632: Erhebung von Familien ins Patriziat

29. April 1632: Ratswahl, Ausstellung der Versicherungsschreiben

3. Mai 1632: Entwaffnung der Katholiken, Wiederbewaffnung der Protestanten

6. Mai 1632: Aufforderung des Klerus zur Eidesleistung, Eid der Benediktiner von St. Ulrich und Afra

18. Mai 1632: Aufstellung des städtischen Aufgebots

26. Mai 1632: Die aus dem herzoglichen Zeughaus in München weggenommenen Kanonen kommen in Augsburg an

8. Juni 1632: Ankunft der Münchner Geiseln in Augsburg

19. Mai 1633: Ausweisung der meisten katholischen Geistlichen

München

5. April 1632: Evakuierungsarbeiten in Residenz und Stadt

16. April 1632: Evakuierungsarbeiten im herzoglichen Zeughaus

14. Mai 1632: München wird wahrscheinlich zur Übergabe aufgefordert

15. Mai 1632: Der französische Gesandte St. Etienne, Maximilians Rat Johann Küttner, Bürgermeister Friedrich Ligsalz und andere Vertreter der Stadt brechen zur Verhandlung mit Gustav Adolf nach Freising auf (möglicherweise waren St. Etienne und Küttner schon am Tag zuvor aufgebrochen), eine Prozession wird durchgeführt

16. Mai 1632: Ankunft von schwedischen Truppen, Entwaffnung der Einwohner

17. Mai 1632: Einzug Gustav Adolfs

19. Mai 1632: Gustav Adolf besucht die Kirche St. Michael, die Bürger werden über die schwedischen Kontributionsforderungen informiert

20. Mai 1632, Christi Himmelfahrt: Protestantischer Gottesdienst in der Residenz, Besuch der zum Marienstift gehörenden Frauenkirche

21. Mai 1632: Das Brandschatzungsprotokoll wird aufgesetzt

26. Mai 1632: Die aus dem herzoglichen Zeughaus weggenommenen Kanonen kommen in Augsburg an

27. Mai 1632: Gustav Adolf verlässt wohl an diesem Tag München

5. Juni 1632: Gustav Adolf kehrt wohl an diesem Tag nach München zurück

7. Juni 1632: Die Münchner Geiseln werden aus München weggeführt, Abreise des Königs

8. Juni 1632: Ankunft der Münchner Geiseln in Augsburg

August 1632: Erster katholischer Gottesdienst in der Residenz nach dem Abzug der schwedischen Armee

iii. Abbildungsverzeichnis

Sihe an o Muetter der Barmherzigkhait, der welt Hoffnung, Beschützerin der Vnschuldi...
Geissel fallen dir zu füessen, die auß Erbarmnuß deß Laidigen Vndergangß, so der Cur...
für das Vatterland aufgeopfert, die Liebe Freyheit in die Schanz geschlagen, in das Ellen...
ganz müebseelig verseßen. haben zu Augspurg, Donawerth, vnd Nördlingen gleich...
Gottes, als Pest, Khriegs vnd Hungers Noth stätts Vnderworffen; seindt dannoch vnder d...
gestärkht, im hunger gespeyst, in eußerster Gefahr ihr Hoffnung, in verschmächtüg Ihr...
vnd die Schoß deiner Barmherzigkhait für ain Freyung eingeben. Schreiben es also...
nur 4 verlohren daß sie leben vnd athmen, vnd deß vatterlands widerumb ansichtig word...
aller welt auffsteh vnd bezeugen, das in d...